el 3739

Similaunhtt.
Schutzhs. Schöne Aussicht
Grawand
Saldurspitz
3435
Kurzras
2011
Kortscher See
Texelsp.
3817
Eishof
Lodnerhtt.
Vorderkaser
NATURPARK TEXELGRUPPE
Pfossental
Zieltal
Vernagt
Stausee
Zerminiger
Unsere Frau
Tumlhof
Schlandrauntal
Karthaus
Katharinaberg
Schnalstal
Partschins
Hochnaturns
St. Prokulus
Töll
St. Martin im Kofel
Kompatsch
NATURNS
Rabland
Schl. Juval
Sonnenberg
Schl.
Annenberg
R. Hochgalsaun
Kasten
Staben
Plaus
Schlandersberg
Kastelbell
Kastelbell
SCHLANDERS
Kortsch
Schl. Goldrain
Tschars
Tschirland
Schl. Tarantsberg
Vezzan
Galsaun
Aschbach
Tabland
Marein
Hochwart 2608
Latschinig
Latsch
Tarsch
Göflan
Goldrain
Rontscher Joch
2021
Laaser Sp.
3304
Morter
Montani
Hasenöhrl
3256
Martell
Martelltal
Zufritt-Tal
Ultental
Ennethal
Maria i. d. Schmelz
St. Gertraud
Höchsterhtt.
Grünsee
Zufritthtt.
Zufritt-Stausee
Madritschsp.
Zufallhtt.
Borromeohütte
Enzianhtt.
Hot. Paradies
Casatihtt.
Marteller Hütte
Cevedale 3778
H. Matthias

J O S E F
RAMPOLD
VINSCHGAU

SÜDTIROLER LANDESKUNDE
IN EINZELBÄNDEN

1

Vinschgau

2

Pustertal

3

Überetsch und Bozner Unterland

4

Burggrafenamt und Meran

5

Eisacktal

6

Ladinien

7

Bozen, Salten, Sarntal, Ritten, Eggental

VINSCHGAU

Landschaft, Geschichte und Gegenwart
am Oberlauf der Etsch

Das westliche Südtirol
zwischen Reschen und Meran

von

JOSEF RAMPOLD

Vierte, überarbeitete Auflage
Mit 12 Farbaufnahmen und 48 Schwarzweißbildern

VERLAGSANSTALT ATHESIA · BOZEN

(29,-)

Umschlagbild: Das Kirchlein Sankt Veit auf dem Tartscher Bühel

1980

Umschlaggestaltung: R. Prünster, Bozen
Gesamtherstellung: Athesiadruck, Bozen
ISBN 88-7014-165-9

Vorwort

Wer sich mit dem Vinschgau näher befaßt, wird in diesem Beginnen Schritt um Schritt gewahr werden, daß sich ihm der Stoff unter den Händen zu einer nie geahnten Menge und ebensolchen Vielfalt häuft. Der Historiker Franz Huter hat den Vinschgau eine *ausgesprochene Intelligenzlandschaft* genannt; dies wirkt sich für den topographischen Bearbeiter auch insofern aus, als er sich vor eine nahezu unübersehbare Fülle von Einzelarbeiten und Studien gestellt sieht, die in all ihren Verästelungen und Details das zu gewinnende Bild der Talschaft zunächst eher verwirren und fast undurchsichtig machen. Unter den vielen Söhnen des Tales, die der akademischen Laufbahn oder dem angeborenen Forscherdrang des Vinschgauers gefolgt sind, hat fast jeder im Rahmen seiner geistigen Tätigkeit auch seinem Heimattal Beiträge gewidmet, liebevolle Betrachtungen und ernste Forschung. Dem Verfasser dieses Buches bot sich somit die schwierige Aufgabe, aus einer wahren Überfülle der wissenschaftlichen Erarbeitung zu sichten, zu sondieren und zu bündeln; oft schien es ihm, als stünde er vor der tausendfachen Verästelung ungezählter, von der Höhe herabrieselnder Wasserläufe, die es aufzufangen und in eine einheitliche Richtung zu leiten galt, zu einem nun ruhig und klar dahinfließenden Wasserwaal — um damit bei einem typisch vinschgauerischen Vergleich zu bleiben.

Der Verfasser erachtet es als seine Pflicht, über die Nennung all dieser verwendeten Sekundärliteratur hinaus an dieser Stelle das schöne und künstlerisch empfundene Landschaftsbuch des Grafen Anton Bossi Fedrigotti herauszuheben, der mit diesem Werk jene nunmehr vorliegende Reihe der Südtiroler Landeskunde eröffnete, die mittlerweile im Umfang nahezu verdoppelt und auf sämtliche topographischen Aspekte von der Vorgeschichte bis zur Gegenwart und Zukunft ausgeweitet worden ist.

War es demnach eine zuweilen bis zur Erschöpfung reichende Bibliotheks- und Schreibtischarbeit, die das vorliegende Handbuch erforderte, so erlebte der Verfasser anderseits auf zahllosen Berg- und Wanderwegen schon von frühen Jugendtagen an in diesem reizvoll herben Vinschgau eine Flut von persönlichen Eindrücken, die gut und gern einen weiteren Band dieses Ausmaßes füllen könnten, im vorliegenden Buch jedoch nur zur Abrundung der topographischen Arbeit herangezogen werden sollten. Im Zusammenhang mit all diesen beglückenden Wegen möchte der Verfasser allen danken, die ihm mit Rat und Tat zur Seite standen, den Mönchen von Marienberg für die Führung durch ihr Heiligtum, den vielen Seelsorgern, die mündlich und schriftlich Auskunft erteilt haben, Herrn Dr. Oswald Graf Trapp für die liebenswürdige persönliche Führung durch die Churburg, dem lieben Freund Dr. Marjan Cescutti, Bozen-Göflan, für wertvolle und sachkundige Hinweise, der Verlagsanstalt Athesia, die dem Verfasser jeden Wunsch bezüglich Umfang und Ausstattung dieses Buches wie immer bereitwillig erfüllt hat, und schließlich den vielen ungenannten Behütern von Kunstschätzen, aber auch den Bauern und Hirten, mit denen der Verfasser in der weltfernen Einsamkeit der Vinschgauer Bergwelt oft und oft besinnliche Zwiesprache gehalten hat.

Dank und Widmung zugleich gilt schließlich der Talgemeinschaft Vinschgau, in deren Hände der Verfasser dieses Buch vertrauensvoll legt. Möge es die Schätze dieses Tales, für die der hastende Alltag den Blick zuweilen trüben mag, immer wieder hell aufleuchten lassen, als immerwährende Verpflichtung, diese eigenwillige, in uralten Gesetzen verankerte Landschaft sorgsam zu bewahren — im Bewußtsein, daß sie einmalig ist unter allen Tälern des Landes an der Etsch und im Gebirge.

Bozen, im Herbst 1971

Josef Rampold

Vorwort zur vierten Auflage

Diese Neuauflage hatte dank der Genauigkeit, mit der schon ihre Vorgängerinnen erstellt worden waren, nur erfreulich wenige Korrekturen nötig. Was sich jedoch im Verlauf der letzten Jahre an Änderungen und Neuerungen hinsichtlich der Verkehrsverhältnisse und Wirtschaftsformen ergeben hat, wurde sorgfältig verzeichnet; dabei war es leider unerläßlich, an manchen Stellen (Übererschließung durch Skigebiete, radikale „Bonifizierung" der typischen Vinschgauer Murkegel, Ersetzung der klassischen Waale durch Rohrleitungen usw.) scharfe Kritik zu üben. — Neuere Forschungsergebnisse aus Geschichte und Kunstgeschichte sind ebenfalls berücksichtigt worden, so daß der vorliegende Band wiederum darauf Anspruch erheben darf, daß er dem Reisenden wie dem Wanderer und Forschenden keine wesentliche Antwort schuldig bleibt.

Bozen, im Herbst 1980

Josef Rampold

I. VINSCHGAU — GESTALT UND WESEN

Wer den Vintschgau nur auf einem flüchtigen Besuch kennenlernt und davon vor allem die Erinnerung an kahle Hänge mit nach Hause nimmt, der ist an der eigenartigen Schönheit dieses Tales offenbar blind vorübergegangen. Wem sie sich aber einmal erschlossen hat, der wird immer gerne zum Vintschgau zurückkehren.

Josef Weingartner in „Südtiroler Bilderbuch"

Einem Mineraliensammler mag es widerfahren, daß er auf seinen Streifzügen einen rauhen, von außen unscheinbaren Stein aufliest und betrachtet. Aber erst wenn er mit seinem Hammer die Hüllen löst und den Kern des Gesteins bloßlegt, wird ihm bewußt, welchen Edelstein er in Händen hält; der feine Schimmer eines Fundes von seltener Schönheit wird ihn im Innersten anrühren und beglücken.

So ist es mit dem Vinschgau.

*

Braun und einer Steppe gleich sind die kahlen Hänge des Sonnenberges, gnadenlos von der Sommersonne verbrannt und durstig nach dem Naß, das in endlosen Rinnen und Gräben von den Gletscherbächen her auf die falben Wiesen und Äcker geleitet wird; wo aber diese Wasserwaale ihre Fracht verteilen, da sprießt plötzlich frisches Grün, es lodert die wilde rote Nelke, und über den aufatmenden Fluren stehn prangend in unerhörter Helligkeit die Gletscher.

Die Gletscher stehn im Vinschgau so unmittelbar über der Talsohle wie kein zweites Mal mehr in den Ostalpen; zwischen der Tschenglser Hochwand (3378 m) und dem Etschboden zu ihren Füßen sind es auf nur sechs Kilometer Abstand 2500 Meter Höhenunterschied — hier ist nahe an der Viertausendergrenze die zentrale Ortlergruppe, und dort, nur wenige Gehstunden entfernt, steht in Kortsch nächst Schlanders ein Hain von Edelkastanien, wachsen auf sorgsam geschichteten Steinterrassen die windzerzausten allerersten Reben.

*

Wenn die Bauern von Egg und Vorra nächst Sankt Martin im Vorberg über ihre kirchdachsteilen Wiesen auf die blühenden

Obstkulturen von Latsch und Goldrain hinunterschauen, dann werden sie sich dessen kaum bewußt sein, daß sie mit rund 1200 Metern Tiefenlinie auf den in der Waagrechten nur drei Kilometer entfernten Talboden *einen Höchstwert relativer Siedlungshöhe in Tirol und wohl überhaupt in den Alpen* (Klebelsberg) abmessen — und wer hoch am Sonnenhang von Naturns nach Schnals wandert, der findet in Hühnerspielhof und Mittermair-Alm Reste von einstigen Dauersiedlungen über 2000 Metern, wie es sie nahe dieser Grenze im innersten Schnalstal mit dem Hof und Gasthaus Kurzras (2011 m) oder in Martell mit Stallwies (1950 m) heute noch gibt; Weiler und Nikolauskirche von Rojen im ersten rechten Seitental der Etsch, das ist mit 1968 Metern Höhe *die höchstgelegene Ortschaft in den Alpen östlich der Schweizer Grenze* (Klebelsberg).
Gewiß, mehr als anderwärts haben sich hier, im regenärmsten Tal der Ostalpen, die klimatischen Linien nach oben verschoben, so sehr, daß dieser Umstand die Schneegrenze an der Sonnenseite extrem hoch hinaufrückt und den Litzner (3205 m) ober Laas zum höchsten unvergletscherten Gipfel der Ostalpen werden ließ — während sich genau gegenüber Ortler und Königsspitz mit riesigen Firnfeldern ausbreiten, *das einzige Ostalpenbild westalpinen Gepräges* (Köll).

*

Aus dieser beidseitigen Bergumwallung lösten sich nach der letzten Eiszeit gleich urgewaltigen Lavaströmen die für den Vinschgau typischen Murkegel, die der ganzen Talschaft Unterteilung, Charakter und Abgrenzung in landschaftlich sehr verschiedene Abschnitte geben; die Malser Haide ist mit 13,25 Quadratkilometern Ausdehnung und einem Volumen von 1550 Millionen Kubikmetern *der größte Murkegel der Ostalpen überhaupt* (Fischer in „Schlern", Jg. 1966, S. 24, mit Abb.). Hinter dieser nüchternen Feststellung des Geographen steht für den Wanderer das Erlebnis einer unermeßlichen, von ewigem Wind umharften Wiesenfläche, über die seit Jahrtausenden die munteren Waale ihr silbriges Wasser führen, gelenkt von der Hand des Menschen, der da und dort aus den Seitenarmen durch das Waalbrett das Wasser fächerförmig über die weite Fläche leitet; dadurch haben die Murkegel Form und Gestalt erhalten, Aufschüttungen und langgezogene Rippen, fast ein Gesicht. Man sieht es im schrägen Licht der Sonne am Nachmittag, aber es verschwindet mehr und mehr aus dem Bild des Tales, denn die alten Waale müssen heute der Beregnungsanlage Platz machen. Wer aber weit in die Seitentäler wandert, der kann noch Stunde um Stunde neben den Wassergräben hin und her gehen, in leiser Zwiesprache mit den Gletscherwassern, und es mag ihm noch dann und wann vergönnt sein, das ferne Hämmern der Waalschellen zu hören; das ist ein Wasserrad, das einen Hammer auf Metall schlägt und damit sagt, daß die Wasser ihren rechten Weg gehn.

*

So reicht diese Landschaft vom Gletscher bis zum Wein- und Obstgarten, sie wechselt mit lieblichen Talstrichen und der unnennbaren Herbheit des Oberlandes, das nach alten Gesetzen und in großen Linien lebt. Dieser Obervinschgau ist heute noch symbolisch vom Kloster Marienberg bestimmt, dessen Wurzeln in das benachbarte, rätoromanische Engadin weisen, woher mittelalterliche Siedlungsströmungen abzuleiten sind — von hier und aus dem schwäbisch-alemannischen Nachbarland mit dem Mutterkloster Ottobeuren. Das zeichnet sich heute noch im Dialekt ab, und es ist nicht allzulange her, daß auch hier noch das „Romauntsch" die allgemeine Umgangssprache war, während der Untervinschgau seine Impulse mehr etschaufwärts bekam, auch durch frühe Christianisierung, wofür als ehrwürdigstes Heiligtum des Landes die uralte Prokuluskirche bei Naturns Zeugnis ablegt.

Aus dieser Zeit stammt der Reichtum des Vinschgaues an romanischen Kirchen, der ihm solcherart weit über alle andern Täler des Landes Rang und Ruhm verleiht. In schlichter, fast schmuckloser Bauart haben sie die Jahrhunderte überdauert, festgefügte Burgen Gottes an vielbegangenen Wegen — Medardus, Sisinius, Sankt Benedikt und andere — gleich geblieben durch ein Jahrtausend; woher sollten auch die von Kriegen, Pest und Hungersnot erschütterten Bewohner des Vinschgaus die Mittel haben zum Umbau, zur Umformung in den Spitzbogen der Gotik oder gar in die goldstrotzende Fülle des Barock?

Nein, sie bewahrten in den festen Kirchen die rätselhaften Bilder romanischer Kunst, deren große Augen uns noch heute bis ins Innerste durchdringen. Nur größere Gemeinwesen konnten sich die neue Kunst zueignen, das monumentale Triptychon des Schwaben Jörg Lederer in Latsch etwa, derweilen man einheimische Steinmetzen mit der Bearbeitung des weißen Marmors von Laas und Göflan betraute und die Basilika von Marienberg über ihrer romanischen Krypta in einen stuckverzierten Barockhimmel verwandelte.

Burgen bewachen die Wege, manche zerfallen und zerbröckelt wie die der Vögte von Matsch am wilden Saldurbach, andere heute noch im Glanz höfischer Zeit wie die Churburg, seit mehr als 400 Jahren ohne Unterbrechung im Besitz der Grafen Trapp, die auch das Glanzstück der Burg über alle Fährnisse hin erhalten konnten — die Rüstkammer mit den schimmernden Harnischen der Vögte von Matsch und ihrer Nachfolger, als Rüstkammer eines einzigen Geschlechtes unübertroffen in der ganzen Welt.

*

Aus Burgeis stammt jener Heinrich, der bald nach 1300 das große Bußgedicht „Der sele rat" schrieb; der Sohn des Klostermüllers von Marienberg, Johann Evangelist Holzer, wurde einer der berühmtesten Barockmaler im süddeutschen Raum. Und ist es Zufall, daß der Benediktiner Beda Weber, selbst ein Marienberger, in der Schloßbibliothek von Montani die heutige Berliner Handschrift des Nibelungenliedes fand, oder daß in der Churburg heute noch ein Willehalm-Bruchstück des Wolfram von Eschenbach aufbewahrt wird, daß man das Lied von „Dietrichs Flucht" im verstreuten Archiv der Schlandersberger fand, und daß die Sagenüberlieferung im Vinschgau noch immer lebendiger ist als in allen übrigen Tälern Tirols? Ist dies nicht vielmehr Zeugnis dafür, welch reges geistiges und künstlerisches Leben in dieser Abgeschiedenheit blühte, immer wieder neu befruchtet auch von Marienberg her, das sich in seiner Klosterschule und im Meraner Benediktinergymnasium eine geistige Pflanzstätte geschaffen hatte, die zu Zeiten unter den Schulen des Landes eine führende Stellung einnahm?
Denn dieses in weiten Teilen arme Tal, dessen Kinder noch in unserem Jahrhundert als „Schwabenkinder" um kargen Lohn über Sommer in die Nachbarländer zur Arbeit zogen — dieses Tal hat aus unerschöpflichen Quellen geistlicher Hierarchie und fleißigen Bauerntums dem ganzen Land unablässig die Reihen der führenden Intelligenzschicht aufgefüllt, bis auf den heutigen Tag; *nirgends ist der Verstand des Volkes aufgeweckter als in diesem Teil des Landes* (Beda Weber).

*

Dieser Vinschgau hat lange zu den am meisten verkannten Talschaften Tirols gehört, wenngleich er in einzelnen Punkten seiner vielen Besonderheiten wegen schon früh und gründlich erforscht wurde. Ein Bild seines durch extreme Gegensätzlichkeiten geprägten Wesens zu gewinnen, ist nicht leicht und erfordert ebenso Geduld wie Einfühlungsvermögen und Liebe; doch wird man zu dem Ergebnis kommen, daß der am Anfang dieses Abschnittes stehende Vergleich vom Edelstein in rauher Fassung gut gewählt ist — denn ein wahres Kleinod ist der Vinschgau unter allen Tälern Tirols.

II. HISTORISCHER ÜBERBLICK

Vor- und Frühgeschichte

Während für den Raum des Bozner Talkessels durch die Kultur der Eppaner Steinkistengräber und mehr noch für das südliche Etschtal im Raum Trient eine Besiedlung in der ausgehenden Jungsteinzeit nachweisbar ist, sind diesbezügliche Funde in unserem Vinschgau weit spärlicher, mit den steinernen Lochäxten von Eyrs und Schlanders (heute Museum Meran) jedoch grundsätzlich vertreten. Die weitaus reicheren Funde der Bronzezeit veranlassen Georg Innerebner, über die frühe Besiedlung des Vinschgaus folgendes Urteil abzugeben: *Aus dem bisher vorliegenden Fundmaterial ergibt sich einwandfrei, daß der Vintschgau seit der ausklingenden Jungsteinzeit oder zumindest seit der frühen Bronzezeit, also seit rund 2000 Jahren v. Chr., in kontinuierlicher Folge besiedelt war* („Der Obere Weg", S. 78, vgl. Lit.-Verz.).

In dieser Arbeit sind auch die wichtigsten Funde des Vinschgaues angeführt, auf die wir jedoch bei Besprechung der einzelnen Ortschaften noch gesondert zurückkommen werden. Zum Überblick seien schon hier erwähnt: Bronze- bzw. eisenzeitliche Äxte auf das ganze Tal verteilt (Reschen, Taufers, Stilfs, zwei Ex. aus Gomagoi, fünf Eisenbeile allein auf dem Tartscher Bühel, Martell und Töll), dazu bronzene Lanzenspitzen von den Valnairhöfen am Nörderberg oberhalb von Prad, aus Laas und vom Schlanderer Nörderberg (Museum Meran), dann eine Bronzenadel aus Mals (heute Museum Ferdinandeum Innsbruck), keltischer Schmuck aus glasartiger Masse (Wallburg Ganglegg oberhalb von Schluderns, heute Museum Meran) und ein etruskischer Bronzehelm, gefunden im Saldurbach unterhalb der Churburg (Museum Innsbruck); eine etruskische Bronzestatuette wurde 1870 bei Agums gefunden und 1971 ein Bronzedepotfund beim Weiler Talatsch (siehe dort) getätigt.

Besonders hervorzuheben ist jedoch ein Fund vom sagenumwobenen und als Urzeitstätte längst erkannten Tartscher Bühel, ein Hirschhorn mit rätischer Inschrift, die uns den ältesten bezeugten Vinschgauer nennt; er trug den (aus dem Keltischen abzuleitenden) Namen *„Riviselchu"* und mag vor rund 2000 Jahren gelebt haben.

Wie uns Karl M. Mayr in „Schlern" (Jg. 1953, S. 365 ff., mit Abb.) ausführlich berichtet, ist dieser für die Vorgeschichte des Vinschgaues wichtigste Fund nicht so sehr dem Zufall als vielmehr dem Gespür und der Aufmerksamkeit einiger um die Erforschung der Lokalgeschichte verdienter Männer zu verdanken.

Als man 1953 auf dem Tartscher Bühel größere Erdarbeiten für eine Bewässerungsanlage durchführte, wurde vom leitenden Ingenieur in dankenswerter Weise der Heimatpflegeverband verständigt, der sofort den damaligen Sekretär Luis Oberrauch-Gries an Ort und Stelle entsandte. Diesem gelang es, im Kuraten Ignaz Stocker einen interessierten Helfer zu gewinnen, der nun tatsächlich neben weniger bedeutsamen Stücken den Fund vom Tartscher Bühel tätigte, ein Stück Hirschhorn, an dem Oberrauch sofort rätische Schriftzeichen erkannte. Die Auswertung durch Karl M. Mayr ergab, daß auf der 12 cm langen und am Fuß 3,5 cm hohen, einseitig polierten Hirschhornspitze im sog. Bozner Alphabet folgende Inschrift zu lesen ist: *lavisiel riviselchu tinach;* Mayr überträgt dies mit: *Dem Lavisius hat Riviselchu* (dies Horn) *geweiht.* — In der genannten Arbeit werden auch interessante Parallelen zu verwandten Funden gezogen (Votivgaben für Lavisius in *Cembra-* und Wipptal, Hirschhorn-Weihegaben aus *Magrè* nächst *Schio* in der Provinz *Vicenza*), die eine Deutung des Gottes vom Tartscher Bühel als Jagdgott zulassen, wenngleich das Hirschgeweih selbst und die Phallus-Form des Fundstückes darüber hinaus auch noch auf einen allgemeinen Fruchtbarkeitskult schließen lassen. Das wertvolle Stück wurde zunächst vom Kuraten Stocker verwahrt und erliegt heute im Meraner Museum.

Alle diese Funde lassen uns ein ungefähres Bild von der frühen Bevölkerung des Vinschgaues gewinnen, wenngleich auch hier wie im übrigen Südtirol die eigentlichen Anfänge im dunkeln liegen. Es sind *die sagenhaften Ligurer, von denen man noch nicht weiß, wo sie eigentlich herkamen,* die um das Jahr 2000 v. Chr. von Süden her in die Alpen eindrangen und dabei auch das Gebiet des heutigen Vinschgaues *im Laufe der Bronzezeit gänzlich besetzten.* Die Nachfolger dieser Ligurer sind die in zwei Wellen von Osten und Norden her nachrückenden Illyrer; *um 500 v. Chr. finden wir den Vintschgau im Alleinbesitz der Illyrer* (Innerebner).

Wie unsere Funde aussagen, haben sich jedoch wie im übrigen Südtirol unserer Tage auch im Vinschgau keltische und etruskische Einflüsse geltend gemacht, so daß unser Gewährsmann für die Zeit um Christi Geburt von *Spätillyrern mit etruskischen und keltischen Einflüssen* spricht. Schon den Römern war es zu umständlich, hier genauer zu unterscheiden, für sie waren die Bewohner der rauhen, gebirgigen Gegend am Alpenrand einfach Räter.

Als Kaiser Augustus im Jahre 15. v. Chr. seinen Stiefsöhnen *Drusus* und *Tiberius* auftrug, diese dem Imperium gefährlich erscheinenden Räter zu besiegen, da stieß *Tiberius* von Gallien aus vor, *Drusus* jedoch rückte der Etsch entlang bis zum Talkessel von *Pons Drusi*-Bozen. In Bozen hat *Drusus* sein Heer vermutlich geteilt (so Karl Völkl in „Der Obere Weg", S. 93 f.) und ist mit dem einen Teil zum Brenner, mit dem andern zum Reschen vorgestoßen; nördlich der Alpen vereinigten die beiden Brüder wiederum ihre Heere.

Wir wissen wenig davon, in welcher Form damals die „Räter" überwältigt worden sind. Die Lokalgeschichte spricht wiederholt von einer nicht näher zu belegenden „Räterschlacht", für die wechselweise Castelfeder im Bozner Unterland, das Überetsch oder auch die Umgebung von Unterinn am Ritten genannt werden. Für den Vinschgau läßt sich eine solche Überlieferung nicht ermitteln, und man dürfte auf diese Weise der Wirklichkeit auch am nächsten kommen, denn diese Wirklichkeit mag so ausgesehen haben, daß sich die „Räter" den Römern gar nicht in offener Feldschlacht stellten, sondern ihre festen Wallburgen verteidigten und nach und nach preisgeben mußten.

Wenn wir die Übersichtskarte der prähistorischen Siedlungen im Vinschgau mit ihren Ballungszentren im Raum der heutigen Ortschaften Naturns, Latsch, Schlanders, Laas und Mals ansehen (G. Innerebner in „Schlern", Jg. 1956, nach S. 438), so können wir uns auch eine Vorstellung vom Vorstoß der römischen Truppen machen, die sich wohl zunächst damit begnügten, schnell den Durchmarsch zum Reschen zu erzwingen und erst nach und nach die oft sehr entlegenen Höhenburgen zu brechen.

Die genannte Karte (als Skizze auch in „Der Obere Weg", S. 81) verzeichnet 50 nachgewiesene und 29 vermutete Urzeitstätten im gesamten heutigen Vinschgau zwischen Reschen und Töll und bietet einen sehr illustrativen Einblick in die frühen Siedelformen. In Zusammenhang damit sei darauf verwiesen, daß wir uns von der heutigen, den modernen Verkehrsverhältnissen entsprechenden Auffassung frei machen müssen, der Vinschgau sei lediglich und nahezu ausschließlich ein Durchzugstal für die Ost-West-Verbindung über den Reschen nach Österreich, das Tauferer Tal in die Schweiz oder über das Stilfser Joch in die italienische Nachbarprovinz *Sondrio*. Das Bild der alten Übergänge und Verkehrslinien ist viel dichter und heute vielfach nur dem Touristen und Bergwanderer ein Begriff. So hat z. B. Heinrich Hohenegger am alten Saumpfad vom Langtauferer Tal über das Weißseejoch (2960 m) ins Kaunertal eine Befestigung nachgewiesen und damit die uralte Volksüberlieferung von der Bedeutung dieses Überganges bestätigt („Schlern“, Jg. 1968, S. 22 ff., mit Abb.). Nicht minder bedeutend waren die Übergänge über Hochjoch und Niederjoch aus dem innersten Schnalstal in das Ötztal, wovon die heute noch bestehenden Weiderechte jenseits der Grenze von 1919 ebenso wie die bis 1925 effektiv und bis 1938 formell noch bestehende kirchliche Zugehörigkeit von Vent im Ötztal zum Bistum Trient künden.

Wer Zweifel an der Bedeutung dieser oft an die Gletscher heranreichenden Übergänge in historischer und teilweise schon in prähistorischer Zeit hegt, sei auf eine bei Hohenegger zitierte Bemerkung des Historikers Hermann Wopfner verwiesen, die wie folgt lautet: *Es ist ein für die alpine Verkehrsgeschichte wichtiger Grundsatz, daß hochgelegene Übergänge in älterer Zeit mit den tiefer gelegenen Pässen weit erfolgreicher in Wettbewerb traten als in neuerer Zeit, vor allem wenn die Wegverhältnisse schlecht waren oder eine Verkürzung des Weges damit erreicht werden konnte.*

Dies alles gilt analog für die Übergänge im südlichen Begrenzungskamm des Vinschgaues, so etwa für den Schlinigpaß oder vor allem für das Scharljöchl mit Spuren einer sehr altertümlichen Wegführung; hierher ins Münstertal mündete auch der sehr alte Übergang über das Wormser Joch (nach *Bormio*-Worms; heute Umbrailpaß). Die bereits erwähnten Bronzeäxte von Gomagoi weisen auf die frühe Bedeutung des nahen Stilfser-Joch-Überganges, der in Beziehung zum sagenhaften „Wormsionsteig“ steht, von dem unter „Martell“ noch ausführlicher die Rede gehen wird; er kam vom Stilfser Joch, berührte Gomagoi, zog über Laas durch bis zur Mündung des Martelltales und hatte dort wahrscheinlich einen südlichen Seitenast. Innerebner schließt es jedenfalls nicht aus („Der Obere Weg“, S. 87), daß die geheimnisvollen Ruinen des „Klösterles“ (2489 m) im innersten Martelltal nahe der heutigen Zufallhütte auf ein Hospiz an diesem uralten Übergang weisen könnten. Erhalten ist uns weiter östlich in der Kirche Sankt *Medardus* das Johanniterhospiz an einem weiteren Nord-Süd-Übergang, der die Gegend von Latsch-Tarsch mit dem Ultental und von dort weiter mit dem Nonsberg verband.

Wir sind mit der Betrachtung der Urzeitsiedlungen und der teilweise sicher bis in prähistorische Zeit zurückreichenden Übergänge und Altstraßen nun vorübergehend von der kontinuierlichen Entwicklung abgekommen. Es war davon die Rede, daß die Römer den Alpenbewohnern den zusammenfassenden Namen

„Räter" gegeben haben; immerhin unterschieden sie offenbar dennoch nach einzelnen Stämmen, deren Namen uns bei *Plinius (Naturalis Historia III, 136-38)* überliefert sind.

Hier ist vom *Tropaeum Alpium,* einem Siegesdenkmal die Rede, das in den Jahren 7/6 v. Chr. bei *La Turbia* an der ligurischen Küste errichtet wurde und unter zahlreichen anderen Namen unterworfener Alpenvölker auch die *Venostes* erwähnt, die heute übereinstimmend als jene „Räter" angesehen werden, die zur Zeit der römischen Landnahme im heutigen Vinschgau ansässig waren. Von diesen *Venosten* ist — wie wir an anderer Stelle ausführlich darlegen werden — der Name Vinschgau (im Italienischen *Val Venosta*) abgeleitet worden; durch seine lautgesetzliche und urkundlich belegte Kontinuität kann er anderseits rückwirkend als Beweis dafür gesehen werden, daß die Venosten tatsächlich den Raum des heutigen Vinschgaues bewohnt haben. Nach Heuberger („Schlern", Jg. 1932, S. 132 ff.) sind auch die beim Geschichtsschreiber *Cassius Dio* (54, 20) angeführten *U(V)ennioi,* gegen die *Publius Silius Nerva* 16 v. Chr. einen Feldzug unternahm, mit den *Venostes* identisch (und nicht mit den im Rheintal ansässigen *Vennonetes,* wie andere Forscher früher annahmen); *Cassius* berichtet im weiteren (54, 22), daß dieses Bergvolk zu jenen rätischen Völkerschaften gehörte, die *durch Abführung der Jungmannschaft aus ihrer Heimat so sehr mitgenommen wurden, daß sie zur Bedeutungslosigkeit herabsanken* (Heuberger, a. a. O.).

Viel besser als über die kriegerischen Ereignisse des Jahres 15 v. Chr. und der Zeit danach sind wir über die römische Verwaltungstätigkeit in dem eben unterworfenen Gebiet unterrichtet; das Hauptanliegen war der Ausbau einer guten und sicheren Militärstraße, deren Spuren uns mehrfach entgegentreten. Ein im Jahre 1552 bei Rabland, nahe dem Talschluß der Töll gefundener römischer Meilenstein weist sie eindeutig als jene *Via Claudia Augusta* aus, die vom Po aus der Etsch aufwärts folgte und den Reschen überschritt.

Der Meilenstein, heute an einem Ehrenplatz im Bozner Museum, trägt folgende Inschrift: *Tiberius Claudius Caesar Augustus Germanicus, Oberpriester, im 6. Jahr der tribunizischen Gewalt zum 4. Male zum Konsuln designiert, Imperator zum 11. Male, Vater des Vaterlandes, hat die Via Claudia Augusta, welche sein Vater Drusus nach der im Kriege erfolgten Erschließung der Alpen gebahnt (geradegezogen) hatte, vom Po bis zur Donau über . . . Meilen ausgebaut.*

(Übersetzung nach Karl Völkl in „Der Obere Weg", S. 89; hiezu auch Maria Außerhofer in „Schlern", Jahrgang 1976, S. 3 ff., mit Abb.).

Claudius hat demnach die Straße, die ihren Ausgang am Po — und zwar sicherlich am Straßenknotenpunkt *Hostilia* (heute *Ostiglia)* — gehabt hat, im Jahre 46 n. Chr. in unserem Gebiet ausgebaut, nachdem — laut Inschrift — sein Vater *Drusus* anläßlich seines Feldzuges im Jahre 15 v. Chr. nur eine provisorische Anlage errichtet hatte, eine typische Vormarschstraße, die sich wohl auch weitgehend der bereits bestehenden rätischen Weg- und Brückenanlagen bediente.

Verwirrung in die Frage nach der *Via Claudia Augusta* bringt die Tatsache, daß man 1786 in der Kirche von *Cesio Maggiore* im Tal des *Piave* einen weiteren Meilenstein des *Claudius* fand, der eine nahezu identische Inschrift trägt, im Gegensatz zum Rablander Stein jedoch als Ausgangspunkt *Altinum* (an der Adriaküste zwischen *Mestre* und *San Donà,* also weit weg vom Po) angibt und außerdem die Distanz von 350 Meilen bis zur Donau ablesen läßt. Offensichtlich handelte es sich um den weiteren Ast eines Systems, das auf verschiedenen Wegen die Alpen überschritt — um eine *Via Claudia Augusta A l t i n a t e,* die von *Feltre* über *Belluno* durch das *Cadore* zum Kreuzbergpaß, durch das Pustertal bis zur heutigen Franzensfeste und von dort weiter über den Brenner führte; sie ist übrigens mit 47 n. Chr. um ein Jahr später anzusetzen als unsere Vinschgauer Trasse, die wir im weiteren, wegen des bezeugten Ausgangspunktes am Po, als *Via Claudia Augusta P a d a n a* zu bezeichnen haben. — Zeitpunkt (erst um 200 n. Chr.) und Routenführung (Eisackschlucht oder Ritten) der definitiv ausgebauten Verbindung zwischen *Pons Drusi*-Bozen und der Straßengabel bei Brixen ist bis heute noch umstritten.

Ziemlich klar zu verfolgen ist jedoch der Verlauf der *Padana* zunächst vom Bozner Talkessel nach Meran (über die Routenführung im Raum Bozen vgl. den Band „Bozen" des Verfassers). Ergiebige Münzfunde bei Terlan, in dem man ein römisches *Taurilianum* (?) erblicken wollte, sowie die Geländeverhältnisse sprechen dafür, daß die Römerstraße hier an der Sonnseite des Etschtales bis zum heutigen Mais-Meran verlief. Sicherheit besteht hiefür allerdings keine, und so lassen andere Forscher die Römerstraße hier auch schattseitig verlaufen (hiezu „Schlern", Jg. 1974, S. 7 und 14).

Es ist wahrscheinlich, daß Ober- und Untermais, das schöne Villenviertel von Meran, uns durch Namennennung auf einem weiteren steinernen Zeugen als wichtige Zollstation an der italisch-rätischen Grenze bezeichnet wird; es handelt sich um den berühmten A l t a r d e r *D i a n a,* der schon im 17. Jh. im Zieltal nordwestlich oberhalb P a r t s c h i n s entdeckt wurde und heute im Innsbrucker Museum steht. Er trägt folgende Inschrift:

Zu Ehren des Kaiserhauses hat der heiligen Diana diesen Altar mit Bild Aetetus, unseres Augusti Freigelassener, Vorsteher der Station Mais (Statio Maiensis) des gallischen Vierzigerzolls, an den Iden des August geweiht, als Präsens Konsul war.

(Übersetzung nach Karl M. Mayr in „Schlern", Jg. 1961, S. 96 f.; hiezu auch M. Außerhofer in „Schlern", Jg. 1976, S. 136 ff.).

Sind wir somit in *„Riviselchu"* dem ältesten uns namentlich bekannten „einheimischen" Bewohner des Vinschgaues begegnet, so lernen wir nun in *Aetetus* einen römischen Zollbeamten kennen, der dem Namen nach allerdings unzweifelhaft griechischer Herkunft war. Er hat sich offensichtlich die Dienstzeit im ach so heimatfernen Rätien durch die Jagd schmackhafter gemacht und der verehrten Göttin *Diana* mitten im Revier zur Konsulatszeit des *Praesens* (217 oder auch 246 n. Chr.) einen Altar errichtet, mit dem er auch dem kaiserlichen Haus seine Reverenz erweist.

Der Altar der *Diana* hat der Forschung einige Fragen aufgegeben. Übereinstimmend ist man jedoch der Meinung, daß eine Linie Zieltal—Partschins—Felsenge der Töll—Vigiljoch die italisch-rätische Grenze darstellt und daß laut Inschrift Rätien *vorübergehend zum gallischen Steuersprengel gehörte* (Mayr). Völkl und Huter glauben, daß die auf dem Altar (und nur hier) genannte *Statio Maiensis* im heutigen Mais zu suchen sei, möglicherweise unter dem Schutz eines römischen Kastells, das wir als Vorstufe des frühmittelalterlichen *Castrum Maiense* (heute Zenoburg) sehen dürfen.

Mayr hingegen spricht sich in der obgenannten Arbeit für einen Wohnsitz des Aetetus und seiner Beamten in Partschins aus, wo noch zwei weitere Römersteine (Stein des *Eutropius, Nemesis*-Stein) aufgefunden wurden, worüber unter „Partschins" noch eingehender berichtet werden soll.

Ist so der Standort der *Statio Maiensis* umstritten, so haben wir für den Verlauf der Römerstraße in Richtung auf die Talenge der Töll ziemlich eindeutige Anhaltspunkte, da sich am linken Ufer der Etsch im Viertel Steinach (Plars bei Algund) Reste eines römischen Brückenpfeilers finden und außerdem in der Nähe zwei vermutlich römische Pflasterstücke entdeckt und leider wieder zugeschüttet wurden.

Für den weiteren Verlauf kann man eine Linie über die heutigen Ortschaften Naturns, Tschars, Goldrain und Schlanders — also immer an der Sonnseite — annehmen. Zwischen Laas und Eyrs stand ein weiterer römischer Meilenstein, der jedoch leider zu einem Grabstein umgearbeitet und unkenntlich gemacht wurde. Von Mals nimmt man an (Völkl), daß es eine Zwischenstation mit den Abzweigungen in Richtung Stilfser Joch bzw. Münstertal war, wenngleich keine eindeutigen Spuren dafür nachweisbar sind. — Den Verlauf der Römerstraße und der späteren Wege über die Malser Haide hat sehr sorgfältig Arbogast von P l a w e n n untersucht („Schlern“, Jg. 1950, S. 276 ff., mit Abb. und großer Lageskizze; vgl. hiezu auch die rückwärtige Vorsatzkarte dieses Buches und den Abschnitt über die Malser Haide); an dieser Stelle sei nur soviel gesagt, daß die Römer auch hier *„derexerant“* wie es auf dem Rablander Stein heißt — daß sie also von Mals bis zum Reschen eine sehr direkte Wegführung mitten über die Haide legten. — Jenseits der Grenze findet sich die Spur der Römerstraße insofern, als man Nauders (im 11. Jh. noch *Nuders*) mit dem bei *Ptolemaeus* (II, 12, 4) genannten *Inutrium* in Verbindung bringt; demnach wäre Nauders als Raststation vor der Überwindung von Reschen und klimatisch rauher Haide das Gegenstück zu Mals gewesen. Der weitere Verlauf der *Padana* über Finstermünz nach Landeck ist noch in vielen Teilen ungeklärt. — Über die hier und anderwärts angewandte Schreibweise „Haide“ vgl. den Abschnitt „Abgrenzung und Namenkundliches“.

Zeigt die Eroberung durch die Römer und die anschließende Sicherung des Landes mit gleichzeitiger sprachlicher Romanisierung zunächst noch eine deutliche Ost-West-Richtung, so ändert sich dies zunächst durch die zunehmende Vorrangstellung der Brennerroute vor dem „Oberen Weg“ über den Reschen, später aber noch viel mehr durch die enge Bindung an C h u r als ein wichtiges Zentrum römischer Verwaltung.

Wahrscheinlich schon unter *Diokletian,* spätestens aber um die Mitte des 4. Jahrhunderts wurde die römische Provinz *Raetia* aus verwaltungstechnischen Gründen geteilt; Mittelpunkt der *Raetia secunda,* der auch unser ganzer Vinschgau eingegliedert wurde, ist das seit 451 auch schon als Bistum bezeugte Chur *(Curia),* so daß man von diesem Bereich nunmehr als *Raetia Curiensis* oder C h u r r ä t i e n spricht. Die in diese Zeit fallende C h r i s t i a n i s i e r u n g unserer Talschaft mag schrittweise und langsam von beiden Seiten her erfolgt sein, einmal vom *Castrum Maiense* aus durch den legendären Missionsbischof der Räter S a n k t V a l e n t i n und irische Missionare (vgl. Sankt Prokulus), zum anderen aber sicherlich mit wesentlichen Impulsen von Chur aus, was sich aus einigen Kirchenpatrozinien ablesen läßt (St. Benedikt, Sankt *Medardus* und *Lucius*), wogegen für die Missionierung von Süden her Sankt *Sisinius* oder vor allem Sankt *Vigilius* zu nennen sind (vgl. hiezu Iso Müller in „Schlern“, Jg. 1960, S. 318 ff.). Für eine Wechselwirkung auf diesem Gebiet spricht die bezeugte Gestalt des hl. *F l o r i n u s,* der im 8. Jh. Pfarrer von Remüs im Unterengadin war, aber aus dem Vinschgau stammte, und zwar allem Anschein nach aus Matsch (siehe dort), wo sein einziges erhaltenes Heiligtum steht. Dieser zweite Patron des Bistums Chur und volkstümliche Schutzpatron des Vinschgaues lebt im ganzen Tal noch heute in den Taufnamen *Florin* sowie auch *Florina* fort.

Die Zugehörigkeit zu dem genannten Churrätien sollte nun in weltlicher und geistlicher Hinsicht für den Raum des heutigen Vinschgaues, mit geringfügigen Schwankungen in den Besitzverhältnissen im Unterlauf des Tales, von maßgeblicher, ja beinahe ausschließlicher Bedeutung sein. Doch haben wir uns mit der Betrachtung dieser letzten, schon da und dort urkundlich belegten Entwicklung bereits ein Stück über den Rahmen des Abschnittes über „Vor- und Frühgeschichte" hinausbewegt.

Der Vinschgau im Mittelalter; Bischöfe und Vögte

Es ist uns nicht bekannt, inwiefern sich Zusammenbruch des Weströmischen Reiches (476) und nachfolgende Herrschaft der Ostgoten in Italien direkt auf unseren Bereich ausgewirkt haben, doch sagt Heuberger, daß sich jedenfalls *mit dem Ende des italischen Ostgotenreiches die bis dahin noch aufrechterhaltene staatsrechtliche Verbindung der rätischen Bergtalschaften mit der Apenninenhalbinsel löste.* In der Folgezeit sind es die Franken, die mit Rätien auch unsern Vinschgau ihrem Reich einverleiben und in den Grenzkriegen mit den Erben der spätrömischen *Regio Tridentina*, den Langobarden, das Tal der oberen Etsch mit Erfolg gegen diese verteidigen. Somit bleibt der Vinschgau weiterhin beim fränkischen Churrätien und wurde etwa um 590 schon Teil des Bistums Chur, dem es — später in rein kirchlichem Sinne — bis 1816, also durch mehr als 1200 Jahre angehörte. Über die spätere Entwicklung der Bistumsgrenzen siehe den Abschnitt „Kirchliche Einteilung".

Noch immer fließen die Quellen für diese Zeit recht spärlich, doch sagt uns die Inschrift eines lange verschollenen und 1972 wieder aufgefundenen Grabsteines, daß Bischof Viktor III. von Chur diesen Marmorstein in der ersten Hälfte des 8. Jahrhunderts *de Venostes,* also aus dem Vinschgau, und hier wohl zweifellos aus Laas oder Göflan bezogen hat, wie dann auch später, in karolingischer Zeit, Marmor für Kirchenbauten in *Müstair* und Chur verwendet wurde (Zu Stein und Inschrift der Verf. in „Schlern", Jg. 1979, S. 647).

Wichtiger ist es, daß in diese Zeit, und zwar gegen das achte Jahrhundert, die für den oberen Vinschgau überaus bedeutende, der Überlieferung nach von Karl dem Großen selbst vollzogene Gründung des Benediktinerklosters *Müstair* fällt, das bezeichnenderweise zunächst mit Mönchen der Churer Abtei Pfäfers besiedelt und erst nach 1163 Frauenkloster wird. — Wenig später wird der Vinschgau samt Münstertal und Unterengadin zur Grafschaft Vinschgau *(Comitatus Recie in valli-*

bus Venuste et Ignadine) zusammengefaßt, die alles Land zwischen Passer, Finstermünz und oberem Lauf des Inn umfaßte und uns als sehr einheitliches Gebilde innerhalb Churrätiens und damit seit 916 auch als Teil des Herzogtums Schwaben entgegentritt, wie durch Urkunden des Jahres 930/31 (Heinrich I.) und 967 (Otto I.) erhärtet ist. Die nun langsam lockerer werdende Bindung an Churrätien und die Einfügung in das schwäbische Herzogtum — bei der es nicht lange bleiben sollte — können jedoch nicht die Spuren des ausgesprochenen Eigenlebens verwischen, die sich bis zum heutigen Tag vor allem im oberen Vinschgau deutlich abzeichnen. Während sich im Untervinschgau Spuren des bajuwarischen Siedlungsvorstoßes abzeigen, hat sich im Oberland rätoromanisches Wesen in Sprache und Ortsnamen sehr zäh erhalten und lebt in dem unserem Vinschgau benachbarten Graubünden bis auf den heutigen Tag. Immerhin weist die frühmittelalterliche Entwicklung des Vinschgaues, die wir an Hand der hervorragenden Studien von Richard Heuberger und Iso Müller dargestellt haben, sehr viele gravierende Züge auf, ohne deren Kenntnis ein Verständnis für die Sonderstellung dieser Talschaft nicht möglich ist.

In diesem Zusammenhang muß auch die innerhalb der neueren Forschung häufig vertretene Theorie erwähnt werden, laut der westschweizerische Siedler, und zwar die Walser, an der Besiedlung des oberen Vinschgaues bedeutenden Anteil hätten (vgl. u. a. Fischer in Jahrbuch des Österr. Alpenvereins, Jg. 1965, S. 119). Dem Verfasser sind zwar keine diesbezüglichen Dialektuntersuchungen bekannt geworden, doch drängen sich zahlreiche andere Parallelen auf, vor allem im Hinblick auf das im Vinschgau ähnlich wie im Wallis entwickelte Bewässerungssystem (vgl. den Abschnitt „Wasserwaale und Wasserrecht") und auf extreme Höhensiedlungen. Wer Paul Zinslis schönes Buch über das „Walser Volkstum" (vgl. Lit.-Verz.) aufmerksam studiert, wird auf manche Entsprechungen dieser Art stoßen; jedenfalls wäre die nähere Erforschung solcher Zusammenhänge eine ebenso interessante wie dankenswerte Aufgabe. — Bezüglich einer alemannischen Kolonisation des oberen Vinschgaues bringen wir Einzelheiten unter „Marienberg".

Es ist nun die obgenannte Grafschaft Vinschgau, mit der erst eine spezielle „Tiroler" Geschichte in unserem Bereich einsetzt. Allerdings *fehlt für die landläufige Meinung, daß die Grafen von Tirol Nachkommen der alten Grafen des Vinschgaues gewesen seien, jede Voraussetzung* (Hoeniger im „Führer durch Dorf Tirol", S. 10). Auch Huter wendet sich gegen diese in zahlreichen historischen und topographischen Werken vertretene Meinung („Historische Stätten", S. 567). Es ist also nicht so, daß nun — wie man häufig liest — eine einigende Kraft für das ganze „Land im Gebirge" von Westen her ausgestrahlt wäre, sondern es ist wahrscheinlich umgekehrt; die Familie jener Grafen, unter denen die tirolische Landeseinheit erreicht wird, stammt vermutlich aus dem Osten, dem kärntnerisch-görzischen Raum. Ihre Stunde ist gekommen zu einer Zeit, in der unsere Landesgeschichte eine entscheidende und tief einschneidende Wende erfährt.

Diese Wende ist dadurch gegeben, daß Kaiser Konrad II. im Jahre 1027 dem Bischof Ulrich II. von Trient die Grafschaften Bozen und Vinschgau verleiht. Damit überschneiden sich kirchliche Grenzen und weltliche Einflußbereiche im Vinschgau zwischen Trient und Chur, wofür Iso Müller als beredtes Zeugnis die allerdings später entstellte Weiheinschrift der Vigiliuskirche in Morter (siehe dort) anführt, aus der hervorgeht, daß der Bischof von Trient diese Kirche nur mit Erlaubnis des Bischofs von Chur — dem die geistliche Jurisdiktion des Gebietes oblag — weihen konnte.

Die Bischöfe ließen, wie allgemein bekannt, ihre weltliche Macht durch Vögte ausüben; Bischof Altmann von Trient hat, wie die Forschung (Huter) heute annimmt, im Jahre 1106 den gleichnamigen Sohn eines zwischen 1070 und 1096 als Freisinger Vizedom in Kärnten bezeugten Albert zum Vogt berufen; die Söhne dieses (zweiten) Albert, Bertold und Albert, nannten sich ab 1141 Grafen von Tirol und gelten als Erbauer dieser Burg.

Die weitere Entwicklung ist nun im ganzen Land durch die Machtkämpfe zwischen Bischöfen und Vögten gekennzeichnet. Die erstarkten Dynastengeschlechter entreißen den Bischöfen im offenen Kampf ebenso wie in diplomatischem Ränkespiel Stück um Stück ihrer Macht — sind anderseits aber auch untereinander in blutige Fehden verwickelt, so im Zentrum, Norden und Osten des Landes die Grafen von Andechs, Flavon und vor allem die von Eppan. Sieger gegen Bischof und Rivalen in diesem erbittert geführten Ringen, dessen Spuren im gebrochenen Bergfried von Hocheppan heute noch sichtbar sind, bleiben schließlich dank der Tapferkeit, Intelligenz und Rücksichtslosigkeit des bedeutenden Meinhard II. (1258—1295) die Tiroler. Zu denen, die ihnen und später auch den habsburgischen Landesherren im Westen des Landes am längsten und erbittertsten Widerstand leisten, gehören die weit über den oberen Vinschgau hinaus einflußreichen und begüterten Vögte von Matsch, wahrscheinlich Verwandte der Herren von Tarasp und somit Angehörige des churrätischen Uradels (Einzelheiten zu den Taraspern und Stammbaum in „Schlern", Jg. 1951, S. 481 f.).

Es muß gleich zu Beginn der Behandlung dieses Kapitels festgestellt werden, daß die Matscher den Titel „Vogt" *(advocatus)* nicht etwa in dem Sinne trugen wie die Grafen von Tirol. Der Titel rührte daher, daß Ulrich von Tarasp, der Gründer der Benediktinerabtei Marienberg, im Jahre 1161 dem Egno von Matsch die Schirmvogtei über dieses Kloster übertrug und daß die Matscher außerdem mit Unterbrechungen die Vogtei auch über das Kloster *Müstair* sowie die churischen „Gotteshausleute" im Unterengadin und im Vinschgau verstreut bis zur Mündung des Martelltales innehatten; sie waren also weltliche Verwalter über jenen Besitz und dessen Bewohner, der dem Bistum Chur auch nach der Verleihung der Grafschaft Vinschgau an das Bistum Trient verblieben waren. Die Höfe dieser inmitten des Machtbereiches der Tiroler Landesfürsten direkt vom Bistum Chur abhängig gebliebenen Gotteshausleute unterstanden einem bischöflich-churischen Richter in Mals. — Wir müssen nun jedoch vor der Besprechung der langjährigen Auseinandersetzungen zwischen dem Bischof von Chur und den Herren von Matsch zunächst das unter S. 177 genauer behandelte Kloster Marienberg in die kontinuierliche Betrachtung unseres geschichtlichen Abrisses einbeziehen.

Die Gründung von Marienberg ist ein für die Geschichte des gesamten Vinschgaues, ja des ganzen Landes überaus wichtiges Ereignis; so wie Innichen im Osten erfüllt Marienberg im Westen bedeutsame kirchliche, kulturelle und kolonisatorische Aufgaben, und dies zum Teil bis auf den heutigen Tag. Besiedlungsgeschichtlich wichtig erscheint, daß diese Neugründung im Gegensatz zu *Müstair* nicht mit „rätischen", sondern mit Mönchen aus dem schwäbischen Kloster Ottobeuren besetzt wird, woraus sich ein starker Zustrom alemannischer Kolonisatoren ergibt, der im dialektgeographischen Bild des oberen Vinschgaues zwischen Laas und Finstermünz bis heute ablesbar ist.

Eine genaue Untersuchung hierüber gibt Egon Kühebacher in „Stifte und Klöster" (S. 392 ff.; vgl. Lit.-Verz.); er stellt fest, daß die Klostergründung in einem Gebiet erfolgte, das noch *vorwiegend rätoromanisch* war, wofür wir die Gründe bereits kennen. Zusätzlich wird von mehreren Autoren (Heuberger, Ettmayr) betont, daß zu den *einheimischen Rätoromanen noch romanische Flüchtlinge aus der schwäbischen und bairischen, nunmehr von Germanen überschwemmten Ebene* kamen, die zu Zeiten der Völkerwanderung in unser Gebiet gewandert waren. In diesem Raum nun *wirkten* (Innichen und) *Marienberg als starke Germanisierungszentren,* von denen sich Marienberg in dem geschlossenen rätoromanischen Bereich allerdings weit weniger stark durchsetzen konnte; als Umgangssprache, neben der zunächst rein lateinischen und seit Anfang des 15. Jh.s deutschen Urkundensprache, hatte das Rätoromanische bis ins

17. Jahrhundert herauf Bestand, vielfach neben dem Deutschen, das unaufhaltsam und durch die Gegenreformation gegen den vom rätoromanischen Engadin bis Burgeis vorgedrungenen Calvinismus zielstrebig gefördert weiter vordrang. *Um die Mitte des 17. Jahrhunderts war die Gegend sicher im großen und ganzen deutsch, und zwar weniger durch das Verdienst der Landesregierung als vielmehr durch die Bemühung des Stiftes Marienberg* (Kühebacher). Aus all dem Gesagten versteht sich von selbst, daß sich in der heutigen deutschen Umgangssprache des Obervinschgaues viele romanische Ausdrücke erhalten haben (Kühebacher, S. 394 f.) und die Flurnamen durchaus romanisch sind. Anderseits weist die Namenliste der Stiftsmitglieder schon im 12. und 13. Jh. fast nur deutsche Namen auf (Heinrich, Hugo, Konrad, Volker, Goswin usw.), wie bei Kühebacher genauer nachzulesen ist.

Mit Goswin haben wir einen Namen genannt, der mehr als andere für die überragende kulturelle Bedeutung von Marienberg spricht. Wir verdanken dem Mönch und nachmaligen Prior des Stiftes eine wertvolle, bis 1390 reichende Chronik, eine der frühesten und wichtigsten Quellen für die sonst vielfach im dunkel liegende geschichtliche Entwicklung dieser Zeit (vgl. Lit.-Verz.).

Die Chronik Goswins enthält viele Einzelheiten über die langjährigen Fehden und Machtkämpfe der Vögte von Matsch. Bevor wir darauf näher eingehen, soll jedoch noch ein zusammenfassender Blick auf die politischen und territorialen Verhältnisse im Vinschgau zur Zeit der Einigung Tirols durch Meinhard II. am Ende des 13. Jahrhunderts geworfen werden. Wir müssen nämlich an dieser Stelle festhalten, daß die „Hausmacht" der Tiroler Grafen, die sich in ihrem nach traditionellen Begriffen bis heute erhaltenen „Burggrafenamt" manifestiert, damals auch den unteren Vinschgau einschloß, mit den Gemeinden Partschins, Plaus und Naturns, worüber wir im Abschnitt „Abgrenzung" noch eingehender zu sprechen haben werden. Im mittleren Vinschgau scheint, wie wir bereits angedeutet haben, noch eine Art Überschneidung zwischen den geistlichen Funktionen des Trientner und Churer Bischofs vorgelegen zu haben; so wurde, wie Huter vermutet (S. 530), in Latsch beispielsweise das Patronat über die Pfarre abwechselnd vom Bischof Chur und vom Domkapitel von Trient ausgeübt, doch war die landesfürstliche Gewalt unter Meinhard II. hier wie auch weiter im Westen schon so gut wie gesichert. Dies gilt auch für Glurns, das damals den Nachbarort Mals an Bedeutung übertraf, da es von Meinhard als Gegengewicht zum churischen Markt *Müstair* als

Salzmarkt (Konkurrenz des Haller Salzes zum Meersalz auf den lombardischen Märkten) gefördert wurde und schon 1304 wegen der inzwischen erfolgten Ummauerung *„stat“* genannt wird.

Auch Mals ist schon seit 1211 als tirolische Dingstatt bezeugt, wenngleich im selben Ort auch der Sitz des churischen Gotteshausrichters war, der die hier weitum verstreuten Eigenleute des Bistums Chur unter seiner Amtsgewalt hatte (vgl. S. 22).

Haben wir es also schon im unteren und mittleren Vinschgau mit oft eigenartigen Verschiebungen und Überschneidungen zu tun, so gilt dies noch viel mehr für das Oberland, dessen Bewohner in wohl unsagbarer Weise unter der Geißel jener bereits angedeuteten Kämpfe der Vögte von Matsch mit den Churer Bischöfen zu leiden hatten. Das sollte nicht vergessen werden, wenn wir nun — streiflichtartig — die Geschichte jenes ebenso tapferen wie ehrgeizigen und unbändigen Geschlechtes der Vögte von Matsch an uns vorüberziehen lassen.

> *Die Macht dieses Geschlechtes war so groß, daß sie nicht so sehr die große Zahl der Feinde, sondern nur der eigene Übermut und die eigene Maßlosigkeit zu brechen vermochte.*
>
> Josef Weingartner, „Die Matscher Vögte“ („Schlern“, Jahrgang 1926, S. 416 ff.)

Die genannte Arbeit Weingartners gehört zu jenen klassischen Texten, die sich einerseits durch wissenschaftliche Gründlichkeit auszeichnen, anderseits aber dieser Genauigkeit wegen nicht schwer lesbar sind, sondern in ihren sprachschönen und geistreichen Formulierungen und Wendungen die Lektüre zum reinen Genuß machen. Man merkt zwischen den Zeilen, wie sehr der namhafte Historiker und bis heute unübertroffene Burgenforscher von der Materie gepackt war und wie sehr er erkannt hat, daß diese durch Urkunden überlieferten Ereignisse einen Stoff in sich bergen, der unter Künstlerhänden zu einem großartigen Gemälde des lebendigsten und blutvollsten Mittelalters werden könnte.

Die wissenschaftlichen Grundlagen zu dieser Arbeit stammen von Justinian Ladurner, der 1871—74 in der Zeitschrift des Ferdinandeums eine 684 Seiten lange Arbeit über die Matscher Vögte veröffentlicht und durch zahlreiches Urkundenmaterial belegt hat.

Die besondere Anziehungskraft dieses Stoffes mag auch darin liegen, daß die Ruinen des Stammsitzes der Matscher — Unter-

und Obermatsch mit der erhaltenen Burgkapelle zum hl. Martin (vgl. S. 264) — bis heute bestehen und selbst noch in ihrem Verfall von der unbändigen Kraft und Wildheit dieses Geschlechtes künden. Das verfallene Mauerwerk krönt einen von zwei Armen des Saldurbaches umtosten Hügel, aus dem der Wildbach Stück um Stück frißt und damit deutlich macht, daß auch die mächtigen Vögte von Matsch nur auf Sand gebaut hatten.

Wie schon erwähnt, gehörten die Matscher durch ihre Verwandtschaft mit den Herren von Tarasp dem churrätischen Uradel an und hatten in ihrer Glanzzeit nicht allein das Matscher Tal zu Lehen, die Vogtei über Marienberg, *Müstair* und die churischen Gotteshausleute, sondern es eigneten ihnen mit Unterbrechungen auch Gericht und Stadt Glurns, die Schweizer Burgen Süns, Ramüs, Klingenhorn und Steinsberg sowie — wenigstens vorübergehend — weitere Burgen im Veltlin und im heutigen Liechtenstein; Ulrich IV. von Matsch erheiratete mit seiner Gemahlin Agnes sogar die schwäbische Grafschaft Kirchberg und damit auch den Grafentitel.

Dabei müssen die Anfänge auf den hochgelegenen Schlössern in einem abseitigen Tal bescheiden gewesen sein, und so schildert uns Weingartner die ersten Matscher auch eher als biedere Landedelleute, welche die Schirmvogtei über die Mönche von Marienberg wörtlich und in des Wortes bester Bedeutung ausübten; einer von ihnen, Arnold mit Namen, war sogar selbst Bischof von Chur. Aus dieser Zeit zitiert der Chronist Goswin den Vogt Hartwig II., *der wie ein guter Onkel niemals nach Marienberg kam, ohne für die Mönche irgend einen guten Bissen mitzubringen* (Goswin: *venire solebat non vacuus, sed cum nobilibus et delicatis cibariis . . .).* Doch schon seinen Sohn Egno nannte man den „Raufbold“, während dessen Bruder Albero zahmere Gelüste hegte, was ihm den Beinamen „Vielfraß“ eintrug. Egno gerät mit dem Bischof von Chur in Streit und muß zusehen, wie ihm dieser die „Chur-Burg“ fast direkt an den Fuß des Matscher Burghügels setzt; aber im Hin und Her dieser Machtkämpfe haben die Matscher diese Burg schon knapp 40 Jahre später in ihrer Hand und die Fürst-Bischöfe errichten als Gegenpol die „Fürsten-Burg“ in Burgeis. Unter des „Raufbolds“ Sohn Egno IV. und Ulrich II., dem Nachkommen des „Vielfraßes“, werden Unter- und Obermatsch geteilt, später jedoch zerfleischen sich die beiden Linien in mörderischen Kämpfen — und dies auf Burgen, die nicht viel weiter als einen Steinwurf voneinander entfernt sind.

Unter Ulrich II. erreicht die Gewalttätigkeit der Matscher einen traurigen Höhepunkt. Nachdem sich der Marienberger Abt Hermann von Schönstein gegen die Übergriffe der Matscher an den Landesfürsten Otto von Tirol um Hilfe wendet, fühlt sich

Ulrich als Vogt umgangen und entbrennt in so wilder Wut, daß er den Abt gefangen nimmt und am 26. August 1304 an einer einsamen Stelle im Schlinigtal enthaupten läßt; der sogenannte „Prälatenstein" mit „Blutspuren" (rostbraune Einsprengsel) soll nach der Überlieferung den Schauplatz dieser Bluttat bezeichnen (hiezu Fritz Wölcken in „Schlern", Jg. 1978, S. 99 f. und Abb., Jg. 1980, S. 397). Danach „bereinigt" Ulrich das Stiftsarchiv und läßt verschwinden, was ihm in irgendeiner Form gegen die Rechtsansprüche der Matscher gerichtet scheint.

Die Bluttat hat den Kirchenbann zur Folge, doch ist der Papst, der damals in Avignon residierte, gewillt, den Matscher aus dem Bann zu lösen, wenn er öffentlich Buße tun will; er soll das Kloster entschädigen, barfuß und nur mit einem Strick um den entblößten Oberkörper vor den Kirchentüren im Bereich von Marienberg stehen, dabei laut seine Schuld bekennen und sich auspeitschen lassen. Doch Ulrich kümmert sich wenig um die Buße, und sein Schicksal erreicht ihn auf andere Art — er wird 1309 von seinem Vetter Egno im Zorn erschlagen, weil er, wie die Urkunden besagen, Egnos Ehegattin *minus honeste tractasset.* Weingartner bemerkt zu diesem Eintrag: *Es ist nicht genau gesagt, ob er seiner Schwägerin, der Gräfin Clara von Homberg, zu wenig, oder — was an sich wohl näher liegt — zu viel Aufmerksamkeit geschenkt hatte.* —

Wie man nun Ulrich in Marienberg beisetzen will, wird vom Abt die Beerdigung verweigert, da der Priestermörder nicht gesühnt habe. Erst viel später wird er ohne irgend eine Feierlichkeit beigesetzt, und nur eine schlichte Marmortafel mit Inschrift erinnert bis auf den heutigen Tag daran, daß in der stillen Basilika von Marienberg der Mörder liegt, der selbst erschlagen wurde.

Die Vogtei geht ab jetzt (1313) an die Herzöge von Österreich über, von denen sie die Matscher weiterhin als Afterlehen empfangen (bis 1421). —

Eine nicht unbedeutende Rolle spielen die Vögte in den Wirren um die letzte Erbin der nunmehrigen Grafen von Görz-Tirol, Margarethe Maultasch; nachdem der Herzog von Teck, der Feldhauptmann des Ludwig von Brandenburg, des zweiten Gemahls der Maultasch, die Matscher überwältigt hat, müssen sie Ludwig als Landesherren anerkennen, verstehen es jedoch, sehr schnell den hohen Rang des Landeshauptmannes zu erreichen und sich unter Meinhard III. (1361—63) eine gewaltige Machtposition zu schaffen, die allerdings ebenso schnell wieder zerrinnt.

Mit der Abtretung Tirols an Herzog Rudolf IV. von Habsburg (1363) werden die Vögte von Matsch *aus freien rätischen Edelleuten zu Vasallen des Landesfürsten* (Weingartner), und in einem dreißigjährigen Machtkampf mit dem

Churer Bischof H a r t m a n n, aus dem dieser als Sieger hervorgeht, zerreibt sich ihre Macht — sie verlieren 1421 die Vogtei über Marienberg, *Müstair* und die Gotteshausleute, die am Anfang ihres Aufstieges gestanden war.

Zwar zählen sie immer noch zu den ersten Familien des Landes, schlagen sich teilweise noch in den Adelskämpfen gegen Friedrich mit der leeren Tasche, und wiederholt finden wir die Matscher noch im Amt des Landeshauptmannes, als Hofmeister und Feldhauptleute. Dies gilt auch für den letzten Vogt von Matsch, Gaudenz, der gut an den leichtfertigen Hof Sigismunds des Münzreichen paßte, im Venezianer Krieg als Feldhauptmann noch einmal den Tatenruhm derer von Matsch hell erklingen ließ, im übrigen aber seine Zeitgenossen ebenso durch die Höhe seiner Schulden wie die Anzahl seiner unehelichen Kinder beeindruckte. Bei Herzog Sigismund fiel er in Ungnade, und Maximilian I. vertraute ihm während des Engadiner Krieges nicht einmal mehr das Kommando über seine eigenen Burgen Churberg und Reichenberg an. Im Jahre 1504 ist Gaudenz auf der Churburg gestorben, und *seine Neffen zahlten sein Begräbnis* (Weingartner); diese Neffen, Söhne der Schwester des Gaudenz, waren steirische Ritter, die sich seit 1605 Freiherren, seit 1655 Grafen v o n T r a p p nennen und heute noch die Churburg besitzen; sie brachten das Schloß zu neuer Blüte und unerhörtem Glanz, der die Jahrhunderte überdauerte bis auf den heutigen Tag.

In den eben genannten gesamttirolischen A d e l s k ä m p f e n zur Zeit Herzog Friedrichs mit der leeren Tasche finden wir unter den Anführern des sogenannten „Elefantenbundes", der gegen den Landesherrn gerichtet war, Ulrich VI. von Matsch, andere Mitglieder dieser Familie jedoch wiederum auf seiten des Herzogs. Der unselige Kampf — geboren aus dem Widerstand der meisten Adelsfamilien des Landes gegen die zentralistische Machtposition des Landesfürsten — ergriff auch Teile des m i t t l e r e n und u n t e r e n V i n s c h g a u e s, da hier mehrere Burgen der starkenbergischen Partei („Falkenbund") — der auch der berühmte Oswald von Wolkenstein angehörte — dem Herzog Widerstand leisteten; Friedrich brach jedoch nach seiner Lösung aus Reichsacht und Kirchenbann die Burgen Hochnaturns, Juval, Rotund und vor allem das von den Schlandersbergern besetzte Galsaun, dessen Ruinenreste mitten im dunklen Gefels heute noch von der erbitterten Härte dieser Kämpfe künden. —

Nicht geringere Schwierigkeiten gab es zwischen Herzog Friedrich, beziehungsweise seinem Nachfolger Sigismund dem Münzreichen, auf der einen und den Churer Bischöfen Hartmann sowie dessen Nachfolger Johann auf der anderen Seite, die beide von den Hauptleuten der tirolischen Landesherren in der Fürstenburg belagert wurden, und zwar Bischof Johann vor allem deshalb, weil er dem habsburgfeindlichen „Grauen Bund" beigetreten war. Man einigte sich 1439 in Hall endlich darauf, daß der jeweilige Schloßhauptmann der Fürstenburg nicht allein dem Bischof von Chur, sondern ebenso dem Tiroler Landesfürsten den Treueid abzulegen habe — aber es dauerte noch eine Weile, bis sich die churischen Gotteshausleute in diese neue Regelung fügten.

Man kann sich vorstellen, wie furchtbar die Bevölkerung des ohnehin rauhen und von der Natur wenig begünstigten Tales unter all diesen Kämpfen der hohen Herren zu leiden hatte. Schon Goswins Chronik verschweigt keineswegs die Grausamkeiten, welche sich die als Leibeigene behandelten Bauern hier gefallen lassen müssen. Außerdem waren die Zeiten auch sonst alles eher als rosig; Lawinengänge, Murbrüche, Heuschreckenplage und in ihrem Gefolge Hungersnot überzogen das ganze Tal. Nach der Legende hat der Abt Albert die Felder gesegnet und das Untier verflucht; *da sprangen die Heuschrecken ins Wasser und gingen zugrunde* (M. Strobl in Holzer-Festschrift, S. 11; vgl. Lit.-Verz.).

So wie die meteorologische Station Marienberg für die neuere Zeit Erdbebenstöße verzeichnet (15 Daten; das große Beben von 1976 jedoch ohne Folgen), weiß auch schon Goswin von Erdbeben im Mittelalter zu berichten.

Schlimmer aber als all diese Plagen und Prüfungen war der Schwarze Tod; er raffte im Pestjahr 1348 den Großteil der Bevölkerung hin und hauste auch in Marienberg so arg, daß nur der Abt Wyso, einer seiner Priester, ein Laienbruder und als einziger Schüler des Klosters der Skolar und spätere Chronist Goswin am Leben blieben; eine zweite Welle der Pest, die im Jahr 1635 das Tal heimsuchte, sei ebenfalls schon hier erwähnt. Als sich die leidgeprüfte Bevölkerung von all diesen schweren Schlägen einigermaßen zu erholen begann und vor allem auch das Los der Bauern durch manche Reform unter den habsburgischen Landesfürsten etwas erleichtert wurde, da nahte dem Vinschgau — herab bis Kastelbell — eine neue Prüfung und die bis dahin und wohl auch im Hinblick auf später härteste Geißel Gottes; es war die strategische Situation des Münstertales als Einfallstor aus der Schweiz, die unser Gebiet in einer wahrhaft grauenerregenden und katastrophalen Weise zum Schauplatz des Engadiner Krieges machte.

Engadiner Krieg und Ereignisse bis 1815

Die Landschaft des obersten Vintschgaues ist ernst und es sieht fast so aus, als ob dieser Ernst die Tragik der kriegerischen Ereignisse und die vielen Opfer der Einwohner widerspiegeln würde.

Hans Kramer, „Kriegsgeschichte des Vintschgaues vom späteren Mittelalter bis in die neueste Zeit", in „Der Obere Weg", S. 153 ff.

Wir finden für diesen Zeitabschnitt in der genannten Arbeit von Kramer einen verläßlichen Wegweiser, der mit größter Genauigkeit die vielfältigen kriegerischen Ereignisse darstellt deren Einzelheiten uns hier allerdings nur am Rande, neben den großen Linien der historischen Entwicklung berühren können. Alle Details hat, wie bereits vermerkt, Kramer in seiner Arbeit aus sämtlichen älteren Quellen zusammengestellt und uns mit dieser Arbeit das neueste Hilfsmittel für diesen Themenbereich in die Hand gegeben.

Wie unser Autor selbst sagt (S. 156), ist der Engadiner Krieg, auch Schwabenkrieg genannt, innerhalb des gegebenen Zeitraumes das wichtigste Ereignis für den ganzen Vinschgau, wobei jedoch wiederum das Oberland den härtesten Zoll zu entrichten hat. Keine Gegend des (heutigen) Tirol ist so sehr und so schmerzlich in einen der größeren Kriege seit Beginn der Neuzeit verwickelt worden, wie eben das Gebiet an der Schwelle zur Schweiz, deren strikte Selbstbehauptung gegen die Habsburger zu den tiefen Ursachen unseres Engadiner Krieges gehört.

Es scheint, daß Habsburg, was Graubünden, dieses wichtige Paßland betraf, sichtlich zu spät dran war; nachdem die Eidgenossen sich vom Reich und von Habsburg losgelöst hatten, wollten die Bündner nicht sozusagen im letzten Augenblick der Macht Habsburgs anheimfallen (Kramer).

In dieser sich anbahnenden Auseinandersetzung reißen die Bündner das Gesetz des Handelns bald an sich; mitten in der Klemme sitzt der bedauernswerte Bischof Heinrich von Chur, der von beiden Parteien als Gegner betrachtet wird, was auch für die churischen Gotteshausleute im Vinschgau zutreffen mag. Glücklos ist auch Maximilian I., seit 1486 Deutscher König und seit 1490 gleichzeitig Landesfürst von Tirol, in der Wahl seines Feldhauptmannes; nicht der fähige Leonhard von Völs, der die Bündner erst bei Nauders zurückgeschlagen hatte, sondern *das sich völlig unfähig erweisende Protektionskind Maximilians* (Kramer), der Schwabe Ulrich von Habsberg befehligte die „Königlichen", wie wir mit Kramer die Tiroler Seite bezeichnen wollen; ihm standen insgesamt 12.000 Mann zur Verfügung, davon 500 berittene Adelige, die jedoch in den Kampf der meist aus Bauern und relativ wenigen Söldnern rekrutierten Fußtruppen gar nicht eingriffen. Auf der Seite der Bündner waren es nur 8000 Mann, in den entscheidenden Phasen geführt vom Obristen Hartwig Capol und vom Feldhauptmann Benedikt Fontana, der an der Spitze seines Fähnleins gefallen ist.

Auch hinsichtlich der Kriegsmoral standen die Bündner trotz der geringeren Mannschaftsstärke besser da als ihre Gegner, denn Maximilians Truppen waren erst einen Monat zuvor bei Frastanz in Vorarlberg von den Eidgenossen vernichtend geschlagen worden. Weiters hatten die Königlichen den Makel auf sich, daß sie die Feindseligkeiten mit einem Einfall ins Bündnerland eröffnet hatten; bei diesem Zug war furchtbar gemordet und geplündert und neben zahlreichen anderen Übergriffen auch das Frauenkloster *Müstair* niedergebrannt worden — alles Dinge, die heiße Rachegelüste der Bündner wecken mußten. Über diesen spontanen Reaktionen stand jedoch noch mehr das Ideal eines echten Ringens um Selbständigkeit, man *sah also einen Sinn im Krieg* — während derselbe Krieg *im Tiroler Volk nicht populär* gewesen ist und noch dazu auf der Tiroler Seite eine soziale Spannung zwischen Adeligen und Bauern die Schlagkraft der Truppe lähmte, was sich deutlich darin abzeichnete, daß die adelige Reiterei in der entscheidenden Stunde der Calvenschlacht die Flucht ergriff.

Diese Schlacht, geschlagen am 22. Mai 1499 auf der alten Grenzflur Calven am Ausgang des Münstertales, war die *bisher und auf lange Zeit hinaus größte Niederlage in der tirolischen Geschichte* (Kramer). Ihr Verlauf soll hier wenigstens andeutungsweise dargestellt werden.

Schauplatz ist die Calvenbrücke über den Rambach an der östlichen Talmündung (vgl. auch S. 235); diese Mündung ist relativ eng und von beidseitigen, ziemlich ungangbaren und felsigen Höhenzügen flankiert. Historisch gesehen handelt es sich um eine Verwaltungsgrenze zwischen dem churischen Gericht Obercalven (mit *Müstair*) und Untercalven, wozu die churischen Besitzungen bis hinab zum Weiler Schanzen an der Mündung des Martelltales gehörten.

Die strategische Position der Königlichen, die auf den Angriff der Bündner vorbereitet sein mußten, war günstig. Man hatte Zeit, die Talenge der Calven durch mehrere, mit einiger Artillerie bestückte Basteien zu befestigen und das Heer in drei Treffen günstig in das Dreieck Calvenbrücke - Laatsch - Glurns zu postieren. Dabei beging Habsberg allerdings den ersten entscheidenden Fehler — er versäumte es, sich einen möglichen Rückzug in das ummauerte Glurns zu sichern, obwohl er wußte, daß die Bündner keine Artillerie hatten und daher unfähig waren, feste Plätze zu brechen; das sollte im weiteren noch dadurch bewiesen werden, daß die in Verteidigungszustand versetzten Burgen des oberen Vinschgaues und auch Marienberg, das man zur Festung gemacht hatte, im Engadiner Krieg kaum zu Schaden kamen.

Die Bündner stürmten meist frontal, etwa nach dem Muster der *triplex acies* der Römer, oder, wenn man will, im rücksichtslosen Wellenangriff der russischen Truppen in beiden Weltkriegen. Sie *trugen diese Angriffe mit beserkerhafter Tapferkeit vor, es war ein alles über den Haufen rennender Sturmlauf; die rückwärtigen Knechte drängten die vorderen nach vorwärts* (Kramer); man sprach regelrecht von einem *„furor Raeticus"*.

Es wäre aber falsch, wollte man den Bündnern ob dieser ihrer Kampfweise strategisches Können absprechen; das Gegenteil ist der Fall. Im Zuge der Calvenschlacht, die von den Bündnern in großer Eile geschlagen werden mußte — wußten sie doch, daß Maximilian mit 8000 Mann schon im Anmarsch war — konnten sie trotz zahlenmäßiger Unterlegenheit und weitaus günstigerer Position der Königlichen das Treffen dadurch für sich entscheiden, daß sie die Truppen des unaufmerksamen Habsberg durch eine geschickte Umgehung in die Zange nahmen.

Ortskundige Einheimische hatten 2000 Mann der bündnerischen Truppen auf Hirten- und Jägersteigen teils durch das Schlinigtal, teils über den nördlich des Münstertales vom Tella-Kopf herabziehenden Höhenrücken und bei Laatsch in den Rücken der Königlichen geführt. Daß Habsberg dieser Umgehung nicht vorgriff, ja sich überrumpeln ließ und auch seine Reiterei nicht einzusetzen vermochte, war sein entscheidendes Versagen und führte zur katastrophalen Niederlage an der Calvenbrücke. Die von älteren Autoren (Albert Jäger) vielfach vertretene Meinung, die Niederlage sei durch plötzliche Flucht der mit den Bündnern sympathisierenden Gotteshausleute bedingt gewesen, wird von der neueren Forschung mit großer Vorsicht angeführt. Der Zusammenbruch war jedenfalls vollständig, der Rambach floß rot vom Blut der Erschlagenen, die Königlichen flohen in alle Windrichtungen und Habsberg selbst soll sich in Tarantsberg verborgen gehalten haben — war also ziemlich weit davongelaufen. Man zählte an Gefallenen 4000—5000 Mann von Habsbergs Leuten, bei den Bündnern etwa 2000; natürlich fiel auch das unbesetzte Glurns den Eroberern in die Hände, die nicht allein reiche Kriegsbeute machten, sondern auch unter der Bevölkerung furchtbar gehaust haben.

Kramer spricht von einem regelrechten *Blutrausch der Sieger*, will jedoch die Nachricht, daß alle männlichen Einwohner über zwölf Jahren getötet wurden, nicht wörtlich nehmen; vielen mag ja auch die Flucht in die Berge geglückt sein. Immerhin ist es zu Massenmorden, Raub, Brandschatzung und Vergewaltigungen in einem furchtbaren Ausmaß gekommen; zwischen den Reschenseen und Schlanders wurden elf Orte, darunter vor allem die Stadt Glurns, niedergebrannt.

Der Nürnberger Humanist Willibald Pirkheimer, der selbst an der Schlacht teilgenommen hatte, vermeldete, daß er zu Vollwaisen gewordene Kinder gesehen habe, die man wie das liebe Vieh auf die Weide getrieben hätte, damit sie sich Kräuter aus der Erde reißen sollten. Die Niederlage war vollständig — das von Brandfackeln erleuchtete Land ein Bild des Grauens; Kramer schreibt: *1499 war ein Tiefpunkt in der Geschichte der Zivilisierung der Kriegsführung.*

Als Maximilian am 29. Mai nach Glurns kam, sieben Tage zu spät, da sah er noch die Leichen auf dem Schlachtfeld liegen. Dabei soll er geweint haben wie ein Kind.

Nach der Entscheidungsschlacht an der Calvenbrücke wogte der Kampf noch einige Zeit hin und her, es gab eine furchtbare Strafexpedition der Königlichen in das obere Engadin aber auch wiederum Vorstöße der Bündner bis gegen Kastelbell; dort wurden die Bündner zurückgeschlagen und damit auch Meran gerettet, von dessen Plünderung sich die Kriegshorden wohl einiges versprochen hatten. Den Kaufpreis für die Errettung des mittleren Etschtales von Kastelbell abwärts hatte Schlanders zu bezahlen, das vollständig in Schutt und Asche gelegt wurde. —

Am 22. September 1499 wurde der Friede von Basel geschlossen, der für Maximilian sehr günstig ausfiel, denn es blieben sogar die österreichischen Gerichte in Bünden bestehen, ebenso wie im Vinschgau die churische Gerichtsbarkeit über die Gotteshausleute. Aber der Versuch Habsburgs, das Bündner Land zu durchdringen, war erfolgreich abgewehrt.

Kramer berichtet abschließend, daß in einem *später so geschichtslosen Land wie der Schweiz* die Erinnerung an die Calvenschlacht zum 400jährigen Jubiläum im Jahre 1899 *fast übermäßig gefeiert* wurde. Es mag hier gewiß zu Recht der Tapferkeit der Bündner ehrend gedacht worden sein — doch die Erinnerung an die schrecklichen Opfer der Bevölkerung auf beiden Seiten läßt derartige Jubiläumsfeiern doch eher fragwürdig erscheinen.

In den Aufständen der Bauern im Jahre 1525 hatten die Kartause Allerengelberg im Schnalstal und vor allem Marienberg zu leiden, worüber unter diesen Stichwörtern noch gesondert und ausführlich zu berichten sein wird; hier sei nur so viel gesagt, daß anläßlich der Plünderung von Marienberg neben Kirchen- und Kunstschätzen auch Archivalien gestohlen und vernichtet wurden.

Der Führer des Tiroler Aufstandes, der aus der Sterzinger Gegend stammende Bauernrebell Michel Gaismair, seit dem Herbst 1525 als politischer Flüchtling in der Schweiz, plante Tirol von hier aus zu „erobern" — auf dem uns nun schon bekannten Weg durch die Enge der Calvenschlucht; der Plan war durchaus nicht unklug, barg doch das nahe Glurns ein komplettes Arsenal an Waffen, Ausrüstung und Verpflegung. Es ist jedoch nicht zur Ausführung dieses Planes gekommen. — Näheres zu Gaismair und weitere Literatur über ihn siehe im Band 5 der vorliegenden Landeskunde, „Eisacktal", vom Verf.

Besonders stark wirkten sich die Religionswirren im 16. Jahrhundert aus, wobei sich im Vinschgau von Westen her die Lehre der „Evangelischen Freiheit" nach Calvin und Zwingli ausbreitete, und zwar zunächst so stark, daß in Burgeis — zu Füßen von Marienberg — ein ketzerischer Prediger vorübergehend sogar Pfarrer war (Strobl). Im Zuge dieser Religionskämpfe spielte die Fürstenburg in Burgeis eine große Rolle, da sich die Churer Bischöfe wiederholt hierher in Sicherheit bringen mußten, zeitweilig hier residierten, die Burg vorübergehend an ihre vom abgefallenen churischen Gotteshausbund aufgestellten „Gegenbischöfe" verloren und erst nach langem Hin und Her endgültig (bis zur Säkularisation im Jahre 1803) wieder in Besitz nehmen konnten (vgl. auch S. 171). — Wir deuteten bereits an, daß gleichzeitig mit der Bekämpfung des „Neuen Glaubens" auch das Rätoromanische als die Sprache der evangelischen Prediger zurückgedrängt wurde. In dieser Zeit festigte sich zwischen Taufers und *Müstair* an der 1592 gezogenen Trennlinie zwischen Graubünden und Tirol (Huter, S. 565) sowohl die Sprach- als auch die Konfessionsgrenze.

Waren es demnach im Westen die Reformierten, die Zwiespalt in das Glaubensvolk trugen, so kam von Osten her die Welle des Wiedertäufertums, die manche Teile Tirols besonders stark ergriff — so etwa vor allem die Sterzinger Gegend — und auch weithin bis in den unteren Vinschgau ausstrahlte. Über das Sektenwesen in späterer Zeit vgl. vor allem S. 349.

Von kriegerischen Ereignissen blieb das Tal nunmehr fast gänzlich verschont, wenn man von den drückenden Lasten absieht, die der Bevölkerung von den durchziehenden Heerhaufen des Dreißigjährigen Krieges auferlegt wurden — und dies auch dann, wenn es sich um die eigenen oder verbündete spanische Truppen handelte, wie etwa in den Jahren 1634 und 1635.

Engelbert Waldner hat in „Schlern", Jahrgang 1970, S. 22 ff., an Hand von Verfachbüchern in erschütternder Weise dargestellt, wie sehr das ohnehin gequälte Volk des oberen Vinschgaues unter dem Treiben dieser Soldateska zu leiden hatte. Desgleichen berichtet Ferdinand Patscheider („Schlern", Jg. 1949, S. 111 ff.), daß die Dörfer an den Reschenseen durch diese Plünderungen und Gewalttätigkeiten sogar bis zu einem bedenklichen Grad entvölkert wurden.

Zu all diesen Prüfungen gesellt sich noch, daß 1630 eine zweite Welle der Pest aufflackerte, die im Jahre 1635 traurige Höhepunkte erklimmt, so vor allem im Tauferer Tal, in Glurns und in Mals, wo die Entvölkerung stellenweise bis zu 75 Prozent erreicht haben soll. Die Volkssage übertreibt hier allerdings, denn erhaltene Pfarrbücher besagen immerhin, daß die Pest des Jahres 1635 dem Wüten der Seuche um 1348 um einiges nachsteht.

Pestfriedhöfe (Glurns), die Rochuskapelle in Puntweil/Taufers, St. Michael in Burgeis und zahlreiche fromme Bilder an den Hauswänden erinnern da und dort noch an diese Schreckenszeit. Es ist überliefert, daß vor allem die Bozner Franziskaner die Pestkranken in aufopfernder Weise gepflegt haben, wofür ihnen ein heute noch bestehendes Almosenrecht im ganzen Vinschgau — ohne Suldental — eingeräumt wurde. — Näheres über diese zweite Pestzeit bei Paul Noggler in „Schlern", Jg. 1956, S. 350 ff., mit Abb.

Fast das ganze 18. Jahrhundert war für Westtirol eine Zeit des Friedens (Kramer) — bei Gott, eine wohlverdiente Zeit! Um so schlimmer sollte der Vinschgau wiederum zu Zeiten des Zweiten Koalitionskrieges (1799; England, Rußland, Österreich usw. gegen Frankreich) leiden, als französische Truppen von dem seit 1798 nunmehr mit Österreich verbündeten Graubünden her in den obersten Vinschgau eindrangen und hier furchtbar hausten, nach Kramer *wie die entfesselten Teufel.*

Der Widerstand der österreichischen Generäle war schlecht organisiert, und so wurde der obere Vinschgau wegen dieses zögernden Einsatzes regulärer österreichischer Truppen wiederum grauenhaft verwüstet. Es war den Österreichern nicht gelungen, die Franzosen an der Bündner Grenze, in der Enge des Münstertales aufzuhalten; ähnlich wie vor 300 Jahren an der Calvenbrücke die Bündner, so umfaßten diesmal die Franzosen die Österreicher bei Taufers und brachten ihnen eine vernichtende Niederlage bei (1200 Gefallene und 4000 Gefangene bei nur 60 gefallenen Franzosen); lediglich die Tiroler Schützen, die von den Berghängen her Flankenschutz gegeben hatten, zogen sich nur schrittweise zurück und versuchten den Ansturm der Franzosen abzuwenden — allerdings ohne nachhaltigen Erfolg.

Der Führer des österreichischen Kontingents, General *Laudon* — verwandt mit dem Marschall der Maria Theresia —, war inzwischen schon Hals über Kopf geflohen, voll Zorn auf den Oberbefehlshaber *Bellegarde,* dessen Fehlentscheidungen die Niederlage offensichtlich herbeigeführt haben. Laudon kam es zugute, daß er — im Gegensatz zu *Bellegarde* — mit den Tiroler Schützen guten Kontakt gehalten hatte. Sie halfen ihm mit dem Rest seiner Leute durch das tiefverschneite Langtauferer Tal und führten ihn über das Weißseejoch ins Kauner Tal; kurz zuvor hatte man noch in Marienberg Station gemacht, wo *Laudon* seine Uniform mit einfacher Bauernkleidung vertauschte. Er soll auch seinen Degen in Marienberg zurückgelassen haben.

Die französischen Soldaten hatten Not gelitten, und nun benahmen sie sich zum Teil wie die Bestien (Kramer). Es wurde zwar nicht mehr die ganze männliche Bevölkerung ausgerottet wie 1499, aber wiederum gab es Raub, Mord und Plünderung, rund 215 Häuser wurden angezündet, man riß den Leuten teilweise sogar die Kleider vom Leib, Kirchen wurden geschändet und weder die Frauen noch der Klerus verschont.

Endlich, nach all diesen Prüfungen für die Bevölkerung, gelang der Gegenstoß, Taufers wird nach hartem Kampf um den von den Franzosen besetzten Friedhof genommen und der Feind bis ins Engadin abgedrängt. Damit war im Augenblick die Gefahr für den Vinschgau gebannt.

In Zusammenhang mit dem Unglücksjahr 1799 überliefert Kramer eine Anekdote aus der Zeit nach diesem Krieg. Im Jahr 1823 reiste der Thronfolger Erzherzog Ferdinand zusammen mit dem kommandierenden General von 1799, Graf *Bellegarde,* zum Schlachtfeld von Taufers. Der Gemeindevorsteher des Ortes, der den dort heute noch häufigen Namen *Fliri* trug, beklagte sich beim Erzherzog mit bitteren Worten über die unfähige Art, mit der *Bellegarde* vor 24 Jahren die Truppe zum großen Schaden des Vinschgauer Oberlandes geführt habe; so mußte der von *Fliri* nicht erkannte General das vernichtende Urteil aus dem Mund der Bevölkerung in Gegenwart seines Kriegsherren hören.

In den Jahren 1801 und 1805 wurde der Vinschgau vereinbarungsgemäß von französischen Truppen im Sinne des Waffenstillstandes von Steyr (1800) besetzt, doch kam es natürlich auch dabei zu Übergriffen; bei solchen Anlässen zeigte sich — wie sehr oft in der Geschichte des südlichen Landesteiles — der Segen der Rebe von seiner Kehrseite, denn es wird berichtet, daß besonders die weinreiche Gegend des Untervinschgaues und von Meran unter der sich sehr ausgelassen gebärdenden Besatzung zu leiden hatte. Ende November 1805 zogen die Franzosen wieder ab.

Der Freiheitskampf der Tiroler im Jahr 1809 hat den Vinschgau selbst nur wenig berührt; das Tal, das im Laufe seiner Geschichte so viele Blutopfer hatte bringen müssen, blieb diesmal wenigstens vor direkten Kriegsauswirkungen verschont, wenngleich die Vinschgauer Schützen unter ihren tapferen Führern an allen Brennpunkten des Freiheitskrieges ruhmreich ihren Mann stellten.

In diesem Sinne ist die Geschichte des Vinschgaues von 1809 zu schreiben, die Kramer in seiner sonst so ausführlichen Arbeit mit nur acht Zeilen abtut; allerdings darf er vieles als bekannt voraussetzen. Er erwähnt, daß die Franzosen nur ein einziges Mal unter General *Rusca* von Meran aus einen Vorstoß unternehmen, der jedoch von den Vinschgauer Schützen abgewiesen wird. Nach der Niederwerfung des Aufstandes galt, wie Kramer berichtet, das Tal *als eines der ruhigsten Tirols.*

Von all den Schützenhauptleuten des Vinschgaues, die sich mit ihren Männern wiederholt ausgezeichnet haben, soll dort die Rede sein, wo ihre Heimatorte einer näheren Betrachtung unterzogen werden. Zwei Namen müssen jedoch schon an dieser Stelle genannt werden, da sie mit bedeutenden und entscheidenden Ereignissen des Krieges von 1809 unlöslich verbunden sind; es sind dies Martin Rochus Teimer und der Priester Josef Danay, beide aus Schlanders gebürtig (vgl. hiezu auch S. 340 und S. 341).

Teimer hatte die berühmte „offene Ordre", den Befehl zum Losschlagen im Jahre 1809, zusammen mit Andreas Hofer unterzeichnet, kam aber erst nach der Schlacht am Bergisel vom 12./13. April mit seinem Aufgebot nach Innsbruck, gerade zurecht zur Kapitulation des Generals *Bisson* mit 4600 Mann. *Bisson* weigerte sich jedoch, die Kapitulationsakte der Bauern zu unterschreiben und bestand darauf, mit einem österreichischen Offizier zu verhandeln. Da war es Teimer, der sich aus gewissen Gründen (vgl. S. 341) schon tags zuvor eine österreichische Majorsuniform ausgeliehen hatte und nun formell als „Offizier" unterzeichnete. Diese Kriegslist wurde nachträglich sanktioniert; der Kaiser ernannte Teimer mit 15. Mai 1809 zum kaiserlich-königlichen Major der österreichischen Armee, außerdem zum Ritter des Theresienordens und zum „Freiherrn von Wiltau", da er die Kapitulation im Innsbrucker Vorort Wilten, zu Füßen des Bergisels, unterzeichnet hatte. — Über das spätere Zerwürfnis Teimers mit Andreas Hofer vgl. S. 341. Auch die Rolle Danays ist nicht unumstritten geblieben; der geschickte, redegewandte und mehrerer Sprachen mächtige Priester wird zum Vertrauten und Sekretär Andreas Hofers und kämpft noch in der letzten, für die Tiroler unglücklichen Schlacht am Bergisel mit. Im Gegensatz zu Hofer aber predigt er sofort nach dem Bekanntwerden des Friedens von Schönbrunn zwischen Österreich und Frankreich (14. Okt. 1809) ausschließlich die Unterwerfung und gerät mit dem von Hitzköpfen beratenen Hofer in schweren Konflikt; er wird sogar vorübergehend von Andreas Hofers Stab im Passeier gefangengehalten, kann aber bald entkommen und verhandelt nun sehr geschickt mit dem General *Baraguay d'Hilliers* über den Vinschgau. Die Folge ist, daß dort die französischen Gefangenen gegen die gefangenen Tiroler Bauern ausgetauscht werden und das Tal als einziges von Tirol keine französische Einquartierung erhält. Daß er später sogar als Bevollmächtigter *Baraguays* amtierte, hat den Verdacht aufkommen lassen, daß Danay der Verräter Hofers gewesen sei. Dieser Verdacht ist, wie wir unter S. 342 darlegen werden, durch keine historischen Belege aufrechtzuerhalten.

So war der Vinschgau diesmal ohne Verwüstung, Brand und Plünderung davongekommen, nicht zuletzt dank dem diplomatischen Geschick des umstrittenen Josef Danay. Ebenso ist die politische Konstellation des Jahres 1815 für den Vinschgau günstig, denn die im Zweiten Frieden von Paris anerkannte dauernde Neutralität der Schweiz war nun an der schwachen Stelle des oberen Vinschgaues ein Schutz, *der sich seit eineinhalb Jahrhunderten bewährt hat* (Kramer).

Eine weitere Grenzziehung in dieser Richtung und ebenso eine Lösung uralter Beziehungen zum westlichen Nachbarland bedeutete die Trennung vom Bistum Chur; mit päpstlicher Verfügung vom Jahre 1816 wurde der Tiroler Anteil des Bistums Chur der Diözese Brixen einverleibt, bei welcher der Obervinschgau bis 1964 geblieben ist, während der mittlere und untere Teil des Tales (Grenze bei Eyrs) schon 1818 an Trient kam und dort — beim sogenannten Deutschen Anteil dieser Diözese — ebenfalls bis 1964 verblieb. Der ganze Vinschgau kam in diesem Jahr zur neu errichteten Diözese Bozen-Brixen, worüber wir unter „Kirchliche Einteilung" noch genauer referieren werden.

Die neueste Zeit und der Krieg in den Ortlerbergen

Die Zeit vom Wiener Kongreß (1815) bis zum Eintritt Italiens in den Ersten Weltkrieg (1915) bedeutete für unsern Vinschgau soviel wie hundert Jahre Frieden. Die Ereignisse des Revolutionsjahres 1848 und die Zurückdrängung Österreichs aus Oberitalien im *Risorgimento* („Italien den Italienern!") bringt in den Kriegsjahren 1859 und 1866 kleinere Scharmützel am Stilfser

Joch und 1866 vereinzelte Vorstöße österreichischer Truppen bis *Bormio* mit sich; der Vinschgau selbst wird jedoch nur durch Truppenbewegungen betroffen und beunruhigt.

Trotz dieser lang anhaltenden Friedenszeit standen die Verhältnisse der Bevölkerung durchaus nicht zum besten; so blieb zum Beispiel 1814/16 wegen übergroßer Kälte die Ernte aus. *Die Leute aßen Schweinefutter* (Hurton). Im Jahre 1836 wütete hier wie anderwärts im Lande die asiatische Cholera. Laut zeitgenössischen Berichten blieb jedoch das Gebiet über 1300 Metern von der Seuche verschont, und in ebendiese Höhen sollen sich auch die Vögel geflüchtet haben.

Eine weitere Schreckenszeit bedeutete für den oberen Vinschgau der Ausbruch des Haider Sees im Jahre 1855. Man hatte damals den Versuch gemacht, durch vorsichtiges Ablassen des Reschensees und des heute durch Stauung mit ihm verbundenen Mittersees Ackerland für die notleidende Bevölkerung zu gewinnen. Anhaltende Regenfälle ließen jedoch diesen Eingriff in die Natur zur Katastrophe werden, die riesigen Wassermassen durchbrachen die am Haider See errichteten Schutzdämme und ergossen sich sintflutartig ins Bett der Etsch. Burgeis mit seinen Häusern, Straßen und Brücken wurde am schwersten betroffen, aber die Flutwelle richtete auch noch weiter unterhalb in Schleis, Laatsch und vor allem in Glurns gewaltigen Schaden an. Die anhaltenden Regenfälle dieses Katastrophensommers hatten überdies im ganzen Tal verheerende Murbrüche zur Folge, denen ähnliche Verwüstungen schon vorangegangen waren (1840 Verschüttung von Vezzan). Die wirtschaftliche Situation war demnach weiterhin alles eher als gut. Von dem damit zusammenhängenden Dörcher- und Karrnerwesen wird an anderer Stelle noch die Rede sein, ebenso vom erschütternden *„Sklavenmarkt“* (Fischer). der sogenannten „Schwabenkinder“, die zu landwirtschaftlicher Arbeit über den Sommer regelrecht „vermietet“ wurden (vgl. S. 83). — Viele Bewohner suchten außerhalb ihres Heimattales Arbeit. Nach Staffler lebten im Oberland durchschnittlich 2 bis 3 Familien zu je ungefähr 6 Köpfen in einem Hof zusammen; die Raumanteile der einzelnen Familien waren durch Kreidestriche markiert.

Wir wollen dem Kapitel „Wirtschaft“ nicht vorgreifen, doch sei schon an dieser Stelle gesagt, daß solch bitterer Not die Tüchtigkeit und der Erfindergeist der Vinschgauer nach und nach dadurch steuern konnten, daß schon vor dem Ersten Weltkrieg eine intensive Bodennutzung für den Edelobstbau einsetzte, in dessen Rahmen die berühmten Vinschgauer Marillenpflanzungen

eine große Rolle spielen. Voraussetzung für diesen wirtschaftlichen Aufschwung war die in den Jahren 1869 und vor allem 1880 durchgeführte großzügige Etschregulierung von Glurns abwärts bis Salurn, als letzte Phase eines schon unter Kaiserin Maria Theresia begonnenen Programms. Im Obervinschgau ist es dann vor allem der Fremdenverkehr gewesen, der neue Einnahmequellen schuf und heute noch schafft, vor allem durch die alpine Erschließung der Ortlergruppe und das Aufblühen von Sulden und Trafoi, das zunächst durch den Bau der Stilfser-Joch-Straße (1820 bis 1825) und später durch die Eröffnung der Eisenbahnlinie Meran—Mals (1906) entscheidend gefördert wurde; Pläne, diese Strecke über den Reschen bis Landeck zu führen, hat es gegeben, doch sind sie über ein Anfangsstadium (Beginn einer Trassierung bei Landeck) nicht hinausgekommen, obwohl es in beiden Weltkriegen schon fertige Projekte für diese auch strategisch überaus bedeutsame Linie gab.
Mitten in diese Zeit eines zwar langsamen, aber stetigen wirtschaftlichen Aufstieges knallten die Schüsse von Sarajewo; Kaiserjäger und Landesschützen aus dem Vinschgau standen gleich zu Beginn des Krieges in Galizien und Serbien. Daheim gab es nur mehr ältere Männer und junge Burschen, aus denen sich die Standschützen rekrutierten, gewissermaßen das letzte Aufgebot, das 1915 einberufen werden mußte, als Italien an Österreich den Krieg erklärte und eine Linie Stilfser Joch - Ortler - *Cevedale* - *Tonale*-Paß über Nacht Front geworden war.

Über die Organisation und den Einsatz der Standschützen informiert aus eigener Erfahrung sehr treffend Anton Graf Bossi Fedrigotti („Standschütze Bruggler"), dessen Buch über den Vinschgau (vgl. Lit.-Verz.) wir wesentliche Angaben über den Krieg in den Ortlerbergen entnehmen. Dasselbe gilt für den „Führer durch die Ortlergruppe" von Lois Köll sowie das erst vor kurzem auf italienischer Seite erschienene Werk *„Guerra d'Aquile"* von *Luciano Viazzi*, das sich durch vornehme Objektivität auszeichnet und wertvolles Bildmaterial bietet; auch das Buch „Die Front in Fels und Eis" von Gunther Langes ist an dieser Stelle zu nennen (vgl. Lit.-Verz.).

Es kann nicht unsere Aufgabe sein, hier Einzelheiten und kriegsgeschichtliche Daten zu bringen. Wie schon erwähnt, konnte die Heeresleitung nur die nach ihrer alten Aufgebotsordnung („Landlibell" Kaiser Maximilian I. vom Jahre 1511) in Gerichtsbezirken und Talschaften organisierten Standschützen an die Hochgebirgsfront entsenden, eine durch das Schützenwesen auf den Schießständen und durch die große Tradition der Freiheitskriege erprobte Mannschaft, deren Altersgrenzen allerdings bei 15 und über 60 Jahren lagen; aber es waren treffsichere Schützen, Gemsjäger und Bergführer dabei, die in schlagartigem Zugriff die entscheidenden Positionen besetzten und — abgesehen von unwesentlichen Gebietsverlusten im Wechsel der Kämpfe auf beiden Seiten — die gesamte Ortlerfront hielten. *Als der Befehl zum Waffenstillstand die Männer erreichte, vermochten die meisten unter ihnen den Sinn des Befehls nicht zu begreifen... nirgends war ihnen ein Fußbreit Heimatboden vom Gegner abgerungen worden* (Bossi Fedrigotti).

Was zwischen dem Beginn der Feindseligkeiten im Jahre 1915 und diesem Waffenstillstand im November 1918 lag, ist ein Heldenepos in Fels, Eis und Schnee. Bis auf den *Monte Zebrú* waren alle Gipfel der Gruppe besetzt. Von der Payerhütte (3020 m) aus wurde die bisher *höchste Artilleriestellung der Weltgeschichte* eingerichtet, indem 25 Mann der Kompanie Stilfs unter der Leitung des Bergführer-Leutnants Haller eine 10,5-cm-Kanone auf dem Ortler-Vorgipfel (3860 m) in Stellung brachten (vgl. hiezu Franz Haller in „Schlern", Jg. 1954, Seite 290 ff., mit Abb. der Geschützstellung). — Schon gleich zu Beginn des Krieges wurde der das Stilfser Joch beherrschende *Monte Scorluzzo* (3094 m, 320 m höher als das Joch) den Italienern im Handstreich durch den Gendarmeriehauptmann Andreas Steiner entrissen und blieb von da an trotz tapferster Gegenangriffe der *Alpini* in österreichischer Hand. Am 10. September 1972 wurde auf dem Gipfel dieses Berges ein Gedenkkreuz für alle gefallenen Kämpfer der Ortlerfront eingeweiht. — Auf der Hohen Schneid (3431 m) lagen sich Österreicher und Italiener auf nächster Distanz am gleichen Berg gegenüber, nachdem sich die Standschützen durch einen Eistunnel im Inneren des Berges bis an den Gipfel vorgearbeitet hatten. — Der von den Italienern besetzte Gipfel der Trafojer Eiswand (3563 m) wurde von den Österreichern im September 1917 durch einen tollen Handstreich genommen, konnte aber nur drei Tage gehalten werden. — Die am 15. Mai 1917 von den Österreichern in schnellem Zugriff knapp vor den Italienern besetzte Königsspitze (3859 m) blieb bis zum Waffenstillstand in österreichischer Hand; an der Südwestseite des Berges finden sich noch heute Spuren einer Sandsackstellung (Köll). — Besonders heiß umkämpft wurde die *Punta San Matteo* (3692 Meter) als östlicher Angelpunkt der Ortlerfront. Die österreichische Besatzung hatte sich in einer Gletscherspalte am Gipfel verschanzt, wurde am 13. August 1918 von den Italienern überrumpelt, konnte aber schon am 3. September die verlorene Stellung zurückerobern. *Dies war die größte militärische Aktion auf den Ortlerbergen und der höchste Nahkampf der Geschichte* (Köll); nur die Kämpfe am Elbrus im Kaukasus (5633 m) im Zweiten Weltkrieg sind damit höhenmäßig vergleichbar.

In all diesen Kämpfen schmolzen die Besatzungen der Höhenstellungen immer mehr zusammen, Bataillone wurden zu Kompanien, ja zu einzelnen Zügen dezimiert. Das Bataillon Schlanders hatte am Ende des Krieges nur mehr zwei überlebende Offiziere; fast alle Dienstgrade und Mannschaften waren hoch dekoriert, als sie des Kaisers Rock für immer auszogen.
Wie an der gesamten Alpenfront, so war besonders in den Ortlerbergen der mörderische Winter des Hochgebirges für Freund und Feind eine beständige Gefahr. Der schneereiche Winter 1916/17 brachte sintflutartige Lawinen mit sich, die an der gesamten Alpenfront schätzungsweise auf beiden Seiten an die 10.000 Todesopfer forderten und natürlich immer wieder die Nachschubwege, Seilbahnen und Unterkünfte zerstörten.

Wie Bossi Fedrigotti berichtet, gab es Schneedecken bis zu acht Metern Höhe und noch im Mai 1917 Schneefälle, die 295 cm erreichten. Es wurden Temperaturen von minus 40 Grad, laut Haller sogar bis minus 50 Grad gemessen. Was dies für die Männer der Front beim damaligen Stand der alpinen Ausrüstung bedeutete, läßt sich heute kaum mehr ermessen. Langes schreibt: *Wer hätte es vordem für möglich gehalten, daß Menschen es vermocht hätten, selbst auf den höchsten eisumpanzerten Alpengipfeln den todbringenden Winter zu überdauern und dazu noch zu kämpfen?*
Nun, sie vermochten es. Die Opfer, die es gekostet hat, lassen sich in allen Orten des Vinschgaues an den Kriegerdenkmälern ablesen.

Mit dem Friedensschluß von *St.-Germain* erhielt Italien die nach damaligen strategischen Begriffen günstige Staatsgrenze am Alpenhauptkamm; der Vinschgau wird durch die am 10. Oktober 1920 rechtswirksam gewordene A n n e x i o n S ü d t i r o l s durch Italien in weiten Teilen Grenzgebiet gegen das, was von Österreich übriggeblieben war.
Die zunächst maßvolle Herrschaft des Königreiches Italien und die späteren Zwangsmaßnahmen des Faschismus haben sich im Vinschgau wie in allen anderen Teilen des Landes ausgewirkt und dürfen als bekannt vorausgesetzt werden (vgl. Bd. 7 der vorliegenden Landeskunde). Hervorzuheben ist in diesem Zusammenhang, daß der Vinschgau in den dreißiger Jahren in das System des von *Mussolini* errichteten A l p e n w a l l e s einbezogen wurde, was den Bau von zahlreichen Militärstraßen, Errichtung von Garnisonen und vor allem den Ausbau eines tief gestaffelten Bunkersystems zur Folge hatte.

Die Militärstraßen dienen heute da und dort (Rojen, Schöneben usw.) friedlichen Zwecken, in den Garnisonen werden die italienischen Gebirgstruppen ausgebildet, in denen zum

Teil auch Südtiroler Burschen ihre Militärdienstpflicht leisten. Die Bunker — die gottlob niemals zum Einsatz kamen — stehen nutzlos und keineswegs zur Zierde der Landschaft im ganzen Tal herum, mit einem besonders stark bestückten Gürtel um Mals, Glurns und den Tartscher Bühel, der seiner strategisch wichtigen Position wegen fast zur Gänze unterminiert wurde.

In die Zeit zwischen den beiden Weltkriegen und mehr noch in die Jahre danach fällt die Anlage großer Elektrizitätswerke, die in den Stufen Schnalstal und Töll der Etschwerke bereits ältere Vorgänger hatten. Die Erbauung der großen Stauwerke von Martell, Schnals und Reschen bedeutete einen nachhaltigen Eingriff in die Struktur und in das uralte Bewässerungssystem der Talschaft.

Der Zweite Weltkrieg verschonte den Vinschgau so gut wie zur Gänze, wenn man von dem Blutzoll absieht, den Soldaten aus dem Vinschgau wiederum an vielen Fronten des Völkerringens entrichtet haben. Von dem unseligen, zwischen Hitler und *Mussolini* abgeschlossenen Umsiedlungsabkommen wurde der Vinschgau ebenso wie das ganze Land betroffen, und hier wie anderwärts wirkte sich nach der Herrschaft des Faschismus die Regelung des Pariser Vertrages (1946) zwischen Italien und Österreich (Regionalautonomie Südtirol-*Trentino*) auf sehr vielen Gebieten mildernd aus.

Die wegen der Sprengstoffattentate des Jahres 1961 und der darauffolgenden Zeit ausgebrochene Kontroverse zwischen den beiden Vertragspartnern ist durch die Annahme des sogenannten „Paketes" (von einer paritätischen Kommission ausgearbeitete Vorschläge für Zugeständnisse der römischen Zentralregierung) seitens der Südtiroler Volkspartei als beigelegt zu betrachten (zu Einzelheiten vgl. Bd. 7 der Landeskunde). Für den Vinschgau hat sich dies insofern ausgewirkt, als bislang durch Militär besetzte Schutzhütten im österreichischen Grenzkamm seit 1969 (Similaunhütte, WH. „Schöne Aussicht" in Schnals) bzw. 1971 (Weißkugelhütte in Langtaufers) wieder freigegeben worden sind.

Die jüngste Entwicklung des Vinschgaues ist durch eine wirtschaftliche und verkehrstechnische Aufwärtsentwicklung gekennzeichnet, von der unter den entsprechenden Abschnitten noch eingehend die Rede sein wird. Vor allem aber ist es der Fremdenverkehr, der den Vinschgau heute mit neuen Augen sieht und entdeckt; es ist ein Hauptanliegen des vorliegenden Buches, dem kultivierten Gast zum Erlebnis „Vinschgau" in diesem Sinne den Weg zu weisen.

Abgrenzung und Namenkundliches

Wer die hier kurz zusammengefaßte historische Entwicklung des Vinschgaues aufmerksam verfolgt hat, wird zur Erkenntnis kommen, daß der rein geographische Begriff „Vinschgau" zwar die Einheit des obersten Etschtales bezeichnen mag, daß aber innerhalb dieses Flußlaufes von der Wasserscheide am Reschen bis zur Talenge der Töll zahlreiche ältere Grenzen, Überschneidungen und Stoßrichtungen von West nach Ost und umgekehrt zu beachten sind.

Das vorliegende topographische Handbuch beschreibt den Vinschgau nach den heutigen Staats- und Verwaltungsgrenzen, vom Beginn an der Etschquelle in Reschen bis zur Töll. Die Staatsgrenze am Reschen existiert erst seit 1919 und trennt seither auch an dieser Stelle die alte Einheit Tirols. Bis zu diesem Zeitpunkt war der Reschen, wie wir nachstehend ausführen werden, keine nennenswerte Grenze und er trug auch keine Zollstätte; die war seit eh und je an der Talenge von Finstermünz im oberen Inntal.

Bis zum Wahrzeichen der Malser Haide, zum Langkreuz (vgl. S. 160), reichte vom Ende des 13. Jh.s bis 1919 das österreichische Gericht Naudersberg, zu welchem demnach die damaligen Gemeinden Reschen mit Rojen, Langtaufers, Graun und Sankt Valentin gehörten.

Auch kirchlich gesehen bildete der Reschen keine Grenze, da seit alters (590 ca.) Nauders ebenso wie der ganze Vinschgau dem Bistum Chur einverleibt war.

Eine weitere Einheitlichkeit zeichnet sich auch auf dialektgeographischem Gebiet ab, wie Kühebacher in einer gut fundierten Arbeit nachweist („Stifte und Klöster", S. 392 ff.; vgl. Lit.-Verz.): *Das oberste Etschtal von Laas aufwärts und das Reschengebiet bis an die Finstermünz ... schließen sich zusammen zu einem einheitlichen Dialektgebiet.* Von den zahlreichen Beispielen sprachlicher Gemeinsamkeit dieses Bereiches zitieren wir nur die Verkleinerungsendung auf -i, so z. B. *fâtrli* - „Väterchen".

Aus all diesen Argumenten mag abgelesen werden, daß der Vinschgau historisch gesehen schon bei der Enge von Finstermünz beginnt. Daß in „*Fins*-termünz" dieselbe Wurzel stecke wie im Namen der *Venosten* hat Menghin mit noch anderen angenommen („Schlern", Jg. 1920, S. 307); es ist hier jedoch eher Heuberger beizupflichten, der die Begrenzung des *Venosten*-Landes durch eine noch im 12. Jahrhundert bezeugte *Vinestana silva* nächst Finstermünz dokumentiert sieht („Schlern", Jg. 1932, S. 132).

Wesentlich älter als die heutige Reschenlinie ist auch die Grenze gegen Westen im Münstertal, die seit dem Ende des 16. Jahrhunderts das rätoromanisch-protestantische Graubünden vom mehr und mehr deutsch sprechenden katholischen Vinschgau scheidet.
Im Norden haben wir vor allem im Schnalstal ein verwaltungsmäßig und auch kirchlich bedingtes Übergreifen der alten Grenzen über den Alpenhauptkamm bis Vent im Ötztal, wovon bereits die Rede ging.
Schließlich sind auch die Grenzen an der Mündung des Tales nicht immer gleich gewesen; wir hörten zwar bereits, daß die eindeutige geographische Abriegelung, die durch die Talenge der Töll gegeben ist, für die Römer die italisch-rätische Grenze bildete — wir wissen aber anderseits auch, daß es den Grafen von Tirol gelang, ihr „Burggrafenamt" bis an die vermutlich ehemals langobardische Grenze (Sankt Prokulus-Naturns), also bis an die Schnalstalmündung vorzuschieben, so daß die Gemeinden Partschins, Plaus und Naturns in dieser Zeit als eigentlich nicht mehr zur Grafschaft Vinschgau gehörend aufscheinen (Huter, S. 567). Demnach wird in Naturns und mehr noch in Partschins auch schon die Burggräfler Tracht getragen, und erst in letzter Zeit (1973) haben sich diese drei genannten Gemeinden aus der Talgemeinschaft Vinschgau gelöst und offiziell dem Bezirksverband „Burggrafenamt" angeschlossen.
Für unsere vorliegende Betrachtung reicht der Vinschgau dennoch vom Reschen bis zur ältesten Grenze an der Talenge der Töll, da die Talgemeinschaftsgrenzen rein wirtschaftlich-verwaltungsmäßiger Natur sind und sich für den Reisenden nicht auswirken. Für die Bergumrahmungen zu beiden Seiten sind uns die Wasserscheiden und damit im Norden die Staatsgrenze sowie eine Linie Hochwilde - Eisjöchl - Lodner - Zieltal als Trennlinie zwischen westlicher und östlicher Texelgruppe maßgeblich (vgl. hiezu den Verf. in „Der Obere Weg", S. 552). Im Westen und Süden ist die Abgrenzung durch die Wasserscheide der Münstertaler Alpen (gleich Schweizer Staatsgrenze), im weiteren durch die zentrale Ortlergruppe (Provinzgrenze *Sondrio*) und schließlich durch den Marteller-Ultener Kamm bis zum Vigiljoch gegeben. Wir folgen mit diesen Linien genau dem Einzugsgebiet der oberen Etsch zwischen Reschen und Töll, mit Ausnahme des Rambaches im Münstertal, dessen Oberlauf durch Schweizer Staatsgebiet zieht und somit nicht mehr Gegenstand unserer Betrachtung ist; nur *Müstair* selbst soll wegen der engen Kontakte zu Marienberg und zur Geschichte des oberen Vinschgaues als Schweizer Grenzort einbezogen werden.

Wie aus dem Inhaltsverzeichnis dieses Buches hervorgeht, erfolgt die Betrachtung der gesamten Talschaft in drei Hauptabschnitten, im Gegensatz zu älteren Arbeiten (Klebelsberg z. B.), die es vielfach bei einer Zweiteilung bewenden lassen, an die wir uns insofern auch halten wollen, als wir gleich unsern Vorgängern die wesentliche klimatische Grenze an der Gadriamure zwischen Kortsch und Laas als Trennlinie zwischen dem unteren und dem oberen Vinschgau respektieren. Neuerdings hat es sich nun aus guten Gründen eingebürgert, diesen oberen Trakt nochmals zu unterteilen, und zwar in einen mittleren Vinschgau, der von der Gadriamure bis einschließlich Glurns reicht und als wichtigstes Seitental Sulden-Trafoi mit der zentralen Ortlergruppe sowie Matsch und Münstertal umfaßt. Mit Mals, Malser Haide und der Seenplatte von Reschen sind wir dann im eigentlichen Vinschgauer Oberland, das sich vom mittleren Vinschgau in mancher Hinsicht und vor allem wiederum klimatisch unterscheidet.

Diese Dreiteilung, die auch die Hauptorte Schlanders, Glurns und Mals auf drei Bereiche aufteilt, wird unter anderen (z. B. Ina Schenk, „Die Klima-Insel Vintschgau", vgl. Lit.-Verz.) vor allem auch von Klaus Fischer in seinen Arbeiten über die Murkegel des Vinschgaues und in seinen übrigen sehr bemerkenswerten Abhandlungen (vgl. Lit.-Verz.) eingehalten. Wir werden auf die einzelnen Argumente, die eine solche Dreiteilung rechtfertigen, noch in den Abschnitten über Geologie und Klima des Tales näher eingehn. — Auf die viel genannte, jedoch rein volkstümliche und sehr umstrittene Grenze zwischen den sogenannten Edel- und Staudenvinschgern werden wir im Abschnitt über die „Bevölkerung" des Tales näher Bezug nehmen.

Aus der Kenntnis der historischen Entwicklung heraus läßt sich auch der Name Vinschgau deuten; für die neueste, maßgebliche Arbeit auf diesem Gebiet (Finsterwalder in „Der Obere Weg", S. 223 ff.) ist es keine Frage mehr, daß *der Name Vintschgau zweifellos von der Völkerschaft der Venosten abzuleiten ist* (vgl. S. 15), die uns in der Wendung *de Venostes* (aus dem Land der Venosten) zu Beginn des 8. Jahrhunderts wieder begegnet und gut 300 Jahre später (1077) erstmals in der deutschen Form *Finsgowe* entgegentritt, 1300 als *Vinshoe* und später *Vinschowe;* Goswin schreibt in den deutschen Urkunden seiner Chronik *Vinsgow.*

Überholt ist heute Tarnellers Meinung („Schlern", Jg. 1922, S. 234, Anm.), nach der *Vinschgau* möglicherweise mit einem *Venusta vallis* zusammenhänge, also mit dem Adjektiv *venustus* gleich *schön, lieblich;* das wäre dann *Schönland* und müsse nicht unbedingt mit den *Venosten* in Verbindung stehn. — Eine andere Ableitung bringt Köll („Schlern", Jg. 1957, S. 280), der aus germanisch *vin* gleich *Weide* einen *vin(s)gowe,* also einen *Weidegau* konstruiert. Zu erwähnen ist auch die Deutung des sehr kundigen Lokalforschers Josef Pardeller aus Stilfs, der wegen der bezeugten Versumpfungen früherer Jahrhunderte an die Wurzel *fen* gleich „Sumpf" (also „versumpfter Gau") denkt. — Die Fachwissenschaft schließt sich jedoch solchen Theorien nicht an und hält heute an der Ableitung von den *Venosten* fest. Als Wurzel für diesen prähistorischen Volksnamen sieht der führende Indogermanist Krahe ein erschlossenes *wen-* mit dem Sinn von *befreundet* oder *verwandt;* eine Ableitung aus altindisch *vanam* gleich *Wald, Holz* wird heute abgelehnt (zit. bei Finsterwalder).

Ist also die Ableitung von der Völkerschaft der *Venostes* heute so gut wie gesichert, so tobt seit mehr als fünfzig Jahren der Kampf zwischen den Schreibweisen V i n t s c h g a u und V i n s c h g a u; in der älteren Literatur überwiegt die Schreibung mit -t- (noch früher *Vinstgau*), sie gilt als die lautlich richtigere, da sie die Aussprache der Bevölkerung selbst getreuer wiedergäbe (Auckenthaler in „Schlern", Jg. 1922, S. 199 f.). Tarneller äußert sich allerdings schon früh in gegenteiligem Sinn (a. a. O., S. 234), und in einer redaktionellen Anmerkung im gleichen Jahrgang spricht sich die Schriftleitung des „Schlern" (S. 308, Anm.) entschieden wiederum für Vinschgau ohne -t- aus; die Gegner der Schreibung mit -t- führen vor allem ins Treffen, daß man nach der allgemeinen Sprechweise dann auch z. B. Bozen als *Boazn* schreiben müsse. Auch Plant schreibt daher schon 1907 *Vinschgau* ohne -t-.

Trotzdem wurde die Schreibweise mit -t- bis in die neueste Zeit herauf in wissenschaftlichen Publikationen bevorzugt; dies gilt vor allem für das wichtigste Werk der neueren Zeit über den Vinschgau, für das Jahrbuch des Südtiroler Kulturinstitutes 1965/67 „Der Obere Weg". Hier wird einheitlich und demnach auch von Finsterwalder *Vintschgau* geschrieben. Nur der Abschnitt „Die Talgemeinschaft Vinschgau" (S. 571) macht eine Ausnahme; hier heißt es in einer Anmerkung:

> *Auf Wunsch des Autors wird im vorliegenden Beitrag die Schreibweise V i n s c h g a u (ohne -t-) verwendet. Dies entspricht dem offiziellen Entscheid der „Talgemeinschaft", womit diese Form der Schreibung beschlossen wurde.*

Die Talgemeinschaft hat es sich demnach zur Aufgabe gemacht, die einheitliche neuere Schreibweise V i n s c h g a u durchzusetzen. Diesem Bestreben wird in dem vorliegenden Band 1 der Südtiroler Landeskunde Rechnung getragen. Auch die Schriftleitung des „Schlern" hat sich neuerdings wiederum für die Schreibweise ohne -t- entschieden.

Das Hin und Her um die Schreibung des Namens wirkt sich im vorliegenden Buch allerdings noch insofern aus, als bei wörtlichen Zitierungen und Angaben von älteren Titeln der Genauigkeit halber noch die Schreibweise mit -t- angewandt werden mußte. Diese Stellen heben sich aber durch Kursivdruck bzw. bibliographische Angaben vom durchlaufenden Text deutlich ab. — Im übrigen bleibt abzuwarten, ob sich das alte, vielgebrauchte und vom phonetischen Standpunkt aus vertretbare -t- eliminieren lassen wird.

Nicht unumstritten ist auch das Geschlecht des Namens, denn manche Autoren wollen das umgangssprachliche Neutrum durchsetzen. So schreibt Köll zum Beispiel konsequent *das* Vinschgau (mit einem nicht ganz von der Hand zu weisenden Seitenblick auf alemannisch „das Gäu"), doch können solche umgangssprachliche Wendungen für die Lösung unseres Problems nicht maßgeblich sein.

Wir fassen daher zusammen: der Name kommt vom rätischen Volk der *Venostes,* wurde in der fränkischen Zeit zum *Gau der Venosten (finsgowe),* hat im italienischen *Val Venosta* die analoge Entsprechung, ist ohne -t- zu schreiben und hat maskulines Geschlecht. Es heißt: Der Vinschgau.

Die übrigen vorromanischen, romanischen und germanischen Namen der einzelnen Orte werden im Text jeweils an Ort und Stelle behandelt, soweit dies der Rahmen des Buches erlaubt und soweit befriedigende Deutungen vorliegen. An dieser Stelle sei nur auf die bereits wiederholt angewandte Form Malser Haide hingewiesen, die dem aufmerksamen Leser wegen der von der Orthographie abweichenden Schreibweise aufgefallen sein dürfte. Grund dafür ist die Tatsache, daß hier *Haide* (im Volksmund nur *Multen* oder *Hoad*) schon längst zum Ortsnamen geworden ist, daher auch *Sankt Valentin auf der Haide* usw.

Ebenso mag verwundert haben, daß für den schweizerischen Grenzort und das dortige Kloster Münster konsequent die rätoromanische Form *Müstair* angewendet wurde. Darin ist nichts anderes zu sehen als das Bemühen des Verfassers, die vierte offizielle Landessprache der Schweiz, eben das Rätoromanische, in gebührender Form zu respektieren.

Vielfach sind die Vinschgauer Namen wahre Zungenbrecher, und man wird sich erst nach und nach zurechtfinden, der Anfänger von der Töll aufwärts in den „Ländern" Rabland, Tabland und Tschirland, während der Fortgeschrittene schon mutig zwischen Tschars, Tarsch und Tartsch herumwandert, ohne sich zu verfehlen. Der Meister jedoch wird erst mit den von ganz hell bis zum Dumpfen fallenden Stufen des a, die er in „Wasser (= Berieselungs)-Wasser-Waal" gelernt hat, den tückischen Stammlauten von Latsch, Latschander, Laas und Laatsch beikommen.

III. ALLGEMEINE GEOGRAPHISCHE, WIRTSCHAFTLICHE UND KULTURELLE SITUATION

Geologischer Überblick, Klima, Flora und Fauna

Der Vinschgau hat ein eigenes Licht und eine eigene Luft; ganz selten nur wird ein Maler diese unfaßbaren Dinge richtig und wirkungsvoll darstellen.

Richard Staffler („Schlern", Jg. 1937, S. 150)

Der Vinschgau mißt in der Länge zwischen Reschenpaß (1508 m) und der Talenge der Töll (520 m) rund 75 Kilometer (Staatsstraße) und hat somit einen Höhenunterschied von 988 Metern zu überwinden; unweit der Paßhöhe entspringt die Etsch, die das Vinschgauer Oberland zunächst in Südrichtung durchmißt und dann ab Glurns in einem sanften Bogen gegen Osten dreht. Das Tal hat im Norden Anteil an der Sonnseite der Ötztaler Alpen und am westlichen Teil der Texelgruppe, im Westen an den Münstertaler Alpen und im Süden an der Ortlergruppe, als deren östlicher Ausläufer — zumindest im touristischen Sinn — der Marteller-Ultener Kamm gelten darf, der das Tal bis zur Töll begleitet.

Wir richten uns mit den folgenden Erörterungen vor allem nach der Arbeit von Paul Stacul in „Der Obere Weg" (S. 58 ff., mit geol. Karte). Außerdem wurden die Arbeiten Klebelsbergs und die neueren Forschungen von Klaus Fischer über die Vinschgauer Murkegel herangezogen; bezügl. der touristischen Einteilung sei auch hier auf die Arbeit des Verfassers in „Der Obere Weg" hingewiesen (S. 547 ff., „Die alpine Erschließung des Vintschgaues").

Der Vinschgau zeigt in seinem Aufbau *eine eindrucksvolle Einheitlichkeit, eine großzügige Architektur, eine einfache, klare Linienführung, wie sie kaum ein anderes Tal aufzuweisen hat.* Dies ist bedingt dadurch, *daß er zur Gänze im Bereich der Zentralalpen liegt, in einem Gebirgsabschnitt also von ähnlicher Gesteinsbeschaffenheit und verhältnismäßig einheitlichem geologischem Schicksal* (Stacul).

Der Ötztaler Kamm mit seiner ausgedehnten, auch auf den Süden übergreifenden Vergletscherung — der Langtauferer Ferner ist mit 8 km² der drittgrößte Gletscher Südtirols — gipfelt in der formschönen Weißkugel (3739 m) und zieht sich weiter über den Similaun (3606 m) bis zur Hochwilde

(3482 m), die den östlichen Eckpunkt im Norden unseres Betrachtungsraumes bildet; die hier gegen Süden ansetzende westliche Texelgruppe (Texelspitze, 3317 m) ist die auch geologisch bestimmte Grenze zwischen Vinschgau-Schnalstal und Burggrafenamt.

Geologisch gesehen entspricht diese Nordumrahmung unseres Tales dem riesigen Gebiet des Ötztaler Kristallins, das auch noch das ganze Vinschgauer Oberland mit Seenplatte und einem Gutteil der Malser Haide umfaßt. Es ist im Süden durch eine nahezu waagrecht, von West nach Ost ziehende Linie abzugrenzen, die westlich der Etsch etwa zwischen Schlinig und Schleis verläuft, ostwärts der Etsch jedoch durch eine Waagrechte zwischen Planeil, Glieshöfen in Matsch und Karthaus im Schnalstal gekennzeichnet ist.
Den Hauptbestandteil des Ötztaler Kristallins bildet der „Ötztaler Gneis", ein biotit- und plagioklasführender Paragneis (Stacul); an Mineralienfunden sind bei Plant, „Reiseführer durch Vinschgau" (S. 97 ff.) u. a. *Andalusit, Cyanit, Staurolith* (Langtaufers), *Goethit* (Matsch), *Pyrit* (Planeil) usw. angeführt.

Eine Besonderheit im einheitlichen Bild dieses Ötztaler Kristallins bildet die Gegend am Reschen selbst, einmal durch das Vorkommen von *Tonalitgneisen,* zum andern durch die auffallend helle Färbung des Gebirgsstockes südlich von Graun an der Mündung des Langtauferer Tales.

Während im Kristallin sonst überall abgerundete Formen vorherrschen, fallen an der dem Ort Reschen östlich benachbarten Klopaierspitze (2918 m; früher *Klapairspitze*) und ihren Nachbargipfeln schroffe Formen und scharfe Blockgrate auf, die auf größere Widerstandskraft der hier anstehenden *Tonalitgneise* gegen Verwitterung zurückgeführt werden. — Der auffallend helle, über Graun aufragende Jaggl (2652 m; in den Karten „Endkopf") und als Gegenstück der Piz Lat (2808 m) jenseits des Paßtales sind aus dolomitischem Kalk aufgebaut, offensichtlich analog zum *Brenner-Mesozoikum* am entgegengesetzten Ende des Ötztaler Kristallins; so wie man dort von Triasformen in der Tribulaungruppe spricht ist hier von einer *Jaggl-Trias* (Stacul) die Rede. Es ist umstritten, ob es sich hiebei um eine einstmals zusammenhängende Decke handelt oder ob es *Aufragungen eines tieferen Untergrundes sind* (Fischer).
Eine weitere Besonderheit innerhalb des Ötztaler Kristallins stellen dicke Bänke weißen Marmors in der Texelgruppe dar, die zum Teil den Gipfel der Hohen Weiße (Name!) und den des Lodner (3219 m) aufbauen; gegen Nordosten setzt sich dieses Vorkommen im Sterzinger Marmor weiter fort.

Der wesentlichste Teil des Vinschgaues jedoch, die Talsohle von der Mündung des Schlinigtales abwärts auf breiter Basis zu beiden Seiten sowie der unser Tal betreffende Teil der Münstertaler Alpen werden von der Vinschgauer Schieferzone bestimmt, die als Untergruppe die sogenannte Laaser Serie mit ihren Marmorvorkommen einschließt.

Das wichtigste Glied dieser Schieferzone, das vor allem die Nordseite des Tales bestimmt, ist *Phyllitgneis,* der Hauptbaustein des in mehrfacher Hinsicht bemerkenswerten Vinschgauer Sonnenbergs; im Süden baut er im wesentlichen den Chavalatsch-Zug (Piz Chavalatsch, 2763 m) als Untergruppe der Münstertaler Alpen zwischen Taufers und Stilfser Joch auf. Im übrigen kommen beiderseits des Münstertales auch mächtige *Granitgneise (Münstertaler Granitgneise)* teils unter, teils innerhalb des *Phyllitgneises* vor. Ein größeres Vorkommen von *Granitphyllit und plagioklasführendem Biotitglimmerschiefer* zwischen Mals, Matsch und Schnals an der Nordseite der Litzner- und Mastaungruppe läßt dieses Gebiet zu einem geschätzten Fundort von Granaten werden.

Die Laaser Serie, ein *Verband von mineralreichen Glimmerschiefern und Marmorzügen* nimmt den Raum südlich der Etsch von dem gegen Norden vorspringenden Laaser Zug bis zur Töll ein, von West nach Ost an Breite abnehmend. Berühmt ist dieser Teil des Vinschgaues durch die Marmorvorkommen von Laas und Göflan geworden; der Laaser Marmor *verdankt seinen hervorragenden technischen und ästhetischen Eigenschaften Weltruf* (Stacul). Seine Mächtigkeit übersteigt zuweilen 100 Meter; seiner rein weißen Qualität wegen erscheint er für die Bildhauerei besonders geeignet, zumal ihm eine im Lauf der Zeit angenommene gelbliche Patina *die Tönung mancher klassischer griechischer Marmorarten verleiht* (Stacul; Einzelheiten auch unter den Stichworten „Laas" und „Göflan").

Im Südwesten ist an die Vinschgauer Schieferzone die Ortler-Trias angeschlossen, von der die zentrale Ortlergruppe zwischen Stilfser Joch und Königsjoch bestimmt wird. Es handelt sich also um die Ortlergruppe im allerengsten Sinn, vor allem um das Dreigestirn Ortler (3902 m), *Zebrú* (3740 m) und Königsspitze (3859 m) mit seiner gewaltigen Vergletscherung, die im Suldenferner mit über 10 Quadratkilometern das Maximum in Südtirol erreicht.

Ganz zweifellos ist diese erhabene Firnlandschaft, die vor allem den oberen Vinschgau beherrscht, schönster Schmuck des Tales und hat viel zu seinem Ruf beigetragen. Von der touristischen Bedeutung der Gruppe wird überdies noch an gegebener Stelle die Rede sein.

Es muß jedoch schon hier der weitverbreiteten irrigen Meinung entgegengetreten werden, der Ortler wäre der *höchste Berg der*

Ostalpen. Dieser Rang gebührt der Berninagruppe (4052 m), da sowohl aus geologischer wie auch aus touristischer Sicht die Grenze zwischen Ost- und Westalpen mit einer Linie zwischen Bodensee und Splügenpaß angenommen wird (vgl. Klebelsberg, Landeskunde, S. 7). Wohl aber war der Ortler der höchste Berg der altösterreichischen Monarchie und wurde schon 1765 vom Kartographen Peter Anich als der *höchste Spiz im ganzen Tyrol* erkannt. —
Hauptsächlich auf den *Phyllit- und Granitgneisen* der Vinschgauer Schieferzone aufgebaut, finden sich hier jüngere, *sicher triadische Schichtglieder, die vornehmlich aus Kalk und Dolomit wechselnder Ausbildung bestehen ... das Hauptgestein stellt ein deutlich gebankter dolomitischer Kalk, der norische Ortlerdolomit dar* (Stacul).

Bleibt uns noch die gesamte östliche Ortlergruppe mit dem Angelpunkt des *Cevedale* (3778 m) und dem von hier gegen Nordosten ziehenden Marteller-Ultener Kamm; dieser Teil beginnt, geologisch gesehen, schon am bereits genannten Königsjoch (3295 m) zwischen Königsspitze und Suldenspitz, wo sich der Übergang zwischen Ortler-Trias und der Marteller Quarzphyllitzone vollzieht.

An Höhe und Breite von West nach Ost stets abnehmend, zieht sich dieser Kamm über Veneziaspitze (3385 m) und Hasenöhrl (3256 m) in immer sanfterem Verlauf hinaus bis zum Vigiljoch. Hauptbestandteil ist der genannte *Quarzphyllit,* mit Einlagerungen von Marmor, Bänderkalk und Kalksilikatgesteinen; dazwischen finden sich *Orthogneismassen (Marteller Granit), die vielfach Feldspat-, Glimmer-, Granat- und Turmalinkristalle von beträchtlicher Größe enthalten; Beryllfunde sind von der Schluderscharte bekanntgeworden* (Stacul).

In Zusammenhang mit dem eben erwähnten Laaser Marmor, einem heute noch lebendigen Bergwerksbetrieb, soll schon an dieser Stelle eine Übersicht über den Vinschgauer Bergbau im allgemeinen gegeben werden:

Wie aus der von Luis Staindl gebotenen Zusammenstellung in „Schlern" (Jg. 1957, S. 29 ff.) hervorgeht, war das Bergrevier Vinschgau im Verhältnis zu Gossensaß, Klausen und Pustertal nicht sehr bedeutend, geht aber anderseits gerade hier auf früheste Zeit zurück. So reicht der Abbau von Fahlerz mit Baryt am Tartscher Bühel *ohne Zweifel bis in das 9. oder 10. Jahrhundert und gehört zu den ältesten des Landes.* Im Martelltal wurde schon im 13. Jh. Kupfer- und Schwefelkies mit Fahlerz abgebaut, im 15. Jh. finden wir die Gruben im Besitz der Vögte von Matsch, später in dem der Bischöfe von Chur; verhüttet wurde am Anfang nahe der noch bestehenden Kapelle „St. Maria in der Schmelz" (vgl. S. 366). — Die Höfe Laggàr, Zuckbühel und Vorra am Latscher Sonnenberg sind alte Knappensiedlungen. Gruben auf silberhältigen Bleiglanz mit Blende, Baryt und Flußspat auf der Stilfser Alpe eigneten ebenfalls den Vögten von Matsch; der Tradition nach ist Stilfs ursprünglich eine reine Bergknappensiedlung gewesen. Bedeutend sind schließlich die Kupfer- und Eisengruben von Gomagoi und Sulden; die letztgenannten waren von 1352 bis 1775 in Betrieb.

Wir müssen jedoch nun noch einmal in ein früheres Stadium der Erdgeschichte zurückgreifen, um den Benützer dieses Buches mit einer Theorie Klaus Fischers bekanntzumachen, laut der im mittleren Tertiär die Wasserscheide zwischen Etsch und Inn im Bereich der Ortlergruppe anzunehmen ist, *hoch über Laas im Mittelvinschgau* (Mitt. d. Geogr. Ges., München, Bd. L., 1964, S. 181—200). Ruckweise Hebungen, die starke Erosion der Etsch und das Wirken der Eiszeiten haben im weiteren Verlauf die späteren Verhältnisse geschaffen. Der Etschgletscher wurde in der letzten Eiszeit — wie die Forschung übereinstimmend annimmt — vorwiegend vom Eis des Inngletschers genährt, das über die Paßtalfurche des Reschen, aber auch durch Schlinig- und Münstertal überquoll; am Reschen stieß der mächtige Arm des Inngletschers auf den Langtauferer Gletscher. *Wie zwei mächtige Ungeheuer mögen sie aufeinander losgefahren sein und dabei eine Mulde ausgekolkt haben, in der sich die ersten Wasser zum See sammeln konnten* (Hohenegger in „Schlern", Jg. 1970, Seite 61).

Der geschlossene Strom des Etschgletschers lag zur Zeit seines Höchststandes mit der Oberfläche am Reschen um 2600 m, in der Töll um 2200 m (Stacul). Später zerfällt dieser Riesenstrom in Einzelgletscher, das Haupttal wird allmählich frei; noch heute lassen sich Endmoränen des Gschnitz-Stadiums am Ausgang des Suldentales, des Laaser Tales und vor allem des Tales von Martell (Burghügel Montani) deutlich erkennen.

> *... die Schuttkegel, breite Fächer, die von links und rechts in das Tal strahlten, so wie wenn in eine ebene Wanne aus Düsen von beiden Seiten Sand gespritzt würde ...*
>
> Franz Tumler („Aufschreibungen aus Trient", S. 248)

Was der Dichter mit einem treffenden Vergleich umreißt, ist auch für den Geographen wesentliches Charakteristikum des Tales: *Die gewaltigen Murkegel stellen heute das auffälligste Formenelement des Tales dar* (Fischer). Diese eigenartigen, fächerförmig aus stets relativ kleinen Seitengräben ausstrahlenden Kegel, die fast zwei Drittel der gesamten Talbodenfläche einnehmen, sind vor allem dem Bergwanderer aus der Sicht von der Höhe herab vertraut; sie geben der ganzen Talschaft Gliederung und Charakter und sind außerdem wegen des angetrifteten Lockermaterials mit Moränenschutt für die Besiedlung des Vinschgaues und für den bis vor rund hundert Jahren noch vorwiegend betriebenen Ackerbau von größter Bedeutung gewesen. Die Murkegel sind demnach *die ältesten Standorte landwirtschaftlicher Nutzung im Tal überhaupt* (Fischer), und heute — zumindest im mittleren und unteren Vinschgau — Träger der wertvollen Edelobstkulturen. Außerdem sind sie es, die uns von Natur aus die Abgrenzung des Tales in drei Abschnitte nahelegen — durch die zwei wichtigsten und gleichzeitig absolut größten Murkegel der Alpen, durch M a l s e r H a i d e und G a d r i a m u r e zwischen Laas und Allitz.

Bezüglich der E n t s t e h u n g der Murkegel soll hier kurz zusammengefaßt werden, was Klaus Fischer in „Schlern", Jg. 1966, S. 24 ff., anhand von Skizzen und sehr instruktiven Bildern darstellt:
Die Bildung der Murkegel begann im Vinschgau nach dem Schwinden der Eismassen vor etwa 7000 Jahren und der dadurch bedingten, tiefen Verschüttung des Haupttales. Das Material besteht entweder aus Moränenschutt (Laaser Kegel, Tschengls, Lichtenberg) oder bei den größeren Kegeln (Malser Haide, Gadriamure, Kegel von Tarsch-Latsch, Partschins und Töll) aus den leicht verwitterbaren und abtragbaren Gesteinen, die zusätzlich tektonisch stark zerrüttet sind oder auch von Steinschlagwänden stammen (Tschigat ober Partschins). Die Bewegung dieses Lockermaterials hängt nun nicht mit der Menge, sondern vielmehr mit der Verteilung der an sich in unserm Tal ja sehr geringen Niederschläge, also mit der *Regendichte* zusammen; das sind im Vinschgau sommerliche S t a r k r e g e n, die durch extreme T r o c k e n p e r i o d e n voneinander getrennt sind und lokale Vermurungen bis auf den heutigen Tag auslösen.
Nun bildete sich schon in erdgeschichtlicher Zeit durch das heftige Einwirken von Niederschlägen auf die lockere Oberfläche ein Murbrei, der sich gleich einem *Lavastrom* langsam ergoß, mit der relativ größten Geschwindigkeit in der Mitte und langsamer an den Seiten. Immerhin erfolgte diese Stoßrichtung — natürlich in mehreren Schüben — so schnell und so stark, daß die Etsch vielfach an den gegenüberliegenden Talrand gedrängt bzw. ursprünglich auch gestaut wurde, so daß sich Seen bildeten, die sich bis heute gehalten haben (Reschenseen) oder zu sumpfigen Talböden wurden (die „Möser" zwischen Laas und Schluderns).

Von besonderem Interesse ist nun die G r ö ß e n b e r e c h n u n g, die Fischer in der genannten Arbeit angestellt hat. Wie schon erwähnt ergibt sich daraus, daß die Malser Haide mit

1550 errechneten Millionen Kubikmetern (Fläche 13 km^2) der größte Murkegel der gesamten Alpen ist, gefolgt von der Gadriamure mit 1350 Mill. m^3; das heißt nach anderen Größenordnungen, daß die Cheopspyramide (370.000 m^3) fast 4000mal in der Malser Haide „Platz" hätte.

Die übrigen Werte sind für Tarsch-Latsch 630, für Tabland 420, Partschins 280, Töll 240 Mill. m^3 über kleinere Kegel herab bis zum kleinsten von Göflan mit 40 Mill. m^3. Für den gesamten Vinschgau errechnet Fischer ein Volumen aller Murkegel von 6000 Mill. m^3.
In diesem Zusammenhang mag die oft angeführte und auch bei Fischer zitierte Tatsache interessieren, daß *die gewaltigen Murkegel aus relativ kleinen Einzugsgebieten* stammen. Das gilt besonders wiederum für die Malser Haide, die aus dem Tobel des winzigen Plawenntales bricht, durch ihre Mächtigkeit jedoch eigene Kegelbildungen an den Mündungen der weit größeren Täler von Planeil und Schlinig verhindern konnte. Ina Schenk schreibt hiezu (in „Klima-Insel Vintschgau", S. 15): *je kürzer und steiler das Seitental, desto größer die Schuttablagerung an dessen Ende.*
Anders ist dies bei den Schwemmkegeln des Vinschgaues, die sich an den Mündungen des Langtauferer Tales, des Sulden-, Matscher und Martelltales gebildet haben. Aus diesen relativ großen Tälern wird kontinuierlich Material angeschwemmt und zum Großteil der Etsch zugeführt, wobei es eher zu katastrophalen Ereignissen kam — so vor allem im Martelltal — als im Bereich der Murkegel. — Es bleibt nun noch die Frage offen, ob sich diese Murkegel zur Zeit weiterbilden; die Sage bejaht dies, denn sie weiß von einstigen Blickverbindungen und Zusammenhängen zu berichten (z. B. Laas - Göflan), die heute wegen der Aufschüttungen der Gadriamure nicht mehr bestehen. Murbrüche im Gebiet der Malser Haide sind jedenfalls aus jüngerer und jüngster Zeit bezeugt, so etwa wiederholte Verschüttungen im Bereich des Weilers Plawenn, zuletzt noch 1963 und ein starker Murgang im Jahre 1973, dessen Verwüstungen bis gegen Burgeis reichten.

Letzten Endes aber ist die Murtätigkeit doch begrenzt, denn wenn zwischen dem Einzugsgebiet und dem angeschwemmten Kegel ein geländemäßiger Ausgleich eintritt, dann fehlt eben das Gefälle zum weiteren Antriften von Murschutt. *Es setzt dann die Zerstörung der Kegel ein* (Fischer).

Soviel zum interessanten Phänomen der Vinschgauer Murkegel. Sie sind, wie aus den obenstehenden Ausführungen hervorgeht, gewiß eigenartigen Ursprungs und treten vor allem wegen der Trockenheit des Vinschgaues auf, in Zusammenwirken mit den heftigen, kurzen Sommerregen, die das Lockermaterial der steilwandigen Hänge in Bewegung setzten und so durch Jahrtausende am Bau dieser riesigen Gebilde gearbeitet haben. — Wer sich auf rasche und mühelose Weise ein gutes und umfassendes Bild von der Morphologie des Vinschgaues machen will, der tut gut daran, mit der Kabinenseilbahn von Latsch nach St. Martin hinauf zu fahren; er überblickt bald den profilierten Murkegel von Latsch-Tarsch, im Westen davon den Schwemmkegel der Plima und darüber die gewaltige Gadriamure; sehr deutlich sichtbar wird von hier aus auch, wie die Etsch von den großen Kegeln hin- und hergeschoben wurde. — Daß auf dieser Fahrt auch der abrupte Gegensatz zwischen Nörderberg und Sonnenberg sowie der Kontrast zwischen Rebgelände und Firnfeldern deutlich wird, sei vorerst nur am Rande erwähnt.

Do isch nit viel zu sogn, holt daß olm a Sauwind geaht und 's nia regnen tuat!

Das war die Antwort, als Ina Schenk (siehe unten) mit einem Bauern am Reschen über das K l i m a der Gegend ins Gespräch kommen wollte — und treffender kann man es kaum formulieren; wer es nicht glaubt, der soll die ruppigen Alleebäume auf der Malser Haide anschauen, deren Kronen allesamt vom Nordwind gegen Südosten gebogen sind, *fast als ob sie gleich lebenden Wetterfahnen aufgestellt wären* (Schenk); er soll dem *Waaler* zusehen, der auf der Haide oder hoch oben am Sonnenberg das karge Wasser verteilt, oder er soll zwischen Steppengras, Sanddorn und Wacholder über die Laaser Leiten wandern, hungrige Dohlenschwärme über sich, die das Leuchten der Gletscher für Sekunden verdunkeln — dann weiß er etwas vom Vinschgauer Klima, etwas von der *eigenen Luft und dem eigenen Licht,* das Staffler rühmt.

Wir sind über das Klima des Vinschgaues dank einer grundlegenden und verdienstvollen Arbeit der bereits genannten Naturwissenschaftlerin Ina S c h e n k gut informiert („Die Klima-Insel Vintschgau", Trento 1951), wenngleich schon von dieser Autorin beklagt wird, daß sie sich nur auf lückenhafte Messungen stützen konnte. So hat zwar das Kloster M a r i e n b e r g getreu seiner kulturellen Sendung seit 1857 eine meteorologische Beobachtungsstation unterhalten, mit wichtigen Außenstellen (Schlinig u. a.), doch liegt seit der Arbeit Schenks keine Auswertung dieser Daten mehr vor. Ältere Werte gibt es außerdem für Kortsch-Schlanders, für Reschen und Hinterkirch in Langtaufers; alle diese erreichbaren Angaben sind in der genannten Studie verarbeitet.

Es ist eine ebenso betrübliche wie gefährliche Erscheinung unserer übertechnisierten Zeit, daß der Mensch den wunderbaren und nützlichen Kräften der Natur vielfach mit brutalem Egoismus gegenübertritt, weil er Ehrfurcht und Bindung an das Geschaffene und Gewachsene nicht mehr kennt. So ist es auch zu erklären, daß die früher sorgsam durchgeführten Messungen der klimatischen Erscheinungen heute nicht oder kaum mehr durchgeführt werden. Anderseits aber sind sie es allein, die es ermöglichen, Naturkatastrophen in bedingten Grenzen vorauszuberechnen, was gerade im Vinschgau besondere Bedeutung hätte. — Einige neuere Werte bringt der an der Universität Innsbruck erscheinende „Tirol-Atlas" sowie das grundlegende Werk über das alpine Klima Tirols von F. Fliri.

Wie schon der Titel von Schenks Arbeit besagt, darf der Vinschgau mit Fug und Recht als Klima-Insel angesehen werden und bleibt auch damit sich selbst in seiner Sonderstellung unter allen Tälern Tirols treu. Die hohe Bergumrahmung, auf deren Konto die Regenarmut des Tales vorwiegend zurückzuführen ist, verstärkt auch im morphologischen Erscheinungsbild den Charakter einer echten Insel.

Auch Schenk nimmt eine Dreiteilung des Tales vor, rückt aber aus naheliegenden Gründen in der Auswertung ihrer Forschungen den mittleren Vinschgau näher an den unteren Teil des Tales; demnach ist die Gefällestufe der Malser Haide klimatisch bedeutender als jene der Gadriamure.

Für das Vinschgauer Oberland gilt, daß hier das Klima *ziemlich rauh* erscheint (Schenk; ebenso alle weiteren Zitate). Das Paßtal und die Malser Haide werden vom Nordwestwind beherrscht, der hier seine größte Kraft entfaltet; es gibt Tage, an denen sich in den Reschendörfern auch abgehärtete Leute nicht vor die Tür wagen. Die Kälte ist zwar im Winterdurchschnitt (—5°; zum Vergleich Toblach —6,2°) nicht extrem, erreicht aber Spitzen bis zu —30°. Das Jahresmittel liegt hier um 4,5°; in den kurzen, meist fast wolkenlosen Sommern werden zuweilen Maxima von 30° erreicht. Es wurden 90 Regentage und 22 Schneetage im Jahr gemessen. Die Sonnenbestrahlung ist intensiv.

Der Wind erzeugt auf der Malser Haide gefürchtete Schneeverwehungen; vollkommen blankgefegte Stellen wechseln mit undurchdringlichen Schneemauern. Die früh bezeugte Gründung des Hospizes Sankt Valentin weist auf die im Winter bis auf den heutigen Tag verrufene Wegstrecke.

Viel weniger gilt dies jedoch für die Seitentäler Rojen, Langtaufers, Plawenn, Planeil und Schlinig, die zwar sehr kalte Winter haben (den kältesten Schlinig), dafür aber dem Wind nicht so ausgesetzt sind. Diese Täler sind für den touristischen Skilauf vor allem auf der Münstertaler Seite hervorragend geeignet und haben mit dem bereits durch Lifts erschlossenen Gebiet von Sankt Valentin, Reschen und Burgeis als Wintersportgebiete große Bedeutung.

Im Talknick am Fuß der Malser Haide bricht sich die ungehemmte Kraft des Nordwindes, der nun durch die breite Talsohle bis zur Töll an Heftigkeit stets verliert. Dieser Nordwind, der auf der Alpennordseite im Aufsteigen starke Regenfälle verursacht hat, ist nun *auf der Alpensüdseite der Hauptgrund des ewig blauen Himmels und der Regenarmut.* Die Süd- und Südostwinde, die Feuchtigkeit von der Adria her bringen könnten, wirken sich nun wohl auf die Längstäler der Alpen, weit weniger aber auf die Quertäler aus und haben vollends in unserm Vinschgau die gewaltige Barriere der Ortlergruppe vor sich; sie geben ihre Feuchtigkeit an deren Südseite weitgehend ab, und unser Tal erhält Regen nur durch lokale Südwinde; so wird der Vinschgau mit seinem Mittel von 639 Millimetern Niederschlagsmenge zum r e g e n ä r m s t e n T a l d e r g e s a m t e n O s t a l p e n.

Schenk weist darauf hin, daß Regenarmut — in allerdings weit geringerem Maße — auch bei anderen Quertälern festzustellen ist; so hat z. B. das Pustertal weniger Niederschläge als das Passeier und die *Valsugana* ebenfalls geringere Werte als das mittlere Etschtal usw. — Einzige Ausnahme im Vinschgau bilden die lokalen Verhältnisse im Tal von Trafoi, das mit 942 mm Niederschlagsmenge aufscheint, da es seine Feuchtigkeit durch das schnelle Wiederaufsteigen der vom Oberland kommenden Nordwinde erhält.

Im Haupttal aber herrschen Extremwerte von Niederschlagsarmut vor, so etwa in Naturns (554 m) und Glurns (907 m) — also an den Grenzen des mittleren und unteren Vinschgaues — mit nur 485 Millimetern, in der Mitte in Schlanders (721 m) ebenfalls mit nur 496 mm. Als Vergleichswerte zitieren wir Brixen im Eisacktal (560 m) mit 846 mm oder gar Platt im nahen Passeier (1147 m) mit 1099 mm Niederschlag.

Wie schon im Abschnitt über die Murkegel gesagt wurde, spielt nun die Verteilung dieser Niederschläge eine große Rolle. Diese R e g e n d i c h t e ist im ganzen Tal mit einem Durchschnitt von 8 mm pro Regentag *ziemlich hoch.* Wenn wir Schenks Tabellen entnehmen, daß es beispielsweise am 20. August 1940 in Schlanders in 10 Minuten 10,4 mm geregnet hat und damit eine extreme Regendichte von 62,4 mm pro Stunde erreicht wurde, dann kann man sich von den katastrophalen Ausmaßen und Auswirkungen eines solchen Gewitterregens auf Wachstum bzw. Ernte und lockere Oberfläche des Sonnenberges gewiß eine Vorstellung machen. Laienhaft könnte man es wie folgt formulieren: Wenn es hier regnet, so regnet es kurz, aber richtig. Bezüglich der S o m m e r t e m p e r a t u r e n ist aus den Werten von Schlanders (Durchschnitt 18,5 - Juli 19,4; Vergleichswerte Bozen 21,5 - 22,5) noch zu ergänzen, daß es kaum allzu drückende Sommerhitze gibt; sie wird zumeist durch den „Vinschger Wind“ gemildert, der allerdings zusammen mit intensiver Bestrahlung und Regenknappheit am Sonnenberg für Dürre sorgt.

Mit diesen Angaben dürfte der Klimacharakter des Vinschgaues hinreichend umrissen sein; Einzelheiten werden noch gesondert bei den größeren Orten angeführt. Wenn wir nun noch ergänzen, daß Schlanders beispielsweise ein Wintermittel hat, das mit +0,8° um 2,1° über dem von Brixen am Eisack liegt — und dies bei einer um 126 m höheren Lage — so wird man sich vom milden Klima der Gegend einen guten Begriff machen können. Und wenn wir die Werte von Marienberg (1335 m, Winterdurchschnitt —1,8°) etwa mit Toblach (1242 m, Winterdurchschnitt —6,2°) vergleichen, so werden wir der Verfasserin des Werkes über das Vinschgauer Klima unbedingt recht geben, wenn sie von einer „Klima-Insel“ spricht.

Vielleicht kann man es auch anders sagen: Während das Vinschgauer Oberland und mehr noch das Tal von Sulden und Trafoi alpinen Charakter tragen und Wintersportgebiete von hohem Rang darstellen, herrscht zwischen Kortsch und Töll so etwas wie ewiger Frühling, zumindest am Sonnenhang des Tales; wer einmal an einem klaren Jännertag über die Waalwege an den Sonnenleiten gewandert ist, der weiß um diese südliche Heiterkeit und Wärme im Anblick der verschneiten Berge.

Der Vintschgau ist durch seinen einzigartigen Steppencharakter floristisch einer der interessantesten Teile des Tiroler Heimatlandes.

Hermann von Handel-Mazzetti

Leider fehlt uns bis heute eine zusammenfassende Arbeit über die Flora des Vinschgaues, wenngleich hierüber einige wertvolle Einzelarbeiten vorliegen. Das Interesse hat sich naturgemäß von Anbeginn auf den Sonnenberg verlegt, der in seiner Gesamtheit ein Unikum in der Südtiroler Landschaft darstellt, während am ganz gegensätzlichen, waldreichen Nörderberg, in der Talsohle oder auch noch in dem zungenartig von Gardasee und Bozner Talkessel her vordringenden Flaumeichengürtel Verhältnisse herrschen, wie sie dem Kenner der Landschaft am Alpensüdrand längst vertraut sind.

Für die besonderen Verhältnisse am Sonnenberg sind die uns bekannten geologischen Verhältnisse und die klimatischen Werte ausschlaggebend. Sie allein würden jedoch nicht ausreichen, den Steppencharakter dieser sich von Mals bis Naturns hinziehenden, steilen Sonnenleiten zu deuten. Die gängige Volksüberlieferung weiß zu erzählen, daß hier schon von den Römern rücksichtsloser Raubbau an den schönsten Wäldern betrieben worden sei, und daß man später diese Stämme dann über die Etsch bis Venedig getriftet habe; die Lagunenstadt stehe demnach — so weiß es jeder Schulbub — auf gewaltigen Holzrosten aus Vinschgauer Stämmen.

Diese hartnäckig im Volk verwurzelte Theorie ist von der Fachwissenschaft schon früh angegriffen worden und wird heute kaum mehr ernsthaft erwogen. Immerhin will der bekannte, aus Vinschgauer Familie stammende Schriftsteller Franz Tumler noch von seinem Vater Urkunden gezeigt bekommen haben, laut denen Venedig sozusagen auf den Wäldern des Vinschgauer Sonnenberges stünde („Aufschreibung aus Trient", S. 249); der Heimatkundler Pardeller hingegen („Schlern", Jg. 1960, S. 404 ff.) bemerkt, daß solche Urkunden nicht zu ermitteln seien und daß außerdem die Flößerei im Vinschgau bis zum Beginn des 16. Jh.s völlig unbekannt gewesen wäre. Zudem hat die erst relativ spät regulierte Etsch einen größeren Holztransport aus dem Vinschgau zu der in Frage kommenden Zeit sicher nicht erlaubt, da sie ja an vielen Stellen sehr breit und seicht durch die Flußauen verlief. — Nach einer viel einleuchtenderen Theorie sind *Wald- und Staudenbrände Ursache der Versteppung im oberen Vinschgau* (so W. Grabherr in „Schlern", Jg. 1949, S. 83 ff.) — eine Meinung, der sich heute die Forschung im allgemeinen anschließt, da man — wie Pardeller berichtet — anläßlich von Aufforstungsarbeiten in einer Tiefe von etwa 1,5 Metern an den verschiedensten Stellen Branderde zutage gefördert hat, die überdies das Wachstum der neu gesetzten Bäume im vierten und fünften Jahr nach der Pflanzung wieder verkümmern ließ. — Inwieweit es sich bei diesen möglicherweise schon in prähistorischer Zeit erfolgten Waldbränden um echte Naturkatastrophen oder um gezielte Brandrodung handelt, ist schwer zu ermitteln. Sicherlich wurden Sträucher abgebrannt und sicher ist auch, daß Weideverbiß (hauptsächlich durch Ziegen) dem Aufkommen des Waldes stark geschadet hat. Holzschlägerungen für die Schmelzhütten der Bergbaubetriebe, später der Transport von Schiffsbauholz per Achse oder auch die Lieferung der begehrten Edelstämme für Mastbäume — all das mag dazu beigetragen haben, daß der Waldbestand an dem von Natur aus stark gefährdeten Sonnenberg in bedenklicher Weise zurückging und so der Vermurung und Versteppung Raum bot — zumindest überall dort, wo der Mensch nicht siedelte. — Über frühe, verdienstvolle Versuche und derzeitige Großprogramme hinsichtlich einer planmäßigen Aufforstung wollen wir unter dem Abschnitt „Wirtschaft" näher berichten.

Wie bereits erwähnt, sind Arbeiten über die Flora des Vinschgaues da und dort verstreut. Die vorliegende, kurz zusammenfassende Darstellung stützt sich auf ein Kapitel von A. Ladurner in Plants Vinschgauführer, auf die Landeskunde von Klebelsberg, die Studie „Floristische Wanderung im Obervinschgau" von H. Handel-Mazzetti sowie auf eigene Streifzüge des Verfassers, wobei ihm für die Pflanzenbestimmung die „Flora der Südalpen" von Pitschmann-Reisigl ein stets bewährter Helfer war. Erwähnt sei vor allem auch die Dissertation von Alfred Strimmer aus Laas über die Vinschgauer Steppenvegetation (Innsbruck 1969) sowie die Arbeit von *A. Beguinot* in italienischer Sprache, die sich speziell mit der Steppenvegetation des Vinschgaus befaßt, sowie jene von A. Becherer (vgl. Lit.-Verz.).

Rund 33 Prozent der Gesamtfläche des Vinschgaues sind von W a l d bedeckt, dessen Hauptanteil auf den Nörderberg — also die gesamte rechte Talseite — die Seitentäler und auf das Vinschgauer Oberland entfällt. In diesen zusammenhängenden Waldgebieten haben wir es ausschließlich mit Nadelwald zu tun, der sich aus Lärchen, Fichten, Zirben, Weißkiefern, Föhren, Schwarzkiefern und Tannen zusammensetzt; in den Aufforstungsgebieten wird neben der absolut an erster Stelle stehenden Schwarzkiefer *(Pinus nigra)* auch Laubholz gepflanzt, so u. a. in schwierigem Gelände die sehr anspruchslose Robinie *(Robinia pseudacacia)* neben anderen Laubgehölzen. Ein besonderer Schmuck des Vinschgauer Oberlandes sind die prächtigen Lärchenwälder, die an klaren Spätherbsttagen Malser Haide, Burgeis und Marienberg mit gelbroten Flammen umbranden und in schönem Kontrast zu den Firnen der Ortlergruppe stehn.

Wie schon erwähnt, liegt die W e i n g r e n z e bei Kortsch (801 m), wo wir auch den letzten, in seinem Bestand derzeit allerdings gefährdeten größeren Hain von Edelkastanien antreffen. Die höchsten Weingärten hat die Gegend um Schloß Juval und an der gegenüberliegenden Nörderseite der Burghügel von Montani nächst Morter, doch ist der Weinbau hier überall stark rückläufig; Hausreben mit schönen Weintrauben findet man noch in Taufers (1260 m; 1967 vom Verf. beobachtet) oder auch direkt an der Straße in Tartsch, an dem schönen alten Hof neben dem Brunnen (1029 m; schwere Früchte im Herbst 1970 beobachtet) sowie an mehreren Häusern in Schluderns. Die Edelkastanie geht in einzelnen Exemplaren und kleineren Gruppen bis zu 1000 Metern (beim Hof Platatsch am Naturnser Sonnenberg), Nußbäume gibt es noch in Burgeis (1200 m) und wiederum in Taufers (1260 m; Früchte reifen nicht mehr ab); vereinzelte Eichen finden sich noch bei Schluderns. — Die wenigen noch verbliebenen Auen sind mit Schwarzerlen, Grauerlen, Schilf und verschiedenen Weidenarten bestanden; das schönste dieser Gebiete erstreckt sich zwischen Glurns, Schluderns und Spondinig. Birke, Weide und Espe finden sich über die Hänge des ganzen Tales verstreut.

Der für den Süden des Landes bestimmende, vom Gardasee ins Eisacktal bis gegen Brixen vorstoßende Flaumeichengürtel (so nach seinem Hauptvertreter, *Quercus pubescens)* zieht auch durch das Etschtal über Meran und die Töll bis Schlanders, ist aber durch die zahlreichen und sorgsam angelegten Kulturen weitgehend verdrängt, wie dies ja auch zum Großteil mit den früher viel gerühmten Kastanienhainen des unteren Vinschgaues geschehen ist. Über die an ihrer Stelle und im Regulierungsgebiet der Etsch entstandenen Edelobstkulturen und deren Entstehungsgeschichte werden wir ebenfalls im Kapitel „Wirtschaft" Näheres hören, desgleichen über die in letzter Zeit mit Erfolg angelegten Beerenobstpflanzungen.

Der Übergang des Flaumeichengürtels bzw. der an seiner Stelle geschaffenen Kulturen zu den versteppten Hängen des Sonnenberges ist fließend und durch das Auftreten typischer Vertreter dieser beiden Vegetationsstufen gekennzeichnet. Nahe dem Bergfuß verläuft meist als üppiger grüner Streifen — wie ein fein gezogener Strich im Landschaftsbild — die Lebensader der Waserwaale; darüber aber geht die Vegetation bald in eine kahle, nur mit einzelnen Sträuchern bestandene Heidelandschaft über, in die sich jedoch mehr und mehr jene tiefgrünen Keile vorschieben, die uns die emsige Tätigkeit der Aufforstung anzeigen. In einer weiteren, noch höheren Stufe zwischen 1500—1900 m finden sich dann die Rodungsinseln der einzelnen Bergbauernhöfe, oft in unmittelbarer Nähe gefährlicher Murbrüche und immer durch einen Tschopf Bannwald über sich vor drohendster Gefahr geschützt.

Zwischen diesen Höfen, an den Steilhängen oder auch dort, wo die Bauern den unsagbar harten Kampf gegen die Naturgewalten aufgegeben haben und die Höfe verließen, beherrschen Wacholder *(Juniperus comm. ssp. sibirica und J. sabina),* Sanddorn *(Hippophae rhamnoides),* Kreuzdorn *(Rhamnus cathartica),* Berberitze *(Berberis),* Krummföhre *(Pinus mugo)* und andere das Feld, dazwischen wuchert Federgras *(Stipa pennata),* Bartgras *(Bothriolocha ischáemum),* Sparrige und Aufrechte Trespe *(Bromus squarrosus* bzw. *erectus Huds.),* Steifhalm *(Diplachne serotina),* die Niederliegende Segge *(Carex supina)* und die Schmalblättrige Segge *(Carex stenophylla),* die hier die Westgrenze ihrer Verbreitung haben, ebenso wie der Bunte Bergfenchel *(Seseli varium)* und der Vinschgauer Blasentragant *(Astragalus vesicarius var. pastellianus* bzw. *venostanus).* — Typisch für diese Pflanzengesellschaft, zu der Plant noch Michelis Segge (*Carex Michelii)* und den Walliser Schwingel *(Festuca vallesiaca Schl.)* zählen konnte (heute ausgestorben), sind die liebliche Kartäusernelke *(Dianthus Carthusianorum),* die oft im Dezember noch blüht, sowie die Montpellier-Nelke *(Dianthus monspessulanus)* und vor allem die häufige und typische Gelbe Schafgarbe *(Achillea tomentosa).* — Im Vinschgau die Nordgrenze ihrer Verbreitung haben die Gelbe Hauhechel *(Ononis natrix)* und das Rote Labkraut *(Galium rubrum),* das auch bis Brixen vordringt. Als typische Steppenpflanze, ebenfalls mit nördl. Verbreitungsgrenze Vinschgau, ist der Französische Hornklee *(Trigonella monspeliaca)* zu nennen, neben der gelbblühenden Trentiner Lotwurz *(Onosma pseudoarenarium ssp. tridentinum),* dem Italienischen Leinkraut *(Linaria angustissima = italica),* dem Krätzkraut *(Scabiosa gramuntia)* und der Schwarzwurzel *(Scorzonera austriaca),* die von Schlanders und Brixen abwärts vorkommt. Als Seltenheit nennt Ladurner die Telephie *(Telephium imperati),* als deren nördlichstes Vorkommen Pitschmann-Reisigl ebenfalls den Vinschgau (Goldrain, Eingang Schnalstal) nennt, sowie den Spreizenden Storchschnabel *(Geranium divaricatum).* Den einzigen Standort in Südtirol hat das Meerträubl *(Ephedra distachya)* oberhalb von Schlanders und — neuerdings laut A. Becherer (vgl. Lit.-Verz.) — auch in Schnals; am Sonnenberg findet sich auch die Schnabelmiere *(Minuartia mutabilis)* und der niedrige Tragant *(Astragalus depressus).*

Als Besonderheiten der eigentlichen Hochgebirgszone nennen wir den Zwergpippau *(Crepis pygmaea;* Ortler und Graubünden), *Trifolium saxatile* (im obersten Schnalstal), die Gletscherschafgarbe *(Achillea nana;* Ortler), den Zwerghahnenfuß *(Ranunculus pygmaeus;* Eisjöchl) und als Besonderheit *Taraxacum pohlii* (benannt nach Dr. L. M. Pohl aus Schlanders) in Martell auf 2350 m Höhe.

Wie nicht anders zu erwarten, weist der Vinschgau auch auf dem Gebiet der Fauna einige Besonderheiten auf und erscheint vor allem als ein Tal, in dem sich der ursprüngliche Bestand an wilden Tieren sehr lang erhalten hat; so tritt noch fast während des ganzen vergangenen Jahrhunderts der Braunbär *(Ursus arctos)* als gefürchteter Schaf- und Honigdieb auf, wie es uns durch viele verbürgte Abschüsse überliefert ist.

Wir nennen im folgenden nur einige markante Daten und werden bei Besprechung der einzelnen Orte noch auf Besonderheiten dieser Art zurückkommen. Im Haupttal hat sich der Bär noch bis zur Mitte des 19. Jh.s blicken lassen (Naturns 1850, Laas 1854, Mals 1874) und wird dann nur mehr in den Seitentälern gesichtet und erlegt (Martell 1865, Stilfs 1879, Sulden 1881 und der letzte noch 1913 im Grenzgebiet Reschen/Nauders). In den „Innsbrucker wöchentlichen Anzeigen" — die übrigens von dem aus Burgeis stammenden Michael Ambros redigiert wurden — erschien unter dem Datum 4. 1. 1802 eine Notiz über Sulden, das hier *Sibirien Tirols* genannt wird, *allwo die Bauern mit den Bären aus einer Schüssel essen und die Kinder auf Wölfen daherreiten ...* (zit. bei Hurton).

Für die Verbreitung des W o l f e s *(Canis lupus)* spricht deutlich, daß zum Beispiel das Matscher Tal allgemein als *der Wölfe Heimat* bezeichnet wurde (Dalla Torre).

Abschüsse sind aus der Gegend um Schlanders bezeugt (1831, 1835 und 1836), und ebenso finden sich da und dort noch gemauerte Fanggruben für Wölfe, so in der Umgebung des Schlosses Tarantsberg (Dalla Torre), dann natürlich bei Matsch selbst, am Weg von Prad nach Tschengelsberg (Oberrauch, „Schlern", Jg. 1965, S. 70) und eine vom Verf. selbst entdeckte (1966), gut erhaltene Wolfsgrube in 1850 m Höhe auf einem Sattel am Weg vom Oberhof zum Dorf Martell (Mark. 26; vgl. hiezu das „Südtiroler Wanderbuch" des Verf.).

Im Vinschgau war es auch, genauer gesagt am Friedhof von Schlanders, wo im Jahre 1872 der letzte aus Südtirol bezeugte Abschuß eines L u c h s e s *(Lynx lynx)* getätigt wurde (F. Maurer in „Schlern", Jg. 1965, S. 291).

Bezüglich des W i l d b e s t a n d e s gibt uns eine Arbeit von Peter O r t n e r in „Schlern" (Jg. 1967, S. 476 ff., mit zahlr. Abb.) zuverlässige Auskunft. Während der Bestand an Niederwild als „normal" zu bezeichnen ist, was in Südtirol im Vergleich zu Italien als „gut" gewertet werden kann, haben wir als Besonderheit unseres Betrachtungsraumes an erster Stelle den bedeutenden Bestand an E d e l h i r s c h e n *(Cervus elaphus)* zu nennen.

Im vergangenen Jahr wurden im Vinschgau insgesamt 598 Ex. (mit Tieren und Kälbern) gezählt, wobei allerdings mit etwa 30 Prozent Wechselwild aus Österreich und der Schweiz (Nationalpark) zu rechnen ist. Aber auch abgesehen davon hat der Vinschgau heute von allen Jagdgebieten Südtirols mit Abstand den größten Bestand an Hirschen — in solchem Ausmaß, daß es von seiten der Bauern (vor allem im Revier Graun) immer wieder zu Beschwerden über Wildschäden kommt, die vom Landesjagdkomitee überprüft und auch vergütet werden; trotzdem bleibt die Schadensbewertung ein heikler und strittiger Punkt. — Der Naturfreund wird allerdings seine helle Freude daran haben, wenn er — im Rojental etwa — Hirschrudel mit 15 und mehr Stück beobachten und mit etwas Glück auch per Teleobjektiv photographieren kann. Hier, in diesem Schweizer Grenzgebiet, kann es dem Bergsteiger sogar widerfahren, daß er einen S t e i n b o c k *(Capra hircus ibex)* sichtet, der allerdings als „Schweizer Staatsbürger" anzusprechen wäre. Im Stilfser-Joch-Nationalpark jedoch (siehe dort) konnten nunmehr auch in dem auf den Vinschgau entfallenden Teil Steinböcke angesiedelt werden. — Besser als in anderen Revieren Südtirols ist es wiederum im Vinschgau gelungen, die Bestände an M u r m e l t i e r e n *(Marmota marmota)* zu hegen; zwar nennt die Statistik für Hinterpasseier und Ulten höhere Werte, doch erscheint der Bestand an *Marmota* dafür im Vinschgau über alle Reviere des Tales regelmäßig verteilt; auch hinsichtlich der Reh- und Gemsjagd weisen die Statistiken im Vinschgau sehr günstige Werte auf.

Über die Vogelwelt des Vinschgaues berichtet P. Ortner unter dem Titel „Zur Ornithologie des Etschtales" („Schlern", Jg. 1969, S. 455 ff., mit Abb.) und erst 1973 hat O. Niederfriniger eine zusammenfassende Arbeit speziell über die Vogelwelt vorgelegt, in der 149 Arten und davon 55 als Brutvögel nachgewiesen werden (in *Monticola,* Innsbruck, Jg. 3, S. 53 ff. und Nachtrag dazu, Jg. 3, S. 87 ff.). Derselbe Verfasser hat auch die spezielle Situation innerhalb der typischen Vinschgauer Steppenvegetation untersucht:

Es handelt sich um ein Stück des Sonnenberges nahe dem Eingang in das Schnalstal, und zwar ungefähr zwischen der Ortschaft Staben und dem Schloß Juval. Hier hat Niederfriniger im Jahre 1969 an mehreren Tagen Beobachtungen angestellt und das Ergebnis dieser Forschungen unter dem Titel *Ornithologische Beobachtungen am Sonnenberg im unteren Vinschgau* niedergelegt („Schlern", Jg. 1970, S. 109 ff.). Es sind 44 Vogelarten beobachtet worden, von denen 20 als Brutvögel angesprochen werden (ohne Berücksichtigung der Nachtvögel); es ist hier nicht der Platz, die einzelnen Arten aufzuzählen, doch seien wenigstens einige Besonderheiten erwähnt, auf die der Verf. der obgenannten Arbeit speziell hinweist, so etwa auf einen Brutplatz des sehr seltenen Steinrötels *(Monticola saxatilis),* das bezeichnenderweise auch im steppenartigen Biotop der Rittner Erdpyramiden nistet, dann auf die seltene Heidelerche *(Lullula arborea)* und vor allem auf den in seiner Verbreitung wenig erforschten Ortolan *(Emberiza hortulana).* Aber auch abgesehen von diesen Seltenheiten kann man nur über die Vielfalt der von Niederfriniger beobachteten Vögel auf verhältnismäßig kleinem Raum (etwa 25 ha) staunen (Turmfalke, Wachtel, Mauer- und Alpensegler, Wiedehopf, Rauch-, Mehl- und Felsenschwalbe, versch. Meisen, Grasmücken, Neuntöter usw. usw.). — Anläßlich eines ornithologischen Kongresses in Mals im Obervinschgau (1973) wurden nicht weniger als 90 Vogelarten beobachtet, so etwa die Sperbergrasmücke am Sonnenberg *(Sylvia nisoria),* ein typischer Steppenbewohner, der sonst nur östlich der Elbe vorkommt; der entdeckte Brutplatz in 1500 m Höhe ist der bislang höchste Brutplatz dieses Vogels in der ganzen Welt. Außerdem wurde der Brachpieper *(Anthus richardi)* beobachtet, der seltene Wespenbussard *(Perni apivorus)* und im Vogelparadies der Etschauen Kampfläufer und Kiebitz *(Vanéllus vanellus),* dessen bei Spondinig geortete Brutkolonie wegen ihrer Höhenlage als nicht nur in Südtirol einzigartig bezeichnet wurde.

Die zahlreichen Eingriffe der Technik in den Wasserhaushalt der Etsch und ihrer Zuflüsse sind dem Bestand an Fischen nicht gerade förderlich gewesen, und der laut Dalla Torre 1896 am Haider See gesichtete Fischadler mag reichere Beute gemacht haben als sie heute zu holen wäre; die abrupte Öffnung von Kraftwerkschleusen und die zunehmende Vergiftung durch Schädlingsbekämpfungsmittel in der Talsohle haben im Vinschgau wie überall die Fischer in Alarmzustand versetzt.

Schon früh begegnen uns in der Geschichte des Vinschgaues Fischereirechte, so etwa die der Kartäuser von Schnals für den Fang von Pfrillen und Hechten im Haider See oder auch jene heute noch bestehende der Marienberger Mönche für die beiden Pfaffenseen, die ja davon ihren Namen haben. — Wo die Wasser ungestört sind, tummelt sich noch Bach- und Regenbogenforelle *(Salmo trutta fario* bzw. *irideus),* und im Haider See gibt es Seeforelle *(Salmo trutta lacustris)* und Hecht *(Esox lucius);* als Besonderheit unseres Gebietes ist jedoch die Etschforelle anzusehen *(Trutta genevittata),* von der aus dem Jahre 1973 der Fang eines 11,2 kg schweren Exemplars in der Nähe der Töll bekannt geworden ist. Die Etschforelle ist eine eigene Art und kein Abkömmling der Bach- oder Seeforelle; sie wurde früher mit *Trutta marmorata* bezeichnet und kann bis zu 12,5 kg schwer werden (A. Hofingott, „Schlern", Jg. 1946, S. 330). — Manche Seitenbäche der Etsch sind noch immer ein Dorado der Sportfischer; so erzählte dem Verf. ein aus Taufers im Münstertal stammender älterer Freund, es sei das Durchfischen des Rambaches von der Calvenbrücke bis zur Schweizer Grenze mindestens so anstrengend gewesen wie eine ausgedehnte Gamsjagd. —

Als typische Vertreter des Flaumeichengürtels müssen wir nun noch einige Insekten und Kriechtiere nennen, die mit der bereits erwähnten Klima-Ausbuchtung vereinzelt auch bis in den unteren Vinschgau hinauf vorkommen.

Nicht allein in der Bozner und Meraner Umgebung musizieren die Zikaden, im Volksmund *Zigolen (Cicada plebeja)* genannt, und ebenso wird man im unteren Vinschgau noch der Gottesanbeterin *(Mantis religiosa)* begegnen, die hierzulande *Maringgele* heißt, ein grausames Insekt, das in seiner Freßgier die eigenen Artgenossen und *sogar den schwächeren Partner nach, ja manchmal während der Begattung aufzufressen beliebt* (H. Forcher-Mayr in „Schlern", Jg. 1949, S. 17 ff., mit Abb.). Hierher gehört auch der italienische Skorpion mit seinem ungefährlichen Stich, der dem einer Wespe ähnelt, und die ebenfalls harmlose Smaragdeidechse *(Lacerta viridis),* die bis zu 38 cm lang werden kann und nur unter dem Namen *Gruenz* bekannt ist. An Giftschlangen kommt für unser Gebiet nur die Schildviper *(Vipera aspis)* und die Kreuzotter *(Vipera berus)* in Betracht, daneben die Äskulapnatter *(Elaphe longissima)* sowie die Schwarze Zornnatter *(Coluber viridiflavus carbonarius,* bis zu 1,50 m), die mit der vorgenannten Art oft verwechselt wird; andere Arten (Ringelnatter usw.) sind in dem für den Alpenraum gewohnten Ausmaß verbreitet.

So wie wir den Vinschgau eine Klima-Insel nennen hörten, so wurde er früher auch mit Recht als eine S c h m e t t e r l i n g s - i n s e l bezeichnet.

Über die *trocken-warme Enklave des Vinschgaues* und die hier inselartig und weit entfernt von ihren Artgenossen lebenden Schmetterlinge informiert uns eine sehr aufschlußreiche Arbeit von Bernardin A s t f ä l l e r im „Schlern" (Jg. 1949, S. 140 ff.) unter dem Titel *Der Vinschgau — eine Schmetterlingsinsel;* es sind zehn Tagfalter und zwei Spanner, die hier als Spezialitäten angeführt werden, darunter zwei Arten, die vom Verfasser unseres Aufsatzes, einem in Naturns tätig gewesenen Lehrer, erstmals entdeckt und nach ihm benannt wurden, und zwar: *Euxoa (Agrotis) distinguenda Led., ssp. astfälleri Cti.* und *Antitype (Polia) astfälleri Schaw.;* auffallend ist, daß nahezu all diese von Astfäller genannten Arten erst wieder im wallisischen Rhonetal von Sitten aufwärts vorkommen, wo wir ganz ähnliche klimatische und vegetationsmäßige Bedingungen vorfinden wie im unteren Vinschgau, und die Regenarmut ebenfalls extrem ist. — Auch der Lebensraum der Schmetterlinge ist durch die Technik (Schädlingsbekämpfungsmittel im Obstbau usw.) bedroht, wofür Astfäller ein gutes Beispiel hinsichtlich des Apollofalters gibt, dessen Raupe sich bekanntlich ausschließlich von Mauerpfeffer *(Sedum album)* ernährt. Beim Ausbau der Straße ins Schnalstal wurde diese Pflanze auf weite Strecken durch Schuttablagerung vernichtet, und seither ist dort der früher häufige Apollofalter nicht mehr gesehen worden.

Unsere Darstellung der Fauna, die keinen Anspruch auf Vollständigkeit erheben kann, da manche Gebiete nicht oder kaum erforscht sind, soll mit einem kurzen Blick auf die allerwichtigsten H a u s t i e r e abgeschlossen werden, von denen ja noch im Kapitel „Wirtschaft" eingehender die Rede sein wird. Immerhin sei schon hier vermerkt, daß 80 Prozent der im Vinschgau gehaltenen Rinder der Braunen Rasse angehören und daß der heute vorwiegend auf Tschögglberg (Hafling/Mölten), Ritten und im Sarntal gezüchtete H a f l i n g e r eigentlich aus dem Vinschgau stammt, und zwar aus Schluderns.

Die Zucht ist erst seit etwa 100 Jahren nachweisbar; als Urvater gilt der 1874 in Schluderns geborene Hengst „249 Folie", ein Sohn des orientalischen Hengstes „El' Bedavi XXII" und einer arabisch veredelten Landstute; der Haflinger ist daher ein Warmblutpferd (siehe auch unter „Schluderns").

Wie bereits erwähnt, hat sich heute der Schwerpunkt der Haflingerzucht auf andere Teile des Landes verlagert, doch besitzt der Vinschgau einige bedeutende Gestüte dieses trotz aller Technisierung noch immer hochgeschätzten Gebirgstragtieres. — Der Vollständigkeit halber sollen auch an dieser Stelle die großen Schafherden erwähnt werden, die vor allem in den Seitentälern (Schnals) eine bedeutende Rolle spielen.

Wasserwaale und Wasserrecht

> *Wenn man die Bewässerung in ihrer Gesamtheit überblickt, so ist man wohl erstaunt, welche Summe schwerster Arbeit und andauernden Fleißes diese ganze Einrichtung erfordert und welchen Nutzen dieses einfache Bergwasser bringt ... im zentralen Vinschgau wird durch die Waale eine Bodenkultur überhaupt erst ermöglicht, hier werden alle Kulturen von der Talsohle hinauf bis zur letzten Fläche bewässert ...*
>
> Kurt Rosenberger

Das ausgedehnte Bewässerungssystem im Vinschgau mit seiner Ausstrahlung bis in das benachbarte Burggrafenamt stellt ein Unikum in den Ostalpen dar und übertrifft auch die durch den Roman von J. Chr. Heer berühmt gewordenen „Heiligen Wasser" des schweizerischen Wallis an Ausdehnung und vielfältiger Verzweigung. Wer die vorangegangenen Abschnitte über Geologie, Klima und Vegetation des Vinschgaues aufmerksam gelesen hat, wird sich nun eine klare Vorstellung von der Notwendigkeit für eine künstliche Bewässerung unseres Gebietes machen können.

Die erste größere und sehr fachkundige Arbeit über dieses Thema verdanken wir Kurt Rosenberger (1936), dessen korrekt mit Abbildungen und Statistiken versehene Abhandlung über *Die künstliche Bewässerung im oberen Etschgebiet* heute noch als Standardwerk zum Thema gilt, obwohl sie natürlich durch die moderne Entwicklung (Beregnungsanlagen) zeitlich überholt ist; Ergänzungen zu Rosenbergers Arbeit bringen Köll (1955) und Holzmann (1965), während Matthias Ladurner-Parthanes schon 1933 den seit 1333 belegten Algunder Waal an Hand von Urkundenmaterial erforscht hat; aus neuester Zeit datiert eine ebenfalls sehr wertvolle Untersuchung von Robert Winkler (1969) über die speziellen Anlagen im Gebiet der näheren Umgebung von Mals, wofür der Verfasser bisher noch nicht verwertetes Urkundenmaterial heranziehen konnte, während E. Daniel die Terminologie dieser Wasserwirtschaft untersucht hat (Diss. Innsbruck; genaue Zitierung aller gen. Arbeiten im Lit.-Verz.).

Schon aus diesen knappen Angaben geht hervor, daß die Geschichte der Wasserwaale sehr weit zurückreicht, und wir werden nicht fehl gehn, wenn wir uns an das als Motto für diesen Abschnitt zitierte Urteil Rosenbergers halten und zumindest für den zentralen (und trockensten) Teil des Vinschgaues annehmen, daß die künstliche Bewässerung als Lebensnotwendigkeit so alt ist wie die Besiedlung selbst.

Die Forscher sind sich darüber einig, daß die ältesten Waale auf den fruchtbaren Murkegeln in vorrömische Zeiten zurückreichen und höchstwahrscheinlich von den technisch geschickten Römern verbessert wurden, die *aus dem sommertrockenen Mittelmeergebiet sicher große Erfahrung über Nutzen und Durchführung der Bewässerung mitbrachten* (Rosenberger). Für das Bestehen in vorrömischer und römischer Zeit sprechen auch namenkundliche Überlegungen, denn die meisten Bezeichnungen, die mit dem Waalsystem zusammenhängen, reichen in diese Zeit zurück, so schon einmal das Wort Waal für Bewässerungsgraben, das fast alle Forscher vom lateinischen *aquale* ableiten; nur Winkler bezweifelt dies und denkt an eine in die mittelalterliche Urkundensprache erfolgte Übersetzung eines älteren keltischen Wortes *bual* gleich *Wasser,* für das schon Sebastian Heinz eingetreten ist *(Das Celtenthum in Obervinschgau,* 1895). Als *aquale* erscheint der Waal jedenfalls in den Urbaren des Vinschgaues, meist als Grenzbezeichnung, und zwar mit einer ersten Erwähnung schon um 1290 aus der Gegend von Staben-Naturns (Winkler).

Der weitere Ausbau des Waalsystems und seiner Verzweigungen bis in die entlegensten Täler und Höhenlagen geht zweifellos Hand in Hand mit der zwischen dem 11. und 14. Jahrhundert sich rasch ausbreitenden Besiedlung der Höhenlagen, bei der — wie man heute noch sieht — unvorstellbare Arbeitsleistungen hinsichtlich der Rodung, der Planierung, der Errichtung von Stütz- und Wehrbauten und eben auch im Hinblick auf die künstliche Bewässerung erbracht wurden, die vielfach sicher nur in Gemeinschaftsarbeit zu bewältigen waren. Diese nunmehr vorwiegend von deutscher Seite vorgetragene Kultivierung des ganzen Landes bis in die unwegsamsten Höhengebiete wird immer ein Ruhmesblatt in der Geschichte Tirols und vor allem in der des Vinschgaues sein, das ja — wie bereits erwähnt — die Höchstwerte der oberen Siedlungsgrenze in den gesamten Ostalpen erreicht. Wer heute nur nach Rentabilität rechnet und diese Pioniertaten mit leichtfertigem Federstrich abtun will, erweist sich als der Kultur seiner Vorfahren nicht mehr würdig.

Seit dem 13. Jh. hatte der Landesfürst das Verfügungsrecht über die fließenden Gewässer und erteilte die Bewilligung zum Bau der Waale; ebenso war das Wasser bzw. dessen Gebrauch bereits steuerpflichtig. Ursprünglich waren die Hauptwaale (als Zubringer über oft sehr lange Strecken Tragwaale genannt) durch die Wirtschaftseinheit der Dorfgemeinde erstellt und die Benützungsrechte und Vorschriften in Dorfbüchern und Weistümern festgelegt worden. Diese Benützungsregel mußte genau eingehalten werden und wurde in manchen Orten einmal im Jahr öffentlich verlesen (Rosenberger). Auch die Bestallung des Waalers (Waalaufsehers) erfolgte durch diese Gemeinschaft. — Nach und nach gingen die Angelegenheiten der Bewässerung jedoch mehr und mehr an die direkt beteiligten Grundeigentümer über, woraus sich im Laufe der Zeit die Interessentschaft und später, vor allem in den dreißiger Jahren unseres Jahrhunderts unter staatlicher Empfehlung, die Genossenschaft entwickelte, die das Waalsystem bzw. dessen Nachfolgeeinrichtungen bis auf den heutigen Tag regelt, teilweise noch in Anlehnung an die uralten Regeln und Vorschriften, von denen wir im folgenden noch Beispiele bringen werden.

Das Anlegen, Erhalten und Überprüfen der Waale sowie die gerechte Verteilung des kostbaren Wassers bei Tag und bei Nacht wurde demnach im Sinne einer vorbildlichen Gemeinschaftsleistung vollbracht, wofür wir in Tirol auch anderwärts Beispiele haben (vgl. etwa die Sarntaler Brückenordnung aus dem Jahr 1549, „Schlern", Jg. 1967, S. 354). Wenn also Winkler die Errichtung des Vinschgauer Waalsystems mit gutem Recht ein *einmaliges Kunstwerk* nennt, so muß dieses Urteil noch durch die Bemerkung ergänzt werden, daß eine solche Riesenarbeit nur durch bewundernswerten Gemeinsinn und durch tätige Nachbarschaftshilfe geleistet werden konnte.

Außerdem muß erwähnt werden, daß auch die Klöster großen Anteil am Ausbau des Waalnetzes hatten; als berühmtes Beispiel mag der allerdings schon außerhalb unseres Betrachtungsbereiches verlaufende Marlinger Waal gelten, den die Kartäuser aus Schnals im Jahre 1737 anlegen ließen.

Es mag nun an der Zeit sein, die Technik der Waale und das System der Berieselung etwas näher zu betrachten und diesbezüglich einige Angaben zu machen. Da ist zunächst die Wasserfassung, die entweder im Bereich der Etsch oder zum guten Teil sehr hoch in den Nebentälern liegt, nicht selten nur wenige Gehstunden unter der Gletscherregion. Ein Teil des natürlichen Wasserlaufes wird durch einen kleinen Damm abgefangen („Einkehr"), der meist auch einen Eisenrechen zum Abhalten von Treibholz oder Geröll aufweist. Danach verläuft der Waal zunächst häufig in einer „Kandl", das ist eine oben offene Holzrinne, oder auch in einem ersten stark ausgemauerten Stück, in dem auch die Regulierung der Wassermenge vorgenommen wird.

Nur mehr ältere Aufnahmen zeigen die oft abenteuerliche Führung des Wassers in den obgenannten „Kandeln" an Felswänden und sonstigen Hindernissen entlang; parallel dazu lief meist ein schmaler Brettersteg für den Waaler, der ja auch hier im unwegsamen Gelände den Wasserlauf zu kontrollieren bzw. die „Kandeln" zu reinigen hat. Außerdem werden bald nach der Fassung sogenannte „Sandfänge" eingebaut, in denen das Wasser den Hauptanteil des gröberen Geschiebes absetzt.

An Stellen, die durch Murbrüche, Lawinen und dergleichen gefährdet sind, verläuft der Tragwaal gedeckt oder neuerdings auch durch E-Werk-Stollen; vielfach wird er auch durch starke Eisenrohre oder Betonkonstruktionen geführt, während man sich früher auch damit begnügte, den Waal an gefährlichen Stellen mit starken Steinplatten abzudecken. Natürliche Hindernisse wie Felsblöcke und ähnliches werden in oft recht malerischen Schleifen umgangen oder auch untergraben (z. B. bei Wegkreuzungen usw.). In günstigem Gelände zieht der Waal seine von der Landschaft vorgezeichnete Bahn über Wiesen und durch Wälder oder auch am sonnverbrannten Hang, stets begleitet vom schmalen Fußsteig für den Waaler. Das gleichförmig geringe Gefälle der langsam dahinmurmelnden Wasser und die im Vergleich zum darüberliegenden Gelände oft geradezu üppige Vegetation am Waal selbst — im Landschaftsbild vielfach als typischer grüner Strich zu sehen — all das macht den Waal zum idealen Spazierweg, der zum schönsten Landschaftserlebnis im Vinschgau beiträgt.

Hat der Tragwaal seine Wasserfracht in die Nähe der bebauten Kulturen gebracht, so beginnt die Verteilung der lebenspendenden Nässe durch den Waaler, der sich hierbei genau nach den bindenden Gesetzen und Vorschriften halten muß.

Diese sind in der sogenannten Rod festgelegt, was soviel wie Umlaufzeit der Bewässerungsrechte bedeutet und wohl aus lat. *rota* gleich *Kreis, Reihe* abzuleiten ist. Die hier festgelegten Wasserrechte sind vielfach zusammen mit der Parzelle grundbücherlich erfaßt — *ein Feld ohne Wasser ist nichts wert,* sagen die Bauern — und können auch nicht gesondert verkauft werden. Andernorts gibt es aber auch „Freiwasser" und ebenso sind Fälle bekannt, in denen Wasser versteigert oder auch hypothekarisch belastet wurde — ganz abgesehen von einer Flut von Sonderrechten, die bei Rosenberger (S. 60 ff.) sorgfältig verzeichnet sind. — Die Roden passen sich den jeweiligen Gegebenheiten an und dauern zwischen acht und 21 Tagen, die zum Teil noch mit alten romanischen oder auch schon deutschen Namen bezeichnet werden *(Prim, Secund,* Dritt, Viert usw.). Die Rodtage selbst sind wiederum in Zeitspannen (Weilen) eingeteilt, die sich ursprünglich nach dem Sonnenstand richteten, wofür Rosenberger wiederum volkskundlich und sprachlich interessante Beispiele bringt, so etwa vom alten Allitzer Waal die Weilen

Sonnendetsch (Sonne an der Etsch), *Sonn auf Tappein* (die Sonne steht beim weit sichtbaren Tappeinhof), *Schatt auf Patsch* (die Sonne weicht vom Patschhof usw.). — Diese Weilen sind in Tag- und Nachtweilen eingeteilt, mit verschiedener Länge, und wurden früher zu Beginn der Bewässerung v e r l o s t; die Nachtweilen, die zu Arbeit und Kontrolle während der Schlafenszeit zwingen, sind natürlich weniger beliebt.

Die Verteilung des „Wasserwassers" (des Wassers zum „Wassern", mit hellem a zu sprechen) erfolgt nun so, daß in den meist horizontal am oberen Rand der Wiesen und Äcker verlaufenden Hauptwaal ein W a s s e r b r e t t oder ein Wasserblech („Waalschwert") mit Wucht eingeschlagen wird; das Wasser rieselt nun seitlich auf breitem Raum über den Waalrand. Welliges Gelände wird mit zahlreichen kleineren Seitenkanälen, den sogenannten I l z e n berieselt, was der Flur eine deutliche Zeichnung durch Unebenheiten und durch kleinere Aufschüttungskegel am Ende der Ilzen verleiht; dies war, als man den Boden noch ohne Maschinen bearbeitete, kaum störend — heute ist, wie wir weiter unten darlegen werden, diesbezüglich eine grundlegende Änderung eingetreten.

Die Arbeit des Bewässerns ist nicht einfach und bedarf ständiger Kontrolle, damit jede Fläche das notwendige Maß an Wasser bekommt. Gelingt das dem Waaler nicht und bleiben trockenbraune Stellen übrig, so hat er „einen Fuchs stehen gelassen" oder — falls es wegen Überwasser zu Erdabrutschungen kommt — gar „einen Fuchs gewassert", eine Gefahr, die im steilen Gelände leicht gegeben ist.

Aber auch außerhalb der eigentlichen Bewässerungszeit erfordert der Waal viel Arbeit, er muß vor Einsturz der Seitenwände bewahrt werden, da diese nur bei den Hauptwaalen solide gemauert sind; ebenso gilt es, den Wasserverlust an undichten Stellen durch Ausmauern oder Abdichten mit Lehm zu verhindern. Für das „Putzen" des Waales an heiklen Stellen, an denen er unterirdisch verläuft, werden Schulbuben angestellt, die gelenkig und schmal genug sind, diese Arbeit „unter Tage" zu leisten. Der Waaler selbst hat als wichtigstes Gerät die W a a l h a u e und außerdem hilft ihm bei seiner Arbeit als Kontrolleinrichtung die W a a l s c h e l l e, auch W a a l h a m m e r genannt.

Das ist ein meist an der „Kandl" befestigtes Wasserrad, dessen Nabe mit Hilfe eines Bolzens mit jeder Drehung einen lose gelagerten Hammer anhebt, der dann auf ein Stück Eisen, ein altes Schaufelblech etwa, oder eben auf eine Kuhschelle niederfällt. Der gleichmäßige Takt dieser ebenso einfachen wie sinnreichen Vorrichtung sagt dem Waaler an, daß die Wasser ihren rechten Weg gehen; meist findet sich der Waalhammer an einem exponierten Punkt des ganzen Systems, damit der Waaler nach zwei Seiten hin die Schelle hören kann. — Der Verfasser erinnert sich noch aus Meraner Kindertagen (um 1930) an den melodischen Takt der Waalschelle vom Algunder und Marlinger Waal und hat noch 1979 in Tätigkeit befindliche Waalschellen am Bergwaal ober Schluderns (nahe dem Vernalhof) und zwischen Galsaun und Juval angetroffen. Leider findet sich dieses volkskundlich hochinteressante Gerät heute nur mehr an vereinzelten Stellen, während früher der Takt der Waalschellen zur Vinschgauer Landschaft gehörte wie Vogellied oder Herdenglockenklang.

Alles, was mit Waal und Wasserrecht zu tun hat, gilt in einem gewissen Sinn als unantastbar und fast „heilig"; Wasserdiebstahl wurde und wird durch genau festgelegte Geldstrafen oder auch zuweilen durch brachiale Gewalt geahndet, ebenso Verschmutzung des Wassers; eine diesbezügliche, bei Rosenberger zitierte Vorschrift aus dem Jahr 1534 sieht fünf Pfund Berner Strafe vor, und zwar für den Fall, daß einer *unsauberes geschlenz oder prunzkachel darein* (in den Waal) *schitten* würde. Es ist beschämend, daß es in unserem so fortschrittlichen Zeitalter noch keinerlei vergleichbare Strafe für die katastrophal um sich greifende Verschmutzung der Fluren und vor allem auch der Gewässer gibt.

Rosenberger hat 1936 im Vinschgau noch 235 größere Waale mit insgesamt 588,600 km Länge und einem bewässerten Gebiet von 9890 Hektar Fläche festgestellt; diese Werte sind, zumindest bezüglich der Waale, heute wesentlich niedriger anzusetzen.

Als längster und gleichzeitig höchster Waal gilt der heute noch erhaltene und betriebene Klammlwaal in Schnals, der schon im 14. Jh. erbaut worden sein soll. Er wird auf ca. 3000 m unter der Finailspitze gefaßt und ist 14 km lang. Die hölzernen Kandeln *(Wieren)* sind teilweise noch erhalten; der Waal führt Wasser von Juni bis September, wovon die Waalschelle auf 2700 m weit über das Tal hin kündet; auf dieser Höhe liegt auch noch eine Waalhütte.

Viel über Länge, Beschaffenheit der Anlage und über das bewässerte Gelände sagen auch die altüberlieferten Namen der Waale aus, von denen wir nur einige wenige der bei Rosenberger aufgeführten Beispiele zitieren, so etwa den Tappeinerwaal (Hofname), dann die vielen nach den Hauptorten benannten Waale, einen „Kandl"- und Pflasterwaal (Bauweise), dann Berg-, Auen-, Feld- und Wiesenwaale oder den eigenwillig geführten Waal bei Prad, der seiner krausen Linien wegen einfach „Lirilariwaal" genannt wurde.

Noch häufiger als einem größeren Waalsystem begegnet der Wanderer im Burggrafenamt und im Vinschgau der einfachsten Bewässerungsvorrichtung, im Volksmund allgemein Tschött (aus roman. *concepta*) genannt; sie ist nichts anderes als der

Speicher für kleinere Quellen und Wasseradern und wird durchwegs ausgemauert und gut abgedichtet. Das darin gesammelte Wasser hat günstigere Temperaturen als das fließende Wasser des Waales und wird durch ein eigenes Verteilersystem aus kleineren Gräben den Kulturen zugeführt. Ein Rest des Wassers der Tschött dient meist als Notreserve für den Fall einer Feuersbrunst; der Schlamm, der sich nach und nach in der Tschött ansetzt, gilt als besonders guter Dünger.

Wie schon erwähnt, hat fast jeder Waal mit seinem Begleitweg, mit seiner lebhaften Flora und seinem gesamten malerischen Erscheinungsbild große landschaftliche und touristische Bedeutung als fast ebener, staubfreier und in jeder Hinsicht reizvoller Wanderweg; so gehören die Waalwege rund um Meran zu den Berühmtheiten der Kurstadt, und auch im Vinschgau wird der Kenner noch heute durch die Entdeckung so mancher Waalwege wie durch einen kostbaren Fund beglückt werden.

Wir werden auf solche Waalwege im einzelnen noch bei der Besprechung der verschiedenen Ortschaften eingehn, wollen aber schon hier einige typische Wegstrecken angeben, so etwa den überaus sonnigen Kortscher Waal, der von Schlanders auf halber Höhe am Hang, vorbei am Ägidiuskirchlein hinüber bis gegen Allitz führt, dann die Waale beiderseits des Matscher Tales und bei Mals, das besonders hübsche und typische Stück Waalweg zwischen Kastelbell, Tschars und Schloß Juval und schließlich als sehr bequem zu erreichendes Wegstück den sogenannten Latschanderwaal, zu dem man mit wenigen Schritten von der neuen Umfahrungsstraße bei Latsch (Tafel: „Tisser Weg") aufsteigen kann.
Meist sind jedoch nur Teile dieser Waale zu begehen, da zuweilen bedeutende Hindernisse überwunden werden müssen oder der Waal samt seinem Begleitweg plötzlich verschwindet; er ist entweder unterirdisch geführt oder wurde — wie in den letzten Jahren und Jahrzehnten viele Kilometer der Vinschgauer Waale — in Betonröhren verlegt. So wie die extremen Höhensiedlungen, die Mühlen, Wasserräder, Schindeldächer und alten Hecken und Pflasterwege, so sterben auch die Waale einen immer schnelleren, unerbittlichen Tod.

Mehr und mehr wird die Bewässerung heute durch großzügige, ebenfalls auf genossenschaftlicher Basis errichtete Beregnungsanlagen durchgeführt, vor allem auf den fruchtbaren Murkegeln, denen auf diese Weise nur etwa ein Drittel (Rosenberger) der zur früheren Berieselung notwendigen Wassermenge zugeführt werden muß; es ist die künstliche Beregnung, wie schon unser Gewährsmann sagt, die *naturgemäßeste Bewässerungsart;* als fast noch wichtiger erscheint es, daß auf diesen nunmehr von Waalen und Ilzen und den dazugehörenden Geländebuckeln freien Kulturen rationell Maschinen eingesetzt werden können, wofür wohl die riesigen Anlagen auf dem Gadriamurkegel zwischen Kortsch und Laas das beste Beispiel bieten. Aber auch im reinen Weidegelände, wie z. B. nahe dem Langkreuz auf der Malser Haide, liegen neben den alten Waalrillen schon die Rohre der Hochdruckanlagen.

Wie so oft in unseren Tagen muß dem Gemeinwohl zuliebe das alte, malerische Bild den Erfordernissen der Technik weichen. Es kann keinen Zweifel darüber geben, daß die Beregnungsanlage rationeller arbeitet als der Waal und natürlich auch in der Bedienung viel einfacher ist. Nachteilig mag höchstens sein, daß an der Sonnseite die natürliche Düngung *(Gletschertrübe)* aus dem Schiefergestein wegfällt, die Klebelsberg den Waalen zuschreibt. An dieser Stelle ist nachzutragen, daß seit jeher im Vinschgau das Wasser aus den Ötztaler Alpen als besser und „fruchtbarer" gilt als jenes aus dem Quarzphyllit der südlichen Talumrahmung, das zuweilen auch einen für die Bewässerung und natürliche Düngung ungünstigen Kalkgehalt aufweist. Auch im Hinblick auf Schädlinge erwies sich der Waal als günstig, er ertränkte die Brut von Maus, Maulwurfsgrille, Heuschrecken und Ameisen; heute wird zur Bekämpfung vor allem der Mäuse fast durchwegs Gift eingesetzt.

Die Talgemeinschaft Vinschgau sollte es als eine vornehmliche Aufgabe betrachten, auch unter Opfern einen typischen Teil des ehemals größten Bewässerungssystems in den Ostalpen zu erhalten; die Waale gehören zum „Gesicht" des Vinschgaues und sind überdies altehrwürdige Zeugen für den Behauptungswillen eines fleißigen und tüchtigen Bauernvolkes. Daß die Waalwege außerdem im Fremdenverkehr eine große Rolle spielen, läßt sich leicht an der Beliebtheit der klassischen Waalwege im nahen Meran ablesen.

Der Stilfser-Joch-Nationalpark

Ich glaube, daß nur die Liebe zu den Bergen den Wunsch nach deren Schutz vergrößern kann, und zwar sowohl aus dem Verlangen heraus, die Natur zu schützen, als auch aus Liebe zu unserem Nächsten, der wie wir das Recht auf das beglückende Erlebnis der Natur hat . . .

G. Nangeroni (im Vorwort zum Führer durch den Nationalpark, S. 8)

Der Vinschgau ist derzeit das einzige Tal Südtirols, das in größerem Rahmen in einen Naturschutzpark einbezogen wurde. Dieses Schutzgebiet ist schon 1935 gegründet worden; es erstreckt sich mit einer Gesamtfläche von 95.000 ha auf drei Provinzen des italienischen Staatsverbandes, und zwar auf Südtirol (Provinz Bozen mit dem Raum Mittelvinschgau-Süd, Ortlergruppe sowie innerstes Ultental; 53.500 ha), auf die Provinz Trient (südöstliche Ortlergruppe, Täler von *Rabbi* und *Pejo;* 19.000 ha) und mit der südwestlichen Ortlergruppe *(Valfurva)* auf die Provinz *Sondrio* (22.500 ha). Im Kartenbild gesehen zeigt sich der Nationalpark als ein fast herzförmiges Gebilde, in dessen Mitte der Suldenferner mit Königsspitz und *Cevedale* liegt; hier treffen auch die drei Provinzgrenzen an einem Punkt zusammen *(Cevedale*-Gipfel, 3778 m). Mit andern Worten gesagt: das Schutzgebiet umfaßt den Raum der O r t l e r g r u p p e im weitesten Sinn, mit dem gesamten (Sulden, Martell) oder teilweisen Verlauf der von ihr ausstrahlenden Täler. Der Name erscheint daher nicht sehr glücklich gewählt, da er zwar den einzigen Straßenübergang innerhalb des Naturschutzgebietes (Stilfser Joch) nennt, anderseits aber nicht berücksichtigt, daß dieses Joch ganz am Westrand des Gebietes und sogar nur mehr teilweise im Raum des Nationalparkes liegt. Eine Umbenennung ist heute natürlich nicht mehr möglich, doch müßte das Schutzgebiet eigentlich sinngemäß „Ortler-Naturschutzpark“ heißen.

Aus der hier kurz angedeuteten Umgrenzung des Gebietes geht hervor, daß weite Teile des Vinschgaues zum Nationalpark gehören, so etwa allein das gesamte rechte Etschufer zwischen Glurns und Latsch, mit Ausnahme einer größeren Einbuchtung an der Mündung des Martelltales bei Morter; wie schon erwähnt, decken sich die Täler von Sulden und Martell zur Gänze mit dem Naturschutzpark.

Wir geben nun im Auszug einige der wichtigsten Bestimmungen über diesen Nationalpark wieder, die wir dem ausgezeichneten, von *Cesare S a i b e n e* herausgegebenen wissenschaftlichen Führer durch den geschützten Raum entnehmen *(Rovereto,* 1969, vgl. Lit.-Verz.); demnach ist folgendes im Raum des Schutzgebietes untersagt:

— Jagd und Fischerei
— Das Töten, Fangen und Belästigen von Tieren jeglicher Art
— Das Anzünden von Feuern und das Lagern im freien Gelände
— Müllablagerung und Verschmutzung
— Das Pflücken oder Ausgraben von Pflanzen j e g l i c h e r Art, auch von Früchten (Pilze usw.)
— Gewinnung von Mineralien
— Mitführen von Hunden; auch an der Leine dürfen Hunde nicht mitgenommen werden
— Photographieren und Filmen zu Erwerbszwecken
— Das Verlassen der Straßen und Wege

Mit der Überwachung dieser Vorschriften sind die Aufsichtsämter der staatlichen Forstverwaltung in Schlanders, Stilfs, Taufers und Martell betraut, die auch Auskünfte erteilen. Für Sondergenehmigungen wendet man sich am besten an das Verwaltungsamt in *Bormio (Via Monte Braulio, 56)* oder noch einfacher an die Zweigstelle im Gemeindeamt Schlanders.

Die Befolgung eines guten Teiles der oben angeführten Vorschriften wird dem naturliebenden Wanderer ohnehin Selbstverständlichkeit sein — anderseits wird man verstehen, daß die Einhaltung der geforderten Maßnahmen in dichter bewohnten Gebieten auf Schwierigkeiten stoßen muß; es war demnach nicht leicht, die wirtschaftlichen Interessen jener bewohnten Vinschgauer Gebiete, die im Nationalpark liegen, mit den gewiß begrüßenswerten Absichten der Natur- und Landschaftspfleger stets zu koordinieren. In diesem Sinne ist die Talgemeinschaft Vinschgau bemüht, eine Abänderung des Errichtungsgesetzes vom Jahre 1935 in verschiedener Hinsicht zu erwirken, wobei man in bestimmten Teilen des Parkes eine Revision der Grenzen, ein größeres Mitspracherecht der innerhalb des Nationalparks Wohnenden und für bisher erlittene wirtschaftliche Einbußen Schadenersatz fordert. Diesen Bemühungen kommt die Tatsache entgegen, daß die Kompetenz über die zwei größeren Teile des Parkes (Bozen und Trient) nunmehr an die Region Trentino-Südtirol übergegangen ist, worin die Naturschützer allerdings auch eine Gefahr sehen; sie befürchten eine gefährliche Zersplitterung des Parkes. Man hat daher nach langem Hin und Her beschlossen, eine einheitliche Parkverwaltung zu gewährleisten, anderseits aber vor allem durch Neuabgrenzungen die bei der Bevölkerung sehr ungern gesehene Miteinbeziehung von besiedelten Gebieten zu annullieren. Erst die fernere Zukunft wird weisen, ob der vielumstrittene Stilfser-Joch-Park zu einem wirksamen Instrument des Naturschutzes werden kann, oder nicht.

Es ist hier nicht der Platz, all die vielfältigen Erscheinungsformen des Schutzgebietes aufzuzählen, das von der nivalen Stufe (Ortlergipfel, 3902 m) bis zu einem Rest Flaumeichengürtel im äußeren Martelltal reicht und somit noch ein kleines Stück des auch hier vertretenen „Sonnenberges" einschließt (tiefster Punkt des Parkes bei Latsch, 650 m). In der genannten Arbeit über den Stilfser-Joch-Nationalpark findet sich — als detaillierte Ergänzung zu den Abschnitten über Geologie, Flora und Fauna des vorliegenden Buches — eine lückenlose, von namhaften Fachgelehrten verfaßte Zusammenstellung aller Vorkommen und Besonderheiten dieses großartigen Alpenparkes, dessen Behütung und Pflege eine ebenso schöne wie schwierige Aufgabe darstellt; es mag sein, daß nicht jedermann von vorneherein Verständnis für solche Aufgaben hat, die so mancher von Pseudo-Fortschritt und Übertechnisierung Besessene als „rückständig" oder wohl auch als „wirtschaftlichen Interessen hinderlich" hinstellen möchte.

Den ideal denkenden Männern jedoch, die unermüdlich um den Schutz der Natur und in unserem Fall speziell um die Erhaltung des Ortler-Naturschutzparkes kämpfen, wird dereinst die Zeit in einem Maß recht geben, von dem wir uns heute noch kaum eine Vorstellung machen können. Hier sei vorläufig nur als Erfolgsbilanz verzeichnet, daß laut letzter offizieller Angabe im Nationalpark 60 Steinböcke, 500 Gemsen, 600 Hirsche, 10.000 Rehe und 30 Adler gezählt werden konnten.

An dieser Stelle ist anzufügen, daß ein Stück Vinschgau Teil des 1976 neu errichteten Naturparks Texelgruppe geworden ist, und zwar mit dem vom Schnalser Haupttal abzweigenden Pfossental (ab Vorderkaser) und mit dem bei Partschins mündenden Zieltal, das ins Herz der Texelgruppe hineinführt; demnach liegt der höchste Gipfel der Gruppe, das Roteck (3336 m), noch im Bereich des Vinschgaues. — Für diesen Naturpark, der laut Gesetz der Autonomen Provinz Bozen von der Südtiroler Landesregierung geschaffen wurde, gelten im Prinzip die gleichen Schutzbestimmungen wie im Stilfser-Joch-Park. Das neue Schutzgebiet erstreckt sich jedoch nur auf unbewohntes Gebiet, beginnt also an einer Linie, die durch die Obergrenze der Dauersiedlungen gegeben ist. Damit sollten die Fehler des Stilfser-Joch-Parkes nicht wiederholt werden.

Bevölkerung, Wirtschaft und Verkehr

In einem Gespräch mit einem italienischen Unternehmer in Tschengels, der bei der dortigen Moostrockenlegung zugegen war, schimpfte dieser wacker auf die Vinschgauer, und da fragte ich ihn, was er an ihnen auszusetzen hätte? Da erwiderte er ganz entrüstet: „Oh, seinsi olli Professori und Advokati!"

Fridolin Plant in „Reiseführer durch Vinschgau", Meran 1907

Der Verfasser sieht sich somit vor die gar nicht leichte Aufgabe gestellt, die Bevölkerung des Tales, von dem dieses Buch handelt, einer Charakteristik und Beurteilung zu unterziehen. Bevor jedoch hiezu die Stimmen älterer und neuerer Autoren und die des Verfassers selbst gehört werden sollen, müssen wir uns noch einmal kurz jene Grundlagen vor Augen halten, die das Ergebnis unserer historischen Untersuchung gewesen sind. Aus ihr ging hervor, daß es unsinnig wäre, im „Vinschger" einen durchaus einheitlichen Volkstypus suchen zu wollen. Wir wissen, daß der Einfluß des Rätoromanischen im Oberland sehr stark gewesen ist und teilweise noch bis in die neuere Zeit gereicht hat; wir werden diese Zusammenhänge überdies noch an Hand der Orts- und Flurnamen anläßlich der Besprechung der einzelnen Orte deutlich herausarbeiten und dabei auch wiederum auf jene alemannischen (walserischen?) Einflüsse stoßen, die hier den Typus des ausgesprochen *westtirolischen Dialektes* hervorgebracht haben, wie Kühebacher in seiner eingehenden Untersuchung („Der Obere Weg", S. 196 ff.) dargelegt hat; diese Einflüsse nehmen gegen Osten zusehends ab, wobei sich eine deutliche Grenze bei Eyrs (gegen roman. Relikte und auffallend junge deutsche Lautformen im oberen Teil des Tales), bei Schlanders und natürlich auch am Riegel der Töll abzeichnet.

> Bis hierher *reicht die Dehnung des u in den Wörtern Wurst, Durst, was in Meran als eines der wichtigsten Vinschgauer Merkmale empfunden wird* (Kühebacher). Auch *a readl* (eine Weile, kurze Zeit) als Verkleinerungsform der uns vom Waalsystem her bekannten *Rod (roud* oder auch *road)* ist typisch vinschgerisch, und auch dafür ist die Töll Grenze, während beispielsweise die *Tschött* vom Vinschgau weit ins Burggrafenamt und weiter bis zum Bozner Talkessel reicht.

Doch sind es nicht allein Unterschiede zwischen dem vorwiegend rätoromanisch beeinflußten Oberland und den von bajuwarischen Kolonisatoren geprägten Mittel-, Hanglagen und Seitentälern, die ein Bild der Vielfalt geben. Wer den Charakter der Vinschgauer Bevölkerung erfassen will, muß sich auch die wechselvollen Geschicke dieser Menschen und die geradezu unfaßbare einstige soziale Not vor allem des Oberlandes vor Augen halten, wo Ausbeutung durch manche Grundherren, Seuchen, Katastrophen, Kriege und immer wieder Kriege und Truppendurchzüge das Volk unablässig ins Elend gestürzt haben, wofür wir noch sehr sprechende Beispiele bringen werden. Dieser Entwicklung trägt Fridolin Plant in seinem Vinschgau-Führer Rechnung, indem er schreibt:

> *Wenn man alle die Schicksalsschläge, welche die so armen Vinschgauer seit unvordenklichen Zeiten erleiden mußten, erwägt, möchte man ausrufen: „Was hat man Dir du armes Kind getan?" Aber trotzdem ist die Volksseele ungebrochen, wenn auch etwas verschleiert, wie es bei zu sehr mißhandelten Kindern vorkommt . . .* (S. 37).

Diesen *verschleierten,* zurückhaltenden, oft fast mißtrauischen Zug deutet auch Johann Jakob S t a f f l e r an, wenn er seinem sonst durchaus positiven Urteil über den Vinschgauer einen nicht unbedingt schmeichelhaften Nachsatz anfügt:

Die Bewohner dieses Landgerichts-Bezirkes (Schlanders) *sind sehr fleißige, erwerbsthätige und besonders in der Landwirthschaft wohl erfahrne Leute. Der Charakter des Volkes, im Allgemeinen betrachtet, zeigt sich ernsthaft mit wenigen fröhlichen Zügen. Dabei leuchten unverkennbare Merkmale eines scharfen Verstandes, eines klugen und gewandten Geistes hervor, der nur zu gern jenes offene und gerade Wesen, das sonst den deutschen Tiroler so vorteilhaft auszeichnet, verdrängt. Diese Bemerkung gilt vorzüglich vom Hauptthale; denn im Seitenthale Schnals findet man mit Vergnügen einen geraden, biederen Sinn . . .* (II/2, S. 564 f.).

Aber immer kommen auch die Schnalser nicht so gut weg; Richard Staffler (1880—1962) weiß von einer alten Rivalität der Schnalstaler und Vinschgauer zu berichten („Schlern", Jg. 1937, S. 153), laut der die Schnalser einerseits gar keine „Vinschger" sein wollen, anderseits aber auch die Vinschgauer den Spruch haben: *Im Vinschgau gibt's Manderleut, Weiberleut, Kinder und Schnalser.*

Zurück zum „Klassiker" Joh. Jakob Staffler; sein Urteil über die Oberländer enthält keinerlei Einschränkung. Der aus Not geborene Zwang, ein Wanderleben zu führen, klingt hier schon an; wir werden davon noch weiter unten hören.

Wie dieses Volk durch tiefen Verstand und Geistesübergewicht sich vorteilhaft auszeichnet — wenn es gleich in Ansehung der körperlichen Formen von der Natur minder günstig bedacht wurde (der kleinere, „rätische" Menschenschlag; Anm. d. Verf.) — *so ist unter demselben vorzugsweise auch ein industrielles Leben rege, wo nicht selten wahre Genie-Produkte und Kunstwerke mit den sinnreichsten Erfindungen hervorleuchten. Wer in der Heimath nicht Beschäftigung findet, sucht sie anderwärts, und wohl auch in den fernsten Himmelsstrichen Europas . . .* (II/1, S. 147).

Sehr eingehend und treffend ist das Urteil des Dichters, Topographen und Politikers Beda W e b e r (1798—1858), der als Marienberger Benediktiner „seine" Vinschgauer natürlich besonders gut kannte; auch er unterteilt das Tal in drei Abschnitte und spricht zunächst vom Bewohner des „Hochvintschgaues" im Tone höchster Anerkennung:

Die Bewohner dieser rauhen Hochebene sind arbeitsam und nüchtern, abgehärtet in Sturm, Wind und Kälte, ringend mit einem undankbaren Boden, der nicht selten die Hoffnung des

Bebauers täuscht; fast durchgängig verraten sie scharfen Verstand, Kälte und Richtigkeit des Urtheils, und große Anlage zur Wissenschaft, besonders zur Mechanik ...
Zu anderweitigem Erwerb genöthiget, ziehen viele nach Schwaben, dort theils als Hirten, Knechte und Mägde zu dienen ... andere kärnen mit Südfrüchten, Töpfergeschirr und andern Kleinigkeiten Land ein Land aus um kärglichen Gewinn ...
Sie sprechen eine eigenthümliche Mundart, die durch scharfbegränzte Formen von den übrigen Mundarten Vintschgaus geschieden ist. Charakteristisch ist das Hilfszeitwort „g'höt" statt „gehabt", und davon werden sie auch scherzweise die „G'höter" genannt ... (S. 287 f.).

Die schon hier angeschlagene Tonart bezüglich der ausgeprägten Intelligenz der Talbevölkerung erfährt nun für den „Obervintschgau" (der für Weber bis Eyrs reicht) noch eine Steigerung:

Nirgends ist der Verstand des Volkes aufgeweckter, als in diesem Theile des Landes. Gefällig, zuvorkommend im Aeussern, behalten sie gleichwohl stets einen Rückhalt im Herzen mit der Freiheit, zu denken und zu thun, wie es sie gelüstet. Beide Geschlechter sind flink mit der Zunge, unerschöpfliche Redner, schmeichelnd, und der schwachen Seite gefährlich. Im Religiösen halten sie fest am Glauben der Kirche ... und ein Stück zuvor:
Schwaben bleibt auch für sie das gelobte Land jugendlicher Dienstversuche, und allenthalben trifft man sie als Kärner Land ein Land aus ... (S. 299).

Es folgt eine nicht sehr geglückte Charakterisierung der Männer in diesem Teil des Tales, während es von den Mädchen heißt:

Die Mädchen in der Blüthenzeit sind mit allen Reizen ihres Geschlechtes geziert, aber schnell ist die Blüthe abgewelkt ... (Seite 299).

Hier erachtet es der Verfasser als seine Kavalierspflicht, sich dem Urteil des sonst gewiß gelehrten Benediktinerpaters n i c h t anzuschließen, was den Nachsatz des Urteiles betrifft, wenngleich auch eine Bemerkung des Dichters Johann Gabriel S e i d l (1804—1875) in eine ähnliche Richtung weist; sie mag zu Zeiten der harten Frauenarbeit mehr Berechtigung gehabt haben als heute oder auch nur von Beda Weber übernommen worden sein:

(Die Vinschgauer sind) *ein gar verständiger Menschenschlag, von schlankem Wuchs, den die nationale Tracht noch auffallender hervorhebt, die Männer braun, ernstblickend, wenig wortverlegen, die Mädchen flink, wohlgebildet, aber bald verwelkt* (in „Wanderungen durch Tyrol und Steiermark", zit. bei Grießmair, vgl. Lit.-Verz.).

Auch Weber ist der im oberen Teil des Tales vor mehr als hundert Jahren noch spürbare rätoromanische Einfluß keineswegs entgangen, er ist ihm sogar der Grund für jenes eben genannte, angeblich so schnelle Verwelken — und er weiß, daß hier, wo *Blühen und Vergehen eng aneinander gränzen einst die romanische Zunge gewaltet* habe (S. 299).

Gut hat Weber den Bewohner des mittleren und unteren Vinschgaues (Eyrs-Töll) gezeichnet:

> *Die Bewohner tragen in ihrer psychischen und geistigen Beschaffenheit das Gepräge ihres Landes und Bodens. Die äußeren Formen werden üppiger, als in Obervintschgau, der Geist ruhiger und gesetzter, der Sinn stolzer und unabhängiger, die Tracht stätiger und nationaler. Vollauf genährt mit den Erträgnissen ihrer Scholle verschmähen sie Wanderlust und auswärtigen Verdienst ...* (S. 311).

Was bei diesen älteren Autoren immer wieder anklingt — der Hinweis auf geistige Regsamkeit und die Wahl geisteswissenschaftlichen Studien und Berufe, auch die Voraussetzungen für das Wirken in Verwaltung und Politik — all das findet sich zusammengefaßt in dem Urteil unserer Tage, das der bedeutende Historiker Franz H u t e r abgibt („Südtirol", Innsbruck 1971, Seite 16):

> *Das Tal der oberen Etsch ist eine ausgesprochene Intelligenzlandschaft, es entsandte in auffällig hoher Zahl Studierende an die Mittel- und Hochschulen aller Art, die sich vielleicht weniger als wissenschaftliche Genies denn als Praktiker bewährten... Scharfer Verstand und nüchternes Urteil, Findigkeit und Lebensernst und ausgesprochene Beredsamkeit werden dem Vintschger nachgerühmt.*

Dem Leser soll auch nicht vorenthalten werden, was der schon genannte Fridolin P l a n t für eine Stilblüte erwachsen ließ, als er sich bemühte, den Vinschgauern seine Reverenz zu erweisen:

> *Die Vinschgauer sind ernst, nachdenkend und geben nie eine dumme Antwort, nicht einmal ein kleines Kind, und gehören zu den intelligentesten Bewohnern Tirols, obgleich sie tiefreligiös sind* (!) *... Eine bekannte Redensart, „die Vinschger Lugner", verdächtigt sie mit Unrecht. Sie sind eben nicht aufgelegt, jedem daher gelaufenen Schnapphahn oder daher geflogenen Gimpel alles auf die Nase zu binden* (S. 38).

Mit der letzten Bemerkung Plants kommen wir nun vom Urteil der Schriftsteller und Historiker zur Volksüberlieferung, die — in einem für den gesamten Alpenraum typischen Nachbarschaftsscharmützel — gewisse Eigenschaften maßlos aufbauscht und zur landläufigen Meinung macht. So ist es auch mit dem „V i n s c h g e r L u g n e r", dessen blühende Phantasie und Schlauheit nicht nur von den Nachbarn kolportiert wird, sondern sogar im eigenen Tal schmunzelnd von Mund zu Mund geht, wie es die köstliche Sagensammlung des aus Mals stammenden Robert W i n k l e r ausweist (vgl. Lit.-Verz.):

> Die Vinschger waren ursprünglich ehrlicher als alle andern Leute von Tirol, aber als sie in die Welt hinauskamen, da mußten sie aus Notwendigkeit das Lügen lernen. Und damit jeder, der auf Wanderschaft ging, in der Welt auch gut zurechtkomme, wurde im heimatlichen Vinschgau „Lügenkurse" eingeführt; die hiebei erworbenen Kenntnisse wurden dann beim „Wettlügen" geprüft, und um 1794 soll sogar ein eigener „Lügenlandtag" eingeführt worden sein. Ein Mann aus Tartsch ging dabei als Sieger hervor, denn er sagte, in Tartsch kenne man das Lügen nicht; überwältigt von der Größe dieser Lüge gaben sich alle übrigen Vinschgauer geschlagen (nach Winkler, Seite 257 ff.).

Soviel zum „Lugner". In der im Vinschgau immer noch blühenden Volksphantasie lebt er in allen möglichen heiteren Variationen weiter, und es geht alles gut, solange das ominöse Wort nur im Scherz fällt; ansonsten aber würde ich niemandem raten, einen Bewohner des Tales im Ernst oder im Zorn einen „Lugner" zu nennen — es könnte ihm dies teuer zu stehn kommen.

Nicht viel anders ist es mit dem vielzitierten „V i n s c h g e r K a r r n e r", der uns schon in Beda Webers Urteil als „Kärner" begegnete und — wie gerade Webers Bemerkungen nachweisen — nichts anderes ist als ein durch Not gezwungener Bauer, Kleinhäusler oder Knecht, der sein Auskommen als Wanderhändler suchen mußte und ähnlich etwa dem Fersentaler Hausierer durch die Lande zog, im Gegensatz zu diesem jedoch vielfach nicht allein, sondern mit Wagen („Karren"), Kind und Kegel.

> Richard S t a f f l e r gibt in „Schlern" (Jg. 1921, S. 368 ff., mit einer Abb. von Albert Stolz) ein farbenfrohes Bild dieser fahrenden Leute, die ihrem eigenen Sittenkodex folgend durch die Lande zogen, ganz bestimmte Sammelplätze aufsuchten, sich sippenmäßig auch weitgehend untereinander verbanden und sich recht und schlecht durchbrachten, sei es mit Kastanienhandel, Korbflechten, Besenbinden, Pfannenflicken und zuweilen wohl auch durch den Bettel der Weiber und Kinder. Man handelte auch mit Brunecker Töpferwaren, Schleif- und Wetzsteinen aus Kärnten, man ließ — je nach Verdienst — den lieben Gott einen guten Mann sein, lebte in den Tag hinein und war dem Alkohol durchaus nicht abhold. Im Winter lebten die durchwegs aus dem oberen Teil des Landes stammenden Karrner in der Dorfgemeinschaft, und bei dieser Gelegenheit erhielten die Kinder auch ihre dürftige Schulbildung.

Sorgfältiger hat Josef P a r d e l l e r das Problem studiert („Schlern", Jg. 1953, S. 371 ff., und Jg. 1960, S. 407 ff.); er leitet die erst 1810 erstmals im Vinschgau (Stilfs) belegte Berufsbezeichnung „Karrner" von „Fuhrmann" ab und weist darauf hin, daß Säumer- und Vorspanndienste im oberen Vinschgau naturgemäß immer eine sehr große Rolle gespielt haben, und daß überdies der „Kleinkärner" Warenlieferungen zu Zeiten übernahm, in denen es noch keine Kaufläden gab; er trennt die Vinschger „Kärner" entschieden vom eigentlichen landfahrenden Gaukelvolk und weist ausdrücklich darauf hin, daß es vor allem die b i t t e r e N o t im Obervinschgau gewesen ist, die manche Leute zu einem Wanderdasein verurteilte, das jedoch stets von einem festen Wohnsitz ausging; *streng genommen gab es im Vinschgau keine Nomaden.* Pardeller verschweigt nicht, daß manche dieser Bedauernswerten auf eine tiefe Stufe sanken und zur *Landplage* wurden, doch ist die Zahl dieser Allerärmsten immer sehr gering gewesen, wie ja überhaupt die Karrnerfamilien auch zur Zeit ihrer größten Verbreitung (zweite Hälfte des 19. Jh.s) die Zahl 30 kaum überschritten. Mit dem Ersten Weltkrieg, in dem die Karrner vereinzelt noch Transportdienste leisteten, erlosch das Landfahrerwesen, das auf eine eigenartige und fast geheimnisvolle Weise einmal Teil des vielschichtigen Vinschgau-Bildes gewesen war. — Ein literarisches Denkmal hat den Vinschger Karrnern der bedeutende Tiroler Dramatiker Karl S c h ö n h e r r in der Tragödie „Karrnersleut" gesetzt. An dieser Stelle wären auch die Vinschger Komödianten zu nennen („Schlern", Jg. 1937, S. 164).

Noch viel mehr jedoch als die Not des Karrnerwesens erschüttert uns eine andere Folge der bitteren Armut im oberen Vinschgau, die unter dem Begriff der „S c h w a b e n k i n d e r" zu trauriger Berühmtheit gekommen ist.

Es waren nicht allein in Not geratene Erwachsene, die auf der Wanderschaft ihr Heil suchen mußten, sondern auch Kinder, die als Hütbuben oder Kindsmägde vor allem im Schwabenland ihr karges Brot verdienten. Das Alter der Kinder lag zwischen 6—8 und etwa 14 Jahren; für das Jahr 1831 ist eine Zahl von 250 Kindern nur aus den Gemeinden Reschen, Nauders und St. Valentin belegt (Heinr. Hohenegger in „Schlern", Jg. 1970, S. 60 ff., mit weiteren Angaben und Lit.). Diese „Schwabenkinder" hatten meist schon um den 10. März herum Schulschluß (nach H. Hager, „Schlern", Jg. 1933, S. 485) und wanderten in Gruppen, früher vielfach allein, später begleitet von Lehrern, einem Geistlichen oder sogenannten „Schwabenmüttern" über den oft noch tiefverschneiten Reschen und Arlberg. Die Kinder aus dem Mittelvinschgau hielten in Graun oder Reschen ihre erste Nachtrast und gesellten sich mit den Kindern von hier sowie mit denen aus Langtaufers und Rojen zusammen. In Tagmärschen bis zu 40 Kilometern ging es nun weiter ins Schwabenland, wo vor allem in Ravensburg zu Josefi (19. März) ein regelrechter „Sklavenmarkt“ abgehalten wurde. Das Kind bekam von seinem Brotgeber doppelten Anzug mit Schuhen und Hut und drei bis fünf Gulden, später — knapp vor dem Ausbruch des Ersten Weltkrieges — etwa um die 100 Mark. Um Simon und Juda (28. Okt.) kamen die Kinder wieder zurück, die „Ausgeschulten“ erst nach Martini (11. November). Später legte man die Reise per Leiterwagen bis Landeck und mit der Eisenbahn über den Arlberg zurück. Um schlechte Behandlung und Ausbeutung zu vermeiden, gründete der Priester Franz Schöpf im Jahre 1901 den „Schwäbischen Hütkinderverein“ mit einer Gemeinschaftskasse, aus welcher der Transport beglichen wurde. — Ein interessantes Bild von der teilweise sehr harten Arbeit der „Schwabenkinder“ — u. a. Wecken um 3 Uhr früh usw. — aber auch davon, wie sie sich zu helfen wußten, bietet Hans Grießmair („Schlern“, Jg. 1970, S. 492), der die Erinnerungen des 1881 geborenen Josef Gaiser aus Tschengels aufgezeichnet hat; dieser alte Mann hatte wiederholt und 1905 noch ein letztes Mal an einer Fahrt der „Schwabenkinder“ teilgenommen.

Während die Züge der „Schwabenkinder“ nun schon lange der Vergangenheit angehören und die Landfahrer von den Straßen des Vinschgaues verschwunden sind, hält sich im ganzen Land hartnäckig der Streit um die Abgrenzung zwischen den sogenannten „Staudenvinschgern“ und den „Edelvinschgern“; diese volkstümliche Bezeichnung will das Tal in zwei Teile geschieden haben, in denen eben die beiden genannten Gruppen hausen. Es muß gleich gesagt werden, daß es natürlich eine solche schroffe Trennung nicht einmal annähernd gibt, und daß der Vinschgauer selbst von dieser Einteilung wenig oder nichts hält. Allerdings will er — wenn schon — jederzeit lieber zu den „Edelvinschgern“ gerechnet werden, schon weil das „Stauden-“ einen etwas abwertenden Beigeschmack hat, sind doch die Stauden eher dürftige Sträucher, die es eben nicht bis zum „edlen“ Baum gebracht haben.

Auch dieser vielumstrittenen Frage hat sich die Volkskunde sorgfältig angenommen; ausnahmslos wird die Grenze bei Kortsch festgelegt, und zwar an jener uns bereits bekannten Klima-Schwelle, wo die Rebe und die Kastanie die obere Linie ihrer Verbreitung erreichen. Dort, wo die Edelkastanie nur mehr als Schößling, eben als „Staude“ austreibt, dort beginnt das Reich der „Staudenvinschger“. So weit wäre alles klar — wenn ein Einvernehmen darüber bestünde, wer nun ober oder unter dieser Grenze anzusiedeln ist. Der schon mehrfach genannte Plant schreibt (S. 91) angesichts der großartigen Ortler-Szenerie über der Malser Haide, daß die Streitfrage, wo Edelvinschgau sei, hier eindeutig für das Oberland zu entscheiden wäre. Der gleichen Meinung ist auch Richard Staffler, der ein hervorragender Kenner des Vinschgaues gewesen ist: *In Kortsch beginnt das Reich der Staudenvinschger. Es erstreckt sich bis zur Töll . . .* („Schlern", Jg. 1937, S. 152). Die neuere Forschung mit Klebelsberg, Schenk, Fischer u. a. spricht sich hingegen dafür aus, daß man eben diesem Teil von Kortsch abwärts den „Edelvinschgern" zuzusprechen habe, wobei sicherlich auch der Begriff der Edelobstanlagen eine gewichtige Rolle spielt.

Ein müßiger Streit. „Edel" ist im Vinschgau wie anderwärts überall dort, wo Fleiß und Treue zum Land herrscht — das gilt für das ganze Tal, bis hinauf zu den höchsten Berghöfen und in die Seitentäler. Und wie sonst in der ganzen Welt, mag es auch im Vinschgau ein „Staudenwesen" geben. Es wird daher jeder Besucher dieses Tales mehr oder minder selbst zu entscheiden haben, ob er es mit „Edel-" oder „Staudenvinschgern" zu tun bekommen hat, und er wird diesbezüglich in den seltensten Fällen enttäuscht werden.

Aus all den genannten Urteilen und Bewertungen ist als zweifellos hervorstechendste Eigenschaft der Bewohner des Vinschgaues ihre Wendigkeit und Intelligenz herauszulesen. Das kann ausgefeilte Bauernschlauheit sein, wie sie Hellmut von C u b e meisterhaft in jener Szene seines Buches „Mein Leben bei den Trollen" schildert (S. 164 ff.), in der er einen Schafhandel unter Schnalstaler Bauern über die Bühne gehen läßt — das ist aber auch ausgeklügelte Planung im Bewässerungssystem und allgemeines Geschick in allen Dingen der Mechanik oder, wie wir unter „Wirtschaft" noch deutlicher sehen werden, die Fähigkeit, auf der Ebene gemeinsamer Planung und Zusammenarbeit an große Aufgaben heranzugehen; hier erweist sich der Zusammenhalt der Vinschgauer stets als vorbildlich. Der „Vinschger" ist außerdem klug im Taktieren, er ist der geborene Politiker. Tönendes Heldentum liegt ihm nicht so sehr, dazu ist er viel zu klug; wir werden darauf bei der Darstellung der führenden Gestalten von 1809 (Teimer und Danay) noch zurückkommen. Obwohl es keine verläßliche diesbezügliche Statistik gibt, kann man doch mit Fug und Recht behaupten, daß der Vinschgau stets eine überdurchschnittliche Anzahl von Studenten gestellt hat, woran der Kinderreichtum ärmerer Familien ebenso beteiligt sein mag wie die natürlichen Anlagen der Jugend und deren Förderung in Marienberg sowie im berühmten Benediktinergymnasium zu Meran. — Vinschgauer, die aus irgendwelchen Gründen gezwungen sind, ihre Heimat zu verlassen, schließen sich an den neuen Wohnorten eng zusammen. So gibt es zum Beispiel in Nordtirol einen V e r e i n d e r V i n s c h g a u e r, der eine rege kulturelle Tätigkeit entfaltet und auch eine Festschrift zum fünfzigjährigen Bestand (1957) herausgegeben hat (vgl. Lit.-Verz.).

Abgesehen von einer gewissen Scheu und Zurückhaltung der Bergbauern, für die man angesichts ihres harten Loses Verständnis haben wird, ist der Bewohner des Tales im Durchschnitt sehr aufgeschlossen, gut ansprechbar und überaus gastfreundlich. Als der Verfasser vor wenigen Jahren über eine Rundfunksendung Sagenelemente und Volkskundliches aus dem ganzen Land zu ermitteln versuchte, kamen ca. 75 Prozent der brauchbaren schriftlichen Antworten allein aus dem Vinschgau. Hand in Hand mit dieser Regsamkeit geht ein gewisser Erfindergeist, gepaart mit Mut und Freude zum Experimentieren; so sind im Vinschgau früher als anderwärts Versuche mit Beerenobstkulturen und Gemüsepflanzungen gemacht worden, wie der Vinschgauer ja überhaupt stets mit Erfolg auf der Suche nach Möglichkeiten zur Erhöhung seines Einkommens und zur Hebung seines Lebensstandards bemüht ist, wofür allein die rechtzeitig auf genossenschaftlicher Basis erfolgte Umstellung vom Ackerbau auf mustergültige Edelobstkulturen, das sprunghafte Aufblühen des Fremdenverkehrs und eine Pioniertätigkeit auf dem Gebiet mittlerer Industrieanlagen eine deutliche Sprache sprechen.

Am schönsten aber dokumentiert sich der geistige Reichtum dieses Südtiroler Tales in der stattlichen Reihe seiner bedeutenden Söhne, die zum guten Teil weit über ihre engere Heimat hinaus gewirkt haben. Aus guten Gründen hat der Verfasser jedoch davon abgesehen, schon an dieser Stelle ein zusammenfassendes Ehrenalbum des Vinschgaues aufzustellen; die einzelnen Persönlichkeiten sollen jeweils aus ihrem Herkunftsbereich heraus dargestellt werden und erfahren bei der Besprechung ihres Heimat- oder vorzüglichen Wirkungsortes die entsprechende Würdigung. Sie sind also von dieser Seite her oder ebensogut aus dem Register jederzeit zu ermitteln. Soviel zum „Vinschger"; er genießt die Achtung seiner Nachbarn, wenngleich ihm diese zuweilen mit einer gewissen Reserve gegenüberstehn. Man könnte fast das Gefühl haben, es gelinge nicht leicht, in die Gemeinschaft dieses eigenartigen und originellsten Tiroler Tales einzudringen. Der Verfasser erinnert sich gut daran, wie seine Großmutter dann und wann mit feinem Lächeln den früher allbekannten Spruch zitierte:

Trau schau wem, kei'm Vinschger und kei'm Böhm!

Schließlich mußte sie es wissen, denn sie war mit einem aus dem Vinschgau stammenden Meraner Bürger verheiratet. —

Vorangetrieben von einer zielbewußten Planung durch die zu einer Talgemeinschaft zusammengeschlossenen Gemeinden wird sich der einst „abseits" gelegene Vinschgau zu einer der lebenswichtigsten Adern des Südtiroler Wirtschaftslebens entwickeln.

Anton Graf Bossi Fedrigotti in „Vinschgau" (S. 38)

Fast noch mehr als für die übrigen Täler Südtirols gilt, daß auch unser Vinschgau hinsichtlich der Wirtschaft großen Umwälzungen unterliegt; diese Umschichtung ist hier noch stärker als anderwärts durch die Abwanderung aus der Landwirtschaft gekennzeichnet.

1951 waren noch 60,8% aller Bewohner des Vinschgaues in der Land- und Forstwirtschaft tätig — zwanzig Jahre später sind es nur mehr 31,8% (Landesdurchschnitt 1971 rund 20%). Wir entnehmen diese und zahlreiche der folgenden Angaben den Statistiken der Volkszählung von 1971. Die erst in einigen Jahren zu erwartenden Ergebnisse der Zählung 1981 werden bezüglich der Landwirtschaft noch niedrigere Werte ergeben.

Der Vinschgau umfaßt bei einer Bevölkerung von rund 35.000 Einwohnern eine Gesamtfläche von 156.900 Hektar, von der 78% produktive und 22% unproduktive Fläche sind. Von der produktiven Fläche wiederum sind ca. 39% forstwirtschaftlich genutzter Wald.

Es ist eine in diesem Buch schon öfter angedeutete Eigenart des Vinschgaues, daß die Schattseiten des Haupttales und der Nebentäler fast durchwegs von schönem Nadelwald bedeckt sind, während am Sonnenberg der Mensch seit Jahrhunderten gegen Trockenheit, Dürre, Versteppung und in deren Gefolge gegen Vermurung zu kämpfen hat; nur im Oberland, etwa von Tartsch aufwärts, breiten sich zu beiden Seiten des Tales große Wälder mit starken Beständen an Lärchen aus. Die Hauptwaldungen des Nörderberges zeigen vielfach wertvolle Reinbestände der Fichte; die Föhre ist an der linken Talseite häufiger, die Zirbe bezeichnet hüben und drüben die Waldgrenze.

Fast der ganze Wald des Vinschgaues gehört den Gemeinden (83%), der Rest verteilt sich auf Interessentschaften, und nur 8,3% des Waldes sind in privater Hand, was einer Zerstückelung in unbedeutende Kleinstflächen gleichkommt.

Wie schon wiederholt bemerkt, stellt die Aufforstung der versteppten „Leiten" (Hänge) des Sonnenberges eine der wichtigsten Aufgaben im Vinschgau dar; klimatische Bedingungen, Bodenschutz im weitesten Sinn des Wortes (gegen Vermurung, Wildbäche, Erosion) und ebenso Landschaftsschutz im ästhetischen Sinn werden durch die großzügig und gemeinschaftlich vorangetragene Aufforstung gefördert.

Die ersten Versuche zu einer planmäßigen Aufforstung gehen bis auf das Jahr 1880 zurück und sind vor allem ein Verdienst des Arztes Dr. Heinrich F l o r a aus Mals gewesen (1829—1903). Schon damals wurde die bis auf den heutigen Tag als günstiger Pionier gewertete Schwarzkiefer *(Pinus nigra)* in den „Leitenwaldelen" von Kortsch und Schlanders gepflanzt (Fischer). Diese Arbeiten wurden nach zeitbedingten Unterbrechungen 1935 weitergeführt und sind nach dem Zweiten Weltkrieg 1951 wiederum in großem Stil aufgenommen worden. Die Projekte für diese nunmehr auf regionaler Ebene vorangetriebene Aufforstung (1300 ha mit einem Kostenaufwand von rd. einer halben Milliarde Lire) stammen von Ing. Franz D e u t s c h aus Neumarkt. — Dem aufmerksamen Beobachter zeigen sich diese Aufforstungsinseln als intensiv grüne Keile, die tief in die braunen Hänge des Sonnenberges hineinreichen. Dabei muß bemerkt werden, daß in früherer Zeit die Aufforstung durch die Bauern nicht selten sabotiert wurde, da man auf die alten Weiderechte für Kleinvieh pochte (die, wie wir wissen, ihr gerütteltes Maß Schuld an der Versteppung des Sonnenberges tragen). — Wie schon unter dem Abschnitt „Flora" erwähnt, wird an besonders ungünstigen Standorten auch die genügsame Robinie *(Robinia pseudacacia)* gepflanzt, und an anderer Stelle, so z. B. am Fußweg von Schluderns nach Matsch (Mark. Nr. 18), erinnert sich der Verfasser, vor wenigen Jahren Aufforstung in Form von Mischwald (Schwarzkiefer, Lärche, Ahorn, Birke, Robinie usw.) in gutem Wachstum gesehen zu haben. — Es sind auf diesem Gebiet in den letzten Jahren so gute Erfolge erzielt worden, daß die Aufforstung planmäßig weitergetrieben wird (vgl. hiezu auch Karl Sumereder in „Schlern", Jg. 1960, S. 75 ff., mit Abb.); in der Bewertung der Schwarzkiefer *(Pinus nigra)* hat man sich neuerdings etwas umgestellt, da Monokulturen dieses Baumes nicht unbedingt zum erwünschten Erfolg geführt haben (vgl. hiezu die bereits erwähnte Diss. von A. Strimmer, Lit.-Verz.). Es zeigt sich, daß die der Unterholzbildung förderliche Flaumeichengesellschaft den sichersten Schutz gegen Erosion bildet.

Es ist noch nicht viel mehr als hundert Jahre her, da galt der Vinschgau noch als eine bedeutende K o r n k a m m e r; das hat sich mittlerweile in hohem Maße geändert, wenngleich der Anbau des auf den lockeren Murschuttkegeln besonders gut gedeihenden Winterroggens noch immer eine nicht unbedeutende Rolle spielt (zwei Saatbaugenossenschaften) und vor allem das Bild der Berghöfe und Seitentäler prägt, wo außerdem noch Sommergerste und Hafer als Kraftfutter für die Viehzucht angebaut wird. Der Finailhof in Schnals (1945 m) und der Stallwieser in Martell (1930 m) gelten heute noch als die höchsten

Kornhöfe Tirols, wenngleich hier seit wenigen Jahren der Roggenanbau zugunsten von Gerste, Hafer und Kartoffeln aufgelassen wurde.
Ein Großteil der rund 82.000 Hektar landwirtschaftlich genutzter Fläche wird heute jedoch — vor allem von Laas abwärts — für den Obstbau verwendet, in dem der Vinschgau eine führende Rolle spielt.

Wie Hoeniger berichtet, sind es die Volksschullehrer gewesen, die um 1838 eine „Landwirtschaftsgesellschaft" gründeten, in deren Rahmen Obst-Schulgärten angelegt wurden, die zunächst nur reine Hausgärten für altüberkommene Sorten waren. Die Etschregulierung, die Eröffnung der Eisenbahnlinien und die Ablösung von alten Schafweiderechten der Unterländer im Vinschgau brachte dann die vorbildlich organisierte Ausweitung des Edelobstbaues auf genossenschaftlicher Basis (1882). Der Schulleiter Weithaler von Kastelbell erkannte bald, daß die Trockenheit des Vinschgauer Klimas für den Aprikosenanbau günstig ist und begründete die heute noch blühenden Marillenpflanzungen, die zu einer Berühmtheit des Tales geworden sind. Die Marille ist eine gegen Winterfröste unempfindliche Steppenfrucht, die vor allem lockere Murböden bevorzugt; in Tibet steigt sie bis zu 4000 m Höhe. — Großen Erfolg hatte man auch mit dem weißen Winter-Calville-Apfel im Spalierbau, der eine *gesuchte Spezialität an den Fürstenhöfen von Wien, Prag und Petersburg wurde* (Hoeniger).

Der bereits gerühmte Gemeinschaftssinn der Vinschgauer Bevölkerung hat durch die Anlage dieser Edelobstkulturen seine schönste Dokumentation gefunden und den Lebensstandard der früher vielfach verarmten Bevölkerung wesentlich angehoben.

Es ist bezeichnend für den Vinschgau, daß hier das Genossenschaftswesen stärker als sonst in Südtirol entwickelt ist (ca. 130 Gen. mit 12.000 Mitgliedern). Heute handelt es sich um sehr große Betriebe mit riesigen Lagerhallen, da auf den in den letzten Jahren fast zur Gänze bonifizierten Murschuttkegeln riesige, mechanisch bewässerte Pflanzungen entstanden sind (z. B. Gadria-Kegel), die heute überwiegend mit der Sorte „Golden Delicious" besetzt sind. Das malerische Bild der Murkegel mit Busch und Waal ist vielfach nicht mehr.

In diesem Zusammenhang müssen auch noch andere Intensivkulturen genannt werden, so etwa die Beerenobstkulturen (Mündung Martell, St. Martin im Vorberg, Naturns, Plaus, Partschins), in denen vor allem die Schwarze Johannisbeere (im Volksmund „Wanzenbeere", wegen des Geruches), Himbeeren und Erdbeeren gepflanzt werden (1960 Gründung einer Genossenschaft der Vinschgauer Beerenobsterzeuger). Von stets zunehmender Bedeutung sind auch die allenthalben entstehenden Gemüsekulturen des mittleren (Schluderns) und unteren Vinschgaues, so etwa am Pirchberg ober Naturns; auch sie verraten deutlich, daß sich der Vinschgauer den jeweiligen Erfordernissen anzupassen weiß.

Durch die eben genannten Obstkulturen ist der W e i n b a u des Vinschgaues stark zurückgedrängt worden, und nicht minder gilt dies für die einst ausgedehnten Bestände der E d e l - k a s t a n i e *(Castanea sativa)*, deren letzter und höchster Hain heute noch in Kortsch, unterhalb des malerischen Ägidiuskirchleins steht, leider grausam durchpflügt von einer erst jüngst angelegten Güterstraße, die man wohl besser ein Stück außerhalb dieses Naturdenkmals geführt hätte.

Wir hörten bereits, daß es vor allem die Karrner waren, die früher mit den Vinschgauer Kastanien einen schwungvollen Handel trieben; die Früchte *ersetzten den Mangel an Größe durch Süße und Schmackhaftigkeit* und waren *sehr gesucht* (Beda Weber). Ähnliches galt und gilt für manche Lagen des Weinbaues, so etwa für den hochgeschätzten „Pfaffenegger" von G a l s a u n und nicht minder für den heute noch angebauten Weißwein von V e z z a n. Der Anbau ist heute rückläufig, wenngleich sich von der Töll bis nach Kortsch, am Fuß des Sonnenberges noch immer Rebzeilen hinziehen, die zumindest für einen selbstgekelterten Haustrunk der Bauern ausreichen und in einigen wenigen Fällen für sehr findige Wanderer noch aufgeschenkt werden. — Ältere Autoren berichten übereinstimmend, daß man den an sich herben Vinschgauer Wein zu seinem Vorteil zwei bis drei Jahre lagern solle, da sich dann *die natürliche Schärfe gemildert* habe; *in nassen Jahren* — allerdings — *verunglückt er oft ganz oder liefert sehr saure Waare* ... (Beda Weber, S. 311).

Trotzdem ist es zu bedauern, daß der Weinbau nach und nach zum Aussterben verurteilt zu sein scheint, denn er ist ein Charakteristikum für den so südlich bestimmten unteren Vinschgau — ebenso wie die Kastanie, deren letzte noch bestehenden Exemplare unter strengen Naturschutz gestellt werden sollten. Erst in allerjüngster Zeit sind neue Versuchspflanzungen (Silvaner, Müller-Thurgau in Kastelbell und Galsaun) angelegt worden, deren erfreuliche Erfolge ein Wiederaufleben des Vinschgauer Weinbaues erhoffen lassen.

Trotz des eingangs erwähnten starken Rückganges der L a n d - w i r t s c h a f t (in ganz Südtirol von 42,6% im Jahre 1951 auf 23%/1971 und ca. 17%/1980) ist ihre Bedeutung im oberen Vinschgau und in den Seitentälern noch immer überwiegend.

Während im unteren Vinschgau der geschlossene (unteilbare) Hof einen hohen Prozentsatz erreicht (nach Fischer durch die bajuwarische Sitte des *Anerbenrechtes*, d. i. die Übergabe an nur einen Erben, bedingt), herrscht im oberen Vinschgau eine starke

Grundzersplitterung (Folge der alemannischen Realteilung), die oft das Existenzminimum kaum erreichen läßt (durchschnittliche Besitzgröße z. B. in Burgeis und Matsch 1,5 ha, in Stilfs sogar nur 0,8 Hektar!). Wie Fischer schreibt, seien hier Flurbereinigung und Grundzusammenlegung das Gebot der Stunde (Jahrbuch des DAV, Jg. 1965, S. 128).

Der Bergbauer des oberen Vinschgaues ist vor allem Viehzüchter; bevorzugte Rasse, die etwa 80 Prozent des gesamten Bestandes im Vinschgau stellt, ist die Braune Rinderrasse; Überschneidungen mit der sog. Ultener Rasse gibt es nur in Schnals und im Untervinschgau (vgl. Skizze b. Fiebiger, S. 118). Auch die Viehzucht ist genossenschaftlich gut durchorganisiert, die Almen werden meist von den Gemeinden oder durch Interessentschaften bewirtschaftet. So ist der Vinschgau das einzige Tal Südtirols, in dem man mit dem anderwärts weitgehend gescheiterten Experiment der Gemeinschaftsstallungen für die Rinderhaltung Erfolg hatte. — Ebenfalls auf genossenschaftlicher Basis wird die Zucht des aus dem Vinschgau (Schluderns) stammenden Haflingers betrieben, der vor allem im Schlinigtal gehalten wird. Für die ausgesprochenen Berglagen im Vinschgau ist die Haltung von Schafen trotz Verdrängung der Wolle durch die Kunstfaser noch immer von großer Bedeutung. Schaffleisch („Schöpsernes“) spielt auf dem bäuerlichen Küchenzettel eine bedeutende Rolle und wird als unverfälschtes Naturprodukt auch in der Stadt sehr geschätzt. — Die Schafhaltung ist im Vinschgau aus ältester Zeit bezeugt, so etwa für Rojen durch ein Rechnungsbuch des tirolischen Kellenamtes von 1317; die Rojener Höfe waren demnach als ausgesprochene „Schafhöfe“ der *landesfürstlichen Hofhaltung unmittelbar zinspflichtig* (Stolz). — Auch in Schnals haben wir ähnliche Verhältnisse und bis zum heutigen Tag einen großen Auftrieb an Schafen aus dem Tal selbst, aus dem übrigen Vinschgau und auch von Ulten herüber; diese Tiere werden alten Weiderechten entsprechend im Sommer zu Tausenden über die heutige Staatsgrenze am Alpenhauptkamm auf die Hochalmen des Ötztales getrieben, wobei mehr als 3000 m hohe Jöcher und Gletscherfelder überwunden werden müssen; das einmalige Erlebnis eines solchen Viehtriebes über die Gletscher schildert sehr anschaulich Fritz Bieler in „Der Obere Weg“, S. 564 ff. (mit Abb.).

Die Angaben über die Handwerksbetriebe schwanken; Hofer nennt 498 Einheiten, Fiebiger 650. Wahrscheinlich ist hier die Abgrenzung zu den Kleinindustrien ungenau. An Mittleren Industriebetrieben hat der Vinschgau gerade erst in den letzten 10—20 Jahren stärkeren Zuwachs bekommen, als er anderweitig im Land zu verzeichnen ist. Das Bild der Werkhalle unweit vom Lagerhaus der Obstgenossenschaft beginnt für die Talsohle mehr und mehr typisch zu werden.

Auch den Schritt zur Industrialisierung — der dem im allgemeinen konservativ-bäuerlichen Tiroler schwerfällt — hat der Vinschgauer schneller getan als seine Nachbarn. Allerdings war auch kaum wo anders die Dringlichkeit der Schaffung von Arbeitsplätzen für den Überschuß aus der Landwirtschaft so groß wie gerade hier. — Neben älteren Heraklit-, Schotter- und Kalkwerken gibt es heute verschiedene moderne Industrien (Plastikbehälter bis zum Schwimmbecken, Konfektion, Baubeschläge, Beton- und Bausteine, Werkzeug usw.), die wir bei Besprechung der einzelnen Orte nennen wollen.

Von größerer Bedeutung ist die bis in frühe Jahrhunderte zurückreichende Marmorindustrie von Laas (siehe dort; Produktion 1978 14.000 Tonnen Marmor).

Überragende Wichtigkeit beansprucht jedoch der Reichtum des Vinschgaues an Weißer Kohle, deren Großteil über das Stilfser Joch in das lombardische Industriegebiet geleitet wird, während zwei Zentralen („Etschwerke" Naturns und Schnalstal) die Städte Bozen und Meran versorgen.

Die sechs Großkraftwerke Langtaufers, Glurns, Laas, Kastelbell, Schnals und Naturns produzieren zusammen 988,4 Millionen kWh aus einer Gesamtspeichermenge von 150.690.000 m³, von der weitaus der größte Anteil auf den gestauten Reschensee entfällt (116 Mill.), gefolgt vom Zufrittspeicher in Martell (19,6 Mill.), dem Vernagt-Stausee (15 Mill.) und dem Langtauferer Speicher mit 90.000 Kubikmetern (nach Hofer). — Die Erbauung dieser Großkraftwerke hat zwar vielen Talbewohnern zusätzliche Arbeit verschafft, so vor allem an der Vernagt-Leitung (Schnalstal), doch liegt die Zahl der dauernd Beschäftigten mit ca. 135 ziemlich niedrig.

Geradezu sprunghaft steigt von Jahr zu Jahr die Bedeutung des Fremdenverkehrs an, dessen Wurzeln im berühmten Gebiet der zentralen Ortlergruppe mit Trafoi, Sulden und Martell, also zunächst in der Hochalpinistik zu suchen sind, was in weit geringerem Ausmaß auch für den Südabhang der Ötztaler Alpen gilt.

Es wird im einzelnen noch darzulegen sein (vgl. Sulden), was die Pioniere des Alpinismus für die Erschließung der großartigen Bergumrahmung des Vinschgaues geleistet haben (hiezu auch der Verf. über *Die alpine Erschließung des Vintschgaues* in „Der Obere Weg", S. 547 ff.). Bedauerlich ist, daß manche Gebiete wegen Zerstörung der ehemaligen Schutzhütten heute weniger gut begangen werden können als etwa in der Zeit vor und nach dem Ersten Weltkrieg; wir nennen Matscher Tal (Höllerhütte, abgebrannt), Schlandrauntal (Heilbronner Hütte am Taschljöchl, zerstört) und in den Münstertaler Alpen die ehem. Pforzheimer Hütte (1980 durch einen Neubau ersetzt) bzw. die meist durch Grenzwachen belegte Rojentalhütte. Freigegeben wurden 1970 die Hütten im Talschluß von Schnals (Similaunhütte, Wirtshaus Schöne Aussicht), und seit Sommer 1971 ist auch die Weißkugelhütte wieder benützbar. Näheres über diese Hütten unter den entsprechenden Talorten.

Spitzengebiete des Fremdenverkehrs sind bis heute Stilfser Joch (Nationalpark, Sommerskischule) sowie nach wie vor Trafoi und Sulden geblieben; das Martelltal steht — ganz unverdient — etwas im Schatten dieser Orte. Die übrigen Seitentäler des Vinschgaues rücken an Bedeutung von Jahr zu Jahr nach, und auch das Haupttal findet unablässig neue Freunde.

Wer die Kapitel über Klima, Flora, Geschichte usw. aufmerksam gelesen hat, wird mit Recht das Erlebnis einer Landschaft voller Originalität und Reiz erwarten. Der Vinschgau gehört zu den burgenreichsten Tälern der Alpen und bietet überdies dem Kunsthistoriker eine Fülle von kostbaren Entdeckungen. Aber auch sonst wird alles für den Gast getan und unablässig an den Einrichtungen eines Qualitäts-Fremdenverkehrs gearbeitet. Wer gern im Strom der Massen schwimmt oder gar das Mondäne oder Sensationelle sucht, ist im Vinschgau fehl am Platz. Wer aber Kontakt mit Land und Leuten sucht, Individualität schätzt und im Urlaub gern seine eigenen Wege geht, wird bald ein treuer Freund dieses Tales werden.

Wir haben mit diesem Abschnitt nun ein Bild auch über die Beschäftigungslage unseres Tales gegeben. Erfinderisch und wendig, wie der Vinschgauer von Hause aus ist, arbeitet er oft in mehreren der hier angeführten Sparten — und wo sich ihm keine ausreichende Existenz bietet, geht er wie eh und je in die benachbarte Schweiz zu meist zeitlich begrenzter Arbeit. Die Zeit der „Schwabenkinder" ist gottlob vorbei — das Gespenst unzureichender Arbeitsmöglichkeit jedoch noch nicht zur Gänze gebannt, vor allem was die Bewohner des Oberlandes und der extremen Höhensiedlungen anlangt. Trotzdem sind von diesen höchsten Höfen in den letzten Jahren nur relativ wenige aufgegeben worden; diese „Edelvinschger" in des Wortes schönster Bedeutung halten zäh am Heimatboden fest. —

Bezüglich der Verkehrslinien ergeben sich für die Talgemeinschaft einige sehr ernste Probleme; so stößt das Bestreben der italienischen Staatsbahndirektion, die alle Nebenstrecken und Sackgassen einzustellen bemüht ist, im Vinschgau auf sehr harten und bislang erfolgreichen Widerstand.

Diese 1906 eröffnete Eisenbahnlinie (Normalspur, nicht elektrifiziert) von Meran nach Mals sollte, wie bereits erwähnt, schon zweimal über den Reschen bis nach Landeck oder auch nach Zernez (Rätische Eisenbahn der Schweiz) geführt werden, um durchgehenden Anschluß an das internationale Netz zu bekommen. Derzeit bemüht man sich lediglich um die Erhaltung bzw. Modernisierung dieser für den Vinschgau noch immer lebenswichtigen Strecke.

Bezüglich der T a l s t r a ß e (Staatsstraße, *Strada statale* Nr. 38 Meran—Spondinig—Stilfser Joch bzw. Nr. 40 Spondinig—Reschen) waren die Bemühungen der Talgemeinschaft ebenfalls zum Teil erfolgreich. Man ist zwar aus Gründen des Naturschutzes gottlob vom Plan einer vierspurigen Schnellstraße abgekommen, doch ist ein großzügiger Ausbau der bislang unzureichenden Straßen für die nächste Zeit vorgesehen, wie er etwa durch die neue, schnurgerade Umgehungsstraße von Latsch vorgegeben ist. Der Gesamtverlauf wird ungefähr folgender sein: Reschen, Graun und Sankt Valentin erhalten Umfahrungen, die Malser Haide wird zur Verminderung von Steigungen in großen Kehren neu trassiert; die Straße führt dann an Burgeis und Schleis vorbei und zwischen Mals einerseits und Laatsch und Glurns anderseits durch bis Schluderns und von hier nicht mehr wie bislang kurvenreich am Bergfuß, sondern in der Talniederung nach Laas, das voraussichtlich nördlich umfahren wird. Von Laas stößt die Straße gerade weiter nach Schlanders und mündet in die bereits bestehende Umfahrung von Latsch. Von hier geht es dem rechten Etschufer entlang bis nach Naturns und mit Umfahrung von Rabland bis zur Töll. Ab hier soll die neue Trasse in vier Spuren bis Meran geführt werden.

Für den Obervinschgau war noch vor zehn Jahren (1970) vorgesehen, daß die vom Oberinntal her kommende A u t o b a h n U l m — M a i l a n d über den Reschen, durch den Obervinschgau und mit einem gigantischen Tunnel unter dem Stilfser Joch durch bis in die Lombardei geführt werden sollte. Mittlerweile wurde aber diese Autobahn schon an den Grenzen Westtirols scharf bekämpft, und auch im Vinschgau setzte ein völliges Umdenken ein. Inzwischen hatte sich immerhin Sexten erfolgreich gegen die zu erwartende Schmutz- und Lärmbelästigung der Alemagna-Autobahn zur Wehr gesetzt, und so erkannte man auch beizeiten die drohende Gefahr für den Vinschgau, dessen ebenso beengte wie kostbare Landschaft dem internationalen Schwerverkehr zum Opfer gebracht hätte werden sollen. Es bildeten sich Bürgerinitiativen, die nach harten und zähen Auseinandersetzungen erfreuliche Erfolge zu verzeichnen hatten. Heute ist auch die Südtiroler Landesregierung gegen die Autobahn.

Im einzelnen ist die Talgemeinschaft bemüht, eine Reihe von forst- und landwirtschaftlichen Güterwegen voranzutreiben, um den entlegenen Bergsiedlungen und Einzelhöfen eine bequemere Verbindung zur Talsohle zu verschaffen; damit soll der Transport der landwirtschaftlichen Produkte, der Schulweg, der Weg der „Pendler“ zur Arbeit und auch die Zufahrt für den „Urlauber am Bauernhof“ erleichtert werden — zweifellos begrüßenswerte Ziele für die Bewohner der Höfe, die teilweise nur durch steile Fußwege mit dem Tal verbunden sind. Anderseits soll nicht verschwiegen werden, daß diese an sich notwendigen Nutzungswege zuweilen ohne Rücksicht auf das Landschaftsbild geradezu brutal trassiert werden; da die Mittel vielfach nicht zum Bau von Abdämmungen und Stützmauern reichen, sind diese Straßen oft wie schwärende Wunden im Landschaftsbild, erhöhen die Gefahren der Vermurung und dienen — was das Schlimmste ist — vielfach nicht so sehr wirklich wirtschaftlichen Zwecken, sondern einer sinnlosen Motorisierungssucht, die Lärm, Abgase und die übliche Verschmutzung der Landschaft mit sich bringt. Vor allem in stark erosionsgefährdeten Gebieten (Schlanderser Sonnenberg z. B.) ist die Seilbahn das einzig vertretbare Transportmittel.

Mit einer auch für Touristen zugelassenen Personenseilbahn hat man bislang nur die hochgelegenen Berghöfe von St. Martin leichter erreichbar gemacht (Talstation Latsch) und ebenso jene des bereits zu Algund gehörenden Weilers Aschbach von Rabland aus; in vielen Fällen wird das steile und gefährliche Gefälle durch Lastenseilbahnen überwunden, die — trotz behördlichem Verbot — aus leichtverständlichen Gründen immer wieder von den Bewohnern der Berghöfe benützt werden, was nicht selten zu schweren Unglücksfällen führt; nur wenige dieser Bahnen sind für den lokal begrenzten Personenverkehr zugelassen. Zwei neue Seilbahnen für den Wintersport sind 1976 vollendet worden: es ist die vom Naturschutz erfolglos bekämpfte Trasse Sulden—Schaubachhütte und die Seilbahn von Kurzras in Schnals auf die Grawand (3251 m). Dazu gibt es im Vinschgau derzeit zahlreiche Sessel- und Skilifts (Reschen, Langtaufers, Sankt Valentin, Burgeis, Latsch, Schnals und natürlich Trafoi, Sulden, Stilfser Joch).

In Zusammenhang mit all diesen Problemen um Verkehr und Wirtschaft war nun schon wiederholt von der Talgemeinschaft Vinschgau die Rede, die mit Regionaldekret vom 9. November 1962 in Schlanders feierlich begründet wurde (vgl. hiezu Erich Müller — Präsident der Talgemeinschaft seit ihrer Gründung bis 1978 — in „Der Obere Weg“, S. 571 ff.).

Der Vinschgau ging mit dieser Vereinigung aller 16 Gemeinden des gesamten Bereiches als erste Talschaft des Landes diesen Weg, der anderen bald zum Beispiel wurde (Talgemeinschaft Eisacktal usw.). Diese Körperschaft kann in den bisherigen Jahren ihres Bestehens auf eine reiche Tätigkeit zurückblicken; sie hat sich um Krankenfürsorge, Verkehrswege, Fremdenverkehr, Bonifizierung und Aufforstung, Schul- und Erziehungswesen und um Arbeitsbeschaffung bedeutende Verdienste erworben. — Wie bereits erwähnt, haben sich 1973 die Gemeinden Naturns, Plaus und Partschins von dieser Talgemeinschaft getrennt und haben Anschluß an das Burggrafenamt gefunden; im geschichtlichen Teil dieses Buches haben wir die alten Beziehungen dieser Gemeinden zum Herrschaftsbereich von Schloß Tirol und zu Meran bereits aufgezeigt.

Kirchliche Einteilung und Schulwesen

Schon im historischen Abriß haben wir davon gehört, daß der gesamte Vinschgau (mit wesentlichen Teilen des Burggrafenamtes, so Meran selbst und das Gebiet westl. der Passer) von Anbeginn der kirchlichen Organisation zum seit 451 urkundlich bezeugten Bistum Chur gehörte; so nimmt der Vinschgau auch diesbezüglich eine Sonderstellung unter den übrigen Tälern Tirols ein.

Ebenso haben wir bereits von den durch diese Zugehörigkeit bedingten Überschneidungen zwischen kirchlicher und weltlicher Gewalt im Vinschgau berichtet; diesem Zustand wird nach verschiedentlichen früheren Initiativen (u. a. Versuch der bayerischen Regierung, den Vinschgau zum Bistum Augsburg zu zwingen, 1807/08) erst im Jahre 1816 ein definitives Ende gesetzt. Hiezu schreibt Cölestin Stampfer in seiner *Geschichte von Meran* wie folgt (S. 277):

> *Die kaiserliche* (österr.) *Regierung huldigte dem josephinischen Kirchenrechte, wonach ein ausländischer Bischof keine Gerichtsbarkeit über die Unterthanen eines fremden Staates haben sollte. Rom gab dem hartnäckigen Drängen der kaiserlichen Regierung nach, trennte durch ein päpstliches Breve vom 27. Jänner 1816 die Antheile des Churer Bisthums in Tirol und Vorarlberg von diesem und übergab sie der Diöcese Brixen.*
>
> Am Rande sei vermerkt, daß ein diesbezüglicher Schritt von Papst Pius VII. schon 1808 eingeleitet, im Jahre 1814 aber widerrufen worden war.

Aber auch die Regelung von 1816 sollte — zumindest für die obere Hälfte des Vinschgaues — nur zwei Jahre Bestand haben. Denn schon nach dieser kurzen Zeit erreichte es die österreichische Regierung, daß die Bistumsgrenzen sich nicht allein nach den Staatsgrenzen, sondern sogar nach Landkreisen zu richten hatten. Da der „Kreis Bozen" damals bis zum mittleren Vinschgau reichte, und zwar zu einer Linie, die das Tal zwischen Eyrs

Ausblick von den Hängen des Piz Lat auf das Dorf Reschen und den gleichnamigen See; im Hintergrund der aus dolomitischen Kalken aufgebaute Endkopf (Jaggl) an der Mündung des Langtauferer Tales (zu Seite 129 und 49).

Rojen ist mit seinen 1968 m Seehöhe die höchste geschlossene Ortschaft in den Ostalpen östlich der Schweizer Grenze; im Hintergrund Zehner-, Elfer- und Zwölferkopf — die natürliche Sonnenuhr der uralten Ortungsstätte (zu Seite 132).

Melag (1915 m), die letzte und höchste Ortschaft im Talschluß von Langtaufers; der Hauptgipfel der Weißkugel (3739 m) ist in der linken Bildhälfte, hinter der Firnschneide des Inneren Bärenbartkogels auszumachen (zu Seite 146).

Das Langkreuz, die historische Landmark auf der Malser Haide, gegen die Ortlergruppe hin gesehen (zu Seite 160).

← St. Valentin mit dem Haider See und der zerklüfteten Klopaierspitze im Hintergrund (zu Seite 147 und 49).

102 Rätselhafte Relieffigur mit Blatthänden, aus weißem Marmor; zwei Darstellungen dieser Art finden sich am kleineren der beiden Südportale der Pfarrkirche von Burgeis (zu Seite 169)

Der Dorfbrunnen von Burgeis, mit Sankt Michael als Brunnenfigur; er hält die Seelenwaage in Händen — hier der arme Sünder, dort der Mühlstein, der alle bösen Werke versinnbildlicht (zu Seite 165).

Abtei Marienberg und Fürstenburg bei Burgeis — Symbole geistig-kultureller Ausstrahlung und weltlicher Macht im oberen Vinschgau (zu Seite 171 und 177).

Nur der alte Kirchturm erinnert an das im Reschensee versunkene Graun (zu Seite 139).

106 Die gotische Madonna im Portal der Stiftskirche von Marienberg (zu Seite 182).

Romanische Fresken in der Krypta von Marienberg: Sankt Paulus
(zu Seite 178).

108 Fröhlichsturm und Sankt Johann in Mals (zu Seite 223).

Vom Reschenwind gebeugte Bäume auf der Malser Haide (zu Seite 55).

110 Skigebiet Schöneben bei St. Valentin (zu Seite 135).

Die noch in karolingische Zeit reichende Stephanskirche am alten Fahrweg nach Schlinig war die Urpfarre der ganzen Gegend und Vorstufe der Gründung von Marienberg (zu Seite 176).

Waalweg im oberen Vinschgau, mit dem Ortler im Hintergrund (zu Seite 67).

Das Bild zeigt den Mechanismus einer Waalschelle; das Wasserrad hebt mit je einer halben Drehung den lose gelagerten Hammer an und läßt ihn im gleichen Takt auf ein altes Schaufelblatt niederfallen (zu Seite 71).

Sankt Benedikt in Mals, Stifterbild (zu Seite 221).

Turm von Sankt Martin in Mals (zu Seite 222). →

116 Flügelaltar von Sankt Leonhard in Laatsch (zu Seite 233).

und Prad (bei Spondinig) scheidet, kam 1818 der größere, östlich dieser Linie gelegene Teil des Vinschgaues an die Diözese Trient, während der Obervinschgau von Eyrs aufwärts bei Brixen verblieb; eine Sonderregelung wurde für die kirchlich beim Vinschgau (Schnalstal) verbliebene Gegend von Vent im inneren Ötztal getroffen (vgl. S. 389).

Dieser Zustand — Mittel- und Untervinschgau wie der gesamte südliche Landesteil beim sogenannten *Deutschen Anteil der Diözese Trient,* das Oberland bei der Diözese Brixen — blieb bis 1964 aufrecht. Erst in diesem Jahr erfolgte eine definitive Regelung, die seit der Zerreißung Tirols nach dem Ersten Weltkrieg fällig gewesen war:

> Die nordtirolischen Teile des Bistums Brixen (ehemals Apostolische Administratur Innsbruck-Feldkirch) werden zum Bistum Innsbruck, die gesamte deutschsprechende Provinz Bozen mit den dazugehörigen ladinischen Tälern wird unter dem bisherigen Brixner Bischof Mons. Joseph Gargitter zum Bistum Bozen-Brixen (mit Sitz in Bozen) umgewandelt; das nunmehr auf die staatliche Provinz Trient beschränkte Bistum Trient wird *zur Metropole der neugeschaffenen, die beiden Diözesen umfassenden Kirchenprovinz erhoben* (so Fridolin Dörrer in „Der Obere Weg", S. 251 ff. in einer genauen Studie über die komplizierte Materie, mit Skizze der Bistumsgrenzen).

Für unseren Vinschgau bedeutet dies also, daß er seit 1964 zur Gänze dem neuen Bistum Bozen-Brixen angehört. Dörrer weist darauf hin, daß damit nun am Reschen drei Bistümer zusammentreffen — das schweizerische Chur, die Diözese Innsbruck als Erbe Brixens in Nordtirol und eben das Bistum Bozen-Brixen. Die Einheit des Vinschgaues zerfällt weiterhin in drei Dekanate dieser Diözese, und zwar in das Dekanat Naturns mit dem Schnalstal, in das Dekanat Schlanders mit Martell und in das Dekanat Mals mit dem Suldental, dem gesamten Vinschgauer Oberland und den dazugehörenden Seitentälern.

Die berühmteste, fast ausschließlich vom Vinschgau her befruchtete Schule war das Gymnasium der Marienberger Benediktiner in Meran, an dem namhafte Gelehrte als Professoren tätig waren und ein wesentlicher Teil der Intelligenz des Landes geschult wurde; im Jahre 1924 konnte man noch das 200jährige Bestehen der berühmten Anstalt feiern, doch hatten die Patres bereits seit geraumer Zeit weltliche Lehrkräfte heranziehen müssen. Drei Jahre später konnte die Schule nicht mehr eröffnet werden und ist seither in ein staatliches humanistisches Gymnasium umgewandelt worden; geblieben ist das Meraner Schülerheim „Rediffianum", das heute noch von Marienberger Benediktinern geleitet wird. Die Mittelschule für Internatszöglinge in Marienberg selbst jedoch konnte sich nach vorübergehender Schließung 1971/72 behaupten und hat derzeit wiederum seine volle Schülerzahl.

Alle übrigen Schulen im Vinschgau sind staatlich bzw. dem Land oder der Region unterstellt; wir nennen an erster Stelle das Wissenschaftliche Lyzeum in Schlanders als ranghöchste Lehranstalt. Es handelt sich nach den im deutschen Sprachgebrauch üblichen Kriterien um ein Realgymnasium; der offizielle Titel ist eine höchst unglückliche Übersetzung des ital. *Liceo scientifico.* — An verwandten höheren Schulen nennen wir Lehranstalten für kaufmännische Berufe, verschiedene Berufsschulen (Schlanders, Mals), hauswirtschaftliche (Kortsch) und landwirtschaftliche Fachschulen (Fürstenburg in Burgeis) sowie Abendmittelschulen und Volkshochschulen *(Urania)* in den größeren Orten. — Alle Gemeinden über 3000 Einwohner haben neben der Volksschule (5 Jahre) eine Mittelschule (Typ der Bürgerschulen, gleichzeitig Vorstufe für das Gymnasium und verwandte Lehranstalten; Unterrichtsdauer drei Jahre, Abschlußdiplom; Schulpflicht bis zum vollendeten 14. Lebensjahr). In den größeren Orten gibt es auch italienische Schulen dieser Typen (Volks- und Mittelschulen). Wo von den Einödsiedlungen eine Schülerbeförderung zu den Mittelschulen noch nicht möglich ist, verbleiben die Kinder in den oft einklassigen Volksschulen („Zwergschulen"). Der Unterricht wird für die Kinder deutscher Eltern durch deutsche Lehrkräfte in der Muttersprache erteilt, mit sechs Wochenstunden Italienisch ab dem zweiten Schuljahr. — Kindergärten haben die meisten größeren Gemeinden; mehrere solcher Anstalten wurden in den letzten Jahren durch die Organisation „Stille Hilfe für Südtirol" mitfinanziert. Schülerheime gibt es in Schlanders und in Mals (Kanonikus-Michael-Gamper-Stiftung).

Abschließend zu diesem Kapitel über Vinschgauer Schulwesen und Schüler soll dem Leser dieses Buches eine köstliche Anekdote nicht vorenthalten werden, die sehr gut den Witz und die Schlagfertigkeit der Studenten aus dem oberen Tal der Etsch vor Augen führt.

Als in einer höheren Schule Merans vor Zeiten ein Lehrer den Vinschgauer Schülern halb im Ernst und halb im Spaß vorhielt, sie müßten aus ihrem abgelegenen Tal eben doch nach Meran kommen, um hier aus dem Born der Weisheit zu schöpfen — da stand ein Studentlein in allem Anstand auf und bemerkte dazu: „Damit haben Sie sicher recht, Herr Professor, aber den Schöpflöffel, den man dazu braucht — den haben wir selber."

Sage und Brauchtum

Sagen sind die Widerspiegelungen der Phantasie und Traumwelt einfacher Menschen ... sie sind eigentlich die Literatur der kleinen Leute, die eindrucksvollen Phantasiegebilde der Volksseele. Sie leben in der Stille der Dörfer, am Seeufer und auf den Almweiden und gehen neben den übrigen Literaturerzeugnissen wie schlichte Bauernkinder einher. Sie sind das ungeschriebene, aber deshalb nicht weniger wertvolle Erzählgut, aus dem die hohe Dichtkunst nicht selten Stoff und Anregung empfängt. Sie sind das Werk Ungenannter, gleich den alten Volksliedern, deren Verfasser auch niemand kennt; denn das ganze Volk ist ihr Schöpfer.

Robert Winkler im Vorwort zu „Volkssagen aus dem Vinschgau"

Auf eine eigenartige Weise hat sich im Vinschgau das alte Sagengut sehr lebendig erhalten; dies mag mit der jahrhundertelangen Isolierung vor allem der Seitentäler zusammenhängen, zum andern aber auch mit der Überschneidung des rätoromanischen und germanischen Sagenschatzes. Dazu kommen die für ganz Südtirol nachgewiesenen Sagenmotive um Burgen, verborgene Schätze, Marksteinversetzer, unehrliche Senner, Gotteslästerer, Hexen, Salige, Teufelstritte und dergleichen mehr, die im Vinschgau eine ganz besonders intensive Verbreitung erfuhren; wir werden jeweils bei der Besprechung der einzelnen Orte auf einige typische Beispiele zurückkommen und aus den örtlichen Umständen heraus eine Deutung versuchen. Dabei stützen wir uns vor allem auf die obgenannte, überaus wertvolle Sagensammlung von Robert Winkler aus Mals; dieser verdienstvolle Volkskundler hat sämtliche älteren Quellen herangezogen und seine Sammlung außerdem durch selbst aufgezeichnete Originalbeiträge bereichert (vgl. Lit.-Verz.).

Historische Ereignisse haben zusammen mit den Besonderheiten der Vinschgauer Naturlandschaft in diesen Sagen ihren Niederschlag gefunden. Besonderes Interesse dürfen die zahlreichen *Norggen*-Sagen für sich beanspruchen, die vor allem im Oberland, aber auch im Martelltal und um dessen Mündung verbreitet sind. Sie gehen auf rätoromanische Grundformen zurück, auf den *Ork* oder *Lorgg,* das sind Riesen und Wilde Männer, die dann bis zum *Norgg* oder *Nörggele,* also zum *Zwerg* verkleinert werden; in Mals gibt es übrigens heute noch eine *Lorggengasse.* Alle diese Gestalten galten im allgemeinen als gutmütig, solange man sie in Ruhe ließ, und außerdem konnten sie die Zukunft weissagen. — Ein weiteres bemerkenswertes Motiv, das schon an dieser Stelle hervorgehoben werden soll, ist jenes von den „Wilden Frauelen" im Zerzer Tal (Winkler, S. 45). Der feierliche erste Gang der Burschen vom Dorf auf die Alm Zerza und der Abwehrzauber durch Steinwurf am „Zerza-Brünndl“ scheint auf einen sehr alten Mannbarkeitskult zurückzuführen zu sein, der noch bis vor wenigen Jahren lebendig gewesen ist (vgl. hiezu auch den Abschnitt über Burgeis). — Als besonders gutes Beispiel für eine Sage, die in Zusammenhang mit einem Schalenstein steht, sei die „Teufelsplatte“ am Eingang ins Laaser Tal erwähnt (Winkler, S. 167). — Als der Verfasser in der schon erwähnten Rundfunkumfrage nach Sagengut forschte, wurden — noch vor dem Erscheinen von Winklers Sammlung (1968) — sehr lebhafte Darstellungen dieser Sagen eingesandt, vielfach variiert und deutlich mit dem Stempel des noch lebendigen Erzählgutes versehen.

Kas in der Tasch
Wein in der Flasch
Korn in der Wann
Schmalz in der Pfann
Pflug in der Eard!
Schaug, wie mein Scheibele außigeaht!
Alter Scheibenschlagvers (Goldrain)

Die Modernisierung des Alltags und die Überflutung durch Massenmedien haben auch im Vinschgau in das altüberlieferte Brauchtum manche Lücke gerissen, doch sind noch beachtliche Reste vorhanden, die wiederum Robert Winkler in dankenswerter Weise aufgezeichnet hat („Vinschgau", S. 39 ff.). Im folgenden sollen einige wichtige, über größere Teile des Tales verbreitete Sitten und Gebräuche dargestellt werden, während lokale Traditionen wie etwa die Lichterprozession von Schleis, das Spiel vom Wilden Mann in Kortsch oder das Patrozinium von Sankt Martin im Kofel und andere mehr wie gewohnt bei der Besprechung der einzelnen Orte behandelt werden sollen. Auf das im ganzen Land verbreitete allgemein alpenländische Brauchtum wie etwa das Sternsingen am Dreikönigstag usw. kann im Rahmen des vorliegenden Buches nicht näher eingegangen werden.
Zusammen mit dem berühmten Traminer Egetmann oder dem Sarntaler Klöckeln (vgl. hiezu die im Lit.-Verz. genannten Werke von Fink und Haider) gehört das Vinschgauer Scheibenschlagen zweifellos zum ältesten und interessantesten Brauchtum in ganz Tirol.

Es handelt sich um einen Brauch, der vor allem im oberen Vinschgau am ersten Sonntag in der Fastenzeit („Kassonntag“, wohl nach einem früheren Käsemarkt) ausgeübt wird; nach Pardeller („Schlern“, Jg. 1957, S. 233) ist das *kas* (mit kurzem, scharfem a) allerdings eher mit dem gleichlautenden

Wallburgenleitnamen in Verbindung zu bringen. Tatsächlich ist der Schauplatz des Scheibenschlagens sehr häufig ein prähistorischer Siedelplatz (Tartscher Bühel, Ganglegg bei Schluderns usw.).

Es werden auch sogenannte „Larmstangen" aufgestellt, das sind mit Stroh umwickelte Holzgerüste, in deren kreuzartigen Quer- und Verbindungsbalken von L. Wallnöfer („Schlern", Jg. 1955, S. 443 ff., mit Abb.) nordische Runen gesehen werden, während andere Forscher das Abbrennen dieser Stangen erst von der Pestzeit an datiert wissen wollen.

Wichtigster Bestandteil der kultischen Handlung ist jedoch das Ablassen oder Hinausschleudern von brennenden Scheiben, auch Kugeln, die meist aus einem Holzgerüst (altes Wagenrad usw.) bestehen, das mit Stroh, Pech und anderem brennbaren Material umwickelt wird; dabei wird laut der oben zitierte Reim gerufen, meist in Verbindung mit einem Mädchennamen:

O reim, reim! Wem wird epper die Scheib sein?
Die Scheib und mein Kniescheib soll der Annamarie sein!
(zit. nach Wallnöfer)

Diese „Kassunntascheiben" (Kas-Sonntag-Scheiben) sind zum Teil auch schön geschnitzt und verziert (Abb. bei Wallnöfer) und werden oft nur in glimmendem Zustand um eine Gerte oder Stange geschwungen, solange, bis der Bursch seinen Reim aufgesagt hat. Man sieht darin einen alten Sonnenrad-Mythus, der später durch einen Feuerzauber ersetzt wurde.

Dieses Scheibenschlagen ist, wie bereits erwähnt, vor allem im oberen Vinschgau (Plawenn, Lichtenberg, Prad, Schluderns usw., bis Schlanders) nachweisbar und wird in Einzelfällen heute noch ausgeübt (Trafoi 1976, Laas 1978), obwohl es zeitweilig wegen Feuersgefahr und nach 1961 auch aus Sicherheitsgründen im Hinblick auf die Sprengstoffattentate (ähnlich wie die ebenfalls mittlerweile wieder erlaubten Sonnwendfeuer) verboten worden war. Weiter abwärts im Tal und im benachbarten Burggrafenamt (vor allem Passeier) ist es als Holepfannfeuer bekannt.

Die Beziehung des eigenartigen Namens zur Sagengestalt der Frau Holle wird stark angezweifelt. Josef Schgör („Schlern", Jg. 1956, S. 277, mit Abb.) führt *pfann* auf mittelhochdeutsch *vanke* (gotisch *fon*) = *Feuer* zurück und bringt den Brauch mit dem württembergischen „Funkensonntag" in Verbindung. Das *hol* soll, nach Wallnöfer, soviel wie *in der Niederung gelegen* (im Gegensatz zu Höhenfeuer) bedeuten. — Scheibenschlagen und Holepfann sind zweifellos sehr alt, wegen Überlagerung durch spätere Elemente jedoch in den Grundzügen (Fruchtbarkeitskult durch Lärm, erotische Beziehung, Feuerkult usw.) schwer deutbar. In den zitierten Arbeiten sowie in den Brauchtumsbüchern von Fink und Haider finden sich alle Theorien darüber verzeichnet.

Als der Verfasser im Herbst 1970 die Dörfer Burgeis, Schleis und Laatsch besuchte, fielen ihm an mehreren Häusern eigenartige Kreise auf, etwa einen Meter im Durchmesser groß, ausgefüllt mit einem quadratischen Netzmuster; es handelt sich um die mit schwarzer Farbe aufgetragene, flächenhafte Darstellung eines Siebes, das im Volksmund durchwegs „Reiter" genannt wird.

Diese „Reitern" werden von den Dorfburschen an jene Häuser gemalt, in denen eine verschmähte Braut, ein sitzengebliebenes Mädchen wohnt — oder auch ein Bursch, der sich einen Korb geholt hat bzw. von seinem Mädchen verlassen wurde. Die Zeichnung steht für den alten Rügebrauch, den verlassenen oder auch allzu stolzen Liebesleuten ein Kornsieb an die Hauswand zu hängen. Man findet solche Zeichen auch noch im benachbarten Oberinntal, doch werden sie dort bald (Imst, Außerfern) durch eine rudimentär aufgemalte Geige abgelöst.

Eine interessante Parallele zu den Vinschgauer „Reitern" hat Walther Staffler in dem durch seine Felszeichnungen berühmten Gebiet von *Capodiponte (Val Camonica)* entdeckt („Schlern", Jg. 1960, S. 451 ff., mit Abb.). Hier sind ähnliche Gebilde unter dem Namen *Friscel* (zu sprechen *frish-cel)* bekannt, die aus dem ladinischen *frisk = gefleckt* und ebenso aus ital. *sfregio = Schmach, Schande* zu deuten sind und sich ebenfalls auf entzweite Liebesleute beziehen. Das Sieb könnte in beiden Fällen mit dem Begriff „ausgesiebt" (Wertloses vom Wertvollen geschieden) oder auch mit dem in Sage und Brauchtum häufig wiederkehrenden Motiv der Nutzlosigkeit eines Beginnens zu tun haben, das durch Wassertragen in Sieben usw. häufig belegt ist. — Eine Wanderung dieses Brauches aus dem sehr alten Siedelgebiet der *Val Camonica* auf alten Übergängen (Gaviapaß, *Bormio*-Worms, über den sagenhaften Wormsionsteig usw.) in unser Gebiet wird von W. Staffler nicht ausgeschlossen. Dies wäre wiederum einer der vielen „rätischen" Einflüsse auf den Vinschgau, und ähnliches mag vielleicht auch für das Scheibenschlagen gelten, das immerhin in drei Orten *(Danis, Dardin, Untervaz)* des benachbarten Graubünden nachzuweisen ist (hiezu Christian *Caminada,* S. 83 f.; vgl. Lit.-Verz.).

Als letzten, einem größeren Raum gemeinsamen Brauch müssen wir noch das früher im Volk tiefverwurzelte Spiel des Sautreibens erwähnen, das wiederum vor allem im Obervinschgau und bis gegen Kastelbell verbreitet war, heute aber durch andere Spiele und vor allem durch den Sport fast ganz verdrängt worden ist.

Es handelt sich um eine Art Schlagstock-Spiel; in der Mitte des Spielfeldes ist eine größere Grube ausgehoben, ringsum sind kleinere Vertiefungen, und zwar um eine weniger als die Anzahl der Mitspielenden beträgt. Wer beim Auslosen auf den letzten Ton des Reimes seinen Stock nicht in eine der kleinen Gruben bringt, ist der „Treiber“. Er muß die „Sau“ (ein Stück Holz, eine alte Büchse, einen Ball aus Lumpen oder dgl.) von außerhalb des Kreises in die Mittelgrube treiben, woran ihn die Mitspieler hindern. Er kann sich jedoch auch dadurch freispielen, daß er seinen Stock in die unbesetzte Grube eines Mitspielers stellt, worauf dieser dann den „Treiber“ machen muß. Das Spiel ist — in den verschiedensten Abarten — im ganzen deutschen Sprachraum verbreitet und wird mit wenigen Ausnahmen nur von Burschen und niemals von Mädchen gespielt. Karl Horak hat die im Vinschgau geübte Form des Spieles genau untersucht („Schlern“, Jg. 1949, S. 191 ff.) und zitiert auch einen Abzählvers aus Prad:

Kessel Kessel podium
ins Loch ins Loch ins Loch!

Wenn es richtig ist — wie z. B. Innerebner glaubt —, daß die alte Wurzel *sau* nicht unbedingt mit dem Borstentier zusammenhängen muß, sondern auf *save-seven-seben* (Kloster Säben im Eisacktal!) - *sieben* beruht, was laut Pokornys idg. Wörterbuch mit *heilig* zu deuten ist, dann wäre dadurch ein Hinweis darauf gegeben, daß unser Sautreiben auf die *kindliche Nachahmung* (kultischer) *Erntebräuche* zurückzuführen ist, wie dies Horak in der genannten Arbeit formuliert.

Die alte Tracht ist — abgesehen von den gut organisierten Musikkapellen des Tales — im Vinschgau fast gänzlich abgekommen, und dies nicht erst in unserer Zeit. Wie aus der Chronik des Matscher Pfarrers Michael Winkler aus den Jahren 1888—1892 hervorgeht, wurde schon damals kaum mehr Tracht getragen. Wohl aber verzeichnet der Chronist das Bild der alten Taltracht, wie sie etwa bis um die Mitte des 19. Jh.s noch lebendig war:

Der Männerhut hat eine breite Krempe, läuft spitz zu und ist mit goldenen Quasten geschmückt. Das *Wullahemmad* ist ein knöchellanger, offen getragener Rock aus schwarzem, grünem, blauem oder bei den Müllern weißem Loden, das *Leibl* (Weste) ist rot mit breitem, grünem Hosenträger darüber. Unter kurzen, starken Lederhosen kommen weiße oder blaue Strümpfe und Schuhe oder Stiefel. — Die Frauentracht hat eine *Thurnkappe,* schwer und zwei Schuh hoch, weiß oder blau. Das ärmellose Mieder läßt die weißen Hemdärmel vorschauen und ist kunstvoll mit Bändern geziert. Der schwere, vielfach gefältelte Lodenkittel ist auch mit Bändern geschmückt. Die weißen Strümpfe stecken in ausgeschnittenen Schuhen. — Das *freche* Mieder ist später durch den *anständigeren Tschoap* (Joppe) ersetzt worden (zit. b. Robert Winkler in „Schlern“, Jg. 1972, S. 257).

Vinschgau

Rätisches Tal
deine Gemarkung zieht
lässig vorüber an unzerstörbaren
Heiligtümern,
die sich von deinen
Hügeln stumm in die Augen sehn.
Die wie Schiffe
fernher von kühner Fahrt
in deinen Buchten vor Anker gehn,
Boten
aus ewigem Meer.
Und seine lautlose Brandung schlägt
an den Fuß deiner Hänge.
Im Schutt
erglänzt der Schiefer.
Aus grauen Spiegeln
sieht dein Himmel dich sinnend an.
Über dem jungen
Fluß erheben die Häupter
greiser Gebirge den Scheitel,
und der Wind
ohne Anfang und Ende
durchschauert dich.

Gabriele von Pidoll

IV. DAS VINSCHGAUER OBERLAND

Vom Reschen bis zum Fuß der Malser Haide

Die Etsch entspringt zu oberst auf Malser Hayd am Reschen neben der gemainen Landstraßen in ainer Wiesen, ist ein ziemlich groß und lichtes Brünnlein, rinnt allda durch drei große Seen . . .

Marx Sittich von Wolkenstein, um 1600

Das Vinschgauer Oberland ist eine in sich geschlossene Landschaft von erhabenen und ernsten Formen, bestimmt durch die Silberspiegel hoher Bergseen, durch den feenhaften Firndorn der Ortlergruppe und vom erstarrt hingebreiteten grünen Strom der Malser Haide. Die Linien dieser Landschaft tragen in allem große Macht und ferne Weite, sie lockern sich nur im wild zertrümmerten Blockwerk von Plamord und Piz Lat, die zusammen mit dem über Graun aus hellem Gestein aufgebauten Endkopf den einheitlichen geologischen Bau dieser großräumigen Landschaft unterbrechen.

Der Reschen selbst ist eine nur im Scheitel leicht angehobene Paßtalfurche, die Wasserscheide zwischen der Etsch und dem zum Inn hin strebenden Stillebach, zwischen Adria und Schwarzem Meer — ein Tor im großen Bogen der Alpen, ein Tor zum Süden und sanft gebettet zwischen hohe Berge.

Die E t s c h entspringt auf 1586 Metern Höhe; sie ist der Hauptfluß Südtirols, des „Landes an der Etsch und im Gebirge", und außerdem mit rund 415 Kilometern Länge der zweitgrößte Fluß Italiens.

Die E t s c h q u e l l e ist vom Ort Reschen auf einem mit Nr. 2 markierten Fußweg in knapp halbstündiger Wanderung zu erreichen und durch einen Marmorstein gekennzeichnet. Ältere Autoren (der Graubündner *Campell,* um 1570) und Kartographen (Warmund Ygl, um 1604) bezeichnen den aus dem Langtauferer Tal kommenden Karlinbach, der in den früheren Mitter- oder Grauner See mündete, als Etschursprung, worauf übrigens auch der aus dem Rojental kommende Pitzbach Anspruch erheben könnte, doch ist seit Marx Sittich von Wolkenstein (vgl. das oben angegebene Zitat) die Etschquelle eindeutig festgelegt.

Die Etsch ist in nennenswertem Maß erst ab Andrian nächst Bozen schiffbar gewesen (1242 *in portu Athesis sub castro An-*

driani, so bei Huter); als Etschhafen für größere Lastkähne und Holzflöße diente Branzoll südl. von Bozen. Wie schon mehrfach vermerkt, sind Behauptungen, die sich auf Holzflößerei größeren Ausmaßes aus dem Vinschgau beziehen, mit Vorsicht zu behandeln, da die Etsch erst im letzten Drittel des 19. Jh.s von Glurns abwärts großzügig reguliert wurde. — Seit dem Bau der Südbahnstrecke (1858) ist die Schiffahrt auf der Etsch zwischen Bozen und Verona — trotz gleichzeitiger Flußregulierung — so gut wie erloschen und hat nur mehr nahe dem Mündungsgebiet (südlich von *Chioggia*) einige Bedeutung. Hier muß die Etsch durch kostspielige Uferschutzbauten gebändigt werden, da ihr Bett teilweise höher liegt als das Land zu beiden Seiten des Flusses. Es kommt hier jedoch trotz aller Schutzmaßnahmen fast alljährlich zu Überschwemmungen, woran auch der 10 km lange Tunnel nicht viel ändert, der einen Teil der Etschhochwasser von Mori aus in den Gardasee leitet (Mündung nahe Torbole).

Der Name Etsch begegnet uns als *Atesinos* bereits bei dem 63 v. Chr. geborenen römischen Geographen *Strabon,* doch weist Heuberger („Schlern", Jg. 1947, S. 66 ff.) mit Recht darauf hin, daß *Strabon* die geographischen Verhältnisse nicht aus eigener Anschauung kannte; er bringt Etsch und Inn, Sill und Eisack kunterbunt durcheinander. Bei späteren Autoren finden wir die Formen *Atagis* und vor allem *At(h)esis* (so auch bei Vergil: *Velox Athesis);* venezianisch heißt der Fluß *Adese,* die Ladiner sagen heute noch *Ladesch* (und interessanterweise zum Eisack *Adesch*); italienisch haben wir *Adige* (und daraus *Alto Adige,* d. i. „Hochetsch" oder „Oberetsch" für ganz Südtirol). — Nicht unumstritten ist die Erklärung für *Atagis* aus einem indogermanischen Stammwort *tag-ua,* das soviel wie *Strom, Kanal, Wasserlauf* bedeuten soll (Wolff, in „Schlern", Jg. 1960, S. 379). In einer Glurnser Urkunde vom Jahr 1290 ist schon die deutsche Form *diu Etsch* belegt (Hoeniger). — Zum Thema gehört auch *Athesia* als Name der Verlagsanstalt, in der das vorliegende Buch erscheint; man hatte auf den Namen der Etsch in Form der lateinischen Urkundensprache zurückgegriffen, nachdem die frühere Bezeichnung *„Verlag Vogelweider"* (nach Walther von der Vogelweide) 1936 verboten worden war.

Der Reschenpaß ist ein breiter Wiesensattel auf 1508 Metern Seehöhe, unweit der bereits genannten Etschquelle. Die im Vergleich zum Brenner nur um 138 Meter höhere, gut gangbare Senke zwischen den Ötztaler und Münstertaler Alpen ist, wie durch den Fund einer bronzezeitlichen Lappenaxt dokumentiert wird, sicherlich schon in prähistorischer Zeit häufig begangen worden, so daß der Ausbau der *Via Claudia Augusta* durch die römischen Eroberer (46 n. Chr.) nur eine Verbesserung des bereits bestehenden Überganges bedeutet haben mag.

Der Reschen ist seit 1919 Staatsgrenze zwischen Österreich und Italien. Diese Grenze zieht fast genau in West-Ost-Richtung über die Senke; sie schließt im Westen beim Dreiländereck (2181 m; dem Piz Lat etwas nördl. vorgelagert) an die Grenze Italien- bzw. Österreich-Schweiz an, schneidet etwa zwei km nördlich der Scheitelhöhe — also schon unterhalb des eigentlichen Passes — den Reschensattel und steigt gegen Osten zum Mitterkopf (2750 m) in der Plamord-Gruppe an. Sie richtet sich damit nicht genau nach der Scheitellinie, sondern nach der alten Gemeindegrenze von Reschen. — Im Bereich dieser Grenze gibt es keine eigentliche Ortschaft, sondern nur Zollgebäude, Kaufläden und Gastbetriebe. Die zum Ort Reschen gehörenden Berghöfe von Tenderes (ca. 1700 m) liegen westlich über der Straße; sie erscheinen durch zahlreiche Sagen von Nörggelen, Saligen und Venedigermännlein eng mit den jenseits der Grenze liegenden Gehöften (Kompatsch, Tiefhof usw.) verbunden (Winkler, Volkssagen, S. 9 ff.); der Überlieferung nach hat es hier wie im nahen Plamord einst blühenden Bergbau gegeben, und zwar auf Bleiglanz, Kupfer und Schwefelkies, mit Verhüttung am Stillebach beim heute abgekommenen Gehöft Valruns (Winkler). Hiezu würde die Überlieferung gut passen, daß der Reschensattel dereinst von einem dichten Wald eingenommen gewesen wäre; dieses Holz könnte demnach für die Schmelzhütten in dieser Gegend verbraucht worden sein. Bei Dalla Torre (S. 189) ist dieser Bergbau für die Mutzalpe nordwestl. der Paßfurche bestätigt.

Obwohl sehr viele Bezeichnungen der Gegend auf romanische Wurzeln weisen (Kompatsch usw.; vgl. hiezu auch Kompatsch im unteren Vinschgau), ist der Name Reschen selbst deutschen Ursprungs. Laut Finsterwalder („Der Obere Weg", S. 235) geht er auf einen Einzelhof zurück (1393 *an dem Reschen),* den ein *Resch* oder *Rösch* innehatte; der Beiname bedeutet soviel wie der *Barsche, Schroffe* und lebt als ganze Namenssippe in der Umgebung weiter. Die Ableitung von einer romanischen *reseca* (Sägemühle), die bündner-romanisch *res-gia* genannt wird, lehnt unser Gewährsmann ab, da es dann in den Urkunden dem Femininum entsprechend an *der* Reschen heißen müßte. —

Bleibt noch die Bezeichnung Reschen-Scheideck zu klären, die man zuweilen mit der Grenzziehung von 1919 in Verbindung gebracht hat; sie ist jedoch älter und geht auf eine Schuttablagerung des Falmiurbaches zurück (Weiler Froi, 1633 m), wo außerdem *kleine Bergsturzmassen* (Dalla Torre) tatsächlich eine Art lokaler „Scheidewand" errichtet haben. Die Bezeichnung „Scheideck" (oder „Scheidegg") findet sich bei Staffler und Beda Weber nicht, wohl aber bei fast allen jüngeren Autoren. — Für Arbogast von Plawenn („Schlern", Jg. 1950, S. 295) ist das Fallierteck (vgl. S. 132) identisch mit diesem „Scheideck", *dessen Namengebung wir jedenfalls einem landfremden k. k. Kartographen zu verdanken haben.*

Wie wir bereits im historischen Abriß festgestellt haben, bildete die heute mit „Reschen" bezeichnete Gegend durch Jahrhunderte mit dem Gericht Naudersberg eine Einheit.

RESCHEN UND ROJENTAL: Seehöhe 1525 m (Rojen 1968 m); die klimatischen Mittelwerte für Reschen sind (nach Schenk): Winter —5,4^0, Frühling 3,5^0, Sommer 13^0 (zum Vergleich Bozen: 21,5^0), Herbst 5,4^0: der Grenzort Reschen ist zusammen mit der bereits genannten Siedlung Tenderes und dem Rojental Fraktion der Gemeinde Graun; ab Nauders 7 km — bis Graun 3,5 km. — Rund 700 meist deutsche Einwohner (443 im Jahre 1841). Reschen verfügt über alle Einrichtungen eines vielbenützten Grenzüberganges (Finanz- und Polizeistation) und ist außerdem ein beliebter Ferienort für Sommerfrische und Wintersport, mit über 850 Betten in guten Gasthöfen und Hotels. Hallenbad im Hotel „Reschensee", drei Skilifts in Ortsnähe, darunter „Olympia" (leicht) und „Pofeln—Piz Lat" (1300 m lang, 430 m Höhenunterschied bis auf 1980 m); Gelegenheit zum Rodeln, Eislaufen und Eisschießen; Skischule Reschen; Segelsport im Sommer. — Der Ort hat Banken mit Wechselstuben, mechan. Werkstätten, Tankstellen und Taxi sowie Hilfsdienst des Ital. Automobilklubs (ACI) und Campingplatz; Arzt in Graun. Postamt Reschen mit öffentl. Fernsprecher, Postleitzahl 39027. Auskünfte Fremdenverkehrsamt Reschen und Graun (hier auch kleiner Wanderführer mit Markierungen für das Gebiet Reschen-Graun-Sankt Valentin).

Über die Geschichte des Ortes Reschen wurde das Wesentliche schon unter dem Abschnitt über seinen Namen gesagt; die relativ junge Siedlung geht demnach auf ein Einzelgehöft zurück und erscheint erst 1519 als Ortsgemeinde, nachdem 1470 eine Kapelle zum hl. Sebastian erwähnt wird, deren Erweiterung und Neuweihe für 1662 bezeugt ist (Weingartner).

Einen größeren, neuromanischen Kirchenbau erhielt Reschen erst 1861/63; diese Kirche mußte wegen der Stauung der Reschenseen abgerissen werden und ist heute durch einen Neubau nach Plänen des Bozner Architekten Luis Plattner ersetzt (1949).

Diese Pfarrkirche zum hl. Sebastian ist durchwegs von zeitgenössischen Künstlern ausgestattet worden, so mit Wandgemälden von Wolfram Köberl (Innsbruck) und Glasmalereien von M. Spielmann (Innsbruck), von dem auch die neuen Glasfenster im Chor der Franziskanerkirche von Bozen stammen. Der Tabernakel ist ein Werk des Bozner Kupferschmiedes G. Kopp, das Kruzifix am Seitenaltar stammt von Josef Bachlechner aus Hall. Alt sind nur die beiden Glocken (1476 und 1661, diese von Johann Schelener aus Bozen); sie galten als wirksame Hilfe gegen alle Unwetter, die von einer bösen Hexe am Piz Lat zusammengebraut werden (Winkler, S. 12).

Die schon angedeutete Stauung des Reschensees ist das einschneidendste Ereignis in der Geschichte der Ortschaft Reschen gewesen. Dieser 1338 *supremus lacus in Curaun* (Graun), also „oberster See" genannte Reschensee, wie er in Anichs Karte von Tirol (1770) bereits heißt, wird noch von Dalla Torre seiner herrlichen grünen Farbe und seines Fischreichtums wegen gerühmt. Durch die 1949 erfolgte Stauung bei St. Valentin wurde der See mit dem bis dahin von ihm getrennten Grauner See vereinigt und dadurch wesentlich vergrößert. Dabei büßte der Ort Reschen 47 Häuser ein, darunter alte Höfe mit Freskenschmuck, vor allem im Ortsteil P i t z, dessen 1733 erbaute Josefskapelle mit dem alten Widum und dem Gasthaus zur Post (beide 17. Jh.) ebenfalls in den Fluten des Stausees versank. Die Kapelle ist heute durch einen Neubau oberhalb der Straße ersetzt, vom Mailänder Architekten *Luigi Pagassi* in beeindruckender Weise der Landschaft n i c h t angepaßt, was leider für die gesamte, durch die Elektrizitätsgesellschaft *Montecatini* errichtete Siedlung Neu-Reschen gesagt werden muß.

In der genannten Kapelle steht ein aus dem Kloster Marienberg stammender Altar (Maria mit Kind, St. Josef und St. Benedikt, darüber ein älteres Kreuzigungsrelief, um 1732). — Erhalten haben sich vom alten Reschen einige typische Höfegruppen rings um den See, denen wir auf unserm Ausflug in die Gegend von Rojen begegnen werden. Direkt am Ufer in Reschen jedoch bietet sich das traurige Bild einiger älterer Häuser, die nach und nach der Feuchtigkeit und dem Absinken ihrer Grundmauern zum Opfer fallen. — Das alten Formen nachempfundene „Schlößl" am Nordende des Sees ist als Landhaus eines Meraner Bürgers um die Jahrhundertwende erbaut worden.

Reschen gehört zusammen mit Graun und Sankt Valentin wegen seiner bergfrischen Lage zu den berühmtesten Sommeraufenthalten von Südtirol und hat sich neuerdings auch einen Namen unter den Wintersportorten gemacht. Der Herbst bringt zwar manchen rauhen und windigen Tag, schenkt dafür aber die schönsten Farbkontraste zwischen See und dunklen Wäldern, ockerfarbenen Wiesen und dem hellen Glanz frühverschneiter Berge. Demnach darf die ganze Umgebung von Reschen vom späten Frühjahr bis in den tiefen Herbst als ganz besonders schönes Tourengebiet gelten und ist im Spätwinter und Frühjahr ein noch fast vollkommen unberührtes Paradies für den Skiwanderer.

Von den Bergtouren der näheren Umgebung nennen wir an erster Stelle die relativ leichte Ersteigung des Piz Lat (2808 m), von dessen geologischer Sonderstellung (dolomitischer Kalk auf Gneis) wir bereits gehört haben. Man kann von Reschen aus den Weg Nr. 5 zu Fuß bis zum Gipfel verfolgen (4—5 Stunden) oder — unter Einsparung von 500 Höhenmetern — jene Militärstraße befahren, die im Talgrund des Pitzbaches von der Zufahrt nach Rojen abzweigt. Diese Grenzstraßen dürfen im allgemeinen benützt werden, doch ist in ihrem Bereich (militär. Anlagen) das Photographieren verboten; es empfiehlt sich auch unbedingt, stets einen Personalausweis (Ausländer Grenzdokument) mit sich zu führen und zu beachten, daß ein Überschreiten der Grenze in die Schweiz oder nach Österreich ohne Sondergenehmigung (Grenzzollamt Reschen) außerhalb des Straßenüberganges nicht gestattet ist. — Nach starken Gewittern oder längeren Regenperioden muß damit gerechnet werden, daß diese an sich nicht schlechten Bergstraßen (selten über 10% Steigung, aber schmal) unterbrochen sein können.

Die genannte Straße (ca. 8 km) kreuzt den bereits erwähnten Weg Nr. 5 kurz vor ihrem Ende; nun auf diesem Steig von Südosten her in Serpentinen zum Grat und über diesen unschwierig zum Gipfel (3 Std.). Vom höchsten Punkt bietet sich ein prächtiger Blick auf das Engadin und im Rückblick auf die Reschenseen.

Über die Möglichkeit, in diesem Gebiet zu zelten und weitere Touren zu unternehmen, berichtet ausführlich Ernst Höhne in seinem Buch „Oasen der Ruhe — Südtirol“ (S. 36 f., mit Skizze und Abb., vgl. Lit.-Verz.), worin auch der Reichtum der Alpenflora gerühmt wird. — Wir verweisen ebenfalls auf die Möglichkeit, vom Piz Lat den Kamm nach Süden bis zum Piz Russenna (2802 m) und weiter bis zur Äußeren Nockenkopfscharte zu verfolgen; von ihr kann man zunächst direkt an Tiefe gewinnen (bis etwa 2400 m) und dann auf einem unmarkierten Almweg gegen Norden zum Steig 5 bzw. zum geparkten Fahrzeug auf der Militärstraße zurückqueren. Für diese großartige und aussichtsreiche Überschreitung und Kammwanderung muß man insgesamt etwa 7 Stunden rechnen.

Ausdrücklich sei jedoch schon an dieser Stelle vermerkt, daß die Begriffe „leicht“ oder „unschwierig“ stets im alpinen Sinn aufzufassen sind. Wer z. B. am Gipfelgrat zwischen Piz Lat und Piz Russenna von einem Hochgewitter oder einem plötzlichen Kälteeinbruch überrascht wird und nicht dementsprechend ausgerüstet ist, befindet sich durchaus nicht in einer „leichten" Situation. Die Beschreibungen von Bergtouren im vorliegenden Buch können daher niemals alpine Erfahrung oder die Benützung von Fachliteratur erübrigen. Bezüglich alpiner Auskünfte und Vermittlung von Bergführern sei daher auf die Sektionen des Südtiroler Alpenvereins in Mals, Schlanders, Martell und Staben (siehe unter diesen Orten) verwiesen und außerdem auf die Bergführerschaft von Sulden; diese genannten Stellen sind — neben gut verstreuten alpinen Meldestellen des *Club Alpino Italiano* — auch Benachrichtigungspunkte für den Bergrettungsdienst, in dem die genannten Vereinigungen zusammenarbeiten.

Die Sage weiß, daß böse Lorggen und Norggen dereinst die ganze Gegend um den Piz Lat und die Höfe von Tenderes unsicher machten; sie leerten den Sennerinnen die Milch aus, stahlen Vieh aus dem Stall und sprangen einsamen Wanderern nachts auf den Rücken, um sich ein Stück tragen zu lassen; schließlich zerschellte der böseste Norgg in den gewaltigen Bergsturztrümmern vom Piz Lat, da er mit seinem Pferd über einen Lorgg springen mußte, der sich ihm in den Weg gelegt hatte; diesen wiederum biß zur Strafe für seine Übeltat eine *Jochviper,* und seither gibt es dort keine bösen Geister und auch keine Schlangen mehr (nach Winkler, S. 12 f.).

Ebenfalls von Sagen umwoben ist die dem Piz Lat gegenüberliegende Gegend von Plamord (1950 m; wohl von *plan mort* = toter Boden abzuleiten); hoch über diesen Fluren, schon jenseits der heutigen Grenze, liegen die beiden Goldseen (2580 m), aus denen alljährlich ein Venedigermännlein goldenen Sand holte. Noch heute soll man da und dort auf altes Werkzeug und Gerät stoßen, das auf ehemaligen Bergbau schließen läßt (Winkler, S. 20).

Plamord ist auf Weg Nr. 2 in gut einstündiger Fußwanderung von Reschen aus direkt zu erreichen, oder wiederum über eine Militärstraße, die beim Weiler Arlund (zwischen Reschen und Graun) abzweigt, an den Klopaierhöfen (Skischlepplift) vorbeiführt und so die rund 500 Höhenmeter auch auf dieser Seite einsparen hilft; für diese Straße gilt dasselbe, was unter der Zufahrt zum Piz Lat gesagt wurde (siehe oben). Im oben genannten Buch von Höhne (S. 12 f.) finden sich auch für Plamord Angaben über einen günstigen Zeltplatz und Touren. — Man steigt von Plamord aus am besten im Bogen gegen Norden ausholend in das schutterfüllte Kar des Gaisloches und erreicht von hier mühsam, aber unschwierig, die Klopaierspitze (2918 m) oder auch die benachbarten Gipfel der Bergkastel-Spitze (2912 m) oder nach der anderen Seite hin die Plamord-Spitze (2982 m), allesamt in etwa 5—6 Stunden ab Plamord.

Im Gegensatz zu den begrünten Kuppen der weiteren Umgebung zeigt die Plamordgruppe scharf zerzackte Felsformationen, die aus den bereits genannten, der Verwitterung Widerstand leistenden Tonalitgneisen bestehen; an weiteren naturwissenschaftlichen Besonderheiten sei erwähnt, daß Höhne von Gamsrudeln an den Goldseen und von Steinadlern im Gebiet der Klopaierspitze berichtet. Außerdem hat er den Gelben Bär *(Endrosa aurita)* und den Gletscherfalter *(Oeneis aello)* beobachtet sowie Gamswurz-Greiskraut *(Senecio doronicum),* Gelben Fingerhut *(Digitalis lutea),* Schwalbenwurz-Enzian *(Gentiana asclepiadea),* Arnika *(Arnica montana),* Steinnelke *(Dianthus silvester Wulfen.),* Kriechende Nelkenwurz *(Geum reptans)* usw., was als Beispiel für die alpine Flora des Gebietes stehen mag.

Der schönste Ausflug von Reschen aus, für den Bergwanderer und Skitouristen ebenso lohnend wie für den Kunstfreund, führt in das einsame Hochtal von Rojen; wer es eilig hat, kann die schmale Autostraße ab Reschen benützen (ca. 6 km) — wer sich einen Tag hoch über allem Trubel der Welt vergönnen will, der gehe zuerst über den Weiler Froi die Wallfahrt zum Fallierteck (1750 m) und von dort dem Pitzbach entlang hinein in die grüne Weite von Rojen.

Am oberen Ende des Sees beginnt die Fahrstraße (beim Gasthaus „Schwarzer Adler" in Reschen), von der schon bald der Fußweg Nr. 7 nach rechts abzweigt. Auf ihm erreicht man in knapp einer Stunde ein neugotisches, einsam im Wald gelegenes Kirchlein mit einem wundertätigen Mariahilfbild, zu dem noch immer viele Wallfahrer aus dem ganzen Vinschgau kommen. Der Überlieferung nach war hier dereinst ein Heuwagen mit zwei draufsitzenden Kindern in die tiefe Schlucht des Pitzbaches gestürzt. Schreckensbleich stieg der Vater in die Schlucht hinab, fast ohne Hoffnung, die beiden noch lebend anzutreffen — sollten sie aber unversehrt sein, so gelobe er, in der Schlucht eine Kapelle zu errichten. Und siehe da — Kinder, Zugtiere und Wagen waren durch wundersame Hilfe heil geblieben, und der Bauer hielt sein Wort. — Die jetzige Kapelle wurde 1886 auf der Waldhöhe über der Schlucht erbaut (nach Mang, „Heimatliche Kirchfahrten").

Unser Fußweg trifft nun bald auf eine Brücke über den Pitzbach, an der sich die bereits genannte Militärstraße nach Norden gegen den Piz Lat und nach Süden gegen Rojen gabelt. Wir verfolgen nun die schmale Fahrstraße, kommen am Hohenegger-Hof (1833 m) vorbei und zum Ende der ausgebauten Straße, etwas unterhalb des Weilers Rojen selbst (2 Std. ab Reschen, bis hierher auch mit Auto).

Obwohl beweiskräftige Funde bislang noch ausstehen, gibt es für Georg Innerebner keinen Zweifel, daß Rojen (1968 m) mit seinem sehr alten Kirchlein an einer *vorgeschichtlichen Kult- und Ortungsstelle steht* („Der Obere Weg", S. 86 f.). Die Kirche ist der Bezugspunkt für die Bergsonnenuhr von Zehner-, Elfer- und Zwölferkopf in der zwischen Rojen-Fallungtal und den Reschenseen liegenden Untergruppe der Münstertaler Alpen.

Den N a m e n Rojen untersucht Finsterwalder („Der Obere Weg", S. 232) und kommt zum Ergebnis, daß hier ein *Terminus der fränkischen Verwaltungssprache* vorliegen könnte, der aus lat. *regione* (altfranz. *roión*) abzuleiten wäre und soviel wie *Teil eines Gebietes* bedeutet; urkundl. finden wir 1296 *Rayones,* Staffler schreibt noch — der heutigen Umgangssprache gemäß — *Rajen.* — Zur G e s c h i c h t e des Ortes bemerkten wir bereits, daß es sich um schon 1317 urkundlich belegte „Schafhöfe" handelte, die der landesfürstlichen Hofhaltung unmittelbar zinspflichtig waren. — Möglicherweise haben wir es auch mit einem alten Wasserkult zu tun, denn Rojen war laut der „Baad-Ordnung" des D. J. Tileman (Brixen, 1681) ein Heilbad: *Auf Raye ist ein Kupferwasser, welches starck trucknet und zehret, darbey sonsten auch absonderlich ein guter Brunn zu trinckhen* (nach J. Ringler in „Schlern", Jg. 1965, S. 307 ff.; vgl. ebendort — Jg. 1975, S. 177 ff. — Ursula Bauhaus und die am Ort aufliegende Broschüre über Rojen von Karl Friederich).

Aus der Zeit der ersten Erwähnung von Rojen stammt das kostbarste Juwel dieses abgelegenen Tales, die S t. - N i k o l a u s - K i r c h e, als ehrwürdiges Kunstwerk einzigartig in ihrer Höhenlage von fast zweitausend Metern.

Grundriß und erhaltene Rundbogenfenster weisen nach Weingartner auf eine Erbauungszeit im 13. oder zumindest im 14. Jh.; der Chor wurde um 1400 angebaut. Der barocke Altar, ein Meisterwerk des Balthasar Horer aus Kauns, ist leider im Frühjahr 1976 sämtlicher Figuren beraubt worden (St. Nikolaus mit den Pestheiligen Rochus und Sebastian). Gottlob darf noch immer als wertvollste Zier des Gotteshauses der das ganze Innere umfassende, 1906 erst teilweise aufgedeckte und 1907 restaurierte F r e s k e n s c h m u c k gelten, den wir im folgenden nach Weingartner/Ringler angeben: Im Chor finden sich unter einer späteren Übertünchung nur Spuren einer Kreuztragung, über der tiefen Rundbogennische an der rechten Seite St. Nikolaus, der Goldkugeln in das Gemach der schlafenden Mädchen wirft, am Gewölbe Christus in der Mandorla mit Evangelistensymbolen und Kirchenvätern sowie an der Südwand die Heiligen Georg und Katharina mit dem segnenden Heiland. Datierung: *Anfang 15. Jh., Meraner Schule.*

Hans von Raye der hat wol zehen Clayniu Chynt und sol noch zinsen von zweien iaren lb. (Käseleibe) *XXV und tuch* (Schafwolltuch) *XXXVI ellen*... Daß diesem Hans von Rojen der Zins erlassen bleibe, erbittet 1338 Landeshauptmann Volkmar von Burgstall, denn sonst müsse Hans *mit chinde und mit Hausfrawe von dem Lande ziehen*...

(nach Hormayrs Archiv, zit. bei Ringler)

So hart war seit eh und je das Leben in Rojen — aber trotzdem ist keiner mit *chinde und hausfrawe* fortgezogen, Rojen wird noch immer gehalten. Die Siedlung ist in Miniatur gebaut, eng verschachtelt, die einzelnen Höfe kaum mehr trennbar, doch scheinen im Kataster sechs Hofeinheiten auf. So ist die Siedlung mit ihrer Kirche eine „Ortschaft", und zwar die höchste der Ostalpen diesseits der Schweizer Grenze, *entschieden über den 1927 m von Obergurgl im Ötztal* (Klebelsberg in „Schlern", Jg. 1927, S. 89; mit wertvollen naturkundl. Angaben).
Wenngleich heute zum zusätzlichen Erwerb eine einfache Gastwirtschaft und eine (baulich unschöne) Pension geführt wird, so handelt es sich doch um eine rein bäuerliche Siedlung, wie vor allem durch eine nicht mehr bewohnte Stube mit schönem Getäfel dokumentiert ist; hier finden sich auf dem Holz Heiligenbilder und barocke Ornamente, wohl von einem Wandermaler um 1770 geschaffen und 1910 aufgefrischt.
Da in dieser Höhe nur die Kartoffel gedeiht, haben die Rojenhöfe seit alters Zugüter in Reschen, wohin sie auch kirchlich zuständig sind und wo die Kinder die Schule besuchen, mit Aufenthalt bei Verwandten während der härtesten Wintermonate.
Bevor wir uns nun dem touristischen Teil zuwenden, soll kurz noch ein Blick auf einige naturkundliche Besonderheiten geworfen werden:

Dalla Torre berichtet uns, daß hier noch 1866 und 1869 Bären erlegt wurden; daß man hier Hirschrudeln und dem Murmeltier begegnen kann, wissen wir aus dem Abschnitt über die Fauna des Vinschgaues. Man kann sogar das Glück haben, hier einen „Schweizer" Steinbock zu sichten. Der ganze Talgrund, der sich in das Fallung- und Griantal gabelt, zählt zur großen Reschener Gemeindealm und zeigt vor allem in den sogenannten Seeböden eine reiche Flora. — Was Fischer für den Obervinschgau in weit größeren Ausmaßen gelten läßt — in geol. Vergangenheit die Wasserscheide zum Inn im Mittelvinschgau *hoch über Laas* — sieht Dalla Torre schon früh für Rojen, das für ihn *einst wohl zum Inngebiet gehörig ist* (S. 189). Im weiteren heißt es zu diesem Thema beim gleichen Autor (S. 191): *Die Paßhöhe selbst aber zeigt auf das Schönste, wie die Etsch nach und nach das Inngebiet angezapft hat, denn die Oberläufe eini-*

ger jetzt in den See mündender Bäche (unser Pitzbach!) *sind eigentlich gegen das Inntal geneigt und fallen schroff gegen die Seen ab.* — Auch Klebelsberg macht auf diese eigenartige Tatsache aufmerksam, die durch Moränenaufschüttung zu erklären ist. *Früher war der Stillebach ein Nebenbach des Rojenbaches und benützt heute noch dessen alten Unterlauf.*

Touristisch bieten die Gipfel der bereits genannten Bergsonnenuhr (Zehner, Elfer, Zwölfer; 2614—2760 m) mit Seebödenspitz (2858 m) und Rasaß-Spitze (2941 m) überm Fallungtal sowie Fallungspitz (2646 m) und Griankopf (2869 m) über dem gleichnamigen Seitental leicht erreichbare Berge, die auf den Wegen Nr. 6, 6a, 8, 9 und 10 erstiegen werden können; Gipfelsammler können hier gut und gern an einem Tag sammeln so viel sie wollen.

Der Stützpunkt Rojener Hütte (2000 m, mit hübschem Übungslift) ist bis Ostern geöffnet (Erkundigung in Reschen einziehen), im Sommer aber von Finanzpolizei besetzt, die dieses Grenzgebiet überwacht. Ein einfaches Lager und ebensolche Verköstigung findet man im Sommer auch auf den Almen.

Es wurde bereits gesagt, kann aber nicht genug betont werden, daß diese Rojener Bergwelt ein Skitourengebiet allerersten Ranges ist, das bis jetzt nur am Rande durch Gondelbahn (Haider Alm) und Lifts (Schöneben) erschlossen ist, im Inneren aber dem erfahrenen, mit der Gefahr der Lawine vertrauten Tourenläufer ein noch völlig unverlorenes Paradies bedeutet, das sich gut und gern im alpinen Sinn „Klein-Arlberg" nennen dürfte.

Die genannte Schönebenhütte (2100 m) erreicht man auf einer Militärstraße von St. Valentin aus und kann auf ihr die Runde über Rojen nach Reschen schließen (asphaltiert; im Winter auch Autobus, aber Einbahnverkehr St. Valentin—Schöneben—Reschen); drei längere Schlepplifts können gut auch als Ausgangsbasis für Touren verwendet werden. Über Gondelbahn und Skigebiet Haider Alm wird unter St. Valentin berichtet.

Bleibt noch als letzte Wanderung der Weg am Westufer des Reschensees zu nennen, für den man im Norden beginnend zuerst ein Stück die Rojener Straße benützt, bis man auf einem Zufahrtsweg zum Weiler Giern absteigen kann.

Der Giernhof, mit kleiner Kapelle, bietet das typische Bild einer eng in sich verschachtelten Sippensiedlung. Ähnliches gilt für den am Seeufer gelegenen Weiler Spin, der 1972 teilweise (Unterspin) abgebrannt ist. Die 1836 erbaute Antoniuskapelle birgt einen hübschen Barockaltar; beide Weiler liegen fast direkt am Seeufer, also um 1500 m. Im Weiterweg gegen den Staudamm hin kommt man zum Weiler K a s c h o n mit einer dem hl. Martin geweihten Kapelle; linker Hand sind im See deutlich die großen, trichterförmigen Zapfstellen für die Kraftwerke erkennbar. Über die Anlage des Staudammes siehe unten.

Der Reschensee

Von der Tragik, die sich hier abgespielt hat und der viele alteingesessene Bauernfamilien Opfer bringen mußten, kündet heute nur noch der inmitten der Wasserfläche aufragende Turm der Pfarrkirche von Altgraun.

Klaus Fischer, in „Jahrbuch des Österr. Alpenvereins", Jg. 1965, S. 131

Schon auf dieser ersten Wegstrecke hat der Vinschgau eine Besonderheit aufzuweisen, die an Seltsamkeit und Eigenart kaum zu übertreffen ist; der Reisende, der vom Reschen kommt, glaubt seinen Augen nicht trauen zu dürfen: Am Ostufer des riesigen Reschensees, der bis zu den Firnen der Ortlergruppe zu reichen scheint, wird der Blick plötzlich und fast erschreckend abgelenkt — ein Kirchturm ragt mitten aus dem Wasser. Der durch einen gewaltigen Damm aufgestaute, aus Mittersee und Reschensee vereinigte Wasserspiegel bedeckt die Ruinen des versunkenen Dorfes G r a u n, über denen der Turm als einsamer Wächter steht.

In den Jahren 1948—50 entstand das Großkraftwerk des italienischen Industriekonzern *Montecatini* in Schluderns. Die in den Grundzügen schon bestehende Anlage wurde in ihrer Kapazität durch das gewaltige Stauwerk der Reschenseen zu gigantischer Größe und Leistung ausgeweitet. Man legte nördlich von St. Valentin einen mächtigen Staudamm an, wodurch der Wasserspiegel um 22 m bis auf eine Höhe von 1497 Metern stieg; dadurch wurde der ehemals in sich abgegrenzte G r a u n e r S e e (auch Mittersee, 67 ha Fläche) mit dem alten R e s c h e n - s e e (auch Obersee genannt, 91 ha) zu e i n e r gewaltigen Wassermasse vereinigt, die nunmehr bei einer Länge von 6,5 km und einer größten Breite von 1,5 km eine Oberfläche von 6,8 km^2 umfaßt.

Dabei wurden 523 Hektar nutzbarer Boden und 163 Häuser überflutet, wovon der schwerwiegendste Anteil auf das Dorf Graun selbst mit 107 teilweise schönen und freskengeschmückten Häusern entfiel, vor allem im nahen Weiler A r l u n d, in dem das für den oberen Vinschgau typische „Seitenflurhaus" (mit Freitreppe) gut vertreten war. Reschen-Pitz büßte, wie bereits erwähnt, 47 Gebäude ein, Sankt Valentin 9 Baulichkeiten im Bereich der Stockerhöfe. Die Gesellschaft *Montecatini* (Unterabt. *Montecatini-Edison)* entschädigte zwar mit 4000 Lire pro Quadratmeter, doch mußten zahlreiche Familien (Kopfzahl fast 500) abwandern, da es nun an Ackerland und Weidegründen fehlte; der Großviehbestand nahm um ca. 1000 Stück ab (Fischer). Den verbliebenen Bewohnern der Gegend wurden neue Wohnstätten in Reschen und oberhalb von Graun („Neu-Graun") erstellt, worüber noch berichtet wird.

Noch vor rund 100 Jahren (1852—55) hatte man versucht, nach den Plänen des aus Graun gebürtigen Ing. Josef Duile durch das Absenken des Grauner Sees Boden zu gewinnen, um der damals drückenden Not in der Landwirtschaft zu steuern. Was damals mühsam gewonnen wurde, liegt jetzt wiederum unter den Fluten eines noch größeren Sees.
Zur technischen Seite des Stauprojektes von 1948/50 seien noch einige Daten ergänzt; aus der Wassermenge von nunmehr 116 Millionen m^3 Wasser werden durch Ableitung in einen 12 km langen Stollen auf die Turbinensätze des Kraftwerkes von Schluderns (nach dem Gründer des Konzerns Werk *Guido Doregani* genannt) rund 250 Millionen kWh jährlich erzeugt. Der Haider See ist in dieses System direkt zwar nicht einbezogen, doch kann von hier aus Überwasser in den Stausee gepumpt werden; außerdem führt man auch noch das Wasser des Punibaches aus dem Planeiltal in den obgenannten Kraftwerkstollen.
Der Staudamm ist, dem Gelände entsprechend, nicht in der sonst häufigen Form der Bogenmauer angelegt, sondern als Schwergewichtsdamm, der organisch aus den seitlichen Schuttkegeln weiterentwickelt wurde. Es handelt sich dabei um massive Aufschüttungen von Erde, Steinen, Beton und Dichtmaterialien, *da wegen der tiefen Verschüttung des Obervinschgaues* (Bohrung von St. Valentin in 200 m Schutt) *eine Betonmauer nicht gegründet werden konnte* (Fischer). Die Zapfstellen liegen, wie bereits erwähnt, oberhalb des Dammes am Ende des westl. Seeufers. Der gegen Süden stark abgeflachte Damm ist sorgsam begrünt; es ist also falsch, hier von einer Stau-„*Mauer*" zu reden, wie man es da und dort lesen kann.
Außer der Wiedererrichtung überfluteter Ortsteile an höherer Stelle ergab sich für den *Montecatini*-Konzern auch die Notwendigkeit, die alte Straße zu verlegen, wozu vor allem am Hang des Endkopfes („Jaggl") und in Graun selbst kostspielige Tunnel- und Galeriebauten notwendig waren. —
Es scheint, daß auch die Gefahr der Verlandung durch den wilden Karlinbach zu wenig einkalkuliert wurde und daß man heute mit Werten rechnen muß, die ursprünglich als niedriger angenommen worden waren. — Literatur zur Stauung des Reschensees (bzw. Grauner Sees) bei Fischer und Hohenegger, vgl. Lit.-Verz., sowie ausführlich mit zahlr. Abb. bei Hans Matscher in Reimmichlkalender, Bozen 1952, S. 109 ff.

GRAUN MIT LANGTAUFERS: Seehöhe 1520 m (Langtaufers 1520—1915 m); klimatische Werte für Graun ähnlich wie Reschen, doch liegt Neu-Graun besser gegen Wind geschützt. Durchschnittstemperaturen für Hinterkirch in Langtaufers (1873 m) laut Dalla Torre: Winter —7,2°, Frühjahr 0,4°, Sommer 10,0° und Herbst 2,6° C. — Einwohner Dorf Graun mit Arlund rund 800 (997 im Jahre 1841), Langtaufers ca. 350 in verschiedenen Höfegruppen, die beim Gang durch das Tal genannt werden. Entfernungen: Reschen 3,5 km — nach St. Valentin 5 km; Straßenlänge Langtaufers 10,3 km. Graun ist Sitz der gleichnamigen Gemeinde (Fraktionen Reschen mit Rojental, Langtaufers und St. Valentin auf der Haide), liegt größenmäßig (21.037 ha) zusammen mit Schnalstal an dritter Stelle aller Südtiroler Gemeinden und hat insgesamt 2258 Einwohner, davon 145 Italiener (1971). —

Über 700 Gästebetten in Graun selbst und in Langtaufers (Kapron, Gschwell mit Übungslift, Grub, Hinterkirch mit Sessellift zur Maßeben-Alm, von 1870 auf 2270 m und Schlepplift ab Bergstation; Melag mit Sporthotel und Skilift. Talort für Weißkugelhütte und Weißkugel). — Geheiztes Freischwimmbad in Graun. — Rodeln und Eislaufen.

Raiffeisenkasse, Gemeindearzt, Verkehrsverein Graun. Postämter und öffentl. Telephon in St. Valentin und Reschen, ebendort mechan. Werkstätten. Postleitzahl 39020.

Name und Geschichte des Ortes Graun liegen verhältnismäßig offen vor uns; so hat Arbogast von Plawenn den Verlauf der *Via Claudia Augusta* im Talaiwald zwischen Sankt Valentin und Graun ermittelt („Schlern", Jg. 1950, S. 285) und im Sankt-Anna-Kirchhügel eine prähistorische Fluchtburg erkannt, was durch den Namen des nahen *Gangltales* erhärtet ist; *Gangl* gilt als Wallburgenleitname und steht für „Ringwall" (vgl. das *Ganglegg* bei Schluderns); Georg Innerebner hat den im Volksmund „Annaberg" genannten Platz schon 1948 untersucht und in seine Wallburgenstatistik aufgenommen.

Der Marienberger Chronist Goswin erwähnt für 1140 den Hof *Curun apud lacum;* 1164 ist daraus bereits ein *beneficium curunes* geworden, die Keimzelle des Pfarrdorfes (Huter), und 1317 nennt das Küchensteuerverzeichnis des Landesfürsten drei Höfe in *Curun,* woraus dann später *Curaun* diphtongiert wird. In die Zeit zwischen 1300 und 1600 fällt die Gründung zahlreicher Schwaighöfe (verzeichnet bei Hohenegger, „Schlern", Jg. 1970, S. 63), deren Namen zum Teil heute noch erhalten sind; aus ihnen gingen durch Erbteilung die heutigen Weiler um Graun und in Langtaufers hervor, während Graun selbst vor allem dem

Reschenverkehr sein Aufblühen verdankt. Einen eigenen Priester erhielt der mittlerweile als „Gemeinde" bezeichnete Ort 1357, und 1440 ist er bereits Pfarre.

Den Namen hat man früher mit *Cerones* als den eines der Getreidegöttin *Ceres* geweihten Ortes zu deuten versucht. Er geht jedoch auf roman. *corona* zurück, was soviel wie *Felsband,* auch *runder Felskopf* bedeutet (Finsterwalder); der Name ist an der Etsch zwischen Reschen und Verona mehrfach bezeugt, so in Graun bei Kurtatsch (ausgeprägter Felsriegel), in Mezzocorona-Kronmetz (mit einer Grauner Alm!) an der Mündung des Nonstales — wiederum in typischer *corona*-Lage — mit einem Graun im Cembratal und schließlich in der berühmten Felswallfahrt zur „Krauner Muttergottes" *(Madonna della Corona* nächst *Spiazzi* am *Monte Baldo).* — Für unser Graun im Vinschgau wäre demnach der geologisch auffallende, felsige Endkopf namengebend gewesen.

Eine alte Ansicht von Graun — aufgenommen kurz vor der Überflutung — findet sich im Jahrbuch „Der Obere Weg" auf Seite 141; das heutige Neu-Graun wurde samt der Pfarrkirche zur hl. Katharina im Jahre 1950 in etwas erhöhter Lage durch den Bozner Architekten Erich Pattis (Kulturpreis Walther von der Vogelweide, 1967) völlig neu erbaut und gut der Landschaft angepaßt; das Gedenken an Alt-Graun wird durch Erinnerungsstücke und ältere Ansichten im Rahmen einer Sammlung im Gemeindehaus wachgehalten.

Aus der neuesten Geschichte von Graun ist ein Bombenanwurf zu erwähnen (19. März 1945), der fünf Todesopfer forderte. Noch weit schrecklicher war der Absturz eines Postautos von der neuen Reschenstraße in den See (13. August 1951), an den heute noch ein Gedenkstein mit den Namen von 22 Ertrunkenen erinnert; nur ein einziger Fahrgast, eine Frau, trieb noch über dem Wasser und konnte geborgen werden. —

Von der alten Pfarre steht, wie bereits erwähnt, mitten im Wasser der von Weingartner ins 14. Jh. datierte Glockenturm; das Langhaus, 1949 gesprengt, war ein Neubau aus den Jahren 1832—38. Mit der Kirche versanken viele malerische Häuser mit Freitreppen, weit vorspringenden Dächern, Fassadenfresken und gotischen Balkendecken im See; von allen Topographen wurde ganz besonders die Idylle der urtümlichen Häusergruppe des Weilers Arlund gepriesen, die ebenfalls im See versank. Die Marienkapelle dieses Ortes wurde 1950 neu erbaut, ebenso der schön gelegene Friedhof von Graun, am Westhang des Annaberges; hier liegen nun die Toten ein Stück über ihrer von den Wellen überspülten alten Heimat.

Die neue Pfarrkirche besitzt außer einem Kruzifix am rechten Seitenaltar (17. Jh.) wenig älteren Schmuck. Eine Immakulata an der Apsis stammt von dem Innsbrucker Künstler Hans

Andre; die Terrakotta-Reliefs der Stationenbilder schuf die Bozner Künstlerin Maria Delago (Vogelweider-Preis 1963); die Glasgemälde der Friedhofskapelle stammen wie jene der Taufkapelle in Reschen von Max Spielmann, das Kriegerdenkmal von dem in Kortsch ansässigen Karl Grasser (1976).

Nach Lage, architektonischer Form und seiner wertvollen Einrichtung ist das Kirchlein zur heiligen Anna auf seinem Hügel das eigentliche Juwel von Graun.

Spitzbogen an Türen und Wänden sowie das Kreuzgratgewölbe weisen auf die für 1521 bezeugte Weihe der kleinen Kirche mit Fassadendachreiter. Ein Wandfresko mit dem hl. Georg trägt zwar die Jahrzahl 166.., wird aber von Weingartner als Erneuerung eines möglicherweise älteren Bildes (Anfang 16. Jh., also Erbauerzeit) angesehen. Der an Renaissanceformen angelehnte Altar hat Flügelaufbau mit Säulen und ist laut Inschrift 1596 gestiftet worden (Predellabild). Das Mittelgemälde zeigt die Heilige Sippe, die Flügel Mariä Verkündigung; der bissige Steinitzer (S. 262) vermerkt, daß Maria im hochschwangeren Zustand abgebildet sei, was *merkwürdigerweise noch nie einen zelotischen Pfarrer veranlaßte, eine Übermalung zu veranlassen.* — Eine genaue Beschreibung der Kirche und vor allem des Stifterbildes an der Predella gibt Viktor Malfèr in „Schlern", Jg. 1963, S. 436 ff., mit Abb.

Aus dem Ehrenalbum von Graun haben wir vier Namen zu nennen, darunter vor allem den des Bildhauers Heinrich Natter (1844—1892), der das Walther-Denkmal in Bozen, das Denkmal für Andreas Hofer am Bergisel, für Josef Haydn in Wien und Ulrich Zwingli in Zürich geschaffen hat. Es begegnet uns mit ihm auf dem Gang durch den Vinschgau erstmalig jene ausgesprochene Begabung für die bildende Kunst, von der wir noch des öfteren in augenfälliger Weise erfahren werden.

Franz Xaver Purtscher, später zum Freiherrn von Eschenburg geadelt, ein bekannter Jurist und nachmaliger Senatspräsident in Verona, stammte aus Graun (1786—1841) und war Zeitgenosse des Priesters Johann Duille (geb. 1793 in Graun), der es zum Inspektor sämtlicher Gymnasien in Tirol und Vorarlberg brachte und 1862 als Dompropst in Brixen gestorben ist. — Ein Namensvetter mit leicht abgeänderter Schreibweise ist der bereits genannte Ingenieur Josef Duile gewesen (1776—1863); er gilt als früher Meister der Wildbachverbauung, hat die alte Mühlauer Kettenbrücke bei Innsbruck erbaut und schon sehr früh Asphalt zum Freimachen der Straßen von Staub verwendet. Zusammen mit Alois Ritter von *Negrelli* (aus *Primiero* im *Trentino*, 1799—1858), dem genialen Projektanten des Suezkanals, hat Duile in den Jahren 1852/55 den bereits erwähnten Versuch unternommen, durch Absenken des Grauner Sees und Kanalisierung vom Reschensee her neues Ackerland zu gewinnen (wobei ein früheisenzeitliches Lappenbeil zum Vorschein kam). Das Werk war im besten Gedeihen, als plötzlicher Föhneinbruch die Schneeschmelze abnorm beschleunigte und außerdem Unwetter niedergingen. Die Schleusen brachen, die Wassermassen wälzten sich zunächst in den Haider See und von diesem dann weiter, die Orte Burgeis, Schleis, Laatsch und Glurns schwer verwüstend, wie wir bereits im historischen Abschnitt dargelegt haben. — Nach der Katastrophe (1855) wurde das begonnene Werk 1858 wieder aufgenommen und fertiggestellt; von einer eigens einberufenen staatl. Untersuchungkommission wurde Duile freigesprochen, doch litt er für den Rest seines Lebens unter den Vorwürfen, die vor allem von einfachen Leuten gegen ihn erhoben wurden, und starb verbittert in der Fremde. — Die Schule von Graun ist heute nach Josef Duile benannt.

Am Gasthof „Post" findet sich eine Orientierungstafel für den, der in der Umgebung von Graun Ausflüge und Bergtouren unternehmen will. Wir werden diesen Hinweisen folgen, dabei auf den Schauplatz bemerkenswerter Sagen stoßen und uns außerdem auch in naturkundlicher Hinsicht ein wenig umtun.

Ein Weg Nr. 12 weist uns auf jene Seerunde, deren Abschnitt Reschen—Staudamm wir bereits kennen. Weg Nr. 4 führt uns sehr steil zum Grauner Berg (2526 m; 3 Std.) und von dort weiter in großartiger Höhenwanderung über die nördliche Trogschulter des Tales bis zu einer Seenplatte (Gschwellseen, Kapplsee, Naßwandsee) und schließlich zum Weißseejoch (2970 m). Von dieser langen, in große Horizonte führenden Bergwanderung kann man jeweils nach Maßgabe der Zeit zu den Weilern in Langtaufers absteigen; die Orientierung ist auf der Schulter selbst nicht schwierig, da fast immer Blickverbindung besteht. — Weg 3 ist der Fußweg nach Pedroß (siehe unten) und berührt die Höfegruppe Malsaun (1654 m) und Rafein (1680 m); wer Langtaufers kennenlernen will, der wird auf dieser Fußwanderung mehr davon erleben, als wenn er nur über die Talstraße fährt. —

Die beiden genannten Höfegruppen hatte einst der legendäre Abraham Stägerwalder (auch *Stegawalter*, so bei Winkler, S. 25) in Besitz, wie ihm überhaupt fast ganz Graun gehört haben soll. Tatsächlich ist uns urkundlich belegt, daß ein Jörg Steigerwalder wegen seiner Verdienste um das Fuhrwesen auf der Reschenstraße 1554 in den Adelsstand erhoben wurde (Hohenegger).

Seines unmeßbaren Reichtums und seines wilden Stolzes hat sich dann die Sage angenommen, die aus dem Stegawalter eine Art Nationalhelden der Gegend machte. Sein Haus stand im Ferlujer Wald (Arlui), und sein Besitz reichte bis ins Inntal, so daß er auf allen Reisen immer im eigenen Haus habe übernachten können. Er soll dann um die schöne Tochter des Gutsverwalters in Pitz gefreit haben, das damals dem Churer Bischof gehört hat. Stegawalter fuhr mit schwerem Schlitten und zwei Gäulen zu seiner Allerliebsten über den See, aber nahe der Mündung des Pitzer Baches war das Eis dünn, und der stolze Freier versank mit Roß und Gespann im eisigen Wasser. Einmal sah ein Bauer noch durch die Eisdecke den Schlitten des großen Herrn — aber als er andere Leute herbeiholte, um nachzusehen, da war das Schemenbild verschwunden. —

In Stegawalters Ferlujer Wald führt uns nun der Weg Nr. 10 zur Grauner Alm (2185 m), die im Volksmund noch mit dem schönen rätischen Namen *Vivana* bezeichnet wird. Der aus auffallend hellem Kalk gebildete Endkopf (2652 m, allgemein „Jaggl" genannt) ist wegen seiner Edelweißbestände berühmt und von der Grauner Alm aus unschwierig zu erreichen (1½ Std.), ebenso wie das gegenüberliegende Pleißköpfl (2469 m) in etwas kürzerer Zeit; von der Grauner Alm kann man auf einem Weg Nr. 13 auch nach Sankt Valentin absteigen.

Auf der *Vivana* hauste einst ein Almgeist, der auf einen Jäger böse Tiere hetzte; dieser aber ritzte in seine letzte Bleikugel ein Kreuz und konnte sich derart durch einen Schuß auf das böse Getier retten (Winkler, S. 24). Im übrigen wohnten aber auf dem Mittelgebirge der *Salg* die Saligen Fräulein, gütige Wesen, die den Menschen solange behilflich waren, als man sie nicht nach der Herkunft fragte oder sie neckte. — Auch auf unserm nun anzutretenden Gang durch Langtaufers werden wir diesen freundlichen Geistern wieder begegnen. —

Langtaufers ist ein Hochtal von herbem Reiz und großer Schönheit, die sich im Talschluß mit dem Blick auf die Gletscherwelt der Weißkugelgruppe wie zum Fortissimo einer urweltlichen Alpensymphonie steigert.

Über die Geschichte des Tales wurde das Wesentliche schon unter Graun gesagt; die heutigen Weiler sind aus alten Schwaighöfen hervorgegangen, von denen bereits acht im 15. Jh. namentlich genannt sind. Der Name *Taufers* wird auf ein vorrömisches *dub, duf* oder *tub* zurückgeführt, was allgemein gleich *Tal* gesetzt wird, während das *Lang-* auf eine Unterscheidung des wirklich langgestreckten Tales im Gegensatz zum „kurzen", bei der Calvenbrücke mündenden Tauferer Münstertales oder aber auch auf die alte, durch das Langkreuz auf der Malser Haide bezeichnete Gebietsgrenze bezogen werden kann. Zu erwähnen ist auch, daß sich früher vielfach *Landtaufers* findet, was demnach manche von einem *Oberland*-Taufers ableiten wollen. — Nicht minder kompliziert ist es mit dem Talbach, dem Karlinbach, in dem Finsterwalder einen *Curunin-* (also Grauner) Bach sieht, andere einen *Corylin- (von Haseln gesäumten)* Bach und Hohenegger („Schlern", Jg. 1969, S. 266 ff., mit. Abb.) schließlich einfach den Bach, der von der Karlinspitze (3231 m, auch *Karlesspitze)* im Talgrund herkommt.

Erst mit dem Aufkommen des Alpinismus ist dieses abgelegene Hochtal weiteren Kreisen bekannt geworden; zunächst war die höchste Talsiedlung, das schon einer Alm ähnliche Melag (1915 m) der Ausgangspunkt für die Weißkugel (3739 m), den zweithöchsten Berg der Ötztaler Alpen, der als der schönste Gipfel dieser Gruppe gilt.

Die Weißkugel ist 1861 von dem Wiener J. A. Specht mit den einheimischen Gemsjägern Nic. und L. Klotz vom Schnalstal her erstmalig bestiegen worden. Von Westen her wurde der Berg zum ersten Mal 1881 bezwungen; diesmal führten die einheimischen Brüder Spechtenhauser. Nach der Erbauung der Weißkugelhütte (2544 m) durch die Sektion Frankfurt a. M. des DuÖAV im Jahre 1893 bürgerte sich der heute übliche Weg über Langtauferer Ferner—Weißkugeljoch—ONO-Grat allgemein ein. Die Hütte wurde nach der Enteignung im Jahre 1923 in *Rifugio Pio XI alla Palla Bianca* umbenannt, ist — nach längerer Beschlagnahme seit 1961 — nunmehr wieder von Anfang Juli bis Mitte September bewirtschaftet und verfügt über rund 30 Schlafplätze; Talort für Auskünfte usw. (Telephon) ist Melag. — Von hier erreicht man die Hütte über die Melager Alm oder auch auf schönem Weg über die Schafbergalm in etwa 2 Std. Eine Besteigung der Weißkugel ist mühsam (4—5 Std. ab Hütte) und nur Geübten anzuraten (Pickel, Seil, Steigeisen) — zählt aber anderseits zu den schönsten Bergfahrten der Ostalpen. Der Name des schöngeformten, spitz zulaufenden Berges ist irreführend: „Kugel" bedeutet hier soviel wie „Kogel" und bezeichnet einen pyramidenförmigen Gipfel wie etwa auch den spitzen Acherkogel bei Ötz; die ital. Übersetzung mit *palla* (Kugel) ist daher ebenfalls falsch. —

Für geübte Alpinisten ist auch die Weißseespitz (3526 m) ein überaus schönes Ziel, in etwa 4 Std. von der Hütte über die teilweise verfallene Anlage des „Richterweges" (Vorsicht!) oder über den kleinen Ferner von Süden direkt zu ersteigen; bezügl. alpiner Schwierigkeiten und Verhalten im Grenzgebiet gilt das unter S. 130 Gesagte. Man halte sich in allen Fällen auch strikt an den Rat des Hüttenwirtes.

Von den übrigen Bergtouren ist der Höhenweg Nr. 4 zwischen Grauner Berg und Talschluß von Melag bereits genannt worden; man hat hier ein Netz von gut gehaltenen Militärwegen zur Verfügung, die ein genußreiches Wandern auf den blumenreichen Almen ermöglichen.

Auf den mit Lärchen und höher oben mit schönen Zirben bestandenen, wildreichen Schattenhang führen heute mehrere Forststraßen, so von Kapron/Perwarg (1690 m) aus zur Ochsenbergalm (2125 m) mit einer Kapelle zum hl. Viehpatron Wendelin oder auch in das benachbarte Kühtal; von

Hinterkirch (1874 m) aus führt ein Fußweg (Nr. 15) und ein Güterweg zur Waldlichtung der M a ß e b n e r A l m (2090 m). Auf diese Alm führt neuerdings der unter den allgemeinen Angaben verzeichnete Sessellift ab Hinterkirch (Bergrestaurant geplant), der auch ein Skitourengebiet eröffnet; wie jedoch der Lawinentod einer Gruppe von vier Jugendlichen mit einem Skilehrer im April 1976 beweist, ist das Gebiet abseits der Aufzugsanlagen nur erfahrenen Alpinisten vorbehalten. —
Die beherrschende Spitze des D a n z e b e l l (3145 m) zwischen Langtaufers und innerem Planailtal erreicht man am besten von dem bereits genannten Kühtal aus (4 Std. ab Kapron). — Über Zeltplätze nahe Melag und weitere Touren gibt das bereits genannte Buch „Oasen der Ruhe" von Ernst Höhne wertvolle Hinweise (S. 40 f., mit Abb. und Skizze).
Die genannten Skisportanlagen in Langtaufers bringen der Bevölkerung zweifellos einigen Nebenverdienst, doch ist vor dem geplanten Ausbau zu einer Großanlage (mit Hotels usw.) unbedingt abzuraten, da in diesem Falle — ähnlich wie in Schnals — der typische Charakter des ganzen Hochtales gefährdet würde.

Auf einer F a h r t d u r c h d a s T a l von Graun her kommen wir zunächst an der malerischen „Samermühle" (Mühle am Saumweg) vorbei und haben derzeit bis P e d r o ß (nach Finsterwalder von *petrosu - steinig;* 1630 m) eine gute und breite Straße, die bis zum Talende im Augenblick noch recht schmal, aber stückweise schon im Ausbau begriffen ist.

Die K u r a t i a l k i r c h e zum hl. Martin ist ein Neubau aus den Jahren 1908/12; die 1727 erwähnte alte Kirche dient heute als Abstellraum. Eine Gedenktafel an der neuen Kirche erinnert daran, daß hier von 1892 bis 1929 der Kurat Franz H a b i c h e r als Seelsorger tätig war, die neue Kirche erbaute und sich für Straßenbau und Wildbachverbauung einsetzte. Der 1869 in St. Valentin geborene Priester war Landtagsabgeordneter und Ehrenbürger von Langtaufers; er ist 1956 in Mals gestorben.

Zu Pedroß gehört auch der Angerhof, gut hundert Meter oberhalb der Kirche in die sonnigste Lage des ganzen Tales gebreitet. In seiner Nähe — wiederum etwa um 100 m höher — erhebt sich ein Hügel, auf dessen Kuppe H. Hohenegger im Jahre 1967 eine Wallburg entdeckte, die nach seiner Vermutung später als Leucht- oder Wachtturm gedient hat und an einem seit alters bezeugten Saumweg durch Langtaufers und übers Weißseejoch ins Oberinntal liegt („Schlern", Jg. 1968, S. 22 ff., mit Abb.). — Neuere Forschungen haben allerdings den prähistorischen Charakter der Anlage sehr in Frage gestellt, da auch keine beweiskräftigen Funde (Tonscherben usw.) getätigt werden konnten. Interessant ist jedoch die Parallele zu *Muntaplayr* (vgl. S. 150), wo sich in etwa vergleichbare Baureste haben feststellen lassen.

Die Leute vom Angerhof nennen die Kuppe *Auf der Föst* (Feste); auf dem höchsten Punkt findet sich eine mauerumgürtete, verschüttete Grube. Von ihr weiß die Sage (Winkler, S. 32), daß sie einst die Wohnstätte von sieben Saligen Fräulein gewesen sei, und daß beim Ausmessen dieser Grube einem Jäger der Ladstock in beträchtliche Tiefe hinabgefallen sei; nach Version der heutigen Angerleute habe die „Föst" einst dem allmächtigen Stegawalter gehört, und der Stock entglitt nicht einem Jäger, sondern einem Hirtenmädchen, das hier Goldstücke gesucht habe. — Dies alles mochte dazu berechtigen, den interessanten Platz in die Reihe der wahrscheinlichen Urzeitstätten des Vinschgaues aufzunehmen.

Im nun an der Talstraße folgenden Kapron (1702 m) finden sich schöne Höfe mit guter Holzbearbeitung und urtümlichen Backöfen; die bei Weingartner erwähnte Kapelle mit Stifterinschrift *(1743 Joseph Pläs)* ist derzeit dem Verfall preisgegeben.

In Kapron gibt es zwei Gasthäuser. — Auch hier haben wir eine prähistorisch „verdächtige" Stelle, und zwar den *Wildmannstein* nahe den Höfen von Perwarg, eine Art Höhle, in der einst ein auf und auf behaarter Riese wohnte, der aber gutmütig war und das Wetter voraussagen konnte (Winkler, S. 32); der Verf. hatte bis jetzt noch nicht Gelegenheit, diese sicherlich interessante Stelle zu untersuchen. — Es folgt nun die Höfegruppe Pleif (1789 m) mit schöner Blickwendung zum Nordteil des Talschlusses (Karlinspitze); hier wie in fast allen Weilern eine einfache Kapelle, so auch im folgenden Patzin rechts unterhalb und Patscheid (1803 m) oberhalb der Straße; ab hier Weg und Materialbahn zur Patzin-Alm (2148 m).

Es folgt nun der Weiler Gschwell (1820 m) mit Gasthaus „Alpenfriede" und kleinem Skilift.

Die bei Weingartner erwähnte Kapelle (erste Hälfte 17. Jh.) mit Säulenaltärchen enthält auch ein „Marterl", laut dem 1661 ein Bauer vom *landtschwellhof* von einem Stier *auf die Horn genomen* wurde. Die Schreibung des Hofnamens deutet auf das früher verbreitete *Landtaufers* hin, von dem bereits die Rede ging. — Köstlich ist auch das verschwollene Gesicht auf dem Bienenhaus des Gschwellhofes, mit dem sinnigen Vers: *Stör die fleißige Biene / bei ihrer Arbeit nicht / sonst zersticht sie dir / dein schönes Augenlicht.*

Wir aber richten unser noch erhaltenes *schönes Augenlicht* nun auf das anmutig auf einem kleinen Hügel mitten im Tal gelegene, schneeweiße Gotteshaus von Hinterkirch (1873 m), das zusammen mit den Höfegruppen Brazen, Grub und Kappl eine kleine Siedlungseinheit bildet.

Die auf einer Moränenaufschüttung, direkt an der Blickwende zum Weißkugelmassiv gelegene, sehr gepflegte St.-Nikolaus-Kirche (eine Kuratie) ist 1440 neu geweiht, später barockisiert und 1890 verlängert worden. Der Altar ist Ende des 19. Jh.s, die bei Weingartner noch an Ort und Stelle genannten Seitenaltarstatuen (Johannes Evangelist, Thomas, Mitte 18. Jh., *gute Arbeit)* mußten in jüngster Zeit deponiert werden. — Hinterkirch besaß ursprünglich einen gotischen, von dem namhaften Jörg L e d e r e r stammenden Flügelaltar, der heute im Museum der Schönen Künste zu Budapest steht (zu Lederer vgl. das Stichwort „Latsch").

Beachtung verdient auch der G r u b h o f (Haus Nr. 64) wegen seiner hübschen Ornamente und Sprüche an der Hauswand; der Hof ist schon 1359 urkundlich erwähnt (Archiv Tarantsberg) und damit die älteste im inneren Tal bezeugte Siedlung (Kapron bereits 1317); in den letzten Jahren ist unterhalb der Straße ein zum Grubhof gehörendes Ferienheim errichtet worden.

Die nun folgende Gruppe des W i e s h o f e s liegt schon knapp über 1900 Meter — und M e l a g erreicht mit 1915 Metern die größte Höhe als Dauersiedlung im Langtauferer Tal.

Der Weiler besteht aus sehr urtümlichen Höfen mit kleiner Kapelle und dem alten Schutzhaus Melag mit gemütlicher, getäfelter Stube (öffentliche Fernsprechstelle); ein Stück talaus liegt das neue, große „Weißkugelhaus" im Stil eines Sporthotels, mit dem Skilift „Weißseespitz"; Kasernen der Zollpolizei runden das neue Bild der alten Siedlung.

Es wäre müßig, wollte man den Blick von Melag auf die Eisriesen des Talschlusses rühmen — wer es nicht selbst erlebt hat, kann sich doch kaum einen Begriff davon machen. Wer aber hier jemals in völliger Einsamkeit zu schauen und zu hören verstand, der wird immer das Bild der hellen Firne, der schwarzen Wälder und das aus der Ewigkeit her brandende Rauschen der Gletscherwasser in sich tragen.

Der Langtauferer Ferner ist von Klebelsberg („Schlern", Jg. 1927 und Jahrbuch des ÖAV, Jg. 1951) sowie von Hohenegger in der genannten Arbeit untersucht worden. Die S a g e weiß hier wie anderwärts — so etwa am Stubenferner in Pflersch oder am *Marmolata*-Gletscher — davon, daß im Bereich des heutigen Ferners einmal eine blühende Stadt gestanden sei, *Onanä* oder auch *Dananä* geheißen; aber die Bewohner waren übermütig und grausam in ihrem Stolz und Reichtum, sie wiesen einen Bettler ab und auch jenen Greis, der zusammen mit seiner märchenschönen Tochter die Leute von *Dananä* bekehren wollte (Winkler, S. 33 u. 34). — Nach dem freventlichen Spott aber öffnete sich der Himmel, es schneite und schneite ohne Unterlaß — *Dananä, Dananä / weh dir, weh / es schneit Schnee / und apert nimmermeh . . .* — Der junge Jäger aus Arlund aber, der das holde Mädchen suchen wollte, fand nur mehr Schneehalden und ewiges Eis. Er irrt heute noch da oben umher, um das Grab der Geliebten zu finden, und zuweilen trägt der Wind seinen klagenden Ruf über alle Berge. —

Sankt Valentin und die Malser Haide

Wir sind mittlerweile von Graun über die neue, höher an den Hang über dem Stausee verlegte Reschenstraße gegen Süden gefahren, am Rand des Waldes von Talai, durch den einst — ein Stück höher — die *Via Claudia Augusta* geführt hat. Noch weiter darüber, auf dem Schuttkegel des Bergsturzes von Talai, soll vor Zeiten ein Schloß gleichen Namens gestanden sein, von dem jedoch nur mehr die Sage weiß.

Dieses „Schloß" haben wir viel eher im Bereich von Monteplair-Dörfl zu suchen (siehe dort), als alte Fluchtburg, deren Spuren Arbogast von Plawenn in sehr überzeugender Weise aufgedeckt hat. Es scheint, daß die Römerstraße von diesem altertümlichen Weiler direkt in den Talaiwald geführt hat und den Raum der heutigen Siedlung Sankt Valentin noch gar nicht berührte.

Erst im Mittelalter tritt unser Sankt Valentin in das helle Licht der Geschichte, und zwar durch die Gründung eines Hospizes, das in engem Zusammenhang mit dem vor allem im Winter bei Schneesturm gefürchteten Weg über die Malser Haide steht.

Der Gründer dieser Wohlfahrtseinrichtung — einer der ältesten dieser Art und beispielsweise noch um einige Jahre weiter zurückreichend als das Hospiz auf dem Sankt Gotthard — ist uns als Ulrich Primele aus Burgeis durch den Marienberger Chronisten Goswin urkundlich überliefert *(Udalricus de Burgus, dictus Primele);* das einfache Rasthaus des Primele erhält auch eine Kapelle, die am 16. Oktober 1140 vom Churer Bischof Konrad I. von Biberegg zu Ehren des Märtyrers und Wegeheiligen Valentin geweiht wird. Schon bald beteiligen sich die Brüder *Ulricus und Luitfridus Plawenna* mit einer Stiftung zu Primeles Todestag, und das Hospiz wird auch anderwärts gefördert; es hängt von der Pfarre Mals ab und erhält einen fixbestallten Verwalter, den *Mair von St. Valentin,* von dem uns ein *herr Hans, der da pfaff waz und munich* bezeugt ist, doch mußte der Verwalter nicht in allen Fällen Priester sein; später werden diese Verwalter durchwegs „Pröpste" geheißen (so nach den zusammenfassenden Arbeiten von Adelgott Schatz und Paul Rainer, in „Schlern", Jg. 1929, S. 354 ff., bzw. Jg. 1973, S. 124 ff.). —

Im Jänner 1505 wird St. Valentin Kaplanei (1520 bestätigt), 1568 wird die Kaplanei *Benefizium mit pfarrlichen Rechten,* und seit 1612 nennt sich der Kaplan von St. Valentin *Pfarrer;* in dieser Zeit bildet sich erst die eigentliche Dorfgemeinde aus der Keimzelle des Hospizes.

Gut informiert sind wir über die Pflichten des Spitalpropstes und seiner Leute; bei schlechtem Wetter mußte er mit Pferd und Ochsen ausfahren, bis Graun nach Norden und bis über das Langkreuz gegen Süden, bewehrt mit Laternen, Zugstricken, Schneestangen (vermutlich eine Art Sonden, um Verschüttete zu finden) und mit Wein und Brot. Man hatte nachzusehen und zu rufen, ob Hilfsbedürftige und Pilger auf dem Wege seien, die vielleicht *krank, plöd* (in der Sicht behindert), *nagkat* oder *plozz* wären (zit. bei Schatz). — Das Spital hatte später größere Einnahmen und versorgte im Monat bis zu 100 Durchreisende (1639) und dazu die Armen der näheren Umgebung. — Später ging es auf die Gemeinde über, verlor seine Einkünfte und sank schließlich zum Armenhaus herab.

Aber noch in anderer Hinsicht begegnet uns der auf 1450 m gelegene, rund 90 Hektar große Haider See in der frühen Landesgeschichte, da wir im Ortsteil Fischerhäuser die Niederlassung jener Fischer erkennen, die laut Stiftung des Landesfürsten (König) Heinrich vom Jahre 1326 die Mönche der von ihm gegründeten Kartause Allerengelberg im Schnalstal (siehe dort) mit den Hechten, Pfrillen, Renken und Äschen des reichen Haider Sees zu versorgen hatten, die ausschließliche Fastenspeise der frommen Männer waren.

Abgesehen von diesen vielgestaltigen und bemerkenswerten Zeugnissen historischer Natur hat sich Sankt Valentin schon im vergangenen Jahrhundert einen guten Namen als Sommerfrische gemacht, die sich vor allem von seiten der Meraner Bürger eifrigen Zuspruchs erfreute, überhaupt nach dem Ausbau der Eisenbahnlinie bis Mals. Männer wie der k. k. Posthalter Kassian Baldauf verstanden es, die alte Raststätte am Reschenweg zu einem beliebten Touristenzentrum zu machen, was allein schon dadurch dokumentiert sein mag, daß in der „Post" zu Sankt Valentin (1924 abgebrannt und neu aufgebaut) schon im Jahre 1905 ein Skiklub Obervinschgau gegründet wurde, als einer der ersten Vereine dieser Art in Tirol (SC Arlberg 1901).

Der Landesschützenleutnant Rabitsch besteigt 1907 Ortler und Weißkugel mit Skiern, nachdem der Arzt Dr. Flora aus Mals mit zwei Bergführern schon am 26. Februar 1903 die erste Winterersteigung der Weißkugel überhaupt absolviert hatte. Es folgt — vor allem in der benachbarten Ortlergruppe — die weitere Entwicklung des hochalpinen Skilaufs, aus der schon bald, mit dem Eintritt Italiens in den Ersten Weltkrieg, Bewährung und bittere Notwendigkeit wird. — Auch heute kann Sankt Valentin in nunmehr wieder friedlicher Entwicklung zu den führenden Wintersportorten des Landes gerechnet werden, wie aus den nachstehend verzeichneten Angaben deutlich hervorgeht.

SANKT VALENTIN AUF DER HAIDE: Seehöhe 1470 Meter; klimatische Werte ähnlich wie für Reschen und Graun; der Ort ist zusammen mit dem Ortsteil Monteplair (= Dörfl) und einigen verstreuten Gehöften Fraktion der Gemeinde Graun und hat rund 750 Einwohner (834 im Jahre 1841). — Entfernungen: ab Graun 5 km · nach Mals 10 km. Mehrere gute Gasthöfe und Pensionen mit rund 700 Fremdenbetten; Skischule St. Valentin; Gondellift zur Haider Alm (700 m Höhenunterschied in 20 Min.), an der Bergstation (Schutzhaus) und hier wie im nahen Schöneben (dorthin Straße ab St. Valentin) Schlepplifts, ebenso an der gegenüberliegenden Talseite (Talai-Lift), insges. etwa 12 km leichte bis mittelschwierige Pisten. — Günstiger Standort auch für sommerliche Bergwanderungen. — Raiffeisenkasse, Postamt, öffentliches Telephon, Auskünfte (Orientierungstafel) im neuen Lokal des Fremdenverkehrsvereins am südl. Ortsrand (nahe Gasthaus „Traube"); Untermittelschule. Postleitzahl 39020.

An Stelle des alten Hospizes stehn heute durchwegs neuere Bauten, darunter die Pfarrkirche zum hl. Valentin, ein 1832 geweihter Neubau, dessen Einrichtung — mit Ausnahme der älteren Gruftkapelle und der Kanzel (17. und 18. Jh.) — aus dieser Zeit stammt.

Zwei wertvolle Statuen, St. Valentin (um 1500) und Maria mit Kind (16. Jh.) sind deponiert. Ein sehr sehenswertes Stück ist der Taufstein aus weißem Marmor mit reichgegliedertem Sockel sowie Rosetten und Blendmaßwerk an der Schale, 16. Jh. (Weingartner); vermutlich ein Werk einheimischer Steinmetzen, über die Erich Egg ausführlich berichtet („Der Obere Weg", S. 325 ff.). — Die Gruppe der mit der Kartause Schnals zusammenhängenden Fischerhäuser wurde bereits genannt. Die einfache Dreifaltigkeitskapelle, die zum Weiler gehört, wurde im 18. Jh. erbaut und hat einen Barockaltar aus der zweiten Hälfte des 17. Jh.s mit einem Bild von 1906; eine Valentinstatue (Anf. 16. Jh.) mußte auch hier in Sicherheit gebracht werden.

Seiner gesamten Anlage nach gehört der urtümliche Weiler Monteplair (1501 m) zu den bedeutendsten Sehenswürdigkeiten des Vinschgauer Oberlandes, wenngleich — oder gerade weil — der große Verkehrsstrom an dieser in eigenwilligen Linien gezeichneten und ineinandergeschachtelten Häusergruppe vorbeibraust. Hier hat sich der Typus der alten rätischen Siedlungsweise im Baubestand und auch im Namen gut erhalten, wenn sich auch die Bezeichnung „Dörfl" mehr und mehr durchzusetzen beginnt.

Den N a m e n (früher *Muntaplayr)* führt Arbogast von Plawenn in seiner bereits erwähnten Arbeit über die Malser Haide (vgl. Lit.-Verz.) von einer „Wallburg“ her, deren Reste er auf der Flur *Plon* in wehrhafter Lage östlich oberhalb der Siedlung vermutet; da er eine Abstützung der Anlage gegen den Abhang durch Pfähle annimmt, ist für ihn *Monteplair* ein *Mons pallarium*, eine „Pfahlburg“, deren Existenz überdies durch den Flurnamen *castelles* sowie durch die Erwähnung eines „Burgstalles“ in einem Nauderer Urbar von 1583 gesichert erscheint; neuere Forschungen von Reimo Lunz (Schlern, Jg. 1977, S. 89) weisen tatsächlich auf eine mittelalterliche Anlage, die mit rund 1800 m die allerhöchste von Tirol wäre, noch höher als Kastellatz bei Marienberg (siehe dort). Im Jahre 1965 wurde hier überdies ein Opferstein (?) gefunden und vom Bauern Hans Habicher bei seinem Haus (St. Valentin Nr. 60) aufgestellt. Es wäre nicht ausgeschlossen, daß *Muntaplayr* und der sagenumwobene Wald von *Tuleyda* (Talai) noch einmal weitere Geheimnisse preisgeben. — Erst 1705 wurde die einfache J o s e f s k a p e l l e im Dörfl geweiht; sie steht vermutlich auf den Grundmauern einer älteren Vorgängerin. Ihr Altar ist von Weingartner mit Ende 18. Jh. datiert, das Bild des hl. Josef mit Engeln trägt die Signatur *M P* (Matthias Pussjeger). — Der Vollständigkeit halber sei auch noch die Mariahilfkapelle hier angeführt, die gegenüber vom Gasthof „Post“ an der Hauptstraße steht; Bau und Einrichtung stammen aus der zweiten Hälfte des 18. Jh.s.

Bevor wir uns nun ein wenig in der Umgebung umsehen, ist es unsere Pflicht, kurz das E h r e n a l b u m der Ortschaft aufzublättern. Wir finden hier den 1851 im Ort geborenen Franz Friedrich K o h l, der ein Schüler des berühmten Naturhistorikers Vinzenz Gredler am Franziskanergymnasium in Bozen war, später in Wien selbst eine Professur in diesem Fach erwarb und dort als Kustos des Naturhistorischen Museums und Hofrat 1924 gestorben ist; er ist auch als Sammler von Volks- und Kirchenliedern hervorgetreten und hat damit eine Tradition fortgesetzt, die von dem aus St. Valentin stammenden Musiker und Komponisten Pater Marian S t e c h e r (1754—1832; vgl. hiezu auch Stift Marienberg) ausgegangen war. — Aus Monteplair stammte Joseph Johann P e e r (1754—1825), Professor für Römisches Recht und seiner Verdienste als hoher Justizbeamter wegen als Ritter von Egerthal in den Adelsstand erhoben. — Daß Sankt Valentin einen großen Juristen hervorgebracht hat, kommt nicht von ungefähr: Wie Richard Staffler mitteilt („Schlern“, Jg. 1937, S. 151), sagt man von den Haidern: *Wenn Christus einen Haider zum Verteidiger gehabt hätte, so wäre er nicht gekreuzigt worden . . .*

Von A u s f l ü g e n und W a n d e r u n g e n müssen wir in erster Linie das nunmehr auch für den Skisport durch einen Gondellift erschlossene Gebiet der H a i d e r A l m (2120 m; ganzjährig bew. Schutzhaus und Skilift) nennen, das durch den aus kleinen Seen gespeisten Fellatsch- (auch *Vallatsch-)*Bach entwässert wird.

Die Bergstation ist günstiger Ausgangspunkt für eine fast ebene Höhenwanderung (zuerst Markierung 9, dann 14) über Schönebe nach R o j e n (etwa 3 Std.); man geht fast immer zwischen den letzten, prächtigen Wetterzirben und auf blumenreichen Almböden (genaue Beschreibung mit Skizze im „Südtiroler Wanderbuch" des Verf., vgl. Lit.-Verz.); die Wege Nr. 9 und 10 führen in das unter „Rojen" bereits behandelte Wandergebiet.

Noch viel stiller und weniger begangen ist jedoch das einsame Hochtal von Z e r z, aus dem ein silberheller Bergbach steil in den Haider See hinunterspringt; daneben steht auf aussichtsreichem Eck und doch ein wenig hinter hohen Bäumen versteckt die schneeweiße Kapelle zum hl. Martin in Zerz — dies allein schon ein Bild voller Verlockung zu weiten Streifzügen durch die schönen Lärchenwälder, über hohe Almen und zu ganz und gar verlorenen Seen in der Tiefe der Täler.

Zwar gehören die Almen von Zerz den Eigentumsverhältnissen nach seit Jahrhunderten zu Burgeis, doch soll dieses Tal der orographischen Reihenfolge nach doch schon hier behandelt werden. — In verschiedenen Spielarten weiß die S a g e davon zu berichten, daß Zerz dereinst Dauersiedlung gewesen ist, ein schöner Hof mitten im Tal; die letzte Bäuerin sei ein „Wildes Fräulein" gewesen und aus Trauer über den Tod ihres einzigen Kindes so geheimnisvoll verschwunden, wie sie dereinst auf den Hof gekommen war. Der Zerzer Bauer aber zog aus Gram und Kummer ins Dorf Burgeis; dort ist, wie Pater Matthias S t r o b l in der Holzer-Festschrift (vgl. Lit.-Verz.) berichtet, die Familie im Haus Nr. 20 mit einem Michael Zerz belegt; dieser Michael hatte noch die Schlacht von Custoza (1866) mitgemacht, und einer seiner Vorfahren gehörte zu den wenigen, die aus dem Rückzugsgefecht an der Beresina unter Napoleon I. mit dem Leben davonkamen; die Zerz leben im Mannesstammt heute in Vorarlberg weiter, der Name *Zerzer* ist auch in Südtirol noch mehrfach belegt. — Die schon 1333 als *Serz* erwähnte Almen von Zerz wurden durch die Gemeinde Burgeis 1516 erstmals von den Annenbergern zu Lehen genommen und gingen nach und nach zur Gänze und endgültig (1813) in das Eigentum von Burgeis über.

Von besonderem v o l k s k u n d l i c h e n Interesse ist, was Matthias Strobl (ähnlich wie Zingerle, Winkler, Fink u. a.) über das Fest des ersten Ganges der Jungmänner auf die Zerzer Alm zu berichten weiß, wie wir bereits im allgemeinen Teil über „Sage und Brauchtum" kurz angedeutet haben; wir dürfen hinter diesem leider abgekommenen Brauch wohl mit gutem Recht eine Spur uralten Mannbarkeitskultes sehen.

Für die heranwachsende Jugend ist der erste Gang hinauf in die Zerzer-Almen ein Fest, eine frühe Erklärung von Volljährigkeit und Zugehörigkeit zur Gemeinschaft Burgeis. Noch vor wenigen Jahren ging dieser Schritt ins Leben nicht ohne Schrekken ab. Einige hundert Meter nach dem „Zerza Brünnl" lag an der linken Wegseite ein Steinhaufen, die „wilden Freielen" genannt, wohl eine Erinnerung an das „wilde Fräulein". Wer nicht rechtzeitig einen Stein aufhob und zum Haufen warf, den nahmen die wilden Fräulein mit. — Beim Bau des neuen Weges vergaß man, die Stelle zu schonen. Heute fährt man über die „wilden Freielen" mit Traktoren ... (Strobl, S. 15 f.). Dalla Torre (S. 296) überliefert eine etwas abgeänderte Form des Ritus, nach der die Kinder einen Stein aufheben, ihn anspucken und zu den andern Steinen werfen mußten; dazu war zu rufen: „Ich opfere, ich opfere den Wilden Fräulein!" Außerdem gab es am Weg zwischen Fischgaderhof (siehe unten) und Zerz eine riesige Fichte, im Volksmund nur *Tundrbam* (Donnerbaum) genannt; wer seine Rinde küßte oder in das hervorquellende Harz biß, hatte einen sicheren Schutz vor den „Wilden Fräusein" (Oswald von Plawenn in „Schlern", Jg. 1948, S. 110).

Wie bereits angedeutet, ist der Almweg nach Zerz heute ein steiler, aber gut befahrbarer Güterweg geworden, der am Südende des Haider Sees nahe bei einer Kraftwerkschleuse von der alten Straße abzweigt, die hier am rechten Etschufer von Burgeis heraufzieht, auf der sog. „Absetzbrücke" die Etsch überquert, die Ruinen des von Räubergeschichten umwitterten „Kortscher"-Wirtshauses passiert und in die Staatsstraße einmündet; westlich oberhalb dieser Abzweigung (und von dieser auch zu erreichen) liegt der schöne Fischgaderhof mit Kapelle (1588 Meter).

Für Fußgänger empfiehlt sich, um von Norden her zu dieser Abzweigung zu kommen, der abwechslungsreiche Weg 6 von St. Valentin über den Weiler Padöll (1491 m; darüber die Höfe von Plagött) am Westufer des Sees entlang, das fast unberührt ist.

Nun wandern wir über den Fahrweg (= Nr. 7) an einem Bildstock mit den Armen Seelen vorbei (hier reimt sich *Lebensente* mit *Firmamente ...)* zum Martinskirchlein in der bereits gerühmten prächtigen Lage hoch über der Seenplatte.

Das an Stelle eines älteren Baues errichtete kleine Gotteshaus wurde 1715 durch Matthias Rediff gestiftet, den Vater jenes edlen Gönners Joh. Baptist Rediff, dem wir in Zusammenhang mit dem Meraner Benediktinergymnasium der Marienberger Mönche wieder begegnen werden. — Was von der barocken Einrichtung des Kirchleins nach zwei Einbrüchen noch übrig war, ist heute sichergestellt. Volkskundlich interessant ist das „Marterl" des Johann Telser, der Arm in Arm mit einem

Totengerippe seinem kühlen Grab im tiefverschneiten Fallungtal entgegengeht, während wir von einem im Bereich der Kircher-Alm ertrunkenen Oswald Theiner erfahren: *Des Morgens war ich froh und gesund / Am Abend todt im Wassergrund.*

Der Fahrweg geht von Sankt Martin noch ein gutes Stück weiter zur Brugger-Alm (1941 m), wo der Sage nach einst der Zerzerhof gestanden ist. Hierher kann man übrigens auch von der Bergstation des Haider-Alm-Lifts auf einem neu angelegten Wanderweg (ebenfalls Nr. 7) nahezu eben und später abwärts ins Zerzer Tal hereinqueren. Bei der oberen Brugger-Alm (auch Oberdörfer-Alm) gabelt sich das Tal in das Schaftal mit der Kircher-Alm gegen Nordwesten und in das Oberdörfer-Tal nach Südwesten; aus dem Schaftal kann man auf unmarkierten Steigspuren den auf knapp 2000 Meter liegenden Grünsee oder den höher im Talgrund unter der gleichnamigen Spitze liegenden Rasaß-See (2682 m; 200 m lang, 100 m breit, max. 14 m tief) mit wahrem Prachtblick auf die Ötztaler erreichen, oder auch vom Oberdörfer-Tal über den Watles (2557 m) zu den Pfaffenseen (2222 m) absteigen (Weg Nr. 9); diese von Kennern als eine der schönsten Wanderungen im Oberland gerühmte Bergtour läßt sich am besten als Runde mit Ausgangspunkt Burgeis anlegen. — Über das neu erstandene Skigebiet Burgeis-Watles, in das auch Zerz einbezogen werden soll, siehe unter „Burgeis"; an dieser Stelle sei nur vermerkt, daß das lawinengefährdete Oberdörfer-Tal im Winter 1972 anläßlich einer Übung der Gebirgstruppe *(Alpini)* sieben Tote gefordert hat.

> *... die lieblichste, sommerfrischeste Stelle der Alpenwelt, reich an Wild, das Paradies leidenschaftlicher Jäger, aber auch der Sammelplatz verheerender Gewitter ...*
>
> Beda Weber über den Weiler Plawenn, 1838

Im späten Herbst bin ich zwischen einem kaltblauen Himmel und rotem Feuerbrand der Lärchen einmal von Sankt Valentin über die Haide zum Edelsitz der Freisassen von Plawenn gewandert.

Man kann diesen Weiler am Ausgang des gleichnamigen Hochtales von den Fischerhäusern her auf einer nunmehr ausgebauten Fahrstraße erreichen, deren Bodenwellen früher die Überquerung vieler Ilzen (Seitenarme der Wasserwaale) andeuteten, doch ist die Wanderung mit gleichem Ausgangspunkt über den von alten Zäunen gesäumten Fußweg (Nr. 3) über die Haide oder höher am Hang entlang viel schöner. Schon hier sei der Weiterweg durch das ganze einsame Tal empfohlen, bis zur Plawenn-Alm (2003 m) und noch weiter zu den mit kleinen Seen erfüllten Karen am Übergang hinüber nach Langtaufers.

Inmitten weniger Bauernhäuser steht der schmucke E d e l s i t z von Plawenn, auf ganzen 1721 Metern Meereshöhe; wir wären nicht im Vinschgau, hätten wir an dieser Stelle nicht schon wieder eine einmalige Besonderheit zu vermerken: *Es handelt sich hier um den höchsten adeligen Ansitz nicht nur im alten Tirol, sondern wahrscheinlich in ganz Europa* (Arbogast von Plawenn in „Schlern", Jg. 1947, S. 215).

Die *Freisassen* von Plawenn besaßen wohl schon um 1140 (vgl. oben die Nennung in Zusammenhang mit Ulrich Primele und Sankt Valentin) das gesamte Plawenner Tal mit Berg, Almen und Weiden als Erblehen von Marienberg; durch Güterteilung im 14./15. Jh. wurde der Gesamtbesitz auf ein Sechstel verkleinert und ist samt Ansitz und Kirche bis auf den heutigen Tag in Händen dieser uralten Vinschgauer Familie verblieben. Der genannte Arbogast hat über seine Vorfahren und über den Status der nur in Tirol bezeugten *Freisassen* wesentliche Forschungen angestellt („Schlern", Jg. 1950, S. 232 f.); wir heben namentlich einen J o h a n n von Plawenn als Kommandanten des Schützenbataillons Schlanders in den Befreiungskämpfen hervor, weiters den Komponisten *Andreas* („Pater Leopold" gest. 1682) und ebenso den k. u. k. Korvettenkapitän A r b o g a s t von Plawenn-*Salvini* (1883-1951) selbst, als bedeutenden, in diesem Buch wiederholt zitierten Forscher.

Der Ansitz hat seine heutige Form (Zinnengiebel, Ecktürmchen) einer Renovierung um 1780 zu verdanken, nachdem die ganze Anlage um 1708 abgebrannt und nur notdürftig erhalten worden war. Arbogast von Plawenn weist darauf hin, daß alle späteren Umbauten und Zubauten um das Fundament eines festen Wohnturmes mit quadratischem Grundriß und einer Mauerstärke bis zu 2 Metern gruppiert sind; das Erdgeschoß dieses Turmes dürfte bis ins frühe 12. Jh. zurückreichen und dient heute zum Teil einer einfachen, gemütlichen Gastwirtschaft, während die oberen Stockwerke (schönes Getäfel, Kachelofen aus dem 17. Jh.) privat sind und von den Plawennern als Sommersitz benützt werden. Der Weiler selbst, bereits eine Fraktion von Mals und auch kirchlich dorthin zuständig, hat rund 40 Einwohner. — Öffentlicher Fernsprecher im Gasthaus; die Zufahrtsstraße ist mittlerweile ausgebaut, doch erschien dies nicht so dringend wie die Arbeiten an der Wildbachverbauung des Tales, das wiederholt von argen Überschwemmungen des A l p i a b a c h e s heimgesucht worden ist. — Den N a m e n *Plawenn(a)* deutet Finsterwalder als Flurnamen *In den Plawennen* und meint damit die Murgräben des Tales: *Plawenn ist wie der antike Flurname Plavis (= Piave) offenbar aus der indogermanischen Wurzel *plowis gebildet. Zu ihr gehören in den meisten idg. Sprachen Wörter für „spülen, schwemmen, schwimmen machen, wegspülen".* — Neue Namensversionen bei L. von *Salvini*-Plawen in »Schlern«, Jg. 1980, S. 261. —

Da schon der Name auf Verschüttung und Vermurung hinweist, wollen wir gleich daran einige naturkundliche Bemerkungen knüpfen, die in Zusammenhang mit unserer bereits erfolgten Behandlung der Vinschgauer Murkegel im allgemeinen stehn. Der Tobelausgang des Plawenner Tales ist ein geradezu klassisches Beispiel dafür, daß die Größe der Aufschüttung (Malser Haide) mit jener des Einzugsgebietes (das kleine Tal von Plawenn) geradezu verkehrt proportional ist, was sich von den Bildern in Fischers grundlegender Arbeit („Schlern", Jg. 1966, S. 32) und auch von jeder Landkarte mit einprägsamer Deutlichkeit ablesen läßt.

Die Sage weiß, daß die Plawenner Mure von einer Hexe losgelöst wird, die aus Tschirfs im Münstertal kam, um hier ihr Unwesen zu treiben. Als man sie fing, konnte sie sich dem Richter wiederholt dadurch entziehen, daß sie Erde berührte — bis sie der Pfarrer von Pfunds im Oberinntal gleich auf dem Schinderkarren enthaupten ließ (Winkler, S. 91 f.). — Die allerletzten Murbrüche in Plawenn sind, wie schon im Abschnitt über die Murkegel erwähnt, noch aus den Jahren 1963 und 1973 bezeugt; diese letzte Mure (23. August) reichte von Plawenn bis unterhalb Burgeis, vernichtete an die 130 ha Kulturgrund, riß bis zu 10 m tiefe Gräben auf und unterbrach an mehreren Stellen die Obervinschgauer Verkehrswege.

Paestums Rosen kränzten ihre Locken
Reize spielten um sie her,
Schnell ertönt der Hall der Sterbeglocken,
Brumt (dröhnt): *sie war und ist nicht mehr.*

So schnell entlaubt ein Nordenhauch
den schönsten Rosenstrauch.

Hier ruht

MARIA FREYSASS VON UND ZU PLAWEN

sie starb im VI. Jahrs Alter im Stammschloß,
Plawen, den XI. August MDCCCIV

Diese Gedenktafel aus weißem Marmor an der gepflegten Kirche zur Heimsuchung Mariä in Plawenn erinnert an jenes unglückliche Kind, das in dem Bächlein vor dem Schloß in einem unbewachten Augenblick ertrunken ist. Aus *Paestum,* so glaubte man, kämen die Vorfahren unserer Gartenrosen, die im Schloßhof von Plawenn geblüht haben — und so kommt es zur erschütternden Unbeholfenheit dieser Verse, zum *Nordenhauch* auf dem hochgelegenen Edelsitz, der ein junges Leben auslöschte.

Die Kirche wurde 1630 von den Herren von Plawenn erbaut, hat außen über dem Eingang ein Fresko mit der Heimsuchung Mariens und innen Stifterwappen vom Bozner Maler Hugo Atzwanger (1883—1960); der Altar mit Bild und Skulpturen ist aus der Erbauungszeit, ebenso ein Schmerzensmann; der Totenschild der *Edlen frauele Clara Anna von Plawen,* einer Nonne, stammt aus dem Jahr 1821, das bei Weingartner erwähnte, an *Bellini* gemahnende Gemälde eines ital. Lokalmalers ist eine Kopie. —

Wer die Malser Haide fern vom Lärm der Straße erleben will, tut gut daran, seine Wanderung von Plawenn gegen Süden fortzusetzen; in unendlicher Weite breitet sich die von Wasserwaalen zerfurchte, buckelige Haide bis zum schimmernden Kloster Marienberg am gegenüberliegenden Waldhang, doch wird der Blick nun am Wege fast unmittelbar von einer kleinen Höfegruppe abgelenkt, in deren Mitte eine ganz moderne Kapelle auffällt. Wir sind im Weiler A l s a c k (1529 m).

Man kommt von Plawenn auf einem Fahrweg (Mark. 16) hierher. Alsack gehört zusammen mit dem etwas südlicher liegenden U l t e n (1424 m) zur Gemeinde Mals, mit insgesamt etwa 50 bis 60 Einwohnern. Von hier aus führt die schmale Straße nach Planeil, in Kehren am Hang des Alsacker Berges und nicht, wie auf allen Karten verzeichnet, im Talgrund des Punibaches (Projekt).

Die M a r i e n k a p e l l e von Alsack — *eine ideale Verbindung von Landschaftsgebundenheit und Zeitbezogenheit* (M. Cescutti) — steht an Stelle einer im 18. Jh. errichteten, 1959 wegen Baufälligkeit abgerissenen Laurentiuskapelle. Den Neubau haben die sechs Familien von Alsack nach Plänen des Meraner Architekten Willi G u t w e n i g e r 1960/61 unter großen Opfern errichtet. Die Maria mit Christkind am modernen Altar stammt aus der ehemaligen Ägidiuskapelle in Marienberg, das große Wandgemälde, eine Beweinung Christi, ist ein Werk des weit über die Grenzen seiner Heimat hinaus bekannt gewordenen, aus dem nahen Mals stammenden Malers Karl P l a t t n e r, zu dessen eigenwilligen Auffassung vom Thema nun nicht gerade jeder Kunstfreund und vor allem auch nicht jeder Bauer der Gegend leichten Zugang finden wird; Kenner von Plattners Schaffen reihen das Bild jedoch unter seine bedeutendsten Werke.

Auch im schon genannten Weiler Ulten, wo man im Landgasthaus „Moriggl" eine stärkende Rast auf der Haidewanderung einlegen kann, haben laut Inschrift vier Bauern die hübsche, kirchlich zu Burgeis gehörende J o s e f s k a p e l l e im Jahre 1719 erbaut; der aus dieser Zeit stammende Altar mit Bild, Skulpturen und reichen Spitzblattranken war ein Juwel ländlicher Kunst und wohl behütet; dennoch ist es Kirchendieben gelungen, die Kapelle im Sommer 1976 völlig auszuplündern.

Nach Planeil (richtiger: *Planail*), das mit knapp 1600 Metern schon ein gutes Stück über der Mündung des gleichnamigen Tales liegt, bringt uns die bereits genannte Straße von Ulten aus oder von Mals her der mit Nr. 15 markierte, in diese Straße mündende Fahrweg, der im ersten Teil — bis zur uralten Steinernen Brücke — wohl der Römerstraße entsprechen mag (Ausbau projektiert).

Die Siedlung, heute eine Fraktion von Mals mit rund 250 Einwohnern, bis 1927 jedoch eigene Talschaft und Gemeinde, ist für Bossi Fedrigotti ein *typisch romanisches Haufendorf* (S. 93). Dem Betrachter wird vor allem die abenteuerliche Steilheit der Lage großen Eindruck machen, denn hier decken sich buchstäblich in vielen Fällen Giebel und Sockel von Nachbarhäusern auf einer Linie durch, so daß man sich in dem Winkelwerk von Stiegen und gepflasterten Gassen kaum zurechtfindet. Auch noch gleich hinter dem Dorf sind die Wiesen so steil, daß ein Großstädter beim Blumenpflücken gut und gern schwindlig werden kann. — Der Ort hat zwei einfache Gasthäuser (Fernsprecher in der „Gemse"; Postleitzahl 39020).

Der Name ist, wie Finsterwalder vermerkt (S. 233), aus einem romanischen *planeola - kleine Ebene* abzuleiten, das mit gedehntem o ins Deutsche übernommen und dort zu *Planoal* wurde, wie man im Dialekt noch immer sagt. — Über die Geschichte des Tales ist wenig bekannt, da wir die Planeiler Höfe unter den sonstigen Obervinschgauer Schwaighöfen nicht namentlich angeführt finden (Stolz); der Volksüberlieferung nach ist die Siedlung aus sieben Einzelhöfen der Gotteshausleute hervorgegangen (Winkler, S. 79) und immerhin schon 1258 bezeugt. Aus dem Pestjahr 1635 erfahren wir von einem Pestspital, das die Bozner Franziskaner eingerichtet haben sollen, und zwar im heutigen Haus Nr. 36, das noch immer „Spital" genannt wird. Ein von der Gemeinde Planeil in dieser Zeit verlobter Kreuzgang zum Kirchlein Sankt Martin in Zerz wurde bis 1932 jährlich abgehalten; nur der heute verfallene Hof Pettasettas (auch Pettesettes bzw. Grashof), eine gute Stunde taleinwärts vom Dorf, soll von der Pest verschont geblieben sein, weil man mitten auf dem Stubenboden ein Feuer unterhielt (hiezu Paul Noggler in „Schlern", Jg. 1956, S. 330 ff., mit Abb.). — Von den vielen Nörggelen, die in Planeil ihr Unwesen trieben (Winkler, S. 79 ff.) künden heute nur mehr die Namen Orggles-Berg und Orggles-Wald südlich von Planeil; durch den derzeitigen Bau einer Forststraße werden sie wohl ganz vertrieben werden. —

Die Expositurkirche zum hl. Nikolaus wurde 1873 an Stelle einer älteren, um 1474 erwähnten Kirche neu erbaut und im Stil dieser Zeit eingerichtet. Bemerkenswert ist das große Fastenkreuz mit Marterwerkzeugen im Friedhof. Zahlreiche Bildstöcke, darunter einer mit dem Wasserpatron Johannes von Nepomuk, gemahnen an gefährliche Muren und dadurch bedingte Ausbrüche des wilden Punibaches, der heute in das System des Großkraftwerkes Reschensee-Schluderns einbezogen ist; der Leitungsstollen führt von Planeil fast genau unter dem Gipfel der Spitzigen Lun (2323 m) durch bis oberhalb von Schluderns. — In Zusammenhang mit der eben genannten Spitzigen Lun, dem eigentlichen „Hausberg" von Mals, berichtet Joh. Jak. Staffler von einer naturkundlichen Besonderheit des Dorfes Planeil; demnach sehe man, am besten von der Wohnung des Kuraten aus, die Sonne vom 15. bis 29. November und dann wiederum vom 12. bis 28. Jänner zweimal im Tag aufgehen und zweimal untergehen, wobei die längste Dauer der dazwischenliegenden „Finsternis" eineinviertel Stunden betrage. Im Jänner nimmt diese Spanne zusehends ab, bis der Sonnenlauf ab dem 28. des Monats den Gipfel der Spitzigen Lun überklettert hat und diese eigenartige astronomische Erscheinung damit ihr Ende findet. — Als eine weitere Besonderheit von Planeil mag gelten, daß hier von Herrn Winkler (Haus Nr. 26) noch alte, hölzerne Handwebestühle betrieben und Stoffe nach altüberkommener handwerklicher Art hergestellt werden.

Für Freunde vollkommener Ruhe und Abgeschiedenheit ist das Tal von Planeil ein ideales Tourengebiet mit einer ganzen Reihe von interessanten Übergängen und relativ leicht ersteigbaren Gipfeln, die zu einem guten Teil schon über der Dreitausendmetergrenze liegen.

Für größere Bergfahrten macht sich allerdings das Fehlen eines Stützpunktes nachteilig bemerkbar. Auch auf den Almen (Hinterberghütte, 2318 m) ist kaum mit einem halbwegs erholsamen Unterkommen zu rechnen. Man muß so im Anstieg für die Berge im Talschluß (Falbanairspitz, 3200 m; Rabenkopf, 3391 m usw.) allein schon rund 4 Stunden Anmarsch im Tal selbst rechnen (Mark. Nr. 6). Während die Übergänge nach Langtaufers und Matsch auf dürftigen Steigspuren begangen werden können, müssen die Gipfelersteigungen meist weglos durchgeführt werden. Ein relativ leicht ersteigbarer Dreitausender, östlich der Knottberghütte im Matscher Kamm gelegen, ist die Portlesspitze (3071 m), ein Aussichtsberg ersten Ranges, mit einem kleinen See unterm Gipfel, etwa 3½ Std. ab Hütte. — Die Erschließung des Tales durch ein vollwertiges Schutzhaus sowie die Erstellung eines Wegnetzes mit guten Markierungen könnte so manchem Bewohner dieses kargen Hochtales Arbeit und Existenz bringen; im Augenblick sind jedoch viele Leute aus Planeil gezwungen, in der nahen Schweiz Arbeit zu suchen.

Man wird, wie gesagt, derzeit auf diesen Bergwegen kaum einem Menschen begegnen, höchstens dann und wann einem Hirten oder einem Jäger. Die Leute sind freundlich und freuen sich über die Abwechslung durch eine Begegnung und durch ein Gespräch. Ob es stimmt, was Beda Weber über die Planeiler schreibt, konnte ich nicht entscheiden: *Die Bewohner desselben* (des Planeiltales) *zeichnen sich durch leichten Sinn und Lebelust aus, die grösstentheils den Wirthen in Mals zu Gute kommt.* —

> *... schönste Stimmung bringt der späte Herbst, wenn weit hingestreut die Herden weiden, Glocken läuten, Peitschen knallen und der Rauch der Streufeuer zum blauen Himmel steigt ...*
>
> Raimund von Klebelsberg über die Malser Haide, 1937

Wer nie den Waalwegen entlang über die Malser Haide gewandert ist, weiß nicht alles von der herben Schönheit dieser Gegend. Er wird zwar von der Straße aus als ein Gebannter und Verzauberter zu der hoch in den Himmel gebauten Ortlergruppe schauen, wird anhalten und sich dessen bewußt werden, daß er hier vor einer der gewaltigsten Szenerien des gesamten Alpenraumes steht — aber es ist möglich, daß er im Lärm der Straße die geheimnisvollen Stimmen der weiten Haide überhört.

Deshalb ist es gut, zu den schütteren Baumgruppen nahe den Fischerhäusern zu schlendern, zu diesen einsamen Wetterfahnen, die beständig vom Reschenwind umharft ihr hohes Leben dahinbringen; bei ihnen hört man das alte Lied der Haide, und von dort aus rate ich den Weg über die grünen Wiesenwellen anzutreten, den uns schon bekannten Weg über Alsack und Ulten oder einfach über die Weidegründe, den Ilzen des alten Töschg-Waales oder dem Largin-Waal folgend, und hinunter bis dorthin, wo die Steinerne Brücke den Punibach überwölbt; die Ebereschen drüben an der Straße schauen allesamt talabwärts, wie Hexenbesen von der harten Hand des Oberen Windes hingedrückt, ein Baum gleich demütig wie der andere.

Am schönsten und schwermütigsten zugleich ist die Haide im Herbst, wenn die Lärchenwälder ihren gelben und roten Kranz um die weite Flur legen; das schrägfallende Licht dieser Tage macht aus der riesenhaften Fläche ein von Waalrinnen und Buckeln gezeichnetes Relief, in dem da und dort eine eben berieselte Stelle wie ein Silberschild aufblitzt. Im Nebel und Regen aber wird das Land ringsum fast unheimlich; es dröhnt und braust in der Luft, und jeder zittert vor der „Wilden Fuhr", die jetzt über die Haide reitet.

Es war bereits die Rede davon, daß die Malser Haide der größte Murkegel des gesamten Alpengebietes ist, mit 1550 Millionen

Kubikmetern und 13 km² Fläche (nach Fischer). Durch künstliche Bewässerung ist der an sich fruchtbare Boden seit alters für die Weidewirtschaft und früher auch in größerem Ausmaß für den Anbau von Roggen genützt worden; in manchen Teilen der Haide werden die Waale wie auch anderwärts im Vinschgau durch moderne Beregnungsanlagen ersetzt, doch sind einer weitergehenden Nutzung durch die Herbheit des Oberländer Klimas Grenzen gesetzt; es ist vor allem der fast beständig die Haide bestreichende Obere Wind (Nordwind, auch „Reschenwind"), der die Haide zur gefürchteten Wegstrecke an der Paßstraße werden und Siedlungen nur an den geschützten Randgebieten des Murkegels erstehen ließ, wo auch die ältesten Wege verliefen. Er bewirkt auch, daß die Gegend seit jeher als der *gewöhnliche Tummelplatz gefürchteter Schneestürme* (Staffler) verrufen war; die Volkssage hat daraus den geisterhaften Zug der *Wilden Fuhr* (Wilde Jagd) gemacht, vor der jedoch sicher war, wer auch nur hinter einem Fensterkreuz stand (Zingerle). Von der Gefahr dieser Stürme künden bis auf den heutigen Tag Orientierungsstangen längs der Staatsstraße, die schon im Herbst verankert werden, und ebenso die großen Holzgitter, die an besonders gefährdeten Stellen zum Schutz gegen Schneeverwehungen aufgerichtet sind. —

Der Name unserer Malser Haide (auch „Malser Berg") bedarf an sich keiner weiteren Deutung, nachdem wir uns über die Schreibweise schon geeinigt haben (vgl. S. 47). Unbedingt muß jedoch an dieser Stelle erwähnt werden, daß im Volksmund fast durchwegs die ältere Bezeichnung (die) Multen lebendig ist; ältere Forscher (so z. B. Cölestin Stampfer) haben dies von *multum pratum* (viel Weide) ableiten wollen, doch kann diese Deutung durchaus nicht als endgültige Lösung angesehen werden. —

Die heutige Staatsstraße (10 km Mals - St. Valentin) ist in ihrer jetzigen Form 1936 angelegt worden. In ihrer zweiten großen Serpentine oberhalb Burgeis steht neben einer kleinen Raststätte ein *Ossarium* mit den Gebeinen von 312 im Ersten Weltkrieg gefallenen und erst nach dem Krieg hierher verbrachten italienischen Soldaten der Ortlerfront. Auf dieses Beinhaus wurde 1966 von österreichischer Seite ein Attentat unternommen, wobei sich der Täter durch einen Fehlgriff beim Scharfmachen der Dynamitkerzen selbst in die Luft gesprengt hat.

Ist so die weite Malser Haide mit dem schimmernden Ortler und dessen Spiegelbild in den Seen Inbegriff des Vinschgauer Oberlandes, so gibt es darüber hinaus noch einen Ort, an dem sich alle Linien dieser Landschaft wie in einem magischen Brennpunkt treffen; es ist das berühmte und legendäre Langkreuz im oberen Teil der Haide, wo sie ihren höchsten Punkt schon nahezu erreicht hat.

Dieses riesige Holzkreuz steht östlich der heutigen Staatsstraße, nahe dem Kilometerstein 18, etwas erhöht in den Feldern an einem weithin beherrschenden Punkt. Nachdem schon eine Urkunde von 1258 und rund hundert Jahre später Goswin in seiner bekannten Chronik dieses *Lang-Kreutz* erwähnt, ist es als uralte Landmarke mindestens seit der Mitte des 13. Jh.s nachgewiesen, sicherlich aber in Wirklichkeit noch um einiges älter. Hier verlief schon seit dem Mittelalter die Grenze zwischen den Gemeinden des Seenplateaus (Gericht Naudersberg) und denen von Burgeis und Mals, die demnach als Gemeinden *Ob und unter Lang-Kreutz* bezeichnet wurden; für die romanischen Nachbarn wurde das Kreuz namengebend, denn da hier die Steigung ein Ende nahm, war für sie nicht die Wasserscheide am Reschen maßgeblich, sondern dieser Markstein als *Pass Crusch* (Plawenn). — Das Kreuz wurde durch die Jahrhunderte immer wieder aufgerichtet, so auch am 10. September 1648 *auf starkes begern h. Trapens,* also auf Wunsch der Herren von Trapp auf Churburg und außerdem auch des Naudersberger Gerichtspflegers, wie der damalige Marienberger Abt Jakob Grafinger berichtet. Das *Chreiz war 56 schuech groß aufgricht* und es waren *30 pferdt beysammen,* also an die dreißig berittene Edelleute aus der Umgebung. Der Abt berichtet, man sei nach der Feier auseinandergegangen, nachdem auch *etwas gestritten* worden war. Man war sich also entweder über die Grenzziehung nicht ganz einig geworden — oder das ganze endete, wie es sich für ein richtiges Volksfest gehört, mit einer solennen Rauferei. —

Eine weitere Wiederaufrichtung ist aus dem Jahr 1744 bezeugt, doch war dieses Kreuz 1838 schon ganz zerfallen, und lange Zeit stand nur eine einfache Grenztafel dort, mit dem Hinweis auf die Grenzen zwischen den österreichischen Gerichten und Bezirkshauptmannschaften, die sich hier trafen.

Auf Betreiben des in diesem Buche mehrfach genannten Arbogast von Plawenn ist das heutige Langkreuz im Jahre 1950 wiederum feierlich errichtet worden, nach alter Tradition in Anwesenheit von Klerus, Adel und Volk. Die Segnung nahm Abt Ulrich II. von Marienberg vor, und wie vor rund 300 Jahren waren auch diesmal die Churburger Grafen von Trapp beim Festakt zugegen.
Es mag an dieser Stelle angezeigt sein, im Bereich der Malser Haide ein wenig Altstraßenkunde zu betreiben und den Verlauf der Verkehrswege vom prähistorischen Saumpfad über Römerstraße und Straßen der Habsburger bis herauf zu den modernsten Straßenbauten und Projekten zu durchleuchten (vgl. hiezu die Skizze auf dem rückwärtigen Vorsatzblatt dieses Buches).

Die Anregung zu solchem Unterfangen geht fast zwingend vom Studium der wertvollen Arbeit aus, in der Arbogast von Plawenn ein Jahr vor seinem Tod in bemerkenswert umfassender und scharfsinniger Weise *Straßen und Wege im Vintschger Oberland* untersucht hat („Ob und unter Lang-Kreutz", in „Schlern", Jg. 1950, S. 276—296, mit Abb. und Straßenkarte). Wir lernen hier den alten Venostenweg kennen, der von der Altsiedlung *Malettes*-Mals zum heutigen Schleis querte und dann im Schutz des Etschgrabens am rechten Flußufer über den heute als Spaziergang überaus empfehlenswerten Fahrweg (Mark. 5) von Burgeis zur bereits genannten „Absetzbrücke" am Südauslauf des Haider Sees führte, deren Namen sich aus dem „Absetzen" des nur bis hierher benötigten Vorspannes erklärt; von hier gings weiter zur Fluchtburg bei Monteplair und am östlichen Seeufer zur Altsiedlung Annaberg (Graun). —

Anders bauten die Römer. Für sie war — laut Inschrift am Rablander Meilenstein *(viam derexerat ...)* — das Begradigen oberstes Gesetz, und so bauten sie ihre Straße von Mals her zunächst gut einen Kilometer dem Punibach entlang bis zur sehr urtümlichen Steinernen Brücke, die Plawenn für ein im Grund römisches Bauwerk hält. Von hier ging nun die Römerstraße ziemlich gerade hinauf bis zum heutigen Langkreuz. Plawenn bemerkt hiezu, daß man sich damit freilich den Stürmen der Haide aussetzte; sicher hat man diese Trasse in der guten Jahreszeit vermessen und wird nicht viel auf die Warnungen der Bevölkerung gehört haben (Plawenn, S. 282: *die Ingenieure ... wußten schon damals alles besser ...).* Immerhin entsprach das Werk dem militärischen Konzept und hatte im Durchschnitt nur 4 bis 6 Prozent Steigung, mit Maximalstellen um 10 Prozent. Während diese Römerstraße noch vermutlich den Bogen gegen Monteplair zog, ist es dann der Pilgerweg gewesen, der mit der Gründung des Hospizes zu St. Valentin den Hauptweg vom „Dörfl" abgelenkt und diesem damit seinen idyllischen, altertümlichen Reiz bewahrt hat. —

Gründe, die auf *merkantilem und strategischem* Gebiet lagen, haben Maximilian I. bewogen, zu Beginn des 16. Jh.s den *Oberen Weg* auszubauen; so nannte man den Ast der großen Handelsstraße zwischen Süddeutschland und Venedig, der von Ulm über Landeck und durch den Vinschgau nach Süden führte, während man die Fernstraße von Augsburg über den Brenner und durch das Pustertal den *Unteren Weg* hieß. Die strategischen Gründe sind in der österr. Niederlage an der Calven zu suchen, und so entstand die Maximilianische Straße, die im Grund nichts anderes war als der Ausbau einer guten Verbindung von Mals nach Burgeis („Weinweg") und von dort eine weitere Verbesserung des alten Venostenweges bis St. Valentin; die direkt über die Haide führende römische Trasse war damit vorläufig aufgegeben.

Gut 300 Jahre später war es wiederum die österreichische Verwaltung, die eine Verbesserung vornehmen ließ: Unter Ferdinand I. wurde durch einen gewaltigen Brückenbau oberhalb von Burgeis eine Schleife eingelegt, die eine großzügige Umfahrung dieses Ortes ermöglichte. Die 1848 vollendete Brücke hielt nur sieben Jahre lang — bis zum verheerenden Ausbruch des Grauner Sees, von dem wir bereits wissen; die schwere Etschbrücke wurde weggerissen, bis auf den östlichen Pfeiler, der heute noch eine Viertelstunde oberhalb von Burgeis zu sehen ist. Er wirkt eher wie eine prähistorische Zyklopenmauer und nicht wie der Rest eines Bauwerkes, das nicht älter als nunmehr rund 130 Jahre ist (Abb. bei Strobl, S. 16); gerade der Platz „Beim Pfeiler", wie die Burgeiser sagen, zeigt uns eindringlich, wie schnellebig und flüchtig das Schicksal der Straßen und Wege sein kann.

Nun mußte man sich an Stelle der zerstörten Maximilianischen Straße am rechten Etschufer eines direkt über die Haide ziehenden Güterweges bedienen, der heute noch als Heuweg im Volksmund weiterlebt. Er hatte bei der Nikolauskirche nächst Burgeis eine Steigung von 18 Prozent und galt als *die berüchtigste Unfallstraße Tirols* (Plawenn).

Die italienischen Ingenieure bauten nach dem Ersten Weltkrieg auf den Spuren ihrer römischen Ahnherren wiederum direkt über die Haide, wobei sie jedoch dort Serpentinen legten, wo die Legionäre noch mehr oder minder direkt gefahren waren. Auch für die Italiener waren nun — wie ehemals für die Römer — neben wirtschaftlichen Interessen auch militärische Aspekte maßgeblich, galt es doch, das von *Mussolini* in den dreißiger Jahren errichtete, tiefgestaffelte Bunkersystem des Vinschgaues mit guten Straßen auszustatten; diesem Bemühen verdanken wir die heutige Staatsstraße über die „Multen" und dazu manche touristisch interessante Höhenstraße im eigentlichen Grenzgebiet (z. B. Plamord, Rojen, Schöneben usw.). — Der heutige Trassenverlauf längs der Seenplatte selbst wiederum mußte sich den aus dem Stauwerkbau erwachsenen technischen Erfordernissen anpassen, was — mit anderen Worten gesagt — bedeutet, daß heute weite Teile der Altstraßenführungen unter dem Wasser des großen Reschensees liegen.

Bleibt noch der auffallende Weinweg zwischen Mals und Burgeis von der Namenkunde her zu deuten: Plawenn glaubt an ehemaligen Weinbau in geschützter Lage (Flurnamen *vigneta, vignal* in Monteplair), doch wird man auch an einen Saumweg für Weintransporte aus dem Veltlin denken müssen.

Die Betrachtung unserer Straßen wäre nicht vollständig, wollten wir jenen Kirchsteig von Rojen nach Mals nicht erwähnen, der mit über 20 km Entfernung und 900 m Höhenunterschied zweifellos zu den längsten bezeugten Wegen dieser Art in der Geschichte der Alpenländer gehört. Bis zum Jahre 1357, da wir von einem Priester in Graun wissen, und wohl auch noch bis zur Gründung einer Pfarre dortselbst (1440) mußten die Bauern von Rojen, Reschen und Graun in die Urpfarre Mals wandern, was für die Rojener einen langen Weg am Westufer der drei Seen bedeutete, bis sie bei St. Valentin auf den alten Pilgerweg trafen. —

Die Geschichte der Straßen im Vinschgauer Oberland steht vor einer Wende; die nächste Phase wird ein weiterer, großzügiger Ausbau der Straße über die Haide sein, um die für den heutigen Verkehr zu eng gewordenen Kehren und einige störende Steigungen zu beseitigen; mit den Arbeiten dazu ist in einer ersten Phase schon begonnen worden. Scharf bekämpft wird derzeit der Plan zum Bau der Autobahn Ulm—Mailand, welche das Gesicht des Vinschgauer Oberlandes von Grund auf ändern und ihm viel von seiner Urtümlichkeit nehmen — ja es in mancher Hinsicht zerstören würde.
Vom Venostenweg bis hierher ist es eine weite Spanne; auch Straßen haben ihre Schicksale. —

Burgeis, Marienberg und Schlinigtal

Die Siedlung ist Bauerndorf, in die Landschaft gefügt, als wäre es in Jahrhunderte währendem Bauen im Rhythmus mit der waltenden Natur aus dem Boden gewachsen, mit regellosen, schattigen Gassen, urtümlich bodenständigen Häusern, malerischen Winkeln, Plätzen und Straßen ... Schwalben bauen im alten Gemäuer unter vorspringenden Dächern und Balken ihr Nest ... drunter sitzen auf langen Bänken die Alten und reden vom Wetter und Vieh, von vergangenen Zeiten und vom Herrgott, der das Gras wachsen und verdorren läßt nach eigenem Wohlgefallen ...

P. Matthias Strobl OSB, in Festschrift für Johannes E. Holzer

Man hat in Burgeis den 250. Geburtstag des großen Barockmalers Johannes Evangelist Holzer 1959 festlich begangen und zu diesem Anlaß eine Festschrift herausgegeben, über Johannes selbst, der vom Sohn des Marienberger Klostermüllers zu einem der größten Künstler seiner Zeit aufstieg, und über sein Heimatdorf Burgeis; der vom obgenannten Marienberger Benediktiner Matthias Strobl verfaßten Beschreibung verdanken wir vielerlei Angabe und Anregung zur Darstellung dieses echten Obervinschgauer Dorfes, das wegen seines nahezu unversehrt altertümlichen Bildes im Spannungsfeld zwischen Fürstenburg und Abtei Marienberg einzigartigen Rang besitzt.

Burgeis darf als Musterbeispiel dafür gelten, wie man ein altes Tiroler Dorf bewahren kann, ohne es auf starre, museale Formen festzulegen; denn gerade das macht den Reiz dieses Dorfes aus, daß auf rundgetretenen Stiegenstufen und unter weitausladenden Dächern, rings um rauschende Brunnen und in Gassen, die unter dunklen Giebeln steil in den hellen Himmel zu führen scheinen — daß unter all diesem Inbegriff des Geborgenen ein so buntes Leben herrscht. So bleibt mir der klare Herbstmorgen unvergessen, an dem barfüßige Kinder das schwer trottende Vieh mit hellen Rufen zum Brunnen trieben; dort steht auf der Säule Sankt Michael mit dem Flammenschwert, in der Hand die Waage, in der eine wahrhaft arme Seele sitzt und ihre liebe Not hat, gegen den Mühlstein in der andern Waagschale aufzukommen. Mit starrem Blick wägt der Heilige Mensch und Ewigkeit — aber es schien mir, als halte er sinnend auch Erde und Wasser, die Sonne und den Wind der nahen Haide in seiner Macht.

Kein Wunder, daß dieses Burgeis zum Künstlerwinkel geworden ist, ein tirolisches Worpswede oder Hiddensee, unerschöpflich in Bildern und natürlicher Zeichnung und unfaßbar im Spiel seiner Konturen und Lichter; mit kluger Hand wurde hier bewahrt oder gekonnt restauriert, was schon früh als kostbares Gut erkannt wurde — ein im *Rhythmus der waltenden Natur* gewachsener Lebensraum für die Menschen aus dieser Welt und für ihre Gäste; man muß in Burgeis ausdrücklich von Gästen reden — denn „Fremde" gibt es kaum. —

> BURGEIS: Seehöhe 1216 m; klimatische Werte (meteorologische Station Marienberg): Winter —1,8°, Frühling 5°, Sommer 14°, Herbst 6,4°; Jahresdurchschnitt 5,9° (zum Vergleich Kortsch-Schlanders: 9°). Ab St. Valentin 9 km — nach Mals 2,5 km — Burgeis ist Fraktion der Gemeinde Mals mit rund 720 Einwohnern (Staffler gibt 912 im Jahre 1841 an). — In der Fürstenburg landwirtschaftliche Fachschule, Saatbaugenossenschaft usw., Musikkapelle seit 1825. — Haupterwerbszweig Viehzucht und Almwirtschaft (Genossenschaftssennerei). Der Ort hat zwei gute Gasthöfe am Dorfplatz und mehrere Gästehäuser mit insgesamt etwa 500 Betten; Freundschaftsbündnis mit der Stadt Lohr am Main, die zur Errichtung des neuen Kulturhauses tatkräftig beigetragen hat (1976). — Skilift im Ort, über das Skigebiet Pramajur-Watles vgl. S. 188. — Fremdenverkehrsbüro und Orientierungstafel am Dorfplatz (Nr. 30); Arzt und Apotheke in Mals, Postleitzahl (Mals) 39024.

Die G e s c h i c h t e von Burgeis spiegelt die allen Bewohnern des Vinschgauer Oberlandes gemeinsamen Schicksale wider, ist aber naturgemäß enger als die anderer Orte an die Entwicklung des Stiftes Marienberg gebunden. So ist es auch der schon mehrfach genannte Marienberger Chronist Goswin, dem wir die ersten Nachrichten über das Dorf verdanken, doch läßt uns der Name Rückschlüsse ziehen, die noch weiter zurückreichen.

Finsterwalder leitet den 1161 erstmals urkundlich belegten Namen *in montem Burg(o)us* (das o steht über dem u) nicht vom Romanischen ab, sondern von einem aus der romanisierten Form *Burgusia* (1215) bzw. *Burgusio* (1320) erschließbaren indogermanischen Suffix *-usion,* das soviel wie *die Feste* bedeutet; der Name hätte daher eine mit dem vielgenannten Bergisel (1250 *in montem Burgusinum)* vergleichbare Herkunft und beziehe sich auf eine Befestigung, die vermutlich *in monte Burg(o)us,* also *am Berg über Burgus* lag („Der Obere Weg", S. 224).

Hiezu weiß unser Chronist zu berichten, daß *auf dem Hügel zwischen dem Kloster und dem Dorf Burgeis ein Turm gestanden habe, welcher Burgus oder auch Castellin genannt wurde* (zit. nach Plawenn, S. 287; Reimo Lunz lokalisiert den *burgus* am sog. Maria-Schnee-Egg zwischen Kloster und heutigem Dorf). Die Forschung ist geneigt, in diesem *Burgus* eine allerdings baulich nicht nachweisbare Vorstufe der heutigen Fürstenburg zu sehen. Dazu schreibt Huter (S. 506), daß sich nach dieser für Burgeis namengebenden Burg das Geschlecht jener Edelfreien nannte, das später von hier in die Bozner Gegend zog und dort nach seinem neuen Stammsitz in der Sarner Schlucht den Namen von Wangen annahm (1177).

Das Dorf selbst erscheint jedenfalls schon um 1150 als *achtbare Siedlung leibeigener und freier Bauern mit teils romanischen, teils deutschen Namen, mit Kirche und eigenem Seelsorger* (Strobl), wie aus Goswins Berichten (Zeugenprotokolle usw.) eindeutig hervorgeht. — Schon 1186 übernahm das Stift Marienberg die Seelsorge, womit jedoch die offensichtlich vorwiegend romanischen Burgeiser nicht einverstanden waren, da die ersten Marienberger Mönche aus dem schwäbischen Ottobeuren herangezogen wurden. Es beginnt hier schon früh jene von Marienberg ausgehende Eindeutschung, von der bereits die Rede ging; immerhin blieb laut Urteil des Bischofs von Chur — bestätigt um 1217 von Papst Honorius III. — die Seelsorge trotz Protesten der Burgeiser in Händen der Benediktiner.

Drei Wellen der Pest, eine große Feuersbrunst, Heuschreckenplage und Lawinengefährdung vermeldet die Chronik des 14. Jahrhunderts; im Engadiner Krieg von 1499 kamen Abtei und Dorf verhältnismäßig glimpflich davon, doch säten die folgenden Religionswirren des 16. Jahrhunderts arge Zwietracht unter die Bevölkerung. Im Stift lebte zeitweilig nur mehr ein einziger Mönch, der gleichzeitig Pfarrer von Burgeis war und gegen Zwinglianer und Wiedertäufer einen harten Stand hatte; erst unter dem Abt Matthias Lang (1615—1640) wurde die Reformation entschieden zurückgedrängt — nicht zuletzt dadurch, daß er den Gebrauch der romanischen Sprache und damit die Verbreitungsmöglichkeit der neuen Lehre auf ein Mindestmaß herabsetzte.

Als weitere Marksteine in der Geschichte des Dorfes verzeichnet Strobl das katastrophale Pestjahr 1635, das nur wenige Häuser verschonte. Als sich im 2. Koalitionskrieg (1799) die siegreichen Franzosen von der Calvenbrücke her dem Dorf plündernd näherten, trat ihnen der damalige Schloßhauptmann der Fürstenburg, Peter Anton Freiherr von Mont tapfer entgegen und erreichte durch geschicktes Verhandeln, daß die Marodeure nach zweistündiger Plünderung vom Dorf abließen und weiterzogen; dafür wurde dem Edelmann im Friedhof ein schönes Grabmal mit Helmzier und dem Einhorn im Wappen gesetzt, *dem alten Rhätier* zum Dank für sein entschlossenes Handeln, wie es in der Inschrift heißt. —

Von den Befreiungskriegen des Jahres 1809 ist Burgeis direkt nicht betroffen worden. Von großer wirtschaftlicher Bedeutung wurde für das seit jeher stark auf die Viehzucht ausgerichtete Dorf der endgültige Erwerb der Almen des nahen Zerzer Tales (1813).

Trotzdem war die wirtschaftliche Lage der Bevölkerung alles eher als rosig, wie man bei Staffler und Beda Weber nachlesen kann. Um der Not zu steuern hatte man — wie wir bereits dargelegt haben — versucht, durch das Absenken des Grauner Sees neues Acker- und Weideland zu gewinnen. Dabei kam es zum verhängnisvollen Wasserausbruch des Jahres 1855, der das Dorf Burgeis mit seiner ersten Welle und in voller Härte traf.

Man schrieb den 17. Juni 1855; unter furchtbarem Getöse stürzte die erst sieben Jahre zuvor errichtete Brücke im Norden der Ortschaft zusammen (vgl. S. 163), doch riß die Flutwelle auch die übrigen, teilweise höheren Brücken mit sich, zerstörte 30 Wohnungen, 34 Stallungen, Mühlen, Schmieden und andere Handwerksbetriebe (Strobl). Tags darauf brach in dem herrschenden Unwetter zusätzlich vom Berghang eine Mure herab und verschüttete die mühsam gerettete Habe der Bevölkerung, deren Dorf durch die tobende Etsch in zwei Teile gerissen war. Wiesen und Äcker waren weitum verwüstet, und die Not trotz staatlicher und nachbarschaftlicher Hilfe unsagbar. Die Tatsache, daß Burgeis die damalige Bevölkerungszahl, die zwischen 912 (Staffler) und 1000 (Strobl) angegeben wird, bis zum heutigen Tag nicht wieder erreichte, spricht eine deutliche Sprache.

Wie das ganze Land, hatte auch unser Dorf unter den Auswirkungen der zwei Weltkriege und der unseligen Abwanderung schwer zu leiden. Heute zeigt sich Burgeis in stetiger wirtschaftlicher Aufwärtsentwicklung, was vor allem einem klug gesteuerten Fremdenverkehr zu danken ist; dies sollte allerdings nicht darüber hinwegtäuschen, daß man im Hinblick auf die wirtschaftliche Gesamtlage vor schwerwiegenden Problemen steht, wie Fischer in seiner Arbeit über den Obervinschgau eindringlich darlegt.

Hier wird auf die Problematik der Zwergbetriebe und die Grundstückszersplitterung auch größerer Anwesen hingewiesen. Das Einkommen der Kleinbauern steht in krassem Gegensatz zu den Industrielöhnen, vor allem in der nahen Schweiz. Immer häufiger wird daher hier wie anderwärts im Lande eine Art „kombinierten" Einkommens aus bäuerlicher Nutzung, Schicht- oder Saisonarbeit, Zimmervermietung usw. angestrebt.

Wir sind mit diesen, für den ganzen Obervinschgau gültigen wirtschaftlichen Betrachtungen etwas vom Thema abgekommen und wollen nun das schöne Erlebnis auf uns wirken lassen, das jedem Sehenden ein Gang durch das Dorf bedeuten wird. Man wird davon beeindruckt sein, wie sehr das ganze Dorf als Einheit auf den Beschauer wirkt; während der Kunstfreund anderwärts mehr und mehr gezwungen ist, inmitten von wuchernden Scheußlichkeiten einer stillosen Bauepoche nach den Juwelen der Kunst zu suchen, stört ihn in diesem Dorf nur selten eine falsche Linie.

Da ist der Reichtum an schönen Portalen und Erkern, an Kleinplastiken (das Kruzifix am Haus Nr. 15 z. B.) und auch an erneuerten Fassaden („Mohrenwirt", „Weißes Kreuz") mit guten Wirtshausschildern und immer wieder die Fülle von barocken Hausfresken über malerischen Freitreppen oder auch das schön verfugte Balkenwerk alter Dachstühle. Als beispielhafte Renovierung nennen wir das Haus Nr. 86 in der Dorfgasse oder auch das „Haus der Dorfgenossenschaften", das vom Verband für Heimatpflege in Südtirol in Anerkennung einer wohlgelungenen Neugestaltung eine Ehrentafel erhielt (VHS - 1969); ein Mühlrad und eine Gedenkinschrift erinnern außerdem daran, daß wir es hier mit den Fundamenten der alten Klostermühle als dem Geburtshaus des hochberühmten J. E. Holzer zu tun haben.

Besondere Beachtung verdient der schöne Dorfplatz mit dem versonnen plätschernden Michaelsbrunnen; er vermittelt mit den Gesichtern alter Häuser und der Freitreppe des Mohrenwirtshauses ein Bild von seltener Geschlossenheit und weist dennoch auf jene Weite und Ferne hin, wie sie im Bannkreis der alten Tiroler Gasthöfe an vielbefahrenen Wegen häufig spürbar ist; hier war und ist eine wichtige Raststätte für die Reisenden am Oberen Weg.

Bezüglich der Kirchen von Burgeis ist zu raten, die Runde mit einem Besuch bei der Nikolauskirche an der Haide zu beginnen, einmal schon wegen der schönen Laubbäume davor und dann auch wegen der urtümlichen Kreuzung von Pflasterweg und Wasserwaal im Bereich der Kirche — und nicht zuletzt wegen des guten Überblickes, den man von hier aus auf den Weiterweg hat.

In der Rundapsis der 1291 erwähnten Chorturmkirche fanden sich Reste von romanischen Fresken und das Beispiel einer überaus frühen Weiheinschrift (nach Myss/Posch, S. 99, ist es das Jahr 1199). Die neuerdings restaurierten Außenfresken zeigen zweimal den hl. Nikolaus, einmal über der Tür (um 1550) und an der Fassade (nach Weingartner 17. Jh.). Die teilweise sehr wertvollen Holzskulpturen vom Altar der einsam gelegenen Kirche mußten in Sicherheit gebracht werden, eine schöne Holzbalustrade (M. T. 1588) ist verblieben; den Schlüssel zur Kirche findet man im Haus am Beginn der Kirchallee. Interessant der Spruch, der sich an der gotischen Balkendecke zwischen Rosetten und neben dem Kopf eines Schalksnarren mit Schellenkappe, Krug und Becher ablesen läßt: *Item ben (wenn) naren lang leben beren (werden) si alt;* die hier nach Weingartner zit. Inschrift ist mit 1523 datiert. Das spielerische und anekdotische dieser Narrenweisheit hat schon manchem zu denken gegeben, darunter auch dem Verfasser jener Burgeiser Kirchenbeschreibung, die sich an der Innenseite der Tür zur Pfarrkirche angeschlagen findet. Hier wird unser Sprüchlein schön zitiert und in Klammern angeführt: Vielleicht meint er — *wenn Narren lang leben, werden Sie alt . . .*

Romanisch sind auch die Langhausmauern und die interessanten Portale der im Dorf stehenden Pfarrkirche zur Empfängnis Mariae, die um 1150 erstmals urkundlich aufscheint.

Sehr altertümlich wirken die steinernen Köpfe und die Sockelfigur am größeren Rundbogenportal und an den Lichtschlitzen des Turmes, und überaus eigenartig, ja fast geheimnisvoll erscheinen die Brustfiguren mit großen Köpfen und fünfteiligen Blättern an Stelle der Hände, die wir am kleineren Portal finden. Die Kunsthistoriker (Weingartner, Egg) legen sich auf eine Deutung nicht fest, sprechen diesen Skulpturen jedoch hohes Alter zu; vielleicht darf man in den eigenartigen Blatthänden die Andeutung eines längst verschollenen Wachstumskultes sehen.

Bedeutend sind die Wandgemälde der Pfarrkirche, so zunächst außen am Turm ober dem Schallfenster (Eingangsseite, nur vom Friedhof aus zu sehen) Maria im Strahlenkranz, von Wappen umgeben (um 1520); von diesen Wappen mußte der österr. Doppeladler 1922 in amtlichem Auftrag übertüncht werden.

Im Innern der Kirche finden sich hinter den beiden Seitenaltären Fresken, die den Aufbau eines Flügelaltares nachahmen; es handelt sich um gute spätgotische Darstellungen mit Stifterinschriften, davon die rechte datiert (1497); die 1946 an der Langhauswand aufgedeckten Passionsszenen, eine weitere gute Arbeit, datiert Weingartner mit *Anfang 16. Jh.* Diese Fresken des Innenraumes der Burgeiser Pfarrkirche werden neuerdings dem aus Straubing stammenden Maler Conrad Waider zugeschrieben, der in Sarnthein, Neumarkt-Vill, St. Moritz in Ulten und in Bozen selbst nachweisbar ist, wo er 1517 verarmt im Heiliggeistspital starb (*Rasmo:* „Wandmalereien in Südtirol", Bozen 1973, S. 53 f. und 76).

Die ebenfalls bei Weingartner genannten Holzskulpturen am Hochaltar (Maria mit Kind, um 1500) und am linken Seitenaltar *(Pietà,* Anfang 15. Jh., *derbe Arbeit mit dem Versuch starken Gefühlsausdruckes)* sind vorhanden, die Brüstung der Kanzel mit Halbfiguren (16. Jh.) ist heute geteilt und für Lesepulte an beiden Seiten des Chores verwendet; die Rosenkranzkönigin am Triumphbogen ist ein Werk des 17. Jh.s.

Zwei Weihwassersteine aus weißem Marmor (der niedrige mit polygonaler Schale ehemals Taufstein, 16. Jh.) und der heutige Taufstein (18. Jh.) sind schöne Beispiele für Vinschgauer Steinmetzarbeiten, desgleichen der Federspiel-Grabstein im Innern der Kirche; am Friedhof fällt das bereits genannte Grabmal der Familie von Mont auf und als ein gutes Beispiel zeitgemäßer Gestaltung das der Familie Wachter.

Als ein *seltenes Kunstwerk* bezeichnet Egg schließlich die Orgel der Pfarrkirche, ein barockes Prachtstück mit gedrehten Säulen und Engelsfiguren, deren Werk von dem in Görlitz ansässigen *Eugenius Gasparini* 1678 geschaffen wurde; die Orgel ist von der Stiftskirche Marienberg hierher verbracht worden. St. Michael am Friedhof ist wegen der romanischen Grundform (Rundapsis in der Mauerdicke) zu nennen; die heute als Abstellraum verwendete Kapelle ist ein Stück ältester Vinschgauer Romanik (Weihe angebl. um 1180). — Die stets versperrte Pestkapelle zum hl. Michael am unteren Dorfeingang gegen Mals hin, 1663 infolge eines Gelübdes erbaut und im Stil dieser Zeit eingerichtet, kann sich an historischem und künstlerischem Rang mit den bisher genannten Kirchen zwar nicht unbedingt messen, doch paßt sich die hübsche Fassade mit Dachreiter und dem hl. Michael als Wetterfahnenträger der Gegegend sehr gut an. Ähnliches gilt für die Heiligkreuzk a p e l l e am Weg nach Marienberg (Ende 17. Jh., mit großer Kreuzigungsgruppe), die hauptsächlich deshalb unser Interesse weckt, weil ungefähr an ihrer Stelle jene Zenokapelle gestanden sein soll, die — laut Goswin — von einem Welfenherzog den Gründern von Marienberg, Ulrich und Uta von Tarasp, geschenkt und von diesen an ein Frauenkloster weitergegeben wurde, das uns für 1160 noch bezeugt ist, dann aber aufgelassen worden sein muß; es liegt dieses Kloster in einem ähnlichen Dunkel der Geschichte wie das namengebende *Burgus*.

Auf diesem Rundgang durch das Dorf hat immer wieder die markante Silhouette der F ü r s t e n b u r g unsere Blicke auf sich gezogen. Wir werden bei einem Besuch guten Einblick in eine mittelalterliche Burganlage gewinnen, anderseits aber doch nicht an der Tatsache vorbeikommen, daß sich von der alten Einrichtung der Fürstenburg leider so gut wie nichts erhalten hat. Nachdem Chur durch die Säkularisation des Jahres 1803 die Burg verloren hatte, war der Bau zuerst Gerichtsgebäude, dann Kaserne, Gasthaus mit Brauerei und auch Armenhaus; die Verwendung für eine landwirtschaftliche Fachschule in unseren Tagen hat die Burg vor weiterem Verfall bewahrt.

Die Feste ist in niedriger, von Natur aus wenig geschützter Lage erbaut. Es handelt sich um einen Neubau, den Bischof Konrad von Chur (1272—1281) als Gegenpol zur Churburg erstellte, die bekanntlich den Churer Bischöfen von den Matscher Vögten entrissen worden war. Ebenfalls aus der wenig geschützten Lage ist die gewaltige Mauerdicke des Bergfrieds (3 m) zu deuten, der zusammen mit der ihn umgebenden Wehr- und Hochburg den ältesten Baubestand bildet. Dieser alte Kern wurde vor allem unter den Bischöfen *Beatus a Porta* und Peter Raschér im 16. Jahrhundert großzügig ausgebaut und fürstlich geschmückt, woran noch Reste von Fassadenmalereien und Wappen im Burghof sowie die eigentlichen Fürstenzimmer mit schöner Täfelung und Kassettendecken erinnern. — Die K a p e l l e hat Wandgemälde vom Ende des 16. Jh.s und einen schönen, modernen Tabernakel mit Kreuzgruppe in Bronze von dem aus dem Schnalstal stammenden Bildhauer Martin R a i n e r (1964). Das von Bischof *Beatus a Porta* gestiftete Renaissance-Flügelaltärchen (vor 1590) steht heute in der Privatkapelle des Abtes von Marienberg.

Auf der Fürstenburg residierte der vom Churer Bischof bestallte Hauptmann und Gerichtsherr über die „Gotteshausleute"; die Burg war aber auch häufiger Zufluchtsort der Bischöfe selbst, die ihre Feste in mannigfachen Fehden auch vorübergehend preisgeben und schließlich dem tirolischen Landesfürsten Mitbesitzerrechte einräumen mußten. Trotzdem ist diese Fürstenburg — die ihren Namen nach den Churer Fürstbischöfen trägt

— bis zum heutigen Tag Symbol und Denkmal für den großen Strom weltlicher und geistiger Macht, der vom alten Churrätien auf das Vinschgauer Oberland nachhaltig eingewirkt hat. — Besitzerin der Burg ist die Abtei Marienberg, Mieterin für Schul- und Tagungszwecke die Südtiroler Landesregierung (seit 1952); von diesen beiden Seiten werden, mit Unterstützung des Denkmalamtes, laufend Restaurierungsarbeiten (Freilegung von Fresken usw.) durchgeführt. — Eine gute Zusammenfassung unter Einbeziehung auch der älteren Literatur über die Fürstenburg bietet Peter Brugger in „Der Obere Weg", S. 532 ff.; alle Details bei Oswald Trapp (vgl. Lit.-Verz.).

Schon der Chronist Goswin stellt zwischen der jüngeren Fürstenburg und den Mauerresten von Kastellatz (1651 m) eine Verbindung her, die durch eine Reihe von Sagen (Winkler, S. 55 f.) untermauert erscheint; in ihnen ist davon die Rede, daß die Herren von Tarasp als Besitzer dieser Höhenburg die „Feste eines Tyrannen" im Tal durch List erobert und dem Erdboden gleichgemacht hätten. Zeitlich möglich wäre es, daß hier die Sage die Erinnerung an die von Burgeis fortgezogenen (oder eben vertriebenen) nachmaligen Herren von Wangen und an den legendären *burgus* bewahrt. Später habe dann allerdings Ulrich von Tarasp, der Stifter von Marienberg, Kastellatz schleifen lassen, um eine gegebenenfalls von hier ausgehende Bedrohung des von ihm gegründeten Klosters ein für allemal zu unterbinden.

All diese Hinweise und Zusammenhänge verlocken zu einem Ausflug nach Kastellatz, den man am besten von Marienberg aus antritt, und zwar dort, wo ein Stück oberhalb des Klosters von der neuen Straße nach Schlinig rechter Hand ein steiler Karrenweg abzweigt. Eine genaue Beschreibung von Weg (45 Min. ab Marienberg) und Örtlichkeit (316 m über dem Kloster, W/WNW), aus der Feder des Prähistorikers Georg Innerebner stammend, findet sich in „Schlern", Jg. 1954, S. 351 mit Skizze). Demnach haben wir es mit einer Wallburg (wohngrubenartige Mulden, Felshöhle, Wallführungen) zu tun, die von bis zu 3 m Höhe ansteigenden Mauerresten einer bezeugten mittelalterlichen Burg der Tarasper überlagert ist. Leitname *(castel)* und Tonscherbenfunde bestätigen den Befund. — Innerebner umreißt die Station mit dem Vermerk: *Zugangssicherung und Fluchtburg.*

Mehr wird vom Geheimnis „Kastellatz" nicht mehr zu ermitteln sein — nur eines ist sicher: mit Kastellatz hat der Vinschgau die höchste bislang sicher nachgewiesene Burganlage in ganz Tirol; nur *Andràz* im ladinischen Buchenstein ist mit 1774 Metern noch um einiges höher.

Es mag angezeigt sein, nunmehr die ersten Blätter eines Ehrenalbums aufzuschlagen, in dem eine stattliche Anzahl von Söhnen dieser Gegend schon von frühester Zeit an aufscheint.

Zeitlich gesehen führt die Reihe jener um 1140 gest. Ulrich Primele an, von dessen menschenfreundlicher Tat — der Gründung des Pilgerhospizes St. Valentin — wir bereits gehört haben. Rund 150 Jahre später lebte im Brixner oder Bozner Franziskanerkloster ein „Prueder", der sich *Hainrich von Purgews* nannte.

Dieser Heinrich von Burgeis, auf dessen Leben wir nur aus seinem einzig erhaltenen Werk *Der sele rat* schließen können, hat sein großes Bußgedicht bald nach 1300 im Sinne eines Beichtspiegels geschrieben, doch steigert sich die Dichtung zuweilen zu dramatischer Wucht, so etwa in der Szene, da der Teufel mit seinen Gesellen hohnlachend zum Symbol des Diebstahles Vieh herbeischleppt:

Wol her, wol her, gesellen mein,
Treibt zue ros, schaf und swein,
Die gense, die hennen, die jaget herzue,
Die geisse, dew chelber, die grosse chue!

Das alles wird die Waagschale zu Ungunsten des Sünders belasten — *doch da kommt „Frau Buße" und fegt mit einer einzigen Handbewegung den Kram von der Waagschale herunter... sie schafft der sündigen Seele Erlösung;* so schreibt Eugen Thurnher in einer grundlegenden Studie über diesen frühen Vertreter kirchlicher Dichtung in Südtirol („Stifte und Klöster", S. 190 ff.).

Die Handschrift des Gedichtes erliegt im Brixner Priesterseminar (ediert von H. F. Rosenfeld in *Deutsche Texte des Mittelalters,* 37, Berlin 1932); zu Heinrich, der vielleicht Dominikaner war, vgl. neuerdings Paul Mayr in „Schlern", Jg. 1976, S. 302.

Es ist der Heilige Abend 1709; zu diesem festlichen Tag im Kirchenjahr wird dem Burgeiser Klostermüller Christoph Holzer und seiner Frau Margarethe, geborene Steck, von insgesamt acht Kindern der zweite Sohn geschenkt, der in der Taufe den Namen Johannes Evangelist erhält.

Weil der Müllerbub ein heller Kopf ist, darf er zusammen mit seinem Bruder Lucius den „Schloratsch" besuchen, das ist die Schule *(scoleraccio)* im Stift Marienberg, die von einem Onkel der Brüder, dem Pater Maurus Holzer geleitet wird. Der um zwei Jahre ältere Lucius studiert Theologie und wird später Pfarrer, aber Johannes hat nichts anderes im Kopf als die Malkunst; da ist schließlich die Gemäldesammlung des Klosters, da sind aber auch die Farben dieses heimatlichen Oberlandes, der helle Ortler, das Grün der Malser Haide, rote Lärchen im Herbst — da ist dieses gläserne Licht jener Tage, an denen der

Sturm über die Haide fegt ... kurzum, der gestrenge Herr Vater wird von den Marienberger Mönchen umgestimmt und gibt zögernd die Erlaubnis, daß der Gymnasiast zum angesehenen Kirchenmaler Nikolaus Auer nach St. Martin im Passeier geschickt wird, dem Begründer jener „Passeirer Malerschule", aus der u. a. auch der bedeutende Josef Haller (1737—1773) hervorgegangen ist. Die Umgebung dort ist vertraut, denn die Pfarre wird ja von Marienberg aus pastoriert. Hier entsteht als Frühwerk jenes Bild vom heiligen Joseph als Patron der Sterbenden, das heute den zweiten rechten Seitenaltar der Stiftskirche von Marienberg schmückt.

An der Akademie in Augsburg bildet sich Holzer unter dem damaligen Direktor Bergmüller weiter, sechs Jahre lang, als einer der *stets der letzte war, der das Akademiegebäude verließ, und früh der erste, der es wieder aufsuchte ...*

In dieser Zeit entstehen Tafelbilder, Deckenfresken und zahlreiche Fassadenmalereien, von denen außer Entwürfen leider nichts mehr vorhanden ist; Goethe hat sie noch gesehen, als er auf seiner zweiten Italienreise am 16. März 1790 durch Augsburg kam: *... Holzers verloschenes Bild ist auch mir lieber als Mensch, als ein ganzes Lokal mit wohlkonservierten Gemälden. Ich halte das für einen glücklichen Stand, wer Heilige an Außenwänden malen konnte und wollte ...* (zit. nach Mick, siehe unten).

In seiner Glanzzeit, mit 28 Jahren, schuf Holzer in E i c h s t ä t t das Deckenfresko der fürstbischöflichen Sommerresidenz, eine Verherrlichung des Frühlings, die vom Auftraggeber so sehr bewundert wurde, daß er Holzer zum Hofmaler ernannte. Als nächster Auftrag folgt die Ausschmückung der Benediktinerkirche im Stift Münster-Schwarzach am Main (zerstört und nur in Entwürfen erhalten) und gleich danach das erhaltene Kuppelfresko der St.-Anton-Kirche bei Partenkirchen. Nun wird der mittlerweile hochberühmt gewordene Künstler im Auftrag des geistlichen Kurfürsten Clemens August von Köln berufen, um im westfälischen Clemenswerth (Kreis Aschendorf) die dortige, zum bischöflichen Schloß gehörende Kirche mit einem Bild der *Maria Assunta* zu schmücken; aber schon auf der Reise dorthin erkrankt der junge Tiroler Künstler an einem hitzigen Fieber. Man bringt ihn ins Kapuzinerkloster, holt einen Leibarzt, aber alle Mühe ist vergebens. Nach zehn Tagen, am 21. Juli 1740 stirbt Johannes Evangelist Holzer fern von Burgeis; in seinen Fieberträumen mag er das unwirkliche Bild der hellen Abtei Marienberg inmitten dunkler Wälder vor Augen gehabt haben.

Erhalten ist uns der Brief, in dem der bischöfliche Hofarchitekt als Auftraggeber den Bruder des verstorbenen Künstlers benachrichtigt: *Mit was für Herzensempfindungen ich diese Zeilen anfange, weiß der liebreiche Gott; gleichwohl muß es geschrieben sein. Berichte demnach, daß dero liebster Herr Bruder Johannes Evangelista Holzer ... den 21. Juli morgens um halber fünf Uhr dies Zeitliche mit dem Ewigen vertauschte. Den 23. haben wir ihn gebührend und ansehnlich in der hiesigen Pfarrkirchen vor dem Muttergottes-Altar begraben lassen ...*

Man hat, nach Jahren des Vergessens, Holzer erst in jüngerer Zeit wiederum im rechten Licht gesehen. Von manchen wurde er, *was Feinheit der künstlerischen Farbgebung betrifft, einem Tiepolo gleichgestellt* (Carl B. Lievert). Zeitgenossen hat er nachhaltig beeinflußt, darunter Matthäus Günther bis zum Plagiat oder auch den berühmten Franz Anton Maulbertsch (1724—1796), von dem unter anderem die Deckenfresken im Riesensaal der Innsbrucker Hofburg stammen.

Originalität war demnach dem Burgeiser als echtem Vinschgauer in hohem Maße zu eigen; wir zitieren hiezu den Kunsthistoriker Ernst Wolfgang Mick, der sich um die Erforschung von Holzers Leben und Werk in hohem Maße verdient gemacht hat: *Fast jede Holzersche Bildgestaltung ist neu empfunden und daher von genauen Vorbildern nicht ableitbar.*

Unsere Ausführungen über den berühmten Sohn des Dorfes Burgeis stützen sich auf die Biographie von Adelgott Schatz in „Schlern", Jg. 1934, S. 559, sowie auf eine Studie von Carl B. Lievert über das Partenkirchner Fresko (ebda., Jg. 1937, S. 14, mit 2 Abb.) sowie vor allem auf die Arbeiten von Ernst Wolfgang Mick in „Holzer-Festschrift" und „Der Obere Weg", Seite 37 ff., beide mit Abb.) und ebenso auf die grundlegende Arbeit desselben Autors, mit 300 Abb. des heute in alle Welt verstreuten Werkes von Holzer, in *Cultura Atesina* — Kultur des Etschlandes, XII (1958) und XIII (1959).

In engem Zusammenhang mit Marienberg steht der in Burgeis geborene Johann Baptist Rediff, Sohn des aus Kärnten zugewanderten und uns als Stifter des Kirchleins St. Martin in Zerz bereits bekannten Kaufmannes Matthias Rediff.

Auf Johann Baptist (gest. 1736) geht eine erste Stiftung von Freiplätzen für acht Studenten am Meraner Gymnasium der Marienberger Benediktiner zurück. Das Andenken an diese edle Tat lebt heute noch in dem 1857/59 erbauten Knabenkonvikt *„Rediffianum"* (seit 1978 Handelsoberschule) weiter.

Eine für ihre Herkunft typische, fast als skurril zu bezeichnende Persönlichkeit ist die des 1750 in Burgeis geborenen Bänkelsängers, Komödianten, Schriftstellers und Journalisten Michael

A m b r o s, der als Anreger und geistiger Anführer des Tiroler Freiheitskrieges von 1809 gesehen werden darf.

Nach turbulenten Jahren in Wien, wo er neben zahlreichen Liedern — wir würden heute „Schlager" sagen — auch Komödien schrieb („Beweis, daß die Weiber keine Menschen sind" u.a.) gründete er in Graz die erste Bauernzeitung und danach in Innsbruck ein „Intelligenzblatt", aus dem dann die „Innsbrucker wöchentlichen Anzeigen" wurden. Kurz vor seinem Tod am 13. April 1809 feierte er in seinem Blatt noch den „Mann von Tirol", Andreas Hofer. — A. Dörrer nennt Ambros (in „Schlern", Jg. 1956, S. 177 ff.) einen *Wegbereiter neuzeitlicher Journalistik.*

Von einem Lorenz F r a n k, Bildhauer aus Burgeis, ist nur bekannt, daß er von der Wiener Kunstakademie im Jahre 1737 einen ersten Preis erhalten hat (J. J. Staffler).

Großen Ruhm erwarb sich der in Burgeis geborene Marienberger Mönch und Gymnasialprofessor Coelestin S t a m p f e r (1823—1895) als namhafter Historiker, dem wir unter vielem anderen eine „Geschichte von Meran" (Innsbruck, 1889) verdanken, wofür er zum Ehrenbürger der Passerstadt ernannt und in der dortigen Ehrenhalle verzeichnet wurde; auch sein Heimatort verlieh dem durch das goldene k. u. k. Verdienstkreuz mit Krone ausgezeichneten Gelehrten das Ehrenbürgerrecht. Seine Arbeiten haben im wesentlichen heute noch Gültigkeit und wurden bei der Ausarbeitung des vorliegenden Buches wiederholt herangezogen. —

Es mag nun an der Zeit erscheinen, aus den kühlen Hallen der Gelehrsamkeit wieder in die Weite der Landschaft um Burgeis hinauszuschweifen. Ich würde raten, den alten „Venostenweg" nach Norden zu wählen; es ist dies heute ein hübscher A u s f l u g, der sich gut zu einer Runde über den prächtig gelegenen Fischgaderhof und wieder zurück schließen läßt.

Vom Dorfbrunnen weg lösen sich die engen Gassen gegen Norden langsam auf und münden in den breiten, jedoch kaum befahrenen alten Weg, der jetzt mit Nr. 5 markiert ist; bald ist der mächtige Pfeiler der zerstörten Brücke erreicht, deren Schicksal wir bereits kennen (vgl. S. 163). Im Weiterweg sieht man linker Hand einen Bildstock mitten im Fels und kann nun von hier oder in einem Bogen nach Norden, bis zum Haider See ausholen, zum Fischgader und von dort auf dem oberhalb der Fahrstraße parallel verlaufenden Fußweg wieder nach Burgeis zurück (2—3 Std., mit schönen Ausblicken auf die Malser Haide).

Die schönste W a n d e r u n g von Burgeis aus läßt sich jedoch auf dem Fußweg machen, der über Marienberg zur uralten Kirche S a n k t S t e p h a n führt; anläßlich eines Besuches der

Gegend im Spätherbst, bin ich lange dort in der letzten Sonne gesessen und habe in meinen Notizen vermerkt: *Idylle und Verfall.*

Man geht zeitlich durchaus folgerichtig vor, wenn man auf dem alten Fußweg ab Burgeis zunächst am Kloster Marienberg vorbeigeht, auf der neuen Straße etwas absteigt (hierher auch mit Auto) und dann den alten Fahrweg durchs Schlinigtal einschlägt (Tafel: „Privatweg"), auf dem man in wenigen Minuten zum einsamen Heiligtum kommt (30 Min. ab Burgeis; vom Dorfende zunächst ein Stück die neue Straße, dann bei der Heiligkreuzkapelle scharf rechts ab [Nr. 2, 3, 4] auf den alten Fußweg, der zum Kloster und bergseitig daran vorbeiführt).

Wir wissen, daß hier bei Sankt Stephan — das als die älteste Pfarre der ganzen Gegend gilt — im Jahre 1146 die erste Klostergründung erfolgte; der Platz scheint jedoch nicht geeignet gewesen zu sein, denn schon vier Jahre später sehen wir die von Ulrich und Uta von Tarasp getätigte Stiftung an anderm Ort erblühen — eben dort, wo heute die große Gottesburg steht. Ihren Namen erhielt sie dann auch nicht nach dem Märtyrer Stephan, sondern nach einer Marienkapelle, die schon früher an diesem neuen Platz stand.

Im „Ehrenkräntzel" des Grafen Brandis (1678) ist bezüglich dieser wenig geklärten Verlegung eine Sage verzeichnet, laut der das Dach des neu erbauten Klosters aus ungeklärten Gründen eingestürzt sei. In solcher *Trangsal* hätten die Mönche plötzlich über dem heutigen Platz des Klosters drei *Feur deß H. Geists* gesehen, die den neuen Platz wiesen.

Doch bleiben wir noch ein wenig in Sankt Stephan, auf dem winzigen Vorplatz am Wege oder im mauerumgürteten Raum des alten Friedhofes. Die Langhausmauern der von Egg als *vorromanisch (8. oder 9. Jh.)* bezeichneten Kirche sind eineinhalb Meter dick, von einem einfachen Satteldach und der gedrungenen Glockenmauer überragt. Das Innere ist heute nur mehr architektonisch interessant, da auch das Altarbild — eine gute Darstellung vom Martyrium des hl. Stephan — wie alles Übrige von Wert sichergestellt werden mußte; über St. Stephan als alte Pfarre von Schlinig siehe dort.

Wer in dem von Sträuchern umwucherten Mauerwerk lang genug herumgestiegen ist, mag seinen kleinen Ausflug noch ein Stück über den fast ebenen alten Fahrweg ins Schlinigtal fortsetzen, er wird es nicht bereuen. Seit die neue Straße höher oben am Hang Verkehr und Lärm bindet, ist dieser Weg wieder ganz still geworden und beginnt sich stellenweise mit einem Dach aus grünem Laub zu überwölben.

Nach solchem Weg und solcher Rast ist man gut vorbereitet zum Gang hinüber nach Marienberg.

Mag es nur ein Spiel sein — aber es ist doch schön und tröstlich, wenigstens in den Träumen einen Ort zu haben, wohin man sich im Notfall flüchten könnte. Und wenn mir jemals dieses Dasein mit seiner Unrast, seinem leeren Lärm und betrügerischen Schein unerträglich zu werden drohte, so ist mir noch jedesmal dieses stille und einsame Bergkloster im obersten Vintschgau leise lockend vor die Seele getreten.

Josef Weingartner über Marienberg, in „Südtiroler Bilderbuch"

Erst unmittelbar beim Durchschreiten der kleinen äußeren Pforte öffnet sich der Blick auf den bergseitigen Klosterhof. Man geht quer durch, an die gegenüberliegende Ecke, und steht nach Betreten eines Vorraumes vor dem Portal der Stiftskirche, einem Werk der edelsten Romanik mit drei Säulen aus Granit und weißem Marmor in tiefer, reich abgestufter Leibung. Steinerne, rätselhafte Köpfe blicken von beiden Seiten aus blinden Augen. Ein Blick gilt der wunderlieblichen Madonna im Tympanon aus späterer, gotischer Zeit, von deren Geschichte wir noch hören werden — ein Blick streift Stifterfigur und Heiligendarstellung rechts und links vom Portal.

Romanischer Portalring von Marienberg

Früher konnte man in die schweren Türringe greifen, deren Träger aus Bronzeguß zwei starre Löwenmasken sind; seit einiger Zeit sind diese wertvollen Stücke — wie das ganze Portal aus der Zeit um 1200 stammend — aus Sicherheitsgründen entfernt worden; Egg schreibt von ihnen: *Diese Ringe hat wohl schon der Stifter des Klosters, der edle Ulrich von Tarasp, in seinen Händen gehalten. Wer sie berührte, dem mußte das Kloster das Asylrecht gewähren* („Stifte und Klöster", S. 138).

Der nächste Schritt durch das Portal ins Schiff der Kirche bringt Blendung, fast Blendwerk — die weiße Helligkeit der barocken Stukkaturen des 17. Jahrhunderts, eine Welt, um Welten entfernt von dem stillen Ernst des Portals.

Ich rate, nun zunächst schnell unter diesem Barockhimmel durchzugehn, bis ins Seitenschiff links vor dem Hochaltar; hier deckt eine einfache Falltür aus Holz den Schatz von Marienberg — die Krypta mit den romanischen Fresken aus der Zeit der Klostergründung um 1160, nach Jahrhunderten (1887) durch Zufall wieder freigelegt. Drei Apsiden, niedrig, gedrungen — in der mittleren noch vollkommen erhalten die *Majestas Domini,* Christus von vier Cherubim getragen, darunter Petrus und Paulus mit dem Stier und dem Löwen der Evangelisten; große Linien eines meisterhaften Werkes, fein abgestufte Farben und Ornamente — aber über allem diese Augen, die niemand besser erfaßt als der geniale Weingartner: *... ausdrucksvolle Köpfe mit weitaufgerissenen, ins Ewige und Unendliche verlorenen Augen ...*

Von der gesamten Bemalung der Krypta ist nur ungefähr ein Drittel auf uns gekommen, da man den größten Teil des Raumes im 17. Jh. durch eine Gruft für die Äbte und ein sog. *Columbarium* für die schlichten Särge der Patres und Brüder ausfüllte, deren Marmortafeln die Namen bis in die Gegenwart herauf nennen. Derzeit (1980) ist die Freilegung der ganzen Krypta im Gang; die Gebeine der Mönche sind bereits in den alten Friedhof von St. Stephan überführt. — Freskenreste (Kopf der Stifterin, Teil einer Weiheinschrift) ließen vermuten, daß die gesamte Krypta ausgeschmückt war, was sich derzeit bestätigt. — Marienberg hat dem Verlag Athesia bereits das Vorrecht für eine Publikation erteilt.

Hinsichtlich der künstlerischen Wertung sei nur soviel gesagt, daß der fragmentarische Bestand und die relativ späte Aufdeckung den wahren Wert der Fresken viel zu wenig erkennen haben lassen. Aber schon Weingartner spricht — was selten vorkommt — von *hervorragender Arbeit,* und Hubert Schrade läßt die Fresken ihrem hohen künstlerischen Rang nach unmittelbar an die Seite der Apsismalerei in Niederzell auf der Reichenau treten. Egg weist auf den Ausgangspunkt der *Maje-*

stas-Darstellungen im Oströmischen Reich und auf deren durch die Kreuzzüge verursachte Wanderung bis zum schwäbischen Raum hin. Demnach darf man annehmen, daß jene anläßlich der Klostergründung von Ottobeuren berufenen Mönche wohl den Meister unter sich hatten, der nach großen Vorbildern diesen Schmuck des Bergklosters im Vinschgau schuf. — Man wird erst nach langem Schauen und nachdenklichem Verweilen wieder die engen Stufen von der Krypta hinaufsteigen. Wie bereits angedeutet, ist derzeit eine Gesamtrestaurierung der ganzen Krypta im Gang, deren Ende nicht vor Spätsommer 1981 abzusehen ist; der Zugang bleibt daher gesperrt und wird nicht mehr wie bisher durch die genannte Falltür im Presbyterium führen, sondern von auswärts ausgebrochen werden. — Erst wenn diese Arbeiten abgeschlossen — und publiziert — sein werden, kann in diesem Buch eine Gesamtdarstellung erfolgen. Hier sei nur so viel gesagt, daß die zutage gekommenen Fresken prachtvoll und sehr gut erhalten sind.

Noch bevor auf weitere Kunstgegenstände und Sehenswürdigkeiten eingegangen werden soll, scheint es angebracht, nach diesem Gang durch das „romanische" Marienberg nun in zusammenfassender Weise auf die Gründung und die Geschichte der Abtei einzugehen, soweit dies nicht schon im allgemeinen historischen Abschnitt geschehen ist. (Fortsetzung der Besichtigung auf S. 182.)

Marienberg ist keine eigentliche „Neu"-Gründung; schon Ende des 11. Jh.s hatte Eberhard von Tarasp im nahen Schuls ein Benediktinerkloster gestiftet, doch *diese Pflanzung wollte nicht recht gedeihen* (Joos). So erwirkt Ulrich von Tarasp, der Großneffe Eberhards, von Papst Eugen III. die Erlaubnis, im oberen Vinschgau ein neues Heim für das Kloster zu suchen, das man zunächst (1146) bei der karolingischen Kirche St. Stephan findet, dann aber schon vier Jahre später an den heutigen Standort verlegt. Ulrich und seine Gemahlin Uta statten die Neugründung großzügig aus; Ulrich soll, wie wir wissen, ihr zuliebe sogar sein Schloß Kastellatz geschleift haben (vgl. Seite 172), Uta hingegen stiftet eine romanische Kasel (Meßkleid), die heute noch in der Schatzkammer des Klosters verwahrt wird. Ulrichs Sohn gleichen Namens und der Stifter selbst treten in ihr „eigenes" Kloster ein, Uta stirbt als Nonne auf einer Pilgerfahrt nach Jerusalem, wird aber in Marienberg beigesetzt; der Jahrtag für die Stifter wird heute noch im Kloster feierlich begangen (Joos).

Das sind die im Grunde einfachen und bescheidenen Anfänge, über die das Kloster eigentlich nie wesentlich hinausgeht; es ist immer ein Bergkloster geblieben, mit seinen 1335 Metern das höchste aller Benediktinerklöster in Europa. Über die Urform der Kirche — die heutige Krypta — wird in den ersten fünfzig Jahren des Bestehens eine in den Grundzügen heute noch erkennbare romanische Basilika gebaut (Weihe 1201), deren Portal wir bereits kennen. Dieser Ausbau erfolgte durch die schon genannten schwäbischen Mönche aus Ottobeuren, wohin durch Besitz im Lande und durch die Verwandtschaft Utas Beziehungen bestanden; die ersten fünf Äbte stammen von dort, und die Kontakte zum Schwabenland reißen nie ab; wir wissen, was dieser Umstand in Verbindung mit der Gegenreformation sprachlich für den ursprünglich überwiegend rätoromanischen Obervinschgau bedeutet hat.

Die Vogtei erhalten zunächst Verwandte der Tarasper, jene Vögte von Matsch, die ihres Amtes durchaus nicht immer uneigennützig gewaltet haben (vgl. S. 25) — bis die Vogtei 1421 an das Haus Österreich übergeht.

Im Mittelalter und auch später ist der Konvent meist klein, kaum ein Dutzend Priester, von denen einer die Pfarre St. Martin in Passeier betreut, von der später die Pfarre Platt abgetrennt wird; Burgeis und die Pfarre St. Stephan (Schlinig und die im Bereich der Kirche liegenden Höfe von Amberg) werden vom Kloster aus pastoriert.

Im Jahre 1418 war das Kloster abgebrannt; 1440 wird dem Marienberger Abt vom Papst der Gebrauch der Pontifikalien zugestanden. Der Engadiner Krieg des Jahres 1499 geht einigermaßen glimpflich vorüber, der Bauernaufstand des Jahres 1525 bringt eine furchtbare Plünderung mit sich, der unersetzliche Werte zum Opfer fallen, vor allem aus der Bibliothek; die sich an diese Vorfälle knüpfenden Glaubenswirren drängen das Kloster an den Rand des Abgrundes. Im Jahre 1606 wird die Aufhebung des Klosters — in dem zeitweilig nur ein einziger Mönch wohnte — allen Ernstes erwogen.

Nach all diesen Wirrnissen wird der tatkräftige Abt Matthias L a n g (1605—1640) mit Recht als „Zweiter Gründer" gefeiert; unter ihm und seinem Nachfolger Jakob Grafinger (1640—1653) erfolgt der großzügige Ausbau der Abtei zur barocken Gottesburg. Das Jahr 1669 entscheidet — nach jahrzehntelangem Rechtsstreit — für die *Exemtion* des Klosters vom Bistum Chur und die direkte Abhängigkeit von Rom. Im Jahre 1724 wird das Meraner Gymnasium begründet, doch muß der Rediffsche Konvikt (vgl. S. 175) unter Josef II. aufgelöst werden — ein Schicksal, von dem das Kloster selbst unter bayerischer Herrschaft 1807 ereilt wird; ein guter Teil des Klosterbesitzes wird verschleudert. — Am 12. 1. 1816 wird durch Kaiser Franz I. die Wiedererrichtung der Abtei angeordnet; es ist auch diesmal ein Aufbau fast aus dem Nichts, eine „Dritte Gründung". Dieses Kloster überdauert beide Weltkriege, muß aber im Jahre 1928 auf Grund der politischen Verhältnisse das berühmte Meraner Gymnasium, eine der führenden Bildungsstätten Tirols, aufgeben; nur das *„Rediffianum"* ist erhalten geblieben, und desgleichen die Internatsschule (Mittelschule) im Kloster selbst, die — wie wir bereits im Abschnitt über das Schulwesen des Vinschgaues vermerkten — im Schuljahr 1973/74 wiederum bevölkert wurde.

Derzeit (seit 1957) residiert als 48. Abt Stephan Pamer, gebürtig aus der Marienberger Pfarre Platt in Passeier. Die Mönche betreuen heute die Pfarren Burgeis, St. Martin und Platt in Passeier und die Pfarre Schlinig.

Nach diesem Rückgriff auf die Geschichte der Abtei wollen wir nun die auf S. 180 begonnene Besichtigung der Klosteranlage fortsetzen und uns zunächst wiederum in der Stiftskirche etwas umsehen. Im Tympanon des romanischen Säulenportals finden wir sogleich das Glanzstück aus gotischer Zeit, und zwar jene holdselige Madonna mit Kind, die wohl auf weiten Wegen hierher in das hohe Kloster Marienberg gekommen ist.

Weingartner lobt den *lieblichen Gesichtsausdruck,* und Walter Frodl („Kunst in Südtirol", München 1960) nennt die Madonna ein *Kunstwerk von höchstem Rang,* dem Kreis der „Schönen Madonnen" zuzuordnen, vergleichbar mit der aus Krumau in Südböhmen stammenden Skulptur im Wiener Kunsthist. Museum. Neue Aspekte bringt Hubertus Lossow (in „Schlesien — Eine Vierteljahresschrift für Kunst, Wissenschaft und Volkstum", Würzburg 1969), der als Vorbild für unser Kunstwerk die „Schöne Madonna" von Breslau (heute Polnisches Nationalmuseum, Warschau) zu erkennen glaubt und unsere Skulptur im Gegensatz zu Weingartner noch vor 1400 datiert. Sicher scheint zu sein, daß die Madonna vom Osten Deutschlands her einen weiten Weg in den Süden zurückgelegt hat, wenngleich sich darüber in den Urkunden des Klosters kein Hinweis findet. Fast ist man versucht, an die wunderbaren Übertragungen von Heiligtümern zu denken, von denen alte Legenden so viel zu erzählen wissen. —

Ulrich der Stifter und der hl. Leopold von Österreich, beide im Fresko überlebensgroß neben dem Portal, stammen bereits aus der Zeit der Barockisierung und werden einem einheimischen Künstler zugeschrieben. Bemerkenswert sind auch die beiden Gemälde in der Vorhalle, vor allem linker Hand die ausdrucksstarke Darstellung des *Ecce homo* (17. Jh.).

Wir betreten nun die dreischiffige, heute jedoch in Seitenkapellen abgeteilte Basilika, die mit ihren weißen Stukkaturen eine sehr einheitliche und festliche Gesamtwirkung ausübt; es ist der Stil der Wessobrunner Schule, in dem dieser barocke Schmuck unter verschiedenen Baumeistern nach 1643 entstanden ist.

Von Sehenswürdigkeiten im Innern nennen wir die von Weingartner hervorgehobenen gotischen Bilder von sieben Äbten, am Quergurt der vorderen, linken Seitenkapelle (gegenüber der

Falltür zur Krypta). Der Hochaltar mit einem dem Tobias Bock zugeschriebenen Bild (1645) ist 1822 aufgestellt worden; sehenswerter der Betchor dahinter — 1646 in die ehemalige Rundapsis eingebaut — mit einer sehr lebendig komponierten Passion (Jakob Pfeil) und einer Darstellung des Kampfes der Gottesmutter mit dem Drachen in Scheinarchitektur an der Decke.
Im Mittelschiff stehen auf Postamenten die Holzfiguren der heiligen Ordensstifter, eine tirolische Arbeit (Adam Payr in Pfunds, 1644), während wir in der ersten Seitenkapelle der Epistelseite (rechts vom Hauptportal) in bäuerlich derber Schnitzerei aus ungefähr der gleichen Zeit die Stifterfamilie sehen, wie sie das Modell des Klosters der Gottesmutter weiht; an der Wand der marmorne Grabstein für die Stifter mit Messingkreuz. In der zweiten Kapelle dieser Seite findet sich das bereits erwähnte Bild des J. E. Holzer. (Weingartner nennt es *ein schwaches Jugendwerk)* und ein schöner Totenschild des 1455 gest. Vogtes Ulrich von Matsch.
Die erste Kapelle an der Evangelienseite zeigt ein Bild des hl. Sebastian (sig. G. B. 1642) und hat auf dem Altar einen Reliquienschrein. Die zweite Kapelle enthält eine vielverehrte Pietà aus dem 15. Jh., die früher in St. Stephan stand; das Bild des Papstes Pius V. von dem in Bozen ansässig gewesenen Ulrich Glantschnigg (1661—1722) vervollständigt den Schmuck dieser Kapelle.

Mit stiller, aber um so eindringlicherer Sprache reden die Grabsteine dieser Kirche zu uns, allen voran die schmucklose Marmorplatte im linken Seitenschiff mit der Inschrift *ANNO DOMINI MCCCIX OBIIT PIE MEMORIE DOMINUS ULRICUS ADVOCATUS DE AMACIA OCCISUS ...*

Hier ruht neben seiner Gattin mit dem schönen altdeutschen Namen Hudolhildis jener Ulrich II. von Matsch, der den Abt Hermann von Schönstein ermordet hat und im Jahre 1309 selbst unter dem Schwert seines Vetters Egno fällt (vgl. S. 26); er wurde zuerst in ungeweihter Erde bestattet, dann aber doch in den Klosterbereich aufgenommen, wo er nun *pie memorie,* in einem etwas zweifelhaften „seligen Gedenken" liegt, wie der Chronist Joos mit leichtem Grauen vermerkt. —
Die übrigen Grabsteine sind zum Teil Vinschgauer Steinmetzenarbeit mit Wappen oder lebensgroßen Figuren verstorbener Äbte, darunter einer ohne Inschrift, mit romanischem Krummstab, noch ins 14. Jh. datiert; eine schöne Arbeit ist der allerdings fragmentierte Grabstein aus rotem Marmor für den Abt Heinrich Brendlin, gestorben 1513, und *weitaus das Beste, was die Vinschgauer Steinmetzkunst geschaffen hat,* nennt E. Egg den Grabstein des Abtes Lucius von Schlandersberg („Der Obere Weg", S. 338).

Das ist alles und gewiß viel, was in Marienberg ohne vorherige Anfrage besichtigt werden kann; wer zu Studienzwecken die

Klausur betreten will, muß sich zuvor schriftlich an die Abtei wenden; es sollen von diesem Bezirk daher nur kurz einige Andeutungen gegeben werden, um das Bild der Klosteranlage für den Besucher wenigstens in großen Zügen abzurunden.

Da ist zunächst noch das im Hof über dem Brunnen sichtbare, durch Mauerfraß stark beschädigte Relief des hl. Benedikt zu erwähnen, eine Arbeit von Prof. Th. Georgii aus dem Jahre 1933. Im Kreuzgang, der seine heutige Gestalt im 16. Jh. erhielt, hängen die Prälatenbilder, darunter 1 bis 33 (oder 36) kommemorativ dargestellt von Jakob Dreher, 1641 vollendet. Erst die folgenden Bilder sind als echte Porträts anzusprechen (ab 1606), darunter Abt Karl Mayr, gest. 1855, und Augustin Moriggl aus Burgeis, gest. 1861, von dem aus Hamburg stammenden und in Meran ansässigen Friedrich Wasmann (1805—1866), der — wie bei F. H. Riedl nachzulesen ist — überdies Zeichenlehrer am berühmten Meraner Benediktinergymnasium war.

Hervorzuheben wäre auch noch der hübsche Brunnen inmitten des Kreuzganges, ein modernes, jedoch mit großem Einfühlungsvermögen geschaffenes Meisterwerk des uns von der Kapelle der Fürstenburg her bekannten Vinschgauer Bildhauers Martin Rainer; der auch hier in Bronzeblech gearbeitete Brunnenschmuck zeigt die Mönche des hl. Benedikt bei ihren täglichen Arbeiten, das *„ORA ET LABORA"*. — Im ganzen Kloster verstreut, vor allem aber im sog. „Fürstenzimmer" (Rokoko), in der Kapelle des Abtes und im Kapitelsaal finden sich wertvolle Holzskulpturen und Gemälde, von denen Weingartner (Bd. II, 1973, S. 348) ein Verzeichnis gibt. Wir nennen namentlich Werke von Unterberger, Glantschnigg (zugeschrieben) und J. E. Holzer sowie im Refektorium, wo die Patres heute noch aus den alten Zinntellern essen, einen sehr schönen romanischen Christus (bei Weingartner nicht erwähnt). Von den noch erhaltenen Schätzen in Archiv und Bibliothek ist natürlich in erster Linie die Chronik des seinerzeitigen Priors Goswin sowie eine Handschrift (um 1410) des Schwabenspiegels anzuführen.

Es mag hier auch der beste Platz sein, eine Zusammenfassung über die wichtigste Literatur zu geben, auf die sich die vorliegende Abhandlung stützt; da ist zunächst der Kleine Kunstführer von P. Bernhard Noll OSB zu nennen, der an Ort und Stelle erhältlich ist und sich durch Text und gute Bildauswahl empfiehlt. Außerdem wurden neben Weingartners Standardwerk noch die Aufsätze von Riedl („Der Obere Weg"), Egg (über die Krypta) und Joos (beide in „Stifte und Klöster") herangezogen (vgl. Lit.-Verz.).

Über das Bild Marienbergs in der Landschaft ist von Topographen, Reisenden und Literaten viel Rühmliches geschrieben worden. Der schneeweiße, mit tiefreichenden Substruktionsmauern an den verhältnismäßig steilen Hang gestellte Stiftsbau hat die heutige Gestalt im wesentlichen zur Barockzeit erhalten und wirkt buchstäblich wie eine *Gottesburg*. Man mag im Obervinschgau gehen, fahren und wandern wo man will — immer ist es das weithin schimmernde Marienberg, das auf eine geheimnisvolle, ja fast magische Weise diese herbe Landschaft beherrscht. —

So bleibt uns nur noch die ehrenvolle Aufgabe, in einigen Streiflichtern anzudeuten, was Marienberg im Verein mit dem von hier aus befruchteten Meraner Gymnasium für Forschung und Wissenschaft geleistet hat.

Schon mehrfach wurde aus der Frühzeit die Chronik des Marienberger Skolaren, Priesters und späteren Priors Goswin gerühmt, die für uns eine der wichtigsten Quellen zur Geschichte des Vinschgaues und des ganzen Landes darstellt (sie reicht bis 1390). Woher Goswin stammte, wissen wir nicht; vielleicht war er Schwabe. Bekannt ist, daß er 1374 zum Hofkaplan Herzog Leopolds III. bestellt wurde, ob *seiner grozzen trew und andaht* (zit. b. Joos).

Es gab also schon damals eine Stiftsschule, in der Goswin zunächst Schüler war; diese Schule war unter den Wirren der Religionskämpfe eingegangen, erreichte aber unter dem bereits genannten „Zweiten Gründer" Abt Matthias Lang (1615—1640) eine neue Blütezeit; außerdem wird zu Beginn des 18. Jh.s ein theologisches Hausstudium eingerichtet.

Schüler der Stiftsschule war, wie wir wissen, auch der junge J. E. Holzer. Die Schüler kamen demnach aus der näheren Umgebung und aus ganz Südtirol, zum Teil aber auch aus Graubünden und Oberitalien, um in Marienberg die deutsche Sprache zu erlernen. Einer von ihnen, der nachmals als Musiker zu Ehren gekommene *Giacomo Gotifredo Ferrari* aus *Rovereto* (1763—1842), der um 1780 in Marienberg Schüler war, hat drei Kapitel seiner Memoiren (London 1830, König Georg IV. von England gewidmet) auf diese Skolarenzeit bezogen. Der junge *Ferrari* war ein feiner Herr, Sohn eines reichen Seidenhändlers, der mit eigenem Führer und Wagen nach *Purgaitz* kam. Im Stift wurde der uns bereits bekannte Pater Marian Stecher sein Lehrer (vgl. S. 150); die beiden vertrugen sich gut, obwohl der Roveretaner zunächst kein Wort deutsch und sein Lehrer, aus St. Valentin gebürtig, nicht italienisch verstand. — In jeder Hinsicht war *Ferrari,* den sein Vater nach Aussage des Sohnes *vor dem schönen Geschlecht in Sicherheit bringen wollte,* hier in bester Obhut. Es gab Studentenstreiche neben ernsthafter Arbeit, man spielte eifrig und durchaus anspruchsvoll Theater und wurde — welche Aufregung — auch Zeuge einer richtigen Bärenjagd. Die Jäger sind damals wie heute, sie tun, *als ob sie närrisch geworden wären, werfen ihre grünen Hüte in die Höhe voller Freude und tun, als ob sie den größten Schatz hätten.*

Der Küchenmeister empfängt sie hocherfreut ... und rüstet zum Festmahl für seine als Jäger erfolgreichen Mitbrüder und die hungrigen Skolaren. Der Speisezettel ist überhaupt — für 90 Gulden im Jahr — überaus reichhaltig, von allerlei Wildbret über *Canedeln* (Knödel), Pasteten, *Engedeiner Fisch* (dem *sgombro*, also der Makrele ähnlich, mit rotem Fleisch) bis zu den erlesensten Weinen. — Am Schluß seines Berichtes, den uns der Archivar J. Joos auszugsweise übersetzt und ausführlich kommentiert („Schlern", Jg. 1963, S. 303 ff.), schreibt *Ferrari: Solange ich in jenem Kloster weilte, war ich immer zufrieden und glücklich, wie ich es nie gewesen war noch sein werde.* —

Reichste Entfaltung findet das geistige Potential der Abtei Marienberg in dem schon mehrfach erwähnten, 1724 gegründeten Meraner Gymnasium, in dem während seines über 200jährigen Bestehens nach vorsichtiger Schätzung an die fünftausend Studenten zur geistig führenden Schicht des Landes herangebildet wurden.

F. H. Riedl gibt in seiner bereits genannten Arbeit („Der Obere Weg", S. 364 ff.) eine umfangreiche Liste von hervorragenden Männern Tirols, die im Meraner Gymnasium ihre Ausbildung genossen haben. Von den Professoren haben wir in erster Linie das *berühmte Dreigestirn* zu nennen, das durch die Namen der Marienberger Patres Jäger, Weber und Zingerle gekennzeichnet ist. Albert Jäger (geb. 1801 in Schwaz, gest. 1891 in Innsbruck) trat 1825 in das Stift Marienberg ein, lehrte zunächst in Meran, wird dann Universitätsprofessor für Geschichte in Innsbruck und Wien, Gründer des „Institutes für österr. Geschichtsforschung" und Reichsratsabgeordneter. — Beda Weber (geb. 1798 in Lienz, gest. 1858 in Frankfurt am Main) ist 1826 in den Benediktinerorden eingetreten und lehrte ebenfalls in Meran; sein topographisches Hauptwerk „Das Land Tirol" (anonym ersch. in Innsbruck, 1837/38) wird im vorliegenden Buch als gekonnte, künstlerisch gestaltete Landesbeschreibung wiederholt zitiert. Weber ist auch als Lyriker hervorgetreten, hat in Schloß Obermontani unter wertvollen Beständen eine Handschrift des Nibelungenliedes entdeckt (vgl. Seite 361), wurde 1848 in das Frankfurter Parlament gewählt und dortselbst Stadtpfarrer (zu B. Weber ausführlich F. H. Riedl in „Stifte und Klöster", S. 147 ff.). — Pius Zingerle schließlich (geb. 1801 in Meran, gest. 1881 in Marienberg) war zunächst Schüler, dann Lehrer am Benediktinergymnasium und bildete sich zum führenden Orientalisten aus; er erhielt die Ehrendoktorate der Universitäten Freiburg, Innsbruck und Wien und war Mitglied der orientalischen Gesellschaften von Paris und London. Als Professor für orientalische Sprachen wird er 1862 an die päpstliche Universität nach Rom berufen, kehrt aber 1865 wieder nach Meran zurück. Zingerle, der trotz seiner weltweiten Bedeutung als Wissenschaftler stets ein sehr schlichter und einfacher Mann geblieben war, hat sich auch als Lyriker hervorgetan. (Näheres bei J. Knobloch in „Stifte und Klöster", S. 356 ff.)

Des aus Burgeis stammenden Coelestin Stampfer wurde bereits unter „Burgeis" gedacht. Aus neuerer Zeit nennen wir Anselm Noggler (geb. 1872 in Reschen, gest. 1924 in Marienberg), der sich mit seinem Hauptwerk „Die romanischen Familiennamen in Obervinschgau" einen Namen machte (hiezu J. Schgör in „Schlern", Jg. 1923, S. 373 ff.).

Im Rahmen des vorliegenden Buches konnte naturgemäß nur ein kleiner Querschnitt durch die erzieherische und wissenschaftliche Leistung dieser berühmten Schule geboten werden; sie mußte, wie bereits erwähnt, 1928 ihre Tore schließen.

Viele der Patres, die dort unterrichtet oder im Bereich des Klosters selbst gewirkt haben, lagen bis vor kurzem (vgl. S. 179) im Columbarium der Krypta von Marienberg hinter schlichten Marmortäfelchen begraben — in jenem kleinen Raum mit den drei Apsiden, deren vom Tarasper Grafen Ulrich und seiner Gattin Uta gestifteten Fresken am Anfang einer bald tausend Jahre alten geistlichen und geistigen Sendung der Vinschgauer Gottesburg stehn.

Am zehnten hat man ein Beern in Schliniger Alben geschossen und herauß gfiert, ist ganz mit faiste (Fett) *yberzochen gwest und 192 Pfund gewogen; auch ein gar zarts Wildpret!*

Notiz vom 1. 9. 1650 im Tagebuch des Abtes Jakob Grafinger (zit. b. Joos)

Der erste Ausflug, den wir von Burgeis-Marienberg aus ins Schlinigtal unternehmen, führt uns über die Berghöfe von Pramajur (1702 m), durch Lärchenwiesen zum St.-Martins-Bildstock nächst der Höferalm und zu den Pfaffenseen (2222 m). Wir kommen somit auf diesem Weg zunächst ins Gebiet des Weilers Amberg an der Sonnseite des Tales.

Die Gehöfte von Planöf, Gaschitsch, Röfen und das genannte Pramajur bilden zusammen dieses urkundlich schon sehr früh mit *Am perg* bezeichnete Siedlungsgebiet, das der alten Zugehörigkeit zur Abtei Marienberg wegen heute noch von den Einheimischen auch mit dem Sammelbegriff „Klosterhöfe" bezeichnet wird und früher — wie auch Schlinig selbst — der Urpfarre St. Stephan angehörte. Nach Pramajur führt ab dem Kloster (Parken mit Erlaubnis im Hof) der alte Weg Nr. 4; der frühere Karrenweg Nr. 2 ist heute großzügig umtrassiert zur neuen Straße Burgeis—Schlinig. Von ihr gibt es (ca. 2 km nach Marienberg) eine Abzweigung nach Pramajur, die dem alten Fußweg Nr. 3 entspricht (Tafel an der Straße: Pramajur—Gasthof „Watles" mit öffentl. Fernsprecher; riesiger Parkplatz für das neue Skigebiet).

Der Name der Höfegruppe mit der für diese Weiler typischen Kapelle leitet sich wohl von einem *pratum maius (größere* oder auch *obere Wiese)* ab. Von hier stammt der Bauernbub Johann Thuile (1590—1630), der es bis zum Universitätsprofessor für Rhetorik und Schöne Künste in Freiburg und Padua brachte, woselbst er auch als Schriftsteller, Verleger und Arzt tätig war; er wurde, knapp 40 Jahre alt, bei der Pflege von Pestkranken selbst von dieser Seuche hinweggerafft (A. Schatz in „Schlern", Jg. 1937, S. 154). — Zu diesem prächtig gelegenen Pramajur kommt man übrigens auch von den Ruinen des alten Kastellatz her, wenn man von dort den am Hang querenden Weg 3 benützt; so kann der Ausflug zur aussichtsreichen Burgruine mit einem Besuch der „Klosterhöfe" abgerundet werden.

Das ganze Gelände ist, wie bereits mehrfach erwähnt, seit 1973 ein weiträumig ausgebautes Skigebiet mit einem Doppelsessellift von der Talstation Pramajur (1718 m) bis zur Höferalm (2143 m; Restaurant) und mit einem anschließenden Schlepplift bis knapp unter den Kleinen Watles (2371 m); eine Ausweitung des Skigebietes gegen Schlinig und über Zerz bis zur Haider Alm ist vorläufig noch Projekt.

Von Pramajur aus erreicht man mit dem oben genannten Lift oder in eineinhalb Stunden zu Fuß die wunderbar in Wiesenmulden hingebreiteten Pfaffenseen, die schon in einer Urkunde des Jahres 1219 als Besitz des Klosters aufscheinen, *lacus duo in loco, qui dicitur mons St. Joannis,* die beiden Seen auf dem Johannisberg also, die den „Pfaffen" gehörten. Wir erfahren weiter, daß Abt und Mönche *recreationis causa,* also zu Fischerei und Sommervergnügen in diese prächtige Bergwelt hinaufritten und die Seen sorgsam bewirtschafteten, wohl auch mit jenen delikaten *Engedeiner Fischen,* von denen der Skolar *Ferrari* zu schwärmen wußte.

Eine spätere Zeit, die den alten Sinn des Wortes „Pfaffe" als ursprünglich durchaus ehrerbietige Bezeichnung nicht mehr verstand, wob um die beiden Pfaffenseen die beliebte Wandersage vom Sonntagsschänder, der auch die Mahnung eines vorübergehenden Priesters in den Wind schlug und nicht vom gotteslästerlichen Tun abließ; als er dazu noch den „Pfaffen" verspottete, versank bald darauf sein blühendes Gehöft in den Fluten eines plötzlich ausbrechenden Gewässers. Die vermodernden Balken der Schleuse zwischen den beiden Seen in einem grünen, fast undurchdringlichen Dunkel mögen dieser Sage zusätzlich Nahrung gegeben haben. Im übrigen ist analog zu Zerz und anderen Hochtälern der Gegend hier durchaus mit einer früheren Dauersiedlung auf solcher Höhe zu rechnen. — Die Seen sind ein richtiges Stück Bergseligkeit und nicht nur das; an heißen Sommertagen kann man trotz der Lage über 2000 m gut in diesen Seen baden.

An weiteren Bergtouren sei vor allem die leichte Ersteigung des Watles-Hauptgipfel (2557 m) auf Weg 9 angeraten; wer gut zu Fuß ist, kann von hier über das Zerzer Tal absteigen und — den oberen Weg über den Fischgaderhof benützend — von Norden wieder nach Burgeis zurückkehren (etwa 6 Std. insgesamt). Kürzer ist der Abstieg von den Seen über die Schafhütte zum Fischgader (markiert, entspricht der Fortsetzung von Nr. 4). —

Wer es bequemer haben will, verzichtet auf den Besuch der Pfaffenseen und kann auf der nunmehr zur Gänze ausgebauten Straße nach etwa 5 km Fahrt den Hauptort des Tales erreichen. Man stellt den Wagen auf einem Parkplatz vor dem Ort ab, da für Schlinig selbst und vor allem für die Almen dahinter — nach Schweizer Muster — ein von allen Naturfreunden dankbar vermerktes, strenges Fahrverbot besteht.

SCHLINIG: Seehöhe 1726 m; klimatische Werte (Außenstelle der meteorol. Station Marienberg): Winter —4,5°, Frühling 1,9°, Sommer 10,7°, Herbst 3,7°. — Schlinig war bis 1927 eigene Gemeinde (mit Amberg und Marienberg) und ist seither Fraktion der Gemeinde Mals, mit rund 200 Einwohnern. Zwei Gasth. mit ca. 20—30 Betten; öffentl. Fernsprecher im Gasth. Patscheider („Schlinier Hof"). Guter Standort für Bergfahrten im Sommer und Winter, 1 Skilift im Ort und taleinwärts 10 km Langlaufloipe. Letztes Dorf vor der Schweizer Grenze (Finanzkaserne), Talort für die 1980 fertiggestellte neue Pforzheimer Hütte. Ausweispflicht im Grenzgebiet. — Verkehrsverein Mals bzw. Burgeis. — Postleitzahl 39024.

Wer absolute Ruhe, die Geborgenheit eines hochgelegenen Tiroler Weilers und die Weite einer so gut wie unbegangenen Berglandschaft liebt, hat mit Schlinig seine rechte Wahl getroffen. Schon eingangs haben wir gehört, daß hier noch lange Zeit der Braunbär hauste und von den Klosterjägern erlegt wurde; der letzte Abschuß ist uns für das Jahr 1874 bezeugt (Dalla Torre). Die Nähe des Schweizer Nationalparkes hat den Wildbestand des einsamen Tales bis zum heutigen Tag auf beachtlicher Höhe gehalten und läßt es zuweilen auch geschehen, daß der Steinbock sozusagen als „Gast" herüberwechselt.

Die Bauern leben fast ausschließlich von der Vieh- und Almwirtschaft, und auch der Haflinger wird hier mit Erfolg gezüchtet. Wie hart das Leben hier sein kann, mag durch das Lawinenunglück des Jahres 1888 dokumentiert werden, dem zwei Höfe und fast ein Dutzend Menschen zum Opfer gefallen sind. Hart ist es auch, daß die derzeitige Wirtschaftsstruktur für den Nachwuchs aus den kinderreichen Familien nicht die nötige Anzahl von Arbeitsplätzen schaffen kann. In diesem Zusammenhang wäre ein Aufschwung der Touristik in hohem Maße wünschenswert; das hat der Deutsche und Österreichische Alpenverein schon früh erkannt, als er 1901 im Talschluß die Pforzheimer Hütte (2256 m) erbaute; dieser wichtige Stützpunkt ist heute leider verfallen und dient der Zollwache als Notunterkunft. Daneben hat jedoch die Sektion Mals des Südtiroler Alpenvereins ein neues Schutzhaus gebaut, das ab 1981 zur Verfügung stehen wird, so daß man wieder von hier aus Bergtouren wird unternehmen können.

Die Not der Zeit und ein wenig Wildererblut dazu haben so manchen Burschen von Schlinig zu dem im Obervinschgau ziemlich verbreiteten „Gewerbe“ des Schmuggelns über die verlockend nahe Schweizer Grenze verführt; da dies nicht immer gut geht, kam und kommt es dazu, daß so mancher vorübergehend *vergitterte Staatswohnung genossen hat,* wie dies A. Bernhart in seiner Arbeit über das Schlinigtal nennt (siehe unten).

Die Geschichte dieses einsamen Bergtales hängt natürlich eng mit der von Marienberg zusammen, das hier fast ausschließlich Grundherr war und außerdem die niedere Gerichtsbarkeit ausübte.

Die Zugehörigkeit der Höfe von Schlinig und Amberg zur Urpfarre St. Stephan weist jedoch auf höheres Alter und frühere Besiedlung, zumindest schon in karolingischer Zeit. Diese Pfarre — mit ihrem eigenen, heute noch gut erkennbaren Friedhof — wurde nach der Gründung von Marienberg vom Kloster aus *excurrendo* versorgt; ein Mönch ging also das kurze Wegstück vom Kloster her, um in St. Stephan die Messe für die Bauern von Schlinig zu lesen und betreute sie außerdem auf ihren entlegenen Höfen. Erst im 15. Jh. erhält Schlinig eine kleine gotische Kirche, die durch Umbauten und Anbau des Turmes im Jahre 1775 in ihre heutige Form gebracht wird. Bald darauf wurde Schlinig Expositur, nachdem St. Stephan ein Jahr zuvor (1786) durch Verfügung Josefs II. als Pfarre aufgehoben worden war; einen ständigen, in Schlinig wohnhaften Seelsorger treffen wir erst ab 1821 an; seit 1884 ist Schlinig Pfarre, nach wie vor zu Marienberg gehörend.

Im Marienberger Archiv ist uns eine Gemeindeordnung aus dem Jahr 1532 für den Ort Schlinig erhalten, die hochinteressante Rückschlüsse auf die damaligen Rechts- und Wirtschaftsverhältnisse erlaubt. Dieses kulturhistorisch wertvolle Dokument wurde von Anton Bernhart auszugsweise im „Schlern“ (Jg. 1964, S. 26 ff., mit Abb.) veröffentlicht; der Einleitung hiezu verdanken wir nützliche Hinweise für den vorliegenden historischen Abriß.

Auffallend sind die Bestimmungen zum Schutz des Waldes bzw. die strengen Strafen für Raubbau, die auch für heutige Verhältnisse als mustergültig angesehen werden können. Die erwähnte Gemeindeordnung ist — was für diese frühe Zeit auffällt — in deutscher Sprache verfaßt. Hier spiegelt sich schon das Bemühen der Abtei, durch deutschen Schriftverkehr die romanische Sprache und mit ihr die Lehre Zwinglis zurückzudrängen. Unser geschichtlicher Rückblick wäre nicht vollständig, wollten wir jenen Bildhauer Franz A b a r t (geb. 1769 in Schlinig, gest. 1863 in St. Niklausen, Kanton Obwalden) übersehen, der mit 14 Jahren das heimatliche Bergtal verließ und in der Schweiz zum vielfach ausgezeichneten Künstler wurde, der für zahlreiche Kirchen und auch im Auftrag der Stadt Bern gearbeitet hat (hiezu R. Winkler in „Schlern", Jg. 1971, S. 360 ff. mit Abb. von Werken). — Der im Vinschgau und im ganzen Land nicht seltene Familienname Abart wird von der Sprachforschung auf die romanische Aussprache des altdeutschen Personennamens Hawart (z. b. der Dichter Hawart von Antholz) zurückgeführt; in der Sprache des Obervinschgaues wurde das anlautende h nicht oder nur mühsam gesprochen. Vgl. hiezu auch das *Santa Chans* in Taufers.

Die P f a r r k i r c h e z u m h l. A n t o n i u s A b t wurde, wie bereits erwähnt, in den Grundzügen schon im 15. Jahrhundert erstellt; sie ist mit dem hübschen Zwiebelturm das Muster einer gepflegten, weithin leuchtenden Bergkirche.

Der Hochaltar ist um 1763 errichtet worden, die Seitenaltäre sind um rund 100 Jahre ältere Arbeiten. Von den Altären sind die wertvollsten Stücke im Sommer 1976 gestohlen worden. Der von St. Stephan stammende Taufstein steht am Friedhof und ebendort findet sich eine Weihwasserschale mit dem Wappen des Abtes Bernhard von Wehingen (1518—1556). Die Kirche ist so klein, daß der Taufstein außerhalb und die Orgel (1835) hinter dem Hochaltar stehen muß. — Sehenswert neben dem Gasth. Patscheider die hierherverbrachte alte M ü h l e des Polsterhofes (vgl. S. 193) und die „Zirbelstube" des Hauses.

Bevor wir nun unsern Weg talaus antreten, müssen wir uns noch kurz dem T o u r e n g e b i e t des inneren Schlinigtales zuwenden, wo wir nur mehr einige einfache Almhütten und Kapellen (St. Sebastian) antreffen; um so willkommener ist uns der nunmehr wieder benützbare, bereits erwähnte Stützpunkt des neuen Schutzhauses. Als leuchtendes Ziel haben wir den M u n t p i t s c h e n (3162 m) vor uns, einen formschönen Vorgipfel, der den eigentlichen Hauptgipfel der Gruppe, den P i z S e s v e n n a (3205 m), von hier aus gesehen noch verdeckt.

Von Schlinig (1726 m) zur Schliniger Alm mit der ab Sommer 1981 benützbaren Pforzheimer Hütte (2256 m) müssen wir knapp zwei Stunden rechnen (Weg Nr. 1); nun noch ein Stück talein und dann links ab, auf Steigspuren in 1½ Std. zur *Fuorcla* (Scharte) *Sesvenna.* Von hier quert man zum oberen Rand des *Sesvenna*-Gletschers und erreicht den Gipfel schließlich über den Ostgrat; für Geübte nicht schwierig, insges. 4—5 Std. ab Schlinig. Die *Sesvenna* ist für den erfahrenen Alpinisten auch eine großartige Skitour. — Zum Abstieg wählt man am besten den Anstiegsweg und kann dabei im traumhaft schönen Furkelsee oder im nahen Sesvennasee baden; eine Überschreitung hinüber zum Scharljöchl (Cruschetta) ist nicht unschwierig.

Der Schlinigpaß (2298 m; auch *Schlinglapaß)* selbst ist Ausgangspunkt für den *Piz Cristannes* (3094 m), der jedoch nur von der Schweizer Seite her, im Bogen ausholend, über die *Fuorcla Cornet* leicht zu erreichen ist (Genehmigung der Grenzwache einholen!). — Nach der anderen Seite ist von hier die Rasaß-Spitze (2941 m; darunter der bereits genannte schöne Rasaß-See) über die nordwestlich vorgelagerte *Craist Alta* in etwa 2½ Std. ab Pforzheimer Hütte durchwegs leicht zu erreichen. Schließlich sei noch der Weg Nr. 8 erwähnt, der die Verbindung zwischen Schlinig- und Zerzer Tal herstellt.

Der Bau der neuen Straße durch das Schlinigtal läßt eine Talumrundung auf den alten, nunmehr fast wieder verlassenen Wegen als sehr schöne Wanderung empfohlen sein.

Den alten Fahrweg ab St. Stephan haben wir bereits gerühmt; bei einem Sägewerk im Talgrund des Metzbaches — auch *Sella* genannt — trifft man auf den am rechten Ufer talaus führenden Weg Nr. 10, der bei einem Kapellenbildstock von rechts einen breiteren Wirtschaftsweg aufnimmt; es ist dies die Markierung Nr. 11, die dem Almbach entlang ins *Arundatal* zur Laatscher Alm (2041 m) und noch ein Stück weiter zur Schleiser Alm (2076 m) führt.

Dieses Tal von *Arunda* scheint früher dichter besiedelt gewesen zu sein. Jedenfalls stand an Stelle der heutigen Laatscher Alm ein urkundlich belegtes Gehöft *Tschefritt,* und außerdem nennt J. J. Staffler noch *Trümmer des eingesunkenen Bergschlosses Arunda,* von dem jedoch außer einer Einzeichnung in Anichs Karte keine Kunde zu ermitteln ist. — Die Örtlichkeit „Bei den sieben Brunnen“ läßt auf eine Heilquelle oder Kultstätte schließen, da wir in „sieben“ die indogermanische Wurzel *seb* gleich *heilig* vermuten dürfen.

Eine darauf bezügl. Sagenüberlieferung ist dem Verf. nicht bekannt geworden, wohl aber die Kunde von einer *Norglhöhle* hoch oben im *Arundatal.* Dort hauste ein Männlein, das den Sennern stets behilflich war und von ihnen bald als *Verwunschener* erkannt wurde. Als den Hirten dereinst der Norg nach einem besonders harten Winter wieder freudig zulief, da fiel ihnen auf, daß der kleine Mann stark abgemagert war und zerschlissene Kleider trug; da brachten sie ihm heimlich ein nagelneues Lodengewand in seine Höhle — aber, o weh, das Männlein kam mit dem neuen Anzug und rief klagend:

I schüns Mannl, i schüner Bue
Und i enk die Küh nimmer hüten thue!

Damit war der Norg verschwunden, aber lange noch verkündete er den Sennern als hilfreicher Geist herannahendes Unwetter (nach Zingerle, S. 62).

Wir sind nun wieder auf den rechtsufrigen Talweg zurückgekommen und erreichen bald den in beherrschender Lage thronenden Polsterhof (1336 m), am Güterweg zu den Almen des Arundatales auf einer von Natur aus wehrhaften Kuppe gelegen.

Der Name dieses Gehöftes, an dessen Stelle Innerebner eine Urzeitsiedlung vermutet, geht der Volksüberlieferung nach auf die Verpflichtung des jeweiligen Hofinhabers zurück, zur Hinrichtung eines jeden vom landesfürstlichen Richter in Glurns Verurteilten einen Polster bereitzustellen, auf den der Unglückliche sein Haupt zu legen habe. Nach den Forschungen von A. von Porta („Schlern", Jg. 1920, S. 150) mußte jedoch der Polster zusammen mit einem Stuhl für den Richter bereitgestellt werden, was ersatzweise und später ausschließlich durch Zahlung eines Guldens erfolgte. Nach dem Engadiner Krieg (1499) nahm nun das Räuberwesen derart überhand, daß ein Baumann des Polsterhofes nachweislich Bittschrift darüber führte, diese Gulden nicht mehr aufbringen zu müssen. Früher habe man alle fünf oder sechs Jahre nur einen geköpft, so klagt er, und jetzt seien es in einem Jahr bis zu einem Dutzend ...
Die kleine Martinskapelle am Weg vom Polsterhof nach Schleis (erbaut 1669 von Vorfahren des obgenannten A. von Porta und erst 1970 renoviert) ist Ziel einer Lichterprozession am Fest dieses Heiligen (11. Nov.), der den Bewohnern des nahen Schleis nicht allein als Viehpatron, sondern überhaupt als Helfer in allen Gefahren gilt. Auffallend ist, daß — zumindest nach älterer Tradition — an diesem Bittgang kein Priester teilnimmt. Die Dorfbuben von Schleis tragen an langen Stangen ausgehöhlte, von innen mit Kerzen erleuchtete Kürbisse, die mit verschiedenen Symbolen und Sprüchen kunstreich verziert sind (hiezu H. Laner in „Schlern", Jg. 1956, S. 128 f., mit Abb. von zwei derartigen Lampions). Im Gegensatz zu manch anderem Brauchtum ist dieser Lichterkult noch absolut lebendig und wird alljährlich feierlich begangen. —
Wir steigen nun parallel zur tiefen Klamm (Gneisphyllit und Granit), die der Metzbach vor seiner Mündung in die Etsch durchreißt, hinunter in das nächste Dorf an unserm Weg durch den oberen Vinschgau.

SCHLEIS: Seehöhe 1074 m; klimatische Werte vergleichbar mit Burgeis. — Schleis ist zusammen mit dem Polsterhof und der ganzen rechten Flanke des äußeren Schlinigtales Fraktion der Gemeinde Mals mit rund 300 Einwohnern; zwei Gasthöfe mit ca. 20—30 Betten, auch Privatzimmer. Auskünfte durch Fremdenverkehrsverein Mals. — Öffentlicher Fernsprecher im Gasthof „Goldener Adler". Postleitzahl 39024.

Schleis liegt am unteren, westlichen Rand der hier schon intensiv bebauten Malser Haide; das kleine, von keinem Lärm gestörte Dorf schmiegt sich in die ersten Obstgärten des Obervinschgaues und ist ein idealer Ausgangspunkt für Wanderwege, der Etsch entlang bis hinauf nach Burgeis oder talabwärts bis Laatsch; auch der Weg am Rand des Fasseswaales (*fossa* - Graben), der mitten über die Haide führt, erschließt ein echtes Stück Obervinschgau.

Der Name (1159 *Scluisis*) hat zweifellos mit der Klamm des Metzbaches zu tun (*clusa* - Klause) und taucht schon sehr früh auf. Ebenso weist St. Laurentius als Patron der Pfarrkirche auf hohes Alter, da wir diesen Märtyrer nicht selten an sehr alten Siedelstätten finden, wie zum Beispiel in St. Lorenzen-*Sebatum* im Pustertal oder auch im Laurentiuspatrozinium Bozen-Rentsch, wo wir das römische *Pons Drusi* zu suchen haben.

Die Kirche wird bereits 1292 erwähnt, wurde aber 1689 durch einen Ausbruch des Metzbaches zerstört; damals wurde die schon bestehende Laurentiuskapelle zur heutigen Kirche ausgebaut. Die Einrichtung entstammt vorwiegend dem 17. und 18. Jh., so auch eine Krönung Mariens (um 1650), die früher in der Gruft stand; der Taufstein aus weißem Marmor ist 16. Jh., wogegen die schöne Weihwasserschale, ebenfalls aus weißem Marmor, etwas später anzusetzen ist. — Bemerkenswert ist die Maria mit Christkind (16. Jh.), die in der Sakristei verwahrt und nur im Oktober in der Kirche aufgestellt wird. — Die etwas außerhalb der Ortschaft an der Straße nach Mals stehende St.-Anton-Kapelle ist versperrt und wirkt von außen etwas verwahrlost. Die bei Weingartner verzeichneten Skulpturen (Mitte 16. und 17. Jh.) sind derzeit deponiert.

Im Ortsbild fallen mehrere freskengeschmückte Häuser auf, so etwa am Platz neben dem Hirschenwirt (1659), neben der Kirche (datiert 1765) und das Haus Nr. 4 (Thöni) mit Freitreppe und Loggia; das bei Weingartner als *malerisches Haus* bezeichnete Gebäude hat eine (nur mehr teilweise erhaltene) Zinnenmauer mit heute leider zerstörtem Fassadenschmuck aus dem Jahr 1648; beim Haus Nr. 39 im Oberdorf fällt eine hübsche Freitreppe auf. — Freude an Ornamentik und Schmuck scheint in Schleis nicht zufällig zu sein, denn von hier stammt der hochbegabte Maler Franz Pund (geb. 1760), wie J. E. Holzer der Sohn eines Müllers; J. J. Staffler rühmt *sichere Zeichnung, Ausdruck und Geist* in den Bildern des jungen Vinschgauer Künstlers, dessen kometenhafter Aufstieg jäh unterbrochen wird; anläßlich eines Studienaufenthaltes in Wien stirbt er, noch jünger als Holzer, erst 24 Jahre alt. — Ebenfalls aus Schleis stammt der namhafte Historiker Anton Noggler (geb. 1851), der wegen seiner liberalen Gesinnung seines Lehramtes in Innsbruck enthoben und nach Krems versetzt wurde, wo er, in seiner Bedeutung verkannt, 1923 gestorben ist (hiezu ausführl. H. Kramer in „Festschrift für Leonhard Franz“, Innsbruck 1965).

Von Schleis nach Mals wäre es nur ein Katzensprung; aber man sollte sich dem vieltürmigen Ort am Fuß der Haide von Norden her nähern, begleitet von den verwehten Vogelbeerbäumen an der Straße, die allesamt wie Wegzeiger die Richtung geben, hinunter nach Mals.

MALS: Seehöhe 1050 m; klimatische Werte etwas höher anzusetzen als für Burgeis/Marienberg. — Die Marktgemeinde Mals ist mit 24.711 ha Grundausdehnung nach Sarntal die zweitgrößte Gemeinde Südtirols und zählt in allen Fraktionen 4700 Einwohner, davon 330 Italiener; die geschlossene Siedlung selbst hat 1550 Einwohner (1067 im Jahre 1841). — Ein Teil der größeren Fraktionen ist im vorliegenden Abschnitt bereits behandelt worden (Plawenn, Planeil, Burgeis, Schlinigtal und Schleis), der Rest wird im folgenden Abschnitt V betrachtet (Laatsch, Tartsch und das Tal von Matsch). — Entfernungen: zum Reschen 18 km — nach Schluderns 4 km. Im Ort die Endstation der eingleisigen Eisenbahnlinie Bozen—Meran—Mals.

Mals ist Dekanat für den gesamten Obervinschgau bis zur alten Diözesangrenze (Enklave Brixen—Trient) zwischen Spondinig und Eyrs (1818—1964; vgl. hiezu auch S. 116). Im Sommer evangelischer Gottesdienst in der Michaelskapelle am Friedhof. — Der Markt hat Mittel-, Berufs- und Handelsschule, Kapuzinerkloster und Niederlassung der Barmherzigen Schwestern. — Musikkapelle Mals seit 1842. — Ärzte, Apotheke und Spital im Ort, ebenso Bank und Wechselstube. Postamt Mals mit Postleitzahl 39024. Mechanische Werkstätten, Tankstellen und Taxi; Meldestelle der Straßenpolizei und Notruf Rettungsdienst Weißes Kreuz 4 44 44.

Mals hat rund 25 Gasthöfe und Pensionen, dazu Privatquartiere mit insges. rund 1000 Betten, Campingplätze und ein Lichtspieltheater, schönes, geheiztes Freischwimmbad mit Spielwiese und einen Naturpark östlich etwas oberhalb des Ortes. Alpine Auskünfte durch Sektion Mals des Südtiroler Alpenvereins, derzeit Johann J. Warger, Haus Nr. 121. Möglichkeit zum Skilauf in näherer (Burgeis, Schlinig) und weiterer Entfernung (nach Trafoi z. B. nur 23 km). Auskünfte durch Verkehrsverein Mals; Informationsstelle und Zimmernachweis in einem Kiosk am Kirchplatz (dort auch Abfahrt der Autobusse).

Die frühe Geschichte des Marktes Mals, der heute unbestritten als der Hauptort des oberen Vinschgaues angesehen wird, erscheint nach einem ersten Blick auf die Innerebnersche Wallburgenstatistik zunächst durch keine ausgeprägte prähistorische Siedlung belegt zu sein.

Immerhin findet sich in der Liste der „Wahrscheinlichen Siedlungen" jene aussichtsreiche Hochweide Malettes auf 1597 Metern Höhe östlich oberhalb von Mals, von der schon Arbogast von Plawenn als *Fluchtburg am Venostenweg* spricht („Schlern", Jg. 1950, S. 282). Man hat zwar — soweit die Literatur davon weiß — auf Malettes keine Funde getätigt, doch berichtet die Sage eine ganze Reihe von Dingen, die in einer uns wohlbekannten Weise auf prähistorischen Boden deuten; so berichtet Winkler (S. 72 f.) von Malettes als berüchtigtem *Hexentummelplatz,* auf dem es so unheimlich ist, daß hier nicht einmal die Tiere bei Nacht lagern; nirgendwo sonst im Oberland treiben es die Hexen so toll wie eben auf Malettes. — Dieses recht eindeutige Bild wird noch ergänzt durch das Vorkommen von Schalensteinen bzw. einem vermuteten Opferstein (vgl. hiezu „Schlern", Jg. 1946, S. 309).

Möglich, daß dieser Name schon mit dem späteren Mals zusammenhängt; man wollte den Namen früher aus althochdeutsch *mahal* (Versammlungsplatz, Thingstätte) ableiten, doch spricht sich neuerdings Finsterwalder (in „Der Obere Weg", S. 226) für eine ältere, indogermanische Wurzel **mal* aus, die soviel wie „Berg" (auch „Rand", „Ufer") bedeutet und gut schon im alten *Malettes* stecken könnte.

Ältere Forscher (Coelestin Stampfer u. a.) haben in Mals eine römische Straßenstation an der *Via Claudia Augusta* gesehen, was sie mit dem „römischen" Charakter des runden Fröhlichsturmes und dem Grabstein einer *Rufina* (heute Ferdinandeum Innsbruck) belegen wollten; mittlerweile haben jedoch Weingartners Forschungen ergeben, daß alle Rundtürme (im Vinschgau noch Tschenglsberg, Rotund und Reichenberg) mittelalterlich sind. — Wenngleich nun kein Zweifel bestehen kann, daß Mals ein wichtiger Rast- und Knotenpunkt an einer alten Straße war, so müßte die Existenz einer größeren römischen Station

Die malerische Laubengasse von Glurns ist durch zahlreiche Überschwemmungen immer höher aufgeschüttet worden. Unser Bild stammt noch aus der Zeit vor der mustergültigen Sanierung des alten Städtchens (zu Seite 248).

← Umseitig: Die kostbare romanische Madonna aus der Churburger Schloßkapelle, um 1270 (zu Seite 267).

Eckrondell der Glurnser Stadtmauer, Teil der einzigen vollständig erhaltenen Stadtbefestigung Tirols (zu Seite 248).

St. Johann in Taufers: ← Gesamtansicht und Detail aus dem Gewölbe (zu Seite 237).

Ruine Obermatsch mit Burgkapelle (zu Seite 264).

Die auch im Bild gegenüber am Hang sichtbare Kirche von Matsch, hier talauswärts gegen den Ortler hin gesehen (zu Seite 260).

Im prächtigen Renaissance-Loggiengang der Churburg finden sich Sinnsprüche, Fabelszenen und im Gewölbe selbst der durchlaufende Stammbaum der Matscher Vögte und ihrer Nachfahren, der Grafen Trapp (zu Seite 267).

Die Rüstkammer der Churburg (zu Seite 269).

206 Sankt Sisinius bei Laas (zu Seite 323).

Schlanders — Mittelpunkt der Talgemeinde Vinschgau (zu S. 333)

208 Schloß Annenberg, am Sonnenhang über Goldrain gelegen (zu Seite 353).

Über dem Eckrondell der Burgruine Lichtenberg ist die auf malerischem Hügel gelegene Kapelle zur hl. Christina zu erkennen (zu Seite 282).

Mit insgesamt 48 Haarnadelkurven windet sich die Stilfser-Joch-Straße von Prad (915 m) bis zum Scheitelpunkt auf 2757 m Höhe (zu Seite 290).

← Die romanische Kirche Sankt Johann in Prad (zu Seite 279)

Der Ortler ist mit 3902 Metern der höchste Berg der Ostalpen östlich der Schweizer Grenze; in Bildmitte und Gipfelfallinie die Nordwand (zu Seite 296).

Die Königsspitze macht ihrem Namen alle Ehre; mit 3859 Metern steht sie dem Ortler an Höhe nur wenig nach und übertrifft ihn fast durch das Ebenmaß ihrer Formen (zu Seite 297).

214 Das barocke Kirchlein Sankt Peter in Tannas erhebt sich über den Trümmern eines uralten Heiligtums (zu Seite 275).

Schlanders von St. Ägidius oberhalb Kortsch aus.

Riesige Halden reinweißer Marmorblöcke liegen am Bahnhof von Laas zum Abtransport bereit (zu Seite 326).

doch erst noch durch entscheidende Funde belegt werden. Kirchlich gesehen glaubt Huter, daß Mals *vielleicht Erbe von Tartsch* sein könne, von dessen hervorragender Bedeutung in prähistorischer Zeit noch ausführlich die Rede gehen wird. Urkundlich ins Licht der Geschichte tritt unser Mals nun als tirolische Dingstatt im Jahre 1211 *(Malles in publico placito;* zit. b. Huter, S. 532), doch verliert es diesen Rang nach und nach an das vom Landesfürsten begünstigte, schon früh zur mauerumgürteten Stadt ausgebaute Gericht Glurns; Mals hingegen bleibt Sitz des churischen Gotteshausrichters und damit eine Art Gegenpol der bischöflichen gegen die landesfürstliche Macht. Später und bis zum heutigen Tag überflügelt Mals vor allem aus wirtschaftlichen Gründen den Gerichtssitz Glurns, was sich auch in der frühen Erhebung zum Markt und der gleichzeitigen Verleihung des oben abgebildeten Wappens abzeichnet (1642 durch Erzherzogin *Claudia de' Medici).*

Engadiner Krieg (1499) und Franzosenkämpfe (1799) haben, wie wir bereits wissen, dem aufstrebenden Ort furchtbar zugesetzt. Beide Male wurde Mals zum Großteil in Schutt und Asche gelegt. Im Jahre 1836 zerstörte eine weitere Brandkatastrophe 19 Häuser des Marktes; es war dies das Werk eines Pyromanen, des *Feuerteufels* Josef Mesmer, der für seine Tat 1839 in Innsbruck öffentlich durch den Strang hingerichtet wurde. Ebenfalls im Jahr 1836 rafft die Cholera fünfzig Menschen dahin, 1859 brennen wiederum 22 Wohnhäuser nieder (Dietl, Chronik von Mals). Dennoch haben sich in den Grundzügen viele typische und sehr altertümliche Häuser bis in die Gegenwart herauf erhalten, und auch die Kirchen konnten wenigstens teilweise gerettet werden. — Einen bedeutenden touristischen Aufschwung brachte für Mals die Erbauung der Vinschgauer Eisenbahnlinie im Jahre 1906, als deren Endstation der Markt zum wichtigen Umschlagplatz wurde, zur Drehscheibe für Handel und Fremdenverkehr im Obervinschgau; eine Sektion des Deutschen und Österreichischen Alpenvereins war in Mals schon 1884 gegründet worden. — Seinen so erworbenen Rang hat Mals bis zum heutigen Tag bewahrt und ausgebaut. Dazu ist es Schul- und Verwaltungsmittelpunkt des Oberlandes und außerdem wichtiges Zentrum für die Aufforstung des erst ab hier talabwärts vielfach kahlen Sonnenberges. Rein wirtschaftlich gesehen spielt die im Umkreis des Ortes sehr intensive Bebauung der großen Malser Haide noch immer eine bedeutende Rolle, neben dem hier schon einsetzenden Obstbau und dem Handwerk, zu dem sich neuerdings einige Industriebetriebe in der Umgebung gesellen.

... wir haben hier eine Landschaft vor uns, die von der Architektur ganz wesentlich mitgeformt wird, ja hier kann man sagen, von den Bauwerken das eigentliche Wesen empfängt ...

Josef Weingartner, in „Südtiroler Bilderbuch“

In einer Landkarte des Humanisten *Sgrothenius* aus dem Jahre 1565 wird Mals als Siebenkerchen bezeichnet, als ein Ort mit sieben Kirchen, und ebensoviele Gotteshäuser oder deren Überreste lassen sich heute noch abzählen. Wer in unseren Tagen von der Malser Haide her kommt, wird im Blickfeld fünf Türme zählen, eine einprägsame Silhouette — mit der Weite der großen Murkegel und der darüber aufgetürmten Ortlergruppe symbolisch für die Linien, aus denen das ernste Antlitz des Vinschgauer Oberlandes gezeichnet ist.

Die Türme von Mals eröffnen das Erlebnis „Romanik im Vinschgau“; was bisher trotz aller Bedeutung nur am Rande stand — Sankt Stephan und die vom Barock überdeckte Krypta in Marienberg — das tritt nun in den edlen und schlichten Linien der drei Türme von Sankt Benedikt, von Sankt Martin und Sankt Johann unmittelbar vor den Beschauer. Es sind die klassischen, stumpfen Vierecktürme mit rundbogigen Friesen und Schallfenstern und ihnen gegenüber fest in sich gefügt der gewaltige runde Bergfried, der seinen Namen „Fröhlichsturm“ in fast finsterer Weise Lügen straft; es paßt demnach auch besser die Nachricht zu ihm, daß er nach den Herren von Lichtenberg unter anderen auch den Vögten von Matsch gehört hat. Nur der Pfarrturm lockert das Bild ein wenig auf, hier streben größere Schallfenster zu gotischen Bogen, und der spitzige Achteckhelm belebt das strenge Bild der fünf Türme von Mals.

Dem kunsthistorisch interessierten Besucher sei nun geraten, den Gang durch den Ort nicht allein zu einer Suche nach Sehenswürdigkeiten herabzuwürdigen, sondern sich ganz dem Zauber dieses alten Mals hinzugeben, einem Winkelwerk von Gassen, durch die zum Teil unterirdisch, zum Teil auch sichtbar die Wasserwaale rauschen, vorbei an mauerumfriedeten Gärten und wieder hinaus in die Weite der Wiesen und Felder. — Am Westrand von Mals, unweit der Abzweigung von der Umfahrungsstraße zum Ort, soll unser Rundgang beginnen. Hier — nicht weit von einem jener häßlichen Betonbunker, die wie graue Kröten da und dort sitzen — steht das hervorragendste Denkmal sakraler Bau- und Bildkunst im Vinschgau, das uralte Kirchlein Sankt Benedikt.

Durch Jahrhunderte hat man den einmaligen künstlerischen und dokumentarischen Rang dieses zu den ältesten Kirchen von Tirol zählenden Gotteshauses (mindestens 9. Jh., Turm 12. Jh.) nicht erkannt. Der Seelsorge diente es schon seit der Profanierung unter Josef II. nicht mehr (1786), man verwendete es als Abstellraum — nichts erinnerte mehr daran, daß dieses St. Benedikt, dereinst wahrscheinlich Eigentum des in karolingischer Zeit gegründeten Frauenklosters *Müstair,* so kostbare Schätze barg. Es war ein Gymnasiast aus Mals, der nachmalige Pfarrer Brugger, der als erster in der zur Rumpelkammer herabgesunkenen kleinen Kirche einen Freskenrest aufdeckte. Weingartner berichtet in anekdotischer Form („Südtiroler Bilderbuch", Seite 223), wie eine Photographie dieses Fragmentes durch Zufall in die Hände des Wiener Professors Max Dvořak kam und wie dieser dazu die wahrhaft prophetischen Worte sprach: *Wenn nicht alles trügt, ist die Malerei karolingisch . . .* Der damalige Student Weingartner hatte diese Worte nicht vergessen und sie anregend an den Kunsthistoriker Josef G a r b e r weitergeleitet, dessen Hauptverdienst die Wiederentdeckung von Sankt Benedikt werden sollte.

In den Jahren 1913/14 wurden die Fresken der Nordwand aufgedeckt. Die größte Überraschung ergab sich aber, als man die gerade abschließende Ostwand untersuchte und abzutragen begann; es kamen dahinter die heute sichtbaren d r e i A l t a r n i s c h e n zum Vorschein, deren in Flechtbandtechnik gearbeitete Stucksäulen mit figurierten Kapitellen zum überwiegenden Teil als Füllmaterial verwendet und zertrümmert waren, zu einem geringen Rest aber heute noch an der linken Apsis erhalten sind. Außerdem fanden sich Fragmente von Marmorplatten, ebenfalls mit dem Flechtband in reicher Ornamentik verziert (9. Jh.), die heute im Museum von Bozen verwahrt werden; es scheint, daß sie ursprünglich als Mensaverkleidung der Seitenaltäre gedient haben. Die Altarnischen selbst enthalten noch Holzreste, die hinter der schützenden Mauer mehr als tausend Jahre überlebt haben, ebenso wie der reiche und wertvolle Freskenschmuck der ganzen Altarseite.

Obwohl man mit diesen aufsehenerregenden Funden auf den unschätzbaren Wert dieser Kirche gestoßen war, wurden ihr durch Einquartierungen im Ersten Weltkrieg weitere Schäden zugefügt. Auch die von Garber sorgfältig in Kisten geborgenen Stuckreste wurden gestohlen und in alle Winde verstreut (Reste im Bozner Museum; Abbildungen des gesamten Fundmaterials erhalten).

Gründliche Restaurierungsarbeiten wurden wiederum 1962/63 durch das Denkmalamt in Trient vorgenommen, wobei die Mauern entfeuchtet sowie die Fresken überarbeitet und gesichert wurden.

Sankt Benedikt bleibt stets verschlossen, doch kann man sich im Haus gegenüber (Nr. 101, 1. Stock) den Schlüssel besorgen und die Kirche in Anwesenheit des verantwortlichen Kustos besichtigen. Es liegen außerdem Farbdias und Karten auf, sowie der „Kleine Laurin-Kunstführer“ Nr. 8 von Ursula und Edmund Theil (2. Aufl., Bozen 1969) mit sehr gutem Text, ausführlichen Literaturangaben und mit reichem Bildmaterial, darunter die Abb. der in Trient verwahrten Marmortafel und die bemerkenswerte, nach Josef Garber wiedergegebene Rekonstruktion der Altarwand (hiezu auch *Rasmo,* vgl. Lit.-Verz.).

Rekonstruktion der Altarwand von Sankt Benedikt, nach Garber

Nicht minder bedeutsam als die frühen („langobardischen“) Stukkaturen sind die Fresken von Sankt Benedikt, *eine wertvolle Bereicherung der an sich nicht sehr zahlreichen Malerei aus karolingischer Zeit* (E. Theil), nach dem Urteil Weingartner/Ringlers *ein hervorragendes Denkmal, neben den Fresken von Sankt Prokulus* (siehe dort) *die ältesten Wandgemälde in Tirol und überhaupt auf heute deutschem Boden.*

Wir betrachten zunächst die Nordwand. E. Theil glaubt, daß durch das Aufführen einer Schutzmauer (bald nach der Jahrtausendwende) vor allem der untere Teil der Gemälde zerstört wurde. Erkennbar sind heute noch (von l. nach r.): Märtyrer werden mit Ruten geschlagen; Steinigung des hl. Stephan; Bekehrung des Saulus (?); disputierende Kleriker und daneben ein schreibender Kirchenlehrer mit drei Tauben, sehr gut erhalten, nach neueren Forschungen (Oswald Beck) Sankt Medardus darstellend, dessen Attribut diese Tauben sind.

Die Altarwand mit ihren drei Nischen (nicht Apsiden) ist für Theil *ein Unikum in der Kunstgeschichte überhaupt.* Garber entdeckte bei der Freilegung der hölzernen Mittelmensa eine Vertiefung, die möglicherweise für ein *Portatile* (tragbaren Altar) ausgespart war; außerdem kamen aus einer Nische gelbliche Erde und Glassplitter zum Vorschein, vielleicht Erde und Scherben von Reliquienfläschchen aus den Katakomben. — Die drei Hauptfigurenfresken in den Nischen sind erhalten, links — laut Inschrift — der hl. Gregor, in der Mitte der segnende Christus mit einem Buch in der Linken, und rechts Sankt Stephan; über den drei Nischen sind verblaßte Reste von Apostelbüsten zu erkennen.

Neben diesen gewissermaßen „konventionellen" Darstellungen stehen die zwei Figuren an den Säulen rechts und links der Mittelnische völlig außerhalb des gewohnten Rahmens; hier hat der eine der beiden unbekannten Meister von Sankt Benedikt (dem auch die Fresken der Nordwand zugeschrieben werden) links den weltlichen Stifter — das Bild eines fränkischen Edelings in karolingischer Hoftracht mit dem Schwert in der Hand — dargestellt. Dieses Porträt eines offensichtlich zur Zeit der Ausarbeitung noch Lebenden (darauf weist der quadratische *Nimbus)* ist in seiner Datierung (Anf./Mitte 9. Jh.), seiner Monumentalität und ernsten Würde eine einmalige Leistung von hohem künstlerischem Rang. Ein ebensolches Urteil — ja fast in noch höherem Maße — gilt für den geistlichen Stifter (rechts), der das Modell der Kirche (noch ohne den aus dem 12. Jh. stammenden Turm) in Händen hält. Neuere Forschungen von Oswald Beck (private Mittlg.) stellen die gut fundierte These auf, daß im weltlichen Stifter Vogt Hartwig von Matsch zu sehen ist, während der geistliche Stifter der Churer Bischof Arnold von Matsch sein könnte.

Das Erlebnis dieses stillen Raumes und der ernsten Gesichter mit ihren großen Augen geht weit über das Suchen und Sammeln wesentlicher Marksteine in Kunst, Land und Landschaft hinaus — dieses Erlebnis ist unmittelbare Gegenüberstellung mit dem für Jahrtausende geprägten Bild der Welt — mit einem Bild, das durch das Leid aller Kreatur in der Geißelszene und durch die Kraft des erlösenden Geistes gezeichnet ist, von dem es heißt: *Im Anfang war das Wort.* —

Nicht weit von Sankt Benedikt, ein paar Schritte die Dorfgasse abwärts, schaut aus einem Obstanger und aus dem stillen, von einer zerbröckelnden Mauer umgürteten Raum eines ehemaligen Friedhofes der Turm von Sankt Martin heraus; das niedere Schiff der Kirche wird erst sichtbar, wenn man unmittelbar den in sich geschlossenen Bereich der alten Eigenpfarre des oberinntalischen Klosters Stams betritt.

Dieses Sankt Martin kann sich zwar an kunsthistorischen Besonderheiten mit St. Benedikt kaum messen, dafür ist es aber in seiner Geschlossenheit mit Kirchanger und Friedhof, Umfassungsmauer, Kirchsteig und Portal, mit dem alten Prälatenhaus der Stamser Herren und dem dazugehörenden kleinen Lustgarten eine Insel im alten`Mals und als nahezu unversehrt erhaltener Pfarrbezirk innerhalb einer Ortschaft einmalig in ganz Tirol. Man mag es dem Verfasser nachsehen, wenn er es gerade hier unter den Bäumen von Sankt Martin und im Rauschen der hohen Dorflinde neben dem kleinen Torbogen nicht fertigbringt, nur in den streng wissenschaftlichen Bahnen der Kunstgeschichte vorzugehn, sondern von Sankt Martin eins vor allem andern rühmt — eine das Innerste ergreifende Stimmung, die ihre feinen Fäden wie altes Silber um diese Idylle webt. —

Der romanische Turm — noch schöner als jener von Sankt Benedikt — und das Mittelschiff gehen noch auf das 12. Jahrhundert zurück. Um 1276 wird die Pfarre mit den kirchlich hierher verpflichteten Höfen (darunter auch z. B. der Polsterhof, vgl. S. 193) von Meinhard II. dem Stift Stams überantwortet, in dessen Besitz sie bis 1793 bleibt; in diesem Jahr geht der Komplex in die Hand der Familie Greil über und ist heute noch als Ganzes im Besitz direkter Nachkommen dieses Malser Geschlechts. —

Nach lokaler Tradition gilt St. Martin als die älteste Pfarre im Bereich von Mals.

Das Langhaus der Kirche erhielt im 16. Jh. den gotischen Chor und im Westen ebenfalls eine Verlängerung. Wie Proben zeigen, verbergen sich unter den Wänden der Empore reiche gotische Fresken, und Reste älterer Darstellungen wohl auch unter den Langhauswänden. Auf dem Säulenaltar im Inneren Sankt Martin zu Pferd und zwei Heilige, eher derbe Arbeiten des 17. Jh.s und sehr aufdringlich gefaßt. Die wertvollen Stücke der Einrichtung sind heute im Stamserhaus deponiert (siehe unten). — Im Umkreis der Kirche ist noch der schwere steinerne Sarkophagdeckel bemerkenswert, der vor dem Eingang zur Kirche halb in der Erde vergraben liegt (eine Aufstellung ist geplant). Das auf ihm rudimentär herausgemeißelte Dreibalkenkreuz findet sich auch oberhalb des Spitzbogenportales. Ein Martinsbild im Bogenfeld des äußeren Portales und ein Bildstock gegenüber sind teilweise stark zerstört. Allenthalben ist noch die ehemals geschlossene Einfriedung zu erkennen, die im Süden auch noch eine Art Klostergarten umfaßt.

Unterhalb der Kirche, durch den ehemaligen Friedhof getrennt, steht das bereits genannte ehemalige Pfarrhaus, nach den früheren Inhabern der Pfarre auch „Stamserhaus" genannt (Nr. 119), ein schönes Gebäude mit auffallend starken Mauern und Freskenschmuck des 18. Jahrhunderts (Prälatenwappen, Madonna) an der Fassade.

Im Inneren des Hauses im sog. „Prälatenzimmer" schöne Kassettendecke und ein turmartiger Kachelofen (um 1680); besonders hervorzuheben sind die außergewöhnlich sorgfältig gearbeiteten Schlösser und Türbeschläge, eine Reihe von guten Bildern und Holzeinlegearbeiten und vor allem die aus der Kirche hier sichergestellten Holzskulpturen, St. Martin zu Pferd, Maria im Strahlenkranz (vom Altargiebel) und schweißtuchtragende Engel (von der Predella), allesamt mit 16. Jh. datiert (Weingartner), dazu eine Pietà, signiert mit C. G. 1698 (= Christian Greiner, in der Umgebung relativ häufig vertreten). — Ein besonderer Schatz des Hauses ist ein Barockschrank, dessen Felder kein Geringerer als der große Johannes E. Holzer aus Burgeis mit Bildern geschmückt hat.
Die Führung durch den gesamten Pfarrbesitz wird für Studienzwecke und nach Maßgabe der verfügbaren Zeit von den kunstsinnigen Besitzern vorgenommen; einige Räume des Prälatenhauses werden von Fall zu Fall auch an Gäste vermietet.

Von Sankt Martin aus setzen wir unsern Gang durch Mals über die Spitalgasse hin fort. Hier finden wir das *malerische Durcheinander von grauen Türmen, von Obstgärten, uralten Kirchen, lebendigen Hecken und rauschenden Bächen,* wie es Ludwig Steub sehr treffend genannt hat. Den Weg beleben Bildstöcke und Kruzifixe, hübsche Fassaden und Erker, so etwa auch die Freitreppe im kleinen Hof der heute abgekommenen Kirche Sankt Johann, deren einsam ragender romanischer Turm der höchste und schönste von den drei Beispielen dieser Art ist.

Der Turm hat als einziges die Brandschatzung der Franzosen im Jahre 1799 überdauert; die Kirche selbst ging in Flammen auf und wurde nur mehr als Widum wiederaufgebaut. Die Gesamtwirkung des kleinen Vorplatzes, den man durch ein gemauertes Portal betritt, ist jedoch sehr schön und malerisch geblieben.

Ganz nahe ist nun der Bezirk der Pfarrkirche zur Himmelfahrt Mariens, in dem sich einige bemerkenswerte Sehenswürdigkeiten finden, von frühen Epochen herauf bis in die unmittelbare Gegenwart.

Da ist zunächst der runde Fröhlichsturm zu nennen, den man gut vom Friedhof aus besichtigen kann. Der gewaltige

Rundbau (33,5 m hoch) mit Resten von Wehr- und Palasmauern geht bis ins 12./13. Jh. zurück, war vielleicht ursprünglich der Sitz des churischen Vizedominus (so die Meinung Winklers), eignete urkundlich nachweisbar den Lichtenbergern und kam 1456, wie bereits erwähnt, in den Besitz der Herren von Matsch; seinen heutigen Namen trägt er nach einem späteren Besitzergeschlecht und gehört heute Herrn Franz Tumler, Müller in Mals. — Wie sehr die Matscher darauf bedacht waren, in Mals festen Fuß zu fassen, erweist auch der nahe Droßturm, der im 12. Jh. im Besitz dieses Geschlechtes nachgewiesen ist. Das Gebäude, das um einige Meter abgetragen und einem *barbarischen Umbau* (Weingartner) unterzogen wurde, ist heute nur mehr von rein burgenkundlichem Interesse. — Wir wenden uns nun vom Friedhof der Pfarrkirche zu, einem mächtigen Bau, der schon 1499 und dann wieder im Krieg des Jahres 1799 ein Raub der Flammen wurde, so daß sich aus der Zeit der ersten Erwähnung (1297) nichts Nennenswertes erhalten hat. Der Turm mit seinem etwas gedrungenen Achteckhelm wurde nach den Engadiner Kriegen von 1523—1531 neu erbaut und hat eine Marmorgalerie mit Drachen als Wasserspeier. Die heutige Form der Kirche und fast die ganze Einrichtung stammt aus der ersten Hälfte des 19. Jh.s und später; hervorzuheben ist ein bei Weingartner (4. Aufl.) nicht erwähnter Taufstein, der wohl ins 17. Jh. zu datieren wäre.

Einen ganz besonders wertvollen Schatz hütet die Pfarre Mals in dem Seitenaltarbild (1782), das den Tod des heiligen Josef darstellt, aus der Hand des berühmten Tiroler Malers Martin Knoller stammend (1725—1804); das südtirolische Hauptwerk Knollers findet sich in den Deckengemälden der Stiftskirche in Bozen-Gries. — Eine gute, rund 100 Jahre ältere Arbeit ist das Gegenstück zum Malser Knoller-Bild, Sankt Jakob mit Mutter vor *gut gemaltem Architekturhintergrund* (Weingartner).

Sankt Michael am Friedhof ist ein zierlicher spätgotischer Bau mit einem guten Verkündigungsfresko über der nordseitigen Eingangstür (Erbauungszeit, Anf. 16. Jh.). Der Oberbau der Kapelle dient im Sommer für evangelische Gottesdienste und als Depot für gotische Skulpturen, die zum Teil aus Sankt Benedikt hierher übertragen wurden. In der stets zugänglichen Gruft steht ein Weihwassertrog, aus einem einzigen Granitblock gehauen und allein seiner gewaltigen Ausmaße wegen sehenswert. — Ein Gang durch den Friedhof zeigt vor allem die reichliche Verwendung des unweit gebrochenen Laaser Marmors und im oberen Teil die schöne Kriegerdenkmalkapelle mit einem 1950 von Karl Plattner aus Mals geschaffenen Grablegungsfresko. In der Mitte der Kapellennische steht eine Art Sarkophag mit Gedenkinschrift für den General Ignaz von Verdroß, Freiherrn von Droßberg (geb. in Mals 1851, gest. Innsbruck 1931), Kommandeur des

Edelweißkorps im Ersten Weltkrieg, genannt der „Kaiserjägervater“. — Für die künstlerische Entwicklung des noch zu nennenden Karl Plattner ist, zum Vergleich mit dem Fresko in der Gefallenenkapelle, die 1966 geschaffene Ausgestaltung der Plattnerschen Grabstätte (Arkaden, rechts vom Ehrenmal) bemerkenswert. —

Zu Kirchenbauten aus neuerer Zeit zählt noch die einfache, aber sehr gepflegte Kapuzinerkirche (Weihe 1699), die man auf einem kurzen Abstecher in den südöstlichen Teil der Ortschaft erreicht; heute versorgen nur mehr drei Patres das kleine Kloster. Ihm gegenüber steht ein moderner Bau, das Michael-Gamper-Schülerheim im Schulviertel von Mals, nach Plänen des Bozner Architekten Helmuth Maurer 1970 vollendet, von dem auch der Neubau der danebenstehenden Mittelschule stammt. — Der Name „Michael-Gamper-Stiftung“ erinnert an Kanonikus Michael Gamper (1885—1956), den unvergessenen „Getreuen Eckart“ des Südtiroler Volkes in schwerer Zeit (hiezu W. Marzari: „Kanonikus Michael Gamper“, Wien 1974).

Der durchaus in rohem, noch die Spuren der Verschalungsbretter tragendem Beton gehaltene Bau mit klobigen Formen und hohen Umfassungsmauern erscheint auf den ersten Blick wie von den verfallenden Mussolini-Bunkern der dreißiger Jahre beeinflußt, erweist sich jedoch bei näherer Besichtigung und vor allem in der Innenausstattung als vorbildlich „funktioneller“ und überaus rationell durchdachter Zweckbau. Wie schwer sich allerdings die Bevölkerung mit dieser modernen Architekturauffassung getan hat, mag aus der folgenden, als wahr verbürgten Anekdote hervorgehn: Als das Heim die dringend für die Studenten benötigten Plätze anbot, kamen zunächst nur überraschend wenige Meldungen; es stellte sich heraus, daß die Leute ganz sicher in der Überzeugung waren, der in rohem Beton gehaltene Bau könne ja noch gar nicht „fertig“ sein. —
Bemerkenswert ist die Kapelle des Gamper-Heimes, ein in edlen und schlichten Linien gehaltener Raum mit einem überlebensgroßen Kruzifix aus Aluminiumguß von dem Vinschgauer Bildhauer Friedrich Gurschler (geb. 1923 in Unser Frau im Schnalstal); unwillkürlich wird man bei Betrachtung der herben Züge des Gekreuzigten an jene romanischen und vorromanischen Steinskulpturen erinnert, die für den Vinschgau so sehr bezeichnend sind. — Vom gleichen Künstler und aus gleichem Material sind eine Madonna und ein Tabernakel im anschließenden kleinen Andachtsraum; die in den Farben wohlabgewogenen Glasfenster der Kapelle schuf die Bozner Künstlerin Elfi Widmoser.

Nach diesem Abstecher gehn wir nun wieder über die Pfarrkirche zurück zum oberen Marktplatz, der durch die vorbildlich gepflegte Fassade des Ansitzes Lichtenegg und durch mehrere schöne Gasthäuser an der hier durch Jahrhunderte durchführenden Vinschgauer Hauptstraße gekennzeichnet ist.

Außer seiner dekorativen Bemalung ist der genannte Ansitz Lichtenegg auch wegen des Wappensteines der Grafen Mohr über dem Portal sehenswert. Schräg gegenüber, neben dem gleichnamigen Gasthaus, findet sich ein weiteres Marmorwappen mit dem Einhorn und der Inschrift *Hieronimo Feirtag;* das Wappen am Gasthof „Post" weist noch die einprägsame alte Bezeichnung *Gastgeb* für Wirt auf, andere Häuser („Krone", „Greif" usw.) haben schöne Wirtshausschilder. Neben all diesen kunsthistorischen Details muß jedoch vor allem der hier abzweigende Zugang zum aussichtsreichen Naturpark erwähnt werden, einem um 1880 von dem Malser Arzt Dr. Heinrich Flora angelegten Mischwald, der wegen seiner ruhigen und weitum beherrschenden Lage unter den Sehenswürdigkeiten von Mals nicht an letzter Stelle genannt werden darf. Am oberen Ende des durch den Park führenden Weges Nr. 12, der auf halber Höhe den Tartscher Waal quert, steht eine vom Alpenverein gesetzte Marmorbüste zum Gedenken an den verdienstvollen Begründer dieser grünen Insel.

Nun bleibt uns noch der Gang hinauf durchs Oberdorf, vorbei an Häusern, die schon mehr und mehr dem ländlichen Typus zugeneigt sind. Kurz vor sich die Gasse weitet, sieht man rechter Hand am alten Widum der bald ins Blickfeld tretenden 14-Nothelfer-Kapelle ein großes Marienmedaillon aus weißem Marmor, ein Werk des im Vinschgau, in Meran und Bozen viel vertretenen Gregor Schwenzengast (1646—ca. 1722), mit dessen Schaffen wir uns anläßlich der Behandlung seines Geburtsortes Martell näher auseinandersetzen werden. Bald danach wird ein hübscher Rundbau sichtbar, mit einem angebauten Mauerbogen, durch den der alte „Weinweg" über die Malser Haide nach Burgeis ging; heute führt die Straße in einer Schleife um die Kirche zu den Vierzehn Nothelfern herum.

Der Sage nach wurde an der hier früher bezeugten Kapelle zum hl. Ulrich im Jahre 1716 ein zum Tode verurteilter Soldat vorbeigeführt. Dieser erbittet sich als letzte Gunst, in der Wegkapelle kurzer Andacht zu pflegen dürfen — und siehe da, *miraculoßer weiß* verliert er plötzlich die schweren Ketten von den Händen und wird ob dieses eindeutigen Wunders freigelassen. In den Jahren 1719/20 hat er dann zum Dank für seine Errettung *selbe Kapellen gebaut.* — All dies ist aufgezeichnet und beschrieben auf einem volkskundlich hochinteressanten Votivbild in der Kirche — und auch die Ketten sind noch da; ein Barockengel, der über dem Hochaltar schwebt, hält sie in seinen Händen.

Die bei Weingartner erwähnten Wandgemälde von Christus, Maria und den 12 Aposteln aus der ersten Hälfte des 18. Jh.s (also Erbauungszeit) konnte der Verfasser nicht finden — wohl aber in der Rundkuppel die Ölbilder der 14 Nothelfer und am zierlichen Barockaltar eine Marienkrönung und St. Ulrich. — Den Schlüssel zur Kapelle erhält man im Haus neben der Kirche (Nr. 50). —

Für einige Spaziergänge und Wanderungen sei als guter Ausgangspunkt die eben erwähnte Nothelferkapelle empfohlen.

Hier beginnt die Fahrstraße nach Planeil (Nr. 15), die zunächst am Neubau einer Mühle vorbeiführt (die alten Mühlräder vor dem Haus) und bald die Steinerne Brücke berührt (1 km ab Mals), von deren Bedeutung im Altstraßensystem der Malser Haide wir bereits wissen. Nach beiden Seiten lassen sich hier Exkursionen antreten, entweder jenseits der Brücke über die Wiesenbuckel der „Multen" — ungefähr dem alten Römerweg folgend — oder diesseits auf dem in den Wald führenden Tartscher Waalweg (Nr. 17; Verbindung zu Nummer 12); geradeaus geht es zunächst noch auf dem Fahrweg, dann auf Fußwegen weiter nach Planeil (1599 m; 1½ Std. ab Mals).

Bei der Nothelferkapelle beginnt auch die neue (für den Privatverkehr nicht zugelassene) Forststraße nach Malettes; in sie mündet der schon genannte Fußweg Nr. 12, der im Naturpark beginnt und in insges. etwa 4 Std. ab Mals auf den Gipfel der Spitzigen Lun (2323 m; wohl irrtüml. aus *Piz Lun)* emporführt. Wer Höhe einsparen will, kann ein gutes Stück über die Matscher Straße fahren (etwa 3 km) und von dort nun über die Gehöfte Muntetschinig (1387 m; wohl aus *mons tarcinicus),* Lechtl (ca. 1400 m, mit Kapelle) und Gamassen (1607 m) auf einem Weg 18 zum Steig 12 hinüberqueren und auf ihm weiter zum Gipfel der Spitzigen Lun steigen.

Ein hübscher Spaziergang ist auch der Waalweg („Unterwaal") von Matsch nach Tartsch; diese Waalwege im Bereich von Mals hat der um seine Vinschgauer Heimat hochverdiente Lehrer und Volkskundler Robert Winkler in einer sehr lesenswerten Arbeit beschrieben („Schlern", Jg. 1969, S. 525 ff., mit weiteren Literaturangaben). —

In einem Ehrenalbum von Mals ist der Toten und der Lebenden zu gedenken. So erinnert eine Arkadengrabstätte im Friedhof an die Mitglieder der Familie Flora, die sich verschiedentlich um Mals verdient gemacht haben. Wir nennen hier vor allem den Arzt Dr. Heinrich Flora (1829—1903), der sich als einer der ersten in weitblickender Schau für eine planmäßige Aufforstung der Sonnenleiten einsetzte und als Vorstand der Sektion Mals des Alpenvereins auch in der Touristik bahnbrechend gewirkt hat; für seine Verdienste wurde ihm das k. u. k. Verdienstkreuz mit Krone verliehen. Aus dieser weitverzweigten und heute hier wie in Nordtirol ansässigen Familie und Ärztedynastie stammt auch der namhafte Graphiker und Karikaturist Paul Flora, dem wir bei Betrachtung seiner Geburtsstadt Glurns unser Augenmerk zuwenden wollen. — Als namhafter Musiker und Komponist, der im Freundeskreis um Ludwig Brahms verkehrte, ist Johann Rufinatscha zu nennen (geb. 1812 in Mals, gest. 1893 in Wien), *einer der gesuchtesten Lehrer für Klavier und Komposition* (Wurzbach).

Vom Andenken an den „Kaiserjägervater" Ignaz von Verdroß war schon in Zusammenhang mit dem Friedhof die Rede. Aus den Befreiungskämpfen des Jahres 1809 ist Major Teimers Adjutant Josef Stecher zu nennen, für den an der Fassade des Gasthofes „Zum Hirschen" eine Gedenktafel angebracht ist.

Zu großen Ehren hat es in unseren Tagen der am 13. Februar 1919 in Mals geborene Maler Karl Plattner gebracht, dessen Werk wir auf unserer Wanderung durch den Vinschgau schon zweimal begegnet sind (Alsack und Friedhof Mals). Plattner hat 1942/43 die Hochschule für Bildende Kunst in Berlin besucht (vgl. hiezu Ringler in „Schlern", Jg. 1946, S. 284, mit einer Vignette Plattners von der Malser Nothelferkapelle), er konnte nach dem Krieg die Akademie in Florenz beziehen und lebt heute abwechselnd in Mailand, Paris oder zu Ferienaufenthalten in Südtirol. Ausstellungen seiner Werke wurden so gut wie in allen Staaten Europas, in den USA, in Brasilien und Japan gezeigt; die Zahl der Auszeichnungen ist Legion, die öffentlichen Aufträge sind bedeutend, so etwa die Wandbilder für das Bozner Landhaus oder das Festspielhaus in Salzburg und vor allem die jedem Kunstfreund leicht zugänglichen Fresken der Kapelle an der Europabrücke südl. von Innsbruck (zum Schaffen F. Solmi: „Karl Plattner", Bozen 1973); Vogelweiderpreis 1979.

Im Rahmen des vorliegenden Buches interessiert Plattner vor allem als Landschaftsmaler, und zwar deshalb, weil sehr viele dieser großartigen Werke eindeutig von der Vinschgauer Landschaft und ihrem „eigenen Licht" geprägt sind. Bezüglich einer Bewertung des figuralen Schaffens soll dem Urteil der Benützer des vorliegenden Buches nicht vorgegriffen werden; es sei nur wiederholt, daß sich im Friedhof von Mals die Entwicklung des Künstlers in den Jahren zwischen 1950 (Heldendenkmal, Anklänge an Egger-Lienz) und 1966 (Familiengrabstätte) ablesen läßt, wobei der Verfasser offen einbekennt, daß er dem späteren Weg in vielem nicht folgen kann und nicht folgen will. —

V. DER MITTLERE VINSCHGAU

Von der Viertausendergrenze zum Kastanienhain

Wie wir schon im allgemeinen Teil dieses Buches bemerkten, haben wir uns für eine Dreiteilung des zu betrachtenden Raumes entschlossen und ziehen daher südlich der Malser Haide eine Linie, die das eigentliche Oberland vom mittleren Vinschgau trennt. Diese Linie beginnt an der Schweizer Grenze mit dem *Piz Sesvenna* und entspricht im westlichen Teil ihres Verlaufes der Wasserscheide zwischen Schlinig- und Münstertal; wir ziehen sie nun knapp südlich von Mals über die Etsch und von der Talsohle gegen Nordosten bergan, der Wasserscheide zwischen Planeiltal und Matsch folgend bis zur Weißkugel. — Bevor wir jedoch weiter das Haupttal verfolgen, müssen wir uns zunächst in einem wichtigen Seitental umsehen.

Abstecher ins Münstertal

Wie ein weiter Trichter öffnet sich am Fuß der Malser Haide gegen Westen das Mündungsgebiet des Rambaches, der am Ofenpaß in Graubünden entspringt und nahe der Mündung des Avignatales die Schweizer Grenze überschreitet, zwischen dem bündnerischen *Müstair* und dem tirolischen Taufers, dort, wo als alte Landmark das urkundlich erstmals 1332 belegte und später an dieser umstrittenen Grenze vielgenannte *Kreuz ob Bundweil* gestanden ist.

Die Geschichte dieses Tales, von dessen rund 23 km betragendem geographischem Gesamtverlauf nur etwa 8 km auf tirolisches Gebiet entfallen, ist geprägt von den wechselnden Herrschaftsansprüchen der Tiroler Landesherren und der Churer Bischöfe. Wie bereits im geschichtl. Abriß erwähnt, festigt sich nach dem Scheitern der österreichischen Expansionsbestrebungen (1499) bei Taufers nicht allein die politische Grenze zwischen Graubünden und Tirol, sondern auch die Sprachgrenze zwischen Deutschen und Rätoromanen, woran Mundartrelikte und vor allem auch die meisten Orts- und Flurnamen bis zum heutigen Tag gemahnen. Schließlich wird das *Kreuz ob Bundweil* in der Reformationszeit auch zum Symbol der Trennung zwischen den reformierten Bündnern und den nach manchem Hin und Her doch eindeutig katholisch gebliebenen Vinschgauern; wir haben es somit in unseren Tagen mit dem Phänomen einer Grenzlinie zu tun, die Staaten, Sprachen und Religionen voneinander scheidet. —

Der Rückgriff auf prähistorische Zeiten bringt vorerst wenig Tatsachen; Innerebner nennt nur die beiden Grenzburgen Rotund und Reichenberg als durch Funde und Geländeform ausgewiesene Urzeitstätten, doch darf man auf Grund der reichlichen Sagenüberlieferungen, die sich um die Talenge bei der Calvenbrücke ranken, wohl auch hier mit gutem Recht Urzeitspuren vermuten (vgl. S. 234 f.); hervorzuheben ist außerdem die bereits erwähnte bronzezeitliche Lappenaxt von Taufers. — Für die römische Zeit ist ein bei Mals abzweigender Ast der *Via Claudia Augusta* anzunehmen, der durch das Münstertal geführt hat.

G e o g r a p h i s c h gesehen entspricht der Aufbau des tirolischen Münstertales durchaus dem uns vom Haupttal her vertrauten Bild; dieser tirolische Anteil gehört zur Gänze der Vinschgauer Schieferzone an (im Verband mit der *Münstertaler Granitmasse)* und hat dementsprechend jene eher sanften und abgerundeten Formen, die für die gesamte Bergumrahmung in unserem Bereich kennzeichnend sind. Dem aufmerksamen Beobachter fällt auf, daß sich hier im Münstertal — gewissermaßen in Miniatur — die für die Morphologie des Haupttales so typischen Murkegel ebenfalls beobachten lassen, so vor allem in Taufers selbst und auch noch im schweizerischen Teil des Tales. Ausgeprägt ist außerdem die typische Unterscheidung in einen eher trockenen Sonnenberg (vor allem zwischen Laatsch und der Calvenbrücke) und in einen waldreichen Nörderberg (Glurnser Wald). — Der R a m b a c h hat seinen Namen vom rätoromanischen *Rom,* wie er vom Ursprung bis zur Schweizer Grenze heißt (die Schreibweise *Ramm* ist daher als falsch anzusehen); wie wir weiter unten hören werden, hat er gelegentlich durch Überschwemmungen Furcht und Schrecken verbreitet. Wie im Haupttal werden aus ihm und seinen Seitenbächen auch hier die B e w ä s s e r u n g s w a a l e auf die Felder geleitet.

Das K l i m a ist auffallend mild (Durchschnittswerte siehe unter „Taufers"); dementsprechend steigen die Siedlungen an der Sonnseite im Weiler Tella nächst Taufers bis an die 1800 Meter, und in Taufers selbst gedeiht, wie bereits unter „Klima" erwähnt, an warmer Hausmauer sogar noch die Weinrebe (auf 1260 m). Diese günstigen Verhältnisse lassen sich vor allem daraus erklären, daß dieses Seitental vor den heftigen Nordwinden geschützt ist, die draußen zuweilen übers „Land" toben. (Vom „Land" spricht der Bauer hier und anderwärts, wenn er die Talsohle des Haupttales bezeichnen will.)

Bezüglich der F l o r a und F a u n a gilt, was im dementsprechenden allgemeinen Abschnitt gesagt wurde; der Wildbestand und die Flora des ganzen Gebietes am rechten Rambachufer sind geschützt, da wir uns hier bereits im Gebiet des Stilfser-Joch-Nationalparkes bewegen.

W i r t s c h a f t l i c h gesehen stehen Viehzucht und Holzwirtschaft im Vordergrund, neben dem durch gute Lockerböden und günstiges Klima ebenfalls noch möglichen Ackerbau. Immer bedeutender wird — wie im ganzen Vinschgau — die Rolle des F r e m d e n v e r k e h r s, der dieses schöne Tal mit hervorragenden touristischen Möglichkeiten für Sommer und Winter mehr und mehr entdeckt. Neben landschaftlichen Reizen sind es vor allem die Burgen und die Fülle von kunsthistorischen Schätzen in Taufers selbst und im nahen schweizerischen *Müstair,* die einen ganz bestimmten Kreis von Gästen in dieses hochgelegene Bergtal verlocken.

Als Ausgangspunkt für unseren Streifzug durchs Münstertal wählen wir wiederum Mals; hier zweigt von der Umfahrung gegen Südwesten eine schmale Straße ab, die uns zunächst nach Laatsch bringt.

LAATSCH: Seehöhe 970 m; klimatische Werte ähnlich wie Mals. Ab Mals 1 km — nach Taufers 7 km. Laatsch ist Fraktion der Großgemeinde Mals mit rund 650 Einwohnern (687 im Jahre 1841); in drei Gasthöfen und zahlreichen Privathäusern an die 200 Betten. Der Spielplatz des Gemeindekindergartens wurde durch den Verein „Stille Hilfe für Südtirol" (Sitz in München) erstellt. — Die Bewohner sind fast ausschließlich in der Landwirtschaft, im hier beginnenden Obstbau und im Fremdenverkehr tätig. Auskünfte durch Verkehrsverein Laatsch bzw. Mals, dort auch Arzt und Apotheke. Öffentl. Fernsprecher im Gasthaus „Zur Brücke". Postleitzahl 39020. —

Schon der schöne romanische Turm der alten, heute abgebrochenen Pfarrkirche von Laatsch weist auf das beträchtliche Alter der Siedlung. Der N a m e scheint 1134 als *Lautes* auf; die ältere Forschung leitet ihn von einer keltischen Wurzel („Siedlung am Wasser") ab, und auch Finsterwalder glaubt an eine vorrömische Herkunft des Namens („Schlern", Jg. 1950, S. 233); in der heutigen Umgangssprache wird das verdoppelte a wie ein langes o ausgesprochen *(Lootsch).* — Die weitere G e s c h i c h t e des Ortes ist vor allem mit dem Engadiner Krieg des Jahres 1499 verbunden, in dem die Bündner Truppen durch ein geschicktes Umgehungsmanöver den Österreichern bei Laatsch in den Rükken fielen; sie waren aus Schlinig und über den im Westen gelagerten Höhenrücken gekommen, der im Volksmund *Turnauna* heißt und in der Sage eine wichtige Rolle spielt (siehe unten).

Die Gefallenen der mörderischen Calvenschlacht wurden in Laatsch selbst und beim nahen Käsarikirchlein bestattet, wohl noch im Schein der brennenden Häuser und Kirchen des Ortes.

Der Friedhof gilt heute noch als unheimlich, und bei den Dorfburschen war es früher als Mutprobe üblich, beim *Sarikirchl* nächtlicher Weile mit dem Türring zu klopfen und den Vers zu rufen: *Ich klopfe hier mit diesem Ring, steht auf ihr toten Tatterling!* (nach Mitteilung eines Einheimischen).

Der 11. Mai 1594 brachte einen Bergsturz aus den Turnauna-Wänden, der den Rambach staute und nach Tagesfrist eine verheerende Flutwelle über das Dorf kommen ließ; die Leute wissen, daß es die Hexe *Nauna* war, die an diesem Bergsturz schuld ist (Winkler, S. 112). Aber auch die Etsch brachte wiederholt böse Überschwemmungen, so vor allem im Gefolge der Katastrophe am Haider See (1855). — Im Franzosenkrieg (1799) mußte der Ort wiederum Brandschatzung, Plünderung und die Ermordung von zehn Einwohnern über sich ergehen lassen (Kramer).

Angesichts all dieser Katastrophen und Schicksalsschläge kann man nur darüber staunen, daß dieser vielgeprüfte Ort dennoch eine Art Schatzkammer der Gotik geblieben ist, wenngleich heute diese kostbaren Skulpturen samt und sonders unter Verschluß gehalten werden müssen, soweit sie eben nicht schon im Rahmen einer Serie von Kircheneinbrüchen gestohlen worden sind; was die Bündner und Franzosen nicht fertiggebracht haben, ist den Straßenräubern unserer Tage immerhin zu einem guten Teil gelungen.

Der Turm der alten Pfarre St. Lucius auf dem heutigen Friedhof wurde bereits erwähnt; er ist ein weiterer würdiger Wegweiser für den, der die Spuren der Vinschgauer Romanik verfolgt. Die alte Kirche wurde 1907/09 abgerissen, als man den Bau der heutigen Pfarre schuf; der Hochaltar mit Statuen und einem durch Renovierung verdorbenen Altarbild sowie die Seitenaltäre und die schöne Barockkanzel (alles um 1770) wurden aus der alten Kirche hierher verbracht. — Auch die Totenkapelle wurde aufgegeben und mit einem Haus überbaut, doch ist das alte Portal noch erhalten. Die Kapelle enthielt Statuen des uns von Mals (Stamserhaus) her bekannten Christian Greiner (Florin und Lucius, 1695), die 1969 gestohlen, 1974 im deutschen Kunsthandel jedoch wiederaufgefunden und zurückgeholt werden konnten. — Bedeutende Kunstschätze aus der alten Pfarrkirche und den Filialkirchen sind heute deponiert (Auskunft im Pfarrhaus) und können nur zu Studienzwecken besichtigt werden oder sind in guten Bildreproduktionen anzusehen, so etwa jene das Jesuskind stillende Madonna *(Maria lactans)* vom Ende des 13. Jh.s, die zu den schönsten und interessantesten Stücken ihrer Art gehört.

Einen gut erhaltenen Flügelaltar — nach Egg der *typische tirolisch-gotische Altar einer Dorfkirche* — enthält die auch in der Anlage interessante, doppelgeschossige St.-Leonhards-Kirche an der Straße nach Taufers, schon am rechten Etschufer gelegen.

Unter den vorgebauten Bögen der Gruftkapelle, die das Obergeschoß tragen, führte bis vor kurzem die Straße durch, so daß die äußeren Fresken (St. Leonhard, Kreuzigung, Kirchenlehrer und St. Christoph, derbe Arbeit Anf. des 15. Jh.s) stark verstaubt sind. Neuerdings aufgedeckte Fresken finden sich auch im Obergeschoß, und zwar in Rundmedaillons am Deckengewölbe Kirchenväter und Evangelistensymbole, gut erhaltene Arbeiten eines Vinschgauer Meisters, *künstlerisch auf besonders hoher Stufe und wertvollstes Zeugnis der Wandmalerei des frühen 15. Jh.s im Vinschgau* (Rasmo). An der Wand hängen sechs Bilder, die Legende des hl. Leonhard darstellend (H. J. Greiter, 1609). Hier steht auch der bereits genannte Flügelaltar, eine *gute Arbeit* (Weingartner) vom Ende des 15. Jh.s, mit Maria und Christkind im Schrein, daneben St. Leonhard und Barbara; in der Predella Halbfiguren (Sebastian, Petrus und Florian) und an den Predellaflügeln Figuren mit *reichem, scharfknitterigem Faltenwurf und ausgeprägten Charakterköpfen* (Weingartner). Die nicht mehr vollständigen Figuren im Aufsatz sind älter (Anf. 14. Jh.), die Flügelbilder ebenfalls gute Arbeiten. Die barocken Seitenaltäre enthalten Statuen aus der Zeit des Hauptaltares, was auch für den Altar in der Gruftkapelle gilt (ausgeräumt). — Als ausgezeichneter Führer durch die Leonhardskirche empfiehlt sich der Laurin-Führer Nr. 21 von Edmund Theil (Bozen, 1973).

All diesen kostbaren Sehenswürdigkeiten entspricht auch das äußere Bild vieler Häuser in der malerischen Ortschaft, die durch zinnengeschmückte Hofmauern und Torbogen, durch Erker, Freitreppen oder hübsche Fassadenmalereien oder im Inneren durch Gewölbe und Felderdecken ausgezeichnet erscheinen. Es sind im ganzen die Reste von drei festen Türmen nachweisbar, die den Herren von Laatsch und den Annenbergern als Inhabern des Patronates über die Pfarre eigneten.

Wie St. Leonhard, so wurde auch die 1436 erstmals erwähnte (und sicher viel ältere) Cäsariuskirche im abgelegenen Ortsteil Flutsch von den Bündnern 1499 niedergebrannt und 1519 (Jahrzahl am Portal) wieder aufgebaut, wobei man das Innere geradezu verschwenderisch ausstattete; der wertvolle Flügelaltar steht deutlich unter dem Einfluß des Schwaben Jörg Lederer (vgl. hiezu den Altar von Latsch) und gilt als bedeutsame Sehenswürdigkeit — besser gesagt, er galt als solche, da auch hier alles von Wert sichergestellt werden mußte.

Das reiche Netzgewölbe ist durch Wappenschilder und *flotte Rankenmalerei* (Egg) geschmückt und weist im Chor Passionsszenen auf; Stifter, Baumeister und Maler haben sich namentlich verewigt (1565). Im Schrein des Flügelaltares stand eine Maria mit Kind, flankiert von St. Cäsarius und einem *heiligen Bischof*, wie es in allen kunsthist. Beschreibungen heißt; da zu Füßen dieses Bischofs ein Bettler kauert, dürfte es sich wohl um den hl. Martin handeln. Im Schrein und in der Predella eine Reihe von Statuetten (10), die zum Teil gestohlen und zum Teil deponiert sind, desgleichen die flankierenden Statuen des Vinschgauer Patrons Florinus und des ins nahe *Müstair* weisenden Karls des Großen. In die einsam stehende Kirche wurde zum letzten Mal 1969 eingebrochen, wobei den Dieben die Altarflügel mit acht Halbreliefs und den Gemälden der vier Evangelisten in die Hände fielen. — Eine Abbildung des vollständigen Altares in „Der Obere Weg", S. 314.

Sehr interessant ist die neben Sankt Cäsari stehende kleine Kirche zu den heiligen Ärzten K o s m a s u n d D a m i a n, ein einfacher Bau, dessen Obergeschoß heute nur mehr als Abstellraum dient. Im Untergeschoß steht ein kleiner Flügelaltar, dessen Statuen allesamt deponiert sind (um 1500); von hier wurde schon früher eine Darstellung von Sankt Anna selbdritt gestohlen. Neben all diesem verschwundenen und erhaltenen Reichtum an schönen gotischen Schnitzwerken, die heute in Depoträumen verdämmern, interessiert an der Kosmaskapelle, daß wir es hier höchstwahrscheinlich mit einem alten Q u e l l h e i l i g t u m zu tun haben, worauf auch der Flurname *Flutsch* weisen könnte, der ebenfalls aus einer keltischen Wurzel („Quelle", „Wasserlauf") gedeutet wird (Heinz, „Das Celtenthum im Obervinschgau").

Das Patronat der beiden heiligen Ärzte, deren Reliquienschrein in der Michaelskirche zu München steht, weist auch nächst Bozen (Siebeneich) auf eine alte Heilquelle; bezüglich des hl. Cäsarius von Arles (Fest am 27. August) vermerkt Egg, daß dieser hl. Bischof besonders von den Ost- und Westgoten verehrt wurde. Es ist jedoch nicht undenkbar, daß es sich um eine Verwechslung mit dem hl. Cäsarius von Nazianz handeln könnte, der als Patron der Ärzte gilt und demnach gut zu Kosmas und Damian passen würde. —

An W a n d e r u n g e n in der Umgebung von Laatsch nennen wir Fußwege durch die Talweitung nach Glurns oder den Anstieg zu den Waldböden von Planmadeng und Terza auf unmarkierten Waldwegen, die auch Verbindung hinüber nach Schlinig zum bereits erwähnten Polsterhof haben; der ganze Waldsporn oberhalb von Laatsch ist heute durch eine Forststraße leichter zugänglich gemacht worden.

Planmadeng und Terza sind „Hexenplätze", und es ist erwiesen, daß von hier die bösen Gewitter kommen und ebenso die Wilde Jagd; aber gegen die Glocken von St. Leonhard kommen diese bösen Geister nicht auf (Winkler, S. 113). Wer sich nicht fürchtet, kann hier auch auf Jägersteigen über den kahlen Wänden der sonnseitigen Talweitung hangeinwärts queren und jene Plätze von Turnauna erreichen, wo auf ebenen, von Felsen umschlossenen Waldstücken und in vielen Höhlen vor langer Zeit heidnische Priester gewohnt haben (Winkler, Seite 114 f.).

Wer für diese Dinge nichts übrig hat, wird fast ungestört auf der wenig befahrenen Straße von Laatsch über die Schlachtfelder von 1499 und 1799 zunächst über die Mareng- und weiter bis zur Calvenbrücke wandern und dort auf die von Glurns her führende Staatsstraße treffen.

Die Talenge der Calven wird heute von einer Betonbrücke der neu trassierten Staatsstraße Nr. 41 (Schluderns/Glurns—Schweizer Grenze) überspannt. Die alte Tauferer Straße führte jedoch im Gegensatz zur heutigen am rechten Ufer des Rambaches talein und bietet in unseren Tagen als schöner Fußweg (Nr. 30; Beginn bei einem Bildstock) eine überaus empfehlenswerte Wanderung, die sich über Rifair bzw. Puntweil (siehe unten) bis Taufers fortsetzen läßt (1½ Std.; eine eintägige Runde auf diesen und ähnlichen Fußwegen durch ganz Taufers und zu den Schlössern siehe im „Südtiroler Wanderbuch" des Verfassers, mit genauer Wegbeschreibung und Skizze).

Im Raum der Calven-Talenge erinnert so gut wie nichts mehr an die blutigen Kämpfe, die hier 1499 und 1799 ausgefochten wurden und laut Volksüberlieferung den Rambach rot gefärbt haben. Immerhin wird man mit einem einzigen Blick den Charakter der Gegend als einen strategischen Angelpunkt erkennen und mag sich ausmalen, wie die Bündner teils in tapferem Ansturm und teils durch kluge Umgehung der Truppen des unfähigen Habsberg schlugen, so daß es zur furchtbarsten Niederlage in der Tiroler Geschichte kam (vgl. auch S. 30). — Es ist jedoch nicht allein diese militärische Reminiszenz, welche die Enge der Calven bemerkenswert erscheinen läßt. Offensichtlich handelt es sich bei der Talenge um eine sehr alte Grenze, die uns als Trennlinie zwischen den churischen Gerichten Obercalven (mit Taufers und *Müstair)* und Untercalven (zit. b. Huter: *1220 ultra Calavenam)* entgegentritt. Zu Untercalven zählten die churischen Eigenleute im Vinschgau hinunter bis zum Weiler Schanzen, einem Ortsbestandteil von Goldrain; der bischöfliche Richter hatte, wie wir wissen, seinen Amtssitz in Mals.
Wir wandern nun auf dem oben erwähnten Fußweg am rechten Ufer des Rambaches oder auf einem etwas höher verlaufenden Waalweg weiter talein und werden nach Verlassen eines Waldstückes vom prächtigen Blick auf das von den Schlössern Rotund

und Reichenberg überragte Taufers überrascht; nach kurzem Weiterweg ist der knapp zweihundert Einwohner zählende Weiler Rifair (1096 m) erreicht.

Die Lage der schon 1186 erwähnten Kirche zum Wegepatron Sankt Valentin bezeichnet den alten Talweg; die heutige Kapelle ist ein nach den Verwüstungen des Engadiner Krieges um 1521 geweihter gotischer Bau mit einem Barockaltar, in dem auch hier wie in Laatsch eine *Maria lactans* (Anf. 16. Jh.) steht. Im Weiterwandern berührt man die malerische Wiesenflur Maleditsches und ist in wenigen Minuten bei der ganz nahe an der Schweizer Grenze liegenden Höfegruppe Puntweil (1200 m), der alten Landmark gegen das Bündnerland, mit der hübschen Rochuskapelle, die zur Pestzeit (1635) an Stelle einer älteren, schon im 13. Jh. erwähnten Kirche erbaut wurde; der heutige Bau mit Fassadenglockenmauer hat die Einrichtung ebenfalls aus der Erbauungszeit. Der Name weist mit seinem *punt* auf eine Brücke des alten Weges über den Ofenpaß. — Von Puntweil gelangt der Wanderer in wenigen Minuten mit stets schönen Ausblicken auf die Wachttürme der Tauferer Burgen zum Dorfkern und wird es gewiß nicht bereuen, diesen schönen Fußweg der kurzen Autofahrt von der Calvenbrücke her vorgezogen zu haben. —

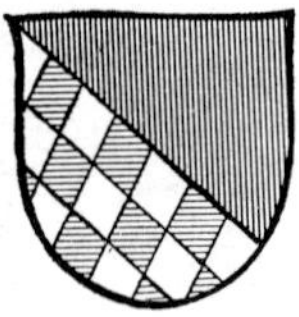

TAUFERS IM MÜNSTERTAL: Seehöhe 1260 m; klimatische Werte: Winter (Durchschnitt) —1,7°, Frühling 7,9°, Sommer 16,5°, Herbst 7,8° C. Als Vergleichswerte geben wir jene von Brixen am Eisack an (Höhe 580 m: —1,3; 8,9; 18,4; 8,9), die auf das außergewöhnlich milde Klima von Taufers weisen (Angaben nach Schenk). — Die Gemeinde Taufers hat zusammen mit den Weilern Rifair und Puntweil 990 Einwohner, davon 80 Italiener (854 Einwohner im Jahre 1841). Entfernungen ab Mals und Glurns je 8 km, zur Schweizer Grenze 1 km. — Der beliebte Ferienort hat drei Gasthöfe, eine Pension und Privatzimmer mit insges. rd. 300 Betten. — Musikkapelle Taufers seit 1861. — Skikurse und ein Skilift am Hang gegen Tella, 3 km lange Rodelbahn; Luftgewehr-Schützengesellschaft. — Taxi und Tankstellen, im Zollamt Büro des Ital. Automobilklubs und weitere Gaststätten im Grenzbereich; im Ort Raiffeisenkasse und Postamt (Postleitzahl 39020). Öffentl. Fernsprecher (Zelle). — Auskünfte durch Fremdenverkehrsamt Taufers. Das Wappen ist jenes der Herren von Reichenberg.

Die auf solcher Seehöhe in ganz Tirol nahezu einmalig günstigen klimatischen Werte, die Spuren prähistorischer Besiedlung auf den Burghügeln und die verkehrsgeographische Lage an einem Punkt, von dem die Urwege über das Scharljöchl (siehe dort), über das Wormser Joch (heute Umbrailpaß) und über den Ofenpaß ausgehen — all das wirft bedeutsame Streiflichter auf die Geschichte unseres Ortes, die urkundlich erstmals im Reichenauer Verbrüderungsbuch aus dem Anfang des 9. Jh.s faßbar wird; hier finden wir den Vermerk *Nomina Fratrum de Monasterio qui uocatur Tuberis.*

Iso Müller nimmt an („Schlern", Jg. 1960, S. 323), daß dieser Name, der soviel wie „Tobel, wenig besiedelter Korridor" bedeute, ursprünglich Flurname der ganzen Gegend war, in der schon sehr früh (Ende des 8. Jh.s) das gleichnamige Kloster *Tuberis* gegründet wurde, das man später einfach *Monasterium* - *Müstair* und deutsch *Münster* nannte, während der alte Flurname auf unseren Ort Taufers überging. Für dieses *Tuberis* - Taufers nimmt Iso Müller die Zeit um 1100 als Gründung an, *Rasmo* hingegen spricht mindestens von Jahrtausendwende (vgl. hiezu die Besprechung der Kirche St. Johann). Das Bestehen dieses Hospizes von St. Johann, das nachweisbar seit 1264 in Händen des Johanniterordens ist, hat die Entwicklung von Taufers zweifellos gefördert. Über die Schicksale des Ortes in den Kriegen der Jahre 1499 und 1799 haben wir bereits im allgemeinen hist. Abriß gehört, ebenso von der erst nach langen Streitigkeiten endgültig fixierten Schweizer Grenze, die grob gesehen seit 1592 ihren heutigen Verlauf hat. — Aus dem Pestjahr 1635 wird überliefert, daß in Taufers 400 Menschen Opfer des Schwarzen Todes wurden, und daß der Ort damit bis auf sieben Familien entvölkert war.

Nur selten wird man einen Ort finden, in dem sich all diese Schicksale aus Jahrhunderten gewissermaßen von den Wänden ablesen lassen. Denn wenn Laatsch mit seinem Reichtum an Skulpturen eine „Schatzkammer der Gotik" war, so darf sich unser Taufers rühmen, eine Bildergalerie von überraschendem Reichtum und von einer Spannweite zu besitzen, die von der Romanik über die Gotik bis herauf zu den Künsten eines italienischen Barockmalers reicht.

Wir beginnen unseren Streifzug am besten beim alten Pilgerhospiz Sankt Johann, an der Osteinfahrt des Dorfes. Wer einen Dorfbuben nach dieser bedeutendsten Sehenswürdigkeit von Taufers fragt, wird wahrscheinlich zuerst die Gegenfrage zu hören bekommen, ob er etwa die Kirche „Santa Hans" suche, denn nur so — rauh anlautend, fast als „Chans" gesprochen — nennt man die Kirche in Taufers und bewahrt damit die Erinnerung an jene nicht allzuferne Zeit, in der hier noch allgemein rätoromanisch gesprochen wurde.

Man wird sich der klotzigen, fast burgartigen Kirche mit dem niedrigen, von einer Steinpyramide überdachten Turm in dem

Gefühl nähern, über die Stufen der Jahrtausende zu schreiten. Wie uns der ernst blickende Christophorus andeutet, führte der alte Weg nicht längs der heutigen Landstraße, sondern nördlich, oberhalb der Kirche vorbei. Der Blick des Wegeheiligen geht aus großen Augen in unbestimmte Fernen und doch mitten ins Herz; schützend hält er Christus im Arm und bewahrt kraft seines Blickes den vorüberziehenden Wanderer von den Morgenstunden bis zum Abend vor einem jähen und unbußfertigen Tod.

Diese Darstellung des Heiligen wird mit Anfang des 13. Jh.s datiert (Weingartner) und gehört zu den ältesten ihrer Art in Tirol. Den Schlüssel erhält man im Bauernhaus linker Hand am Vorplatz; dort sind auch Kunstkarten, Dias und der „Laurin-Kunstführer" Nr. 12 („St. Johann in Taufers", Bozen 1970) von Edmund Theil erhältlich. Über Text, Bebilderung und Literaturangaben dieses ausgezeichneten Führers kann die vorliegende Beschreibung keineswegs hinausgehen. — Zur Geschichte der Kirche ist zu bemerken, daß die Überlieferung von einem älteren Benediktinerkloster an dieser Stelle (angebl. 9. Jh. und 1130 übermurt) nicht belegt werden kann. Nach Weingartner wurde der heutige Bau Anf. des 13. Jh.s (vgl. den Christophorus) von den Johannitern als Kirche mit angebautem Hospiz errichtet, möglicherweise wirklich auf älteren Fundamenten (erste Erwähnung wie vermerkt 1264); die Funktion als Zufluchtsstätte vor dem Anstieg auf unwirtliche Pässe liegt auf der Hand. Im Jahre 1383 brannte das Hospiz ab, wurde wiederhergestellt, kam im 17. Jh. (Reste gotischer Ornamente, Gewölbe aus dieser Zeit) in den Besitz der Grafen Hendl (vgl. hiezu auch das Wappen und die Marienfigur am Tympanon), wurde unter Josef II. profaniert und verfiel seither als Abstellraum. Erst seit 1939 wird laufend an umfangreichen Restaurierungen und an der Erhaltung dieser wertvollen Kirche gearbeitet; sie erhielt überdies 1956 auch wieder eine neue Weihe.

Nun betreten wir die Vorhalle durch das dreistufige Rundbogenportal in der mit gewaltigen Quadern verblendeten Westfassade und finden uns einem eigenartigen, an die vier regelmäßigen Balken eines griechischen Kreuzes gemahnenden Grundriß gegenüber, dem im Westen eine zweigeschossige Halle vorgebaut ist.

Im Obergeschoß dieser Halle — in der man den Schlafraum für die Pilger vermutet — finden sich Reste romanischer Sockelbemalungen und eine gotische Schicht (siehe unten). Wesentlich wichtiger sind die weitgehend erhaltenen romanischen Fresken des Presbyteriums, in dem wir (Südwand) eine Taufe Christi, insges. sieben erhaltene Bilder aus einem Arkadenstreifen mit Apostelbildern und in der Südlünette Moses als Gesetzgeber, umstanden von Juden (Kopfbedeckung!) und einem Johannitermönch erkennen. Die vollständig erhaltene Gewölbedecke zeigt in Streifen und Feldern heilige Äbte, Ritter,

Fürsten und im Scheitelpunkt Christus zwischen Maria und Johannes; in den vier Zwickeln finden sich jeweils schreibende oder disputierende Kirchenlehrer.

Diese bisher beschriebenen romanischen Fresken stammen zusammen mit dem Christophorus aus einer einzigen Hand und sind der Erbauungszeit (Anf. 13. Jh.) zuzuschreiben. Weingartner (Bearbeitung von Ringler) urteilt darüber: *Werk eines Vintschgauer Malers, inspiriert von den Mosaiken in San Marco in Venedig.* — Den unvoreingenommenen Beschauer schlagen hier, ähnlich wie in der Krypta von Marienberg, vor allem die geradezu hypnotisch aufgerissenen Augen in ihren Bann. Auffallend ist auch das Bemühen des Künstlers, durch konzentrische Ringe (so etwa bei der Figur des Kirchenlehrers mit dem Schabmesser) von der rein linearen zur plastischen Darstellung vorzustoßen.

Im Obergeschoß der Vorhalle, jedoch gegen den Altar hin, ist eine gotische Freskenschicht teilweise aufgedeckt, mit einer drastischen Enthauptung des hl. Johannes (im Bogen), der hl. Ursula in Begleitung von elf Jungfrauen, St. Katharina, Christus im Lendentuch und mit Werkzeugen, St. Anton Abt und Anbetung der Könige — *derbe, jedoch technisch gute Arbeit eines lombardischen Wandermalers, Ende 14. Jh.* (Weingartner-Ringler). Theil rechnet die Bilder zu einer Zeit, *die bereits die Gotik kannte, den Bereich der Romanik aber noch nicht verlassen hatte.*

Zu erwähnen bleibt noch der Johannitergrabstein mit rudimentärem Kreuz, der jetzt in die Nordwand eingelassen ist, und jene eigenartige Steinschale zwischen zwei Rundbogenfenstern außen an der Südwand, von der Fridolin Plant (Vinschgau-Führer, S. 87) meint, sie habe zum Ablegen von Findelkindern in die Johanniterkirche gedient, was jedoch aus rein anatomischen Gründen nicht gut denkbar ist; wahrscheinlich handelt es sich um eine Opferschale.

Nach dem Besuch von St. Johann tun wir nun den Schritt zur Gotik vollends und besuchen am gegenüberliegenden Ortsende die von außen unscheinbare, in die südseitige Häuserzeile eingeschlossene St.-Nikolaus-Kirche, die von den Einheimischen ebenfalls nur „Santa Klaas" genannt wird, wiederum mit einem ganz dumpfen a zu sprechen.

Die kleine Kirche mit Fassadentürmchen wurde um 1400 erbaut und hat in einer Rundbogennische hinter dem Altar sowie an der Altarmensa feine Fresken aus der Erbauungszeit (St. Nikolaus, Vermählung der hl. Katharina). Von ganz besonderer Lieblichkeit ist die Darstellung des hl. Nikolaus an der Mensa, wie er den drei Jungfrauen Gold in die Kammer wirft; Weingartner vermerkt hiezu: *zartes, höfisches Bild.* — Dem Verfasser schien es, die drei Edelfräulein hätten ihn begleitet, als er nach dem Besuch dieser Kirche in den Burgen überm Dorf herumstöberte. —

Bevor wir uns mit den Kunstschätzen im Bereich der Pfarrkirche befassen, ist es Zeit, zur Mittagsrast in einem der Gasthöfe an der Dorfstraße einzukehren, denn schon diese Straße mit dem perspektivisch auf die Tauferer Burgen gelenkten Blick ist eine Sehenswürdigkeit.

Besonders hervorzuheben ist das Haus Nr. 65, der ehemalige „Hirschenwirt" von Taufers, eine *typisch alte Hausform des oberen Vinschgaues* mit Freitreppe und zwei Fresken aus dem 16. Jh., die leider unsachgemäß bearbeitet sind („Der Obere Weg", S. 137, mit Abb.). Der „Hirsch" war Schildhof und ist rund 800 Jahre alt. Eine schöne gotische Stube, hinter der zwei weitere Stubentäfelungen zum Vorschein kamen, wurde 1903 nach Meran veräußert, und auch der offene Herd existiert nicht mehr. Besitzer waren die Schguanin, eine alte Tauferer Familie, von deren wissenschaftlichen und kriegerischen Verdiensten ein Nachkomme, Josef Schguanin, in „Schlern", Jg. 1968, S. 211 f. berichtet. —
Sehenswert ist auch das Haus Nr. 64 mit Spitzbogenportal, steingerahmten Fenstern und rankenverzierter Holzdecke von 1500 in der Stube; an der Außenwand Fresken des 17. Jh.s. —
Der Vollständigkeit halber muß auch die profanierte, nordwestlich außerhalb des Dorfkerns gelegene Antonkapelle erwähnt werden, in der von Christian Greiner signierte Figuren standen (1760).

Den Besuch der Pfarrkirche und der St.-Martins-Kapelle hoch über dem Dorf verbinden wir mit einer Runde zu den weitverstreuten Gehöften des Weilers Tella, wobei wir auch die beiden Burgen in Augenschein nehmen wollen.

Eine Orientierungstafel am Wirtschaftsgebäude neben dem „Schwarzen Adler" weist uns den Weg, zunächst zur Pfarrkirche St. Blasius, die bereits 1186 erwähnt wird, 1481 den heutigen Turm erhielt und 1660 von einem italienischen Baumeister in die heutige Form gebracht wurde. St. Christoph an der Außenwand und die gekonnten Darstellungen, die sich vor allem im Chor finden, sind laut Weingartner eine *interessante Arbeit, wohl von einem Italiener, um 1660.* Die ganze übrige Einrichtung ist beschwingter Barock aus dem 17. und 18. Jh., leider durch den Raub wertvoller Skulpturen (1975) entwertet. St. Michael am Friedhof kann im Obergeschoß nur nach Anmeldung im Pfarramt besichtigt werden; im Altarerker der als Abstellraum verwendeten Kapelle finden sich überraschend schöne spätgotische Fresken aus der Zeit um 1500, wiederum von Weingartner als *gute Arbeit mit frischer Farbgebung* hervorgehoben. Die Gruft hat einen einfachen Altar und zwei Marmorgrabsteine, einmal für den 1789 gestorbenen Pfarrer Christian Schgör und zum andern für seinen Nachfolger Josef Zerzer, den 1799 die Franzosen umgebracht haben.

Von der Pfarrkirche aus überqueren wir die weiten Wiesen und Äcker von Tella in Richtung auf die untere der beiden Burgruinen. Der Blick von diesen Höhen auf das langgezogene Straßendorf und weit hinüber in das durch Murkegel profilierte Bündner Land schenkt von dieser Seite aus den besten Überblick über den Bau des Tales.

Der runde Turm Reichenberg steht auf einem festen Sockel, ist ca. 30 m hoch und sehr stark; ältere Forscher haben ihn daher für römisch gehalten, was jedoch durch nichts erwiesen ist. Die Burg war seit etwa 1150 im Besitz der Herren von Reichenberg und ging von diesen als Lehen des Churer Bischofs durch Kauf an die Matscher Vögte über (1373). Der Palas und die Mauern des Beringes sind nur mehr teilweise erhalten, der Rest ist malerische Ruine und heute teilweise nur unter Gefahr begehbar. — Ein viereckiger Turm Helfmirgott in der Nähe ist unter diesem Namen seit dem 14. Jh. belegt. Von diesem Turm ist heute nichts mehr zu sehen, nachdem er im Jahre 1910 völlig in sich zusammengestürzt ist; man sagt, daß schatzsuchende Hirtenbuben sein Fundament untergraben hätten. — Um diesen ehemaligen Gefängnisturm (Name!), der im Befestigungssystem zwischen den beiden Burgen stand, rankt sich eine vielverbreitete Sage, laut der sich eine Jungfrau vor dem sündhaften Zugriff des Herrn von Rotund mit dem Aufschrei „Hilf mir, Gott!“ vom Turm in die Tiefe stürzte und in wunderbarer Weise gerettet wurde. Laut Überlieferung soll der Übeltäter durch dieses Wunder zum Büßer gewandelt worden sein. Steinitzer meint dazu (S. 282), *gescheiter wäre es gewesen, wenn er die jedenfalls schöne Jungfrau zur legitimen Frau von Rotund gemacht hätte.*

Rotund selbst liegt, was die Höhe anlangt, mit 1517 Metern nach *Andráz* und Kastellatz ober Marienberg an dritter Stelle aller tirolisch-ladinischen Schlösser. Zusammen mit den vorerwähnten Anlagen bildete es eine wirksame Sperre an der Straße von und nach Graubünden.

Die Lage ist sehr wehrhaft, nahezu unangreifbar und bergseitig durch einen Halsgraben (Zugbrückenanlage) gesichert. Ein Rondell und Zinnenmauern sind Zutaten aus dem 16. Jh.
Am stärksten ist der runde Turm der Feste ausgebaut, dessen Mauerdicke am Sockel 2,5 m beträgt, sich nach oben zu allerdings verjüngt. Um ein Auseinanderbersten des Turmes zu verhindern, wurde durch das Denkmalamt 1957 ringsherum ein Eisenband gespannt. — Auch die Herren von Rotund (Name: *rotonda* - rund) scheinen um 1150 als Ministerialen des Churer Bischofs auf, sterben aber bald aus. 1381 verkauften die Bi-

schöfe die Burg an die tirolischen Landesherren, von denen sie als Lehen an die Schlandersberger und deren Erben, die Hendl (vgl. hiezu die Renovierung von St. Johann) weitergegeben wurde. Das ganze System von Rotund und Reichenberg wurde im Krieg Herzog Friedrichs gegen den aufständischen Adel 1417 erobert.

Wie nicht selten sind die Burgen gestorben, die Bauernhöfe aber am Leben geblieben. Der Schloßhof oberhalb der Ruine gehört zu den verstreuten Gehöften des Weilers T e l l a, der, wie bereits erwähnt, bis nahe an die 1800 Meter Höhe ansteigt. Die Namen sind auf dieser Seite vorwiegend deutsch, im Gegensatz zu den tieferen Lagen um die Talsohle.

Tella selbst ist jedoch ein uralter Name, den Finsterwalder („Der Obere Weg", S. 225) auf eine indogermanische Wurzel *tel(v)* zurückführt, die mit lat. *tellus* (Erde) urverwandt ist und soviel wie „nutzbares Erdreich" bedeutet. Auf dieselbe Wurzel werden übrigens auch die Höfe von Tels am Schludernser Berg (siehe dort) zurückgeführt.

Vom Schloßhof aus kann man sehr gut auf einsamen Hangwegen („Eselweg") und später durch Wälder die Tauferer Runde gegen die Calvenbrücke hin schließen. Wir haben aber vorerst noch dem Kirchlein S a n k t M a r t i n einen Besuch abzustatten und benützen den neuen Fahrweg von Tella dorthin zum Abstieg.

Der Bau wird 1484 erwähnt und bekam im 17. Jh. die flache Leistendecke und den Chor mit Gratgewölbe. Sehenswert war der F l ü g e l a l t a r mit St. Martin, Maria (beide 1950 gestohlen) und Katharina im Schrein, Flügelreliefs und Gemälden, auch an der Predella, laut Weingartner eine *gute Arbeit um 1520.* Ein St. Martin zu Pferd an Stelle des Aufsatzes (18. Jh.) ist heute mit den übrigen Figuren des einsam im Walde gelegenen Kirchleins deponiert — das übliche Schicksal der mit der Natur so innig verschwisterten sakralen Kunstwerke. —

Wer etwa der Meinung war, das Golfspiel sei eine rein englische Erfindung, der wird sich in Taufers eines besseren belehren lassen müssen. Wenn wir nämlich jetzt einen Gang zur Schweizer Grenze und hinüber nach *M ü s t a i r* (sprich Mü-stair, mit Trennung der beiden Silben) antreten, so sollten wir uns daran erinnern, daß diese Entfernung im Frühjahr und Herbst früher beim sogenannten *K o l b n e n* von den Tauferer Burschen und Männern mehrfach zurückgelegt wurde.

Über das hier und im nahen Stilfs bis zur Jahrhundertwende gebräuchliche Kolbenschlagspiel berichtet Josef Schgör in „Schlern", Jg. 1947, S. 219. Demnach wurde eine Holzkugel von 4—6 cm Durchmesser mit einem verzierten Schlagstock *(Kolben)* von *Leege* zu *Leege* (Zielloch) bis zum endgültigen Ziel bei einem Gasthaus im Nachbardorf *Müstair,* also über

2 km geschlagen. Wer dazu am wenigsten Schläge brauchte, blieb Sieger. Die Obrigkeit sah das Spiel nicht gern, da es häufig zu Raufereien, ja einmal sogar zu einem Totschlag kam; später wurde das *Kolbnen* durch das Kegelspiel verdrängt.

In Erinnerung an solche nun wieder sehr modern gewordene Lustbarkeit früherer Tage sind wir an die Schweizer Grenze gekommen und nützen die Zeit nicht allein zu zollfreiem Einkauf, sondern auch zu einem Besuch der einmalig sehenswerten Klosterkirche des Benediktinerinnenpriorates von *Müstair,* von dessen Bedeutung für unseren Vinschgau wir schon im allgemeinen historischen Abriß wiederholt gehört haben.

Der begrenzte Raum des vorliegenden Handbuches erlaubt es nicht, die bedeutende, aus karolingischer Zeit stammende Klosterkirche mit ihrem größten erhaltenen frühmittelalterlichen Bilderzyklus, den es überhaupt gibt (1947/52 freigelegt), in Einzelheiten vorzustellen. Der Besuch sei jedoch unbedingt und nicht zuletzt auch im Zusammenhang mit der von hier aus errichteten Kirche St. Benedikt in Mals empfohlen, wenngleich der 46 Szenen aus dem Leben Jesu umfassende Zyklus (um 800 entstanden) nicht wie dort einem Maler des karolingischen Hofkreises, sondern einem Künstler aus *Aquileja-Ravenna* (Egg) oder *Venedig-Mailand* (Birchler) zugeschrieben wird. — Aus romanischer Zeit stammt ein weiterer Bilderzyklus, dem zeitlich auch die lebensgroße Statue Karls des Großen angehört (um 1170 nach Egg, nach anderen ebenfalls noch karolingisch).

Wir sind damit bei der Geschichte des Klosters angelangt, das nach der lokalen Überlieferung von Karl selbst gegründet worden sein soll, aber erst 860 im grundherrlichen Besitz aufscheint. Es war zunächst Doppelkloster für Mönche und Nonnen, seit 1163 jedoch bis auf den heutigen Tag Frauenkloster. Inmitten des rein romanisch sprechenden Dorfes *Müstair* herrscht im Kloster die deutsche Sprache, und eine katholische Enklave im ansonsten fast rein protestantischen Münstertal ist im Zusammenhang mit dem Kloster auch nahezu das ganze Dorf geblieben.

Bezüglich der Lage am Fuß des (bis zur Erschließung des Gotthardpasses im 13. Jh.) wichtigen Umbrailpasses und damit des Stilfser Joches gilt das bereits beim Hospiz St. Johann in Taufers Gesagte auch hier. — An Literatur nennen wir den an Ort und Stelle aufliegenden, gut illustrierten Kleinen Kunstführer aus der Feder des jüngst verstorbenen Gelehrten Linus Birchler, dessen Arbeit in „Der Obere Weg" und Iso Müllers „Geschichte des Klosters Müstair", Disentis 1978.

Verlockend wäre von hier aus der Streifzug weiter durch das Bündner Land, so etwa zu dem für den Vinschgau so wichtigen Tarasp, wo in Erinnerung an einstige Machtausweitung noch der

Doppeladler mit Andreaskreuz mit der Inschrift *Hie Esterreich* zu sehen ist — doch ist unser Raum begrenzt, so daß wir uns darauf beschränken, für solche Kundfahrt das „Burgenbuch von Graubünden" von Erwin Poeschel (Zürich 1930) zu empfehlen und uns im Rahmen unserer Vinschgau-Betrachtung nun der Wanderung durch das Avignatal zuzuwenden.

Dieses wirtschaftlich bedeutsame und ebenso landschaftlich überaus reizvolle Almtal zieht sich über 8 km Luftlinie von Taufers (1260 m) bis zum Scharljöchl (2296 m; auch *Cruschetta,* nach dem Kreuz am Übergang) und wird vom *Vallarola*-Bach durchflossen. Auf den beiden Almen (Mangitz, Mitteralm) werden über 250 Stück Vieh aus Taufers aufgetrieben. Ein Ausbau des alten Almweges (Nr. 26) für schnelle und direkte Frischmilchlieferung ist geplant; es ist zu hoffen, daß dieser Weg nur der Wirtschaft vorbehalten bleibt, da ansonsten dieses durch eine herrliche Flora (Almrosen!) und durch einen reichen Wildbestand ausgezeichnete Hochtal wie viele andere einer sinnlosen Motorisierung zum Opfer fallen würde. — Im Talgrund, am Weg zum Scharljöchl, liegt der kleine, sagenumwobene *Praverdsee* (Winkler, S. 121); aber auch der Teufelsstein ist bemerkenswert, auf Halbweg im Tal. Ein armes Weiblein hatte es verstanden, den Teufel zum Ausräumen des Tales von Stein und Blockwerk dranzukriegen, für die Länge eines Vaterunsers — aber da war das Gebet schon fertig, wie der Teufel grad den letzten Block anrührt, er muß ohne die Seele der geschickten Alten zornig und unter Schwefelgestank abziehen — doch seine Fingerabdrücke sieht man heute noch ... (vermutlich Schalenstein, vgl. auch Winkler, Seite 120).

Bergtouren lassen sich über die sanften Höhen zu beiden Seiten im Winter als Skifahrten (Lawinensicherung!) und im Sommer als ideale Kammwanderungen durchführen, wobei man gut den Arundakopf (2878 m) und gegenüber den Piz Starlex (3066 m) ersteigen kann, in relativ leichtem Gelände, jedoch ohne gebahnte Wege, meist nur auf Steigspuren und auch ohne Markierungen.

Laut „Hochtourist" (Bd. VI, Leipzig 1930) muß es *Starler* heißen; im Tal selbst hört man auch *Sterlex.* Man steigt von der Mangitzalm zur Starlexscharte (2630 m) und von dort über den Südgrat zum Gipfel (4 Std. ca.; das letzte Gratstück schmal). Sehr hübsch ist auch die Runde von der Mangitzalm über die Schafhütte zur Höhe von Krippen *(Greppi,* 2720 m) und weiter zum Tellakopf (2525 m), mit Abstieg von dort nach Taufers (Weg 25, Markierung kaum eingehalten), in etwa 6—7 Stunden.

Wie bereits erwähnt, war das Scharljöchl einst ein wichtiger Übergang, schon wegen des zwischen dem Tiroler Landesfürsten und dem Bischof von Chur strittigen Bergwerkes zu S-charl, wo es 1617 noch ein österreichisches Berggericht gab.

Der Name wird in der Schweiz *S-charl,* auch *S. Carl* geschrieben und mit Karl dem Großen in Verbindung gebracht. Die Tauferer sagen *Schorla* (hiezu und zum Bergwerk vgl. Schguanin in „Schlern", Jg. 1967, S. 566 ff.). Das Jöchl selbst zeigt Spuren einer Altstraßenführung, die einer näheren Untersuchung wert wären. —
Wesentlich steiler sind die Hänge der dem Dorf Taufers im Südosten gegenüberliegenden Chavalatschgruppe. Eine Markierung 27 führt zur Rifairalm (2146 m) und weiter zum Kamm, von dem man einerseits den Hauptgipfel (2763 m; ab Taufers 5 Std.) oder nach der anderen Seite in einer Kammwanderung das aussichtsreiche Glurnser Köpfl (2402 m; Abstieg nach Glurns insges. 7—8 Std.) erreichen kann. Die Chavalatschgruppe liegt zur Gänze im Bereich des Nationalparkes; wo der bei Dalla Torre unter 1857 genannte Abschuß eines Braunbären erfolgte, konnte der Verf. nicht ermitteln, doch dürfte es sich um diese Talseite handeln. — Wer vom Glurnser Köpfl nach Glurns absteigen will, wird außer dem gewaltigen Murkegel der Malser Haide auch die Anlage des mauerumgürteten Städtchens so schön und instruktiv erkennen, wie es nur der Blick von der Höhe schenken kann. —

Glurns ist eine richtige Stadt, mit Mauern, Graben und Tortürmen umgeben, rund 400 Meter lang und nicht viel mehr als 150 Meter breit, sie hat heute wie vor hundert Jahren ungefähr gleich viel Einwohner, nicht einmal tausend Menschen, die allesamt um einen Stadtplatz und in drei Gassen wohnen. Es gibt in Glurns vier Kirchen, 350 Schießscharten, dreißig Telephonanschlüsse und vermutlich den einzigen Fußballplatz in Europa, der von Stadtmauern aus dem 16. Jh. gesäumt wird. Steinitzer hat um 1920 herum als erster den Vergleich vom „Rothenburg Tirols" gebraucht, aber das ist überflüssig, Glurns ist selbst einmalig und einzigartig — die größte Sehenswürdigkeit von Glurns ist Glurns selbst.

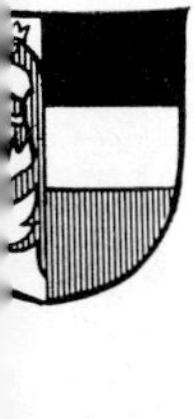

STADT GLURNS: Seehöhe 907 m; klimatische Werte geringfügig günstiger als in dem um 150 Meter höher gelegenen Mals. — Ab Schweizer Grenze 9 km — nach Schluderns 2 km. — Im Stadtgebiet 715 Einwohner, davon 63 Italiener (Staffler gibt 735 Einw. im Jahre 1841 an). — Derzeit insges. etwa 200 Betten in Gasthöfen und Privathäusern. Öffentl. Fernsprecher im Gasth. „Grüner Baum"; Postamt mit Postleitzahl 39020. Musikkapelle seit 1860; seit 1971 Untere Mittelschule. — Naturrodelbahn (2,2 km) und Sportplatz, Taxi im Ort. Finanzwache und Garnison außerhalb der Stadtmauern an der Straße nach Schluderns.

„Garnison" ist dieses einzigartige Glurns wohl von allem Anfang an gewesen, eine bereits um 1304 ummauerte kleine Festung, von Herzog Otto, Meinhards II. Sohn, in einem Verleihbrief aus diesem Jahr *„unsere Stat ze Glurns"* genannt.

Die Geschichte des am Fuß eines schön ausgebildeten Murkegels gelegenen Ortes, der hier am Rand sumpfiger Auen angelegt worden sein mag, geht jedoch weiter zurück und beginnt wie so oft mit dem Namen, den man früher gerne mit einem lateinischen *gloria vallis* gedeutet hat, was man auch aus den angeblich römischen Fundamenten von Türmen in Glurns zu erkennen glaubte. Nun sind aber eindeutige römische Funde baulicher Art niemals zutage getreten, und wir wissen heute, daß Glurns so gut wie sicher nicht an der *Via Claudia Augusta* lag. Bezüglich des Namens denkt man heute (Hoeniger) an *„Haslach"*, da eine Übersetzungsform *callis alnorum* vorliegt, was soviel wie „mit Hasel- und Erlenstauden bestandenes Gebiet" bedeutet und gut passen würde, um so mehr als die Tradition von einem *Langdorf* wissen will, das sich der Etsch entlang (wohl am Rand des Murkegels) ausgedehnt habe. Pardeller hingegen („Schlern", Jg. 1967, S. 546 f.) plädiert für ein *gl* aus *gloria* (herrlich) und einen in vielen Namen belegten Stamm *uer,* der soviel wie „befestigter Ort" bedeute. — Jedenfalls finden wir die erste Erwähnung als Dorf *(in vico Clorne,* zit. bei Huter) um 1178. Schon 1233 ist Glurns landesfürstliches Gericht — in bewußtem Gegensatz zum bischöfl.-churischen Amtssitz in Mals — und reicht als solches von Spondinig bis zum Langkreuz auf der Malser Haide. Im Jahre 1321 wird die erste Stadtmauer genannt, und außerdem wird Glurns wichtiger Stapelplatz für den Salzhandel in die Lombardei; dazu kommt die Erzausbeute aus den nahen Bergwerken in Scharl und *Fuldera.* Die kleine Stadt erlebt eine großartige Blütezeit in Handel und Wandel, man mißt im ganzen Oberland mit einem eigenen *Glurnser Maaß,* und ihrem Rang nach steht die Stadt Glurns beim Tiroler Landtag zu Meran (1423) an siebter Stelle (!) unter den damals 18 Städten der Gefürsteten Grafschaft. — Da kommt es zu dem für Tirol so unglückseligen Engadiner Krieg (1499), in dem Glurns furchtbaren Zoll zu entrichten hat; die eben aufgeblühte Stadt sinkt in Schutt und Asche — aber sie erhebt sich wieder. Mit Hilfe des Landesfürsten wird eine völlig neue Ummauerung geschaffen, die sich bis auf den heutigen Tag erhalten hat.

Die Wappenverleihung durch Ferdinand I. im Jahre 1528 zeigt, daß man nicht gesonnen ist, *unsere Stat* aufzugeben; sie wird nun buchstäblich „Garnison" und vor allem Waffenarsenal im Hinblick auf die Einbruchstelle Münstertal, aber schon in der Verteidigungsordnung von 1607 ist man sich darüber im klaren, daß die Mauern einem wirksamen Beschuß nicht standhalten würden. So wird die Stadt im Jahre 1799 gar nicht erst in Verteidigungsstellung gebracht und dementsprechend von den Franzosen niedergebrannt. — Die beiden Pestjahre (1348 und 1635; ein „Pestanger" noch nachweisbar), weitere Brandkatastrophen (besonders arg 1732) und zahlreiche Überschwemmungen durch Etsch und Rambach haben dem Ort schwer zugesetzt; noch heute sieht man am Malser Tor (außen) die Wassermarke vom 16. Juni 1855 (Ausbruch des Haider Sees) und kann sich nur zu gut erklären, daß die alten Stadtgräben nun schon zum Großteil längst verschüttet sind und auch die Lauben durch Aufschüttung vom Boden her so niedrig wurden, daß man sich am Gewölbe da und dort sogar den Kopf anstoßen kann.

Immerhin ist Glurns bis zur letzten Jahrhundertwende trotz all dieser Rückschläge noch eine lebendige Stadt geblieben, mögen auch Verkehr und Handel andere Wege eingeschlagen haben. Noch immer ist der Ort ein wichtiges Verwaltungszentrum, wie wir aus Plants Vinschgau-Führer entnehmen können (1907), in dem geradezu mit Stolz Bezirksgericht, Steueramt, Arzt, Apotheke, Advokat, Büchereien, Spital, Schulen und Verschönerungsverein aufgezählt werden.

Dies alles ist heute zum Großteil nicht mehr; das Gericht, das durch nahezu sieben Jahrhunderte (bis 1824) in Händen zunächst der Matscher Vögte und dann ihrer Nachfolger, der Grafen Trapp, und nachher österreichisches Bezirksgericht war, ging 1930 nach Schlanders über — Glurns versank buchstäblich in einen Dornröschenschlaf und mag sich in seiner alten Festungspracht gewundert haben, als in den dreißiger Jahren ringsum plötzlich Kasernen und häßliche Betonbunker aus dem Boden stiegen.

Heute ist die Situation des Miniaturstädtchens durchaus nicht einfach. In dieser „Stadt" ist der überwiegende Teil der Bevölkerung in der Landwirtschaft tätig; man darf sich nicht wundern, wenn man beim Morgenspaziergang in der Laubengasse oder am Stadtbrunnen Kühen und Hühnern begegnet. So malerisch dies auch erscheinen mag — für Glurns ist es ein echtes Problem, daß hier fast nur mehr Kinder bis zu 14 und Erwachsene über 50 Jahre leben — und daß beispielsweise die Hälfte aller Jugendlichen dieser Stadt in der nahen Schweiz arbeiten. So steht Glurns heute vor einer neuerlichen Wende in seiner wechselvollen Geschichte und ist auch entschlossen, einen entscheidenden Schritt zu tun.

Es wurde bereits ein Sanierungsplan ausgearbeitet, nach dem man versuchen will, die landwirtschaftlichen Betriebe außerhalb der Mauern im Rahmen einer Flurbereinigung anzusiedeln und die kostbare alte Stadt mit ihren Sehenswürdigkeiten, der Wehrmauer, den wuchtigen Türmen und den vielen malerischen Winkeln dem Fremdenverkehr nutzbar zu machen.

Es ist bestimmt nicht leicht, grundlegende Änderungen in einem Ort durchzuführen, der mit Recht so gut wie zur Gänze unter Denkmalschutz steht. Das geplante Experiment verlangt von den leitenden Architekten das Letzte an Können und Einfühlungsvermögen — kann aber für Glurns eine wirkliche Zukunft bedeuten. Zur Sanierung vgl. „Schlern", Jg. 1979, S. 213. Der Dichter Rudolf Greinz (1866—1942) hat Glurns unter dem Namen „Das stille Nest" verherrlicht (Roman, Leipzig 1908) — und gerade davon, von dieser kostbaren mittelalterlichen Romantik sollte man erhalten, was nicht unbedingt geopfert werden muß.

Daß zu diesem stimmungsvollen Gesamtbild, zu dieser friedlichen Geborgenheit die festungsartige Ummauerung viel beiträgt, wurde schon gesagt. Wir sind über diese trotz langer Bauzeit wie aus einem Guß entstandene Anlage sehr gut informiert und treffen unter Planern und Ingenieuren Niklas Türing den Älteren, *der römisch kaiserlichen Majestät obersten Werkmeister,* oder auch Maximilians Hofbaumeister Jörg Kölderer, aus dessen Hand uns eine aufschlußreiche Befestigungsskizze erhalten ist (Abb. in „Der Obere Weg", S. 427).

Die Anlage der trapezförmigen Umfassungsmauer mit Eckrondells, drei mächtigen Tortürmen — früher nur *Porten* genannt — und einem aus der Etsch und dem Punibach gespeisten Graben wurde schon bald nach der Zerstörung der älteren Anlagen im Jahre 1499 von Grund auf neu geplant und im wesentlichen auch erstellt, konnte aber nach mannigfachen Unterbrechungen erst 1580 endgültig fertiggestellt werden; rund 30 Jahre später war die Anlage wehrtechnisch bereits überholt. — Immerhin überdauerten die Mauern Jahrhunderte, wenn auch die Holzbestandteile der Wehrgänge nach und nach verheizt und die Dächer schadhaft wurden; man deckte sie nach 1945 wieder neu ein, und so zeigen sich die Tortürme mit Fallgitteranlagen, Zugbrückenlager, Gußerkern und Wappen zusammen mit der Umfassungsmauer als *einzige vollständig erhaltene Stadtbefestigung Tirols* (Weingartner). Die heutigen Straßen führen noch durch das Malser und Schludernser Tor, während die *Kirchporten* in Richtung Pfarrkirche und Münstertal links umfahren wird (vgl. zur Wehranlage die ausführlichen Arbeiten von Oswald Trapp in „Schlern", Jg. 1954, 243 ff., und von Max Bliem in „Der Obere Weg", S. 424 ff., beide mit Abb. und Skizzen).

Ein Gang durch die Stadt wird so immer wieder Ausblicke auf hübsche bauliche Details und idyllische Motive schenken, vor allem natürlich längs der einheitlich erhaltenen Laubengasse (frühes 16. Jh.) im sogenannten „Unterstadtl", auch *Flutsch* genannt, was uns im Hinblick auf das hier unter der Mauer austretende „Mühlbachl" recht deutlich an den Namen von Sankt Cäsarius in *Flutsch* erinnert. Zwischen den schmalen Gassen und den Wehrmauern breiten sich die Obst- und Blumengärten der Bürger aus; so warm scheint die Sonne in diese geschützten Winkel, daß man an der Innenseite der Stadtmauer dann und wann das Geranke der Weinrebe über die alten Quadern klettern sehen kann.

Neben diesem beeindruckenden Gesamtbild sind die übrigen Sehenswürdigkeiten innerhalb der Stadtmauer von eher zweitrangiger Bedeutung. Es ist jedoch das alte B a l l h a u s (Weißenhorn) am Platz, heute Sitz der Gemeindeverwaltung, zu nennen; die bei Weingartner genannten Fresken (dekorative Fruchtgehänge und zwei erhaltene Darstellungen der Sieben Todsünden, *superbia* und *avaricia)* können nach Anfrage in der Gemeinde besichtigt werden. Der K o l b e n t u r m ist verbaut und zeigt nur mehr auffallend dicke Mauern; ähnliches gilt vom A l t e n T u r m z u G l u r n s, dem ehemals Matsch-Trappschen Gerichtshaus, dem nach 1799 ein neues Gerichtsgebäude vorgebaut wurde. Den S p a t z e n t u r m nächst dem Südwestrondell hielt man früher für römisch, da hier u. a. eine Münze des *Tiberius* gefunden worden war. Hervorzuheben ist in der Malser Gasse das Haus Nr. 22 mit hofseitiger Loggia, schönen Gewölben und Erkern. — Von den K i r c h e n nennen wir die in die Straßenfront einbezogene D r e i f a l t i g k e i t s k a p e l l e in der „Floragaß", einen gotischen Bau mit Fassadenglockenmauer, zum ehemaligen Schlandersberger Ansitz (heute Gasth. „Post") gehörend; im Chor und Schiff finden sich Spuren übertünchter Wandgemälde (Weingartner). — Die F r a u e n k i r c h e wurde im 17. Jh. erbaut und 1799 niedergebrannt; ihre an neuromanischen Stilelementen orientierte Form hat sie 1870 bekommen und dient heute als eigentliche, sehr gepflegte Stadtkirche, vor der zwei schöne Pappeln stehn.

Die P f a r r k i r c h e z u m h l. P a n k r a t i u s steht etwas erhöht südlich der Stadtmauern, von diesen durch die Etsch getrennt. Wer von der Stadt aus der *Kirchporten* tritt, die Etsch überquert und seine Schritte gegen das Münstertal lenkt, der wird in eindrucksvoller Weise eines großen Bildes gewahr, das vom Turm der Pfarrkirche weithin die Freuden und ebenso die grausamen Schrecken des Jüngsten Gerichtes verkündet. Das packende Gemälde, laut Stifterinschrift 1496 entstanden, ist in der Darstellung der mit allen möglichen Marterwerkzeugen traktierten Verdammten wie eine böse Vorahnung dessen, was nur drei Jahre später im Engadiner Krieg über die Bevölkerung des oberen Vinschgaues in furchtbarer Weise hereinbrechen sollte.

Der Turm selbst dürfte, mit Ausnahme des barocken Helmes, so alt sein wie die um 1300 erwähnte Pfarrei, das Langhaus ist spätgotisch um 1495 und weist aus dieser Zeit teils fragmentierte (Südwand), teils durch Grabsteine verdeckte Fresken auf (Gefangennahme Christi, 16. Jh., Anf.). — Die Kirche, die man auch an Sonntagen meist gesperrt vorfindet, hat im Inneren eine Reihe sehenswerter Marmorgrabsteine, darunter das figurale Monument des Jörg von Lichtenstein in Rüstung, mit Rosenkranz, Schwert und Streitaxt in den Händen (gest. 1517). Die übrigen Grabsteine sowie der Weihwasser- und Taufstein aus weißem Marmor sind teilw. gute Arbeiten des 16. Jh.s in der sonst neugotisch eingerichteten Kirche, in der am Seitenaltar eine gotische Pietà steht (Kunstkarte, im Ort erhältlich). — St. Johann am Friedhof hat eine stets geöffnete Gruftkapelle, aus der jedoch wertvolle Stücke entfernt sind. Erst vor kurzem entdeckte R. Lunz nahe Glurns die Reste einer Kirche zu St. Laurentius („Dolomiten", Jg. 1977/Nr. 235).

Klein wie die Stadt, aber dennoch nicht unbedeutend ist die Ehrengalerie von Glurns, aus der wir nur zwei bekanntere Namen hervorheben können, und zwar zunächst den schon bei J. J. Staffler erwähnten Joseph Grasser, der es zu hohen kirchlichen Ehren bringen sollte.

Grasser wurde 1783 als Sohn einfacher Bürgersleute in Glurns geboren, war zuerst Gymnasiallehrer, später Landesschulrat und wurde schließlich Bischof von *Treviso* und danach von *Verona,* wo er 1839 gestorben ist; er war päpstlicher Hausprälat und Träger des Ordens der Eisernen Krone. Was Staffler von ihm schreibt, klingt wie ein schöner und erstrebenswerter Grabspruch: *Er war gelehrt, fromm und gut.* —

Im Jahre 1922 wurde als Sohn des damaligen Gemeindearztes in Glurns der angesehene Zeichner und Graphiker Paul Flora geboren, aus der uns schon seit der Betrachtung von Mals bekannten Vinschgauer Familie stammend, die ansonsten vorwiegend Ärzte hervorgebracht hat.

Vielleicht sollte auch Paul Arzt werden, doch wußte er — nach eigener Aussage — diesem Werdegang schon im Gymnasium zu Innsbruck eine andere Wendung zu geben, woran sich der Verfasser als ehemaliger Schüler ebendieser Anstalt noch gut erinnern kann. Flora nahm in Innsbruck Zeichenunterricht und ging dann zu Kriegszeiten auf die Akademie nach München, die ihm jedoch damals wenig Anregung bot. Sein Schaffen — vorwiegend auf Karikatur und Illustration ausgerichtet — hat außerhalb von Tirol noch mehr Beachtung gefunden als im eigenen Land, so vor allem in der Schweiz, wo die meisten seiner graphischen Arbeiten gedruckt worden sind (Diogenes-Verlag). — Floras Werk kann in seiner ironisch-satirischen Art als typisch „vinschgauerisch" bezeichnet werden, obwohl der Künstler seinen Geburtsort schon in früher Jugendzeit verließ und heute bei Innsbruck lebt. Seiner Meisterschaft nach, oft nur mit sparsamen Strichen eine wesentliche Aussage zu treffen, kann Flora heute unter die führenden deutschen Karikaturisten gerechnet werden; man hat ihn *einen der geistvollsten Illustratoren abendländischer Lebensweisheit genannt* (E. Scherer). — (Autobiogr. Notizen sowie Werkverz. in Paul Flora, „Ein Schloß für ein Zierhuhn", Innsbruck 1965). — Der im Vinschgau weitverbreitete Name *Flora* geht übrigens, laut Finsterwalder („Schlern", Jg. 1955, S. 473) auf *Flura* - *Fluran* zurück und ist letzten Endes (wie *Fliri)* vom Talpatron *Florinus* abzuleiten.

Als lohnendste Bergtour von Glurns aus nennen wir den Gang auf das leicht ersteigbare Glurnser Köpfl (2402 m), das seiner isolierten Lage am Talknick wegen als ein Aussichtspunkt allerersten Ranges zu rühmen ist; wer den ganzen Vinschgau mit seiner Bergumrahmung vom Ortler bis zur Texelgruppe mit einer einzigen Blickwendung umfassen und die Gesetzmäßigkeit erkunden will, nach der dieses Tal geformt ist — der soll aufs Glurnser Köpfl steigen.

Es heißt zunächst von der Pfarrkirche weg (Mark. Nr. 24) gegen Südwesten jenen Murkegel zu überwinden, an dessen oberem Ende die weißen Mauern des Einsiedlerkirchleins Sankt Martin leuchten, das neben einer älteren Eremitage im Jahre 1686 erbaut wurde, 1799 ebenfalls in Flammen aufging und 1870 zur heutigen Form erneuert worden ist; die Statuen des barocken Altars sind deponiert, der lebensgroße Christus an der Geißelsäule stammt von Christian Greiner (1694), dessen Werken wir in diesem Raum wiederholt begegnen.

Will man sich mit einer kürzeren Wanderung begnügen, so können von hier aus die Waalwege des Murkegels nach beiden Seiten begangen werden. Wer sich jedoch den Anstieg über die Glurnser Alm (1978 m) zum Köpfl zutrauen darf, muß für den gesamten Weg 4 bis 5 Stunden rechnen; den Abstieg kann man zu einem kleinen See südlich des Gipfels und weiter über die Lichtenberger Almen und Höfe zur Runde und damit zu einer ausgedehnten Tagestour schließen. Diese Lichtenberger Höfe können müheloser vom vorerwähnten St.-Martins-Kirchlein aus auf einem Weg Nr. 25 erreicht werden, der bis zu den Höfen von Porzleit zum Güterfahrweg ausgebaut worden ist.

Weitere Spaziergänge lassen sich dem Rambach entlang zur Calvenbrücke oder in entgegengesetzter Richtung an der Etschpromenade (Jausenstation) bis zum Durchfluß-Staubecken (400.000 m^3) des Vinschgauer Großkraftwerkes unternehmen. — Der alte Fußweg zum Söleshof mit den Ruinen einer 1799 abgebrannten Jakobskirche ist in den letzten Jahren zu einer breiten Verbindungsstraße zwischen Glurns und Lichtenberg-Dorf ausgebaut worden.

Wir wollen unseren Besuch in Glurns nicht abschließen, ohne vorher jenen berühmten Mäuseprozeß zu erwähnen, dessen überlieferte Akten dem Ohr des Menschen von heute wie eine Anekdote klingen mögen und dennoch von tiefen Geheimnissen aus uralter Zeit umwoben sind.

Man schreibt das Jahr 1519; ein Vertreter der Gemeinde Stilfs führt vor dem Richter Wilhelm von Haßlingen zu Glurns Klage darüber, daß die Feldmäuse *(Lutmäuse* im Orig.) so großen Schaden anrichten würden, daß man sich nicht mehr zu helfen wisse. Interessanterweise ist es aber der Kläger selbst, der gleichzeitig das Begehren einbringt, man solle den angeklagten Mäusen auch einen Anwalt beistellen, was dann tatsächlich durch die mit Siegel bestätigte Ernennung des Glurnser Bürgers Hans Grinebner geschieht. Durchgeführt wird der Prozeß erst im darauffolgenden Jahr (2. Mai 1520), und zwar vor dem Richter Conrad Spergser (dem Vater des nachmaligen bekannten Landsknechtsführers) und elf Geschworenen. Es treten drei Zeugen der Anklage auf und beschwören, die Mäuse hätten so großen Schaden angerichtet, daß man den Jahreszins an die Grundherrschaft nicht mehr aufbringe und womöglich sogar abwandern müsse. Der Anwalt Grinebner gibt jedoch zu bedenken, daß die Mäuse auch ihren Nutzen hätten und schlägt vor, ihnen sozusagen freies Geleit erteilen und eine neue Wohnstatt zuweisen zu wollen. Wörtlich heißt es: *es werde ihnen auch bei solchem Abzug ein frey sicher Geleit vor iren Feinden erteilt, es seyen Hund, Katzen oder andere ire Feind; er sey auch in Hoffnung, wenn aine schwanger wär, daß derselben Ziel und Tag geben werde, daß sie ir Frucht fürbringen und alsdann auch damit abziehen möge* (zit. nach Sayn-Wittgenstein, S. 189; vgl. auch K. F. Zani in „Schlern", Jg. 1948, S. 203 ff.).

Das Urteil entsprach diesem Vorschlag, doch vermeldet die Chronik über die Durchführung nichts mehr. Pardeller weiß aber zu ergänzen („Schlern", Jg. 1949, S. 113), daß in der Volksüberlieferung davon die Rede ist, die Stilfser hätten bei den Schludernsern das Recht erbeten, die Mäuse an den Spondiniger Leiten anzusiedeln, wozu man eine eigene Brücke über die Etsch erbaut hätte, die dann hinter dem Exodus der Mäuse wieder abgebrochen würde. — Das Motiv erinnert unüberhörbar an die bekannte Rattenfängersage und dementsprechend weiß Winkler (S. 127) auch von einer weiteren derartigen Überlieferung zu berichten.

Es fällt vor allem anderen auf, daß im Rahmen dieses seltsamen, aber durch Urkunden eindeutig verbürgten Prozesses von einer eventuellen Tötung der Mäuse nie die Rede ist; der ganze Vorgang hat vielmehr den Charakter einer Beschwörung und zeigt auch insofern eine Parallele zum Religiösen, als aus dem Jahre 1550 die Verlobung eines Bittganges durch die Bevölkerung von Stilfs *zur Abwendung des großen Schadens der Feldmäuse* bezeugt ist (Pardeller, a. a. O.).

Der „fortschrittliche" Mensch von heute wird den Vorgang belächeln; viel weiter ist er allerdings auch nicht gekommen, da er derzeit die *Lutmäuse* mit Giftstoffen bekämpft, die wiederum für ihn selbst lebensgefährlich sind. — Der Mäuseprozeß mag tief in kultische Bereiche zurückgreifen, aus denen wir die Maus als *Seelen- und Orakeltier* kennen; auch die Hexen konnten *Mäuse machen* (Caminada, S. 219). Und wer gewillt ist, sich in die bildhafte Vorstellungswelt unserer Ahnen einzuleben, der mag es mit dem treffenden Urteil halten, das sich über den Glurnser Tierprozeß bei Sayn-Wittgenstein findet: *In dieser Zeit lebten die Menschen noch in enger und wunderbarer Gemeinsamkeit mit der Schöpfung und sahen in der Kreatur Geschöpfe Gottes, denen sie mit Ehrfurcht begegnen mußten* (S. 189). — Es muß anderseits an dieser Stelle allerdings auch der Vermutung Raum gegeben werden, daß es sich bei diesem ganzen Prozeß möglicherweise um eine Art Persiflage jener strengen Jagdgesetzgebung durch Maximilian I. handelte, die bekanntlich die Tötung frei lebender Tiere grundsätzlich verbot — auch wenn sie Flurschäden anrichteten.

> *Der Tartscher Bühel in der Gemeinde Mals ist das Wahrzeichen des oberen Vintschgaues. Wie eine Bastion erhebt er sich frei aus der Etschtalsohle, gekrönt von der uralten Kirche Sankt Veit, die der Sage nach an Stelle eines Heidentempels steht.*
>
> K. M. Mayr in „Schlern", Jg. 1953, S. 365

Von welcher Seite man auch immer kommen mag, sei es auf vielbefahrenen Straßen oder auf den verlassenen Fußwegen der Heidelandschaft — immer beherrscht das Urweltriff des T a r t - s c h e r B ü h e l s (1077 m) den Raum des oberen und mittleren Vinschgaues; er ist das geheimnisvolle Zentrum dieser Landschaft und die Drehscheibe, an der sich dereinst so gut wie alle Vinschgauer Fernwege getroffen haben mögen. Und noch heute gilt, daß wohl nur der so recht um den Reiz dieser archaischen Talschaft weiß, der so manche Stunde versunken und versonnen auf diesem Hügel verbracht hat.

Da wir uns bislang im alten Städtchen Glurns herumgetrieben haben, wählen wir einen etwas nördlich des Malser Tores, bei der Brücke über den Punibach ansetzenden Feldweg und wandern quer über die Wiesen auf den schon von weitem sichtbaren Hügel mit seiner weißen Kirche zu. Man muß hier, unweit des Bahnhofes für Mals und Tartsch, die Eisenbahnstrecke überqueren und hat in wenigen Minuten die an dieser Seite kahle Hügelkuppe in einem Bogen von Norden her erreicht.

Auch hier gibt es eine Art „Sonnenberg", und erst jenseits, gegen Ortschaft und Straße hin, breiten sich schöne Bestände an Lärchen und Föhren aus — auch sie vielfach mit den Stämmen vom Vinschger Wind talabwärts gebogen.

Über die Geschichte des Tartscher Bühels und das hier gefundene Hirschhorn-Votiv mit rätischer Inschrift wurde Wesentliches bereits gesagt (vgl. S. 11). Zu ergänzen ist noch, daß über den ganzen Hügel hin Schalensteine verstreut sind und daß sich Ringwallspuren nahe der Kirche nachweisen lassen; ebenso sei nochmals in Erinnerung gebracht, daß der Amerikaner W. Frankfurth im Jahre 1890 am Tartscher Bühel fünf Eisenbeile ausgrub. Von den zahlreichen römischen Münzen, die hier gefunden wurden, nennt K. M. Mayr in der oben angegebenen Arbeit eine *Gens Memmia* aus dem ersten vorchristlichen Jahrhundert.

Die bei K. M. Mayr genannten Sagen wissen von einer „Stadt" zu erzählen, die hier stand, wegen des Übermutes ihrer Bewohner aber versank; ausgelöst wurde diese Katastrophe durch den als Wandersage weitverbreiteten „Ochsenfrevel", laut dem ein solches Tier bei lebendigem Leib gehäutet und mit Salz bestreut wurde. Hirten fanden später die Spuren versunkener Häuser und auch Gerätschaften verschiedenster Art — alles Elemente, die sich aus dem prähistorischen Befund deuten lassen. Zweifellos haben wir es mit einer befestigten Großsiedlung (ca. 13.000 m²) und Wegsperre zu tun, was sich aus dem heute noch erhaltenen Flurnamen „Klause" ermitteln läßt; an Stelle des „Heidentempels" wurde die Sankt-Veits-Kirche errichtet, *in deren romanischen Mauern wohl noch ein älterer Bau steckt* (Egg), den wir demnach als karolingisch bezeichnen dürften. Außerdem ist der Bühel Signalstation innerhalb des Systems der Kreidenfeuerordnung gewesen und ein durch auffallende Spuren bezeugter Platz, an dem das volkskundlich und kultisch bedeutsame Scheibenschlagen geübt wird (vgl. S. 120). Wichtig ist in diesem Zusammenhang auch noch der große Pferdemarkt, der bis zum Ersten Weltkrieg hier am St.-Veits-Tag rings um das Heiligtum des geschätzten Viehpatrons abgehalten wurde; *der Markt am 15. Juni, welcher auf diesem Hügel gehalten wird, wimmelt von zahllosem Volke aus Vintschgau, Engadin und Valtelin ...* (Beda Weber, S. 295).

So läßt sich die Geschichte des Tartscher Bühels aus grauer Vorzeit nahezu lückenlos bis in die Gegenwart verfolgen, da auch die Kämpfe von 1499 und 1799 ihre für den Forscher sichtbaren Spuren hinterlassen haben, und der Hügel schließlich im Zug der Errichtung des schon mehrfach genannten „Alpenwalles" unter *Mussolini* zu einem Angelpunkt auch dieses Befestigungssystems ausgebaut wurde. Dazu schreibt Weingartner in seinem

„Südtiroler Bilderbuch" auf Seite 221 recht nachdenklich: *Hält man damit* (mit der schon prähist. Befestigung) *zusammen, daß 1939 der ganze Bichl zu Kriegszwecken unterminiert und ausgehöhlt wurde, so sieht man, daß die Menschheit seit dreitausend Jahren nicht um ein bißchen gescheiter geworden ist.* —

Der kunsthistorische Wert von Sankt Veit steht der malerischen Gesamtwirkung der Kirche mit dem wie von Hand modellierten romanischen Turm und der hohen Umfassungsmauer etwas nach, vor allem weil der kostbare Schatz vom Tartscher Bühel, der 1514 entstandene Flügelaltar aus der Werkstatt des Meisters Ivo Striegl aus Memmingen im Jahre 1959 seiner Schreinfiguren beraubt wurde; es handelte sich um Maria auf der Mondsichel zwischen Lucius und Florinus. Erhalten geblieben und sichergestellt sind die Predella und die Flügel, innen mit Reliefs (Johannes d. T. und Anna selbdritt) und außen mit dem Gemälde einer Verkündigung, dessen Signatur *H G 1514* man mit *Hans Goldschmid* auflöst, der ein Schwiegersohn des Ivo oder Bernhard Striegl war. — In der Kirche am Bühel, zu der man den Schlüssel im schönen Mesnerhaus (Nr. 16) neben dem Löwenwirtshaus an der Hauptstraße erhält, stehen heute nur mehr weniger bedeutende Teile von zwei barocken Altären.

Wir setzen nun unsern Weg fort und finden gleich gegenüber vom Mesnerhaus ein Beispiel für jenen guten Freskenschmuck, der sich an vielen alten Vinschgauer Häusern entdecken läßt und zum Teil wohl auch noch unter dem Verputz verborgen liegt. Dieses Haus Nr. 14 hat an der östl. Seitenwand eine wohlerhaltene, in ihrer Komposition recht seltene Darstellung der Dreifaltigkeit (um 1500), die bis zum Sommer 1973 von einem schönen Baum beschattet wurde; heute steht an dessen Stelle ein kahler, abscheulicher Laternenmast. — Im ersten Stock des genannten Hauses finden sich weitere gute Heiligenbilder (1647) sowie gegenüber davon die gekonnt hingeworfene Zeichnung eines Landsknechtes. — Durch guten Freskenschmuck ausgezeichnet ist auch die Kuratiekirche Sankt Andreas.

Die Kirche, deren Weihe mit 1316 bezeugt ist, wurde 1499 mit dem Ort niedergebrannt und 1503 neu geweiht; die Langhausmauern dürften noch romanisch sein, die Fassade der 1910 um ein Joch verlängerten Kirche stammt aus dieser Zeit. Von den Außenfresken an der Südwand ist vor allem der schöne Christophorus (1629) bemerkenswert, mit Fabelwesen zu seinen Füßen im Wasser. Daneben die schwächere Darstellung eines vornehm gekleideten Heiligen und einer Gestalt im Lendentuch, ähnlich wie in St. Johann in Taufers mit schwer deutbarem Werkzeug und Gerät umgeben (Feiertagsheiligung?); daneben ein betendes Stifterpaar mit Wappen (1531). Das Fragment einer hl. Christina wurde, laut Inschrift, 1936 von der abgerissenen und gänzlich verbauten Christinakapelle durch Mag. Hans Laner hierher an die Fassade übertragen. — Das Innere der Kirche zeigt beschwingten Barock mit einem Kruzifix am Hauptaltar (nicht mit Bild, wie bei Weingartner vermerkt) und zu beiden Seiten mit einer Kreuzigung von Petrus und Andreas mit der jeweiligen Kreuzform. Die bei Weingartner erwähnten gotischen Holzskulpturen, darunter eine *sehr gute* Madonna und weitere Heilige sind derzeit allesamt deponiert; Auskunft im Dekanat Mals, von wo aus Tartsch heute auch seelsorglich betreut wird. — Der Vollständigkeit halber muß auch noch die Josefskapelle erwähnt werden, ein Bau aus dem 17. Jh., heute von der überhöhten Hauptstraße abgedrängt und mit Gebüsch umwuchert — das Bild eines aufgegebenen Heiligtums. Am Hof daneben findet sich — wie bei vielen Häusern von Tartsch — ein schönes Kruzifix und die unter „Klima" bereits erwähnte Hausrebe.

Der Ort Tartsch selbst liegt auf 1029 Metern Seehöhe, ist eine Fraktion des eineinhalb Kilometer entfernten Mals mit knapp 300 Einwohnern, verfügt über einen Campingplatz und zwei Gasthöfe sowie über eine Reihe weiterer Gästezimmer in Privathäusern; hier zweigt die Straße ins Matscher Tal (siehe unten) von der Vinschgauer Hauptstraße ab; diese Hauptstraße wird im Zuge des großzügigen Ausbaues allerdings später südwestlich um Tartsch und den Tartscher Bühel herumgeführt werden, und auch für die schmale Matscher Straße liegen neue Trassierungsprojekte vor.

Geschichte und Name des Ortes weisen allein schon wegen der Bühelsiedlung auf ein hohes Alter; urkundlich finden wir das an der alten *Via Claudia Augusta* gelegene Dorf bereits 1159 als *Tarcis* (Huter), das mit einer keltischen Wurzel **ter* (= steil) gedeutet werden könnte; bei Goswin ist von einer *Via Tartzasca* die Rede, einem „Tartscher Weg". — Im weiteren Verlauf seiner Entwicklung hat Tartsch im wesentlichen die Geschicke des Gerichtes Glurns geteilt, zu dem es laut urkundlicher Bestätigung aus dem Jahre 1343 gehört; das bedeutet, daß es in den Jahren 1499 und 1799 dasselbe Schicksal erlitt wie der Gerichtssitz selbst. — Bis 1927 war Tartsch eine selbständige Gemeinde und gehört seither zu Mals. — Im weiteren haben wir das kleine Dorf als den Geburtsort des Marienberger Stipendiaten und verdienstvollen Arztes Dr. Bernhard Mazegger (1793—1876) zu nennen, der sich besonders im Cholerajahr 1836 auszeichnete und als einer der Begründer des glanzvollen Kurbetriebes von Meran gelten darf, in dieser Tätigkeit und außerdem noch in bedeutenden wissenschaftlichen Forschungen (Altertumskunde) überflügelt von seinem Sohn, der den gleichen Vornamen trug (geb. 1837 in Innsbruck, gest. 1921 in Meran). — Auskünfte über Tartsch durch das Fremdenverkehrsamt Mals.

Das Tal von Matsch

Die Bergeinsamkeit des Matscher Tales beginnt in den hohen Bereichen der Weißkugel im Ötztaler Hauptkamm auf 3739 Metern Höhe und durchmißt bis zur Mündung des Saldurbaches bei Schluderns (921 m) auf etwa zwanzig Kilometer Distanz ein Gefälle von 2818 Metern — nicht ganz dreitausend Meter vom ewigen Eis bis zu den prangenden Obstgärten rings um die Churburg am Talausgang. Dereinst, zu Zeiten der Völkerwanderung, soll Matsch die Zuflucht der aufgeschreckten Menschen aus den großen Tälern gewesen sein, doch nannte man es seiner Entlegenheit wegen noch bis vor hundert Jahren „Heimat der Wölfe". Hier, wo heute noch der Adler seine weiten Kreise zieht, bauten sich die Vögte von Matsch ganz nahe aneinander zwei Burgen als Stützpunkte ihrer unbändigen und wilden Macht — tief drinnen bei den Matscher Almen aber, wo es heute noch „Beim Einsiedel" heißt, da wohnte ein Eremit, der keinen Besitz und keine weltliche Macht hatte; als die Leute im Dorf einstmals an seiner Redlichkeit zweifelten, da hängte der fromme Mann lächelnd seinen grauen Habit über einen Sonnenstrahl, der schräg durch die Kirchenfenster fiel, und nun glaubten alle an ihn. So weiß es die Sage heute noch zu erzählen.

Viel größere und berühmtere Dinge sind von Matsch nicht zu berichten; das Tal ist arm und steil, es zeugt mit seiner verwirrenden Fülle mühselig aufgeschichteter Ackerterrassen und mit seinen endlosen Wasserwaalen vom Behauptungswillen der Bergbauern, denen Ausbrüche von Gletscherwassern, Lawinen, Unwetter, Pest, Brände und Murbrüche durch die Jahrhunderte arg zugesetzt haben. — Zur Zeit der alpinen Erschließung baute man im Talgrund die Höllerhütte, aber die ist längst wieder zerfallen; die Bergwanderer, die heute vereinzelt in diese hohe und wilde Einsamkeit kommen, finden im Dorf oder tiefer im Tal auf den Glieshöfen Unterkunft und wissen überdies um die Gastfreundschaft auf den Hochalmen, wo man im Kreis der bärtigen Senner und Hirten so gut um das Feuer sitzen und den Erzählungen aus alten Tagen lauschen kann — vom weißen Reiter etwa, der kein anderer war als der heilige Florinus selbst, als er das Tal vor plündernden Kriegshorden bewahrte, oder auch vom unredlichen Senner, der zur Strafe für sein betrügerisches Treiben auf dem Mond eingefroren wurde.

Der Z u g a n g nach Matsch erfolgt am bequemsten über die bereits genannte, bei Tartsch abzweigende Seitenstraße, die in 5 km langer Trassierung über die hier meist kahlen Sonnenleiten zum Dorf führt; von hier ist der Talweg bis zu den Glieshöfen als Güterstraße gut ausgebaut (weitere 6 km ca.).

Viel schöner ist jedoch eine W a n d e r u n g auf dem alten Matscher Weg, auf dem man von Schluderns aus zunächst den Kreuzweg über den Kalvarienberg benützt (Markierung 18) und dann weiter über den westlichen Mündungssporn des Tales bergan steigt; man erreicht so die Straße bei einem Wegkreuz ein Stück außerhalb der Ortschaft und hat deren Höhe hier bereits erreicht. Dieser hübsche, typische Vinschgauer Wanderweg vermittelt schöne Blickrichtungen auf die Churburg gegenüber und eine umfassende Schau auf die Ortlergruppe; er führt außerdem ein Stück einem Wasserwaal entlang sowie durch ein interessantes A u f f o r s t u n g s g e b i e t mit Mischwaldkulturen und berührt am Rande auch das Gelände der prähistorischen Großraumsiedlung G a n g l e g g (1142 m), die der bereits besprochenen Kuppensiedlung auf dem nahen Tartscher Bühel an einstmaliger Bedeutung nicht nachstehen dürfte.

Diese Wallburg wurde von L. Wallnöfer 1911 entdeckt und in selten glücklicher Form in einer ersten Phase nur von Fachleuten (Alois und Oswald Menghin) erforscht und ausgebeutet. Es fanden sich Fibeln, Spiralen und Nadeln aus Bronze *(La-Tène-Zeit),* im weiteren Fragmente von Glasarmbändern (als „keltisch" bez.) sowie eine Menge Töpferware und verkohlte Getreidekörner. Die Tatsache, daß außer den üblichen Ringmauerführungen auch gemörteltes Mauerwerk entdeckt wurde, läßt — nach O. Menghin — auf etruskischen Einfluß schließen. Es ist wahrscheinlich, daß jener meistens der Churburg-Vorstufe zugeschriebene, im Saldurbach gefundene etruskische (oder keltische?) Bronzehelm (heute Ferdinandeum Innsbruck; vgl. auch S. 11) von dieser Großsiedlung stammt. Wallnöfer entdeckte zusätzlich einen „Paradiesanger" mit Urzeitspuren (zahlreiche Schalensteine) und in der alten Geländebezeichnung „Krontal" einen weiteren Wallburgenleitnamen *(corona;* vgl. hiezu „Graun"). Bei Straßenbauarbeiten am Fuß der Siedlung (1935, westl. Schluderns) kamen überdies an die 160 Skelette zutage. — Das Fundmaterial vom Ganglegg erliegt heute im Meraner Museum, eine detaillierte Beschreibung mit Abb. bringt Wallnöfer in „Schlern", Jg. 1946, S. 138 ff. —

Neuerdings zweigt kurz vor dem Dorf nach rechts ein Güterweg in das Tal des Saldurbaches und zum Schloßhof ab, als bequemer Zugang zur Kapelle und zu den R u i n e n v o n M a t s c h, die wir jedoch erst auf unserm Rückweg durchs Tal besuchen wollen; vorerst soll uns ein Blick auf die in einsamer Wildnis ragenden Trümmer genügen, und wir setzen unseren Weg über die Straße in Richtung auf den einzigen größeren Ort des Tales fort.

MATSCH: Seehöhe 1564 m; keine meteorol. Messungen zu ermitteln. Der Ort ist zusammen mit dem ganzen Tal Fraktion der Gemeinde Mals und hat ca. 550 Einwohner (Staffler gibt 1841 für das ganze Tal 660 Einw. an). — Kindergarten durch den Verein „Stille Hilfe für Südtirol" erbaut, Musikkapelle seit 1925. Öffentl. Fernsprecher im Gasthaus „Weißkugel"; Fremdenzimmer hier, im Glieshof (6 km talein) und privat. Auskünfte durch Fremdenverkehrsamt Mals oder Südtiroler Alpenverein, Postleitzahl 39020; derzeit keine Busverbindung.

Die Geschichte des Tales ist mit jener der Vögte von Matsch in den Grundzügen bereits erzählt worden (vgl. Abschnitt II); wir wissen, daß der 1160 erstmals urkundlich bezeugte *Egno de Amatia* von den Freiedlen von Tarasp abzuleiten ist und daß dieser Zweig der Matscher und späteren Grafen von Kirchberg im oberen Vinschgau eine einmalige Machtposition erreichte, die zum guten Teil auch auf ihre Erben, die heute hier noch ansässigen Grafen Trapp überging; dies spiegelt sich deutlich auch darin, daß den Matschern 1498 sogar die Blutgerichtsbarkeit über das ganze Tal übertragen wurde, nachdem sie schon früher (1347) das Gericht Glurns erworben hatten. Auch die Grafen Trapp haben — wohl nach dem Muster der benachbarten Eidgenossen — versucht, die Unabhängigkeit ihres Gerichtes vom Landesherren zu wahren, und übten tatsächlich eine fast unbeschränkte Herrschaftsgewalt aus, obwohl ihre Vorgänger formell schon 1349 die tirolische Oberhoheit hatten anerkennen müssen. Immerhin wurde das Gericht Matsch erst 1605 der tirolischen Aufgebotsordnung eingereiht und 1783 dem Steuersystem des Landes angeschlossen (Huter). Im Jahre 1825 wurde das Gericht Matsch mit dem von Glurns vereinigt; 1927 verliert das Tal auch den Status einer selbständigen Gemeinde und wird Fraktion der Großgemeinde Mals.

Diese in sich geschlossene Entwicklung mag dazu beigetragen haben, daß sich der rätoromanische Charakter hier ganz besonders ausgeprägt erhalten hat. Da sind einmal fast alle Flur- und Hofnamen (Kartatsch, Muntaditsch, Rumlatsch, Valfur, Sass usw.) eindeutig in ihrem Ursprung, und dazu kommen noch die bekannten „rätischen Fluren" von Matsch, wie man hier die besonders stark ausgeprägten Feldterrassen mit bis zu 10 und 15 Meter hohen Stützmauern nennt. — Mit diesen Traditionen steht auch der Name des Ortes in Einklang; neuerdings (L. v. Salvini-Plawen in „Schlern", Jg. 1978, S. 45 ff.) wird für die Namengebung nach einem Tarasper Lehen *Maz* (heute *Mazzo* im Veltlin) plädiert, wonach Vogt Egno den Namen *de Mazis* sozusagen „mitgebracht" hätte. — Finsterwalder hatte sich seinerzeit („Der Obere Weg", S. 227) gegen eine romanische und für eine vorromanische Benennung ausgesprochen, ohne jedoch zu abschließenden Ergebnissen zu kommen. Das nahe Upia-Tal ist für Finsterwalder (litauisch *upe* für „Bach“) indogermanisch belegt.

Vom sonstigen harten Los der abgelegenen Berggemeinde war schon im einleitenden Abschnitt andeutungsweise die Rede. Besonders arg soll hier im Jahre 1635 die Pest gehaust haben; so waren bis zum verheerenden Brand des Jahres 1922 in mehreren alten Stubentäfelungen verkohlte Löcher zu sehen, die von geweihten Kerzen herrührten, die man zur Pestzeit allüberall entzündet hatte. Damals wurde auch ein Kreuzgang verlobt, der bis 1935 alljährlich (29. April) nach Tannas unternommen wurde und seither nur mehr bis zu den Glieshöfen führt (vgl. hiezu Noggler in „Schlern“, Jg. 1956, S. 353).

Wir haben uns nun mit dem Dorf Matsch selbst zu befassen. Seine enge, verschachtelte Bauweise erinnert ein wenig an Planeil, doch haben wir es hier mit einer Hangsiedlung hoch über dem Talbach zu tun. Die zum Teil ärmlichen Häuser sprechen deutlich vom kargen Leben der Bewohner und von den zahlreichen Bränden, die das einschichtige Dorf immer wieder heimgesucht haben. — Etwas außerhalb an der Straße, in Richtung gegen Schluderns, steht die Pfarrkirche zum hl. Florinus, in deren Vorhalle eine im Legendenton abgefaßte Chronik von Matsch verzeichnet ist, die man nicht ohne Erschütterung lesen wird ...

Der Tradition nach ist Matsch die älteste Pfarre des Vinschgaues, und auch Weingartner sagt, daß die 1292 erwähnte Seelsorge zweifellos viel älter ist als dieses Datum angibt. Der Turm ist im Unterbau jedenfalls noch romanisch, das Langhaus wurde um 1500 gebaut und nach 1799 verlängert und wiederum umgebaut; der Hochaltar (1975 und 1978 so gut wie aller Statuen beraubt) und die Kanzel mit ihrem beschwingten Schmuck sind Mitte des 18. Jahrhunderts.

Am anderen Ende des Dorfes steht eine einfache Kapelle unweit des Hofes Valfur, wo der hl. Florinus geboren worden sein soll, der als Schutzpatron des Vinschgaues hohe Verehrung genießt.

Wir erwähnten bereits, daß dieser Heilige auch als zweiter Patron der Diözese Chur figuriert. Seine *legendäre Vita* (Wimmer) besagt, daß er im 8. Jh. zu Matsch geboren wurde und als Pfarrer von Remüs wirkte; er wird als Priester mit einem Krug dargestellt, da er die Armen mit Wein labte, und das in den Krug nachgefüllte Wasser sich auf wunderbare Weise wiederum in Wein verwandelte. Reliquien des heiligen Bekenners werden in Chur und Regensburg verehrt; sein Fest fällt auf den 17. November. — Eine Kapellenweihe ist um 1492 bezeugt, doch stand dieses Kirchlein höher am Hang und wurde 1802 durch eine

Lawine hinweggefegt. Der heutige Bau stammt aus dem Jahr 1853 und enthielt eine derzeit deponierte Statue des Heiligen aus der Hand des uns von Mals und Glurns her bekannten Christian Greiner (um 1700). — Außerdem erwähnt Weingartner noch den Gemeindeturm mit Rundbogenschallfenstern und Glocke von 1497; diese Glocke soll nach der Volksüberlieferung die Leute der Vögte von Matsch zur Fronarbeit gerufen haben.

Es wäre nicht recht getan, unseren Besuch im Dorf Matsch zu beenden, ohne des 1963 verstorbenen Pfarrers Anton Reisigl zu gedenken, der ein echter „Leutpriester" war und die Bauern von Matsch in allen Dingen, auch des irdischen Lebens, wie ein Vater beraten hat. Von Reisigl stammt die erwähnte Matscher Chronik in der Vorhalle der Kirche, er gab aber auch zwei Broschüren heraus, die leider nur als Manuskript Verbreitung fanden, und zwar den „Selbstadvokaten" als Wegweiser durch die Irrgärten der Behörden und die „Hausmedizin", ein Traktat, das an Urwüchsigkeit der Formulierung und profunder Kenntnis seinesgleichen suchen mag. Die medizinisch gut fundierte Schrift (vgl. Lit.-Verz.) kennt bereits das Penicillin, rät aber anderseits auch zu scharfem Beschuß, so etwa bei Blutarmut zu einem Löffel Eisenfeilspäne vom Schmied, vermischt mit einem Liter Weißwein zu trinken; im übrigen heißt es schlicht: *Hab Geduld, Gott ist gut!*

Die „Hausmedizin" weiß auch um den Skorbut und predigt Gemüse und Salate, sie verordnet gegen Gicht sehr treffend: *Wenig suffa!* und gegen *Herzschwermut* Fußbäder, einen Alpenkräuterabsud und — einen Besuch im Jesuheim, das ist die große Anstalt für körperlich und geistig Unheilbare in Girlan nächst Bozen; wer einmal dort war, wird die tiefe Klugheit dieses einfachen Landpfarrers so recht erkennen. — Gegen *Zittern* wird verordnet, auf eine höchst komplizierte Art im Backofen das Öl von 100 Regenwürmern zu gewinnen. Wer es einnimmt, *wird stark wie David und jeder Tatterich ist behoben.*

Schon der alte Staffler nannte das Tal von Matsch eine *ungemein reitzende Hochgebirgsgegend.* Die im allgemeinen touristisch vernachlässigte Südseite der Ötztaler Alpen verdient dieses Lob zu Recht, wenngleich sie ein wenig im Schatten der grandiosen Ortlergruppe steht; dafür bieten diese Berge und Täler ein anderes, heute mehr und mehr unschätzbar werdendes Gut — sie sind noch in völlige Abgeschiedenheit und Einsamkeit versunken und alles eher als überlaufen. So wird der Naturfreund, der Matsch oder die Glieshöfe als Stützpunkt für Bergtouren wählt, jene Verhältnisse vorfinden, wie sie die alpinen Pioniere vor rund hundert Jahren am Anfang der touristischen Erschließung angetroffen haben; dies bezieht sich allerdings in negativer

Weise auch auf die Wegverhältnisse und Unterkünfte und besagt, daß man den Talgrund und die bewohnten Talflanken von Matsch nur dann verlassen sollte, wenn man über alpine Erfahrung verfügt und in der Orientierung sehr sicher ist.

Die uns bereits bekannte S p i t z i g e L u n (2323 m) kann man auch von Matsch-Dorf aus erreichen, auf einem Weg Nr. 13, der über die Höhe von Plantavillas (2057 m) in etwa 2½ Std. zum Gipfel führt und nur im ersten Teil ziemlich steil ist.

Den Weiterweg im T a l g r u n d kann man auf der gut ausgebauten Straße antreten oder auf markierten Wegen (14, 20), die zu beiden Seiten von Hof zu Hof führen und besseren Einblick in die Charakteristik des Tales vermitteln. Beim Hof T h a n a i (1824 m) und dem Weiler G l i e s h ö f e (äußere Höfe und Gasthaus Innerer Glieshof, 1807 m) treffen alle diese Wege wieder zusammen, und es beginnt der Bereich der äußeren (Neubau) und inneren M a t s c h e r A l m (2045 bzw. 2022 m).

Thanai und Glieshöfe gehören zu den höchsten Dauersiedlungen von ganz Tirol. Nach dem Thanaihof nennt sich das heute noch weitverzweigte Geschlecht, aus dem der 1782 in Schlanders geborene Priester Josef D a n a y stammte, der in den Tiroler Freiheitskriegen des Jahres 1809 eine nicht unumstrittene Rolle gespielt hat (vgl. S. 341). — Der Glieshof bietet Unterkunft und ist heute der einzige Stützpunkt für Berg- und Skitouren im inneren Matscher Tal (Skischlepplift).

Wir nennen — stets mit Ausgangspunkt Glieshof — zunächst den Weg durch das U p i a - T a l, vorbei an der Schludernser Alm (2116 m) bis zu dem mit einem hübschen Bergsee, der sog. „Lacken“ (2552 m) erfüllten Hochkar (unmarkiert). Von hier kann man auf Steigspuren relativ leicht den L i t z n e r (3205 m; wohl vom nahen Allitz abzuleiten) über die Ostseite und im letzten Stück über den Nordgrat ersteigen (vgl. hiezu auch Seite 8). — Geübte können von hier eine schöne Gratwanderung über den Madatschknott nach Südwesten zum H o h e n K r e u z j o c h (2936 m) unternehmen oder auch — nun wiederum von der „Lacken“ aus — den formschönsten Gipfel dieser vorgelagerten Gruppe, den H o c h a l t (3284 m) über den Westgrat in hübscher Kletterei erreichen, indem man zunächst vom Kar zum einsamen „Seeauge“ (2812 m, weglos) ansteigt. — Andere Möglichkeiten bietet das ebenfalls bei den Glieshöfen mündende R a m u d e l t a l, das von einem Hirtensteig bis zur Rappenscharte (auch Ramudeljoch, 2988 m, Übergang ins Schlandrauntal) durchzogen wird. Die Ersteigung der R a p p e n s p i t z (3187 m) von hier über den Nordgrat oder ebenso die Bezwingung der R a m u d e l s p i t z (3292 m) über den Südgrat mit Fortsetzung über den Kamm bis zu den Hauptgipfeln der Gruppe, zur S a l d u r s p i t z (3433 m; früher „Salurnspitz“ benannt) und zur L a g a u n s p i t z (3438 m) sind bereits hochalpine Gletschertouren. — Teilweise vom Saldurferner gespeist wird die Gruppe der entlegenen S a l d u r s e e n, deren oberster (2922 m) so lange als höchster Bergsee Südtirols galt, bis ihm der nahe, durch Gletscherrückgang gebildete Matscher-Joch-See (3188 m) diesen Rang ablief.

Die H ö l l e r h ü t t e (2702 m; Wiederaufbau 1980 geplant), am östlichen Hang des inneren Matscher Tales gelegen, scheidet heute als Stützpunkt leider noch aus. Von ihr führt ein markierter Weg zum B i l d s t ö c k l j o c h (3029 m; 1972 neuer, von deutschen Feriengästen gestifteter Bildstock eingeweiht), das wiederum Ausgangspunkt für das Massiv der Saldurspitze gegen Süden ist und gleichzeitig einen ehemals wichtigen Übergang ins Schnalstal darstellt.

Die Höllerhütte ist schon 1883 von der Sektion Prag des DuÖAV erbaut worden, verfiel aber in der Zeit nach dem Ersten Weltkrieg. Der früher vielbenützte Anstieg über das Höllerschartl (3295 m) zur W e i ß k u g e l (3739 m) wird daher kaum mehr begangen. — Taleinwärts trifft man auf ein gemauertes Bildstöckl, das an den legendären „Einsiedel“ erinnert, von dem wir einleitend gehört haben (die Sage ausführlich bei Winkler, S. 100 f.). Etwa 800 m nach dem Bildstock geht rechts der unmarkierte und schadhafte Steig zur Höllerhütte ab. Der Talweg steigt weiter gegen Nordwesten an und erreicht das M a t s c h e r J o c h mit dem oben genannten See (3188 m; 4 Std. ab Glieshöfe), das den Übergang ins Planeiltal und von dort nach Langtaufers vermittelt. Vom Joch selbst erreicht man in mittelschwieriger Kletterei den R a b e n k o p f (3391 m) über den Nordostgrat. — Über all diese Touren gibt es derzeit keine Führerliteratur; man ist gezwungen, den Bd. IV des „Hochtourist“ zu benützen (Leipzig, 1926) bzw. die ausgezeichneten Aufsätze von Hans K i e n e einzusehen („Südlich der Weißkugel“, in „Zeitschrift des DAV“, Jg. 1940 und 1941).

Zum Rückweg von den Glieshöfen wählen wir das linke Ufer des Saldurbaches und bleiben auch bei der Brücke, die nahe den Höfen von Muntaditsch gegen Matsch führt, auf dieser Seite. Wir kommen so zum Weiler K a r t a t s c h (1310 m, auch *Kurtatsch* geschrieben) mit seiner L i e b f r a u e n k a p e l l e.

Die in einer für den Vinschgau und speziell für Matsch typischen Weise ineinandergeschachtelten Höfe bieten dem ein malerisches Bild — der hier nicht wohnen muß, vorab im langen, schattigen Winter. Die Wohnverhältnisse und wirtschaftlichen Gegebenheiten solcher Siedlungen sind kaum tragbar und daher bereits Programmpunkt einer Sanierung innerhalb des bergbäuerlichen Raumes. Dabei wird allerdings meist ohne Rücksicht auf den interessanten, altertümlichen Baubestand vorgegangen und zugunsten von meist unschönen Neubauten das Bild der Landschaft und der mit ihr verwachsenen Siedlungen schwer beeinträchtigt.

Der Weiterweg von Kartatsch, dem Saldurbach entlang bis zum Schloßhof, ist von ganz besonderem landschaftlichem Reiz. Man muß hier ein wenig ansteigen, um auf jene von zwei Wasserläufen umspülte, einsame Waldkuppe zu gelangen, auf der wir die bereits mehrfach erwähnten Ruinen der Schlösser Ober- und Untermatsch (1434 m) finden.

Man kann sich kaum vorstellen, daß hier eine der führenden Familien des Landes im Sommer und im Winter gehaust hat; Sicherheit und wehrhafte Lage gaben jedoch dafür den Ausschlag. Beide Ruinen lassen kaum mehr den ursprünglichen Baubestand erkennen und sind schon seit dem Ausgang des Mittelalters vernachlässigt, da die Matscher sich ja schon 1297 der bequemer liegenden Churburg bemächtigt hatten; überdies stehen die Burgen nicht so sehr auf festem Grund als vielmehr auf Schutt und Sand, der durch die Jahrhunderte mehr und mehr abgetragen wurde. Immerhin erkennt man vor allem noch auf Untermatsch das sog. *opus spicatum,* die fischgrätenähnliche Anordnung der Mauersteine, die auf hohes Alter (möglicherweise Ende des 11. Jh.s) schließen läßt. Im genannten Jahr 1297 fielen die Burgen an zwei verschiedene, miteinander verfeindete Linien der Matscher, die sich auf den unmittelbar nebeneinander liegenden Burgen in blutigen Fehden zerfleischten. — Am besten erhalten hat sich die Burgkapelle, die aus dem 12. Jh. stammt, aber erst 1648/55 ihre heutige Gestalt mit der hübschen Einrichtung (Hauptaltar mit Bild des hl. Martin) erhielt. — Im Schloßhof daneben (Schlüssel zur Kapelle) ist noch eine schöne gotische Balkendecke erhalten. — Vgl. zu den Ruinen von Matsch auch S. 24 sowie das „Südtiroler Wanderbuch" des Verfassers.

Dieser ganze Ruinenhügel hat eine unnennbare Stimmung zwischen hell und düster; wer den Vinschgau kennen will, der muß Weingartners Arbeit über die Matscher Vögte gelesen und die Ruinen ihrer Schlösser besucht haben.

Der Weiterweg (Mark. 20) ist zum Teil hübscher Waalweg (Waalbrücken) und berührt den Locher- und Vernalhof; zwischen diesem und dem südlich davon liegenden Rafilhof tut auch noch in unseren Tagen eine Waalschelle emsig ihren Dienst am „Bergwaal". Diesen Waalweg taleinwärts bis zum Fuß des Matscher Ruinenhügels zu verfolgen ist für berggewohnte und absolut schwindelfreie Wanderer ein Vinschgau-Erlebnis von einzigartigem Rang.

Auch hier, am Schludernser Berg, reichen die Höfe noch an die 1500 Meter und darüber, so etwa der Runghof und der Hof zu

Grein, die Heimat des bereits mehrfach erwähnten Bildschnitzers Christian Greiner, der zwischen 1700 und 1740 am benachbarten Schlummhof gewohnt und gearbeitet haben soll; sein da und dort verstreutes Werk ist, soweit dies dem Verfasser bekannt wurde, bislang noch nie zusammenfassend und vergleichend bearbeitet worden (vgl. jedoch M. Ladurner-Parthanes in „Schlern", Jg. 1970, S. 276 ff.). — Weiters nennen wir den Marsailhof, den vorbildlich sanierten Koflerhof und schon weit im Matscher Tal den Runner (1750 m) sowie den davor liegenden altertümlichen Ellhof, der mit einer berühmten naturkundlichen Besonderheit verbunden war.

Der Ellerwald gilt als einer der schönsten Forste im ganzen Vinschgau und steht in beeindruckendem Gegensatz zu den kahlen Sonnenleiten in nächster Nähe. Aus diesem einstigen Urwald wurden 1848 in größerer Menge Riesenstämme als Mastbäume nach Venedig verkauft, doch niemand vergriff sich am legendären „Ellerlarch", der als Naturdenkmal von den Grafen Trapp als Besitzern des Waldes sorgsam behütet wurde. Der vielhundertjährige Stamm, der einen Umfang von elf Metern hatte, stürzte von selbst in einer Februarnacht des Jahres 1953 um. — Luis Wallnöfer hat dem „Ellerlarch" im „Schlern" (Jg. 1953, S. 368 f.) ein literarisches Denkmal gesetzt und dazu Bilder veröffentlicht, auf denen selbst der weiland Herr auf der Churburg, Gotthard Graf Trapp, geradezu klein neben dem Baum erscheint, obwohl er wie alle Träger seines Namens ein Riese von Gestalt war. — Es ist übrigens durchaus möglich, daß der „Ellerlarch" — sozusagen in jungen Jahren — noch das Jagdhorn der Vögte von Matsch gehört hat, wenn sie in den Wäldern ihres Tales den Wolf, den Bären oder den flinken Hirsch jagten. —

In solche Gedanken versunken steigen wir nun vom Bergwaal hinunter gegen Schluderns und sind nach dem Besuch bei den Ruinen von Matsch zum Erlebnis Churburg auf das allerbeste vorbereitet.

Die Churburg

Recte faciendo neminem time!
Tue recht und fürchte niemand!

Wahlspruch der Trapp,
über der Tür zur Bibliothek

Die Churburg zählt zu den bedeutendsten Sehenswürdigkeiten nicht allein des Vinschgaues, sondern von ganz Tirol. Sie in allen Einzelheiten darzustellen und ihre kunsthistorische Bedeutung exakt zu würdigen, kann leider nicht Aufgabe dieses Reisehandbuches sein. Der an Burgen, Kunst und künstlerisch gefertigten Waffen Interessierte sei daher schon gleich zu Beginn dieses gerafften Abschnittes auf die wichtigste Literatur verwiesen, die wir unter dem Stichwort „Trapp" im Literaturverzeichnis anführen.

Die Geschichte des Schlosses haben wir bereits mit jener der Vögte von Matsch in ihrer ersten Phase behandelt. Obwohl nach dem Aussterben der Matscher mit Graf Gaudenz (1504) die Erbschaft von dessen Neffen Trapp, den Söhnen seiner Schwester Barbara, umstritten blieb (bis 1537), machten sich die neuen Besitzer dennoch schon gleich an den großzügigen Ausbau des überkommenen Bestandes.

Der Platz ist bereits prähistorisch besiedelt gewesen und durch Funde bestätigt. Das *Curberch* des Heinrich von Montfort, Bischof von Chur (Name!), ist zwischen 1253 und 1259 erbaut worden, um 1297 haben es bereits die Matscher in Händen. Der starke, 26 m hohe Bergfried mit einer Mauerdicke von max. 2,15 m, der Palas, die Wehrmauer und die alte Burgkapelle zum hl. Nikolaus (um 1304 oder noch früher) gehören diesem ersten Baubestand an. Die Trapp erhöhen den Palas (gen. der „hohe Stock"), bauen ihn auch innen aus, und zwar noch mit gotischen Stuben und schweren Balkendecken; aus dieser Bauepoche dürfte auch eine erst in jüngster Zeit entdeckte Freskenschicht im Torturm stammen, deren Freilegung derzeit im Gange ist.

Diese Umbauten setzen sich während des ganzen 16. Jh.s unter Sohn, Enkel und Urenkel des ersten Trapp auf Churburg fort, sie heißen alle Jakob (V.—VIII.) und sie setzen ihren Ehrgeiz darein, aus der Bergfeste ein glanzvolles Renaissanceschloß zu machen, in dem sie selbst residieren und sich in direkter Erbfolge fortsetzen bis auf den heutigen Tag. In dieser wichtigsten Ausbauphase entstehen innerhalb der Aufstockung große Zimmerfluchten, erweiterte Wehr- und Zwingerbauten, die neue Burgkapelle und vor allem als Mittelpunkt der Arkadenhof. Der gut angelegte Rundgang im Rahmen der üblichen, sachkundig vorgenommenen Führung zeigt diese schrittweise Ausgestaltung sehr deutlich. — Die Besuchszeiten sind derzeit wie folgt festgelegt: zu Ostern sowie vom 15. Mai bis 15. Oktober (täglich außer Montag) 9.30—11.30 und 14—17.30 Uhr. Es können nur mindestens vier Personen geführt werden, Eintritt pro Person 1000 Lire. Ein kleiner Parkplatz ist direkt unterm Schloß.

Beim südwestlichen Torturm — der auch hier wie in Glurns „Porten" genannt wird — beginnt die Führung zunächst mit einem Blick aus dem sogenannten „Sommerhaus" auf den in Terrassen gegen Süden abfallenden Garten (nach O. Trapp wohl der ehem. Turnierplatz), an dessen unterem Ende der wappengeschmückte Taubenturm im Jahre 1560 errichtet wurde. Der davor stehende (nicht in die Besichtigung einbezogene) Amorbrunnen ist aus den Bruchstücken zweier Marmorschalen erst in jüngster Zeit zusammengefügt worden; der schöne Knabe aus Bronze — dem Gilg Sesselschreiber oder dessen Sohn zugeschrieben — würde sich auf eine höchst natürliche Weise seines Amtes als Brunnenfigur entledigen, sofern ihm hiefür das Wasser in sein gerundetes Bäuchlein geleitet werden könnte.

Ebenfalls nicht zugänglich ist die neue Burgkapelle, vom Vorgänger des jetzigen Besitzers in der ehemaligen Form (erste Weihe 1561) wiederhergestellt und mit schönen Stücken aus spätgotischer Zeit eingerichtet. — Nun beginnt zwar die vom Kastellan vorgenommene Führung mit dem Haupttrakt, doch wollen wir hier etwas vorgreifen und wenden uns aus Gründen der zeitlichen Folgerichtigkeit der erst seit 1960 wiederhergestellten alten Burgkapelle zum hl. Nikolaus zu; in ihr thront als kostbarer Schatz über der Mensa eine romanische Madonna (1270), in beeindruckender *starrer Frontalität* gearbeitet. Mit 1415 wird der herrliche Passionsaltar datiert, ein feines Stück *im international-höfischen Stil, vielleicht von einem zugewanderten böhmischen Maler* (Trapp). Zwei Totenschilde der Trapp, aus ihrer Burg *Besenello* südl. von Trient stammend (1524 Georg und 1560 Oswald) sind gute Beispiele für gotische und von der Renaissance bestimmte Arbeiten dieser Art. Rechts neben dem Eingang hängt ein auf die Kapelle bezogener Ablaßbrief aus dem Jahre 1334. — Der schöne Raum mit den wenigen, aber in ihrer edlen Formvollendung überaus wirksamen Stücken ist Inbegriff einer in hohem Maße geglückten Wiederbelebung des alten Baubestandes von *Curberch*. — Ähnliches gilt auch für jene gotische Stube im Erdgeschoß des Arkadenhofes, deren schwere Decke von einem gewaltigen Mittelbalken getragen wird, unweigerlich an den legendären „Ellerlarch" (vgl. S. 265) erinnernd; der Führer des Rundganges zeigt jene Stellen an der Decke, wo die kurzerhand an den Überboden gestoßenen Hellebarden der Landsknechte ihre Spuren hinterlassen haben.

Danach betritt man den prächtigen Loggiengang mit seinen Säulen, die von einheimischen Steinmetzen aus Göflaner Marmor gearbeitet sind, verschiedene Stilelemente aufweisen und dennoch ein überaus harmonisches Bild ergeben — ähnlich fast wie die Arkaden des Dogenpalastes in Venedig insofern, als auch sie ein Bild völliger Geschlossenheit bieten, obwohl keine Säule ganz gleich ist wie die andere.

Der Hof war 1570 vollendet; die Kapitelle der Säulen tragen Wappen der Trapp und ihrer Frauen (1462—1567). Um 1580 ließ Jakob VIII. den Stammbaum der Matscher und Trapp in das Gratgewölbe malen; an den Wänden finden sich spielerische Ornamente, Fabel- und Narrenszenen, aber auch lateinische Sinnsprüche — alles ein Bild humanistischer Gedankenwelt und lebensfroher Renaissance. — Nicht in die Führung einbezogen sind die heute von den Besitzern bewohnten Räume des „hohen Stockes", die durchwegs schönes Getäfel, reich eingelegte Türen, kunstvoll gearbeitete Beschläge und wertvolle Kachelöfen haben; barockisiert (um 1700) wurden nur die Zimmer des zweiten Obergeschosses.

Ebenso nicht allgemein zugänglich ist aus verständlichen Gründen das A r c h i v der Churburg, *eines der besterhaltenen Adelsarchive des Landes* (Trapp), in dem unter anderen Kostbarkeiten ein Bruchstück des *Willehalm* von Wolfram von Eschenbach verwahrt wird. Die Handschrift (zweite Hälfte des 13. Jh.s, also ca. 50 Jahre nach Entstehung des Gedichtes) fand sich auf der Innenseite eines Urbares *der Pfleg Glurns vnnd Mals de anno 1560.*

Im Rahmen der Führung gezeigt wird das kostbar getäfelte J a k o b z i m m e r, das vorwiegend Erinnerungstücke an Jakob VII. Trapp (1529 bis 1563) enthält und durch ein außergewöhnlich kunstvoll gearbeitetes Renaissanceportal betreten wird.

In diesem Raum wird das Trinkhorn „Greifenklau" verwahrt, das nach der Tradition als Willkommbecher auch einen vergifteten Trunk unschädlich machen konnte. Im Zimmer weiters auch die lebensgroße Gestalt des Jakob, zu dessen Lebzeiten geschnitzt wahrscheinlich von dem einheimischen Wolf Verdroß, der auch das Marmorgrabmal Jakobs in der Kirche von Schluderns schuf (siehe dort). Außerdem wird der Pilgermantel gezeigt, den Jakob 1560 auf einer Fahrt ins Heilige Land getragen haben soll. Den musischen Künsten war er — wie alle Menschen seiner Generation — in hohem Maße ergeben, was sich aus der lat. Inschrift an einer kunstvoll gearbeiteten H a u s o r g e l (1519, Oberösterr.) ablesen läßt, die ebenfalls in diesem Raum gezeigt und *als völlig unverändert erhaltenes Klangdenkmal gerühmt wird* (Trapp).

Hier und anderwärts (so als großer Schild im äußeren Hof) findet sich das W a p p e n der Trapp, die aus der Steiermark stammen, jedoch schon 1475 das Amt des Erbhofmeisters in Tirol innehaben (bis 1918); das sprechende Wappen zeigt zwei Laufvögel (die Trappe), rote Sparrenbalken auf silbernem Grund und im Herzschild drei blaue Flügel auf Silber, das ererbte Wappen der Vögte von Matsch.

Höhepunkt eines jeden Besuches auf der Churburg wird jedoch trotz aller sonstigen Sehenswürdigkeiten die Besichtigung der

Rüstkammer sein, deren äußerer Bau 1889 von dem um die Erhaltung der Burg hochverdienten Grafen Gotthard Trapp geschaffen wurde.

Die Rüstkammer enthält keine Sammlung im üblichen Sinn, sondern sozusagen die *eiserne Garderobe* der Grafen von Matsch und Trapp und ihrer getreuen Knechte, deren Namen in manchen Harnisch graviert sind. Zeitlich an erster Stelle steht eine Helmzier, in Form von geschwungenen Büffelhörnern aus Leder gearbeitet und schon 1350 von einem Matscher im Turnier getragen (über die heraldische Bedeutung des wertvollen Stückes vgl. O. Trapp in „Schlern", Jg. 1953, S. 114 ff., mit Abb.). Das beeindruckendste Stück ist zweifellos der unbändige Wildheit aussprechende *Trecentoharnisch* eines Matscher Vogtes, von *Petrajolo da Missaglia* aus Mailand gearbeitet, noch mit ursprünglichem Gurt und Lederfutter. Direkt von den einsamen Ruinen im Matscher Tal kommend sollte man vor dieses gepanzerte Phantom treten. —

Am meisten ins Auge fallen unter einer stattlichen Reihe gleichwertiger Stücke der gotische Riesenharnisch (Gewicht 45,5 kg) des Ulrich IX. von Matsch, der mindestens 2,10 m groß gewesen sein muß und diese Rüstung als Landeshauptmann von Tirol getragen hat, oder auch der vom Innsbrucker Hofplattner Jörg Seusenhofer gefertigte Harnisch für Roß und Mann, der für Jakob VI. Trapp bestimmt war. Er gehört in die Reihe der Stücke aus maximilianischer Zeit, zu der wir auch die prächtigen Harnischgarnituren zu rechnen haben, die in einer nun schon fast verspielten Art durch die Möglichkeit zum Auswechseln einzelner Teile auf den Gebrauch für Turniere hinweisen. Kunstvoll gearbeitete Handschuhe, Helme und weitere Harnischteile ergänzen diese in ihrer Art einzigartigen Sammlung, aus der — abgesehen von der wertvollen Armbrustsammlung — nur 1799 und noch 1809 fast alle Angriffswaffen abhanden gekommen sind, da man damit den Tiroler Landsturm ausrüstete; erhalten ist eine zerschlissene Fahne (1607) mit dem Tiroler Adler neben dem österr. Bindenschild, auf verblaßter grüner und weißer Seide. —

Wer nun aus der Rüstkammer wieder in den Burghof tritt, kann gut vom Berg herab den gleichförmigen Takt der Waalschelle beim Rafilhof hören; er klingt wie der Pendelschlag einer Uhr, die nach Jahrhunderten mißt. —

Der Umstand, daß die Burg nie in Feindeshand fiel und die Trockenheit des Vinschgauer Klimas — so sagt Oswald Trapp über die Rüstkammer — hätten den glücklichen Erhaltungszustand der Churburger Harnische bedingt; den Traditionssinn der Besitzer erwähnt er bescheiden nur am Rande. Dennoch ist es der unvergeßliche Eindruck, den jeder denkende Besucher der Churburg wieder mit in den Alltag nimmt — daß er Zeuge werden durfte, wie hier von einem an Geist und Namen adeligen Geschlecht eine Art alter Spiegel bewahrt wurde, in dem Behauptungswillen, Kultur und Poesie eines kleinen Bergvolkes in wundersamer Weise aufblitzen und in eine Zeit herübertasten, in der diese Lichter zu erlöschen beginnen. —

SCHLUDERNS: Seehöhe 921 m; klimatische Werte ähnlich wie Glurns, doch ist Schluderns besser gegen Wind geschützt. — Ab Glurns 2 km — nach Spondinig (Abzw. Stilfser-Joch-Straße) 4 km. — Schluderns, Sitz der gleichnamigen Gemeinde mit den Ortsbestandteilen Gschneir am Schludernser Berg und Spondinig, hat 1550 Einwohner, davon 68 Italiener (Staffler gibt 1035 Einw. für 1841 an). — Derzeit über 500 Betten in guten Gasthöfen, Privathäusern und Bauernhöfen, Tennisplatz. — Autobushaltestellen und Bahnhof Schluderns-Glurns der Vinschgaubahn; Postamt (Postleitzahl 39020), Raiffeisenkasse, Tankstelle und mechan. Werkstätten. — Musikkapelle seit 1880, seit 1971 eine Muster-Volksbücherei (1500 Bde.), Ortsstelle des Südtiroler Alpenvereins bei Gebhard Thaler, Metzgerei. — Auskünfte durch Fremdenverkehrsamt Schluderns.

Die Geschichte von Schluderns beginnt für uns mit der Kenntnis der bereits behandelten Wallburgen Ganglegg und Churburg-Vorstufe; dazu kommen römische Münzfunde (darunter ein *Trajan,* 98—117 n. Chr.) am Nordausgang des Ortes, der demnach so gut wie sicher unmittelbar an der Römerstraße gelegen war.

Den Namen leitet Finsterwalder von einem indogermanischen Stamm **slutom* ab, der durch lat. *lutum* („Kot“, „Schmutz“) belegt ist. Die früheste urkundl. bekannte Form *Sludernes* (1163) könnte demnach daher abzuleiten sein und soviel wie „kotigen Grund“ bedeuten, wohl auch „Sumpf“, was gut auf die nahen Etschmöser (Biotop mit 2 Wanderwegen) passen würde.

In Erinnerung an die Pestzeit des Jahres 1635 wallfahrtete man früher am Leonhardstag (6. Nov.) barfuß nach Laatsch. — Einer alten Sage zufolge hatte Schluderns einst goldene Tore, einen mit schwarzem Marmor gepflasterten Platz und darauf einen weißen Marmorbrunnen; es wurde das *liebgoldene Schluderns* genannt (Zingerle), später aber durch mehrmalige Ausbrüche des wilden Saldurbaches zerstört. Möglicherweise hat die Sage hier den glänzenden Ausbau der Churburg auf den ganzen Ort übertragen. — Das Ortsbild von heute ist von kleinen Gärten und vor allem von oft erstaunlich großen Hausreben geprägt. Ein besonderer Schmuck des Ortes sind die riesigen *Pála*-Birnbäume, wie man hier die *Sommer-Apothekerbirne* allgemein nennt. Das Dörrobst davon wird hoch geschätzt, und außerdem gilt: *Wer Pálabirnen ißt, braucht keinen Doktor.* Bemühungen, den nicht sehr ertragreichen, vor allem aber in der Blütezeit einzigartig schönen Baum zu erhalten, sind im Gang. Der Baum ist geradezu ein Wahrzeichen von Schluderns.

Ein guter Teil der Geschichte des Dorfes, die eng mit jener der Churburg verbunden ist, läßt sich auch aus einer Besichtigung der Pfarrkirche zur hl. Katharina ablesen.

Das Märtyrersymbol der hl. Katharina von Alexandrien, ein zerbrochenes Zackenrad, ist Teil des neuen sprechenden Wappens von Schluderns (daneben die Garbe der ehem. „Kornkammer"). — Eine Seelsorge ist 1259 bezeugt, der Turm ist dementsprechend noch romanisch, die Kirche ein spätgotischer Neubau von 1493 und 1908/10 in geschickter Weise um zwei Längsjoche und ein südliches, parallel angebautes Seitenschiff vergrößert. — An Wandgemälden ist außen an der Nordtür ein vorzüglich erhaltenes Bruchstück eines Grabdenkmales zu nennen (Auferstehung, datiert 1589) und im Inneren, ebenfalls an der Nordseite, eine Pietà im Tympanon der Turmtür (Mitte 16. Jh.) und darüber ein großer Zyklus des Marienlebens, von Jakob Trapp VI. um 1540 gestiftet und laut Inschrift 1922 aufgedeckt.

In der vorbildlich gepflegten Kirche ist seit der letzten Bestandsaufnahme Weingartner/Ringlers manches geändert und vor allem auch sichergestellt worden. Vorhanden sind die bemerkenswerten Totenschilde des ersten Trapp auf Churburg, Jakob V. (gest. 1533) und als modernes Gegenstück dazu jener des Gotthard Trapp (gest. 1940), aus der Hand des Meisters Hans Andre aus Innsbruck. Gegenüber, auf Säulen über der Sakristeitür, das große Grabmal aus weißem Marmor, das Jakob VII. als gewappneten Ritter vor einem Kruzifix kniend zeigt. Symbole des Kampfes, der Tugenden, Künste und Musen weisen auf die Leistungen des uns schon vom „Jakobzimmer" der Churburg her vertrauten Burgherren (sig. Wolf Verdroß, 1573); daneben in rotem Marmor das Epitaph für Jakob VI., den Stifter des großen Wandgemäldes im Hauptschiff. — Der aus Marienberg stammende Hochaltar ist Unterteil des heute in Taufers stehenden Aufsatzes, bewegter Barock mit Kreuzigungsgruppe und Engeln sowie vier gekleideten Heiligenfiguren in Glasvitrinen; über dem Durchgang zum Seitenschiff ein Gottvater im Engelkranz, um 1700.

Auch die Seitenaltäre sind barock, links jedoch das bei Weingartner angegebene Bild der Mutter Anna entfernt, rechts das Fresko von 1609 *(rohe und rückständige Arbeit)* heute durch ein Laurentiusbild (1796) verdeckt. Der Altar im Seitenschiff ist um 1600, das Bild (Anbetung der Könige) Anfang 16. Jh. Ein hl. Michael (um 1600, früher in der Vorhalle) und eine Marienkrönung (um 1500, früher an der nördl. Langhauswand) sind heute in der Michaelskirche (siehe unten).

St. Michael am Friedhof ist ein schöner gotischer Bau von 1518 und hat an der Nordseite ein gutes, aber leider fast völlig verblaßtes Fresko mit der Ölbergdarstellung und daneben Adam und Eva. Darunter findet sich das jetzige Grabmal der Trapp auf Churburg mit einem Wappenfries (1540), der aus *Castel Campo* im Trentino stammt und sich als elegantes Beispiel seiner Herkunft ausweist.

Das Obergeschoß der Kapelle ist nicht zugänglich; von hier und von der Kirche sind zahlreiche, bei Weingartner erwähnte Skulpturen und Bilder sichergestellt und können nur zu Studienzwecken besichtigt werden, nach vorheriger Anfrage im Pfarramt. Unter den genannten Stücken sind mehrere Proben aus dem Schaffen des uns bereits mehrfach bekannt gewordenen Christian Greiner, der ja in nächster Nähe beheimatet war.

Die Gruft ist zugänglich und enthält einen schönen Weihwasserstein *(sand iörg 1520),* ähnlich jenem in der Pfarrkirche. Vorne rechts am Gruftgewölbe ein gut erhaltenes Rosenkranzbild von 1519, 1690 renoviert und mit Namen von Familien versehen, die angeblich von der Pest verschont blieben. — Alles übrige von Wert ist deponiert.

Im Friedhof findet man westseitig unter den kleinen Arkaden, links vom Kriegerdenkmal, Kreuz und Gedenkstein für Josef Pichler (1765—1854), seiner Herkunft nach genannt *Pseyrer Josele* oder auch *Jager-Josele,* da er Jäger auf der Churburg war; er war es, der am 27. September 1804 als erster Mensch den Ortler, den *höchsten Spiz im Land Tyrol* betrat (vgl. hiezu auch das Gedenkbild im Hof der Churburg und außerdem Seite 289).

Im Dorfbild des wiederholt und vor allem im Kriegsjahr 1799 von Bränden heimgesuchten Schluderns fallen dennoch hübsche bauliche Details auf; der hl. Sebastian vom Brunnen am Großen Platz, ein Werk des bereits öfter genannten Christian Greiner, mußte allerdings leider aus Sicherheitsgründen deponiert werden; an den Häusern gegenüber (Nr. 11 und 15) hübsche Mariendarstellungen und an der Gartenmauer von Nr. 64 (Richtung Tartsch) ein Wappenstein aus weißem Marmor mit einer Figur des Pan (?) und Inschrift *Petrus Hess 1570.* —

In einem Ehrenalbum von Schluderns wäre der 1741 hier geborene Andreas Rainalter zu nennen, Stammvater der in Bozen hochangesehenen Bildhauerfamilie, dem eine Reihe von klassizistischen Grabdenkmälern auf dem alten Friedhof der Talferstadt zuzuschreiben ist (vgl. hiezu Beiheft 1 zu „Bozner Jahrbuch für Geschichte, Kultur und Kunst", Bozen 1937).

Zur wirtschaftlichen Situation von Schluderns ist einmal das außerhalb des Dorfes liegende große Kraftwerk zu nennen, das von den Reschenseen gespeist wird. Gegenüber dem Eingang fällt eine monumentale Skulptur auf, der „Rossebändiger", im Stil der dreißiger Jahre. Kein Denkmal gesetzt hat man bislang in Schluderns dem Haflinger, dessen planmäßige Zucht 1874 hier begonnen hat, mit dem Hengstfohlen des Bauern Folie *(249 Folie)*, das als Elternpaar den orientalischen Hengst *El' Bedavi XXII* und eine veredelte Landstute hatte; die Zucht verlagerte sich von hier weiter nach Hafling und Mölten am Tschögglberg bei Bozen und hat heute neben dem Ursprungsgebiet ihren Schwerpunkt im Sarntal. — Arbeitsplätze für die aus der Landwirtschaft abwandernden Bauernsöhne sind heute durch Handwerk, Fremdenverkehr und durch einen Industriebetrieb für Baubeschläge (Hoppe) geschaffen worden.

Im engeren Ortsbereich dient zur Erholung ein hübscher Park nächst der Churburg, und außerdem hat der Verschönerungsverein die nahe Schlucht des Saldurbaches begehbar gemacht und von hier aus einen Verbindungssteig zum Bergwaal („Edelweißsteig") geschaffen. Einen unschönen, aber leider notwendigen Eingriff ins Landschaftsbild stellen die Wildbachverbauungen dar. — Für Ausflüge kommt vor allem der landschaftlich überaus reizvolle Schludernser Berg in Frage; Fußgänger beginnen ihren Weg am besten in der oben genannten Schlucht oder bei der Churburg (Nr. 23), für Autofahrer zweigt im Unterdorf eine schmale Fahrstraße (Nr. 22; Ausbau geplant) ab, die sich im weiteren Verlauf mit dem alten Fußweg deckt. — In einer guten Gehstunde kann man bei den Höfen des Weilers Gschneir (1306 m) sein, wo es eine neue Pension „Ortlerblick" gibt, an Stelle des abgebrannten Tschutthofes, in prächtiger Lage mit Schwimmbad. Auch etwas oberhalb, in Gschneir selbst, hat man den „Urlaub am Bauernhof" richtig aufgefaßt und mit dem Haus „Zur alten Bauernstube" eine gute Einkehr geschaffen, eben mit dem Anziehungspunkt einer im Urzustand belassenen, gotischen Bauernstube (auch Pension). Daneben steht eine hübsche Kapelle mit Altar und Figuren (teilw.) des Christian Greiner. Besitzer des Gschneirhofes ist heute ein Abkömmling aus dem uns bekannten Hof und Geschlecht Thanai in Matsch; von den Vorgängern auf Gschneir (Wallnöfer) stammt der hier geborene heutige Landeshauptmann von Nordtirol.

Der Weiler ist guter Ausgangspunkt für Wanderungen durch ein üppiges Grün, das man vom Tal aus kaum vermuten würde; so führt ein Weg Nr. 21 über den verlassenen Gialhof (1541 m) und die Schludernser Alm auf die Köfelplatte (auch *Kalter* genannt, nach einer Quellfassung, 2420 m; etwa 4 Std.). Auf nahezu ebenen Wegen kann man noch vor Erreichen von Gschneir von der Straße weg (Tafel) die uns bereits bekannten

Höfe Rungg, Marsail, Grein und Ell besuchen. Der schönste Spazierweg führt jedoch von Gschneir auf dem ebenen unteren Weg zu den Höfen G s a l *(casale?)* und G a l l s t e i n (1364 m; auf den Karten *Galministein,* 1645 *Minigstain),* von wo aus man einen prächtigen Blick auf die einsam und nur über Fußwege von hier oder von Tannas aus erreichbare Kirche S t. P e t e r (siehe unten) genießt.

Derzeit kann man von Schluderns aus nur bis Gschneir fahren; ein Ausbau der behelfsmäßigen Verbindung nach Tannas über die bestehenden Forst- und Güterwege steht jedoch unmittelbar bevor. In Erinnerung gerufen sei kurz, daß wir außerhalb Gschneir die alte Diözesangrenze überschreiten (vgl. S. 96) und außerdem die ehemalige Gerichtsgrenze zwischen Glurns und Schlanders.

Man erreicht nun zunächst Bildstock (Cholera, 1836), Gehöft und die sehr gepflegte Kapelle von O b e r t e l s (1563 m) und umrundet dann in weitem Bogen die grenzenlose Weite und Einschicht des Tannaser Berges, das Einzugsgebiet des wegen seiner Überschwemmungen berüchtigten Tannaser Baches, das erst in allerjüngster Zeit durch umfangreiche Wildbachverbauungen abgesichert wurde. Die Chronik vermeldet zwischen 1662 und 1882 insgesamt fünf große Murbrüche, im Jahre 1885 eine Schneehöhe von 3 Metern und aus dem Jahre 1951 eine Lawine, welche die Obere Mühle wegriß und das Leben eines Kindes forderte. — Wir passieren die Höfe U n t e r - und O b e r - f r i n i g (1715 bzw. 1745 m; beide ganzjährig bewohnt) und erfahren zu diesen Siedlungen an der Grenze jeder Existenzmöglichkeit, daß hier im Jahre 1814 eine eigene Winterschule abgehalten wurde, weil die Kinder der Wölfe wegen nicht ins Dorf gehen konnten. — Die nun gut ausgebaute Bergstraße führt uns an den Höfen Halbergad, Panöf und Paflur (alle zwischen 1500 und 1600 m) vorbei hinunter in das winzige Bergdorf Tannas.

Nach T a n n a s (1454 m) gibt es seit 1970 eine in Laas abzweigende asphaltierte Straße — aber sie endet vor dem Dorf, denn zwischen den Häusern der engen Dorfgasse ist nur Platz für Mensch und Vieh. Dieses Tannas hat den sonnigsten Winter von allen Orten im Mittelvinschgau — aber dafür ist auch das Wasser knapp, müssen doch zwei Drittel vom kostbaren Naß des Tannaser Baches nach Eyrs weitergegeben werden; früher hat man zuweilen von dort Wasser „zurückgekauft". Derzeit wird das Dorf „saniert", was im Hinblick auf die teilweise menschenunwürdig gewordenen Behausungen gewiß eine Notwendigkeit darstellt; anderseits sind jedoch solche „Kuren" stets mit einem schmerzlichen Verlust an altem Baubestand verbunden.

Eine Fundgrube ist das D o r f b u c h von Tannas, vom Pfarrprovisor Anton P i r c h e r sorgsam angelegt („Schlern", Jg. 1961,

S. 199 und 290 ff.); den Namen leitet der Chronist von *montanasticus* („Bergort") oder *Ana*(wand) gleich „Grenze" ab. Der Ort hat 300 Einwohner, von denen viele auswärts arbeiten. Uralte Holzpflüge und prächtige Haflingerpferde künden von der Arbeit der im Dorf und auf den Berghöfen verbliebenen Bauern. Tannas hat eine Schule und Fernsprechanschluß im Gasthaus und Lebensmittelgeschäft „Telser"; der Ort ist seit 1929 Fraktion der Gemeinde Laas, war aber kirchlich seit jeher von Tschengls abhängig. —

Als Kuriosum sei aus dem genannten Dorfbuch erwähnt, daß der Tannaser Bauer Johann Egger vor dem Ersten Weltkrieg mit einem sozialdemokratischen Arbeiter namens *Benito Mussolini* zusammen bei der schweizerischen Rheinregulierung beschäftigt war und seinem Kumpel damals 5 Franken lieh; dafür versprach Mussolini für später jegliche Unterstützung, aber Egger hat weder die 5 Franken je wiedergesehen noch Hilfe gefunden, als er seine alten Rechte nach 1922 geltend zu machen versuchte. —

Sankt Anna im Dorf, ein hübscher und gepflegter Bau mit Dachreiter, wurde 1700 errichtet, 1869 profaniert und 1935 unter Verwendung des Steinportales der alten Peterskirche (siehe dort) wiederhergestellt; die einfache Einrichtung (darunter ein Fastenkreuz) ist später Barock und die Zeit danach. — Genannt sei auch der hübsche St. Martin an der Außenwand eines Hauses hoch über der Dorfgasse, wohl von einem einheimischen Schnitzer stammend. — Ein Neubau (1896) ist die prächtig auf einem Hügel außerhalb des Dorfes gelegene Herz-Jesu-Kirche in neuromanischer Stilnachahmung, mit in Gröden geschnitzten Altären und Wandschmuck vom Bozner Maler R. Complojer (1937). Diese Kirche ersetzt als Seelsorgstation die alte Kirche im Tobel des Tannaser Baches, da der Zugang dorthin 1892 wegen Vermurung behördlich gesperrt werden mußte; heute kann man von beiden Seiten den Weg zu diesem einsamen Platz wiederum gefahrlos antreten und sich damit um ein unvergeßliches Erlebnis bereichern.

Sankt Peter (1364 m) ist nach Lage, Baubestand und bis tief in die Urzeit reichender historischer Bedeutung eine der größten Sehenswürdigkeiten des Vinschgaues — als solche jedoch von kaum jemandem erkannt, da es gottlob abseits der großen Straßen liegt.

Man erreicht das schneeweiße Barockkirchlein von Tannas her absteigend in einer halben Stunde, oder — nicht minder schön — von Gschneir aus über den bereits erwähnten Gsalhof. Die heutige Kirche — deren *romantische Lage* auch von Weingartner gerühmt wird — entstand 1769, hat den Hochaltar aus dieser, die beiden Seitenaltäre aus rund 100 Jahre späterer Zeit und den schönen Weihwasserstein aus dem 16. Jh. Die bei Weingartner genannten Skulpturen von Christian Greiner (Vesperbild, Kreuzigung, 1711 bzw. 1723) sind sichergestellt.

Mehr noch als der heutige Kirchenbau wird manchen die prähistorische Bedeutung des Platzes interessieren. Innerebner fand hier und bei den Ruinen der tiefer liegenden alten Peterskirche (1513), die teilweise abgestürzt ist, Tonscherben (Hallstattzeit) in reicher Menge und glaubt außerdem, daß jenes in Eyrs gefundene und heute in Meran verwahrte, durchlochte Steinbeil aus schwarzem Serpentin von hier angetriftet worden ist („Schlern", Jg. 1953, S. 199 ff., mit Abb. und Skizzen). Der Name *Arztal* hinter St. Peter weist auf einen 1551 bezeugten Abbau von Bleiglanz, der allerdings schon früh erlosch. — Im genannten Tannaser Dorfbuch ist übrigens von einer zweiten, um 1396 erwähnten Vorstufe der Peterskirche die Rede, die vom sog. „Lebewohlbach" (?), dem wildesten Seitenarm des Tannaser Baches, völlig hinweggeschwemmt worden sein soll; zu erwähnen ist auch, daß Pardeller in St. Peter einen Sonnenortungspunkt sieht („Schlern", Jg. 1957, S. 213). —

Seit der Erbauung der neuen Autostraße über Allitz nach Laas wird der alte Serpentinenweg, der Tannas mit Eyrs verbindet, kaum mehr begangen. An ihm liegt der einsame Vernatschhof (ca. 1150 m), der im Nachkriegssommer 1945 zum Schauplatz einer furchtbaren Mordtat wurde; ein als geistesgestört bekannter Mann aus der Umgebung tötete das Besitzerehepaar Gufler und fünf von dessen Kindern, von denen nur ein Bub durch zufällige Abwesenheit dem Blutbad entging.

Die hoch über den Laaser Leiten hinführende Straße berührt am Rande den Bereich der schon um 1288 erwähnten Tröghöfe (1450 m) mit Kapelle, den Stiftshof und schließlich den Kircherhof in Allitz, wie man das ganze Mündungsgebiet des Gadriabaches nennt.

Die Kapelle Sankt Moritz beim Kircherhof, direkt an der neuen Straße, hat der Verfasser 1971 in dem bei Weingartner angegebenen Zustand angetroffen, desgleichen am Hof das gut erhaltene Fresko aus dem 16. Jh. Die eigenartige Holzskulptur aus dem 14. Jh. (bäuerliche Arbeit), ein hl. Moritz oder Florian mit Federhut und Fahne, dürfte mittlerweile auf den Rat des Verf. hin deponiert worden sein, ebenso wie das 1664 gestiftete heute von einem Beichtstuhl fast verdeckte Votivbild.

Das an prähist. besiedelter (Tonscherbenfunde), aussichtsreicher Stelle stehende Kirchlein Mariä Heimsuchung an der Straße, nur wenig oberhalb der Mündung des gewaltigen Gadria-Murkegels, ein architektonisch hübscher Bau (17. Jh.) mit gemauertem Dachreiter, hat an den Altarsäulen das Hendlsche Wappen (Mühlrad) und ist im übrigen einfach eingerichtet (meist versperrt). — Gleich danach mündet die Straße in den

Talgrund, wo sich um den stattlichen Unterburghof (Name!) lose einige Häuser (1148 m) mit insgesamt (die Berghöfe eingerechnet) etwa 100 Einwohner scharen, die kirchlich zu Schlanders, verwaltungsmäßig jedoch als Fraktion größtenteils zur Gemeinde Laas gehören (Volksspruch: *Lebendig nach Laas / und tot nach Schlanders).* — Beim Unterburger steht eine renovierte, 1860 erstmals geweihte Kapelle, Nachfolgerin einer älteren, in den Baubestand des sehr alten Hauses einbezogenen Hauskapelle mit barocker Wandmalerei, in der ein wertvoller Flügelaltar stand, neuerdings in die Nähe des Jörg Lederer gerückt, von anderen jedoch dem Meister Leonhard von Brixen zugeschrieben („Dolomiten", 30. 3. 1971). Dieser Altar ist unter Umgehung des bestehenden Ausfuhrverbotes für Kunstgegenstände an einen Händler in Wien verkauft worden, doch sind Bemühungen des Denkmalamtes in Gang, das wertvolle Stück für das Land zurückzuerwerben. —
Zu Allitz gehören im geographischen Sinn noch einige wahrhaft himmelhohe Berghöfe, so etwa das heute verlassene Matatsch (1512 m), der Hof Feilegg (1560 m), der zur Alm gewordene Hof Rimpf (ca. 1500 m) und der höchste, der Strimmhof (1754 m), verpachteter Besitz der Fraktion Kortsch. Von hier kann man in etwa vierstündiger Wanderung über die Schafhütte zum Allitzer See (2646 m) aufsteigen und wird dabei kaum einem Menschen begegnen.

Wir sind nun an der Schwelle zum unteren Vinschgau; der riesige Gadria-Murkegel ist die augenfällige Grenze, selbst in zwei Hälften geschieden, von denen die untere schon heiterste Gartenlandschaft, die obere hingegen windzerzauste Heide ist, teils mit Lärchenwald, teils mit Buschwerk bestanden und von Wasserwaalen durchfurcht. Diese Waale murmeln das Lied vom bösen Gadriadrachen, der hoch oben in den Bergen in einem riesigen See hauste und von den Bewohnern mit Schafen gefüttert werden mußte. Dies wurde einem Bäuerlein auf die Dauer zu dumm, er nähte ungelöschten Kalk in eine Kälberhaut, und da zerriß es den Drachen, als er nach solcher Mahlzeit Wasser soff. So wild peitschte er mit seinem Schweif umher, daß der See ausbrach und die große Mure ins Tal stürzte. Der Bauer aber muß seine schlaue Tat büßen, als *Gadriahund,* und als solcher fährt er an der Spitze von Murbrüchen noch heutzutage ins Tal (nach Heyl).

Bevor wir uns nun zum Gang gegen Schlanders rüsten, müssen wir noch einmal zurück nach Schluderns, um den Nörderberg und das große Seitental von Sulden zu durchstreifen. Von dort kommen wir nach Laas herab und werden uns wieder an der Stelle einfinden, wo wir die Sage von den Untieren der Gadria gehört haben. (Anschluß des hier besprochenen Gebietes an Laas auf S. 328.)

Prad und Lichtenberg

Von Schluderns abwärts beginnt der Gegensatz zwischen dem Heidecharakter des Sonnenberges und dem bewaldeten Nörderberg mehr und mehr das Tal zu beherrschen. In das weite Grün dieser steilen Talflanken sind Einödhöfe und kleinere Weiler als Rodungsinseln eingeschnitten, jede ein kleines Reich für sich, über der Baumgrenze überragt vom Massiv des Chavalatsch und den Silberschilden der Ortlergruppe.

Die gewohnte Gestaltung des Tales durch die sanften Murkegel erfährt an der Mündung des Suldentales eine eigenwillige Unterbrechung: Wild und in breitem Bett schäumt der Suldenbach einher, weißes Geröll aus Ortlerkalk mit sich führend, das in scharfem Kontrast zum satten Grün der Flußauen steht, die sich hier trotz Etschregulierung immer noch weithin ausbreiten; sie sind ein letzter Überrest jenes Sees aus erdgeschichtlicher Vergangenheit, der einst durch die gewaltige Sperre des Gadria-Murkegels aufgestaut worden sein mag.

Am Rand dieser Auen führt uns Straße und Eisenbahn nach S p o n d i n i g (885 m), einer Fraktion der Gemeinde Schluderns mit rund 40 Einwohnern, nahe der alten Grenze zwischen den Gerichten Glurns und Schlanders. Der Ort an der schon 1258 als *pons de Spaninga* erwähnten Etschbrücke (heutiger Bau 1893) ist ein wichtiger Verkehrsknotenpunkt an der Abzweigung der Stilfser-Joch-Straße mit Station der Vinschgaubahn, Restaurant ebendort (öffentl. Fernsprecher) und dem großen Hotel „Post-Hirschen" an der Straße, mit Campingplatz und 70 Betten. — In der Nähe Kriegerfriedhof 1915/18. — Von hier ist es — zwischen schönen Pappeln — ein Katzensprung zum Hauptort der hier angrenzenden großen Gemeinde Prad.

PRAD AM STILFSER JOCH: Seehöhe 915 m; klimatische Werte vergleichbar mit Glurns. — Prad ist Hauptort der Gemeinde mit den Fraktionen Agums und Lichtenberg und hat insges. 2700 Einwohner, davon 115 Italiener (Staffler gibt 1730 Einw. im Jahre 1841 an). — Ab Schluderns 7 km — nach Stilfs 10 km; Autobushaltestelle. — Stark ansteigender Fremdenverkehr, was sich in der Zahl von sieben gepflegten Hotels und Gasthöfen spiegelt, mit insges. rund 200 Betten (auch Lichtenberg); dazu rund 250 Betten in Pensionen und Privathäusern, auch in Bauernhöfen (z. B. Mitterhof) und auch in Lichtenberg. — Prad gehört noch dem Dekanat Mals an, hat Volks- und Mittelschule (Projekt eines „Skigymnasiums"), Musikkapelle seit 1866, Apotheke, gemeindeärztliches Ambulatorium, Raiffeisenkasse und Postamt (Postleitzahl 39026). — Einrichtungen für Sport und Fremdenverkehr: Schwimmbad und Campingplatz „Kiefernhain“, Tennis, Miniaturgolf, Schießstand und Sportklub; zwei Skilifts („Theinen“ und „Platzwiese“); Ortsstelle des Südtiroler Alpenvereins bei Herbert Reisigl, Raiffeisenkasse. — Mech. Werkstätten, Taxi und Tankstelle im Ort; Prad hat seinem Rahmen angepaßte Handwerks- und Industriebetriebe (Holzverarbeitung), darunter auch Fabriken für Textilien und vorfabrizierte Bauteile, für Polyesterelemente sowie Samenkulturen. — Der Ort unterhält ein Patenschaftsverhältnis mit dem Landkreis Neu-Ulm. — Auskünfte durch „Fremdenverkehrsamt für das Ortlergebiet - Prad“. —

Schönster Zeuge für die sehr alte Geschichte des Ortes Prad, dessen Name wohl sicher auf *pratum* („Wiese“) zurückgeht, ist die Kirche Sankt Johann, ein weiterer Edelstein im Kranz der romanischen Vinschgauer Kirchen.

Das gut restaurierte und gepflegte Gotteshaus liegt malerisch in einer Obstwiese etwas außerhalb des Ortes. Umfassungsmauer, (veränderte) Rundbogenfenster und Viereckhelm des Turmes sowie die schön abgesetzte Rundapsis dokumentieren eindeutig die romanische Bauepoche. — Von der ursprünglichen romanischen Bemalung des Innenraumes haben sich am Triumphbogen und an der nördl. Langhauswand nur Reste, darunter ein Christophorus, erhalten (um 1250). In der Apsis Fresken um 1400, aber *noch ganz romanisch empfunden* (Egg); wir finden Sankt Barbara und Dorothea am mittleren Apsisfenster, Christus in der Mandorla und die Apostel, am Triumphbogen Verkündigung, Schmerzensmann und Heilige. An der Langhauswand eine jüngere, von zwei Händen stammende Schicht (um 1420) mit Anbetung der Könige, St. Michael mit der Seelenwaage und St. Anton Einsiedler (alles 1949 restauriert). Die Einrichtung bis auf die Kanzel und Apostelbilder (um 1600) neu, mit älteren, z. T. deponierten Statuen und einem Bild des hl. Sebastian, vielleicht von Martin Knoller. — Ein Fresko, den göttlichen Kinderfreund darstellend, stammt aus der Frühzeit Karl Plattners und läßt die spätere Entwicklung des Künstlers noch kaum erkennen. — St. Johann ist die Gruft der Herren von Tschengls, die bis 1421 die Gerichtsherren des 1186 urkundlich erstmals nachweisbaren *Prada* waren, gefolgt von den Lichtensteinern, die über Prad und Tschengls einen eigenen Vogt setzten, bis Prad dem Gericht Glurns und Tschengls dem Gericht Schlanders anheimfiel. — Im späteren Verlauf seiner Geschichte machte Prad Pest, Kriegsnot (1799), Brände und Überschwemmungen in dem für den oberen und mittleren Vinschgau bezeichnenden Ausmaß mit und sank vor allem am Beginn des 19. Jh.s zu bitterer Armut herab, gewann jedoch durch den Bau der Stilfser-Joch-Straße wiederum neue Bedeutung. — Aus neuester Zeit stammt die Pfarrkirche Maria Königin (1956/58 von Otto Lindner aus Stuttgart), ausgestattet mit Werken zeitgenössischer schwäbischer Künstler. Die zwei Meter hohe Christusfigur aus Eichenholz in der Friedhofskapelle ist jedoch das Werk eines Einheimischen, des in Kortsch bei Schlanders ansässigen Bildhauers Karl Grasser (geb. 1923).

Es ist in Prad in den letzten Jahren gelungen, ein sehr altes Brauchtum wieder mit neuem Leben zu erfüllen; gemeint ist das sogenannte „Zußlrennen", auch „Orlziechen" genannt.

Die *Zußln* sind hexenähnliche Masken mit Schellengurten um den Leib; sie machen die Umstehenden rußig und vollführen einen heillosen Lärm („Aufwecken" der Wintersaat - *viel Zußl, viel Korn!).* Zwei weißgekleidete Burschen *(Schimmel)* ziehen die *Orl* (Pflug), hinter dem ein Sämann Sägespäne streut; es folgen ein Bauernpaar, Gesinde und Handwerker, während die Brüder *Liederlich* den ganzen Zug umtanzen. Mit dem Aveläuten hört das ganze Treiben schlagartig auf, und außerdem bleibt unheilbar, wer sich an diesem Tag verletzt hat. — Der auf altem Fruchtbarkeitskult beruhende Brauch ist aus allerjüngster Zeit belegt (nach Fink „Unsinniger Donnerstag" 1967) und auch in leicht abgeänderter Form für Stilfs sowie für Laatsch (dort am Faschingsdienstag) bezeugt („Schlern", Jg. 1929, S. 115 und 205). —

Auch Prad hat sein Ehrenalbum, in dem gleich fünf Mitglieder ein und desselben Geschlechtes figurieren; man hat sie die *fünf gelehrten Primisser* genannt.

Wir heben namentlich Johann (1739—1815) und dessen Sohn Alois (1796—1827) hervor, die beide in Wien als Betreuer der aus Innsbruck stammenden Ambraser Sammlung sowie als Historiker, Numismatiker und Archäologen tätig waren (hiezu A. Schatz in „Schlern", Jg. 1928, S. 218 ff.). — Ebenfalls aus Prad stammte der begabte Maler Hans Ebensperger (geb. 1927), der als einer der ersten Südtiroler den Schritt zur Abstraktion wagte, im übrigen aber seinen eigenwilligen künstlerischen Weg ganz allein ging, im Jahre 1971 riß ihn eine unheilbare Krankheit aus seinem Leben und Schaffen (vgl. Lit.-Verz.).

Bleiben uns noch die Ausflüge zu nennen, die sich in der Umgebung von Prad in reicher Fülle anbieten, in einer höchst ansprechenden Weise auf Ebene und Bergwege verteilt.

Reine Spaziergänge führen entlang dem Suldenbach nach Spondinig (Nr. 10) oder sehr hübsch durch buschbestandene Wiesen und vorbei an der einsamen Ottilienkapelle (vgl. S. 318) nach Tschengls (Nr. 6, 1 Std.). Die Bergwege zur Rodung von Egg und Daneid (1200 m) sowie über den Hof Thial zur Siedlung Valnair (Nr. 6; ca. 1250 m) sind heute zu asphaltierten Güterfahrstraßen geworden; im Raum von Valnair wurden die bereits erwähnten bronzezeitlichen Lanzenspitzen gefunden, und Klebelsberg nennt ihn als Obergrenze des Nußbaumes. Man kann hier durch die Wälder, die das Holz für die im Talgrund bis 1812 betriebene Schmelz zur Aufbereitung des bei Stilfs gewonnenen Erzes lieferten, bis zur Valnairalm (2007 Meter) und mit prächtigem Gegenblick zur Ortlergruppe weiter bis Außer- oder auch Innersulden wandern (Tagestour ab Prad; Rückkehr mit Autobus oder in umgekehrter Richtung). — Auf der gegenüberliegenden Talseite führt ein Weg 11 in etwa 1½ Std. von Prad über die Pazleidhöfe nach Stilfs (1311 m).

In Sichtweite von Prad, am linken Ufer des Suldenbaches, liegt das wegen seines wundertätigen Kruzifixes vielbesuchte Dörflein Agums (915 m, ca. 350 Einw.) mit seiner rein gotischen, die Gegend weitum beherrschenden Sankt-Georgs-Kirche.

Die Kirche wurde samt dem mächtigen Turm um 1500 aus einem Guß neu gebaut und ist zur Gänze barock eingerichtet, doch verraten eingemauerte romanische Steinskulpturen (Greif und Wolf, um 1178) eine wesentlich ältere Vorstufe. In der Seitenkapelle (1705) stand das hochverehrte Kruzifix *(Zum großen Herrgott;* Ende des 14. Jh.s), laut Überlieferung von einem Frevler durch die Brust geschossen, mit Maria und Johannes zu beiden Seiten (um 1800). — Die Kirche ist am 5. Oktober 1971 abgebrannt und schwer beschädigt worden, doch konnte man das Kruzifix und den größten Teil der übrigen Einrichtung retten; mittlerweile ist der Wiederaufbau fast beendet, wofür die Partner aus dem Landkreis Neu-Ulm wertvolle Hilfe geleistet haben. — Agums wird 1290 erstmals erwähnt; ungefähr aus dieser Zeit dürfte der 1904 eingestürzte Turm der Burg Gargitz stammen, heute in einen Neubau einbezogen und als Wehrbau nicht mehr kenntlich.

Von Agums nun entweder über die Straße (2 km) oder viel schöner zu Fuß über den Pinethof und den Kapellenhügel von St. Christina (siehe unten) in einer Stunde zu Ruine und Dorf Lichtenberg.

LICHTENBERG: Seehöhe 920 m; zusammen mit den gleichnamigen Berghöfen (eigene Schule) Fraktion von Prad mit insges. 500 Einwohnern. — Direkte Straßenverbindung nach Glurns (4,5 km). Öffentl. Fernsprecher im Gasthof „Adler“. — Auskünfte wie Prad, Postleitzahl 39020.

Die Geschichte des Dorfes ist auch hier seit dem Mittelalter eng verbunden mit jener der Burg, deren Name auf den Ort überging; die Siedlung ist früher (um 1200 noch) als *Suvendes* bezeugt und durch Wälle, Wohngruben, Tonscherben- und Knochenfunde am nahen Kapellenhügel eindeutig als prähistorisch ausgewiesen. Die Burg selbst — heute ein gebleichtes

Knochengerüst — war seit dem frühen 13. Jahrhundert wichtige Trutzfeste der Tiroler Grafen gegen den Bischof von Chur.

Die Lichtenberger, Lehensträger der Landesfürsten, ließen ihre Burg um 1400 mit einem prächtigen profanen Freskenzyklus schmücken, der im wesentlichen 1912 abgelöst wurde (heute Ferdinandeum Innsbruck), in Spuren aber durch die Tiefenwirkung der Farben noch erkennbar blieb (Reigenbild); nur einige Fragmente (Jagdszene) wurden in dem heute stark gefährdeten Gemäuer belassen. Die seit 1513 bis heute im Besitz der Grafen Khuen-Belasi befindliche Anlage wurde im 16. Jh. großzügig ausgebaut, wovon u. a. der Kapellenbau und das schöne Rondell mit gut erhaltenen Wappen (Österreich, Tirol, Khuen) Zeugnis ablegen.

Unter den abgenommenen Fresken findet sich auch ein sogenanntes Glücksrad — das Schicksal treibt ein Rad, an dem ein gekrönter Mann aufsteigt, in der Höhe thront, absteigt und schließlich zu Fall kommt — *regnabo, regno, regnavi, sine regno sum,* so steht es dabei. Weingartner meint, das Bild sei ein Trost für jeden, der einmal „unten" sei, aber wieder steigen kann, und Warnung für die Herrschenden „oben" vor dem Fall; der alte Lichtenberger Müller hielt das Ganze für ein *Karussell,* und Weingartner sagt dazu: *Das Menschenleben ein jäh herumsausendes Ringelspiel, wo alles ununterbrochen wechselt und nichts Bestand hat — das Bild ist so übel nicht.* —

Auch die Dreifaltigkeitskirche ist ein im Grunde romanischer Bau; „im Grunde" ist wörtlich zu nehmen, da der ursprüngliche Bau mit Rundapsis und Turmfundament im Jahre 1539 übermurt und verschüttet wurde; er dient seither als Gruftkapelle der Khuen auf Lichtenberg.

Der heutige spätgotische Oberbau wurde auf Kosten des Salzburger Erzbischofs Joh. Jakob Khuen 1580 errichtet und trägt am Renaissanceportal die Wappen seines Erbauers. Die Einrichtung ist neugotisch mit Verwendung älterer Skulpturen (Marienkrönung am Hochaltar, Pietà; Ende bzw. Anf. des 15. Jh.s; drei weitere gotische Figuren 1974 gestohlen). Die Rosenkranzgruppe am linken Seitenaltar (1700) stammt von Christian Greiner. Bemerkenswert ist der typische Vinschgauer Weihwasserstein aus weißem Marmor; ein Kruzifix (13. Jh.) heute im Brixner Diözesanmuseum. — In der Apsis der Gruft finden sich überdies gut erhaltene Fresken der Brixner Schule um 1460 (Marienkrönung, musizierende Engel); eine frühe, noch schülerhafte Arbeit ist die Bergpredigt von Karl Plattner im Langhaus (1941).

Die bereits genannte Kapelle Sankt Christina bezaubert vor allem durch ihre Lage auf einer isolierten, archaisch anmutenden Hügelkuppe.

Der auf älteren Resten stehende Bau wurde ebenfalls von Erzbischof J. J. Khuen geweiht (1575). Das ganze Gewölbe der Kirche wurde in diesem Jahr mit Ornamenten, Ranken und Wappen (Stifterinschrift) reich geschmückt und hat in den Schildbogen Szenen aus dem Martyrium der hl. Christina sowie Passionsszenen nach Dürerschem Vorbild. — Die Bilder sind teilweise dadurch beeinträchtigt, daß sich die Farben hier schwarz zersetzt haben. — Die Figuren des stark von der Renaissance beeinflußten Flügelaltars (darunter St. Martin mit dem Bettler, alles um 1575) sind derzeit deponiert. —

Ein Ausflugsgebiet für sich sind die auf dem weiten Lichtenberg verstreuten Bauernhöfe mit ihren hübschen Feld- und Waldwegen; die Siedlungsgrenze steigt auch an dieser Nörderseite über 1500 m. Die Unberührtheit dieser Bauernwelt muß man sich auf steilen Bergwegen verdienen, da die Benützung der Materialseilbahn für touristische Zwecke nicht gestattet und eine Zufahrtsstraße zwar durchtrassiert, derzeit (1980) aber noch nicht benützbar ist. Man findet da und dort gastfreundliche Aufnahme und kann seinen Gang über die Lichtenberger Almen zur Bergtour auf das Glurnser Köpfl oder zum Chavalatsch ausdehnen.

Das Tal von Sulden und Trafoi; die Stilfser-Joch-Straße

In Prad beginnt die Fahrt über die *unbestrittene Königin der Alpenstraßen,* wie man die bis vor kurzem höchste und in ihrer Art älteste Alpenstraße übers Stilfser Joch immer noch mit Recht nennt (E. Denzel, „Großer Alpenstraßenführer", Innsbruck 1971) — und es beginnt für den Wanderer, Bergsteiger und Skiläufer der Gang in die hochgetürmte Firnwelt der Ortlerberge, wo sich die Elite der europäischen Alpinisten an wilden Wänden aus Eis und Fels erprobt, während das fröhliche und unbekümmerte Skivolk am Stilfser Joch das ganze Jahr über dem weißen Sport huldigt; vom Sommerskilauf im körnigen Firnschnee zum Freischwimmbad von Prad — damit ist in wenigen Worten alles über das grandiose Spannungsfeld gesagt, das sich unter dem Namen „Ortler" zusammenfassen läßt.

Bemerkungen zur Geologie, Klimatologie, Flora und Fauna des Suldentales sind im allgemeinen Teil dieses Buches und im Abschnitt über den Nationalpark enthalten; wir erinnern nur kurz daran, daß wir uns zunächst noch im Bereich der Vinschgauer Schieferzone befinden, die auf einer ungefähren Linie zwischen Stilfser Joch - Gomagoi - Königsjoch in der Höhe von der Ortlertrias überlagert wird, einem *deutlich gebankten, dolomitischen Kalk* (Stacul). — Im Hinblick auf den Nationalpark sei darauf verwiesen, daß in dem gesamten hier behandelten Gebiet die Naturschutzmaßnahmen gelten, die wir unter diesem Stichwort angeführt haben.

Die Straße führt von Prad zur bereits erwähnten „Schmelz" und erreicht nach 4 km den Weiler Stilfser Brücke (1130 m; 120 Einw. — Öffentl. Fernsprecher im Gasth. „Gutgsell").

Von hier führt der alte Fußweg steil nach Stilfs hinauf und berührt am Rande eine durch Urzeitfunde bestätigte prähist. Siedelstätte, die im Volksmund „Weiberbödele" heißt (hiezu „Schlern", Jg. 1935, S. 323).

Die Talstraße bringt uns nach weiteren 2 km Fahrt in die Ortschaft Gomagoi (1273 m) an der alten Talgabel zwischen Trafoi und Sulden.

Der ungewohnt klingende Name des Weilers ist umstritten; *gemellae* (Zwillings-)*aquae* würde der erhaltenen deutschen Bezeichnung „Beidewasser" (Staffler: *Bedwasser)* entsprechen (Köll). Pardeller („Schlern", Jg. 1954, S. 294) denkt an lat. *caumatorium* („Rastplatz") bzw. rätorom. *cauma* („Schattenplatz"). Der Name ist wahrscheinlich indogermanischen Ursprungs, also älter, und wohl kaum von einem germanischen *gum* (Viehsammelplatz, z. B. *Gummer)* abzuleiten, wie bei Köll nachzulesen ist.

Der Ort ist durch den Fund von zwei hallstattzeitl. Lappenäxten prähist. bezeugt; ein Bergbau auf Eisen und Kupfer ist für 1485 urkundl. nachgewiesen (Dalla Torre). — Im Ersten Weltkrieg wurden die Häuser des Ortes gesprengt, um dem Sperrfort (erb. 1860; heute Straßendurchfahrt) Schußfeld zu geben — umsonst, wie sich bald zeigte, da ja die vorgeschobene Front gehalten werden konnte und daher die Batterien des Forts kein einziges Mal zum Einsatz kamen. — Gomagoi hat heute rund 180 Einwohner, mehrere Gastbetriebe mit ausreichenden Fremdenzimmern und Campingmöglichkeit. — Die kleine Kirche ist ein nach den Zerstörungen des Weltkrieges neu errichteter, der Gegend gut angepaßter Bau. — An der Weggabel Gomagoi zweigt außer der Suldener Straße auch die Zufahrt nach Stilfs ab (2,7 km).

STILFS: Seehöhe 1311 m; klimatische Werte trotz der Höhe günstig, da der Ort sonnseitig und windgeschützt liegt. — Stilfs ist Sitz der gleichnamigen, großen Gemeinde (14.092 ha), die das zentrale Ortlergebiet bis zur Schweizer Grenze bzw. zur Provinzgrenze *Sondrio* umfaßt, mit den Fraktionen Gomagoi, Trafoi (Kuratie), Stilfser Joch und Sulden (Pfarre). Die Gemeinde hat 1456 Einwohner (32 Italiener), das Dorf selbst etwa 600 (Staffler gibt 648 im Jahre 1841 an). — Fremdenzimmer in Gasthöfen, Pensionen und Privathäusern. — Autobushaltestelle und Postamt (Postleitzahl 39020). Öffentlicher

Fernsprecher im Gasth. „Sonne“, Taxi in Gomagoi; Raiffeisenkasse. — Auskünfte über Gemeinde Stilfs bzw. „Fremdenverkehrsamt für das Ortlergebiet - Prad“.

Schon dem alten Staffler erschien das Dorf Stilfs *so wunderlich dem Gebirgshang angebaut,* daß die Häuser *in der Luft zu schweben scheinen;* man gewinnt diesen Eindruck vor allem von der Talstraße aus, doch ist es für den Kenner noch schöner, den bereits erwähnten alten Hangweg (Nr. 11) an der Sonnseite von Prad her zu verfolgen.

Dieser Weg — Teil des uralten Stilfser-Joch-Überganges und zugleich des sagenhaften *Wormsionsteiges* (nach *Bormio*-Worms) — berührt an aussichtsreichem Eck die Urzeitsiedlung Kaschlin, an der Tonscherben (darunter Gefäßhenkel), ein Pfriem aus Bein und Metallschlacke gefunden wurden; überdies weist der nahe Flurname „Totenböden“ auf einen alten Begräbnisplatz (Pardeller in „Schlern“, Jg. 1935, S. 323, und Jg. 1950, S. 231). Zu diesen ältesten Zeugnissen für Stilfs und den alten Jochweg ist noch der Fund einer weiteren Bronzeaxt zu zählen.

Demnach dürfen wir mit Recht annehmen, daß der 1229 als *Stilvis* bezeugte Name in einer vorrömischen Form *(s)tel* („Fläche“) wurzelt, die zu *stil-va-s* ausgeweitet wurde (Finsterwalder in „Der Obere Weg“, S. 225).

Leider ist hier nicht der Raum, näher auf die umfassende Chronik von Stilfs einzugehen, in der vom verdienstvollen Schulleiter Heinrich Waschgler (1869—1945) alle Einzelheiten aus der Dorfgeschichte verzeichnet sind (hiezu ebenfalls Pardeller in „Schlern“, Jg. 1946, S. 276 f.).

Wie wir jedoch bereits wissen, hat der Bergbau in der Geschichte von Stilfs eine wichtige Rolle gespielt; gegen die Stilfser Alm hin, am Kontakt von Werfener Schichten und Buntsandstein, wurde bis 1612 nach silberhältigem Bleiglanz mit Blende, Baryt und Feldspat geschürft. Der Überlieferung nach wäre Stilfs überhaupt eine erst durch Bergknappen im Mittelalter begründete Siedlung, was jedoch angesichts der Urzeitfunde als nicht stichhältig erscheint. — Auf einen Zuzug von auswärts könnte es jedoch zurückzuführen sein, daß R. Staffler (in „Schlern“, Jg. 1937, S. 152) den Stilfsern Besonderheiten im Urteil ihrer Vinschgauer Landsleute zuschreibt: *... sie sind leichtlebig, sehr gesprächig und haben ausnahmsweise viel Humor. Ihre Rede ist der reinste Singsang. Die Stilfserinnen gelten als die schönsten Madlen im ganzen Gau ...*

Das ist die eine Seite. Die andere heißt durch Jahrhunderte soviel wie bittere Armut; das Dörcherwesen (vgl. S. 82) und die „Schwabenkinder“ (vgl. S. 83) sprechen eine deutliche Sprache — und der Schmuggel über die nahe Schweizer Grenze, der hier bis auf den heutigen Tag blüht, ist wenigstens zum Teil auch aus der Not geboren. — Heute hat Stilfs seiner alpinen

Lage wegen einen guten Namen im Fremdenverkehr und wird wegen seiner luftigen Höhenlage als Sommerfrische sehr geschätzt, was einen wirtschaftlichen Aufschwung brachte.

An Ausflügen und Bergtouren nennen wir in erster Linie die Besteigung des uns bereits bekannten Chavalatsch (2763 m), nunmehr von dieser Seite.

Über die Gehöftgruppe Faslar, die altertümlichen Höfe von Valatsches (Güterweg) und die Stilfser Alm wird man an die fünf Stunden rechnen müssen. Wer die auf Halbweg von der Zufahrt abzweigende Militärstraße aus dem Ersten Weltkrieg benützt, die in einer weiten Serpentine zum Weiler Platzhöfe (1534 m; St.-Martin-Kapelle) und weiter zur Alm Kleinboden führt, kann 700—800 Höhenmeter einsparen, falls die Straße bis an ihr Ende befahrbar ist (Schafseck, 2200 m; nach Unwettern zuweilen vermurt). Ernst Höhne („Oasen der Ruhe", S. 16) nennt hier Zeltplätze in *landschaftlich einzigartiger Lage,* gegenüber dem *klassischen Bild des Ortlers.* — Zum Chavalatsch von hier auf einem guten Militärweg, in langer, aber nur mehr 600 Höhenmeter betragender Querung nach Norden, auch direkt zum Fallatschjoch (2742 m) und über den Nordgrat auf die Fallatschspitze (2813 m) oder in einer Querung unterhalb des ganzen Kammes bis zum Stilfser Joch — das alles sind herrliche Höhenwanderungen, die jedoch Ausdauer und vor allem Sicherheit in der Orientierung voraussetzen; man wird hier das Murmeltier beobachten und das Spiegelbild des Ortlers in kleinen Bergseen (Goldsee) bewundern können. — An der genannten Militärstraße liegt als günstiger Stützpunkt auch die Furkelhütte auf 2153 m (10 Betten, ganzj. bewirtschaftet), die mit dem Kleinboden-Gondellift in 12 Min. von Trafoi aus erreicht werden kann (625 m Höhenunterschied). Mit weiteren Skilifts bietet sich dieser Kleinboden als das Wintersportzentrum von Trafoi an und hält rund 15 km leichte bis schwierige, immer elegante und landschaftlich großartige Skiabfahrten bereit.

Zurück nach Stilfs. Im Gegensatz zum würdigen Alter der Seelsorge (erste Erwähnung 1303) ist die heutige Pfarrkirche zum hl. Ulrich ein neuromanischer Bau aus der Zeit um 1865, mit der gesamten Einrichtung aus dieser Zeit und dem Turm der früheren Kirche (1767); aus gotischen Beständen hat sich nur die Schale des Weihwassersteins erhalten (Anf. 16. Jh.).

Zu erwähnen ist noch, daß sich in dem lange von den großen Verkehrswegen abgeschlossenen Ort manches an eigenständigem Brauchtum erhalten hat; so war vom „Kolbnen" (vgl. S. 242) und vom Pflugziehen (vgl. S. 280) schon die Rede. *Ein regelrechter Perchtenumzug* (Haider, S. 447) mit späterer christlicher Umdeutung ist das *Klasen* (dumpfes a) am Nikolaustag, veranstaltet von den *Hoale,* einer Art Burschenschaft, deren

Name auf die gleichlautende Bezeichnung für Jungstiere zurückzuführen ist (Fink, S. 374). Diese Burschen zerrten früher auch den *Wilden Mann und sein Weib Berta* vor den Richter, beschuldigten das Paar aller möglichen Missetaten, ließen es aber nach langen Wechselreden schließlich straflos wieder frei. — Bevor wir nun von Stilfs Abschied nehmen, ist es unsere Pflicht, auch hier einen Blick in das E h r e n a l b u m des Ortes zu werfen, da erst 1970 der 1935 in Stilfs geborene Musikpädagoge und Komponist Herbert P a u l m i c h l mit dem Förderungspreis des *Kulturwerkes für Südtirol* („Waltherpreis") ausgezeichnet wurde.

Wir verlassen nun wiederum den Bereich des alten Höhenweges zum Stilfser Joch; von Gomagoi führt uns die neue Straße fast ohne Ausblicke im Talgrund auf vier Brücken hin und her über den Bach und in 5 Kilometern Fahrt über knapp 300 Meter Steigung nach T r a f o i (1543 m).

Die Sommerfrische Trafoi, ein *hochwertiger Höhenkurort* (Köll) an der Stilfser-Joch-Straße, hat sich in den letzten Jahren auch zu einem beliebten, neben dem Joch selbst durchaus eigenständigen Wintersportort entwickelt. War es früher vor allem der großartige Blick in den von Fels- und Eisrinnen umstarrten T a l g r u n d mit der beherrschenden Trafoier Eiswand (3563 m), der hier schon in der Gründerzeit des Alpinismus neben einigen Gehöftgruppen einen erstrangigen alpinen Stützpunkt erstehen ließ, so hat heute der Skilauf dem sommerlichen Bergsteigen fast den Rang abgelaufen, was unter anderem auch daraus deutlich werden mag, daß der 1951 in Trafoi geborene Gustav T h ö n i hier schon als Schulbub in die Geheimnisse des weißen Sports eingeweiht wurde.

Thöni gewann den Weltcup in vier Wintern (1971—73, 1975), zwei Medaillen bei den Olympischen Spielen 1972 in Sapporo (Gold im Riesentorlauf und Silber im Slalom) sowie 1973/74 den Weltmeistertitel in diesen Disziplinen und 1976 olympisches Silber beim Slalom in Innsbruck.

Der Ort hat 150 Einwohner, eine Reihe von guten Hotels und Gastbetrieben (zwei Gästeschwimmbäder), Privatzimmer (insgesamt ca. 450 Betten), zwei Skilifts im Ort selbst und den bereits erwähnten Gondellift zum K l e i n b o d e n (2153 m; Furkelhütte) in prächtiger Lage, mit weiteren Schlepplifts; Campingplatz am Weg zu den Hl. Drei Brunnen, öffentl. Fernsprecher im Geschäft Tschenett, Postleitzahl 39020, Auskünfte durch Büro Trafoi des Fremdenverkehrsamtes für das Ortlergebiet in Prad; Skischule Trafoi und Bergführer im Ort. — Die Kirche zur Heimsuchung Mariens ist ein neuromanischer Bau aus dem Jahre 1902 und wurde 1973 vom Pfarrer eigenhändig mit Tausenden von Schindeln neu gedeckt.

Der Gang zum beliebten Wallfahrtsort Heilig Drei Brunnen (1607 m) gehört zum festen Programm eines Besuches in Trafoi; man wird auf diesem Weg nicht selten Wallfahrern aus dem ganzen Land begegnen, die hier beim gnadenreichen Bild der Gottesmutter Hilfe und Rat erflehen.

Für die Forschung besteht kein Zweifel, daß es sich um ein schon vorchristliches Quellheiligtum handelt. Später (seit dem 13. Jh.) ist es als Einsiedelei mehrfach bezeugt; der Benediktiner Johannes *de Grava* aus Münster soll hier als erster Eremit gehaust und auch das Gnadenbild der Muttergottes hierher verbracht haben. Nach anderer Version soll ein Hirt drei Quellen aus dem Fels springen haben sehen, die drei Kreuze mit sich führten, von denen er nur eines mit seinen Händen halten und hier aufstellen konnte. Es scheint, daß der heilige Ort später verwüstet wurde oder in Vergessenheit geriet, denn es ist von einer späteren Wiederauffindung des Gnadenbildes die Rede, das einem Hirten im Gezweig eines Baumes erschienen sein soll; dies hat Innerebner zur Vermutung veranlaßt, daß man es außer dem Quellkult möglicherweise auch mit einem „heiligen" Baum zu tun haben könne („Schlern", Jg. 1947, S. 12 ff., mit Lageskizze). Jedenfalls ist um 1526 der Bau einer hölzernen Kapelle an der Stelle der legendären Auffindung des Muttergottesbildes bezeugt, die 1645 durch die heute noch bestehende, sehr kleine Loretokapelle ersetzt wurde. Als diese zu klein wurde, baute man 1701/02 die heutige Wallfahrtskapelle und stattete sie mit einem barocken Altar aus; das Gnadenbild wird alljährlich in feierlicher Prozession über den Winter nach Trafoi verbracht, wo es von Sankt Michael (29. September) bis Pfingsten in der Kirche aufgestellt bleibt. Würde man die Marienstatue mit Sommerbeginn nicht hierher verbringen, so würde sich laut Überlieferung die Zunge des Madatschferners immer weiter vorschieben und das ganze Dorf verschlingen (Winkler, S. 153). — Interessant sind die zahlreichen Votiv- und Weihegaben in der Wallfahrtskirche, darunter ein mit 1772 datiertes Bild, das den Schutz Mariens vor den Elementen darstellt und außerdem die Herde der Sünder als schwarze Schafe zeigt, die durch das Überschreiten eines Wasserarmes weiß werden; ein Schaf ist gerade mitten in diesem Entsühnungsprozeß und daher halb schwarz, halb weiß. Das aus Holz geschnitzte Marienbild wird mit 17. Jh. datiert. — 1972 und 1976 wurde die Kapelle von Kirchendieben fast gänzlich ausgeraubt.

Etwa 30 Meter von der Wallfahrtskirche in nördl. Richtung entfernt findet sich die Heilquelle selbst, ein unscheinbarer Bau, in dem drei Statuen stehn, Christus, Maria und Johannes darstellend. Früher ragten die drei aus einer höheren Fassungsstelle gespeisten Wasserrohre aus der Brust der Statuen, doch hat man sie dann später auf kirchliche Weisung in den Sockel verlegt. Das Wasser gilt als heilkräftig, wirkt aber nur dann, wenn man aus jedem der drei Rohre trinkt (Winkler, S. 154). — Zwischen Kapelle und Brunnen finden sich Reste eines älteren Hospizes und die Ruinen einer erst 1918 abgebrannten Gastwirtschaft. Laut Pardeller („Schlern“, Jg. 1967, S. 347) dürften die früheren Einsiedler jedoch hier in den umliegenden Höhlen gehaust haben. Ob der sagenhafte *Wormsionsteig* vorbeigeführt hat, ist umstritten, da man für dessen Verlauf eher die uns bereits bekannte Linie Stilfser Joch - Goldsee - Kleinboden - Stilfs (Kaschlin) annimmt, mit einem bei Gomagoi abzweigenden Seitenast Sulden - Madritschjoch - Martell.

Aus den Drei Brunnen hat man auch versucht, den Namen Trafoi zu deuten, wobei man früher allgemein an lat. *tres fontes* dachte. Finsterwalder deutet jedoch die 1304 erstmals als *Traful* belegte Bezeichnung aus einem rätorom. *buogl,* das für „Quelle“ im Engadin heute noch lebendig und mit lat. *bullio* für „Brodeln“ oder „Wallen“ stammverwandt ist („Schlern“, Jg. 1951, Seite 83 f.). —

Man kann seinen Ausflug hierher über weitere 100 Höhenmeter zu zwei weiteren Wasserfällen oberhalb des Wallfahrtsortes ausdehnen und von hier die Runde zum Weg schließen, der von Trafoi aus in etwa 2 Std. zur Berglhütte führt (2188 m, erbaut von der Sekt. Hamburg des DuÖAV 1886, heute Sektion Mailand des CAI, derzeit geschlossen). — Sehr schön der Klamm-Wasserfall („Bärenbrücke“, Weg Nr. 10) mit Einblick in eine unheimliche, wilde Klamm in der Ortler Trias.

Wir sind mit unserem Besuch der Berglhütte geradewegs in jenes Gelände gekommen, das der Gemsjäger Josef Pichler, das uns schon von Schluderns her bekannte *Pseyrer Josele,* als einzig möglichen Zugang zum Ortlergipfel (3902 m) ansah.

Der Impuls zu dieser Pioniertat ging von dem mit Tirol stets eng verbundenen Erzherzog Johann aus, der den Vermessungsingenieur Dr. J. A. Gebhard damit beauftragte, die Möglichkeiten einer Ortlerbesteigung zu sondieren — wußte man doch seit Anichs Karte (1774), daß der *Ortles* — wie man damals noch sagte — der höchste Berg Tirols und damit der ganzen alten Monarchie war. Für derartige Unternehmungen eigneten sich vor allem die Gemsjäger, soviel war gewiß, und dem Josef Pichler ging diesbezüglich ein guter Ruf voran. Er wählte für sein Vorhaben die nahezu völlig eisfreie Nordwestflanke der sog. „Hinteren Wandlen“, besorgte sich zwei Begleiter und fand mit traumwandlerischer Sicherheit — damals natürlich ohne Seil und Eispickel, nur mit Holzstangen bewehrt — den Weg zum Gipfel; man schrieb den 27. Sept. 1804.

Während Pichlers Originalweg wegen Eisschlaggefährdung heute nicht mehr bzw. nur in einer anders verlaufenden Variante begangen wird, ist der zweite Anstieg, den der mit genialem Orientierungssinn begabte Gemsjäger schon ein Jahr darauf fand, bis auf den heutigen Tag beliebt geblieben; es ist der von Sulden aus auf den Gipfel führende Hintergrat. Über die weitere Erschließung der Ortlergruppe wollen wir unter dem Stichwort „Sulden" referieren; an dieser Stelle sei nur soviel gesagt, das unser *Pseyrer Josele* den Ortler insgesamt fünfmal bestieg, das letzte Mal als Siebzigjähriger über „seinen" ersten Weg, mit dem bergbegeisterten Priester Peter Paul Thurwieser am Seil, nach dem heute eine Spitze der zentralen Gruppe (3652 m) benannt ist.

Abgesehen von diesen hochtouristischen Unternehmungen haben wir nun noch einige Wanderungen im Gebiet von Trafoi zu erwähnen, die von Geübten auch ohne Bergführer unternommen werden können.

Wir nennen die prächtige Höhenrunde über die bereits genannte Berglhütte auf Nr. 186 zur verfallenden Edelweißhütte (2481 m) unterm Bärenkopf — dort Abzweigung der Nr. 185 zur Payerhütte (siehe dort) — und absteigend über die (ebenfalls verfallende) Alpenrosenhütte (2028 m) wieder nach Trafoi, in insges. etwa 5 Std. — Weniger anstrengende Spazierwege führen am rechten Ufer des Talbaches dem Waldrand entlang („Grotteweg") zur „Thurwieserbank" in prächtiger Lage oder hinauf zum Weißen Knott (1877 m; Gasth.), einem hellen Kalkfelsen an der Stilfser-Joch-Straße, mit dem vom Österr. Alpenklub im Jahre 1884 errichteten Gedenkstein für den uns nunmehr wohlbekannten Erstersteiger des Ortlers; der Gipfelaufbau selbst ist allerdings von hier aus gesehen noch verdeckt und wird erst knapp oberhalb der Franzenshöhe (siehe unten) sichtbar.

In Trafoi beginnt nun die eigentliche Stilfser-Joch-Straße ein technisches Wunderwerk allerersten Ranges, schon allein vom frühen Zeitpunkt ihrer Erbauung aus betrachtet.

Wir wissen, daß der Übergang bereits in prähistorischer Zeit Bedeutung hatte und daß über ihn der schon mehrfach genannte *Wormsionsteig* von *Bormio*-Worms her führte. In historischer Zeit hatte der nahe, um 255 m niedrigere Umbrailpaß (auch *Wormser Joch* genannt) größere wirtschaftliche und strategische Bedeutung, doch wurde ihm endgültig der Rang abgelaufen, als Österreich in den Jahren zwischen 1820 und 1825 das Stilfser Joch ausbaute — als direkte Verbindung zur Lombardei, die bis 1859 zur Monarchie gehörte. Bis dahin wurde — vor allem aus militärischen Gründen — die Straße auch im Winter offengehalten, wozu die Errichtung von zahlreichen hölzernen Lawinenschutzbauten notwendig war. Ursprünglich wollte man ja überhaupt das leichter zu begehende Wormser Joch ausbauen, doch scheiterte das Projekt am Widerstand der Schweizer, die hiefür kein Gebiet abtreten wollten.

Schon die erste Trasse überschritt nie die vorgesehene Höchststeigung von 11—12% und wurde auf 5 m Breite angelegt (heute 6 m mit weit ausgebauten Spitzkehren); der Erbauer dieser in ihrer Art einmaligen Alpenstraße Ing. *Carlo Donegani* aus *Brescia,* wurde nach Fertigstellung des großen Werkes mit dem Titel *Nobile di Monte Stelvio* vom Kaiser in den Adelsstand erhoben. — Aus der bewegten Geschichte der Straße sei nur ein Vorfall der Vergessenheit entrissen, der seinerzeit viel Aufsehen erregt hat: etwa 400 m nach dem Weißen Knott erinnert eine Gedenktafel daran, daß hier ein französischer Reisender namens *Henry de Tourville* seine Gattin *Madeleine* in den Abgrund stieß (16. Juli 1876); er versuchte, einen Unfall vorzutäuschen, verwickelte sich aber in Widersprüche und wurde schließlich des Gattenmordes überführt. *Tourville* wurde 1877 in Bozen zum Tode verurteilt, dann zu 18 Jahren begnadigt; er erhängte sich jedoch nach vier Jahren Haft.

Die heutige Straße ist zur Gänze asphaltiert, hat auf der Nordrampe (die im Paßgebiet fast genau in Ost-West-Richtung verläuft) 48 Haarnadelkurven und überwindet als Staatsstraße Nr. 38 bis zum Scheitelpunkt (2757 m) eine Höhendifferenz von 1880 Metern auf einer Strecke von 27 Kilometern ab Spondinig. Im Gegensatz zu den Zeiten der österreichischen Verwaltung wird die Straße im Winter nicht mehr offengehalten und ist meist erst ab Anfang Juni (bis Oktober) befahrbar. Man steht bewundernd vor der Leistung der österreichischen Straßenverwaltung, welche diese Straße mit Hilfe von Schutzbauten und Lawinendächern schneesicher hielt. — Den Rang, die höchste Alpenstraße überhaupt zu sein, konnte die Stilfser-Joch-Straße bis 1936, also über hundert Jahre lang halten; in diesem Jahr wurde die Paßstraße über den *Col de l'Iseran* (2769 m) in Frankreich eröffnet, die unsere Straße nur um 12 Meter an Höhe übertrifft.

Die heutige Bedeutung der Stilfser-Joch-Straße liegt fast ausschließlich auf sportlich-touristischem Gebiet; allein die Autofahrt über die gesamte Strecke von Spondinig bis *Bormio* (50 km) ist ein Erlebnis, führt die Straße doch bis auf 4 km Luftlinie an den Ortlergipfel heran.

Nach dem bereits erwähnten Weißen Knott kommen wir bei Kilometer 21 zu Parkplatz und Gaststätte Franzenshöhe (2188 m; 1975 durch eine Lawine schwer beschädigt), so benannt nach Kaiser Franz I. von Österreich, der die Straße 1832 befuhr und den Auftrag zur Erbauung gegeben hatte; im Weltkrieg war hier eine wichtige Nachschubstation, von der aus die Front durch zahlreiche Seilbahnen versorgt wurde.

Die Aussicht wird hier immer umfassender und gibt jetzt endlich auch den Ortlergipfel frei; nach weiteren 7 km Fahrt ist schließlich die Paßhöhe selbst (2757 m) erreicht und mit ihr die

Grenze zur lombardischen Provinz *Sondrio.* Wir haben es hier — ähnlich wie in Taufers — wiederum mit einer Dreisprachengrenze zu tun, zwischen deutschem, italienischem und rätoromanischem Sprachgebiet jenseits der nahen, vom Umbrailpaß durchschnittenen Schweizer Grenze.

Der Wirbel und Betrieb, der an Sommertagen hier herrscht, wird nicht jedermanns Sache sein; auf der relativ engen Scheitelhöhe drängen sich Tausende, und der Parkplatz ist genau so rar wie in den Großstädten Europas. Man wird daher gut daran tun, sich ein Stück gegen die Dreiländerspitze (2838 m; bis 1919 Grenzpunkt Österreich-Italien-Schweiz) oder weiter zur Rötelspitz zu verziehen, um von hier aus in Ruhe das gewaltige Panorama zu genießen.

Die Weltkriegsfront ging vom Joch über den uns schon bekannten *Monte Scorluzzo* (vgl. S. 40), über Nagler- und Geisterspitz zur Hohen Schneid und weiter über die Trafoier Eiswand (3563 m) zum König- und Ortlergipfel. An Stelle der Kriegsseilbahnen, Schützengräben und Eiskavernen verlaufen hier jedoch heute Ski- und Sessellifts; wir sind mitten im berühmten Sommerskigebiet Stilfser Joch.

Dieser gigantische Skizirkus (auch Sommerskirennen) hat, einschließlich der Hotels auf der Paßhöhe, rund sieben größere oder kleiner Schutzhäuser (Tibethütte, 2771 m; Naglerhütte 3009 m; Ortlerhaus, *Pirovano,* 3108 m; Berghotel *Monte Livrio,* 3175 m) mit insges. mehr als 750 Betten und einem Netz von Sessellifts, Gondelbahnen, einer Gletscherseilbahn und zahlreichen Schlepplifts, die bis in die Gipfelregionen reichen. Dazwischen verkehren motorisierte Skischlitten und mit Raupen bewehrte „Schneekatzen" — kurzum, der (häßliche) „Zirkus" ist perfekt und eine Attraktion ersten Ranges, vor allem für die Großstädter aus der nahen Lombardei, die hier in vier großen Skischulen die weiße Kunst erlernen können.

*

Der Reisende, der es versäumt, die Gebirge zu ersteigen, wird Tyrol nie verstehn!

August Lewald in „Tyrol vom Glockner zum Orteles und vom Garda- zum Bodensee", München 1835

Der bergkundige Lois Köll hat Sulden das *tirolische Zermatt* genannt — aber noch der alte Staffler spricht von einer *sibirischen Gegend,* und die Zeitungen verbreiteten, wie wir wissen (vgl. S. 62), wahre Greuelmärchen über die Wölfe und Bären in Sulden; immerhin kam es anläßlich der Einweihung der Schaubachhütte (1876) zu dem unliebsamen Vorfall, daß ein Bär das brave Maultier des Kuraten zerriß (Köll, S. 88). Auch sonst war das Leben in Sulden früher hart und gefährlich, und hätte im Jahre 1741 der von Sulden kommende Stilfser Pfarrer nicht sein

Hündlein mitgehabt, er wäre bei den Thurnhöfen elend in der Lawine umgekommen, in der er bis über den Hals steckte; so aber lief der Hund weiter bis zum Pfarrhaus in Stilfs und winselte so kläglich, daß man allsogleich aufbrach und, dem Hund folgend, den Pfarrherren noch lebend auffinden konnte (Hurton, S. 48). Die größte Lawine seit Menschengedenken ging jedoch am 29. Jänner 1960 nieder, sie umfaßte etwa 500.000 Kubikmeter Schnee und Eis, riß zehn Hektar Wald mit sich und begrub wiederum den gerade auf dem Wege befindlichen Suldener Pfarrer unter sich; diesmal kam jedoch jede Hilfe zu spät. — Das Lawinen-Ostern 1975 forderte acht Tote, und vier Autofahrer starben im Februar 1977 den weißen Tod. Eine Verlegung der Straße ist in Gang. —

Das ist die eine Seite, das Bild eines rauhen Hochtales, dessen letzte Siedlungen — die Gampenhöfe (1906 m) — im Jahre 1818 geräumt werden mußten, weil der Gletscher schon auf 380 Schritt herangerückt war (Dalla Torre). — Das Sulden von heute ist nicht mehr bedroht, es ist Ausgangspunkt für großzügige Fels- und Eistouren, bietet Tausenden von Gästen Unterkunft und ist überdies ein Wintersportort ersten Ranges geworden. Weltberühmt ist der Talschluß von Sulden mit dem Blick auf das Dreigestirn, Ortler, *Zebrú* und Königsspitze; es waren einige wenige Männer, die schon sehr früh das Einmalige dieses mit wenigen Bauernhäusern besiedelten Hochtales erkannten und aus Sulden eine Berühmtheit gemacht haben; kaum ein anderer Ort in ganz Tirol hat in den letzten hundert Jahren sein Gesicht so entschieden geändert wie eben dieses *tirolische Zermatt.*

SULDEN: Seehöhe (Innersulden) 1906 m; klimatische Werte: Winter —4,4°, Frühling 2,8°, Sommer 11,5°, Herbst 3,4° — Jahresmittel 3,3° (nach Schenk; Dalla Torre gibt ein Mittel von nur 1,4° an, der Suldener Kurat Eller nennt 3,7° C); 50% der insges. rund 700 mm Niederschlag (Schenk) fallen als Schnee, die Anzahl der Regentage ist gering. — Zufahrt auf asphaltierter Straße (max. Steigung 15%, 6 m breit, im Winter offen) ab Gomagoi 11 km. — Sulden ist Fraktion der Gemeinde Stilfs mit rund 500 Einw. (nach Staffler 18 Häuser mit 130 Einw. im Jahre 1841). Postämter in Außer- und Innersulden (Postleitzahl 39029), öffentl. Telephon in der Pension „Pinggera", Tankstelle, Filiale der Sparkasse der Prov. Bozen (Wechselstube). — Evangelische Kapelle beim Suldenhotel. — Sulden hat in 30 Hotels usw. 1200 Betten, sowie 400 Betten in Privathäusern. Hallenschwimmbad (Hotel Zebrú), Tennisplätze, Miniaturgolf. Zahlreiche Bergführer und Skilehrer; Skischule Sulden, Bergrettungsdienst; 2 große Sessellifts (Langenstein und

Kanzel) und 11 Schlepplifts in absolut schneesicherem Gebiet, besonders auch für den Frühjahrsskilauf geeignet (Gletschertouren); Sommerskirennen. Die von Naturschutzkreisen scharf abgelehnte Gletscherseilbahn Sulden—Schaubachhütte (2581 m) hat im Winter 1975/76 ihren Betrieb aufgenommen (Lifts und Restaurant an der Bergstation); außerdem ist der alte Hüttenweg zur Schaubachhütte Werkstraße geworden. — Wanderkarte über das reichhaltige Netz an Spazierwegen im Ort erhältlich, ebenso die sehr empfehlenswerte Broschüre „Sulden am Ortler" sowie der Gebietsführer „Ortlergebiet", beide verfaßt vom derzeitigen Pfarrer und Leiter des Bergrettungsdienstes Dr. Josef Hurton. Für Hochtouren wird Lois Köll, „Führer durch die Ortlergruppe" (4. Aufl., München 1973) empfohlen. — Auskunftsbüro im Grand Hotel „Sulden" bzw. auch im neuen „Haus der Berge".

Die Geschichte Suldens beginnt mit einigen unscheinbaren Bergbauernhöfen, die in alten Urbaren ausdrücklich als *Grashöfe* bezeichnet werden; es waren also nicht wie in Rojen dem Landesherrn zinspflichtige Schwaighöfe, sondern sie unterstanden seit dem Ende des 12. Jahrhunderts nachweisbar der Grundherrschaft Tschenglsberg.

Die allererste Besiedlung wird den Bergknappen zugeschrieben, und tatsächlich ist der Abbau von Eisenerz (Zaytal) und die Gewinnung von Kupferkies (Rosimtal) durch einen Lehensrevers von 1352 *(Eysenärzt und Mairleut in Sulden,* zit. b. Pardeller, „Schlern", Jg. 1970, S. 193 ff.) bezeugt; das Erz wurde teilweise in die Schmelz bei Prad verbracht und nach der Überlieferung (Köll) auch im Völlensteinhof an Ort und Stelle verhüttet. Der Bergbau erlosch erst 1775, doch ist ein Magnesitbergwerk am Zumpanellberg in Außersulden heute noch ergiebig (1958 eine Kapelle für die Bergleute errichtet). Sagenhaft ist das Silbervorkommen, das der Bauer Tembl von einem Venedigermännlein erfahren haben soll. Der Tembl habe daraus Silbergulden geprägt, mit dem Bild eines Pferdes darauf, und dem Spruch: *Tembl in Sulden schlägt Rößlgulden.* Aber schon der Kurat Eller (siehe unten) vermerkt, daß er nie einen solchen Gulden zu Gesicht bekommen habe. — *Wild und ohne Getreide* wird Sulden noch 1696 genannt. Der Ort, der pfarrlich bis 1303 zu Schluderns, bis 1614 zu Agums-Prad und seither zu Stilfs gehört hat, ist seit 1743 selbständige Kuratie und seit 1891 Pfarre; die erste Erwähnung der alten Seelsorge zu St. Gertraud fällt in das Jahr 1369.

Der Name Sulden ist umstritten; Pardeller nimmt eine keltische Wurzel für „Seeboden" an, was durch den naturgeschichtlichen Befund erhärtet wird; ein *ultimus* („Innerster") oder gar eine *solitudo* („Einsamkeit") wird nicht mehr ernsthaft erwogen. —

Die Geburtsstunde des heutigen Sulden schlug 1863, als der 1829 in Langtaufers geborene Johann Eller als Kurat nach Sulden kam. Damals gab es neben dem alten Kirchlein nur das Pfarrhaus und einen Bauernhof; hier standen den Touristen sechs Betten zur Verfügung, nebst bescheidener Verpflegung. Es war der Stützpunkt jener Pioniere, die das Ortlergebiet erschlossen haben.

Aus diesem ersten Fremdenheim wurde das Hotel „Eller", auf dessen berühmter Bank die Suldener Bergführer der „klassischen" Zeit auf ihre „Herren" warteten, und nach der Jahrhundertwende gab es schon 4 Berghotels in Sulden, darunter das nach Ideen von Christomannos (siehe unten) errichtete Grand Hotel (1893), in dessen Prospekt neben jedem erdenklichen Komfort auch *elektrische Beleuchtung* angepriesen wird; hier weilten wiederholt gekrönte Häupter, darunter auch die unglückliche Kaiserin Elisabeth von Österreich. — Unter dem Kuraten Eller wurde auch die neue Straße Gomagoi—Sulden an Stelle eines älteren Karrenweges erbaut (1890/92), wofür der unermüdliche Priester die Hilfe der Alpenvereinssektion Meran gewinnen und überdies ein Legat des österr. Finanzministers von Hoffmann (daher auch „Hoffmannstraße") nützen konnte. Damit begann nun der eigentliche Aufschwung in dem einst armen Bergtal, das nunmehr auch durch den Rang seiner Bergführer (Dynastien der Pinggera, Reinstadler u. a.) in Alpinistenkreisen besten Ruf erlangte. — Ebenso betrieb Eller den Bau der neuen Pfarrkirche (1896—1902), starb jedoch ein Jahr vor der Vollendung des neuromanischen Baues, den man zur Zeit seiner Entstehung als schön empfand. In der Vorhalle wird durch ein Denkmal aus weißem Laaser Marmor die Erinnerung an den großen Wohltäter Suldens festgehalten. — Die alte Pfarrkirche hat ihre heutige Form (und Reste von Wandgemälden) aus dem 16. Jh., die Einrichtung ist 18. und 19. Jh., darunter ein hl. Josef (bekleidet, wohl von Christian Greiner). — In der Friedhofskapelle *(sehr roher Bau)* sieht Weingartner die im 17. Jh. stark veränderte, 1369 erwähnte Seelsorge. —

In einem Atemzug mit dem Kuraten Eller muß auch der bereits genannte Dr. Theodor Christomannos (1854—1911) gewürdigt werden, dem Sulden ebenfalls viel verdankt.

Der aus einer in Wien ansässigen griechischen Familie stammende Jurist, Bergsteiger und nachmalige Landtagsabgeordnete hat überall im Lande als Pionier des Fremdenverkehrs gewirkt, so auch auf dem Karerpaß, wo ein Bronzeadler als sein Denkmal steht; von ihm stammt das Buch „Sulden-Trafoi" (Innsbruck 1895) und über ihn selbst, seine Taten, wagemutigen Ritte, Wetten und Amouren kann man bei R. Staffler in „Schlern", Jg. 1954, S. 146 ff., nachlesen. —

Höhepunkt eines jeden Aufenthaltes in Sulden wird für alle Zeiten eine Besteigung des Ortlers (3902 m) sein und bleiben.

Es ist eine ebenso dumme wie gefährliche Behauptung, der Ortler sei ein „leichter" Berg — aber er kann von gesunden Leuten unter Anleitung eines Bergführers oder von geübten Alpinisten (Seil, Steigeisen, Pickel) auch führerlos erstiegen werden, und zwar auf dem „klassischen" Weg über den Tabarettagrat. Man benützt die Mark. 4 ab Sulden und kommt in 2 Std. zunächst zur Tabarettahütte (2536 m; 15 Lager); dieser Weg läßt sich durch Benützung des Sesselliftes zum Langenstein an der Zunge des „End-der-Welt-Ferners" (2450 m; Schutzhütte) durch eine Querung von hier (Nr. 10) um eine Stunde abkürzen. Zu Fuß zum Langenstein über den *Morosini*-Weg (Nr. 3) in 1½ Std. (Köll: *Perle aller Suldener Ausflugswege).* — Von der Tabarettahütte nun weiter auf Nr. 4 in 1 Std. zur Payerhütte (3020 m).

Julius von Payer aus Schönau bei Teplitz (1841—1915) war einer der bedeutendsten Kartographen, Alpinisten und Expeditionsreisenden seiner Zeit; allein in der Ortlergruppe, die er als österr. Offizier zur Gänze kartographisch aufnahm, hat er zusammen mit seinem Führer Johann Pinggera 50 Gipfel erstiegen, davon 22 zum absolut ersten Mal.

In den Jahren 1872/74 entdeckte und erforschte Payer das von ihm so benannte Franz-Josephs-Land am Nordpolarmeer, nach der Quittierung seines Dienstes bildete er sich zum angesehenen Kunstmaler aus und hielt die Stationen seines Lebens in Bildern fest. In Sulden erinnert an ihn eine Gedenktafel aus weißem Marmor und die Hütte, die wir soeben erreicht haben; sie wurde unter Johann Stüdl (Bronzetafel) als Vorstand der Sektion Prag des DuÖAV 1875 erbaut und seither dreimal erweitert. Das große Schutzhaus hat 50 Betten und 50 Lager, ist heute Eigentum des *CAI* Mailand, wird aber von Einheimischen bewirtschaftet (1. Juli—15. September); es wurde im Ersten Weltkrieg durch eine Seilbahn versorgt und hat — wie alle größeren Hütten im Suldener Gebiet — Telephonanschluß.
Der Normalweg führt heute über versicherte Felspassagen an der Tabarettaspitze und erreicht zunächst das Biwak *Lombardi* (3350 m); von hier über Gletscherfelder in gut 3 Stunden ab Payerhütte zum Gipfel (3902 m).

Wir stehen auf dem „König Ortler" — dem höchsten Berg Tirols und der Ostalpen im alten Österreich; nur die nahe *Bernina* in der Schweiz ist höher (4025 m).

Der Name Ortler (früher oft *Ort[e]les)* wird durchwegs von den Suldener Ortlerhöfen abgeleitet. Dieses *Ortl* deutete man früher als „Anfang" oder auch „Ende" (eines Tales z. B.), doch weist Finsterwalder („Schlern", Jg. 1955, S. 473) überzeugend nach, daß *Ortl* (schon 1382 *Abraham dictus Ortla)* auf eine

Die von Karl Grasser entworfene Rosenkranzkapelle in den Mustergütern von Kortsch (zu Seite 332).

ANNO A CHRISTO NATO 1591 DIE MENSIS SEP
PIE IN DÑO OBIIT NOBILIS ET STRENVVS EQVES
DNS FRANCISCHVS HENDEL EX GOLD: ET IVF:
AL SERENIS: FERD: ARCH: AVSTRIAE CONSILIA
RIVS PRAEFECTVS REGIONIS ATESIANAE COMES TV
PRAEFECTVRAE SCHLANDRIAE
EIVS MEMORIAM HIC LAPIS

Im Bild rechts das Gehöft Egg, zu St. Martin im Kofel gehörend; jenseits des Bachtobels die „Vorra-Stadt" — beides Extremsiedlungen in unvorstellbarer Steilheit auf 1615 bzw. 1677 m Höhe am Sonnenberg gelegen (zu Seite 380).

← Grabmal des Franz Hendl, Landeshauptmann von Tirol, in der Pfarrkirche Sankt Lucius in Tiss-Goldrain (zu Seite 352).

Die Ruine Obermontani am Eingang ins Martelltal, Fundort der
 Berliner Handschrift des Nibelungenliedes (zu Seite 361).

Statuentabernakel (Sankt Petrus und Paulus) und Steinmetzzeichen am Hauptportal der Pfarrkirche von Latsch (zu Seite 372).

Die Murkegel sind ein wesentliches Element der Vinschgauer Landschaft. Im Bild der Ort Latsch mit dem gleichnamigen gewaltigen Kegel, auf dem man rechts den Ort Tarsch und ganz am oberen Ende das weiße Kirchlein Sankt Medardus erkennt; die Aufnahme stammt aus der Zeit vor der Bonifizierung des Gebietes, die aus dem Murkegel eine einförmige Plantage gemacht hat, und auch das Beton-Ungeheuer des Gemeindehauses stört das Ortsbild noch nicht. — Im Vordergrund die von der gewaltigen Aufschüttung an den nördlichen Talrand gedrängte Etsch (zu Seite 368 und 52).

Blick von Sankt Martin im Kofel hinunter auf die Talmündung von Martell; deutlich unterscheidet sich der kleine Murkegel links vom Schuttstrom der Plima (zu Seite 379).

304 Kastelbell an der Mündung der Latschanderschlucht (zu S. 382).

Detail der Fresken von St. Stephan bei Obermontani (zu S. 362).

306 Der Zufritt-Stausee in Martell mit dem Cevedale (zu Seite 366).

Flügelrelief vom Lederer-Altar in Latsch (zu Seite 371).

Diese Mühle oberhalb Katharinaberg im Schnalstal wird heute noch benützt (zu Seite 407).

← Dorfplatz von Partschins (zu Seite 421).

Das ist aus Kurzras, einem der schönsten hochalpinen Talschlüsse und einer der traditionsreichsten Höhensiedlungen des gesamten Alpenraumes, geworden. Rechts die Talstation der Seilbahn, die zum Höhenhotel „Grawand" und zum Gletscherskizirkus führt. In der Bildmitte Kapelle und alter Kurzhof, überbaut von riesigen Hotelkästen. Die kostbar gepflegte Hochweide von einst ist ein häßlicher Parkplatz geworden (zu Seite 416).

Der sagenumwobene Finailhof im Schnalstal gilt als der höchste Kornhof Tirols; die Gebäude haben heute Ziegeldächer und einen Güterweg als Zufahrt, doch hat sich sonst am Leben auf Finail nicht allzuviel geändert (zu Seite 415).

Am Untervinschgauer Sonnenberg gedeihen Edelkastanien und Weinrebe in üppiger Fülle; dahinter das Firnhaupt der Laaser Spitze (zu Seite 58).

Einer der typischen Wege durch die arkadische Landschaft des Sonnenberges im Bereich von Trumsberg. Diese schützenswerten, teilweise wohl in die rätische Frühzeit reichenden Wege sind leider durch rücksichtslosen Straßenbau weitgehend zerstört worden (zu Seite 381).

314 Das in karolingische Zeit zurückreichende Kirchlein Sankt Prokulus nächst Naturns (zu Seite 394).

Die ältere Freskenschicht im Inneren von Sankt Prokulus gilt als älteste erhaltene Wandmalerei auf deutschem Boden (zu S. 396).

Das Marmorwappen über dem Außentor der Stachelburg in Partschins stammt vom Vinschgauer Bildhauer Gregor Schwenzengast (zu Seite 422 und 259).

Kurzform des german. Reckennamens *Ortnit* oder *Ortwin* zurückzuführen ist (wie *Abart* zu *Haward).* So wurde der Personennamen zum Hofnamen und dieser zum Bergnamen; das *es* in *Ort(e)les* ist ein besitzanzeigender Wesfall. —

Zur neuesten Erschließung der Ortlergruppe sei nur gesagt, daß die direkten Nordwände von Ortler und Königsspitze (3859 m) erstmals 1930 und 1931 (Ertl-Brehm-Schmid, alle München) durchstiegen und seither auch im Winter bezwungen wurden (Ortler: 3. März 1963 R. Götz, M. Hofpointner und G. Werner, Österreich; König: 18./19. März 1961 *J. Canali* und *P. Nessi* aus *Lecco;* Marltgrat am Ortler: 6./8. Februar 1965 D. Drescher, H. Larcher und U. Kößler, alle aus Meran; Rothböckgrat: 15./17. Jänner 1966 U. Kößler und F. Pichler aus Meran, bei Temperaturen bis zu minus 30 Grad). Im Alleingang durch die Ortler-Nordwand steigt D. Drescher am 25. 8. 1963, die erste Damenbegehung fällt an Bärbel Schmidt (München) mit Manfred Cartellieri (Innsbruck; August 1965), Heini Holzer aus Meran fährt 1971 mit Normalskiern über die König-Nordwand und durch die Schückrinne (55 %), und K. Jeschke, München, 1979 über die Ortler-NW ab.

Nur sehr geübte Bergsteiger werden vom Ortlergipfel über den Hintergrat absteigen (besser im Aufstieg) und die Hintergrathütte am Suldenferner (2661 m) neben einem kleinen See erreichen; sie steht etwas tiefer als ihre im Krieg zerschossene Vorgängerin („Bäckmannhütte"), gehört den Suldener Bergführern, hat 35 Plätze und ist im Sommer und im Frühjahr bewirtschaftet; hierher auch in sehr schöner Querung auf Weg 3 vom Langenstein. — Vielbesuchter Ausflugsort (2 Std. ab Sulden, Mark. 1), Stützpunkt für die Königsspitze und den Übergang zur *Casati*-Hütte (3269 m) am Cevedale bzw. über das Madritschjoch ins Martelltal (siehe dort) sowie derzeitige Endstation (Restaurant, Lifts) der Gletscherseilbahn ist die Schaubachhütte (2581 m), 1876 von einem Wiener Bergsteigerklub („Wilde Bande") erbaut, dann von der Sektion Hamburg des DuÖAV übernommen und vergrößert und heute mit 55 Plätzen im Besitz des *Club Alpino Italiano* (Mailand); sie ist nach dem Alpenreisenden und Schriftsteller Schaubach benannt. — Durch den von Sulden ausgehenden Kanzellift ist ein prächtiges Skigebiet neu erschlossen und der Weg ins schöne Zaytal verkürzt worden; man erreicht von der Bergstation (2350 m; hervorragende Aussicht auf die zentrale Ortlergruppe) in einer halbstündigen Querung den Talweg (Nr. 5) und auf ihm in einer weiteren guten Stunde die Düsseldorfer Hütte (2721 m; auch *Rif. Serristori* oder Zaytalhütte, 1892 erbaut, mit 50 Plätzen; geöffnet vom 1. Juli bis 15. Sept. und zum Frühjahrsskilauf; Materialseilbahn ab Sulden). Man kann von hier über das Zayjoch (3224 m) ins Laaser Tal absteigen, wo in der Nähe der dreimal durch Lawinen zerstörten Troppauer Hütte (2181 m) heute eine

Selbstversorgerhütte („Laaser-Ferner-Hütte, 2050 m) vom AVS als Stützpunkt errichtet wurde (Lawinenschäden 1975). Auskunft über Benützung bei Alpenvereins-Ortsstelle Laas (s. dort). Als schöne Hochtouren empfehlen sich der Hohe Angelus (3520 m, auch Skitour; relativ unschwierig), im weiteren die Tschenglser Hochwand (3378 m) auf neuem, versichertem und markiertem Klettersteig (2 Std.) sowie die Vertainspitze (3544 m) über den NW-Grat in 3½ Std.; auch dieser Anstieg wurde, ebenso wie auch der NO-Grat, vom derzeitigen Hüttenwirt, Bergführer Otto Reinstadler, versichert und markiert, sollte jedoch von Ungeübten nur mit Führer begangen werden. — Das ganze Zaytal ist ein noch unberührtes, echt alpines Gelände mit schöner Flora (eine Liste für die gesamte Ortlergruppe bei Hurton, S. 19 f.) und bietet vor allem dem Tourenskiläufer hervorragende Möglichkeiten. — Auf Einzelheiten der Skiabfahrten im gesamten Bereich einzugehen, erübrigt sich an dieser Stelle; die Pisten sind durchwegs gut gepflegt und aus der Panoramakarte des Ortsprospektes sehr gut ersichtlich. —

Abschied von Sulden! Wer Zeit hat, schlendert geruhsam vom Posthotel aus über die „Bergpromenade" (Nr. 6) am östlichen Hang talaus, wo besonders die Morgenstunden von unvergeßlicher Schönheit sind. Man kann nun entweder von der Jausenstation „Waldruhe" oder auch erst nach Querung des Razoibaches in den Ortsteil Gand (1600 m) an der Talstraße in Außersulden absteigen und wird auf diesem gut einstündigen Weg immer wieder zu den hohen Firnschilden der Ortlergruppe zurückschauen.

Laas und der Marmor

Der Spaziergang von Prad zum einsam gelegenen Ottilienkirchlein (1002 m) haben wir bereits angeraten; würde die Kapelle nicht an schönen Tagen von der Morgensonne in reines Gold getaucht, so würde sie der Heerstrom der Reisenden von der gegenüberliegenden Staatsstraße aus noch weniger beachten, als er dies ohnehin schon tut.
Unser Fußweg dorthin führt von Prad aus am Rand jener für den mittleren Vinschgau typischen, von vielen Vogelarten bewohnten Auenlandschaft und schneidet durch reizvolle Wiesenstücke, die immer wieder von Buschzeilen und einzelnen Baumgruppen in lieblicher Weise aufgelockert sind.

Die einfache Kapelle wurde 1681 erbaut und ist auch im Stil dieser Zeit eingerichtet; am Votivbild Maria, Sankt Ottilia — die Schutzpatronin der Augenleidenden — und Stifterfamilie. Der Kapellenhügel trägt deutlich den Charakter eines sehr alten, wohl schon urzeitlichen Ortungspunktes.

Eine knappe Gehstunde über Sankt Ottilien, am besten auf einem Karrenweg vom Dorf Tschengls her zu erreichen, baut sich am Hang trutzig die Ruine T s c h e n g l s b e r g auf (1250 m).

Die Burg war der Stammsitz der seit 1149 nachweisbaren und 1421 ausgestorbenen Herren von Tschengls, die als churische Kanzler eine eigene Gerichtsbarkeit über Tschengls und Prad ausübten und erst 1330 als Lehensträger des tirolischen Landesfürsten aufscheinen (Huter). Sie sind vermutlich die Gründer der schon 1170 erwähnten Pfarre Tschengls, die auch Tannas und Eyrs umfaßte; ihre Grablege hatten sie zu St. Johann in Prad. Die Nachfolger der Tschenglsberger, die Herren von Fuchs und von Lichtenstein, verließen — ähnlich wie in Matsch — die rauhe Hochburg und errichteten überm Dorf den Ansitz Tschenglsburg (siehe unten). Von der Bergfeste sind noch die Ringmauern, heute Teil eines angebauten Gehöftes, und der 19 m hohe, runde Bergfried mit schöner Rundbogentür erhalten, der in Ausmaßen und Technik unweigerlich an den Malser Fröhlichsturm, an Reichenberg und Rotund erinnert. Laut Volksüberlieferung führt vom Turm ein unterirdischer Gang zu einem aufgelassenen Silberbergwerk in der Nähe (Dalla Torre). Der auf Tschenglsberg hausende Baumann zeigte dem Verfasser vor Jahren einen gewaltigen Riß im Turm, der angeblich durch Grabungen nach einem Schatz verursacht worden ist. — Auf Tschenglsberg hat sich, wie Kramer schreibt („Der Obere Weg“, S. 183), der Freiheitskämpfer und Kapuzinerpater Joachim H a s p i n g e r nach der Niederlage von 1809 neun Monate lang versteckt gehalten; laut Aussage der Einheimischen war das Versteck jedoch in der Tschenglsburg im Dorf (siehe unten). —

TSCHENGLS: Seehöhe 950 m; klimatische Werte ähnlich wie in Prad. — Kürzeste Zufahrt ab Vinschgauer Staatsstraße bzw. Bahnhof Eyrs/Tschengls der Vinschgaubahn, Fahrwege nach Prad und Laas. — Tschengls ist Fraktion der Gemeinde Laas mit rund 500 Einwohnern. Öffentl. Fernsprecher im Gasthof „Stern“, Postleitzahl 39020. — Unterkunft in Gastbetrieben und Privathäusern, Auskünfte durch Fremdenverkehrsverein Laas. —

Schon im einleitenden Kapitel zu diesem Buch wurde gesagt, daß in Tschengls insofern ein Unikum des gesamten Ostalpenraumes vorliegt, als wir es hier mit der größten relativen Höhenabstufung überhaupt zu tun haben; die Talsohle wird hier auf nur sechs Kilometer Distanz von der Tschenglser Hochwand (3378 m) um fast 2500 Meter überragt.

Zur G e s c h i c h t e des Ortes wurde im Zusammenhang mit der Ruine Tschenglsberg das Wesentliche bereits gesagt. Überschwemmungen durch den Tschenglser Bach haben den Ort

1887, 1902, 1940 und am 26./27. 8. 1971 schwer heimgesucht. Die Pfarrkirche zu Mariä Geburt ist ein einheitliches Werk der Spätgotik mit einer um 1696 angebauten barocken Gnadenkapelle; hier wurde früher eine aus der Mitte des 15. Jh.s stammende Marienstatue verehrt, von der heute eine Kopie am neugotischen Hochaltar steht. Nach der Legende war das Bild von den Bündner Reformierten in den Rambach geworfen und durch wundersame Fügung — ein Leuchten in der Nacht — von Hirten in den nahen Etschauen aufgefunden worden. — Altar und Stukkatur der Kapelle (darunter dem Gregor Schwenzengast zugeschriebene Statuen (vgl. S. 358) sind sehenswerte Arbeiten des Barock, der Taufstein ist typische Vinschgauer Schule des 16. Jh.s. — Die 1330 erwähnte Michaelskapelle am Friedhof wurde um 1700 in die heutige Form gebracht. — Die bereits genannte Tschenglsburg hat zwei Vierecktürme, Schwalbenschwanzzinnen und über dem quadergefaßten Portal das Wappen der Herren von Lichtenstein. —

Bei der genannten relativen Höhe zwischen Dorf und Gletschern darf es nicht wundernehmen, wenn die Hänge von unerhörter Steilheit sind; dennoch raten wir zum Gang auf die untere Tschenglser Alm (1583 m) und über die obere Alm (2049 Meter) auf Hirtensteigen zum aussichtsreichen Tschengler Köpfl (2504 m; 4—5 Std.). — Am Weg prächtige, bis zu 140 m hohe, schon vom Haupttal aus sichtbare Wasserfälle (vgl. Menara, S. 18/120).

Im Abstieg wählt man ab der unteren Almhütte jenen Weg, der durch prächtige Wälder in östlicher Richtung hinunter zum Weiler Parnetz (1200 m ca.) quert, und lernt damit eine weitere Rodungsinsel am Nörderberg kennen, zu der erst vor ganz kurzer Zeit ein von Laas ausgehender Güterweg gebaut wurde.

Unheimlich war lange Zeit der Weg, der durch die Auwälder über das Bad Schgums (876 m) hinüber nach Laas führte; wer da nachts auf dem Weg war, mußte damit rechnen, daß ihm der *Schgumser Butz* auf den Rücken sprang und sich ein Stück tragen ließ (Winkler, S. 161).

Es gibt dort auch einen Hexentanzplatz, und außerdem machten Luchs, Wolf (Abschuß 1852) und Bär (Abschuß 1868) die ausgedehnten Pferdeweiden der Etschauen unsicher, in die sich überdies noch der furchtbare Murbruch von 1887 ergoß. — Das alte Heilbad Schgums tritt uns urkundlich im Jahre 1555 durch eine Verpflichtung der Fuchs auf Tschenglsburg entgegen, laut der dem Landesfürsten jederzeit auf Wunsch hier das Badewasser zu wärmen sei. — Das Bad hatte insgesamt 5 stark schwefel- und eisenhältige Quellen, ist jedoch im Jahre 1928 samt der Kapelle und dem großen Gästehaus abgebrannt und nicht mehr im alten Umfang aufgebaut worden. — Ignaz Mader nennt noch weitere Heilquellen in der Gegend, so das radiumhältige *Nittwasser* bei Prad, das abgekommene *Zapferbad* (Schwefel) bei Laas, eine weitere Schwefelquelle bei Spondinig und eine armdicke Quelle zwischen Schgums und Laas, ebenfalls schwefelhältig und sehr treffend *Stinkabrunnen* genannt. —

EYRS: Seehöhe 903 m; klimatische Werte dem Durchschnitt des Mittelvinschgaues entsprechend. — Ab Spondinig 3 km, nach Laas 4 km; Haltestelle der Vinschgaubahn. — Eyrs ist Fraktion der Gemeinde Laas mit rund 400 Einwohnern; Kindergarten und Kulturhaus mit Unterstützung des Vereins „Stille Hilfe" errichtet (1967). — In mehreren Gastbetrieben und in Privathäusern zirka 250 Betten sowie Campingmöglichkeit; Auskunft durch Fremdenverkehrsverein Eyrs. — Postamt (Postleitzahl 39020), öffentl. Fernsprecher im Gasth. „Post"; Tankstelle, Taxi, mechan. Werkstätten. — Abseits vom alten Ortskern, an der Hauptstraße, hat Eyrs mittlere Industriebetriebe (Fabrik HOLZFORM mit Herstellung von Bauelementen und Zäunen nach bodenständiger Art, Erzeugung von Baumaterialien) und Handwerkerzone sowie eine landwirtschaftl. Erzeugergenossenschaft (Gemüse, Obst; Anbau im meliorierten Etschufergelände). — Im Ort (Haus Grissemann) eine Sammlung von ausgestopften Alpentieren. —

Die frühe Geschichte von Eyrs ist untrennbar mit der prähistorischen Höhensiedlung St. Peter bei Tannas (siehe dort) verbunden. Der Fund eines Meilensteines im heutigen Ort beweist jedoch, daß der Hauptweg nach der Eroberung des Landes durch die Römer bereits am Bergfuß verlief.

Karl Völkl berichtet („Der Obere Weg", S. 98), daß der Block zu einem Grabstein verarbeitet wurde, so daß uns die Inschrift leider nicht bekannt ist. — Laut Huter ist Eyrs um 931 Teil des *predium Chorzes* (Kortsch), und damit Besitz der bischöfl. Kirche Freising, die es als Lehen an die bayer. Grafen von Moosburg vergab und 1283 an den tirolischen Landesfürsten abtreten mußte. Da der freisingische Verwalter *prepositus* (Propst) genannt wurde, blieb dieser Titel hinsichtlich der 1467 dem Landgericht Schlanders einverleibten Verwaltungseinheit weiterhin bestehen; die Grafen von Trapp führen als spätere Inhaber heute noch den nominellen Titel *Propst von Eyrs*. — Die spätere Entwicklung des Dorfes ist durch die katastrophalen Ausbrüche des hier mündenden Tannaser Baches („Lebewohlgraben" usw.) im 18. Jh. gekennzeichnet. — Eine befriedigende Deutung des 1314 als *Ewers* belegten Namens ist dem Verfasser nicht bekannt geworden.

Eyrs hat heute zwei Gesichter — eines sehr lebendig und im wirtschaftlichen Leben pulsierend an der Hauptstraße — das andere etwas versonnen und verträumt rings um die Remigiuskirche (Pfarre seit 1968) und die alte Eyrsburg.

Die heutige Form der 1447 erwähnten Kirche stammt von einem Neubau um 1852. Am barocken Hochaltar zwei Statuen, St. Nikolaus und Remigius, um 1510. Das Bild des hl. Anton Abt am Seitenaltar ist eine gekonnte Arbeit des Johann Mair aus Bozen (um 1870). Die Köpfe am alten, durch eine häßliche Wasserleitung beeinträchtigten Taufstein (um 1525; neben der Friedhofstür) sind leider zerschlagen.

Die Eyrsburg (auch Moosburg) findet sich in überaus malerischer Lage am Ostausgang des Ortes; das Gebäude oberhalb der Straße (heutige Form 17. Jh.) hat neben Kruzifix und Bildstock an der Gartenmauer einen schönen Erker und Freitreppe. Der Turm mit Zinnen, Wappen und Wandgemälden unterhalb der Straße ist wesentlich älter (Wappen 1497) und wohl der ursprüngliche Amtssitz des Propstes; beide Gebäude sind leider etwas vernachlässigt und durch elektrische Kabel in geradezu barbarischer Weise verschandelt.

Auf Waalwegen kann man nun, die laute Straße vermeidend, auf die einsamen und kahlen Laaser Leiten hinauswandern, wo sich im Frühsommer alles in die webenden Schleier des blühenden Federgrases hüllt, oder spät im Jahr Schwärme von schwarzen Dohlen aus den Sanddornbüschen auffliegen und laut scheltend über das herbstliche Land streichen; bald führt der Weg bergab, geradewegs auf das mauerumgürtete Sankt Sisinius zu, den ältesten steinernen Zeugen von Laas.

LAAS: Seehöhe 870 m; klimatische Werte noch dem Mittelvinschgau entsprechend. — Laas ist Hauptort der gleichnamigen Gemeinde (Fraktionen Eyrs, Tschengls, Tannas) mit 3526 Einwohnern, davon 191 Italiener (Laas-Dorf hat etwa 1600 Einw. zu 1200 im Jahre 1838); westlichste Gemeinde des Dekanates Schlanders. Ab Eyrs 4 km — nach Schlanders 6 km; Bahnhof Laas der Vinschgaubahn. — Mehrere Gasthöfe, insges. (mit Privatzimmern) ca. 150 Betten. — Laas hat eine untere Mittelschule, Volksbücherei und Musikkapelle (seit 1842); Gemeindearzt und Raiffeisenkasse, Carabinieristation (= Gendarmerie); Tankstelle und mechan. Werkstätten, Sportplatz; heizbares Schwimmbad (zu nahe an St. Sisinius!). — Das sprechende Wappen (Hammer und Meißel) bezieht sich auf die Marmorindustrie, doch hat man neuerdings wegen der unsicheren Beschäftigungslage in diesem Zweig eine neue Industriezone geschaffen mit Herstellung von Sägeblättern, Werkzeug usw. — Postamt (Postleitzahl 39023), Auskünfte durch Verkehrsverein Laas. —

Der Umstand, daß die in Algund bei Meran gefundenen Menhire aus weißem Marmor gearbeitet sind, hat manchen dazu veranlaßt, die Geschichte von Laas mit einem prähistorischen oder zumindest römischen Marmorabbau beginnen zu lassen, doch ist dieser Beweis nicht stichhaltig; es kann sich hier sehr wohl um Findlinge handeln, und auch die bezeugte Lieferung von Marmor *de Venostes* im 8. Jahrhundert kann nicht als Beweis für einen planmäßigen Abbau von Marmor gewertet werden, der vielmehr erst seit dem 15. Jahrhundert urkundlich belegt ist.

Laaser Urzeitstätten sind das bereits genannte St. Sisinius, wo Skelett- und Tonscherbenfunde getätigt worden sind; die Sage weiß u.a. von einem verschütteten *Heidenschloß* und von einem Kind, das hier einen Korb mit Zähnen fand (Skelette!), die sich in Goldstücke verwandelten (Winkler, S. 146). — Die zweite namhafte Station ist der Martinsbühel, ein Moränenhügel am Eingang ins Laaser Tal, wo man Situlenbronzebleche, Tonscherben und römisches Glas gefunden hat („Der Obere Weg", S. 83); der Fund einer bronzezeitlichen Lanzenspitze in Laas wurde bereits erwähnt. — Laas ist seit 1293 Zollstätte an der gleichnamigen Höhe und erhob hier bis 1820 eine Maut (Huter). — Das weitere Schicksal ist typisch für den Vinschgau, es ist bestimmt durch die Pest, durch Überschwemmungen (vor allem 1896), sogar durch Erdbebenstöße (14 Beben zwischen 1888 und 1909, nach Dalla Torre) und durch einen katastrophalen Brand um die vergangene Jahrhundertwende, der den Ort in bittere Verarmung gestürzt und unersetzliche Werte an älterem Baubestand vernichtet hat. — Der Name wird mit einem zu *lacus* (See) gehörenden Wort gedeutet, was in richtigem Zusammenhang mit dem naturgeschichtlichen Befund steht; Spuren eines durch die Gadriamure (Laaser Höhe) gestauten Sees, der bis Glurns gereicht hat, lassen sich nachweisen. — An ein Ereignis der allerjüngsten Vergangenheit erinnert ein Gedenkstein aus weißem Marmor am Ostausgang des Ortes, der die Namen von 10 Italienern trägt, die den Wirren der letzten Kriegstage zum Opfer gefallen sind. —

Daß Laas kaum künstlerische Sehenswürdigkeiten aufzuweisen habe, wie man gelegentlich hören oder lesen kann, ist ganz und gar nicht richtig. Allein den Kapellenhügel von Sankt Sisinius kann man in seiner harmonischen Einheit von Bauwerk und Landschaft, in seinem wehrhaften Charakter als Gottesburg an vielbefahrenen Wegen als eine der bedeutendsten Sehenswürdigkeiten und als ein Wahrzeichen des Vinschgaues bezeichnen, und ähnliches mag für die mustergültig aus originalen Werkstücken um 1972/73 wiederhergestellte Apsis der Pfarrkirche gelten, deren dämonische Figuren in rätselhafter Weise an der Grenze zwischen Heidentum und früher Christianisierung zu stehen scheinen.

Die dem Nonsberger Märtyrer Sisinius geweihte Kirche, *wohl eine der ältesten im Vintschgau* (Weingartner), wird erst relativ spät erwähnt (1323); der heute leerstehende Bau ist von einer rechteckigen Mauer umgeben, weist die schlichteste Form des typisch romanischen Turmes mit niedrigem Pyramidenhelm auf und hat den tonnengewölbten Altarraum im Erdgeschoß ebendieses Turmes. Die gedrungenen, fast eigensinnigen und doch auf eine geheimnisvolle Art harmonischen Proportionen werden das Herz eines jeden Kunst- und Naturfreundes höher schlagen lassen, wozu die geschickte Bepflanzung des Kirchhügels in hohem Maße beiträgt.

Die Pfarrkirche zum hl. Johannes dem Täufer im Ort selbst ist ein Neubau aus dem Jahr 1852, doch blieb ostseitig (von der Straße aus gut sichtbar) die oben erwähnte wertvolle romanische Apsis mit Rundbogenfries (12. Jh.) erhalten, mit wunderbarem Flechtwerk, Löwen- und Dämonenfiguren. — Die Einrichtung stammt, bis auf ein gotisches Kruzifix, aus der Zeit des Neubaues; im Friedhof ein Kriegerdenkmal mit Namentafeln und einer liegenden Figur aus weißem Marmor, ein Werk des aus Laas gebürtigen Hans Strimmer. — Neben der Pfarrkirche steht die romanische Kirche St. Marx mit schön abgesetzter Rundapsis; der aus dem 12. oder 13. Jh. stammende Bau wurde 1880 profaniert und beherbergte (bis 1910) die „K. k. Fachschule für Steinbearbeitung", was durch störende Fensterausbrüche bezeugt wird. —

St. Nikolaus am Ostausgang des Ortes an der Straße gelegen (wo sie sich von der Laaser Höhe ins Dorf herein senkt), ist ein schöner gotischer Bau aus dem 16. Jh. (1390 erwähnt). Der lange vernachlässigte Bau ist profaniert; er hat dem alten Weg zugewandt einen schönen St. Christophorus und in einer Nische einen St. Martin (beide Anf. 16. Jh.). Die Kirche wird dzt. umfassend restauriert (auch Neuweihe vorgesehen). — Noch ein Stück weiter außerhalb der Ortschaft eine 1885 errichtete Lourdeskirche, ein vielbesuchter Wallfahrtsort und Ziel von Bittgängen gegen Überschwemmung und Unwetterschäden; Weingartner macht es sich mit dem Urteil über das stillose Bauwerk insofern leicht, als er es einfach verschweigt. So ist der Verfasser zur Aussage gezwungen, daß ihm ein großer Laubbaum an der Seite der Kirche, der gnädig einen Teil des Bauwerkes verhüllt, immer als das einzig Schöne daran erschienen war; der Baum wurde kürzlich gefällt, doch ist gottlob für Nachwuchs gesorgt. —

Es versteht sich, daß ein Laaser Ehrenalbum wenigstens teilweise mit Marmor und bildender Kunst zu tun haben wird, so daß wir an zeitlich erster Stelle den einheimischen Pionier dieser sehr frühen Tiroler Industrie zu nennen haben.

Während es nämlich sonst vorwiegend auswärtige Unternehmer waren und sind, die den Laaser Marmor ausbeuten, tat dies der hier geborene Josef Lechner (1851—1925) auf sehr geschickte Art in eigener Regie; er war der erste, der eine Drahtseilbahn für den Transport einsetzte, und er erregte überdies dadurch Aufsehen, daß er aus dem Süden den anspruchslosen schwarzen Büffel als Zugtier einführte, was auch naturgeschichtlich gesehen von Interesse ist (hiezu Köll in „Schlern", Jg. 1955, Seite 446 ff.).

Der bedeutendste der aus Laas stammenden Bildhauer ist der hier 1899 geborene Hans Plangger (gest. 1971 in Bozen), der nach Studienjahren an der Wiener Akademie und in Rom vor allem aus dem Bild seines Landes schöpfte („Die Saligen", Monumentalfigur eines stehenden Bauern, Michaelsbrunnen in Brixen, „Trinkender Faun" u. a.) und in den letzten Jahren eine ganze Reihe von tiefempfundenen Kriegerdenkmälern geschaffen hat (vgl. hiezu Erich Kofler in „Schlern", Jg. 1955, S. 175 ff., mit Abb. von Werken). —

In der Person des auf dem nahen Loretzhof geborenen Arztes, Wissenschaftlers und Philanthropen Dr. Franz Tappeiner (1816—1902; als *Edler von Tappein* geadelt) hat Laas einen berühmten Sohn hervorgebracht; die Familie der Tappeiner (zum gleichnamigen Hof vgl. S. 345) ist seit 1570 (Gedenktafel) auf diesem schon 1277 *(Otto de Larez)* bezeugten Hof ansässig. Franz Tappeiner war namhafter Anthropologe (8000 Schädelmessungen), um den Kurort Meran hochverdienter Arzt (Kaltwasserkuren) und Botaniker, der ein 6000 Ex. umfassendes *Herbarium* und als schönstes Geschenk für die Meraner Bürgerschaft Idee und Verwirklichung jener berühmten Promenade hinterließ, die als Tappeinerweg den Namen ihres edlen Stifters weitum berühmt gemacht hat. — Aus neuerer Zeit ist im Zusammenhang mit Laas die hier ansässige Sippe des namhaften Schriftstellers Franz Tumler zu erwähnen, der selbst allerdings in Bozen geboren wurde (1912), in Österreich aufwuchs und heute in Berlin lebt. Wir nennen vor allem seinen Erstling „Das Tal von Lausa und Duron" (München 1935), der bereits die starke Begabung des jungen Vinschgauers offenkundig machte, im weiteren „Der Schritt hinüber" (1956; Charles-Veillon-Preis), die zeitgeschichtlich aktuelle „Aufschreibung aus Trient" (Frankfurt am Main, 1965) und das 1971 in München erschienene topographische Werk „Das Land Südtirol"; es enthält ein sehr eigenwilliges, vielfach aus dichterischer Schau gestaltetes Südtirol-Bild, ist aber leider — zumindest in der ersten Auflage — mit groben Fehlern und Unrichtigkeiten in einer geradezu peinlichen Weise durchsetzt. Mit dem Gedichtband „Welche Sprache ich lernte" (Berlin, 1970) geht Tumler neuerdings die Wege einer durchaus modernen Lyrik; er ist Mitglied der Akademie der Künste in Berlin, der Akademie der Schönen Künste in München und Träger des Adalbert-Stifter-Preises (1971). —

Modernen Zeittendenzen verhaftet ist auch der 1937 in Laas geborene begabte Lyriker und surrealistisch ausgerichtete Maler

Luis Stefan Stecher, der 1968 den Förderpreis des Kulturwerkes für Südtirol („Waltherpreis") überreicht bekommen hat. Sein beachtenswertes Schaffen hat vor allem durch mehrere Aufenthalte in Ostasien wesentliche Impulse erhalten.

Es ist hier leider nicht der Raum, ausführlicher auf die Laaser Marmorindustrie einzugehen, doch sollen wenigstens die wesentlichsten Aspekte zusammengefaßt werden.

Über die Geschichte des Marmorabbaues wurde einleitend zu „Laas" das Allernotwendigste gesagt, ebenso für die Geologie der *Laaser Serie,* die nicht allein Laas umfaßt, sondern auch das nahe Göflan einbezieht und bis zur Mündung des Martelltales reicht (vgl. S. 361). Der Vinschgauer Marmor, ein chemisch fast reiner Kalkstein mit zuckerförmiger Struktur, gleichmäßig im Korn und gut polierfähig, gilt innerhalb der insgesamt drei Vorkommen von weißem Marmor (Griechenland, *Carrara)* als der schönste und gleichzeitig gegen Witterungseinflüsse widerstandsfähigste, wie aus dem Urteil des bayerischen Hofarchitekten Schwanthaler hervorgeht, der bis 1865 den Marmor für die Staatsbauten Ludwigs I. ausschließlich aus Laas bezog (*... der Carrara ist Käse, leblos, stumpf — der Laaser hingegen lebendig oder doch matt leuchtend;* zit. bei Köll). — Dieser vor allem für im Freien stehende Statuen prädestinierte Vinschgauer Marmor fand demnach seinen Weg in alle Welt, angefangen von den zahlreichen Werkstücken aus gotischer Zeit über Denkmäler in Wien (Mozart, Haydn, Bruckner, Grillparzer, Lenau, Raimund), in München, in der deutschen Walhalla, in Berlin (Moltke, Helmholtz), London, Philadelphia und anderen Städten mehr; auch das Waltherdenkmal in Bozen oder das Andreas-Hofer-Denkmal in Innsbruck sind aus Laaser bzw. Göflaner Marmor, und einer der jüngsten Großaufträge betraf 84.000 Grabkreuze für die in Europa gefallenen nordamerikanischen Soldaten des Zweiten Weltkrieges. — Großes Aufsehen erregte in den siebziger Jahren des vergangenen Jahrhunderts der für Stuttgart bestimmte Transport eines 100.000 kg schweren, roh behauenen Blockes (von der Marteller Mahdwand stammend), aus dem Graf Eberhard *mit dem Bart* entstand; man mußte für die Lieferung nach Bozen sämtliche Brücken, einschließlich der alten Talferbrücke verstärken, bis das Ungetüm in Bozen auf einen Spezialwaggon der Eisenbahn verladen werden konnte („Schlern", Jg. 52, S. 413).

Zur technischen Seite der Marmorgewinnung können wir uns kurz fassen, da der Außenstehende die Anlagen leider nicht an Ort und Stelle besichtigen kann; Tumler schildert jedoch sehr anschaulich einen Besuch der Marmorwerke („Das Land Südtirol", S. 21 ff.). Die Brüche liegen im Laaser Tal selbst *(Weißwasser-Bruch)* und an den Abhängen der Jennwand (2958 m) in Richtung Göflaner Alm *(Mitterwandl-Bruch* u. a.); dieser Marmor wurde früher ausschließlich auf sehr mühevolle und kostspielige Weise (auf Rutschbahnen, gebremst durch Hanfseile usw.) in Richtung Göflan transportiert (Spuren bei den sog. *Kohlplätzen;* vgl. auch Köll, S. 488 f.). — Seit 1928 hat eine italienische Firma *(LASA-MARMO)* den Betrieb großzügig ausgebaut (21.000 Tonnen Förderung im Jahr 1964) und vor allem jenen „Bremsberg" errichtet (1000 m lang, 50% Steigung), auf dem ganze Waggonladungen vom Ende der Werkstraße im Laaser Tal zum Bahnhof befördert werden können. Ebenso großzügig sind die Bruchhallen im Berg ausgebaut oder auch das Transportsystem bis zu den Göflaner Brüchen (Werkstraße, Materialseilbahnen usw.). — Die Laaser Marmorwerke sind jedoch schon seit der Jahrhundertwende und neuerdings wieder in allerjüngster Zeit in Krise geraten; der gewandelte Zeitgeschmack war dem Marmor nicht mehr sehr zugetan, wenngleich die Mengen des geförderten Industriemarmors noch immer bedeutend sind. Das Bild des Vinschgaues ist immerhin von diesem Marmor noch immer in hohem Maße geprägt, ob es sich nun um Statuen, um Werkstücke der Vinschgauer Steinmetzschule an Kirchen und Schlössern oder auch nur um Abfallstücke handelt, die man häufig in der Verwendung als *Waalschwerter* findet. — Es muß — bei allem schuldigen Respekt vor der edlen Schönheit dieses Gesteins — gesagt werden, daß die meist sehr kunstlose Ausbreitung des Marmors in die Friedhöfe des Landes kein Segen gewesen ist. An Literatur nennen wir vor allem die Schriften von Lois Köll (vgl. Literaturverzeichnis), der ausführlich über den Laaser Marmor gearbeitet hat. — Derzeit (1980) sind in den Marmorbrüchen nur mehr ca. 50 Arbeiter beschäftigt.

Der Vollständigkeit halber muß hier auch noch das Vorkommen des geschätzten L a a s e r O n y x erwähnt werden, wenngleich es heute als nahezu erschöpft gilt; Onyx ist ein farbiger Kalksinter, der zu Zier- und Gebrauchsgegenständen geschliffen wird. Das Hauptvorkommen lag in den Laaser Leiten und bei Tannas (hiezu ebenfalls Köll in „Schlern", Jg. 1956, S. 393). Die W i r t s c h a f t von Laas beschränkt sich nun allerdings nicht allein auf den Marmor; wir haben hier auch jene riesige Kraftwerkstufe, die durch eine unterirdische Rohrleitung aus dem Zufritt-Stausee (1850 m) in Martell gespeist wird, und außerdem beträchtlichen Obstbau mit einer 400 ha umfassenden Großberegnungsanlage; in einer eigenen Zone hat Laas nun auch begonnen, mittelgroße Industriebetriebe aufzubauen.

An A u s f l ü g e n nennen wir den Gang ins Laaser Tal (Weg 5 bzw. 7/4), vorbei am schneeweißen M a r t i n s k i r c h l e i n auf einem Moränenhügel (Urzeitstätte; erste Erwähnung 1323, heutige Form 17. Jh.) zu den L a a s e r A l m e n (1823 bzw. 2047 m) und weiter zu der uns bereits bekannten Selbstversorgerhütte (vgl. S. 318), die den Übergang über das Zayjoch nach Sulden oder über die S c h l u d e r s c h a r t e (2987 m; Weg 155/8) nach Martell vermittelt.

Der frühere Fußweg zum Platzhof und zur Rodungsinsel der Tarnellhöfe (1240 m; Kapelle) ist mittlerweile Güterfahrweg geworden; oberhalb Tarnell entspringt nahe dem gleichnamigen Marmorbruch eine stark kalkhältige Quelle, das *Weiße Wasserle,* das dereinst das längst abgekommene *Bad im Kellerle* versorgte (Mader, S. 170). — Die Gegend ist in auffallender Weise von Sagen umrankt, so etwa die Felshöhle in der *Platzerwand,* wo die *Wilden Fräuelen* gewohnt haben, während am Hof Platz selbst ein *Nörggele* solange als Hütbub Dienst tat, bis man ihm ein neues Gewand schenkte; von da an war es nie mehr gesehen (vgl. dasselbe Motiv auf S. 193). — Gegenüber dem Platzhof aber zeigt man heute noch die *Teufelsplatte,* einen Felsen mit 5 gut faustgroßen Löchern; das ist der Abdruck von des Teufels Hand und entstand, als der Gottseibeiuns eine liederliche Magd vom Platzhof holte (vermutlich Schalenstein; vgl. Winkler, S. 166 f.). — In einer dem Charakter des Vinschgauers durchaus entsprechenden Form hat man für Sagen und naturkundliche Besonderheiten auch heute noch in Laas viel übrig, was etwa auch durch die originelle Sammlung von Alraunen dokumentiert wird, die auf Anfrage besichtigt werden kann (Gutweniger, Tappeinerstraße 253). —

Unser letzter Weg von Laas aus führt uns aber über die Heide im Westteil des Gadria-Murkegels, wo wir in der Jausenstation „Loretzhof" zukehren und des alten Doktor Tappeiner gedenken können. Dieser Teil der Gadriamure hat vorläufig noch sein ganz urtümliches Gesicht, mit Lärchengruppen, Sanddorngebüsch und murmelnden Wasserwaalen; bald treffen wir in Allitz auf jenen Punkt, den wir seinerzeit von Tannas absteigend schon erreicht haben (vgl. S. 277). Von Allitz kann man über den riesigen Murkegel absteigen, an seinem bergseitigen Rand, vorbei an alten Weiden, zur Linken den Sonnenberg mit Waalwegen, zur Rechten die mustergültig regulierten und bewässerten Fluren der *Kortscher Wiesen;* der alte Pflasterweg daneben, dem wir folgen, ist recht verfallen und verlassen, ein Weg zwischen zwei Welten — und der Weg vom mittleren in den unteren Vinschgau; er führt uns geradewegs zu den alten Edelkastanien von Kortsch.

VI. UNTERVINSCHGAU

Ein Garten zwischen Sonnen- und Nörderberg

Mit unserm Gang von Allitz in Richtung Kortsch haben wir die letzte große Schwelle überschritten und sind an jene für die ganze Talschaft so einschneidende Klimagrenze gekommen, die sich auch in den zwei Gesichtern des Gadria-Murkegels spiegelt. Frei und weit ruht nun der Blick auf den gesegneten Fluren des unteren Tales, und schon der alte Fridolin Plant konnte sich an diesem Blick von der Laaser Höhe durch das Tal gegen Osten nicht sattsehen: *... das ganze Tal mit allen seinen Burgen, Ortschaften und Gehöften, umschlungen von einen Kranz formenreicher Berge, durchzogen von der schimmernden Etsch, liegt zu unsern Füßen ... die flirrenden Lichteffekte in der Landschaft vereinigen sich zu einem einzigen harmonischen Farbenakkorde ...* (Vinschgauführer, 1907).

Die Staatsstraße windet sich in großen Serpentinen neben der Vinschgaubahn den Murkegel der Gadria bergab, direkt auf den spitzen Kirchturm von Schlanders zu; kurz vor Erreichen des Hauptortes aber weist uns von der Hauptstraße aus ein Schild in das malerische Dörfchen Kortsch.

> KORTSCH: Seehöhe 801 m. — Klimatische Werte (mit unbedeutenden Abweichungen auch für Schlanders gültig): Winter 0,1°, Frühling 9°, Sommer 18°, Herbst 9°; Jahresdurchschnitt 9° C (zum Vergleich Meran: 11,5°; Werte nach Schenk und Dalla Torre); bis Kortsch reicht der Weinbau des Vinschgaues. — Kortsch ist Fraktion der Gemeinde Schlanders mit rund 1150 Einwohnern (834 b. Staffler 1846). — Von Laas 5 km, nach Schlanders (mit dem der Ort schon fast zusammengewachsen ist) 2 km. — Drei Gasthäuser und zahlreiche Fremdenzimmer, kleines Freischwimmbad am Ende des Waalweges (Nr. 6a); Musikkapelle Kortsch seit 1923. — Auskünfte durch Fremdenverkehrsamt Schlanders, dort auch alle übrigen Adressen von Wichtigkeit (Arzt, Krankenhaus usw.); Postleitzahl 39028.

Die G e s c h i c h t e des klimatisch überaus günstig gelegenen Ortes erweist sich noch älter als die des nahen Schlanders, das wohl aus der Ursiedlung am Sonnenhang oberhalb von Kortsch herausgewachsen sein dürfte.

Dies ist aus dem prähistorischen Befund ersichtlich, der hier zwischen 884 und 1160 Metern Höhe gleich sechs Urzeitstätten neben zahlreichen Schalensteinvorkommen verzeichnet, darunter den sagenumwobenen Schatzknott mit Mauerresten (teilw. auch mittelalterlich), an dessen talseitigem Fuß die kleine Ägidiuskirche (vgl. S. 331) ein malerisches Bild bietet. Prähistorisch besiedelt war auch der Platz darüber, an dem noch die Reste einer romanischen Georgskapelle stehen (auf 1034 m; Bauzeit 12. oder 13. Jh., Rundapsis mit Schlitzfenster, Freskenreste aus der Zeit um 1400; um 1390 noch im Besitz der Abtei Marienberg, die sie wiederum vom Mutterkloster Ottobeuren erworben hatte).

Ein eigener Weg (Nr. 8) führt vom Kortscher Waal (= Nr. 6 a) ausgehend zur prähist. Station Roßladumboden, nahe der Wallburg Valmutz (entspricht „Loambichl" in der Karte Innerebners); der Volksüberlieferung nach stand hier ein Schloß der nicht bestätigten Herren von Schwarzenberg (dunkle Färbung des Felsens; zu diesen Wallburgen — die vermutlich allesamt einer Brandkatastrophe am trockenen Sonnenberg zum Opfer fielen — vgl. J. Pardeller in „Schlern", Jg. 1964, S. 111 f.). — Zu erwähnen ist auch noch ein Gräberfund zwischen Schlanders und Kortsch beim Bau der Vinschgaubahn (Plant, S. 64). Seit 1467 ist Kortsch Teil des Landgerichtes Schlanders und bis 1928 selbständige Gemeinde. Aus der Dorfchronik sind vor allem die im Vinschgau so häufigen Feuerkatastrophen sowie die drohende Vermurung durch den Lahnbach zu erwähnen, gegen die man das Gelübde des sogenannten *Bann-Feierabends* tat, laut dem man nach dem Läuten der großen Glocke am Vorabend von Sonn- und Feierabend unter Androhung von Strafe (1667) keinerlei Handwerkszeug mehr anrühren durfte; aber schon J. J. Staffler berichtet (1846), daß der Brauch zu seiner Zeit bereits abgekommen war.

Kortsch hat ein vielgerühmtes, malerisches Dorfbild mit einer Fülle von Einzelheiten, deren wichtigste im folgenden behandelt werden sollen. Da ist zunächst die Pfarrkirche zum hl. Johannes d. T., von deren ehrwürdigem Alter ein romanisches oder wohl noch aus karolingischer Zeit stammendes Werkstück aus weißem Marmor mit Flechtbandornament kündet, das beim Umbau 1978/79 beim neuen Tabernakel eingemauert wurde. Es findet sich heute in der neuen Apsis, die von Arch. Rappold der alten Kirche stilvoll angefügt wurde.

Die heutige Kirche (Hauptschiff) wurde 1483 errichtet, der Turm um 1597 erhöht (Wappenzifferblatt). Als die Kirche zur Pfarre erhoben werden sollte, erwies sie sich als zu klein und bekam den genannten, überaus geglückten Zubau, durch den die Kirche gewissermaßen um 180 Grad gedreht wurde. In dieser neuen Apsis steht ein wohlgelungener Volksaltar aus Marmor, geschaffen von dem in Kortsch tätigen Bildhauer Karl

Grasser. Daneben hat der wohlerhaltene gotische Flügelaltar Platz gefunden, der von St. Ägidius stammt — ein Juwel gotischer Kunst aus dem Anfang des 16. Jh.s (Maria zwischen Ägidius und Dorothea). Der barocke Hoch- und Seitenaltar ist verblieben, ebenso die Kanzel. Besondere Beachtung verdient auch eine Pietà (um 1400) sowie eine Plastik, Anna Selbdritt darstellend, sowie ein gotischer Weihwasserstein. In der nördlichen Vorhalle ein interessantes Gemälde („Tanz der Salome" von M. R. Th. Schleiffer (1690). — Von den modernen Zutaten verdient das prächtige Glasgemälde von Robert Scherer aus Schlanders besondere Hervorhebung. — Die Pfarrkirche von Kortsch ist damit zum Musterbeispiel geworden, wie sich antike und moderne Elemente von Könnern harmonisch vereinigen lassen; sie zeigt eine Entwicklung über alle Stufen von der frühchristlichen bis zur heutigen Zeit in beeindruckender Weise. — Bemerkenswert wegen ihrer romanischen Rundapsis ist die 1302 erwähnte Laurentiuskapelle beim Mairhof, am Ostausgang (bergseitig) des Dorfes, heute entweiht und dem Verfall preisgegeben, im Gegensatz zu dem immerhin in seinem äußeren Bestand erhaltenen Ägidiuskirchlein, dem malerischen Wahrzeichen der ganzen Gegend. Das wohl noch romanische Langhaus hat außen Spuren übertünchter Fresken (St. Christoph, Heilige; um 1400) und erhielt um 1600 Chor und Wölbung. Bis zur Profanierung hauste hier ein Eremit, heute ist St. Ägidius Kriegergedenkstätte, und der ganze felsige Kirchhügel, an dem auch Waalwege verlaufen, ist gärtnerisch sorgsam gepflegt (siehe auch unter „Ausflüge").

Ein Gang durch das Dorf zeigt mehrere schöne, oft edelsitzähnliche Bauernhöfe mit Freitreppen, Außenportalen, Erkern und dekorativen Fresken, so etwa das mit der Jahrzahl 1775 bez. Haus im Oberdorf, vor dem ein sehr schönes Kruzifix mit erschütterndem Leidensausdruck des Gekreuzigten steht. Weiters nennen wir den Irschenhof (Nr. 63) in derselben Gasse, mit schöner Fassade, spätgotischen Malereien in einem Innengewölbe und einem interessanten Marmorbildstöcklein an der Außenmauer; der quaderförmige Block zeigt ein Kruzifix mit flatterndem Lendentuch, einen Dreikopf (Dreifaltigkeit, oder Weggabel), einen Kopf Christi und an der Unterseite das Hauszeichen (16. Jh.); solche Zeichen und ähnliche Holzmarken wurden in Kortsch vielfach festgestellt (hiezu „Schlern", Jg. 1956, S. 493, mit Abb.). — Am Luzienhof schließlich (neben Gasthof „Sonne") findet sich ein Marienmedaillon des uns schon bekannten Gregor Schwenzengast. — Eine schöne Brunnensäule (1976) stammt von dem hier ansässigen Karl Grasser (siehe unten), und gute Kruzifixe und Bildstöcke (besonders schön jener an der Westausfahrt) finden sich im ganzen Ort, in dem auch der 1421 erwähnte feste *Turm zu Kortsch* zu suchen wäre; der Neubau der Haushaltungsschule steht neben all diesen kostbaren Bauelementen des alten Kortsch in einem unguten Gegensatz.

Dem altertümlichen Charakter der Gassen und Winkel von Kortsch entspricht auch die Tatsache, daß sich hier einiges an altem Brauchtum lange Zeit gehalten hat, so etwa das *Neujahranschellen* der Dorfbuben mit Geschrei und Schellenklang in der Silvesternacht und das *Wilde-Mann-Spiel,* das aus der letzten Zeit allerdings nicht mehr bestätigt ist.

Der *Wilde Mann* (Verkörperung des Winters) trat im Fell, mit Moos und Baumbart umhüllt auf, einen Knotenstock in der Hand; er wird gebändigt und an roten Seidenbändern geführt von Hirtenmädchen, die den Frühling darstellen (Winkler, in „Vinschgau", S. 43).

In einem kleinen Park an der Hauptstraße steht das schlichte Ehrenmal aus weißem Marmor (1959), das man dem Landesschützenmajor Franz Frischmann aus Kortsch (1754—1821) gesetzt hat.

Frischmann hatte sich schon 1797 ausgezeichnet und wurde 1809 regulär zum Major ernannt; als solcher verließ er nach den anfänglichen glänzenden Erfolgen in Auswirkung des Waffenstillstandes von Znaim im Juli 1809 das Land und kehrte erst nach der Wiedererrichtung der österr. Herrschaft in die Heimat zurück, *im Genuß der ansehnlichen Pension von 800 fl.,* wie Staffler genau vermerkt (S. 585).

Aus den Wurzeln des archaischen Dorfes und der herb-heiteren Umgebung genährt ist das Schaffen des aus Kortsch gebürtigen (1923), an der Wiener Akademie ausgebildeten und in seinem Heimatort als Bildhauer schaffenden Karl Grasser, in dessen durchaus modernen Kunstwerken die tiefe Bindung an die Vinschgauer Romanik unverkennbar ist.

Wir nennen als Beispiele den schönen Christus an der Grabstätte Zwick nahe dem Friedhofseingang von Schlanders, als jüngstes Werk das Kriegerdenkmal in Wiesen bei Sterzing und vor allem die Rosenkranzkapelle inmitten der mustergültig regulierten Anbauflächen am ganzen Südostabhang des Gadria-Murkegels; Grasser hat diese Kapelle im Auftrag der Flurbereinigungsgenossenschaft Kortsch in offener, den Blick auf die prangenden Anlagen weisender Architektur erstellt (1968) und mit fünf Rosenkranzreliefs geschmückt, die nun an Stelle der alten Bildstöcke am Kirchweg stehn; von Grasser auch der Jubiläums-(Wappen-)brunnen in Schlanders selbst.

Mit dem Gang zu dieser Kapelle haben wir die erste Wanderung im Bereich von Kortsch angetreten und kennen bereits den sehr schönen alten Pflasterweg Allitz—Kortsch. Unser nächstes Ziel ist der Kortscher Waal, den wir am besten vom Kastanienhain unterhalb des Ägidiuskirchleins aus erreichen.

Die Edelkastanien von Kortsch waren legendär; Dalla Torre schreibt von *berühmten Kastanienbaumriesen,* und Weingartner nennt den Hain *wohl den schönsten in ganz Deutschsüdtirol.* Es ist gut, daß der kunstsinnige Gelehrte den heutigen Zustand — Staubstraße, zerstörte Stützmauern, Verwendung als Lagerplatz usw. — nicht mehr erlebt hat. — Man steigt nun ein Stück westlich bergan und erreicht bald den Waal (Nr. 6 a), der in schönster ebener Wanderung und inmitten üppiger Vegetation in Richtung Allitz führt, bis zu den eigenartigen Felsformationen des sog. „Schnarrangers“ am Ausgang des gleichnamigen kleinen Tales; in diesen Felsen, wo man auch im Winter sonnige Rast genießen kann, hausten einst „Wilde Fräuelen“ (Winkler, S. 175). — Neuerdings ist der Ort in barbarischer Weise durch Materialgewinnung beeinträchtigt worden.

Steigt man durch den Kastanienhain nach Ägidi hinauf, so findet man zur Rast beim Kirchlein einen der schönsten Punkte der gesamten Gegend und trifft (Markierung 6) wiederum auf den Waal, der in ebenem Verlauf bis über die ersten Häuser von Schlanders führt. — Die erwähnte, im Kastanienhain beginnende Güterstraße führt bergseitig um den „Schatzknott“ herum und gewinnt dahinter am Sonnenhang an Höhe; sie bietet mehr oder minder allen Höfen des Sonnenberges eine Zufahrt. — Schlanders selbst erreichen wir entweder auf dem genannten Waalweg, auf der alten Dorfstraße oder auf der Staatsstraße ab Westeinfahrt Kortsch; man kommt an einer auffallenden Kreuzigungsgruppe mit nahezu lebensgroßen Figuren vorbei und biegt von der den Ort im Bogen umfahrenden Hauptstraße geradewegs in die Ortsmitte zu Kirche und Hauptplatz (Plawennplatz) ab.

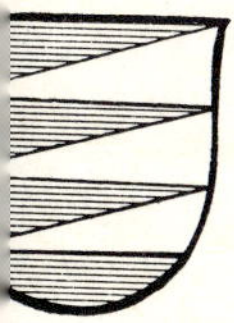

SCHLANDERS: Seehöhe 720 m; klimatische Werte siehe unter Kortsch. — Die Marktgemeinde umfaßt 11.520 ha und zählt mit den Fraktionen Kortsch, Göflan, Vezzan, Sonnen- und Nörderberg 4682 Einwohner, davon 370 Italiener (Ort Schlanders rund 2000, nach Staffler 981 im Jahre 1846). Ab Kortsch 2 km — nach Goldrain 4 km; Haltestelle aller Autobuslinien und Bahnhof der Vinschgaubahn. — Schlanders ist Amtssitz der Talgemeinschaft Vinschgau (Schönherrstraße 64; das Gemeindeamt im „Freienturm“, Plawennplatz). Das Dekanat Schlanders reicht von Spondinig (Mals) bis zum rechten Ufer der Schnalstalmündung. — Sitz des Vinschgauer Bezirksgerichtes (vom Reschen bis Naturns, einschließlich Schnals) und verschiedener Ämter (Grundbuch, Steuer, Forstwesen usw.); Ärzte, Apotheke und modern eingerichtetes Bezirkskrankenhaus; deutscher Rettungsdienst „Weißes Kreuz“, Tel. 4 44 44. — Tankstellen, Taxi und mechanische Werkstätten im Ort, ebenso Meldestelle der Straßenpolizei, Gendarmerie und Garnison. — Schulen und Kulturelles: Mittelschule, Handels- und Berufsschulen, hauswirtschaftl. Fachschule (Kortsch)

und Naturwissenschaftl. Lyzeum (= Realgymnasium), fast durchwegs in Neubauten untergebracht; Schülerheim („Gamperwerk“) 1973 fertiggestellt; Volksbüchereien, Volkshochschule, Laienspielbühne, Kunstgalerie „Schlandersberg“, Musikkapelle (1804) und Lichtspieltheater („Schönherr-Kino“); Buchhandlung (Zweigstelle des Verlages Athesia, in dem das vorliegende Buch erscheint). — Zwei Banken, Postamt (Postleitzahl 39028). — Mehrere gute Gastbetriebe, zahlreiche Privatzimmer und Campingplatz; geheiztes Freischwimmbad und Hallenbad, Sportplatz und Kinderspielplatz, naher Anschluß an die Wintersportgebiete Sulden und Martell. Eislaufplatz in Göflan; Büro des Stilfser-Joch-Parkes Kapuzinergasse 2. — Sektion „Vinschgau“ des Südtiroler Alpenvereins bei Herrn Walter Hell, Dr.-Vögele-Straße Nr. 194; Orientierungstafel für Ausflüge am Kirchplatz, Büro des Fremdenverkehrsamtes Schlanders ebendort, im Gasth. „Weißes Kreuz“. — Das Wappen des 1906 zum Markt erhobenen Ortes ist identisch mit dem im Ortsbild oft vertretenen Wappen der Herren von Schlandersberg; der Bezirk unterhält ein Partnerschaftsabkommen mit dem Landkreis Ludwigshafen. — Wirtschaft: Landwirtschaftliche und Obsterzeugergenossenschaften (300 ha Beregnungsanlage durch Bonifizierungskonsortium); bedeutender Marillenanbau, früher weltberühmte Calvillekulturen; Sennereigenossenschaft und Erzeugergroßmarkt. — Erschließung einer Zone für mittlere Industriebetriebe im Gange. —

Aus den eben gemachten Angaben geht eindeutig hervor, daß Schlanders in verwaltungsmäßiger, wirtschaftlicher und kultureller Hinsicht als der Hauptort zumindest des mittleren und unteren Vinschgaues anzusehen ist, während sich das Oberland vielfach weiterhin an seinem alten Zentrum Mals orientiert.

Der große Aufschwung, den Schlanders genommen hat, ist neben der Tüchtigkeit der Bewohner der schon früh angetretenen Rolle als Verwaltungszentrum und in unseren Tagen vor allem der zielbewußten Tätigkeit der Talgemeinschaft Vinschgau zu verdanken; nach außen hin zeigt sich dies in einer auffallenden Zahl von gut geplanten Neubauten und vor allem in den mustergültigen Anpflanzungen, die das berühmt schöne Bild der ehemaligen Kastanienhaine und Weingärten stark verändert haben — was schon von älteren Autoren einerseits beklagt, anderseits aber als Notwendigkeit für wirtschaftlichen Wohlstand anerkannt wurde. Allerdings sollte all das, was noch an die südlich bestimmte Klimagrenze bei Schlanders gemahnt, in sorgsamer Weise für alle Zukunft bewahrt und behütet werden.

Die führende Rolle von Schlanders zeichnet sich in seiner frühen Geschichte noch nicht deutlich ab; wir sagten bereits, daß die prähistorische Besiedlung ihre Schwerpunkte — abgesehen vom Talatscher Depotfund (vgl. S. 344) — bei Kortsch hatte, woher wohl auch die meist Schlanders zugeschriebene jungsteinzeitliche Lochaxt stammen mag, die heute im Museum Meran verwahrt wird. Auch aus der Römerzeit hat sich außer Münzfunden nichts Konkretes nachweisen lassen, doch gilt als sicher, daß die *Via Claudia Augusta* hier durchgeführt hat. —

In einer Schenkungsurkunde Heinrichs IV. an die bischöfliche Kirche Brixen (1077) erscheint der Name des *predium Slanderes* erstmals urkundlich auf (Huter; vgl. hiezu auch die Ingenuinkapelle, die den Namen des Brixner Patrons trägt). Eine befriedigende Deutung des später als *Slanders* bezeugten Namens (1170) läßt sich nicht ermitteln; H. Kofler bringt in seinem fundierten und zusammenfassenden Aufsatz über Schlanders („Der Obere Weg", S. 458 ff.) die Ableitung aus der unveröffentlichten Chronik des Peter Gamper, eines verdienstvollen Lokalhistorikers („Schlern", Jg. 1953, S. 128), der den Namen auf ein keltisches *Slaranussa* (am Weidenbach) zurückführen möchte; möglicherweise hat der Name auch mit der vorindogermanischen Form *sal* (Wasserrinne) zu tun. — Brixen hat diesen seinen Besitz jedoch bald veräußert oder verloren; wiederholt hören wir nun von Schenkungen der Welfen zugunsten der Abtei Marienberg. Im 12./13. Jh. hat die Herrschaftsgewalt über Schlanders jener Zweig der bei Tschars begüterten Herren von Montalban inne, der hoch über der Talmündung von Schlandraun die Burg Schlandersberg (siehe dort) erbaute und gleichzeitig die Vogtei über die 1170 erwähnte Pfarre (mit Kortsch, Göflan und Martell) ausübt. Diese Pfarre wird 1235 von Friedrich II. dem Deutschen Orden geschenkt, der hier Hospiz und Kommende am „Oberen Weg" einrichtet und bis 1819 hält.

Das Gericht ist zunächst nicht klar umrissen und wechselt zwischen den Dingstätten Laas, Latsch und Schanzen, auch noch nach dem Zeitpunkt, da Schlanders vom Tiroler Landesfürsten zum Gerichtssitz erhoben wird (1340). Die Wappen der nun sich als Lehensträger oder Pfandinhaber abwechselnden Familien Starkenberg, Montani, Fuchsberger, Hendl und Trapp (1747—1826) schmücken Ansitze, Kirchen und Gräber des Marktes.

Einzelheiten aus dem Pestjahr 1348 sind nicht bekannt; im Engadiner Krieg wird Schlanders von den aus Kastelbell rückziehenden Bündnern, denen der Weg nach Meran versperrt worden war, in grauenhafter Weise niedergebrannt und verwüstet, samt Deutschordensniederlassung und Pfarrkirche (29. Juni 1499). Es folgen Wiedertäuferunruhen und die Plünderung des Deutschordenshauses im Bauernaufstand des Jahres 1525, die Pest von 1635/36 — die an die 1000 Opfer in Ort und Umgebung gefordert haben soll — und schließlich die katastrophale Überschwemmung durch den Schlandraunbach im Jahre 1731, die an die 30 Häuser hinwegriß und nun endlich den Bau starker Schutzdämme zur Folge hatte.

Rumpedibumbum / Der Kaiser schlagt um
Mit Händ und mit Füß / Mit eiserne Spieß
Hat Fenster eingschlagen / Und Blei davontragen
Hat Kugeln draus gossen / und Bauern derschossen.
Bum!

Historischer Kinderreim aus Schlanders, mitgeteilt von Arbogast von Plawenn („Schlern", Jg. 1947, S. 281)

Gemeint dürfte Napoleon sein. Als 1799 der Obervinschgau verwüstet wurde, taten die Schützen von Schlanders ein Gelübde und flehten zur Gottesmutter um Errettung vor Kriegsgefahr; sie wollten alle Jahre zum Mariä-Namen-Fest (12. Sept.) eine feierliche Prozession veranstalten, und da der Ort verschont blieb, wird dieser Umgang mit dem Gnadenbild vom Hauptaltar der Pfarrkirche bis auf den heutigen Tag feierlich gehalten, wozu man das alte Mariä-Namen-Lied singt. Das Gnadenbild — eine betende Muttergottes, neuerdings dem Jörg Lederer zugeschrieben — wurde der Legende nach von einem Bauern „Am Rain" in Kortsch gefunden und dort in der Kirche aufgestellt; aber das Bild „wollte" nach Schlanders, es wanderte auf wunderbare Weise dorthin und blieb nun auch dort. Doch sind es Leute aus Kortsch, die es noch immer in der Prozession tragen.
So entrichtete Schlanders in diesem Krieg nur durch Entsendung von Soldaten seinen Blutzoll; daran erinnert am Kriegerdenkmal im Friedhof eine kleine Tafel mit der Inschrift: *Anno 1799 sind wir arme Soldaten wegen Land Tiroll gestorben und alda begraben worden — gutte Christen gedenckt an unsser mit ein Heilligen Vatter unsser.*
Auch 1809 wird der Bezirk nicht direkt betroffen, doch trägt Schlanders wesentlich zum Freiheitskampf bei (vgl. „Ehrenalbum") und wird anerkennend *das allzeit getreue Schlanders* genannt. — Der Ort wird 1826 Landgericht erster Klasse, 1901 Bezirkshauptmannschaft und 1906, im Jahre der Eröffnung der Vinschgaubahn, zum Markt erhoben. — Von der jüngsten Entwicklung war bereits im allgemeinen Teil über die Marktgemeinde die Rede.

Unseren Rundgang durch den Ort beginnen wir am Plawennplatz, dem Mittelpunkt des Marktes, der einerseits durch die gepflegte Fassade des Ansitzes Freienturm (auch Plawenn genannt, heute Rathaus) mit Wappen Hendl-Schlandersberg und einem Marienmedaillon des Gregor Schwenzengast, und anderseits von der Pfarrkirche zur Himmelfahrt Mariä mit ihrem abenteuerlich spitzen Turm beherrscht wird; die heutige Gestalt des durch schöne Quaderfugen gegliederten Turmes mit Spitzbogenfenstern, wasserspeienden Löwen und Wappen (Österreich, Tirol, Hendl und Montani) geht auf den 1505 erfolgten Neubau der Kirche nach der Brandschatzung im Engadiner Krieg zurück. Der Turm ist das Wahrzeichen von Schlanders, eine von überall her sichtbare nadelfeine Spitze, die ganz leicht gegen Westen geneigt ist, wohl absichtlich so gebaut, um dem von der Laaser Höhe her tollenden Wind zu begegnen. Den Vinschgauern gilt er als der höchste Turm im Land; dreimal muß man mit den Augen rasten, sagen sie, bis man die 92 Meter bis zur Spitze zurückgelegt hat.

Fast so alt wie der Turm dürfte der im Lande nach wie vor lebendige Kirchturmstreit sein, der zwischen den Traminern im Unterland und den Einwohnern von Schlanders entbrannt ist. Werte aus exakten und verläßlichen Messungen liegen dem Verfasser nur für Tramin vor; die Angaben für Schlanders schwanken zwischen 92 und 96 m, während der Traminer Turm 80,8 m Mauerhöhe hat (Hahn 83,50 m). Eindeutig hat diese Berechnung ergeben, daß der Traminer Turm das höchste Mauerwerk im ganzen Lande darstellt, während die tiefer auf der Mauer ansetzende schlanke Spitze des Turmes von Schlanders eben doch alle anderen Bauwerke an Höhe übertrifft. Anläßlich einer vom Verf. gestellten Rundfunkumfrage nach dem höchsten Kirchturm schrieb ein Schulbub aus dem Vinschgau: *Der Schlanderer Kirchturm ist der höchste und der weiße Wein von Vezzan der beste im ganzen Land.* —

Auch Chor und Portale der Kirche zeigen noch den gotischen Bestand, darunter besonders schön das Südportal mit Blattwerk und Köpfen an der Basis (1481); das Langhaus wurde 1758 um- und ausgebaut und ein Jahr darauf von Joseph Adam Mölkh mit schwungvollen Gewölbebildern ausgeschmückt (renoviert 1899). — Die Einrichtung der Kirche ist neubarock (Hochaltar mit Gnadenbild) und neuerdings auf nur mehr zwei Seitenaltäre reduziert worden, welche dem J. A. Mölkh zugeschriebene Bilder haben; aus gotischer Zeit stammen die Statuen von Stephan und Laurentius am Hauptportal sowie eine hl. Anna selbdritt am Südportal (um 1520) sowie Weihwasserstein (Deutschordenskreuz und Wappen Montani, 1547) und Taufstein, eine *typische Vinschgauer Arbeit* (Weingartner) mit hübschem, bemaltem Aufsatz und Statuette (17. Jh.). Außerdem in der Kirche und am Friedhof bemerkenswerte Grabsteine, darunter Hendl, Schlandersberg usw., und am Haus Nr. 48 gegenüber der Kirche (nicht am Friedhofseingang, wie es bei Weingartner heißt) ein weiterer schöner Wappenstein (Hendl-Schlandersberg/Hendl-Botsch, 1542/43) — alle aus weißem Marmor wie auch sämtliche Werkstücke der Kirche. — Von der versperrten Michaelskapelle (Ende 15. Jh.) am Friedhof heben wir das hübsche Lichthäuschen an der Nordwestecke hervor. — Erwähnenswert auch am Plawennplatz (Haus Nr. 34) der eingemauerte Marmorbildstock mit Dach (Kruzifixus mit flatterndem Lendentuch), der deutlich an das bereits erwähnte Beispiel dieser Art in Kortsch erinnert und auch auf den Stein des Mitterhofes am Nörderberg hindeutet (vgl. S. 348); Kleinskulpturen dieser Art, Werkstücke, Weihwassersteine und Taufbecken weisen auf jene Vinschgauer Steinmetzwerkstätten, die Erich Egg ausführlich behandelt hat („Der Obere Weg", S. 325 ff., mit Abb. und Steinmetzzeichen). —

Aus neuester Zeit (1959) stammt die in der Nordwestecke des Plawennplatzes stehende Büste des Schützenmajors Martin Teimer (siehe unten unter „Ehrenalbum"). — Im Westen an die Pfarrkirche anschließend findet sich der Komplex der Deutschordenskommende, heute Dekanatswidum mit Wappentüren und sehr schönem Loggienhof sowie gegenüber der heute in Privatbesitz befindliche alte Widum mit dem Deutschordenswappen in Marmor über dem Portal.

Aus dem Bezirk der Pfarrkirche führt unser Rundgang nun wieder zurück zum Plawennplatz und von dort durch die schmale Dantestraße zu jenem Teil des alten Marktes, in dem sich nahe dem Berghang in klimatisch überaus günstiger und geschützter Lage eine ganze Reihe von Ansitzen findet.

Schon auf dem Weg dorthin kommen wir an dem durch Schwalbenschwanzzinnen weithin gekennzeichneten Behaimturm (auch Matscherhaus genannt) vorbei, an dessen Westfassade wir wiederum ein Marienmedaillon des Gregor Schwenzengast finden. Gleich danach stehen wir dem von den Hendl erbauten Ansitz Schlanderegg gegenüber, seit 200 Jahren im Besitz der Familie Stainer und heute als „Café Stainer" gern besucht; die Stuckrahmen und dekorativen Malereien an der schönen Fassade sind 18. Jh. — Gleich daneben steht der Ansitz Heydorf mit Wappen (Hendl-Heydorf) an Außen- und Innenportal sowie Freitreppe und Säulenloggia; die Inschrift LORETZHOF IV an einer Marmortafel weist darauf hin, daß der kinderlos gebliebene Dr. Franz Tappeiner (siehe unter „Laas") für seine sieben Neffen sieben Anwesen erwarb, die er allesamt nach dem Stammsitz der Familie „Loretzhöfe" nannte und sozusagen nach den jeweiligen Neffen numerierte; es war sein Wunsch, daß kein Nachkomme Knecht sein müsse.

Das Muster eines schönen Edelsitzes ist die sich nun ganz an den Hang in einer malerischen Gebäudegruppe lagernde Schlandersburg, die von den Grafen Hendl um 1600 in die heutige Form mit Fassadenturm, Zinnengiebel und schönem, zweistöckigem Loggienhof gebracht wurde; das schloßartige Anwesen dient heute als Gerichtsgebäude, doch ist für das Bezirksgericht ein Neubau geplant.

Kofler nennt Schlandersburg den *bedeutendsten Renaissancebau des Vintschgaus.* Außer den bereits erwähnten Bauelementen fallen schöne Fenstergitter, das pilastergefaßte Portal, Wappen und Sonnenuhr (um 1600) auf. Sehr schön ist auch das gegenüberliegende Gartentor mit einer Darstellung von Kind und Tod — Anfang und Ende des Lebens. —

Wir gehn zurück in die Ortsmitte und entdecken dort am Hofportal des Gasthauses „Zum Widder" ein weiteres Marienmedaillon aus uns nun schon wohlbekannter Hand. Gegenüber, am Geburtshaus des Priesters Josef Danay, wurde 1959 eine Gedenktafel zu Ehren des *Fürsprechers in schwerer Zeit* enthüllt; dieser Text ist, wie wir noch sehen werden, sehr treffend gewählt (siehe „Ehrenalbum").

Die Hauptstraße führt uns nun durch das Einkaufszentrum des Marktes zu dessen ostseitig gelegenem Viertel „Vogelsang", das am meisten unter den verheerenden Überschwemmungen des Schlandraunbaches zu leiden hatte, wovon die heute tief unter angeschwemmtem Schutt liegende Tür der Spitalkirche deutlich Zeugnis ablegt.

Diese schöne und sorgsam gepflegte Kirche gehört zum Haus der Barmherzigen Schwestern, die nunmehr im unmittelbar benachbarten neuen Bezirkskrankenhaus ihre segensreiche Tätigkeit ausüben. Das alte Spital ist schon im 13. Jh. bezeugt, die Kirche, die auf einem älteren Bau steht, ist in ihrer heutigen Form 16. Jh., mit schönen Portalen (Eselsrücken an der Nordseite) und leider abgeschlagenen Rippen im Gewölbe. Den dadurch frei gewordenen Raum füllen dem J. A. Mölkh zugeschriebene Bilder (Mitte 18. Jh.) mit interessanter alter Ansicht von Schlanders. — Eine bedeutende Sehenswürdigkeit sind die mit 1516 datierten neu aufgedeckten Fresken (Marienkrönung, Passion, Heiligenlegenden) an der linken, leider durch ein Gestühl teilweise verdeckten Chorwand, von Weingartner dem Seb. Scheel zugeschrieben. — An den neugotischen Seitenaltären ältere, sehr gute Bilder.

Am alten Spital vorbei führt die Straße zum neuen Krankenhaus. Gegenüber ist der Ladurnerhof („Tröger") sehenswert, ein ehemals Marienbergischer Maierhof, den laut Inschrift überm Portal 1598 der *Haubtmann zum Thurn Ihennewein Laturner* innehatte und offensichtlich zum Ansitz ausbauen wollte, wie aus der Anlage des schönen Erdgeschosses deutlich wird. Der Bauherr hatte überdies einen Vinschger Steinmetzen beauftragt, bei dieser Gelegenheit nun auch sein und seiner Ehegemahlin Bildnis auf dem runden Erker in Marmor zu verewigen; da sieht man, wie der Herr Hauptmann genießerisch die Hand auf sein wohlgerundetes Bäuchlein legt — aber bald schon muß es Unglück

gegeben haben, der Bau blieb in den Anfängen stecken, das Geld scheint ausgegangen zu sein, und so ließ Ladurner in eine Türrahmung den folgenden sinnigen Spruch meißeln: *Armueth vertreibt Hochmueth.* —
Ihennewein (d. i. aus Ingenuin zu Jenewein verdeutscht) hieß Ladurner sicherlich nach der in seinem Hofbereich stehenden, uralten Kapelle, deren Patrozinium zum Bischof Ingenuin auf die uns verbürgten Besitzungen Brixens in Schlanders weist. Vielleicht ist Sankt Ingenuin in den Grundzügen das älteste Gotteshaus von Schlanders gewesen.

Der heutige Bau mit Dachreiter, in stille Verträumtheit versunken, wurde nach dem Engadiner Krieg neu aufgebaut, aber schon unter Josef II. profaniert. Einzig einige Wappen von Marienberger Äbten im Gewölbe (um 1600) und das schöne Portal mit Steinmetzzeichen sind erhalten geblieben; den Schlüssel zu der sonst vernachlässigten Kirche erhält man im gegenüberliegenden Haus. — Schließlich muß hier noch als letzte von den Schlanderser Kirchen jene des 1644 gegründeten Kapuzinerklosters genannt werden, ein *typischer Kapuzinerbau* mit Bildern des 17. Jh.s am Hochaltar, einem Kapellenaltar aus derselben Zeit (an beiden Hendl-Küniglsches Wappen) und barocken Seitenaltären; der Weihwasserstein aus derselben Epoche.

Im Ehrenalbum von Schlanders steht an erster Stelle der Schützenmajor Martin Rochus Teimer, einer der führenden Köpfe des Tiroler Freiheitskampfes bis zu jenem Augenblick, da er mit seinem glasklaren Verstand erkannte, daß weiterer Widerstand sinnlos war; während ein Andreas Hofer in tragischer Konsequenz und wie von einer seltsamen Todessehnsucht befangen den letzten Gang vor das Peloton in Mantua antrat, hatte Teimer zusammen mit den österreichischen Truppen schon vor geraumer Zeit das Land verlassen. —

Teimer wurde 1778 in Schlanders geboren und studierte nach dem Besuch des Meraner Gymnasiums Rechtswissenschaften in Innsbruck. Schon als junger Mann zeichnete er sich bei den Kämpfen der Jahre 1796—1799 aus und wurde zum Hauptmann befördert; als solcher bekam er den für verdiente Veteranen vorbehaltenen, gutdotierten Posten eines Tabakverlegers in Klagenfurt. Von hier aus nahm er mit Erzherzog Johann Kontakt auf und bereitete zielbewußt den Aufstand von 1809 vor, wobei er als echter Vinschgauer hervorragende diplomatische Fähigkeiten an den Tag legte. In der Stunde des Losschlagens war er als Führer der Oberinntaler Schützen zur Stelle, kam aber unter den eigenen Leuten in Schwierigkeiten, da er das Eintreffen der österreichischen Truppen in Innsbruck (12. April 1809) versprochen hatte, die Truppen jedoch mit großer Verspätung erschienen. Fast ging es Teimer an Kopf und Kragen — da lieh er sich die österr. Majorsuniform des Grafen Spaur aus, die ihm laut zeitgenössischen Berichten um die Gürtellinie herum zwar reichlich weit war, sein Ansehen aber dennoch sofort wiederherstellte. Es kommt tags darauf zum Handstreich von Wilten (vgl. S. 36), der Sternstunde des Martin Rochus Teimer. Der Majorsrang wird bestätigt, und außerdem erhält er den Maria-Theresien-Orden — so wie wir ihn auf der Büste am Plawennplatz sehen. Bis zum Waffenstillstand von Znaim ist Teimer immer an vorderster Stelle und unternimmt — praktisch, wie er nun einmal denkt — Streifzüge nach Bayern und Schwaben, um für Verpflegung und Munition und auch ein wenig Viehbestand zu sorgen. —

Nach dem Waffenstillstand verläßt er das Land — und wenn man weiß, daß über ihn als gesuchtesten *Rädelsführer der Insurgenten* schon in dieser frühen Phase das bedingungslose Todesurteil ausgesprochen war, kann man diesen Schritt sehr wohl verstehen. Hofer allerdings verstand ihn nicht und nahm es dem Teimer auch übel, daß er vor Verlassen des Landes noch zur allgemeinen Kapitulation aufgerufen hatte; so schreibt Hofer an den Erzherzog: *Der Deimer, wan er in Österreich nicht erschossen wirth, so pald ehr forfindig wirth, so wirth er von mir oder anderen guetten Lanntssverteidiger auf der Stöll derschossen . . .* (zit. b. Paulin, S. 86).

Teimer bekam nach dem Krieg das mit dem Theresienorden verbundene Rittergut in Form eines kaiserlichen Geldgeschenkes von 100.000 Gulden, mit denen er das Gut Herbersdorf in der Steiermark ankaufte; außerdem wurde er mit der Ruine Hocheppan bei Bozen belehnt. Er führte ein tätiges Leben als angesehener Gutsherr und starb auf seinem herrschaftlichen Besitz im Jahre 1838. — (Literatur: J. J. Staffler, S. 574f., und Peter Gamper, „Rochus Martin Teimer, Freiherr von Wiltau", Innsbruck 1910.)

Ein Mann von bestechender Intelligenz und diplomatischen Fähigkeiten war der ebenfalls in Schlanders geborene Josef D a n a y (1782), dessen Rolle in den stürmischen Tagen von 1809 lange Zeit heftig umstritten war.

Wesentliches über den Kapuzinerpater und späteren Weltgeistlichen haben wir bereits gehört (vgl. S. 36), und ebenso kennen wir nunmehr den Heimathof der weitverzweigten Familie Danay (auch Daney, Thanai, Donay usw. geschrieben; siehe unter „Matsch"). Ähnlich wie Haspinger (siehe unten) erschien Danay bei den Kämpfen hoch zu Roß, mit umgegürtetem Säbel, und schlug sich tapfer; bald ist er der sprachgewandte und kluge Sekretär Hofers — aber in gleicher Weise wie Teimer erkennt er klar den Augenblick der Peripetie in der Tragödie des Andreas Hofer. Zunächst gelingt es ihm, Hofer von der Notwendigkeit der Kapitulation zu überzeugen; im Auftrag des Sandwirtes verhandelt er geschickt mit *Eugen Beauharnaise,* Napoleons Vizekönig in Italien. Aber da wird Hofer vor allem von Haspinger umgestimmt, und Danay gerät in die zwielichtige Position des Verräters, der Hofer falsch informiert habe; er wird sogar im Auftrag Hofers gefangengesetzt und entgeht nur mit knapper Not der Hinrichtung. — Nun arbeitet Danay zielbewußt im Sinne einer friedlichen Lösung weiter und rettet den Vinschgau, indem er unter Gefahr für sein Leben in flammenden Ansprachen zur Ergebung rät. Das hat ihm später die Verdächtigung eingetragen, daß er es gewesen sei, der Hofer verraten habe, und daß der Bauer Raffl nur sein willfähriges Werkzeug gewesen sei; es waren vor allem antikirchliche Kreise, die den *Pfaffen Donay* dieser Ungeheuerlichkeit bezichtigten, obwohl belegt ist, daß sich Danay noch verzweifelt gegen Hofers Hinrichtung einsetzte, und überdies Raffls Bekenntnisse historisch absolut glaubwürdig sind. — (Literatur: J. J. Staffler, S. 576 f., und „Schlern", Jg. 1947, S. 148, sowie 1960, S. 106 ff.) Eine wichtige historische Quelle ist Danays eigenes Buch „Der Tiroler Volksaufstand 1809" (Neuaufl., Hamburg 1909), da hier gewissermaßen die Gegenseite Hofers zu Worte kommt. Danays Werk ist zweifellos ein sehr wertvolles Korrektivum zu einer Überbewertung Hofers und des Freiheitskampfes, doch sind anderseits bislang alle immer wiederkehrenden Spekulationen gescheitert, mit Hilfe dieses Werkes den Nimbus des Tiroler Heldenkampfes zu zerstören. — Was bleibt, ist die Tatsache, daß Danay den Vinschgau gerettet hat, wie auf seiner Gedenktafel zu lesen steht. —

Als die Feuerzeichen von 1809 über dem Land loderten, war ein rotbärtiger Kapuziner namens Joachim Haspinger (geb. 1776 in Gsies/Pustertal, gest. 1858 in Salzburg) gerade Insasse des Klosters in Schlanders und eilte von hier aus unter die Waffen. Er war insofern das Gegenteil von Danay, als es vor allem seinem Rat zuzuschreiben ist, daß der Sandwirt letzten Endes die Waffen nicht streckte; *in dieser dunklen Stunde war er Hofers und des ganzen Landes unheilbringender Dämon* (Paulin, S. 92).

Aber auch Haspinger blieb in seinem Sinn konsequent, bis zum bitteren Ende; als er erfuhr, daß auf ihn ein hohes Kopfgeld ausgesetzt wäre, ließ er einen Freund wissen: *... ich habe Nachricht, daß man mich henken will, aber sie haben nicht überlegt, daß man ihn zuvor holen muß!* (zit. b. Plant, S. 63); wir wissen, daß es Haspinger gelang, sich auf Tschenglsberg zu verstecken. —

Hofer und Haspinger — Teimer und Danay; das ist auf beiden Seiten Tirol, aber es spiegelt die Unterschiede wider, die es in diesem Land oft von Tal zu Tal gibt. Teimer und Danay sind mutig im sinnvollen Kampf, aber ihre wache Intelligenz führte sie sicher auf den richtigen Weg. Hofer und Haspinger — das ist

Haudegentum und starres, beharrendes Bauerntum, von unerschütterlicher Treue bis zur Schwerfälligkeit des Bären, der in die Falle geht.

Sie alle stehn im Ehrenbuch Tirols — aber Hofers Opfergang ist mehr; er wurde zum europäischen Fanal.

In einem besonders sympathischen Licht erscheint der nächste Vertreter unserer Ehrengalerie, der Schützenhauptmann Johann Alber vom Stadlhof nächst dem Weiler Talatsch am Sonnenberg; Alber hatte 1809 anläßlich der Kapitulation der gegen Nauders vorrückenden bayerischen Truppen an der Pontlatzer Brücke die gefangenen Offiziere und Soldaten vor Mißhandlungen durch die erregten Bauern beschützt, wofür ihm von bayerischer Seite ein Ehrendiplom erteilt wurde.

Aus Schlanders gebürtig ist auch Hieronymus Peteffi (1714 bis ca. 1758), der sich an der Wiener Akademie ausbildete und für mehrere Tiroler Kirchen Tafelbilder schuf. — Aus neuerer Zeit ist Karl Schönherr als bedeutendster österreichischer Dramatiker des 19./20. Jh.s insofern zu nennen, als er seine Jugendjahre in Schlanders verbrachte und hier entscheidende Anregungen empfing. Aus der jüngsten Künstlergeneration erwähnen wir den Maler Robert Scherer (geb. 1928 in Schlanders, Akademie Wien, zahlreiche Ausstellungen und Preise), von dem wir ein Werksbeispiel im nahen Morter (Fresko) und vor allem das Glasgemälde in Kortsch betrachten können.

Schließlich hat Schlanders mit dem Südtirol-Politiker (Abgeordneter zum röm. Parlament, Senator) Dr. Karl Tinzl einen der treuesten und größten Söhne des Landes hervorgebracht; für seinen Einsatz in Zeiten bitterster Not wurde Dr. Tinzl (1888—1964) zum Ehrenbürger seiner Heimatgemeinde ernannt; das 1973 eingeweihte Schülerheim des Michael-Gamper-Werkes trägt seinen Namen; er war auch Ehrensenator der Univ. Innsbruck.

Auf Tappein / da ist's fein!
Da gibt's Milch / da gibt's Wein!
Früh auf und spat nieder / Krax auf und Korb nieder —
Rast woadl (ein wenig) *und renn wieder!*

Hausspruch vom Tappeinhof

Von den Ausflügen am Sonnenberg haben wir die Waalwege im unmittelbaren Bereich von Schlanders (Mark. 4, 5 und 6) bereits genannt. Der Weg 5 (später 15) führt uns an den heißen, versteppten Hängen steil bergan zu den letzten Bauernhöfen; der Verfasser hat diese eigenartige Gegend, deren Flora wir bereits kennen (vgl. den Abschnitt „Flora") in seinem „Südtiroler Wanderbuch" mit folgenden Worten zu umreißen versucht: ... *es ist das Erlebnis steinigweißer, hitzeflimmernder Wege und der Übergang aus trockener Halde hin und wieder in einen Bachgraben, in dem nun das Wasser mächtig regiert und ein Urwalddickicht sprießen läßt, geheimnisvoll und wild.*

Wir sagten bereits, daß ab Kortsch ein Güterweg zu den Sonnenberghöfen vorangetrieben wurde (gesamte Länge 8 km, über Talatsch nach Eggen, mit Zubringern zu den übrigen Höfen); auch die Wasserwaale verschwinden teilweise in großen Leitungsrohren — nur macht all diese technische Hilfe hier die Wiesen nicht weniger steil. Wir berühren die Höfe Gsal *(casale;* 1450 m), Pernui (1620 m; seit 400 Jahren im Besitz der Familie Telser, 1973 gänzlich abgebrannt doch wieder im Aufbau) und als höchsten Vorra (1750 m), von einer prächtigen Zirbelkiefer überschattet und fast verloren am Horizont; etwas westlich davon liegt noch Gmahr knapp über 1700 Meter. Nach der andern Seite (östl.) führt der Weg Nr. 15 zur Höfegruppe Eggen (um 1600 m) mit einer eigenen Volksschule — einer wahren „Hoch"-Schule — die auch für die Kinder des tiefer liegenden, eng am Hang verschachtelten Weilers Talatsch dient (1450 m). In dieser weltabgeschiedenen Bergeinöde wurde im April 1971 durch den Bauer Holzer rein zufällig ein 14 Stücke umfassender Bronzehort (Lappen- und Lochbeile, Meißel, Messer usw.) entdeckt, der mit 8. bis 7. Jh. v. Chr. vorläufig datiert wurde und dank dem Verständnis des Finders gleich ins Meraner Museum kam (hiezu R. Lunz in „Ur- und Frühgeschichte Südtirols", S. 40, mit Abb.). —

Wir kehren nun jedoch wieder auf die Höhe von Eggen zurück und folgen ein Stück dem Waalweg und dann einem Almsteig gegen Norden bis in den kühlen Grund des Schlandrauntales, dessen Begehung bis hierher ab Schlanders (Nr. 4) auf einem neuen Güterweg (einige schöne, alte, jedoch verlassene Mühlen) nur bedingt empfehlenswert ist; hier erstand vor kurzem das neue Kraftwerk der Gemeinde Schlanders, das den Ort mit Strom, Überdruckwasser zur Bewässerung und außerdem mit Trinkwasser versorgt. — Ganz im Talgrund finden sich die Mauerreste des schon um 1500 aufgegebenen Schupferhofes nächst der heutigen Schlanderser Alm (ca. 1800 m). Der Name des hier abzweigenden kleinen Meineidtales weist auf die weitverbreitete Sage vom Schupferbauern, der im Almstreit zwischen Kortsch und Schlanders als echter, schlauer Vinschger einen Schöpflöffel unter den Hut gab, und Erde aus Schlanders in die Schuhe; dann tat er den Schwur: *So wahr der „Schöpfer" ober mir ist — ich stehe hier auf Schlanderser Boden!* Aber dieser Schwindel half dem Schupfer, der so die Leute von Kortsch um ihre Alm betrog, nicht viel; er muß heute noch für seinen Meineid büßen, an einer Stelle („Schupferboden"), wohin zwei schwarze Ochsen seine Totenbahre zogen und wo seither kein Halm mehr wächst. —

Bei der Kortscher Alm (2004 m) mündet ein Quersteig, der über die Rappenscharte (2988 m) gegen Westen Verbindung mit Matsch und über das Mastaunjoch (2927 m; ab hier zur unvergletscherten Mastaunspitze, 3200 m) gegen Osten ins Schnalstal hat. Geradeaus kann man zum Taschljöchl (2772 m) ansteigen, vorbei am Kortscher See (2500 m), dem größten Gewässer einer ganzen Seenplatte an dem heute völlig vereinsamten Joch; vereinsamt deshalb, weil die hier vom DuÖAV im Jahre 1910 erbaute Heilbronner Hütte schon vor Jahren abgebrannt und das Gebiet daher ohne Stützpunkt ist. Die Hütte war Ausgangspunkt für die leicht erreichbaren Gipfel Berglerspitz (3000 m) und Kortscher Schafberg (3110 m); jenseits (nördl.) bergab führt unser Weg 4 ins innerste Schnalstal. — Neuerdings geht die Rede davon, die Kortscher Seen für Energiegewinnung nutzbar zu machen, was den Vinschgau um eine weitere Naturschönheit ärmer machen würde. —

Vom Schupferhof talauswärts kann man an der linken (östl.) Flanke zur Tappeineralm (2036 m; Sommerwirtschaft) aufsteigen, vorbei an den aufgegebenen Höfen Zerminig (1288 *super Zermini),* Gampl und Greut. Von Greut aus direkt kommt man nun zu einem der schönsten Vinschgauer Berghöfe, zum Tappeiner (1397 m; mit hübscher Kapelle), dem Stammhof der weitverzweigten Sippe dieses Namens, *auf einer der herrlichsten Naturterrassen Tirols gelegen* (Holzmann; der Hof 1365 unter *Marquard de tappein* erwähnt). — Der große, von zahlreichen Sagen (Winkler, S. 183 f.) umwobene Hof hat über einen steilen Güterfahrweg Verbindung nach Schlanders bzw. Vezzan und ist zu Fuß ab Schlanders auf dem Weg Nr. 7 in zweistündiger Wanderung zu erreichen; an diesem Weg liegt in beherrschender Lage hoch über der Mündung des Schlandrauntales die heute leider arg verwahrloste Feste Schlandersberg (ca. 1070 m), Sitz der uns aus der Geschichte des Marktes bekannten Familie gleichen Namens, die 1755 ausgestorben ist; der im 16. Jh. um einen älteren Turm gefügte Bau mit Sonnenuhr und Wappen dient heute einer Bauernfamilie als Wohnung. —

Die Walpurgiskirche steht gleich einer zierlichen gotischen Monstranz in der Landschaft.

Marjan Cescutti

Mit diesen Worten umreißt einer der derzeit besten Kenner des Vinschgaues in trefflicher Weise das liebliche Bild jener feingefügten Kirche, das uns von allen Seiten her zu einem Besuch des Weilers Göflan verlockt; seine einfachen Häuser breiten sich zu beiden Seiten der Etsch hin und versinken fast im üppigen Grün reicher Obstpflanzungen. Nur die Kirchen St. Walpurgis und St. Martin ragen hoch über dem malerischen Bild.

Göflan (755 m), nur einen Kilometer von der Umfahrungsstraße von Schlanders entfernt, ist Fraktion dieser Großgemeinde mit rund 500 Einwohnern; Staffler gibt 1846 für den häufig von Überschwemmungen und Bränden heimgesuchten Ort die Einwohnerzahl 305 an. Bezüglich der Geschichte von Göflan ist zu sagen, daß die 1185 erwähnte Seelsorge als die Urpfarre der Gegend gilt, die das ganze Schlandraun und sogar noch zum Teil das innerste Schnalstal eingeschlossen haben soll; die Überlieferung weiß jedenfalls, daß man die Toten früher von Kurzras den beschwerlichen Weg übers Taschljöchl (2772 m) bis hierher getragen habe, und überdies steht die Martinskirche von Göflan — wie die Legende weiß (Winkler, S. 210) — auch in enger Beziehung zu Sankt Martin im Kofel (siehe dort). Aus prähistorischer Zeit ist ein erst um 1950 angeschnittenes Gräberfeld im Bereich von Göflan zu nennen (10. oder 9. Jh. v. Chr., wie jenes von Kortsch); der Name (um 1212 *Gevelanum)* weist auf einen keltischen Vornamen in Verbindung mit einem römischen Prädialnamen, so daß *Govelianum* das Landgut eines hier schon vor der Römerherrschaft Ansässigen wäre. —

Aus Göflan stammt der bedeutende Germanist Univ.-Prof. Dr. Eduard Wackernell (1850—1920), Hofrat und Mitglied des altösterr. Herrenhauses, der in Innsbruck gelehrt hat, und ebenso stammt der hochverdiente Abt-Hochmeister des Deutschen Ordens, Dr. Marian Tumler aus dieser Gegend (geb. 1887 im Hof „Kopf am Egg" am Nörderberg). —

Die einfachen Häuser, über die auf hohem Viadukt die Vinschgaubahn fährt, künden von vielen Schicksalsschlägen, und was sonst an altertümlichen Bauwerken vorhanden war, wie etwa die gedeckte Holzbrücke über die Etsch, mußte den Erfordernissen der neuen Zeit weichen; dies gilt auch für den ehemals typisch vinschgauerischen Murkegel aus dem Tafratzbachgraben (Name nach dem Berghof im Einzugsgebiet), dessen von Wasserwaalen gezeichnetes Gesicht heute der Maske einer vorbildlich planierten und mit einer Großberegnungsanlage versehenen Obstanpflanzung hat weichen müssen.

Göflan birgt in seinen beiden Kirchen schönste Schätze der Gotik und im Turm der Kuratialkirche zum hl. Martin noch Relikte der romanischen Epoche, so etwa teilweise vermauerte Rundbogenfenster und die derbgerahmte Tür mit einer in den Stein gehauenen segnenden Hand darüber.

Im übrigen stammt die heutige Form der Kirche von einem Umbau des Jahres 1465 (Chor 1472), der wohl durch den Deutschen Orden vorgenommen wurde, wie das Wappen am Gewölbe erweist. Die Kirche birgt in Teilen drei Flügelaltäre, so im barocken Hochaltar den Schrein eines Retabels mit St. Martin zu Pferd und Bettler (Ende 15. Jh.), dessen Flügel später für den linken Seitenaltar verwendet wurden; im Schrein dieses Seitenaltares Sankt Johann der Täufer und zwei Heilige, mit den genannten Flügeln vom Hochaltar, aus denen eine Szene der *Vita* des hl. Martin gestohlen wurde. Die Flügelgemälde, Predella (Geburt Christi, Ende des 15. Jh.s) und Maria mit Christkind im Aufsatz (17. Jh.) sind durchwegs gute Arbeiten. Ein ganz besonders schönes Stück, von Gisela Scheffler mit Sicherheit der Hand oder Werkstatt des Jörg Lederer zugeschrieben („Der Obere Weg", S. 315), ist der zweite Seitenaltar mit Maria und Christkind im Schrein, flankiert von Heiligen, mit schönen Flügelreliefs und einer vollendeten Kreuzigungsgruppe im Aufsatz (Anf. 16. Jh.); die Pietà in der Predella ist aus Gußmasse (um 1400), und aus derselben Zeit stammt die schöne Kreuzigungsgruppe an der Wand darüber. Hervorzuheben ist auch das von Schloß Obermontani stammende Kanzelportal.

In dem vorwiegend von ernster Romanik bestimmten Vinschgau ist Sankt Walpurgis in Göflan als Gesamtbau das schönste Zeugnis spätgotischer Kunst, in verspieltem Filigran bis zu jener himmelragenden und frohen Frömmigkeit gesteigert, die für Bauten dieser ausklingenden Stilrichtung so bezeichnend ist; der Eindruck einer ganz besonders zierlichen Helligkeit wird durch die überreiche Verwendung von weißem Göflaner Marmor erzielt.

Es handelt sich um einen an Stelle einer älteren Kirche errichteten, 1502 geweihten Neubau, dessen dekorative Gewölbemalereien (Jüngstes Gericht) und Darstellungen der Chorwand (St. Walpurg, Anna selbdritt) mit Wappen und Jahrzahl auf den Deutschen Orden und dessen Landkomtur Heinrich von Knöringen weisen (1516; am Portal und andernorts zahlreiche Steinmetzzeichen der Vinschgauer Schule). Der Altar aus dem 17. Jh. und vor allem das Altarbild, die Kirchpatronin darstellend, sind leider durch jahrzehntelange Verwahrlosung stark beschädigt worden, doch ist die ganze, vor allem durch Feuchtigkeit bedrohte kostbare Kirche in den Jahren 1977 und 1978 durchgreifend renoviert und vor weiterem Verfall bewahrt worden. — Den Schlüssel zu beiden Kirchen erhält man im Widum neben Sankt Martin.

Göflan soll nun auch der Ausgangspunkt zu einer Wanderung über den Nörderberg sein, der mit seinen weitverstreuten Höfen und Almen, verteilt auf Inner- und Außernörderberg, eine eigene Fraktion der Gemeinde Schlanders bildet und neuerdings durch eine Güterstraße erschlossen wurde; dies bedeutet gewiß große Vorteile für die Wirtschaft, es bedeutet dem Naturfreund aber auch die Entzauberung einer einstmals nur vom Rauschen hoher Wipfel umwobenen Waldlandschaft.

Der Bergwanderer steigt über Weg 3 zunächst bis zum Ende des Göflaner Murkegels an und von dort weiter bis zu den Kohlplätzen (1666 m), einer kleinen Sommerwirtschaft an der alten Marmorstraße, an die noch eine reinweiße Marmortischplatte vor der sonst einfachen Behausung erinnert. Von hier führen Fuß- und Wirtschaftswege weiter zu den Marmorbrüchen der Göflaner Alm (1819 m; 20 Min. darüber öffentl. Kantine des Marmorwerkes), von der aus man stets auf Fußweg 3 (Benützung der von Laas hierher führenden Marmor-Werkstraße nicht gestattet) in insges. 5 Std. ab Göflan den Göflaner See (2519 m) zu Füßen von Jennwand (2958 m) und Laaser Spitze (3304 m; auch Orgelspitz) erreicht. Der letztgenannte Gipfel wird jedoch nicht von hier, sondern viel leichter von der Schluderscharte aus bestiegen (1¼ Std.; vgl. S. 327). — Laaser Spitze und Laaser Ferner werden leicht verwechselt; der vom Tal aus gut sichtbare Firnschild ist der von der Vertainspitze herabziehende Laaser Ferner, während die Laaser Spitze unvergletschert ist.

Wir haben nun noch den Übergang von der Alm übers Göflaner Schartl (2404 m) nach Martell zu nennen, bevor wir uns von den Kohlplätzen zur genußreichen, fast ebenen Querung über den sog. „Milizsteig" (= Nr. 2, von der Forstmiliz gebaut) zu den Gamshöfen am Nörderberg aufmachen. Kurz zuvor kommen wir an einer Alm vorbei, die in allen Karten als „Weißkaser" aufscheint — doch ist dies nur ein frommer Wunsch der Kartographen; der topographischen Genauigkeit halber sei hier ohne falsche Scham vermerkt, daß die Alm von den Einheimischen durchwegs nur „Scheißkaser" genannt wird. —

Die Gamshöfe (um 1500 m) gehen, wie aus dem Fund einer bronzenen Lanzenspitze (Museum Meran) zu schließen ist, auf sehr alte Vorgänger zurück und weisen teilweise noch schöne, spätmittelalterliche Bauformen auf; auch der Reichtum an Sagen über Nörggelen und Salige (Winkler, S. 172 f.) spricht für ein hohes Alter der Siedlung. Am Übergang über das Kreuzjöchl (2053 m) nach Martell (Weg Nr. 1) sollen auch noch die Überreste eines ausgemauerten „Norggenloches" zu sehen sein. Der Name (u. a. auch „Bärnstall", 1971 abgebrannt) weist auf alte Jagdtraditionen hin, die von der Volksüberlieferung dem Landesfürsten zugeschrieben werden.

Laut Stolz („Schwaighöfe", S. 127) dürften jedoch die Annenberger hier grundherrschaftliche Rechte ausgeübt haben. Interessant ist die Turmruine nahe dem Mairinghof, die zum Signalisierungssystem der sog. „Kreidetürme" gehört hat (hiezu Tscholl in „Schlern", Jg. 1951, S. 63). Bemerkenswert ist überdies am Mitterhof ein eingemauerter Kruzifixus mit flatterndem

Lendentuch und der Jahrzahl 1347 (?) aus weißem Marmor, ganz ähnlich wie die bereits genannten Beispiele in Kortsch und Schlanders.

Außer dem obgenannten Weg 1 über das Kreuzjöchl führt etwas tiefer ein Weg Nr. 7 durch den Talairwald zum Steinwandhof in Martell, von dem weiter unten im Zusammenhang mit dem Sektierer Gorfer noch die Rede gehen wird. — Abschließend zu den Gamshöfen sei gesagt, daß die neue Zufahrtsstraße diesen Teil des Nörderberges nunmehr zur beliebten Sommerfrischsiedlung der Bewohner von Schlanders hat werden lassen, was leider auch zu einer Verhüttelung mit teilweise recht stillosen Neubauten geführt hat. — Wir vermeiden daher zum Abstieg die Straße und kommen auf Abkürzungswegen schnell tiefer, in die Gegend des schön gelegenen W i b e n h o f e s am unteren Rand des äußeren Nörderberges.

Der untere der beiden Wibenhöfe war die Heimstatt der sogenannten W i b m e r S e k t e, auch „Wibmer Luther" genannt, die zu Beginn des vergangenen Jahrhunderts viel von sich reden machte.

Der geistige Vater der Sekte war ein Schwarmgeist namens Josef G o r f e r, geboren 1764 zu Katharinaberg im Schnalstal, seines Zeichens Schuster und später Bauer auf dem Steinwandhof in Martell, daher auch „der lutherische Steinwandter" genannt. Gorfer tat sich vor allem als gesuchter Heilpraktiker und Wunderdoktor hervor, der Unbemittelte durchwegs umsonst behandelte. Der „Schnalser Doktor" legte die Bibel nach seinem Gutdünken aus und trat bald in strikte Gegnerschaft zur katholischen Kirche, deren Priestern er vorwarf, nicht im Sinne des Evangeliums zu leben. Für derartige Ideen gewann Gorfer die Familie Spieler vom Wibenhof so sehr, daß sich die Eltern und fast alle Kinder ebenfalls endgültig von der Kirche lossagten, ja teilweise sogar feindselig und tätlich gegen Priester vorgingen. Von Gorfer ist bezeugt, daß er sich in einer Zelle der ehemaligen Kartause Allerengelberg (siehe dort) selbst zu verbrennen versuchte, um durch diesen Opfertod in den Flammen die Öffentlichkeit auf seine Lehre hinzuweisen; wie man sieht, gibt es nicht viel Neues unter der Sonne. — Mit dem Tod des letzten, wie alle seine Geschwister kinderlos gebliebenen Spielersohnes auf dem Wibenhof (1880) erlosch diese eigenartige Religionsgemeinschaft, die über diese eine Familie nie hinausgegangen war. Gorfer selbst war schon 1837 im Meraner Armenhaus gestorben, nachdem er hartnäckig bis zum letzten Atemzug die Annahme der Sterbesakramente verweigert hatte. — Eine genau dokumentierte Arbeit über die Wibmer Sekte aus der Feder von R. Staffler findet sich im Jahrgang 1924 des „Schlern" in 6 Fortsetzungen. —

VEZZAN UND GOLDRAIN

In der Chronik des Marienberger Mönches Goswin ist die Rede davon, daß um 1170 dem Kloster eine *vinea in Vetzano,* ein Weingut in Vezzan geschenkt wurde; mindestens so alt ist also hier der Anbau der Rebe, deren Qualität allerdings schon bei J. J. Staffler und durch eine von Josef Weingartner überlieferte Anekdote umstritten erscheint.

Als demnach ein Seelsorger in Vezzan seinen Einstand feierte, meinten die Leute: *„Jetzt sind Sie in eine gute Weingegend gekommen, aber das sagen wir Ihnen — lachen müssen Sie, bevor Sie den Wein trinken. Nachher tun Sie's gewiß nimmer . . .“*

Der Verfasser ist jedoch erst im Herbst 1976 wiederum zu einem grundlegend anderen Urteil gekommen, als ihm ein Bauer in Vezzan gastfreundlich einen bernsteinfarbenen Eigenbau kredenzte, dessen durch und durch natürliche und aromatische Blume es mit jedem klangvollen Namen aufnehmen könnte. Leider bauen in Vezzan heute nur mehr drei Bauern Wein an, einige Güter werden noch von Kortsch aus bewirtschaftet — alles übrige wird mehr und mehr dem ertragreicheren Obstbau geopfert (Beregnungsanlage von 50 ha, 1970 in Betrieb genommen); leider gilt dies auch für die prächtigen Edelkastanien, die da und dort noch dem Fuß des Sonnenberges ein ganz echt untervinschgauerisches Gepräge geben. So wird man gut daran tun, die laute Straße zu meiden und von Schlanders her auf Waal- und Fußwegen (Nr. 13) in das abgelegene und idyllische Vezzan zu wandern; besonders schön ist der mauerumgürtete erste Teil des Weges von Vezzan nach Tappein, von dem man auf einer quer am Sonnenberg verlaufenden Markierung 12 (Abzweigung bei einem Brunnen) bis zum Ratitschhof wandern und von dort absteigend mit einem umfassenden Blick auf den ganzen Ort seine Runde schließen kann.

Vezzan ist zusammen mit dem nahen Goldrain uralter Siedelboden in klimatisch günstigster Lage, wie nicht weniger als sieben nachgewiesene Urzeitstätten an den Hängen des Sonnenberges bekunden; der schlimmste Feind des Ortes ist jedoch seit eh und je der wilde Fallerbach gewesen, der aus den Runsen der kahlen Steilhänge immer wieder verheerend ausbrach und 1840 das ganze Dorf verschüttete; der Priester, der zum Läuten der Sturmglocken in die Kirche eilen wollte, wurde zusammen mit dem Mesner unter dem niederstürzenden Murbruch begraben.

Demnach stecken die romanischen und gotischen Elemente der sehr alten Nikolauskirche in tiefem Schutt, über dem 1849 die heutige Kirche erbaut wurde. Die drei Altäre sind 17.—19. Jh. mit wesentlich älteren Holzskulpturen, darunter St. Nikolaus und Blasius mit *schönen Charakterköpfen, Ende des 15. Jh.s* (Weingartner). Bemerkenswert ist der Weihwasserstein am Friedhof mit Wappenschild und der rudimentären Skulptur einer Kröte, sowie das schöne Kruzifix am Grab Tappeiner-Schmalzhof. Seit 1439 ist der nahe der Hauptstraße liegende große Mareinhof (Fremdenzimmer) urkundlich belegt, und ungefähr ebenso alt dürfte der Maslhof gegenüber der Kirche sein, mit gut proportionierter Südfassade. — Vezzan am rechten Ufer des heute durch Wildbachverbauung gebändigten Fallerbaches ist Fraktion der Gemeinde Schlanders, liegt auf 708 m Höhe, hat rund 180 Einwohner und ist auf einer von der Vinschgauer Hauptstraße abgehenden Zufahrt (3 km ab Schlanders) erreichbar. Die Leute im Ort betonen den Namen Vezzàn, anderwärts (so z. B. in Kastelbell) hörte ich auch die Betonung Vèzzan. —

Eine eigene Zufahrt von der neuen Latscher Umfahrungsstraße sowie auch ab Bahnhof Goldrain-Martell an der alten Vinschgauer Landstraße hat jener Teil von Goldrain (660 m), der sich an Vezzan östlich über dem Graben des Fallerbaches anschließt, also am linken Etschufer liegt; beide Zufahrten treffen sich etwas östlich des Tunnels, mit dem die neue Reichsstraße den Schuttkegel des Fallerbaches durchstößt.

Die Lage des Ortes ist von ganz ähnlicher Lieblichkeit wie jene von Vezzan; sehr zu empfehlen ist der Fußweg, der ab der Kirche von Vezzan über den Bachgraben führt und jenseits in das verwirrende Grün von Obstbäumen eintaucht, aus dem nur einzelne weiße Häuser blitzen, malerisch gelagert um das mit Mauern und Eckrondells bewehrte Schloß Goldrain.

Das trotz jahrzehntelanger Verwahrlosung noch prächtige, herrschaftliche Gebäude liegt in einzigartiger Schönheit an den Bergfuß gebettet; es gehört einer Epoche an, da die wehrhafte Lage nicht mehr von ausschlaggebender Bedeutung war. Diese Bedeutung zeichnet sich jedoch in der frühesten Geschichte von Goldrain ab und ist durch die auf dem Sonnenberg verteilten, bereits erwähnten prähistorischen Siedelstätten bestens dokumentiert; wir heben das heute durch ein Kreuz bezeichnete (und leider planlos verbaute) Töniegg (Eck des hl. „Töni"; 774 m) hervor, weil hier die Kontinuität aus prähistorischer Zeit über die mit romanischer Rundapsis versehene Kapelle Sankt Anton im Weinberg (Klima!) bis in unsere Tage verfolgt werden kann; das Kirchlein, sicherlich Mittelpunkt einer uralten Hangsiedlung, ist seit der gewaltsamen Schließung unter Josef II. leider dem Verfall preisgegeben.

Spätere Generationen des um 1170 als *Colruna* erwähnten Ortes sind in bequemere Wohnlagen abgestiegen. Der Name verrät jedoch noch immer das *col* des Hügels (und eine Wasserrinne *run?*), wenngleich die Sage den heutigen Namen „Goldrain" auf ein Goldbergwerk am Sonnenberg zurückführen will; nun, mit dem Gold dürfte es nicht sehr weit her sein, doch ist Bergbau auf Bleiglanz im Bereich der heute teilweise verfallenen Höfe am Sonnenberg nachgewiesen (vgl. S. 381).

Das heutige Schloß ist wahrscheinlich in den Grundzügen um 1475 von den späteren Grafen H e n d l erbaut worden, die von Goldrain das Prädikat führen; die Familie stammt laut Staffler aus der Schweiz und wird zu einer der führenden Adelsfamilien im Vinschgau, deren Wappen (Mühlrad) wir allerorten begegnen. Franz Hendl, dessen prächtigen Grabstein wir in der nahen Luciuskirche noch besuchen werden, war Landeshauptmann von Tirol (1581), und Josef Graf Hendl zeichnete sich als Schützenmajor in den Kriegsjahren 1796, 1799 und 1809 in hervorragender Weise aus (vgl. Plant, S. 25 ff.).

Nach und nach bauten die Hendl ihr Schloß nach dem Muster der Churburg zu einer vornehmen Residenz aus und umgaben die ganze Anlage mit einer rechteckigen Umfassungsmauer; alle verwendeten Werkstücke, einschließlich der Schießscharten, sind aus weißem Marmor. Besonders hervorzuheben sind die Portale, Freitreppen und jene *entzückende Loggiengalerie* (Weingartner), innerhalb derer ein immergrüner Lorbeerbaum als Zeuge für das milde Klima der Gegend steht. — Die Schloßkapelle mit einfacher Einrichtung dient heute als Aushilfskirche, da in der Burg Schule, Pfarrhaus und Kindergarten (vorläufig) untergebracht sind. — M. R. Greiffenberg hat in „Südtirol in Wort und Bild" (1/1971) Goldrain ausgezeichnet dargestellt (Abb., Grundrisse); er nennt die Anlage *ein architektonisches Kleinod im Vinschgau.* — 1975 kaufte Josef Rinner, damals Bürgermeister von Latsch, Goldrain mit der Auflage, die Burg stilgerecht zu restaurieren.
Da sich zwischen dem Schloß und der Marteller Talstraße, also beiderseits der Etsch, ein neuer Dorfkern auszubilden beginnt, versinkt die P f a r r k i r c h e z u m h l. L u c i u s in der Flur „Tiss" heute mehr und mehr in die Vereinsamung eines vom bewohnten Dorfmittelpunkt abgetrennten Gotteshauses, dessen Ersatz durch eine neue Kirche in der Ortsmitte geplant ist.

Es ist hervorzuheben, daß St. Lucius als Hauptpatron des Bistums Chur sowie als legendärer Räterapostel verehrt wird und daher hier nicht zufällig sein Heiligtum hat. Der heutige Bau hat seine einheitlichen gotischen Bauformen aus dem Jahr 1491; an W a n d g e m ä l d e n sind St. Christoph (1503), Pietà und Kreuzigungsgruppe (etwas später und derber) und im Inneren erneuerte Fresken um 1600 (Jüngstes Gericht) zu nennen. Innerhalb der neugotischen Einrichtung fallen Tauf- und Weihwasserstein auf (weißer Marmor, beide 16. Jh.), und vor allem der schöne G r a b s t e i n des Franz Hendl, der den Verstorbenen in voller Rüstung kniend zeigt.

Dieser Teil von Goldrain ist besonders reich an Möglichkeiten zu hübschen Ausflügen, von denen wir den „Wasserfallweg" ab der Kirche sowie den Weg Nr. 5 zur neuen, zwanzig Meter langen Hängebrücke über die Schlucht des 100 Meter hohen Wasserfalles (in der Nähe Schalensteine) hervorheben, der ebenso wie Weg Nr. 6 („Panoramaweg Sonnenburg") in der Nähe des Schlosses Goldrain seinen Anfang nimmt.

Der genannte Weg 6 führt in die auch im Winter reizvolle Sonnenberglandschaft und in einer guten Wegstunde zu dem auf überraschend großen Terrassen („Annenberger Böden") gelagerten Schloß Annenberg (1049 m), das mit Goldrain auch durch eine schmale Fahrstraße verbunden ist.

Den schönsten Blick auf das heute im Außenbau noch wohlerhaltene Schloß (restauriert 1910) hat man vom hohen Egghof am Sonnenberg aus; die Firne der Ortlergruppe, der steile Sonnenberg, das stattliche Schloß und die Wein- und Obstgärten zu seinen Füßen, diese ganze Linie *zwischen Firn und Reben* ist von hier mit einem einzigen, unvergeßlichen Blick zu umfassen. Die ursprünglich nur aus einem festen Turm bestehende Anlage, die auf nachgewiesener prähist. Siedelstätte steht, wurde wahrscheinlich von den Herren von Wangen-Burgeis spätestens im 13. Jh. erbaut und später an die Matscher abgetreten, aus deren Händen die Burg Anfang des 14. Jh.s in den Besitz einer Seitenlinie der Herren von Partschins kam, die sich seither „von Annenberg" nannten und das Schloß nach und nach zur heutigen Gestalt ausbauten (die Ringmauer 16. Jh.). Der bedeutendste Vertreter dieses Geschlechtes war der hochgebildete Anton von Annenberg (1420—1480), dessen aus Handschriften und Inkunabeln bestehende Bibliothek berühmt war; aus dieser Quelle dürften jene mittelalterlichen Handschriften stammen, die von hier über Tarantsberg (das später den Annenbergern eignete) nach Obermontani und in andere Vinschgauer Archive (z. B. Churburg) gelangten.

Das Innere der Burg bietet heute nichts Sehenswertes mehr. Ein schöner, wenn auch vernachlässigter Bau ist die außerhalb des Berings stehende Annakapelle in zierlicher Gotik mit Dachreiter, 1516 erbaut. Die Wandgemälde (außen Wappen und Sonnenuhr) zwischen den Säulen der Innenwände sind 16. Jh. und wurden 1929 aufgedeckt bzw. ergänzt. Das prächtige, in feinem Filigran gehaltene Chorgestühl (1515) und ein bemerkenswerter, schon stark der Renaissance verhafteter Altar (1517), dem Sebastian Scheel zugeschrieben, wurden zu Beginn unseres Jahrhunderts in das Ferdinandeum in Innsbruck verbracht (Kopien an Ort und Stelle).

Eine weitere Wanderung führt von der Kirche Sankt Lucius über den sogenannten Tisserweg entlang bis zum großen Latschanderwaal, auf den man dort trifft, wo der Tisserweg die

Reichsstraße überquert und weiter nach Latsch führt (Tafel); viel schöner ist es jedoch hier, dem urtümlichen und ganz und gar typisch vinschgauerischen Waalweg nur ein Stück oberhalb der Straße bis zu jener Stelle zu folgen, wo von der Hauptstraße die östl. Einfahrt nach Latsch abzweigt (gegenüber Seilbahntalstation für St. Martin im Kofel); der Weiterweg am Waal durch die Schluchtwände der Latschander bis Kastelbell ist nur trittsicheren und schwindelfreien Wanderern zu empfehlen.
Man hat in Goldrain in letzter Zeit sehr viel für den Fremdenverkehr getan und damit begonnen, die Sehenswürdigkeiten in Natur und Kunst dem Gast in gefälliger Form darzubieten.

Der zur Gemeinde Latsch gehörende Ort mit rund 650 Einwohnern (Postleitzahl 39020) hat einen eigenen Fremdenverkehrsverein (Büro in der Pension „Gamper" an der Umfahrungsstraße) und 400 Betten in mehreren Gasthöfen und Pensionen. Der moderne Schießstand erfreut sich stets regen Zustroms und ist Schauplatz großer Landesschießen, und ebenso wird der Campingplatz „Cevedale" mit kleinem Schwimmbad (auch Gästeschwimmbäder in Hotels) fleißig besucht; der Bau eines größeren Freischwimmbades ist projektiert.

Wir sind auf unserm Gang nun mittlerweile an einigen wenigen, noch ganz in uraltem Baubestand belassenen Häusern vorbei, unter der Reichsstraße durch und beim beispielgebend renovierten „Bruggenwirt" über die Etsch bis in jenen Teil von Goldrain gekommen, der an der alten Vinschgauer Landstraße mit der Abzweigung nach Martell liegt.

Hier, im Bereich der wichtigen Straßenkreuzung und des Bahnhofes Goldrain finden sich Tankstellen, Taxi, mechan. Werkstätten und der Neubau einer Zweigstelle der Raiffeisenkasse (Geldwechsel); am Haus gegenüber eine gute Orientierungstafel für die nähere Umgebung.

Dieser Teil von Goldrain wird allgemein Schanzen genannt, nach dem schon um 1156 erwähnten gleichnamigen Hof, der dem churischen Gotteshausrichter bis 1551 (formell bis 1657) als Amtssitz über seine Eigenleute im Untervinschgau diente.

Die bis heute erhaltene Gebäudegruppe des Schanzenhofes mit zinnengekröntem Turm (16. Jh.) und großräumigen Wirtschaftsgebäuden ist noch immer vom Hauch dieser fast tausendjährigen Tradition umweht, was auch für das zierliche gotische Kirchlein Sankt Anna in Schanzen gelten mag, das laut Wappen der Familie Tschank, eine Hand darstellend, und Jahrzahl am Bogenscheitel von dieser Familie 1511 erbaut wurde. Die Kapelle, in der sonntags eine hl. Messe gelesen wird, enthält einen schönen spätgotischen Flügelaltar mit reichem Figurenschmuck (Ende 16. Jh.) und als Seitenaltar den vom Töniegg oberhalb Schloß Goldrain stammenden Altar mit

St. Anton Abt im Schrein (ohne Flügel) aus derselben Zeit; späteren Datums (Ende des 17. Jh.s) ist der zweite Seitenaltar in der kostbar ausgestatteten Kirche, die leider mehrmals von Dieben heimgesucht wurde, wobei u. a. alle drei Schreinfiguren des älteren Seitenaltares gestohlen wurden (1967). — Gegenüber an der Straße stehen die ineinander verschachtelten Ansitze der oberen und unteren Moosburg mit Zinnengiebel und Wandgemälden in einer mit Balkendecke ausgestatteten Stube der Untermoosburg (An. 15. Jh.); die überaus anziehende Gebäudegruppe ist urkundlich bereits 1338 erwähnt.

Der Weiler Schanzen interessiert noch in einem anderen Zusammenhang, da hier an der Brücke über die Etsch, für deren Erhaltung ein *prukkwaitz,* also eine Abgabe an Weizen eingehoben wurde (1288; zit. b. Huter), die alte Dingstätte des später endgültig in Schlanders verbliebenen Gerichtes war. Hier wurde noch um 1400 unter freiem Himmel die *Landsprach* abgehalten, auch *Landsprachmarkt* genannt, wovon noch ein vielbesuchter Markt und die Flurbezeichnung *Malstätte* (ahd. *mahal* = „Gerichtsstätte") übriggeblieben sind; laut urkundlicher Bezeugung wurden an dieser Stelle auch die Todesurteile des Gerichtes von Schlanders vollstreckt.

Die Sage weiß, daß es bei der *Landsprach* immer hoch herging — nur die Leute aus dem Ultental waren vom Besuch ausgeschlossen; die sollen nämlich dereinst die Abwesenheit der Bewohner anläßlich der Thingversammlung benutzt haben, um in Martell Vieh und — Mädchen zu rauben (Winkler, S. 186).

MORTER UND MARTELL

Martell bietet grauenvolle Bilder einer steilabschüssigen Alpennatur — so schien es jedenfalls um 1838 dem gelehrten Benediktiner Beda Weber, aber die Leute im Tal wußten es besser; zumindest früher, vor all den Ausbrüchen der wilden Plima, da war es in Martell wie im Paradies, man nannte es das *schön Blüemeltal,* und dort, wo heute der Zufallferner alles in seinen eisigen Mantel hüllt, da standen früher prangende Obstbäume.

Es ist die alte Sage von der einst höheren Vegetationsgrenze, aber sie ist nicht aus der Luft gegriffen: Dalla Torre schreibt, daß man noch 1817 Spuren der Eineisung des ehemaligen Waldbodens beobachtet habe, und wer vor den Mauerresten des legendären „Klösterles" auf 2489 Metern Höhe (!) steht, wird sich über die einstigen Verhältnisse seinen eigenen Vers machen (vgl. hiezu auch S. 367 f.).

Für den Reisenden von heute ist das Martelltal eine noch weitgehend unberührte und urtümliche Berglandschaft; der vergletscherte Talschluß sucht seinesgleichen in den gesamten Alpen und ist überdies mit dem Cevedale als Mittelpunkt eines der idealsten Skitourengebiete überhaupt.

Das morphologische Bild des Tales bringt die typischen Charakteristiken des Vinschgaues in Miniatur wieder, so etwa die scharfe Trennung in einen Sonnenberg mit den uns bekannten botanischen Besonderheiten und in einen waldreichen, steilen Nörderberg und auch jene Murkegel (Saltgraben, Eberhöfertal), die uns vom Haupttal her bestens bekannt sind. Geologisch gesehen sind wir in der *Marteller Quarzphyllitzone,* deren Besonderheiten wir bereits kennen (vgl. die allgem. botanische und geol. Einleitung); damit zusammen hängt der Bergbau in Martell, dessen Förderstellen an Ort und Stelle betrachtet werden sollen. Das Klima ist nicht so rauh, wie manche Reiseschriftsteller behaupten, denn der Nußbaum hat beispielsweise seine Obergrenze erst bei Gand (1267 m), und auf dem höchsten Hof des Tales, auf dem im Anblick der Firne thronenden Bauernkönigreich Stallwies reift noch das Korn (1930 m; nach Messung des Verf. 1950 m). Bezüglich der Fauna ist zu sagen, daß der letzte Abschuß eines Bären für 1865 bezeugt ist, und daß der Verfasser selbst auf dem Weg Nr. 26 zwischen Oberhof und Kirchdorf eine schön ausgemauerte Wolfsgrube antraf, die 1971 noch in gutem Zustand war. Hinsichtlich Flora und Fauna ist überdies zu bemerken, daß für alle Wanderungen in Martell die Naturschutzbestimmungen des Nationalparkes gelten, in dem das Tal zur Gänze liegt.

Das Schicksal des durch Jahrhunderte verarmten Tales ist sein Wildbach, die Plima, die infolge wiederholter Ausbrüche eines natürlichen Gletscherstausees im Talgrund das ganze Martell immer wieder verwüstete.

Solche Katastrophen sind aus den Jahren 1127, 1789, 1855, 1888 und vor allem aus dem Jahr 1889 bezeugt, in dem 630.000 m³ Wasser ausbrachen, 27 Brücken wegrissen, 11 Häuser fortschwemmten und viele Quadratkilometer von Wiesengrund bis weit ins Haupttal hinaus verwüsteten; durch diese Ausbrüche sei die einst auf einem Hügel gebaute Kirche von Morter am Talausgang „in die Tiefe gearbeitet“ worden und stehe deshalb heute auf ebenem Boden (Dalla Torre). Nach der letzten Katastrophe, im Juni 1891, wurde endlich ein wirksamer Schutzdamm gebaut, und heute fängt ein künstlicher Stausee (Zufrittsee für das E-Werk Laas) die Wassermassen ab. — Die Ausbrüche wurden durch *Hexen* verursacht, doch hatten diese gegen die um 1315 (?) im Schutt aufgefundene Marteller Glocke keine Macht; auf dieser stand: *Anna Maria heiß ich / alle*

Wetter weiß ich. Eine Hexe sagte im Prozeß aus, sie habe das Tal überschwemmen wollen, doch sei es ihr nicht gelungen:

Ja, wär nicht gewesen / die schreiende Wetterschell
im engen Tal Martell. / Ich wär samt dem Besen
gewiß der ersten eine / auf g'schwoll'ner Plimigaine
mit allen Lotterhütten / aus diesem Tal geritten.

(Plimigaine = Plima)

Daß man heute noch Überschwemmungen zu fürchten hat, mag der in Morter ankommende Reisende aus dem den hl. Johannes von Nepomuk darstellenden Fresko ablesen, das der aus Schlanders gebürtige Maler Robert Scherer 1962 an der Fassade des Gasthofes „Adler" angebracht hat.

Die Geschichte des Tales werden wir im wesentlichen weiter unten in Zusammenhang mit Morter und den Schlössern von Montani darlegen, doch haben wir an dieser Stelle schon einige Daten der Chronik zu vermerken.

In prähistorische Zeit weist der Fund einer bronzezeitlichen Lappenaxt (wohl ein Streufund), während das Mittelalter, also die Hauptbesiedlungszeit, durch die romanische Rundapsis der Pfarrkirche (Erwähnung 1203) und durch die Beurkundung von 15 Höfen um 1228 dokumentiert ist; 1340 ist Martell Gemeinde *(comunitas hominum de Martelle).* — Die Pest des Jahres 1636 soll fast das ganze Tal entvölkert haben — nur wer in der Stube ein Feuer unterhielt, blieb durch den Rauch verschont. — In neuerer Zeit erlebte das Tal durch die Alpinistik (Bau von Schutzhütten) einen großen Aufschwung, woran der uns bereits bekannte Dr. Th. Christomannos bedeutenden Anteil hatte. Die Erschließung des einmalig schönen Skigebietes um den Cevedale ist jedoch vor allem ein Verdienst des Adlerwirtes von Morter, Fulgenz Hafele, und des Alpinschriftstellers Lois Köll (gest. 1963) gewesen, der ausführlich über die Ortlergruppe, den Vinschgauer Marmor und das Martelltal geschrieben hat („Marteller Briefe", in „Schlern", Jg. 1956, S. 208 ff.); den beiden verdienstvollen Erschließern und der Adlerwirtin Barbara Hafele wurde demnach in ihrem Hause ein Gedenkstein gesetzt. — Hier sei nun gleich die weitere wichtigste Literatur angegeben, und zwar die Arbeit „Das Martelltal" von Wolfgang Istel („Schlern", Jg. 1967, S. 43 und 288 ff., mit Abb. und weiteren Literaturverweisen) sowie der Ende 1974 erschienene Südtiroler Gebietsführer über Martell und die angrenzenden Gemeinden von Hans Wielander (Athesia Bozen).

Wie im gesamten Ortlergebiet so konnte auch im Talschluß von Martell die Front im Ersten Weltkrieg nirgends durchbrochen werden; das Tal selbst war wichtige Nachschubbasis und bekam als solche die erste für Autos befahrbare Straße bis Gand und behelfsmäßig sogar weiter bis Zufritt. —

Für den Namen Martell liegt keine befriedigende Lösung vor; Beda Weber dachte an ein *Muhrtal* und wird damit nicht ganz danebengeraten haben, da wir es wohl mit der idg. Wurzel **mar* zu tun haben, die soviel wie „Murbruch" oder „Schuttkegel" andeutet (auch in Meran, Marein usw.), während der zweite Teil vielleicht das uns schon bekannte **tel* enthält (vgl. S. 285). Nach anderer Version (Atz-Schatz) haben wir es mit einem *Mahr*-Tal zu tun, was mit *Pferdetal* gedeutet wird. — Aus dem in Martell besonders und auffällig reich vertretenen Sagenschatz wollen wir an Ort und Stelle Proben bringen, soweit es der beschränkte Raum erlaubt. —

So weltvergessen das Tal von Martell auch in vieler Hinsicht sein mag, so hat es doch in seinem Ehrenalbum Namen von Rang aufzuweisen, darunter vor allem den des Gregor Schwenzengast, der einer der fruchtbarsten und bedeutendsten Barockbildhauer von Tirol gewesen ist.

Schwenzengast wurde am 3. März 1646 in Martell geboren; es ist das Verdienst Hans Laners, in seiner umfangreichen Arbeit („Schlern", Jg. 1957, S. 406 ff., biograph. Abriß, Werksverzeichnis, zahlr. Abb.) den bisher allgemein vertretenen Irrtum geklärt zu haben, der Künstler stamme aus Latsch; allerdings unterhielt er in diesem größeren Ort seine Werkstatt. — Schwenzengast arbeitete vorwiegend in weißem Marmor und schuf aus diesem Werkstoff seiner Heimat die uns schon bekannten Marienmedaillons (Mals, Kortsch, Schlanders usw.) sowie Wappen- und Grabsteine. Als vermutlich in Wessobrunn geschulter Stukkator hat er sich in der Seitenkapelle der Pfarrkirche von Tschengls ein Denkmal gesetzt. Sein Todesjahr ist nicht bekannt; urkundlich scheint er 1722 zum letzten Mal auf.

Eine der lebendigsten und vielseitigsten Geschichtsquellen für das 19. Jh. und den Tiroler Freiheitskrieg von 1809 verdanken wir einem einfachen Bauernsohn aus unserem Tal, dem Priester Josef Eberhöfer (1786—1864), dessen „Marteller Frühmesserbuch" eine Fundgrube auch für den Kulturhistoriker und den Sagenforscher darstellt.

Eberhöfer (der Name wohl von urspr. „Oberhof") legte eine handschriftliche Urkundensammlung an und hielt alles fest, was er aus älteren und jüngeren Quellen finden konnte. Nahezu alles, was wir unter „Geschichte" anführen konnten, stammt aus dieser Sammlung, und wenn wir aus Martell mehr an Sagengut haben als aus jedem anderen Seitental des Vinschgaues, so ist dies Eberhöfers Verdienst. — Genau berichtet er auch über alle Kriegsereignisse und vor allem von den Taten der Marteller Brüder Perkmann (Knappenname!), die wegen tapferer Verteidigung der Goldrainer Brücke im Engadiner Krieg vom Landesfürsten eine Gunst erbitten durften, entweder Steuerfreiheit, ein Salzregal oder das Recht, den Doppeladler in der heimatlichen Kirchfahne führen zu dürfen; die wackeren Perkmänner wählten ohne zu zögern die letztgenannte Gunst, und seither prangt der Doppeladler in der Kirchenfahne von Martell sowie im 1969 neu verliehenen Gemeindewappen. — Das Geschlecht der Perkmann zeichnete sich aber auch auf andere Weise aus, und zwar insofern, als aus drei Generationen im vorigen Jahrhundert nicht weniger als 16 akademisch graduierte Söhne hervorgingen, darunter teilweise hohe geistliche Würdenträger und namhafte Wissenschaftler (J. Schguanin in Kassiankalender, Brixen 1929).

Das Original des Frühmesserbuches von 1864 wird im altertümlichen Hof *Radund* aufbewahrt, eine Abschrift erliegt im Widum von Martell, eine weitere im Ferdinandeum zu Innsbruck; Auszüge davon finden sich in der Alpenvereinszeitschrift von 1886 und 1887 sowie bei R. Staffler in „Schlern", Jg. 1924, S. 126 ff. Ein Namensvetter, Franz Eberhöfer (1801—1882), im ganzen Tal nur der *Lateiner-Franzl* genannt, studierte neben der harten Bauernarbeit Mathematik, Philosophie, Latein, Griechisch, Französisch und sogar Hebräisch; zu einem geregelten Studium hatte er nie das Geld aufgebracht und wurde nur zum Notschullehrer bestellt bzw. auch als Rechtsberater sehr geschätzt. Im Studierstüblein des Dorfphilosophen stand in dessen alten Tagen schon die selbstgezimmerte Totentruhe bereit, mit Versen nach dem Muster des Horaz verziert; auch seinen Grabstein aus weißem Marmor hatte sich der Mann, den Plant (S. 60) den *Weisen von Martell und ein Genie* nannte, beizeiten selbst gemeißelt. —

Nach diesem allgemeinen Überblick über Martell beginnen wir unseren Weg an der Talmündung im Weiler Morter (730 m), dessen Häuser in eine ungemein reizvolle Gartenlandschaft eingebettet liegen, stumm überragt und gekrönt vom ausgebleichten Mauerwerk der Ruinen von Montani; auf den ersten Blick würde man es dem kleinen Ort nicht ansehen, daß er eine wahre Schatzkammer darstellt, die hervorragende Zeugnisse von der Romanik der Vigiliuskirche über die prächtige Gotik von Sankt Stephan bis zu Kunstwerken unserer Tage bewahrt.

Die Geschichte des Ortes ist schon sehr früh urkundlich belegt (um 830 *Venustis in villa Mortario,* zit. bei Huter), der Name umstritten; die übliche Ableitung von einer *terra mortuorum* steht neben einem *Am Ort* (Anfang) des Tales, dessen Stamm *mar* (tell) vielleicht doch auch mit der frühesten Form von *Mor-ter* zu tun hat (Staffler schreibt noch *Mortellthal).*

In Verbindung mit diesen frühen Anfängen steht jedenfalls die hochinteressante Vigiliuskirche von Morter mit ihren drei kleeblattförmigen Rundapsiden, die in Kreuzform angeordnet sind.

Die Kapelle gehört zu den schönsten und ehrwürdigsten Gotteshäusern des ganzen Vinschgaues, liegt aber heute im ringsum völlig aufgeschütteten Talboden und wird so inmitten von üppigem Grün schöner Obstbäume nur zu leicht übersehen. — Die freigelegten Mauerführungen an dem gedrungenen, mit einem Dachreiter versehenen Bau weisen sofort auf hohes Alter, das laut innen umlaufender Inschrift mit 1081 anzusetzen wäre. Diese Schrift ist jedoch nachträglich verdorben worden, und so nimmt man wegen der Ähnlichkeit mit der Heiligkreuzkapelle in *Müstair* (1160) heute das Jahr 1181 als *terminus* an, zu dem das Gotteshaus mit Erlaubnis des Bischofs von Chur durch den Bischof Heinrich von Trient eben dem Schutzpatron des letztgenannten Bistums geweiht wurde (vgl. hiezu M. Frei in „Der Obere Weg", S. 281); nach der Volksüberlieferung war die Kirche jedoch ursprünglich dem hl. Blasius geweiht. — Die äußeren Wandgemälde über der Tür sind einfache Arbeiten (Anf. 15. Jh.), die erst in jüngster Zeit an den Seitenapsiden innen neu aufgedeckten Inschriften und Bilder stark fragmentiert. In wesentlichen Teilen restauriert und ergänzt ist der kleine Flügelschrein (um 1600) mit noch erhaltenen Figuren, während der Fahnenkasten originelle bäuerliche Szenen aus späterer Zeit aufweist. — Den Schlüssel zu St. Vigilius erhält man im Bauernhaus Nr. 30, das man von der Zufahrtsstraße nach Morter abzweigend erreicht (Hinweisschild an der Abzweigung).

Der weitere Gang durch den Ort, der mit seinen rund 600 Einwohnern (Postleitzahl 39030; Kiosk des Verkehrsvereins) bereits zur Gemeinde Latsch gehört, führt uns zu bekannt guter Einkehr in den Gasthof „Adler" (Freischwimmbad, Tennis und Hallenbad), einst wie jetzt ein günstiger Ausgangspunkt für Wanderungen in der Nähe und für Hochtouren im Martell, woran die bereits erwähnte Gedenktafel und zahlreiche nunmehr schon alpin-historische Bilder in diesem traditionsreichen Haus erinnern. — Nicht zu versäumen ist auch der Besuch der nahe gelegenen, sehr gepflegten Pfarrkirche zum hl. Dionys.

Die einheitlich spätgotische Kirche mit Werkstücken aus weißem Marmor wurde vom Bischof von Chur 1479 geweiht. Der schöne Christophorus an der Fassade ist ein Werk des 15. Jhs. Dieses Bild ist ebenso wie die Fresken an den Seitenaltären (Pietà und Sankt Ottilie) von störenden Vorbauten befreit worden, als man die Kirche von Morter in den Jahren 1977/78 einer durchgreifenden, fachkundigen Restaurierung unterzog. Dabei kam ein ganzer Freskenzyklus aus dem 17. Jh. zum Vorschein, eine „kunsthistorische Rarität von seltener Schönheit" (Urteil des Landesdenkmalamtes). — Der Hochaltar ist neugotisch, die Seitenaltäre sind flotter Barock. An gotischen Skulpturen haben sich Sankt Nikolaus (vom ehemaligen Hochaltar) und St. Thomas erhalten, beide Anfang 16. Jh., desgleichen der Taufstein. Die Tafelbilder schuf der uns aus Schlanders bekannte *H. Peteffi* im Jahre 1769; an der Friedhofskapelle ein gotisches Portal.

Vor einem großen Erlebnis steht nunmehr der allem Erhabenen und Schönen aufgeschlossene Reisende, der sich aufmacht, über das fast gänzlich verfallene Untermontani mit interessantem Torturm bis zur Ruine Obermontani, dem Fundort mittelalterlicher Handschriften, aufzusteigen und anschließend die kostbare Kapelle dieser Burg zu besuchen, die dereinst *die bedeutendste landesfürstliche Burg im mittleren Vinschgau* gewesen ist (Trapp), als Gegengewicht zu Chur errichtet — und zwar widerrechtlich auf Grund und Boden dieses Hochstiftes, durch Albert von Tirol im Jahre 1228. In dem daraus entstehenden Streit mußte sich Albert dazu bequemen, die Lehensherrschaft des Churer Bischofs anzuerkennen und außerdem dafür seine Burg Steinberg im Unterengadin opfern.

Am Südende der Ortschaft zweigt von der Talstraße nach links (östl.) ein Fußweg ab (Tafeln „Latsch“ und „Bierkeller“, vgl. S. 376), von dem man schon bald gegen den Burghügel in Form einer schön ausgeprägten Stirnmoräne des ehemaligen Talgletschers abzweigen und beide Burgen auf einem sie verbindenden Fußpfad erreichen kann ($^1/_2$ Std.). Eine bequemere, aber nicht so instruktive Zugangsmöglichkeit ist gleich südlich der durch den Kapellenhügel von St. Stephan gebildeten Talenge an der Brücke über die Plima gegeben, wo eine 7 km lange Werkstraße zum hoch am Hang liegenden Marteller Marmorbruch abzweigt, die schon mit ihrer ersten großen Serpentine den Burghügel von Süden her erreicht (Parkplatz). Gleich hinter dieser Kehre steht ein Bauernhaus, in dem man den Schlüssel zu St. Stephan bekommt.
Seit 1300 ist die ganze Anlage in den Händen der Herren von Montani, die den ursprünglich einfachen, aber festen Baubestand der oberen Burg im 15. Jh. großzügig erweiterten und dabei den schönen Arkadenhof gewannen, mit Säulen aus weißem Marmor und einem hervorragend schönen Wappenstein des Viktor von Montani, der 1941 entfernt und in Schloß Tirol deponiert wurde (in Montani heute eine gute Kopie).

Nach dem Aussterben der Herren von Montani wurden die Burgen samt der niederen Gerichtsbarkeit über Morter und Martell dem kunstsinnigen Grafen Maximilian von Mohr verliehen, unter dem wahrscheinlich die uns bekannte Annenberger Bibliothek mit den wertvollen Handschriften, darunter einer des Nibelungenliedes, nach Montani kam.

Nach dem 1833 erfolgten Ableben des Grafen Joseph Mohr verfiel Obermontani in wenigen Jahren, nachdem es zunächst

Mohrs Schwager, von Reinhart (gest. 1837), noch zu halten versucht hatte; spätere bäuerliche Besitzer plünderten die Marmorwerkstücke und erniedrigten den edlen Bau zum Steinbruch, doch hat das staatl. Denkmalamt neuerdings Restaurierungsarbeiten vorgenommen.

Mit dem Verfall der Burg wurde auch die berühmte Bibliothek verschleudert; der uns bekannte Marienberger Mönch Beda Weber erwarb die auf Pergament geschriebene Nibelungenhandschrift von 1323 zusammen mit einem Evangelienpergament (1300) sowie Inkunabeln der Werke des *Petrarca* und *Boccaccio* um ganze zehn Gulden; einem Berliner Händler war die Handschrift immerhin 200 Gulden wert und sollte nun um 2000 Taler nach England gehn. Schließlich erwarb sie die Berliner Staatsbibliothek („Berliner Handschrift"), aus der sie heute in die *Stiftung Preußischer Kulturbesitz* übergegangen ist; die Berliner Handschrift gilt als eine der ältesten Überlieferungen des großen Heldenliedes. — Zu ergänzen ist noch, daß 1835 auch eine Handschrift des *Titurel* aus Montani verkauft wurde. —

Das Schicksal der Bibliothek von Montani blieb der kostbaren Burgkapelle zu S a n k t S t e p h a n erspart; *sie ist mit ihrer nahezu vollständig erhaltenen Bemalung eine der sehenswertesten Kirchen nicht nur des Vinschgaues, sondern ganz Südtirols* (E. Theil) — und sie hat uns in Einzelszenen Lebensform, Gewandung und Waffen aus ritterlicher Zeit genauso bewahrt wie frommen Bibel- und Legendenton; fast scheint es, als habe uns ein gütiges Geschick in diesen Bildern noch jene geschlossene Welt erhalten, die sonst mit den Schätzen aus der Schloßbibliothek in alle Winde verflogen wäre.

Auf dem sonnigen Kapellenhügel wurde noch vor nicht allzulanger Zeit die Weinrebe gezogen; heute führt uns der schmale Steig über Beerenobstkulturen hin auf den einsamen, von der Plima umtosten Felshügel mit dem gotischen Kirchlein, dessen Grundmauern wohl noch in romanische Zeit zurückreichen und außerdem an prähistorisch „verdächtiger" Stelle stehen.

Zur Betrachtung der F r e s k e n empfiehlt sich der an Ort und Stelle erhältliche Kleine Kunstführer von E. Theil (Bozen 1969), dessen genaue Beschreibungen und Deutungen hier nur auszugsweise übernommen werden können. Die Nordwand enthält einen Zyklus in 12 Bildern, die Legende des hl. Stephan darstellend (Mitte 15. Jh.), die *Gesellenarbeit eines lombardischen Wandermalers* (Weingartner). Aus gleicher oder verwandter Hand stammt die Bemalung der Ostwand mit Ursulalegende links (Belagerung von Köln durch die Hunnen und darunter — stark zerstört — die Ermordung der Heiligen) sowie Heilige an der rechten Seite und ebenso innen an der Bogenleibung. Ebenfalls lombardische Arbeit, aber qualitativ höherstehend, ist die Bemalung des Chores (Maria mit Christkind, Christus in der

Mandorla, Anbetung der Könige und Evangelisten mit Symbolen). — An der Südwand finden wir eine gekonnte Jagdszene mit St. Hubertus, weiters St. Alexius unter der Stiege, Stephanus und Sebastian, Leonhard und Ursula sowie 7 von insges. 9 Passionsszenen in teilweise erschütternder Realistik. Die letzten zwei Szenen dieser Reihe sowie ein in die Spannung zwischen Erlösung und Schauer der Verdammnis komponiertes Jüngstes Gericht bedecken schließlich die Eingangswand, die zusammen mit der Südwand die Hand eines bedeutenden, von Süddeutschland beeinflußten Könners verraten, der jedoch auch Gehilfen arbeiten ließ (datiert 1487, mit Wappen der Montani). — Der Flügelaltar (1491) wurde seiner Predellafiguren (Steinigung des hl. Stephan) beraubt und danach im Museum Bozen sichergestellt (Abb. bei Theil), desgleichen ein Seitenaltar mit Magdalenabildnis von Sebastian Scheel.

In der Stephanskapelle zu Montani kann man feststellen, daß die Unsitte der „Narrenhände, die alle Wände beschmieren" schon recht alt ist, wenngleich sie früher mit frommem Sinn geübt wurde: *„1544 Gott mein Hoffnung Melchior von Montani"* (Südwand), oder: *„1550 Gots Gnad hinget an mir ... v. Montany Comtur zu Schlanders"*. Auch Grobheiten fehlen nicht: *„1558 Paulus Kheler (asinus) est stultus fuit preceptor in Latsch"* (1558: Paul Kheler [Esel], gewesener Lehrer in Latsch, ist dumm ...). —

Zu erwähnen ist noch die fachkundig geführte Falknerei nächst dem vorerwähnten Baumannhof von Montani, mit guten Exemplaren aus einheimischer und exotischer Avifauna. — An Ausflügen nennen wir den sog. „Glockenbichlweg", der gleich gegenüber vom „Adler" in Morter beginnt. Man kann den Spaziergang ein Stück über den heute aufgelassenen „Kantwaalweg" weiterführen, kommt aber bald zu Abbruchstellen. Auch der an der gegenüberliegenden Talseite verlaufende Waalweg ist heute verödet und außerdem durch Steinschlag gefährdet.

GEMEINDE MARTELL: Seehöhe von 730 m (Morter) bis Talschluß Zufall mit 2265 m; die Talstraße über 27 km ab Bahnhof und Straßenabzweigung Goldrain (bis Gand asphaltiert und ab dort in weiterem Ausbau) wird auch im Winter offengehalten (Autobus); Klima siehe Einleitung. — Die Gemeinde hat 944 Einwohner, davon 4 Italiener; Postamt in Gand an der Talstraße, Postleitzahl 39020; Pfarre St. Walpurg im Kirchdorf (Thal). —

Die Bevölkerung ist vorwiegend in Land-, Forstwirtschaft und Fremdenverkehr tätig. — Mit den Schutzhütten über 10 Gastbetriebe mit insges. rund 400 Betten und Lagern; Sektion Martell des Südtiroler Alpenvereins (dzt. Herr Erwin Altstätter, Klosterhaus Nr. 97); Skischlepplifts in Gand und im großartigen Skigebiet des Talschlusses von Zufall; Sommerskischule Casatihütte siehe dort. — Auskünfte durch Fremdenverkehrsverein Martell. — Zum Gemeindewappen vgl. S. 359.

Auf unserer Fahrt durch das Tal überwinden wir beim Weiler Burgaun die Massen eines gewaltigen Bergsturzes, der wohl schon in vorgeschichtlicher Zeit vom Hasenöhrl (3256 m) abgegangen ist und unter sich jenes „Dorf" begraben haben soll, dessen Wetterglocke uns bereits bekannt ist; gleich danach kommen wir zu Gasthaus und Ferienheim Bad Salt (1158 m).

Rostfarbener Niederschlag des früher hoch am Hang gewonnenen Badewassers weisen auf Eisenvitriolgehalt; die Radioaktivität ist mit 12,6 Mache-Einheiten gemessen worden (1911; zit. b. Mader). Das Bad lag früher niedriger im Tal, wurde jedoch 1778 verschüttet und an der heutigen Stelle neu aufgebaut. Der Name Salt (1330 *Fozald,* 1374 *Vassalt)* wird mit dem Personennamen *Fasold* (Tarneller) oder weit glaubwürdiger mit einer Kontraktion aus *Fossa alta* („tiefer Graben", so Schneller) gedeutet. — Von Bad Salt bzw. Burgaun aus wird der Gipfel des aussichtsreichen Hasenöhrls über die Morteralm (1908 m) auf bez. Weg (13/14) sehr anstrengend und im letzten Teil über die Blaue Schneid nicht unschwierig erstiegen. Der Name Hasenöhrl wird richtig auf eine *Asinèara* („Eselsteig"), also auf einen alten Saumpfad zurückgeführt.

Bald nach dem Bad Salt weitet sich das Tal zu lose zusammenhängenden Siedlungen, die beiderseits des Talbaches („Ennewasser" und „Ennethal") um den Mittelpunkt der Kirche und um das an der Abzweigung der Dorfzufahrt stark angewachsene Viertel Gand (1267 m) gruppiert sind.

Die Pfarre St. Walpurg im Kirchdorf (1312 m) ist, wie wir wissen, in ihren Grundformen (Rundapsis) sehr alt (1203?), wurde jedoch um 1650 und 1759 umgebaut und 1889 neuromanisch eingerichtet. Außen (St. Christoph) und innen (alter Chor) sind Reste gotischer Wandmalereien erhalten; das Langhausgewölbe wurde, bis auf das zuletzt angebaute Joch, von dem namhaften J. A. Mölckh 1757 geschmückt. Die Kirche besitzt ein Gemälde (Joachim, Anna und Maria) des bedeutenden Friedrich Wasmann und in der Sakristei das alte Altarblatt mit St. Walpurg (18. Jh.). — An Ausflügen haben wir die Übergänge über den Steinwandhof (7a/7) zu den Gamshöfen am Göflaner Nörderberg, jenen über das Kreuzjöchl (1) ebendorthin und schließlich den Weg über den ausgeprägten Murkegel des Eberhöfertales und das Göflaner Schartl (zuerst unmarkiert, dann 3) zur gleichnamigen Alm in umgekehrter Richtung allesamt schon genannt (vgl. S. 348).

Besonders zu empfehlen ist die Bergwanderung von Martell-Kirchdorf über den Waldberg zum Stallwieser (1950 m), dem höchsten Hof von Martell, nach Innerebner an einer wahrscheinlich prähistorisch besiedelten Stelle gelegen. Der Verfasser hält Stallwies, zumindest seiner Lage nach, für einen der schönsten Bergbauernhöfe von ganz Tirol. Vom ehrwürdigen Alter des Gehöftes kündet außer früher Rodung auch die uralte Mühle, an der sich eine mit 16.. beginnende Jahrzahlkerbe findet, und auch die Sage spinnt ihre Fäden seit früher Zeit um diese grüne Insel am Saum der Gletscher.

Der alte Stallwieser hatte dereinst nur die Jagd im Kopf — auch am Sonntag, wenn alles nach Sankt Walpurg zur Messe ging. Der Teufel lockte nun den Jäger in Gestalt eines weißen Hirsches immer höher hinauf in die wilden Wände der Schluderspitz — und als der Stallwieser endlich zum Schluß kam, da war der Hirsch verschwunden, und er selbst kam keinen Schritt mehr vor und keinen zurück — ganz so wie der Kaiser Max in der Martinswand. Niemand konnte dem Jäger helfen, nur das Allerheiligste zeigte man ihm noch vom Tal aus — *und als dies geschehen, fiel er tod von der Höhe herab* (Frühmesserbuch). —

Um Stallwies zu erreichen, benützen wir Weg 26 ab Kirchdorf über die bereits genannte Wolfsgrube zum Oberhof (hierher ein Güterweg) und verfolgen ab hier eine Nr. 8, die am Hof Greit vorbei das Gehöft Hochegg (mit Kapelle) und in insges. etwa 2½ Stunden Stallwies erreicht, das nunmehr mit einem Güterweg Anschluß an das Dorf hat. Von hier aus kann man sehr mühsam direkt auf die Laaser Spitz (3304 m) steigen (Nr. 5) oder besser auf Weg 8 über die Schluderalm (2005 m) durch das gleichnamige Tal die Schluderscharte (2987 m) und von ihr aus über den üblichen Weg den Gipfel gewinnen.

Von naturkundlichem Interesse ist, daß im Bereich von Stallwies schöne Tannen- und Zirbenbestände Extremwerte ihrer Höhengrenze erreichen und deshalb in eine Vollschutzzone des Nationalparks einbezogen wurden (A 12).

Von Stallwies direkt ins Tal (Gasth. „Waldheim", siehe unten) führt in 45 Min. ein steiler, aber schöner Weg (Nr. 5) bergab, das in schwindeliger Steilheit am Hang klebende Gehöft „Leacher" berührend. —

Am Nörderberg sind die Tourenmöglichkeiten beschränkt, doch kann man ab Gand („Marteller Hof") über den Weg 2a/2 zur Flimalm (2190 m) ansteigen und von dort, an den zwei einsamen, in Felsbecken gebetteten Flimseen vorbeiwandernd, das Flimjoch (2896 m) erreichen, einen einst vielbenützten Übergang ins innere Ultental, der zudem günstiger Ausgangspunkt für die Besteigung des Hasenöhrls über die Westflanke ist (von Gand zum Joch 4½ Stunden); über die prächtigen Seen von Flim vgl. Menara-Rampold, „Südtiroler Bergseen", Bozen 1974. — Weiter talein, bei der Gehöftgruppe Unterhölderle, zweigt von der Straße eine Nr. 4 ab, die ebenfalls sehr mühsam über Soyalm (2037 m) und S o y s c h a r t e (2882 m) nach Innerulten führt.

Die Weiterfahrt durch das Tal ab Gand bietet kaum Ausblicke aus der engen Sohle, die gerade Platz für die Straße neben der wilden Plima bietet; erst beim Gasthaus „Waldheim" und der nahen Kapelle M a r i a i n d e r S c h m e l z (1556 m) wird das Tal etwas breiter.

Die einfache Kapelle stammt in ihrer heutigen Form aus dem Ende des vergangenen Jahrhunderts und wird als Wallfahrt gerne aufgesucht; sie ist als *capella metallorum* seit 1711 urkundlich bezeugt und bezieht sich demnach wie der Name *Schmelz* auf die hier erfolgte Verhüttung der im Talgrund von Zufall (und nach Eberhöfer auch beim Hof Stallwies) geförderten Erze. Die L e g e n d e weiß, daß anläßlich des gewaltigen Bergsturzes von 1876 die Kapelle wunderbar verschont blieb, da sich ein mächtiger Felsblock unmittelbar über dem Heiligtum teilte und es derart verschont hat. Der größte dieser Blöcke ist mit einem Kreuz versehen und dient anläßlich von Feldmessen für die Weltkriegsgefallenen (Gedenktafel 1965) als natürliche Kanzel.

Die Straße erreicht nun weiter talein in steilen Kehren die Staumauer des Z u f r i t t s e e s (1850 m; 19,6 Millionen m³ Fassungsvermögen), dessen Wasser mittels eines den Schluderkamm durchstoßenden Druckstollens das E-Werk von Laas versorgt. Der Zufrittsee wirkt, wie alle Stauseen, in der Landschaft sehr gut, wenn er seinen höchsten Wasserstand erreicht hat; allerdings hält er, wie alle Stauseen, diesen Wasserstand selten für längere Zeit. —

Die Staumauer steht ungefähr an Stelle der ehemaligen „Schanzen", einer einfachen Wehranlage, die zwischen 1703 und 1866 in Kriegszeiten jeweils gegen einen möglichen Einbruch von Süden her besetzt wurde; Eberhöfer weiß jedoch zu berichten, daß man niemals einen Schuß Pulver zu riechen bekam und daß sich ein *gemüthliches Stilleben* entwickelte, mit reisigumkränzten Hütten, Marketenderinnen und dergleichen mehr; die Schützen machten sich insofern nützlich, als sie fleißig bei der Heuarbeit halfen.

Hinter dem See breitet sich der in weiter und weißer Herrlichkeit leuchtende Talschluß von Z u f a l l aus, der seinen Namen von einem Wasserfall der Plima ableitet (zu Fáll = *zu* oder *beim* [Wasser] *fall)*. Das P a n o r a m a wird beherrscht vom gewaltigen Langenferner mit dem C e v e d a l e (3769 m) als Mittelpunkt, mit den beiden vorgelagerten Z u f a l l s p i t z e n (3762 bzw. 3687 m) und von der östlich daran anschließenden Gruppe der *C i m a V e n e z i a* (3384 m).

In diesem Talgrund stehen in rund 2000 Metern Höhe, teils am See („Zufritthaus", Whs. „Steinbock"), teils an der Straße *(Borromeo-* und Enzianhütte, „Schönblick" und Hotel *Paradiso)* mehrere Unterkunftshäuser, die teilweise ganzjährig geöffnet sind. Das älteste von ihnen ist die große Zufallhütte mit Kapelle (2265 m), 1882 von der Sektion Dresden des DuÖAV erbaut, heute CAI, Sektion Mailand, mit insges. 60 Plätzen; die Hütte wird vom 20. 12. bis 10. 9. bewirtschaftet; eigener Skilift und Materialaufzug. — Südlich über der Zufallhütte, auf ca. 2600 m Höhe, bei der sog. Konzenlacke wurde 1980 die Marteller Hütte des Südtiroler Alpenvereins eingeweiht. — Zeltplätze und Tourenmöglichkeiten mit botanischen Notizen nennt Ernst Höhne in seinem schon mehrfach erwähnten Führer „Oasen der Ruhe — Südtirol" (S. 46 f.). Für Hochtouren wird auch hier der ebenfalls bereits genannte „Führer durch die Ortlergruppe" von Lois Köll empfohlen; nach diesem verdienstvollen Erschließer der Berge um Martell ist die in der *Venezia*-Gruppe liegende Köllkuppe (3327 m) benannt.

Trotz Anschluß an den technisierten Skilauf ist der Talschluß von Martell noch immer ein reines Paradies für den Skitouristen geblieben, mit dem Höhepunkt einer Abfahrt vom Cevedale (3769 m), der diesbezüglich als der idealste und überdies höchste, zur Gänze mit Skiern erreichbare Gipfel der Ostalpen gilt.

Im Schatten dieser Berühmtheiten stehen die übrigen Berge und Täler, die in den Kessel von Zufall münden. Wir beginnen im Norden mit dem Rosim- und dem für Skitourenfeinschmecker empfehlenswerten Pedertal. Ein wichtiger Übergang zur Schaubachhütte und nach Sulden ist der Weg Nr. 151 über das unvergletscherte Madritschjoch (3128 m), über das — wie wir wissen — der sagenhafte Wormsionsteig geführt haben soll. — In 3½ Stunden steigt man auf Weg 150 von der Zufallhütte zur Casatihütte am Cevedalepaß (3269 m) auf und erreicht von hier in knapp 2 Stunden den Gipfel des Cevedale; der Anstieg ist relativ leicht, doch sind Seil und Pickel schon auf dem Weg zur Hütte erforderlich (Vorsicht bei Nebel!).

Für die Sommerskischule (2 Lifts) im Bereich der Casatihütte wurde ein eigener Neubau errichtet, so daß reichlich Plätze (ca. 300) zur Verfügung stehen; das gut eingerichtete Haus hat Telephon und ist von Juni bis September sowie vom 1. März bis 1. Mai geöffnet. Der Anstieg von Südwesten *(Val Cedec/Rif. Pizzini,* 2706 m) ist kürzer und im letzten Teil durch eine Materialbahn erleichtert.

Niedriger als der Cevedalepaß ist die Fürkelescharte (3032 m) östlich vom Cevedale, der alte Übergang ins trentinische *Val di Sole* (Sulzberg), von Zufall auf Weg 103 zu erreichen; man kommt von diesem Weg aus zum legendären Klös t e r l e, dessen Mauerführungen fast nicht mehr kenntlich sind; es soll, wie bereits erwähnt, Hospiz an diesem Südast des Wormsionsteiges gewesen sein und war laut Eberhöfer ein Doppelkloster für Mönche und Nonnen; das Kloster sei jedoch bald aufgehoben worden, weil die Insassen dem Zölibat gegenüber eine heute wieder modern gewordene Auffassung an den Tag legten (vgl. Zeitschrift des DuÖAV, Jg. 1886, S. 188 ff.). — Außerdem soll hier früher ein von den Martellern und Ultenern regelmäßig besuchter Markt abgehalten worden sein (Winkler, S. 195).

Schließlich müssen wir noch den Weg 101 (neue Mark. 12) nennen, der von Zufall gegen Osten über das S ä l l e n t j o c h (2984 m) ins Tal von *R a b b i* führt sowie jene am Südende des Stausees beginnende Mark. 140 (neu Nr. 17), die zunächst den Kleinen Grünsee (2778 m) passiert und in insges. 3 Std. das Z u f r i t t j o c h (3173 m) erreicht. Von hier erstieg Julius Payer mit seinem Führer Pinggera im Jahre 1868 erstmals die Z u - f r i t t s p i t z e (3438 m) über den West- und Südgrat; dieser etwa zweistündige Weg gilt heute noch als mittelschwierige Kletterei. —

Das schmackhafte Brod, welches in Latsch gebacken wird, findet nicht bloß in Vintschgau, sondern überall in Tirol gute Aufnahme . . .

Beda Weber im Jahre 1838 über die berühmten „Vinschger Laib'ln"

LATSCH: Seehöhe 639 m. Klimatische Werte wie einleitend für den ganzen Untervinschgau angegeben, mit gegen Meran leicht ansteigenden Temperaturwerten und Abnehmen der Nordwinde; bis Latsch reicht der Feigenbaum *(Ficus carica).* — Die 1906 zum Markt erhobene Gemeinde umfaßt die Fraktionen Goldrain, Morter, Tarsch und St. Martin im Kofel, mit insges. 3629 Einwohnern, davon 93 Italiener; Latsch allein hat 1800 Einwohner (827 im Jahre 1846, nach Staffler). — Ab Schlanders 8 km — nach Kastelbell 4 km (östl. und westl. Zufahrt von der neuen Umfahrungsstraße); Haltestelle aller Autobusse und Bahnhof der Vinschgaubahn Meran—Mals. — Gemeindearzt, Meldestelle der Straßenpolizei, Gendarmerie, Forstamt (Zentrum der Aufforstungen am Sonnenberg). — Tankstellen, Taxi und mechan. Werkstätten. — Dekanat Schlanders. — Untere Mittelschule, Volksbücherei, Laienspielbühne, Musikkapelle seit 1773 (Festschrift 1973) und Lichtspieltheater. — Raiffeisenkasse und Zweigstelle der Landessparkasse (im Gemeindehaus; zu diesem vgl. S. 375 oben). — Postamt (Postleitzahl 39021). — Eine Reihe von guten Gasthöfen und Pensionen (ca. 20) und Privatzimmer mit insges. etwa

900 Betten; Campingmöglichkeit; Ortsstelle des Alpenvereins bei Eugen Eder, Mohrweg 5; moderner Sportplatz, auch für internationale Bewerbe, Eislaufplatz, geheiztes Freischwimmbad, Hallenbad und (Hotel-)Sauna. — Naturrodelbahn (2300 m, 11%). — Großskigebiet Tarscher Alm (2 Doppelsessellifts, Schlepplifts, Restaurant). — Schützengilde mit alter Tradition (schon 1846 bei Staffler hervorgehoben).

Wirtschaft: Landwirtschaft und Fremdenverkehr, Zentrum des Obstbaues (Obstgenossenschaften; Beregnungsanlagen auf dem Tarscher Murkegel); Sägewerk und holzverarbeitende Industrie (Bodenbeläge), Großmühlenbetrieb, Fa. „Esterglas" für Schwimmbecken usw., Forellenzucht, Zone für mittlere Industriebetriebe im Ausbau. Zum Wappen (entspricht dem der Annenberger) vgl. S. 374; Patenschaft mit der Stadt Calw in Württemberg. Auskünfte durch Verschönerungsverein Latsch.

Die Bedeutung von Latsch, das heute ein wirtschaftlich aufstrebender, blühender Ort ist, lag vor Zeiten auf einem anderen Gebiet, wenngleich die Gegend als „Kornkammer" schon früh auch in dieser Hinsicht eine Rolle spielte; es ist aber — zumindest im Mittelalter — die Verkehrssituation gewesen, die dem Ort schon frühe Schenkungen und Stiftungen einbrachte, deren kunsthistorisches Erbe heute einen kostbaren Schatz an Sehenswürdigkeiten darstellt. Wir meinen das alte Heiliggeistspital ebenso wie Sankt Karpophorus und Sankt Medardus in Tarsch, die einerseits wohl auf den regen Verkehr am Oberen Weg weisen, zum andern aber unverkennbar deutlich machen, daß Latsch ein wichtiger Mündungspunkt für einen ursprünglich vielbegangenen Nord-Süd-Weg war, der vom Nonsberg her kommend Ulten überschritt und eben bei Latsch auf den Venostenweg und später auf die Römerstraße traf; von da mag er einerseits auf dieser weitergeführt haben, anderseits aber auch in Richtung Schnals und nach Norden.

Mit einem dieser Hospize, mit dem uralten Quellheiligtum Sankt Medardus (siehe unten), setzen nun die prähistorischen Zeugnisse für unseren Siedlungsraum ein, der sonst erst relativ spät urkundlich bezeugt ist (1209). Im Jahre 1290 ist die *purg zu Lätsch* Sitz eines landesfürstl. Gerichts, das zunächst von den Herren von Latsch verwaltet wird, aber schon bald im Gericht Schlanders aufgeht; später sind es dann die Annenberger, die den Turm zu Latsch bewohnen und dem Ort durch ihre kunstsinnigen Bestrebungen das bis heute kennzeichnende Gepräge geben.

Der Name wird durchaus mit einem Stamm *lac* gleich *See* gedeutet, von dem die Sage weiß, daß es ihn zwischen Latsch —

hier gestaut durch den Murkegel — und Schlanders wirklich gegeben habe; ein Bergknappe — wohl von den Knappenhöfen Laggàr und Zuckbühel am Sonnenberg — hätte ihn aber zusammen mit seiner Frau zum Segen der Bevölkerung „ausgelassen“, und zwar sind dies die beiden Schreinwächter vom Lederer-Altar (siehe dort; in Wirklichkeit St. Georg, mit einem Hammer, und St. Florian, dieser tatsächlich mit einem Frauenrock angetan; das Volk weiß überdies, die beiden Figuren könnten gar keine Heiligen sein, da sie vom Altar wegschauen — es ist also der *Knappe Georg mit seiner Frau).* —

Die weitere Entwicklung des Ortes ist dadurch gekennzeichnet, daß er *seit dem 14. Jh. wichtige Rodstätte und gewerblicher Mittelpunkt des unteren Vinschgaues ist* (Huter). In den Kriegswirren, die den oberen und mittleren Vinschgau so sehr verwüstet haben, bleibt Latsch so gut wie verschont — aber die Pest schlägt zu und auch das ewige Übel im trockenen, windigen Vinschgau — das Feuer; 1796 wird fast der ganze alte Ortskern das Opfer einer Brandkatastrophe. — Die neueste, sehr gesunde Entwicklung des Marktes Latsch haben wir bereits in der allgemeinen Einleitung zu diesem Abschnitt angedeutet. —

Der Markt Latsch nennt mit dem berühmten Flügelaltar des Jörg Lederer in der Spitalkirche eines der bedeutendsten Kunstwerke Südtirols sein eigen, und nicht minder würdig ist der Rahmen reichster und schönster Gotik, dessen Mittelpunkt dieser fast unversehrt durch die Jahrhunderte erhaltene Schrein darstellt; denn wenn es der Schwabe Lederer war, der im Auftrag der kunstsinnigen Annenberger das große Altar-Kunstwerk schuf, so sind es anderseits einheimische Steinmetzen der Vinschgauer Schule gewesen, die vor allem die Portale der Kirchen von Latsch mit Spitzenwerken ihrer Kunst verziert und überdies dem Ort durch Wappensteine, Grabdenkmäler und kunstvoll gearbeitete Werkstücke an mehreren Gebäuden erlesenen Glanz verliehen haben; Hand in Hand mit diesen Werken der Baukunst geht eine literarische Tradition, die uns durch Hans den Sager bezeugt ist, einen Minnesänger, der vermutlich durch die Herren von Annenberg gefördert wurde. So ist es nicht zu viel gesagt, wenn wir im Latsch des Mittelalters eine Art „Musenhof“ sehen, dessen architektonische und übrige künstlerische Werke teilweise bis zum heutigen Tag bestehen, ebenso wie die wohl in diesem Kreis entstandene und später nach Montani gekommene Abschrift des Nibelungenliedes; die Zahlen sprechen für sich — 1337 stiften die Annenberger das neue Heiliggeistspital, zwischen 1336 und 1338 ist uns Hans der Sager urkundlich bestätigt und mit 1323 ist die im nahen Obermontani aufgefundene Berliner Handschrift unseres großen Heldenliedes datiert; vielleicht hat es gar unser Hans der Sager *(Johannes, cantor de Laetsch)* selbst abgeschrieben.

Die Spitalkirche zum Heiligen Geist, an der Hauptstraße gelegen, geht auf die bereits erwähnte Stiftung des Heinrich von Annenberg zurück, war aber schon vorher Johanniterhospiz; der ältere Bestand wurde 1470 zu einem einheitlich gotischen Bauwerk verschmolzen, dessen ungewöhnlich reich verziertes Südportal, mit gekreuzten Wimpergen, Schweißtuchgruppe und Annenberger Wappen eine Sehenswürdigkeit für sich darstellt; daneben ist eine Steinplatte mit schön gemeißelter Minuskelinschrift eingelassen, die sich auf die Stiftung des Spitals bezieht. Von der Inneneinrichtung heben wir zunächst den 1677 gesetzten Gedenkstein für den Stifter hervor (gest. 1364), einen Stein mit dem Annenberg-Mohrschen Allianzwappen (1695) sowie an der Außenwand des Chores eine einfache Grabplatte für einen Bruder Mingeloner, den letzten bei Sankt Medardus bezeugten Eremiten, der 1772 gestorben ist — wohl hier im Spital, das übrigens bis auf den heutigen Tag als Altersheim dient. An der Innenseite der Friedhofsmauer ist ein Weihwasserstein eingelassen, mit einer von flatternden Haaren umgebenen und mit Eselsohren versehenen Teufelsfratze (14./15. Jh.). Die Wandgemälde des Inneren werden allgemein als *mittelmäßig* (Theil) oder gar *derb* (Weingartner) bezeichnet, doch zeigt das Stifterbild eine hübsch komponierte Gruppe um Matthäus von Annenberg (1565—1624). — Das gesamte Innere der Kirche ist 1980 restauriert worden, wobei sich wertvolle neue Freskenfunde ergaben, die noch nicht publiziert sind. In neuem Glanz erstrahlt nun auch der Altar selbst.

Der in wunderbarer Komposition gestaltete Schrein des Flügelaltares nimmt Bezug auf das Patrozinium der Kirche zum Heiligen Geist, der als Taube über dem Gnadenstuhl mit Gottvater und dem mit letzter Könnerschaft gestalteten *Corpus* des gequälten Christus schwebt.

Ein späteres Gegenstück zum Stifterbild von St. Benedikt in Mals ist hier die Seitenfigur des hl. Wolfgang, der ein Modell der Kirche in seinen Händen hält, flankiert an der Gegenseite von Sankt Johannes; vom Gerank der Sage um die beiden Schreinwächter haben wir bereits gehört. Im sehr zart und fein gearbeiteten Gespreng finden wir St. Christoph obenan, über einer Gruppe mit Christus, Johannes und Maria — letztere mit ganz besonders lieblicher Gesichtsausbildung. — Die Flügel im Relief auf bemaltem Hintergrund und Gold zeigen Verkündigung, Geburt Christi, Anbetung der Könige und Beschneidung und sind an der Rückseite von Meisterhand bemalt (Passion Christi); man hat diese Bilder, einschließlich eines Schmerzensmannes mit Maria und Johannes sowie den Pestheiligen Sebastian und Rochus an der Rückseite des Altars bisher einmütig dem Sebastian Scheel zugeschrieben (Weingartner, Theil). doch weisen Gisela Scheffler („Der Obere Weg“, S. 318) und noch deutlicher W. Oberegelsbacher („Schlern“, Jg. 45, S. 75) auf den Schwaben Hans Leonhard Schäuffelin, der auch für Hans Schnatterpeck am Altar von Niederlana gemalt und sich hier wie dort durch sehr ähnliche „Porträts“ vielleicht selbst verewigt hat. — Da nur die Predella mit ihren Figuren neueren Datums ist, stellt sich der Lederer-Altar als ein Kunstwerk von seltener Geschlossenheit dar, dessen Erhaltungszustand überdies ausgezeichnet und kaum durch Restaurierung verdorben ist; der 1524 aufgestellte Altar hat demnach unter allen Kunstwerken der süddeutschen Gotik hervorragenden Rang. In seiner Stilrichtung *schickt er sich bereits an, die Gotik zu verlassen* (Theil), was man am Heiligenschein Christi, an den Tempelsäulen und überhaupt an den Bildern des Schäuffelin ablesen kann.

Bezüglich Lederers Schaffen oder Einfluß im Vinschgau ist unter den Stichworten Hinterkirch (Langtaufers), Laatsch, Göflan und Partschins nachzuschlagen. Aus der reichhaltigen Literatur nennen wir den ausgezeichneten Kleinen Kunstführer (Nr. 10) von Edmund Theil (Bozen, 1970), den man an Ort und Stelle erwerben kann; in ihm sehr gute Details, Grundriß und weitere Fachliteratur. — Um den Schlüssel zur Kirche zu erhalten, geht man durch das grüne Holztor neben dem Kirchenportal in den Hof des alten Spitalsgebäudes und wird durch die Idylle eines überwucherten Klostergartens in den kleinen Friedhof und von dort in die Kirche selbst geführt; so bildet Spital, Friedhof und Kirche noch immer eine Einheit für die Lebenden, wenngleich man innerhalb der alten Mauern wie im Traum umhergeht und den Lärm der Straßen nur von weitem hört.

Die Pfarrkirche mit dem wie immer hohes Alter verratenden Patrozinium der Heiligen Petrus und Paulus reicht mit Langhausmauern und Turmsockel noch in romanische Zeit, erhielt jedoch um 1500 den heutigen Chor und die bemerkenswerten Portale, von denen wir vor allem jenes der Westfassade nennen.

Dieser mit zahlreichen Steinmetzzeichen versehene und mit 1524 datierte Haupteingang hat berühmte und viel photographierte Statuentabernakel in altertümlicher Manier, die Heiligen Petrus und Paulus sowie Jakobus und Johannes darstellend, Kleinplastiken mit großen Köpfen, alles aus weißem Marmor wie auch der mit 1522 datierte Weihwasserstein; über dem Portal in ähnlicher Art ein hl. Michael mit der Seelenwaage. — Im Inneren der ansonsten um 1860 zur Gänze neugotisch eingerichteten Kirche finden wir 4 Bilder des Simon Ybertrachter (Szenen aus dem Leben der Hl. Petrus und Paulus; zum Künstler vgl. das Stichwort „Naturns“) und einen Taufstein aus der Hand des uns

bekannten G. Schwenzengast, von dem auch der schöne Greifensee-Grabstein im Friedhof stammt, den man in neuerer Zeit in verständnisloser Weise durch ein anderes Grab verstellt hat.
Den Altar der Friedhofskapelle hat 1681 ein Johann Puz gestiftet; wir werden dieser Familie noch begegnen. Der einfache Bau der Kapelle (Anf. 16. Jh.) dient teilweise als Abstellraum, aus dem wertvollere Skulpturen sichergestellt wurden. Zu ergänzen ist hier, daß beim Bau der Kirchenheizung (1970) die Gruft der Annenberger (und vielleicht auch Montani) wiederentdeckt wurde, von der schon die Chronik des Hans Pegger (siehe „Ehrenalbum") berichtet hatte; man fand 20 halbvermoderte Särge. Die Gruft liegt unter dem nördlichen Seitenschiff, an dessen Stelle früher eine von den Annenbergern erbaute Michaelskapelle gestanden war, zu der die Gruft offensichtlich gehört hat, wie durch eine in den Boden eingelassene Platte mit dem Annenberger Wappen bezeugt wird; sehenswert an der nördl. Langhauswand innen auch der barock überladene Grabstein der Familie Kleinhans (1727).

Am Osteingang des Marktes steht auf nicht sehr ausgeprägter Anhöhe die dritte größere Kirche von Latsch, Unsere liebe Frau auf dem Bichl, von der J. J. Staffler zu berichten weiß, daß sie laut einer Inschrift vom nachmals abgesetzten Papst Johannes XXIII. anläßlich seiner Reise zum Konzil von Konstanz (1414) geweiht wurde.

Die Kirche hatte jedoch schon eine ältere Vorgängerin und wurde später noch mehrfach umgebaut und erweitert, eine *Musterkarte aller Baustile vom romanischen bis zum Zopfstil* (Plant). Das stets versperrte Gotteshaus hat bemerkenswerte Stukkaturen, Wandgemälde und Statuen aus gotischer und barocker Zeit, die jedoch derzeit allesamt deponiert sind, darunter die Marienstatue aus dem 14. Jh. im Diözesanmuseum von Brixen.

Im Straßenbild von Latsch, das durch einige gute, erneuerte Fassaden gekennzeichnet ist, fällt vor allem die eigensinnig quergestellte Nikolauskirche auf, neben aller Pracht der Gotik ein klobiger romanischer Bau der typischen Vinschgauer Art mit Rundbogenschallfenstern am Turm, dem 12. oder 13. Jahrhundert angehörend und Teil des alten Johanniterhospizes.

Die Kirche ist seit Ende des 19. Jh.s profaniert und diente bis in unsere Tage als Geräteschuppen; zusammen mit dem ganzen Bau soll nunmehr auch eine Kreuzigungsgruppe an der Südseite restauriert und erneuert werden (Pläne 1980).

Den Ansitz Mühlrain nennt man im Volksmund allgemein das „Rote Schloß", da die schöne, von Erkern mit Zwiebeltürmen flankierte Barockfassade in rosa Tönung gehalten ist. — Der lange vernachlässigte Bau wird, zusammen mit der Kapelle, derzeit (1980) durchgreifend restauriert.

Die schönen Stukkaturen und Malereien an den regelmäßigen Fensterreihen, Gartenmauer mit Tor sowie die zum Haus gehörende Kapelle Sankt Anna ergeben ein harmonisches Gesamtbild, das laut Inschrift von der Familie Kleinhans und deren Nachfolgern geschaffen wurde, ein seltenes Beispiel für einen einheitlichen Barockbau im Vinschgau. Über dem mit Säulen geschmückten Portal der restaurierten Kapelle finden wir wiederum ein Marienmedaillon des vielbeschäftigten Gregor Schwenzengast und im Inneren als Teil der reichen barocken Einrichtung eine Holzskulptur aus dem 17. Jh., Joachim und Anna darstellend.

Bleibt uns noch die zinnengeschmückte Burg Latsch neben der Pfarrkirche zu erwähnen, nach dem Brand von 1796 völlig umgestaltet und im Turmtrakt noch 1842 erneuert. Der Annenbergische Wappenstein am Eingang (um 1500), dem wir schon mehrmals begegnet sind — ein Ast mit drei daraus blühenden Rosen — lädt dazu ein, an dieser Stelle die Sage wiederzugeben, die sich um dieses heute auch von der Marktgemeinde geführte Wappen rankt; demnach kommt ein Annenberger dereinst vom Kreuzzug heim nach Latsch und findet in der Wiege ein Knäblein vor, das ihm die treue Gattin glückstrahlend als Erstgeborenen zeigt. Doch der Ritter war — wie dies bei Kreuzfahrern zuweilen nicht ganz zu Unrecht vorgekommen sein mag — mißtrauisch und voller böser Eifersucht; er nimmt einen zufällig da liegenden dürren Ast in die Hand und verkündet, er könne seiner Gattin Anna nur dann vertrauen, wenn dieser Ast Rosen treibe — was dann zum guten Glück auch geschah, und seither heißt Schloß und Geschlecht nach der getreuen Hausfrau „Annenberg" (Winkler, S. 204).

Am Ende unseres Rundganges durch Latsch sei noch das Kriegerdenkmal für die Helden des Jahres 1809 an der Mauer des Spitals und die gepflegte Kapelle zur Schmerzhaften Muttergottes genannt, die nächst der ehemals gedeckten Etschbrücke an der ostseitigen Zufahrt zum Ort steht, ihrer Lage nach eindeutig eine „Abwehr" gegen Hochwasser.

Die Außenfiguren des malerischen Kirchleins (erbaut 1713) sind deponiert, und nach einem Diebstahl im Dezember 1971 (Leuchter, barocke Figuren, darunter ein sehr guter Sankt Martin) ist auch alles übrige von Wert sichergestellt. — Das Kirchlein wurde ursprünglich für ein Gnadenbild der schmerzhaften Muttergottes (auf Marmor gemalt) erbaut, doch wurde das Bild schon bald in die Pfarrkirche übertragen; nur anläßlich von Prozessionen und Bittgängen und in großer Not überbrachte man es wieder vorübergehend an den stillen Platz an der Brücke. —

Wir sind am Ende eines Rundganges durch das kunsthistorisch so bedeutsame Latsch. In schroffem Gegensatz zu all diesen

Kostbarkeiten steht ein überdimensionierter Betonbau in der Ortsmitte (Gemeinde- und Mehrzweckhaus), der sehr augenfällig eine neue Zeit dokumentiert. Der Besucher mag selbst entscheiden, ob er sich — gleich dem Verfasser — mehr zum alten oder zu diesem „neuen" Latsch bekennt, und er mag selbst beurteilen, ob „nach Fertigstellung die Schönheit dieses Zementriesen hervortritt", wie ein Berichterstatter in frohem Optimismus hoffte („Dolomiten", Jg. 1974, 13. Juli).

Im Ehrenalbum von Latsch steht nun neben dem Mäzenatentum der Annenberger in erster Linie jener bereits genannte Hans der Sager, dessen Denkmal an der Gartenmauer der Burg Latsch beim Rundgang durch das Dorf auffallen wird.

Sager ist wie *Singer* Tätigkeitsname, aus der Wendung *singen unde sagen* des Walther von der Vogelweide allgemein geläufig. Dieser *Johann, genannt Sager von Latsch,* war also Dichter, der nach dem Muster des mittelhochdeutschen Spielmannes auch die Melodie zu seinen Liedern schuf (*cantor*; so viermal urkundlich im Archiv von Tarantsberg, zit. b. Schönach, vgl. Lit.-Verz.). Eine letzte Notiz besagt, daß Egno von Galsaun dem *Sager* am 23. Juni 1338 drei Bücher ausgefolgt hat. In Galsaun-Kasten wurde ein Fragment der Dietrich-Epik gefunden („Dietrichs Flucht") — all das weist auf unsern *Sager,* von dessen eigenen Texten uns leider nichts erhalten geblieben bzw. bislang nichts aufgefunden worden ist.

Aus Latsch stammt das Geschlecht der Putz, von dem wir den *Notarius publicus* und Spitalspfleger Joh. Nep. Caspar Pu(t)z als Stifter des Altares in der Friedhofskapelle bereits kennen; die Familie hat sich im Verlauf des 19. Jahrhunderts vor allem in Meran weit verzweigt und zweimal den Bürgermeister für diese Stadt gestellt, darunter mit dem seinerzeit als Lyriker gefeierten Gottlieb Putz (1818—1886).

Gottlieb Putz hatte über die berühmte und ebenso geistreiche wie trinkfreudige Lebenberger Tafelrunde des Friedrich Lentner Beziehungen zum Münchner Dichterkreis um Emanuel Geibel angeknüpft; neben „Blätter, Blüten und Früchte" (Gedichte, 1886) hat er einen recht lesenswerten „König Laurin" (1868) in Verse gebracht und sich um das Aufblühen der Kurstadt Meran Verdienste erworben. — Einer seiner Neffen, Leo Putz (1869—1940) erlangte als frühes Mitglied der Münchner Impressionisten und durch in Brasilien geschaffene Werke europäischen Rang.

Ein namhafter Kunst- und Kulturhistoriker ist der 1868 in Latsch geborene Prälat Heinrich Schuler gewesen, ehemals Abt des Prämonstratenser Chorherrenstiftes Wilten bei Innsbruck (gest.

1949); für seine zahlreichen Arbeiten, vor allem auf dem Gebiet der Vorgeschichte *Veldidena*-Wiltens wurde ihm die Ehrenmitgliedschaft der Universität Innsbruck verliehen (1948). — Die Chronik des Hans Pegger aus Latsch (1850—1936) ist bereits genannt worden. Pegger war Ehrenbürger seiner Heimatgemeinde und Denkmalpfleger, der auch eine leider unvollendet gebliebene Arbeit über die Geschichte der Malerei in Südtirol verfaßt hat (zur Chronik vgl. Lit.-Verz.). —

An Ausflügen und Bergwanderungen hat Latsch reichste Auswahl; wir nennen die zwischen Latsch und Tarsch (Tafel) beginnende „Rehpromenade", die durch geschützten Mischwald bis Obermontani führt, und hatten schon empfohlen, den Weg von Morter her (Nr. 5) stückweise entlang dem Mareinwaal zu Fuß zu nehmen und sich dabei in der Kühle eines natürlichen Felsenkellers zu erfrischen.

Dieser beliebte Ausflug zum „Bierkeller" — dessen ehemals wasserumrauschte Höhle man in Latsch schon seit urdenklicher Zeit zu schätzen wußte — läßt sich zur ebenfalls schon sehr früh bezeugten Sommerfrische Töbrunn (1723 m) ausdehnen, auf kühlem Waldsteig oder auch über eine erst vor kurzem neu erstellte Zufahrt; das von Natur aus kalte Wasser (4° C; nach Mader, S. 167) ist als „Magenwasser" weitum berühmt, und schon um 1850 bauten sich die Bürger von Latsch beim „Theebrunnen" — wie man fälschlich auch lesen kann — eine erste Sommerfrische, die allerdings um 1920 durch eine Lawine zerstört wurde. Heute wird das Gebiet Töbrunnen am Nörderberg mit den Verbindungsmöglichkeiten zur Latscher und Tarscher Alm (1715 bzw. 1940 m; einfache Zufahrt) nur mehr wenig begangen; im Mittelpunkt stehen die häßlichen Anlagen des Skigebietes Tarscher Alm.

Wir sind in diesem Gebiet im Bereich eines sehr alten Überganges nach Ulten und wissen bereits, daß der Jochweg früher über das Hospiz Sankt Medardus geführt hat; heute steigt auf der Ultener Seite eine Werkstraße der dortigen E-Werk-Stufe schon bis auf 2000 Meter Seehöhe an, so daß man bereits plant, den Übergang über das Tarscher Jöchl (2517 m) in absehbarer Zeit befahrbar zu machen, was ein etwa 7 km langes Scheitelstück erfordern und viel Landschaft zerstören würde.

Unser nächster Weg führt uns nach Tarsch (854 m) selbst; das stille Dörflein mit teilweise sehr alten, typischen Vinschgauer Häusern liegt südöstlich von Latsch, steil gestaffelt am Rande des gewaltigen Murkegels, der hier wiederum das Gesicht der Landschaft bestimmt. Der Ort gehört mit seinen rund 600 Einwohnern zur Gemeinde Latsch, tritt uns urkundlich 1277 als *Tarres (*ter = kelt. „steil")* entgegen, ist aber als Siedlung auf dem fruchtbaren Murkegel viel älter.

Die Michaelskirche der Kuratie Tarsch ist in den Grundzügen romanisch, wurde aber 1522 gotisiert und 1685 mit dem heutigen Chor versehen. Bedeutsam sind die aus der Erbauungszeit erhaltenen romanischen Fresken an der Langhauswand (1920 u. 1959 aufgedeckt), darunter ein segnender Christus mit Ölzweig, ausdrucksstarke Züge, um 1200; daneben finden sich neuere gotische Schichten (Ölberg, Anf. 15. Jh.). — Der Hochaltar hat in der Mitte den Schrein eines gotischen Flügelaltares mit zwei Seitenstatuen des 15. Jh.s und einem hl. Michael in der Mitte, um 1700. Die Seitenaltäre mit Statuen sind 17. Jh., desgleichen ein Schmerzensmann und die 12 Apostel an der Brüstung der Orgelempore; am Aufsatz des Taufsteins (17. Jh.) bemerkenswert hübsche Miniaturen. —

Sankt Karpophorus wurde 1214 von Kaiser Friedrich II. dem Deutschen Orden geschenkt. Leider ist die Kirche 1901—1906 völlig umgebaut worden, hat jedoch gute Bilder (St. Karpophorus von Simon Ybertrachter, 1743), Kerzenstangen und Rosenkranzmadonna (17. Jh.). — Unberührt ist gottlob der romanische Turm geblieben, ein weiteres und überaus würdiges Denkmal schönster Vinschgauer Romanik. — Aus Tarsch (geb. 1891) stammte der Bettler-Maler Alois Kuperion, ein armer, origineller Vagabund, dessen naiv-abstrakte Malweise viel Aufsehen erregte und teilweise übertrieben hochgespielt wurde. Er lebte vorzugsweise in Meran und Umgebung und ist dort 1960 gestorben (hiezu A. Manfredi: „Alois Kuperion", Mailand 1961).

Vom oberen Ende des großen Murkegels blinkt das weiße Kirchlein Sankt Medardus (950 m) aus weltferner Einsamkeit weit über den Vinschgau; man überblickt von dort einen guten Teil der mittleren Talschaft und ahnt die Bedeutung dieses alten Rastpunktes an einstmals vielbegangenen Wegen.

Von Tarsch nach „Sammedárn", wie die Einheimischen sagen, führt eine an Werktagen wenig benützte Fahrstraße, die danach am Hang weiter ansteigt und die schon zu Kastelbell gehörende Höfegruppe Freiberg (1120 m) am Nörderberg mit einer Heilig-Kreuz-Kirche (erbaut 1824, gute Kreuzigungsgruppe) und einer Bergschule erreicht. Der sehr hübsch am Hang gelagerte Weiler hat nunmehr auch eine Zufahrt von Latschinig her (siehe dort). — Am schönsten ist es jedoch, mehr oder minder weglos über die Felder gegen Sankt Medardus anzusteigen, oder besser gesagt, es war so, bis man 1972 auch den oberen Teil des Murkegels bonifizierte; dem wirtschaftlichen Vorteil wurde die urtümliche Heidelandschaft mit Waalwegen, Buschzeilen und Bäumen geopfert — aus einer typischen Vinschgauer Landschaft wurde eintönige Monokultur.

Für die Forschung besteht kein Zweifel, daß „Sammedárn" zu den prähistorischen Quellheiligtümern Südtirols zu rechnen ist (vgl. Innerebner in „Schlern", Jg. 1946, S. 141 ff., mit Skizze). Über diese Quelle baute man schon früh die bis heute erhaltene romanische Kirche, an der sich über dem Seitenportal in Spuren eine Kreuzigungsgruppe (13. Jh.) erhalten hat.

Das Hospiz wurde 1218 von Albrecht von Tirol den Johannitern geschenkt, stand durch Jahrhunderte unter einem Komtur des nachmaligen Malteserordens und ist noch im 18. Jh. als Einsiedelei bezeugt. Als Hospiz wurde St. Medardus unter der bayerischen Regierung 1811 säkularisiert, doch blieb die erst 1909 profanierte Kirche Ziel zahlreicher Bittgänge — einmal, weil das Wasser als Heilmittel gegen Fieber gilt, zum andern aber auch, weil St. Medardus eine gute Heuernte bewirken kann; Mang weiß zu berichten, daß jedem Pilger laut einer alten Stiftung auch ein Glas Wein gereicht wurde. — Die völlig ausgeräumte Kirche — deren Flügelaltar heute als Seitenaltar in der Meraner Pfarrkirche steht — diente jahrelang als Abstellraum, ist heute aber wieder ausgeräumt und vor weiterem Verfall bewahrt. An der mittleren Altarstufe links läßt sich eine Steinplatte anheben, so daß man in den Quellschacht hinuntersieht, aus dem das heilkräftige Wasser unter der Kirche durch zu einem Trog im Freien geführt wird.

Die Rundapsis und der edle Turm mit seinen Rundbogenfenstern verraten sehr hohes Alter. Dasselbe gilt auch für das heutige Bauernhaus daneben, das dem Malteserwappen über dem Spitzbogenportal und den festen Gewölben nach zu schließen die Wohnung des Komturs war, während sich von der Pilgerherberge nur die Grundmauern erhalten haben. — Erwähnt sei noch das Kuriosum, daß die gotischen Freskenreste an der Westfassade bei Regenwetter ihre sonst kaum mehr kenntlichen Umrisse deutlicher hervortreten lassen.

Das war die Einschicht von Sankt Medardus; Kirche und Hof schienen an heißen Sommernachmittagen wie in Schlaf versunken — nur das Rad der Mühle am nahen Wasserwaal drehte sich zuweilen noch knarrend, und in den Kronen mächtiger Nußbäume rauschte es von der Wandelbarkeit aller Zeiten. — Heute ist das Bild vollkommen verändert, und auch der Plan, in dem völlig kahl rasierten Gelände wenigstens einen bewachsenen Schutzgürtel um das alte Heiligtum zu legen, ist bis heute (1980) noch nicht Wirklichkeit geworden.

Auf Zuckbüchl und Laggàr
isch der Schmalzkübl laar;
auf Patsch und Mitt'reben
wird er aa nimmer lang heb'n . . .

Volksreim über die Sonnenberghöfe von St. Martin

Nicht minder typisch vinschgauerisch als der Weg nach Sankt Medardus ist eine Seilbahnfahrt von Latsch aus in die schwindelnde Höhe des Weilers S a n k t M a r t i n i m K o f e l (1736 m), der — wie wir wissen — zusammen mit den Höfen am Naturnser Sonnenberg die größte relative Siedelhöhe der Ostalpen aufweist; ebenso wurde schon gesagt, daß diese Fahrt wie kaum eine andere gebotene Möglichkeit auf schnelle und bequeme Weise einen höchst instruktiven Einblick in den Bau des Haupttales mit seinen Schutt- und Murkegeln und auf das durch diese hin- und hergedrängte Bett der Etsch gibt. Dazu kommt noch ein typisches Stück Sonnenberg mit Waalwegen, Aufforstungsinseln und den noch steppenartigen Kahlgebieten dazwischen, auf deren Hangterrassen die Bauern von Sankt Martin mit unvorstellbarem Fleiß um die Ernte kämpfen, die neuerdings hier auch aus Beerenobstanpflanzungen gewonnen wird.

Die Talstation der kleinen Kabinenseilbahn, die den Höhenunterschied von 1100 m in 9 Min. überwindet, liegt an der ostseitigen Zufahrt nach Latsch; seit der für die Bauern wahrhaft segensreichen Erbauung dieser Bahn werden die steilen Wege am Sonnenberg kaum mehr begangen, doch hatte noch der alte Doktor Tappeiner seinen Patienten geraten, den Weg nach Sankt Martin täglich einmal im Auf- und Abstieg zu machen — man werde dadurch abgehärtet und buchstäblich *stark wie David,* ganz so wie J. P. Hebels bekannter Hypochonder aus dem „Geheilten Patienten". — Eine die Schönheit und Urtümlichkeit des Sonnenberges zerstörende, erosionsfördernde Straße ab Galsaun über Trumsberg nach Sankt Martin ist 1980 im Bau.

Die Forschung sieht in Sankt Martin im Kofel (in den Karten auch *am Vorberg)* ein uraltes H ö h l e n h e i l i g t u m, da die derbe, im 18. Jahrhundert in barocke Gewänder gekleidete Martinsstatue heute noch in einer natürlichen Felshöhle verehrt wird, über die erst im 16. Jahrhundert die heutige Kirche gebaut wurde; daher auch die einzig richtige Bezeichnung Sankt Martin i m Kofel.

Die S a g e (Winkler, S. 210) weiß, daß unser Gnadenbild dereinst von Göflan nächtlicherweile in einem blauen Lichtschein auf den Berg herauf geschwebt sei und hier bleiben „wollte", als man versuchte, es wieder in die Mutterkirche zurückzubringen. Die einfache, kühn an den steilen Hang gebaute Kirche hat ihre Einrichtung aus dem 17. und 18. Jahrhundert, dazu primitive Deckenmalereien, die sich ebenfalls auf den heiligen Martin (als Bischof) beziehen, bei dessen Tod ein ganz und gar verzweifelter Teufel das Lager des Heiligen verlassen muß. — In der Kirche hängen ein paar interessante Votivbilder mit Bezug auf das Viehpatronat Sankt Martins und auch auf andere Gebetserhörungen; die Kirche ist bis auf den heutigen Tag einer der meistbesuchten Wallfahrtsorte Tirols, zu dem man noch vor rund 150 Jahren barfuß sogar vom Passeiertal her über die Jöcher zog. — Besonders hübsch ist die im Schiff rückwärts rechts eingelassene Tafel aus weißem Marmor, Sankt Martin mit dem Bettler darstellend (mit Jahrzahl 1690, die Art der Darstellung jedoch viel älter). —

Sankt Martin ist zu Latsch gehörende Kuratie mit rund 250 Einwohnern in den verstreuten Höfen und hat eine eigene Volksschule; Gaststätten an der Tal- und Bergstation der Seilbahn.

Sankt Martin ist ein hervorragender Ausgangspunkt für Bergwanderungen nach beiden Seiten des Sonnenberges; diese Wege lassen sich fast das ganze Jahr hindurch begehen, nur muß man auf Vereisung in den Bachtobeln achten und im Frühjahr damit rechnen, daß Lawinenkegel das Überqueren der tief eingerissenen Täler zuweilen erschweren können. Es kommt auch vor, daß der Weg da und dort nach Gewitterregen abgerutscht ist; luftig und großer Steilheit ausgesetzt sind diese Wege ohnehin an vielen Stellen und nicht ungefährlich vor allem im Bereich der verlassenen und nunmehr sterbenden Bergbauernhöfe.

Mitten in die Welt dieser hohen Siedlungen, die sich nicht annähernd vorstellen kann, wer sie nie gesehen hat, führt der Weg Nr. 14 von der Bergstation der Seilbahn (Wegweisertafel) in nordwestl. Richtung zunächst über die locker um die Kirche gruppierten Häuser hindurch bis in jene tiefe Talfurche, in der auf grüner, von Waalwegen gezeichneter Insel zwischen zwei Schuttströmen das Gehöft Egg klebt (1615 m), Heimstatt für zwei Familien mit 14 gesunden und aufgeweckten Kindern (Herbst 1975). Im Weiterweg berührt man das 1922 abgebrannte, nun aber wieder aufgebaute Gehöft Vorra (1677 m), wegen seiner vielen, oft nur winzigen Baulichkeiten im Volksmund scherzhaft „Vorra-Stadt“ genannt; von hier hat man den bereits auf S. 353 erwähnten Tiefblick auf Annenberg und den höher liegenden, einsamen Ratschillhof, buchstäblich in einem Spannungsbereich *zwischen Firn und Reben.*

Danach hört der bewohnte Raum auf, und man erreicht die Ruinen von Laggàr (1720 m) — Mauerreste inmitten der oft nur zu tischplattengroßen Feldern gerodeten und mit Trockenmauern abgestützten Fluren, die heute von Wildgräsern überwuchert werden. Dieser schon 1290 als *Calcaur* erwähnte Hof und das nun folgende Z u c k b ü h e l (1700 m), ebenfalls Ruine im gefährlichen Murgraben des Fallerbaches, waren Bergknappensiedlungen an den hier bezeugten und bereits genannten Erzgruben, die jedoch schon im 16. Jh. aufgegeben werden mußten; als Bauer auf Laggàr saß um 1779 ein Franz Tumler, und gezinst wurde in solcher Lage nicht mit Getreide und dergleichen, sondern mit *12 Steinhühnern* (1416). — Auch die folgenden Höfe, Patsch und Mittereben, sind verlassen und dienen nur mehr als Schafställe; der schöne Christus vom Wegkreuz beim Patschhof ist beizeiten geborgen und dem Bildhauer Karl Grasser von Kortsch zur Restaurierung übergeben worden. Von Patsch kann man nun entweder auf Nr. 14 weiter bis Tappein queren oder schon vorher nach links abwärts auf eine rotweißrote Markierung (später Einmündung in Nr. 11) abzweigen und durch prächtig aufgeforsteten Jungwald die Runde nach Vezzan/Goldrain und von hier über den Latschanderwaal zum Ausgangspunkt schließen.

Auch der Steig nach der anderen Seite, von Sankt Martin aus über den Weiler T r u m s b e r g (1250 m) hinunter nach Tschars gehörte einst zu den schönsten Vinschgauer W a n d e r w e g e n, ist aber nun teilweise häßlicher Güterweg geworden.

Die Markierung Nr. 2 beginnt gleich bei der Kirche und führt in östl. Richtung über den Sonnenberg, teils nahe der Waldgrenze, teils durch lichte Lärchenwälder über das Gehöft Platztail zum Hof Greit mit seiner wohlerhaltenen Mühle im Graben des wilden Kastelbeller Baches (auch *Vermoibach*); etwas unterhalb dieses schönen Rastplatzes an der sonnigen Mauer der Mühle liegen in gefährdeter Position die Höfe von Laimtal und noch tiefer, auf 1225 Metern, der große und stattliche P l a t z h o f auf einer Terrasse am Sonnenberg, deren überraschend große Ausdehnung nur von unserm Weg aus so recht überblickt werden kann.

Das Gebiet des Platzhofes ist eine hochwichtige Ursiedelstätte mit den Ruinen einer 1605 geweihten S e b a s t i a n i k a p e l l e, die inmitten eines prähistorischen Ringwalles mit zahlreichen Wohngruben steht und der ganzen Gegend einen ebenso anmutigen wie archaischen Charakter verleiht.

Es handelt sich eigentlich um zwei bewohnte Gehöfte mit zwei Familien, deren Kinder bis Trumsberg zur Schule müssen. Die Wirtschaft ist hier nahezu autark (eigenes E-Werk, Mühle, gute Bewässerung usw.). — Stifter für St. Sebastian war ein *Thomas Platzer,* der monatlich eine Messe und am Sebastianitag feierlichen Gottesdienst halten ließ (bis 1825 eingehalten). Zu Sebastian und Kirchweih stiftete der Hofbesitzer jährlich ein Rind und *vier Star Traid;* für die Armen wurde dann daraus die sog. *Platzersuppe,* eine kräftige Suppe mit Fleisch zubereitet.

Die ganze Gegend zeigt archaische Spuren, so etwa auf Weg Nr. 8 nach 45. Min. Gehzeit ab Latsch rechts unterhalb des Steiges einen riesigen Schalenstein mit interessanten und im Umkreis rätselhafte dolinenartige Gesteinslagerungen. — Auch ab Kastelbell führt ein Weg zu den Platzhöfen, der bei der Trumsberger Kapelle die Markierung 2 kreuzt und weiter über die höchsten Höfe des Weilers und die Trumsalm (1952 m) zu der mit einem Gipfelkreuz geschmückten Vermoispitze führt (2930 m; etwa 5 Std. ab Trumsberg).

In Trumsberg selbst (1250 m; 70 Einwohner, gute Einkehr und schöne alte Stube beim „Kaserer") steht nur die vorerwähnte Kapelle, deren künstlerischer Rang von einem Kruzifixus am Wege weit übertroffen wird. Die zerstreute Siedlung ist derzeit nur durch eine Materialseilbahn mit dem Tal verbunden, doch hat man anläßlich der Aufforstungsarbeiten an diesem Teil des Sonnenberges die bestehenden Wege um einiges verbessert. So läßt sich etwa heute im Gegensatz zu früher der Graben des Galsauner Baches gefahrlos bis zu jenem Punkt ausgehen, von dem aus man einen großartigen Tiefblick auf die Mauertrümmer der Trutzfeste Hochgalsaun genießt, die sich von dem um sie herumliegenden bizarren Blockwerk aus eigenartig schwarzem Fels kaum mehr abheben (Einzelheiten unter „Galsaun"). — Unser Weiterweg führt uns nun durch hübschen Mischwald direkt hinunter in das von prächtigen Edelkastanien umrauschte Dörflein Tschars (627 m; ab St. Martin hierher etwa 3 Std., meist eben und abwärts. — Zu Tschars vgl. S. 388).

Auf den Wegen über den Sonnenberg sind wir nun unserm nächsten Ziel schon weit vorausgeeilt; in der Talsohle wartet nämlich vorerst noch für den, der von Latsch aus gegen Kastelbell aufbricht, die tosende Schlucht der hier ganz an den Sonnenberg gedrängten Etsch, im Volksmund allgemein nur Latschànder genannt.

In der Latschander ist es unheimlich; erst anläßlich der vor kurzem erfolgten Straßenbegradigung wurde linker Hand ein Stein zertrümmert, in dem man die Abdrücke einer menschlichen Gestalt sah — einer liederlichen Kellnerin, die der Teufel hier hineingedrückt hatte (es handelt sich um einen Schalenstein, vgl. Winkler, S. 211). — Für die Sportfischer hat die Latschander keinerlei negative Aspekte — im Gegenteil — und für den Reisenden zeigt sich von Eisenbahn und Straße aus als fester Riegel am Ende der an romantische Landschaftsmaler erinnernden Latschander die erst vor kurzem sehr fachkundig restaurierte Halbruine Kastelbell — leider gerade an diesem entscheidenden Blickpunkt durch einen fast unmittelbar anschließenden Neubau nachhaltig gestört.

KASTELBELL-TSCHARS: Seehöhe 580 bzw. 630 m. Klimatische Werte ähnlich wie Latsch, doch liegt Kastelbell besser gegen Wind geschützt; der Sonnenhang ist ein hochwertiges Weinbaugebiet („Pfaffenegger", zusammen mit dem Weißwein von Vezzan beste Vinschgauer Sorte). Die Doppelgemeinde umfaßt einerseits Kastelbell (Rathaus der Gemeinde) mit dem Pfarrdorf Marein und den Weilern Latschinig, Freiberg und Tomberg an der Nörderseite sowie Galsaun am Sonnenbergfuß, und anderseits talabwärts gesehen das selbständige Dorf Tschars (Urpfarre) mit Schloß und Höfen von Juval, alles seit 1949 dem von Meran abgetrennten Dekanat Naturns angehörend. — Einwohnerzahl der Doppelgemeinde 2187, davon etwa 69 Italiener; Kastelbell-Dorf (mit Marein) hat ca. 1260 Einw. (laut Staffler 423 im Jahre 1846). — Ab Latsch 4 km — nach Staben (Schnalstalmündung) 8 km; Autobushaltestelle aller Linien und Bahnhof Kastelbell der Vinschgaubahn, Haltestelle Tschars. — Gemeindearzt in Kastelbell, mechanische Werkstätten, Taxi und Tankstellen. — Volksbüchereien, Laienbühne Tschars, Musikkapellen in beiden Hauptorten und Schießstand in Kastelbell. — Raiffeisenkasse in Tschars und Postamt in Kastelbell (neben Gemeindeamt, Postleitzahl 39020); gegenüber Zimmernachweis für Kastelbell (ca. 200 Betten in 3 Gasthöfen und in Privathäusern) und Orientierungstafel; für Tschars (ca. 300 Betten in 6 Gastbetrieben und privat). Auskünfte durch Verschönerungsverein Tschars (Orientierungstafel am Dorfplatz), Post Staben (39020); in beiden Orten mehrere Gästeschwimmbäder. —

Wirtschaft: Die Gegend ist die Hochburg des Vinschgauer Marillen- und Edelobstanbaues; aufstrebender Weinbau; drei Obsterzeugergenossenschaften, dazu Sägewerk, Verpackungsindustrie und Fabrik für Maschinenbau; Gemeinschaftsstallung und Sennerei. — Elektrozentrale der *Montecatini-Edison.* — Das Wappen der Gemeinde (rotes Mühlrad auf Silber) entspricht dem der Grafen Hendl, die von 1531 bis 1949 im Mannesstamm und jetzt noch mit der letzten Nachfahrin dieses Geschlechtes auf Schloß Kastelbell ansässig sind. —

Wie schon aus den allgemeinen Angaben hervorgeht, sind die Siedlungen dieser Gemeinde weit über den gartenähnlichen Talboden und lose über Nörder- und Sonnenberg verstreut; die Etsch ist nach ihrem Austritt aus der Latschanderschlucht zu einem schnurgeraden Strich reguliert worden, wodurch man zu beiden Seiten überaus fruchtbares Land gewann.

Erst in den letzten Jahren hat sich beiderseits der Landstraße und in der Nähe des malerischen Burgfelsens eine Art Dorfzentrum zu bilden begonnen, in dessen Mittelpunkt das architektonisch gut gestaltete neue Rathaus der Gemeinde steht; gefällig angelegte Parkanlagen mit einem köstlichen Froschbrunnen runden das Bild zu einer Visitenkarte des beliebten Vinschgauer Ferienortes. Die Brunnenfigur hat Beziehung zu einer hier lokalisierten Sage von einer armen, in eine Kröte verwandelte Seele, die zum Dank für Erlösung den versiegten Dorfbrunnen wieder zum Sprudeln gebracht hat (Winkler, S. 212).

Der erste Gang wird uns westwärts über die Vinschgauer Landstraße zum berühmten Bild des Burgfelsens von Kastelbell selbst führen; er hat mit seiner Linie von Burgmauer und Zinne über den natürlichen Bau des Gesteins herab bis zur behäbigbäuerlichen Giebelzeichnung des Oberwirtshauses nicht seinesgleichen in ganz Tirol. Sorgsame Hände haben die Felsen an der Straßenklause in einen reizvollen Alpengarten verwandelt, über dem ich zu früher Morgenstunde zuweilen den schrillen Schrei des pfeilschnellen Mauerseglers gehört habe. —

Der frühesten Geschichte der Gegend werden wir auf unseren Streifzügen zu den Ruinen von Montalban und Galsaun nachspüren; Kastelbell selbst scheint erst relativ spät (1238) als Sitz des gleichnamigen, wohl von den Montalbanern abzuleitenden Geschlechtes erbaut worden zu sein, der 1305 als *Gericht Castelbell* erscheint; dieses Gericht deckt sich weitgehend mit dem Gebiet der Urpfarre Tschars (siehe dort) und kam aus mehreren Händen um 1531 in die der nachmaligen (seit 1697) Grafen Hendl, die es bis 1825 innehatten und, wie wir wissen, heute noch dort wohnen; das Schloß kann besichtigt werden.

Die Hendl bauten Kastelbell im 16. Jh. völlig um und vergrößerten es zu den heutigen Ausmaßen; zu Beginn des 19. Jh.s brannte das Schloß zur Gänze ab, blieb aber weiterhin notdürftig bewohnbar. Wir vermerkten bereits, daß die Halbruine erst in allerjüngster Zeit durch das Denkmalamt großzügig restauriert (Burgtor aus alten Werkstücken) und zur Gänze neu eingedeckt wurde. — Von der Inneneinrichtung hat sich kaum Nennenswertes erhalten; der von Bartlmä Dill Riemenschneider gemalte Ofen im Nationalmuseum zu Trient stammt wahrscheinlich von hier (oder aus Goldrain). — Die Burgkapelle hat im Gewölbe und an den Wänden dekorative Fresken des 16. Jh.s; der Gnadenstuhl im Tonnengewölbe des Altarraumes ist 15. Jh., eine *derbe Arbeit* (Weingartner), die überdies unfachgemäß aufgedeckt und übermalt wurde. —

Die Deutung des Namens von Burg und Ort bietet sich zu einfachster Lösung an — *Castel bellum,* das „schöne Schloß". Immerhin wird man aber auch an das uns bekannte *buogl-bullio* denken (vgl. S. 289) und demnach auch ein „Schloß am tosenden Wasser" (Latschander!) in Erwägung ziehen müssen; überdies weist J. Schgör darauf hin, daß der Stamm *bel* in vielen Fällen gar nichts mit dem neulat. *bellum* zu tun hat, sondern daß ein (keltischer?) Stamm *bel* (auch *fel*) soviel wie „Berg, Hügel" bedeute; demnach wäre Kastelbell *„Schloß auf dem (Fels)hügel"* (hiezu „Schlern", Jg. 1959, S. 241, mit mehreren Beispielen).

Lose mit diesem links der Etsch gelegenen Ortsteil hängt die Pfarre Marein am rechten Etschufer zusammen; hier ist der Name unbestritten — alle *mar*-Namen sind mit *Mur*-Aufschüttungen urverwandt, und damit ist auch gesagt, daß unser Marein eben zu Füßen des großen Murkegels von Latsch liegt.

In die 1400 erbaute und im 18. Jh. veränderte und vergrößerte Andreaskirche am unteren Ende des Straßendorfes wurde erst vor kurzem eingebrochen; die Diebe hatten es auf vom 15. bis zum 18. Jh. datierte Statuen und Bilder abgesehen, doch konnte die Beute teilweise wieder zustandegebracht werden. Die Tatsache, daß nur zwei Jahre später (Sommer 1971) wiederum 4 Engelsstatuen gestohlen wurden, weist deutlich auf die diesbezüglich alarmierende Situation in ganz Südtirol. — Der Friedhof ist nach Entwürfen des Meraner Architekten Torggler neu angelegt und gärtnerisch überaus ansprechend gestaltet. — Die Antonkapelle im Ortsteil Spineid ist ein einfacher Bau des 17. Jh.s mit einem Altar aus dieser Zeit, die zeltförmige Kapelle mit Kupferdach beim E-Werk schuf der uns schon von Reschen her bekannte Mailänder Architekt *Pagani* im Auftrag der *Montecatini*-Werke. —

Da die alte Kuratiekirche längst zu klein geworden war, wurde für die 1951 zur Pfarre erhobene Seelsorge ein Neubau notwendig, der wegen seiner gewagten Linie schon während des Baues einem scharfen Kreuzfeuer der Kritik ausgesetzt war (Architekten H. Schnabl und Z. Abram, Bozen; Weihe der Kirche durch Diözesanbischof Joseph Gargitter am 5. Mai 1974).

Roher Verputz und an Lagerhallen gemahnende Eisentraversen prägen das äußere Bild der Kirche, deren Umkreis mit Naturstein (Ifinger Tonalit) schön eingefaßt ist; eine Kreuzsäule (Karl Grasser aus Kortsch) weist auf den sakralen Charakter des Baues hin, der sonst nicht ohne weiteres als Kirche zu erkennen ist, zumal ein Kirchturm fehlt. Im Untergeschoß sind Räume für außerkirchliche Zwecke eingerichtet (Bibliothek, Vortragssaal usw.); dies entspricht dem Konzept der Architekten, die ein „Haus unter Häusern" erstellen wollten. Der nahezu quadratische Innenraum erhält sein (durch Spezialglas gedämpftes) Licht durch eine Fensteröffnung an der Südwestseite und vor allem durch eine durchlaufende Fensterfront unter der flachen Holzdecke; daß sich — je nach dem Standort des Beschauers — durch diese Fenster Ausschnitte der Vinschgauer Bergwelt zeigen, gehört zu den eindrucksvollsten Effekten des sonst sehr nüchtern gehaltenen Raumes, dessen Altarelemente aus Travertin gehauen sind. — Das Urteil über den hier geschilderten Bau bleibe dem Benützer dieses Buches überlassen. Für den Verfasser entspricht die Kirche keineswegs der Eigenart der Vinschgauer Landschaft. —

Über die Häusergruppe Latschinig (hübsche, alte Bauelemente, Mühlen) können wir nun direkt zu dem bereits genannten Weiler Freiberg (1120 m, heute Autozufahrt; die alte Mark. 7 ein hübscher, aber kaum eingehaltener Fußsteig) und können von dort über eine neue Forststraße (Fahrverbot) mit Querung des Schlumsbaches die beliebte Ausflugsstätte und Sommerwirtschaft Marzaunalm (1550 m) erreichen (schöner jedoch hierher auf Weg 9 a von Tomberg aus). Von hier aus kann man auf Weg 9/9 a in etwa 3 Std. über die Obermarzaunalm (zwei kleine Seen) zu den Koflraster-Seen (2430 m) unterhalb des Rontscher Joches (2711 m) aufsteigen. In diesem leicht begehbaren Gelände bieten sich mehrere Übergänge ins Ultental an, so etwa die Kammwanderung (Nr. 9) zu den Drei Seen, von denen man auf wenig begangenen Hirtenpfaden in das zu Ulten gehörende Falkomaital absteigen kann. Nach der andern Seite läßt sich die Runde ab den Koflraster-Seen über die Latschiniger Alm (1936 m) wieder nach Freiberg oder zur Marzaunalm schließen.

In diesem Bereich liegt auch, fast völlig versteckt und nur auf unmarkierten Hirten- und Jägersteigen erreichbar, der kleine Zirmtalsee (2114 m), der von Kennern als der kostbarste Edelstein im Bereich dieser stillen Berge und Wälder gepriesen wird. — Im Abstieg von Marzaun auf Weg 9a oder im Aufstieg mit Markierungsnummer 9 ab Haltestelle Tschars (2 Std.) erreicht man die Nörderbergsiedlung Tomberg (ca. 1200 m), eine Fraktion von Kastelbell mit etwa 150 Einwohnern; der Name ist von der älteren, urkundl. belegten Form *Fontán* abzuleiten, also von „Quelle"; die Namen *Tannerhof* und schließlich *Tann*-berg (aus dem *Tom*-berg wurde) enthalten allesamt das nicht mehr verstandene *tan* aus *Fontán.* Interessant ist, daß dieses Tomberg zusammen mit den am fernen Gegenhang liegenden Weilern Trumsberg und Juval noch 1869 eine verwaltungsmäßige Einheit als Ortsgemeinde bildete. Tomberg hat heute als Zufahrt einen Güterweg, der von Tabland in der Gemeinde Naturns ausgeht und von Tomberg noch weiter, bis zur Sommerwirtschaft Tablander Alm (1758 m) führt (Fahrverbot ab Tomberg). —

Zurückgekehrt nach Kastelbell haben wir nun am Sonnenberg zunächst den kaum kenntlichen Mauerresten von Montalban (798 m) einen Besuch abzustatten; wir finden den für die Geschichte des unteren Vinschgaues wichtigen Platz oberhalb des Burgfelsens von Kastelbell, genau 212 m über der Bahnstation in nördlicher Richtung, im Bereich des sogenannten „Köschtenplons" (Kastanienplan) am Sonnenberghang, auf einem moränenüberlagerten Schieferfelsblock, der sich vom Tal aus gesehen zwar kaum abhebt, im Grunde aber kaum weniger wehrhaft ist als der Felshügel von Galsaun.

Der Platz mit Burgmauerresten gehört heute dem „Köschtenplon"-Bauer; um 1150 errichteten hier die Herren von Montalban eine Burg, deren Baubestand mit Bergfried, Palas, Kapelle, Brunnen, Zwinger und Ringmauer heute noch rekonstruiert werden kann. Die „Montlbuner", wie man im Volksmund sagt, waren zunächst welfische und seit 1163 tirolische Ministerialen; sie müssen ein dem Landesfürsten unerwünschtes Machtstreben an den Tag gelegt haben, denn dieser läßt die Burg 1317 schleifen und weiß einen Wiederaufbau zu verhindern. — Funde von Tonscherben und Bronzegußtropfen reihen den Burgplatz in die kontinuierliche Kette von prähist. Siedlungen am Fuß des Sonnenberges ein. —

Unser nächster Besuch gilt dem Weiler und der Ruine Galsaun; wer die von der Vinschgauer Landstraße abzweigende Zufahrtsstraße benützt, bringt sich selbst um das Erlebnis eines außergewöhnlich hübschen Spazierganges in die von prächtigen Bäumen fast umwucherte Ortschaft, in der man noch die Idylle eines völlig ungestörten Ferienaufenthaltes genießen kann.

Galsaun (600 m; Fraktion von Kastelbell mit etwa 350 Einwohnern, einem Gasth. u. Fremdenzimmern) ist mit dem Gemeindehauptort fast zusammengewachsen. Man kann den beim Postamt beginnenden „Winkelweg" benützen oder auch gerade bergan steigen, bis man bei den letzten Häusern am Hang auf den quer verlaufenden Waalweg stößt, auf dem sich das Erlebnis aller Vinschgauer Waalwanderungen in schönster Weise anbietet.

Schon an dieser Stelle sei gesagt, daß dieser Waalweg, seiner Herkunft nach „Schnalswaal" oder auch „Tscharser Waal" genannt, zu den allerschönsten Wanderwegen des Vinschgaues gehört und sich in idealer Runde anlegen läßt, mit Beginn bei den Kastelbeller Burgen, Rast in Tschars, Weiterweg zum königlichen Juval und Abstieg durch die Weinleiten von Staben; von hier hat man Eisenbahn oder Autobus zurück zum Ausgangspunkt. —

Bevor wir nun diesen Weg einschlagen, wollen wir jedoch im Vorbeigehn den am oberen Ortsrand von Galsaun gelegenen, massiven Ansitz Kasten ansehen, dessen Name darauf hinweist, daß wir es mit dem Kornkasten von Hochgalsaun zu tun haben, der den Schlandersbergern, der uns bereits bekannten Seitenlinie der Montalbaner, eignete; sie hatten das unwirtlich gelegene Schlandersberg schon früh mit dem behäbigen Ansitz Kasten vertauscht, worauf auch das Wappen über der Tür weist, in Allianz mit dem der im nahen Latsch begüterten Annenberger. Im Inneren des bewohnten und nur nach vorheriger Anfrage zu besichtigenden Ansitzes finden sich am Hallengewölbe eine Schlandersberger Ahnentafel (1595) und in der von außen durch einen kleinen Turm bezeichneten Kapelle ein interessanter Dreifaltigkeitsaltar (um 1600) und weitere Wappen. Bedeutend ist das Archiv des Ansitzes Kasten gewesen, da sich hier das bereits genannte Bruchstück einer Handschrift von „Dietrichs Flucht“ gefunden hat (Huter, S. 559).

Im Aufstieg zu den Ruinenresten von Hochgalsaun (795 m) berührt man eine eigenwillige, mit Kirchknott bezeichnete Felsklippe, einen durch Scherbenfunde (1943) als prähistorische Siedlung nachgewiesenen Platz, an dem später die Burgkapelle stand, wie gemauerte Apsidenreste verraten. — Rund 65 m höher steht die Ruine selbst, 1262 nachweisbar im Besitz der Montalbaner, 1295/96 vom Landesfürsten zerstört, von den Montalban-Schlandersberg 1329 wieder aufgebaut und im Kampf der aufrührerischen Adeligen („Elefantenbund“) gegen Herzog Friedrich von diesem endgültig und für alle Zeit gebrochen (1423). — Um Hochgalsaun gibt es eine hübsche, jedoch auch anderwärts häufig belegte Sage (vgl. die „Weiber von Weinsberg“); als Hzg. Friedrich den Widerstand der Burgbesatzung endlich gebrochen hatte, erbat die Burgherrin freies Geleit *samt allem, was sie mit sich tragen könne;* als Friedrich diesem Begehren in ritterlicher Weise zustimmte, kam die edle Frau mit ihrem Gemahl auf dem Rücken schwer gebeugt aus dem brennenden Schloß, und in ihren Händen trug sie Wappenbrief und Siegel. Der Herzog ließ die beiden stumm an sich vorüberziehen und neigte sein Haupt, voll Hochachtung und Grimm.

Bleibt uns noch der Name Galsaun zu erklären; er gehört in die Reihe der *anum*-Namen (1262 *Colsanum*), die man aus einem mit dem Vornamen eines Ureinwohners gebildeten römischen Prädialnamen deutet (vgl. hiezu Göflan, aber auch Tabland, Tschirland usw.). —

Über den genannten Waalweg von Galsaun nach Tschars zu wandern ist die schönste Art, sich diesem überaus anmutig in Obstgärten gebetteten Ort zu nähern, schon allein deshalb, weil man so von der Bergseite her durch die grünen Hallen der Kastanienhaine schlendern kann, die sich hier reicher und schöner erhalten haben als weitum in dieser Gegend.

Allgemeine Angaben über den mit den Berghöfen rund 900 Einwohner umfassenden Ort finden sich unter dem Stichwort „Kastelbell-Tschars“; der Ort hat eine neue Zufahrtsstraße ab Vinschgauer Landstraße und Eisenbahnhaltestelle Tschars; in der Nähe der Abzweigung und im Ort selbst gute Gasthöfe mit Schwimmbädern usw. —

Die Geschichte der im 12. Jh. als *predium in villa montana (S)ardis* (zit. b. Huter) genannten Ortschaft läßt sich ab dem

Mittelalter verfolgen, wenn wir von den in noch viel frühere Zeit weisenden Tonscherbenfunden auf Schloß Juval und Schalensteinen in dessen Nähe absehen (bislang die einzige prähist. Fundstätte). Huter sieht im St.-Martin-Patrozinium von Tschars die östliche Grenze des karolingischen Machtbereiches gegenüber dem langobardischen St. Zeno in Naturns; wir wissen überdies, daß nach ältester Abgrenzung Tschars der östlichste Ort des Vinschgaues gegenüber dem mit Naturns beginnenden Burggrafenamt ist.

Um 1147 finden wir die Güter von Tschars im Besitz des welfischen Hausklosters Steingaden (Oberbayern), bei dem sie — nach vorübergehender Schenkung durch Friedrich II. an den Deutschen Orden (1215—1217) — bis zur Übergabe an die nachmaligen Grafen Hendl im Jahre 1578 geblieben sind. Den gesamten Besitz, zwischen Sankt Martin im Kofel und Schnalstal, haben zunächst die Herren von Montalban als Vögte inne, doch faßt der Tiroler Landesfürst schon Ende des 13. Jh.s dieses *Amt Tschars* im Gericht Kastelbell zusammen, das wir bereits kennen. Dem Ausmaß des alten Gerichtes entspricht der gewaltige Umfang der Urpfarre Tschars, die bis über das Schnalstal hinausreichte und sogar noch Vent im Ötztal, jenseits des Alpenkammes, bis 1925 einschloß.

Das Dorfbild von Tschars ist durch mehrere schöne alte Häuser bestimmt, von denen wir das heutige Schulhaus nennen, das einst den Kartäusern von Schnals gehört hat (Jahrzahl 1612 am Marmorportal zum Garten), weiters den Pfarrhof mit schönem Portal und das Steingadener Torgglhaus in Erinnerung daran, daß hier die Weinpresse für die Klostergüter stand; außerdem finden sich vielfach schöne Tür- und Fensterrahmungen sowie teilweise sehr alte Hausfresken. Man kann sich so gut den Rahmen vorstellen, in dem sich die sogenannte *Käß-Sonntag-Gmain* laut Dorfbuch des Jahres 1432 vollzogen hat, eine Art jährliche Thingversammlung mit Tagsatzung, Bestrafung derer, die sich der *Gmain-Ordnung* nicht fügten, und mit Bestellung für die Ämter und Aufgaben im öffentlichen Interesse.

Die auf romanischen Fundamenten ruhende Pfarrkirche zum hl. Martin ist ein gotischer Neubau aus der Mitte des 16. Jh.s; über dem mit Löwenköpfen geschmückten Spitzbogenportal findet sich ein derber Sankt Martin mit dem Hendlschen Wappen, und auch an der Südwestecke ist das Relief eines schreitenden Löwen eingemauert; teilweise aufgedeckte Fresken an der Fassade, deren älteste Schicht mit 1320 datiert wird (Konturenstil). — Den barocken Zwiebelturm erhielt die Kirche nach einem Brand um 1620, bei dem der Großteil des Dorfes zerstört wurde. In der Folgezeit wurde die Kirche ihrer Gewölberippen beraubt und barock umgestaltet; demnach sind auch die Altäre, die Gewölbedekorationen und die Kanzel

17. bis 18. Jh. Das Bild am rechten Seitenaltar (St. Josef) stammt vermutlich von dem unter Schlanders genannten Hieronymus Peteffi, die in einer Vitrine verwahrte, vergoldete Prozessionsstatue des Weinheiligen Urban ist 18. Jh. Erwähnt seien noch ein Schlandersberger und ein Hendlscher Grabstein (weißer Marmor), ein hübscher Weihwasserstein sowie die dem 18. Jh. angehörende F r i e d h o f s k a p e l l e zum hl. Michael.

Übrigens hat auch Tschars ein E h r e n a l b u m, in das mit leuchtenden Lettern der Name des hier 1844 geborenen Germanisten und Namenforschers Josef T a r n e l l e r geschrieben ist, dessen Vorfahren von dem uns bereits bekannten Tarnellhof bei Laas stammten. Tarneller studierte Theologie und wirkte als Deutschlehrer am berühmten Gymnasium der Marienberger Benediktiner in Meran. Er verfaßte mehrere gelehrte Abhandlungen zur tirolischen Namenkunde, von denen im vorliegenden Buch wiederholt Gebrauch gemacht wurde; die Titel führen wir im Literaturverzeichnis an. Tarneller ist im Jahre 1924 auf dem steilen Weg aus der Sarner Schlucht nach Afing bei Bozen das Opfer eines Schlaganfalles geworden, woran heute noch ein Bildstock erinnert. —

Der weitaus schönste A u s f l u g von Tschars führt auf den bereits genannten W a a l w e g e n nach Galsaun oder in die Gegenrichtung hinüber zum Schloß J u v a l, hoch über der Talmündung von Schnals gelegen. Dieser im Dorf beginnende, mit Nr. 3 markierte Wanderweg ist ein Juwel in jeder Beziehung, ob dies nun sein Charakter als Lebensader am heißen Sonnenberg ist, seine gewundene, klug dem Gelände angepaßte Führung, mit offen dahinmurmelndem Wasser, das dann wieder in geheimnisvollen Höhlungen verschwindet — oder ob es die stets wechselnde Zeichnung von Eiche, Kastanie oder Weide gegen den Himmel ist, der Tanz durstiger Schmetterlinge am Weg oder das Lied der Vögel im wilden Buschwerk, das aus diesem Wasser trinkt — immer gilt auch hier: wer solche Wege nie gegangen ist, weiß nicht, was „Vinschgau" heißt.

Wir sind über diesen Waal dank dem Tscharser Dorfbuch gut unterrichtet; schon 1492 wandten sich die Tscharser an Maximilian I. um Hilfe für das große Vorhaben, das dann in der Zeit zwischen 1504 und 1517 in Gemeinschaftsarbeit erstellt werden konnte, wobei vor allem die Wasserführung am steilen Schnalstalhang Schwierigkeiten bereitete. In diesem durch Steinschlag gefährdeten Gebiet ist der Waal heute in durchaus notwendiger Weise fast durchwegs in feste Rohre verlegt, bis unterhalb von Schloß Juval; den Rest aber hat man frei gelassen, im klassischen Urzustand — wohl nicht zuletzt auch deshalb, weil man erkannte, daß Tschars mit diesem Glanzbeispiel für das größte Bewässerungssystem der Ostalpen einen Anziehungspunkt allerersten Ranges besitzt; diese alte Waalführung bedingt zudem, daß die Feuchtigkeit in geringen Mengen dem ganzen Hang zugute kommt, während mit der Verlegung in die Betonröhre der unmittelbare Waalbereich wiederum versteppen würde. Der Tscharser Waal wird mit dem Frühjahr, meist Anfang April, „eingekehrt", nachdem er vorher sorgsam gereinigt worden ist; an ihm sind derzeit noch Waalschellen in Tätigkeit, und außerdem betreibt der Waalhirte unterhalb des Schlosses Juval einen kleinen Ausschank.

Juval selbst (927 m), das man nach einer guten Gehstunde erreicht, liegt auf einer überraschend großen, malerisch von Buschzeilen unterteilten Höhe, um die sich bis zu 1300 m die Schloßhöfe Mitter- und Hochjuval in bergeinsamer Entrückung lagern. Von „hängenden Gärten" spricht der Forscher L. Oberrauch-Gries in jener Arbeit („Schlern", Jg. 1947, S. 369), in der er von den gewaltigen Schalensteinen berichtet, die er am Hof Unterortl an den Hängen des Burghügels gefunden hat. Schon Dalla Torre schreibt von dieser paradiesischen Gegend: *Hier reift köstliches Obst, und die Elsässer Rebe füllt den Keller mit erheiterndem Naß ... aus den Felsspalten aber duftet der immergrüne Rosmarin.*

Zum Namen der Höfe Ober- und Unterortl vgl. S. 296; Juval selbst hat man aus einem *iugum vallis* („Talsporn") zu deuten versucht. — Die Geschichte des großen Schlosses, das *in geistvoller Weise den unregelmäßigen Baugrund teils ausnützt, teils ausgleicht* (Weingartner) geht auf ungef. 1200 zurück; um 1278 ist Juval im Besitz eines Hugo von Montalban, wird aber schon bald darauf als landesfürstliches Lehen an verschiedene Familien — darunter auch an die Matscher — vergeben. Hans Sinkmoser, der Juval 1540 erwarb, hat die Anlage zur heutigen Größe ausgebaut und die Kapelle mit dekorativen Wandmalereien schmücken lassen. Bis 1880 wurde die nach und nach ihrer Einrichtung beraubte Burg von Bauern bewohnt, verfiel dann vollends, wurde 1925 von einem in Meran ansässigen Holländer namens William Rowland restauriert, durch Einquartierungen im Zweiten Weltkrieg jedoch wieder nahezu dem Verfall preisgegeben. In allerjüngster Zeit ist nicht allein der Verfall der einst so stolzen Burg schnell vorangeschritten, sondern auch der obere Ortlhof verlassen worden, und die einst gepflegten Kulturen werden von Unkraut überwuchert; der untere Ortlhof ist noch bewirtschaftet. — Noch immer schön ist der Blick vom gegenüberliegenden Fuchsberg (linke Seite Schnalstalmündung) auf Juval, das sich von hier aus gesehen in seiner stattlichen Ausdehnung als alte Grenzfeste zwischen der Grafschaft Vinschgau und dem Burggrafenamt zeigt. — Juval ist heute in Meraner Privatbesitz.

Zum Abstieg empfiehlt sich der alte, mit schweren Steinen gepflasterte Burgweg (Nr. 1), mit einem Seitenast zum Unterortlhof (auch Waalweg), der später wiederum in diese „Gasse" mündet. Bald säumen zerzauste Reben und Kastanienbäume den Weg, der uns hinunter an die Talstraße in den Weiler Staben (552 m) führt.

Staben hat den Charakter einer zu Juval gehörenden Straßenklause; ältere Reisebeschreibungen wissen davon, daß man hier noch unter einem Torbogen durchgefahren ist. Diesem Tor widerfuhr im Jahre 1876 das — man könnte fast sagen — „übliche" Vinschgauer Schicksal; wie eine Inschrift an der Kirche vermerkt, brannte der ganze Ort bis auf die Grundmauern nieder, nur die Kirche und das an ihrer Außenwand befestigte Kruzifix blieben auf wunderbare Weise verschont.

Der Ort gehört bereits zur Gemeinde Naturns und hat ungefähr 350 Einwohner; der Südtiroler Alpenverein ist hier mit seiner Sektion Untervinschgau vertreten (Herr H. Weiß, Nr. 54, Postleitzahl 39020) und hat dementsprechend alle Wege vorbildlich markiert und beschildert, so etwa an der Brücke, die zum Bahnhof Schnalstal ans rechte Etschufer führt. Hier beginnen einige Wege des Naturnser Ausflugsgebietes, das wir weiter unten noch genauer behandeln werden.
Staben ist sehr alt, schon 1237 als *Stouben* erstmals erwähnt; möglich, daß im Namen die „Stube" steckt, der wir als *stua* noch bis ins Trentino folgen können; das Wirtshaus zum „Schwarzen Adler" taucht ebenfalls schon 1294 urkundlich auf, und derselben Zeit gehört die in den Grundzügen (Rundapsis) romanische Liebfrauenkirche an, die zu Beginn des 16. Jh.s und noch einmal 1638 umgebaut wurde. Am Spitzbogenportal finden wir einen schönen Wappenstein mit dem Hendl-Ramschwagschen Allianzwappen (Mühlrad, zwei Löwen). Der beschwingte barocke Hochaltar hat ein gutes Bild, ein Seitenaltar Pietà und Schmerzensmann aus dem 17. Jh. —

Wiederum sind wir auf Fußwegen der Straße vorangeeilt; an dieser Straße zwischen Tschars und Staben sind viele neue Wohnhäuser und Raststätten entstanden, von denen wir vor allem das Bad Kochenmoos (550 m) nennen, schon 1695 als *Kochlmoosgueth mit Padhaus* erwähnt und bis heute beliebte Ausflugs- und Erholungsstätte.

Die Schwefel- und Eisenquelle von Kochenmoos entspringt am Fuß des Sonnenberges in Glimmerschiefer und hat eine Radioaktivität von 3,3 Mache-Einheiten (Mader, S. 166); das zu Trink- und Badekuren angewandte Wasser soll vor allem gegen Rheuma, Hautausschlag und Harnleiden wirksam sein. —
Wie schon erwähnt, sind wir mit Kochenmoos und Staben bereits im Gemeindegebiet von Naturns angelangt, dem auch die Straßenabzweigung Schnalstal angehört, 7 km ab Kastelbell und knapp 2 km vor Naturns. Hier an der schluchtartig in Glimmerschiefer und Gneise gerissenen Tal-

mündung steht das alte Schnalstaler E-Werk und ein Gasthaus; als naturkundliche Besonderheit des Gebietes sei vermerkt, daß nach Beobachtungen von O. Niederfriniger (Schlern, Jg. 1970, S. 372 ff., mit Abb.) hier die Mehlschwalbe an Felsen brütet und die Felsenschwalbe an Häusern (unterm Dach des E-Werkes), also gerade entgegengesetzt zu den üblichen Brutgewohnheiten; in diesem Zusammenhang sei schon hier erwähnt, daß im Schnalstal eines der größten Vorkommen der Felsenschwalbe in Südtirol nachzuweisen ist.

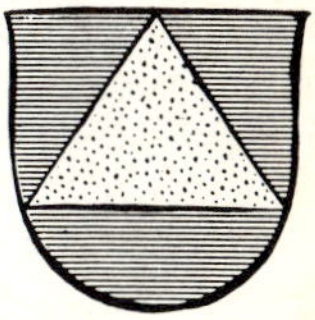

NATURNS: Seehöhe 554 m; klimatische Werte schon stark denen des nur um 230 m niedriger gelegenen Meran angenähert (Weinbau, Edelobstpflanzungen). — Die Gemeinde hat mit den Fraktionen Staben, Kompatsch, Tabland und Tschirland insges. 5000 Einwohner (davon 154 Ital.), Naturns selbst hat ca. 1800 Einw. (1536 bei Staffler im Jahre 1846). — Ab Staben/Schnalstalmündung 2 km — zur Töll 7 km; Autobushaltestelle aller Linien und Bahnhof der Vinschgaubahn. — Ärzte, Apotheke, Taxi und Tankstellen, mechan. Werkstätten und Gendarmerie. — Naturns ist Amtssitz des gleichnamigen Dekanates und hat untere Mittelschule; Musikkapelle seit 1850, Lichtspieltheater; Raiffeisenkasse, Postamt (Postleitzahl 39025), Reise- und Verkehrsbüro sowie Gemeindeamt in der Ortsmitte in einem gut gestalteten Neubau, Auskünfte durch Verkehrsverein Naturns (ca. 20 Gastbetriebe, Pensionen usw.; Jugendherberge „Waldheim", insges. an die 400 Betten). — Großes Freischwimmbad, Hallenbad und Sauna, Campingplätze, Tennisplätze, Sportplatz und Miniaturgolf, Reitschule in Plaus, im Winter Eisschießen und Eislauf. — Der Ort unterhält ein Partnerschaftsabkommen mit dem Landkreis Ludwigshafen. — Wirtschaft: Großkraftwerk der Staustufe Vernagt/Schnals (Freileitung); Lagerhallen und Kühlhäuser der Obstgenossenschaften, Genossenschaft der Beerenobsterzeuger, Sennerei, Sägewerk, holzverarbeitende Industrien und weitere mittlere Industriebetriebe im Ausbau; neue Großberegnungsanlage im Gebiet Tabland-Staben. — Naturns gehört wie Plaus und Partschins seit 1973 zum Bezirk Burggrafenamt.

PLAUS: Seehöhe 519 m; Klima siehe oben. — Einwohnerzahl der Gemeinde mit den Nörderberghöfen (Pirchberg) 289, davon 9 Italiener (bei Staffler 177 Einw.). — Ab Naturns 3 km — zur Töll 4 km; Haltestelle der Vinschgaubahn. — Pfarre Plaus, Postamt Naturns (Postleitzahl 39025). Auskünfte Verkehrsbüro Plaus; zwei Gastbetriebe und zahlreiche Fremdenzimmer sowie mehrere Gasthöfe an der Hauptstraße, Reitschule an der Vinschgauer Landstraße. — Der Ort ist Mittelpunkt ausgedehnter Erdbeer- und Gemüsepflanzungen — Partnerschaft mit Gemeinde Weisenheim am Berg (Rheinpfalz).

Wenn man von Naturns (554 m) genau nach Norden, direkt zum Gipfelkreuz der Kirchbachspitze (3079 m) eine Linie ziehen würde, dann wäre diese Linie nur fünf Kilometer lang und von abenteuerlicher Steilheit; ungefähr in der Mitte dieser Linie, genauer gesagt auf 1560 Metern und damit mehr als tausend Meter über Naturns liegt der einsame Berghof zu Schnatz. Das ist ein Beispiel für den nahezu unfaßbaren Spannungsbereich der Gegend um Naturns, der vom Hauch des sonnensatten Burggrafenamtes bis zu Berghöfen reicht, die buchstäblich auf Felsterrassen kleben, und weiter über die windgepeitschten Grate bis zu den Dreitausendern und zum ewigen Eis.

Ich bin im ganzen vielleicht zehnmal in Naturns gewesen, auf den Spuren der altehrwürdigen Fresken, auf Streifzügen in den Burgen und danach in den gemütlichen Gasthäusern, auch am Nörderberg oben und auf der Hochwart — aber erst seit kurzem kenne ich Naturns; ich kenne es, seit ich an einem Frühsommertag von Katharinaberg im Schnalstal den munteren Wasserwaalen entlang von Hof zu Hof geschlendert bin, vorbei an Sommerwiesen und blühenden Kirschbäumen, dann tiefer herab in das Reich der Flaumeiche und des Zürgelbaumes, wo man den starren Drachenkopf der Smaragdeidechse am Wegrand sehen kann und als Begleiter den Zitronenfalter hat, immer tiefer in dieses verwirrende Grün eintauchend und dann eben am Hang hin, auf uralten, in den Fels gehauenen Wegen bis zu dem auf wehrhaftem Hügel den Ort beherrschenden Herrenbauernhof Pichl und dem etwas darunter liegenden Martschein, in denen alte Rittertürme stecken, und endlich weiter zu Sankt Prokulus. Auf den Stufen dieses ehrwürdigen Heiligtums sitzend las ich die schönen Worte, die der jüngst verstorbene Forscher Karl Th. Hoeniger über das uralte Kirchlein geschrieben hat: *Bauern und Heilige machten aus dem Land im Gebirge jenes Paßland, das Kaiser und Könige, Heere und Handelszüge, Krieg und Frieden, Freud und Leid kommen, gehen und wiedererstehen sah ... die Kunst von Sankt Prokulus ist primitiv, aber sie ist die Wiege kommender großer Leistungen, sie gemahnt uns, das Schlichte zu ehren, denn Schlichtheit ist immer die Wurzel alles Großen ...*

Es würde den Rahmen des vorliegenden Buches weit sprengen, wollte man hier der bedeutendsten Sehenswürdigkeit des Bereiches von Naturns und in einem gewissen Sinn des ganzen Vinschgaues nach allen Seiten gerecht werden. Zumindest aber wird der Versuch einer kurzen Charakteristik und Wertung unternommen, der sich auf die Arbeiten namhafter Forscher stützt, die wir abschließend wenigstens im Auszug anführen werden.

Die dem Veroneser Bischof Prokulus, einem hochverehrten Schutzpatron der Haustiere geweihte kleine Kirche ist eine der ältesten ganz Tirols, nach Weingartner und anderen Forschern dem 8. oder 9. Jahrhundert angehörend.

Die bei Theil (siehe unten) wiedergegebenen Grundrißzeichnungen zeigen, daß der Bau ursprünglich eine Rundapsis hatte, die durch Errichtung des Turmes (erst in roman. Zeit) zum heutigen, leicht nach Osten verjüngten und gerade abschließenden Altarraum wurde; die Mensa, wohl wegen einer nachträglichen Ostungskorrektur schräg gestellt, gehört ebenfalls dem ältesten Baubestand an.

Wer die Kirche betritt, wird sofort von den rudimentären Fresken der Südwand fasziniert; der Verfasser erinnert sich noch gut, wie er als Kind ausrief: „Schau, ein Mann auf der Schaukel!" Tatsächlich ist dies der erste Eindruck, den eine auf einem Seil sitzende Gestalt mit großen Augen und Heiligenschein hervorruft. Man hat die Szene, zu der noch 3 weitere Gestalten gehören (die offensichtlich den „Schaukler" herablassen) mit der Flucht des hl. Paulus aus Damaskus gedeutet, bei der er — laut Apostelgeschichte — über die Stadtmauer geseilt wurde; es ist das Verdienst des Kunsthistorikers O. R. von Lutterotti, erkannt zu haben, daß es sich nicht um Paulus, sondern in sehr naheliegender Weise um Sankt Prokulus selbst handelt, aus dessen Legende eine Flucht vor heidnischen Verfolgern über die Stadtmauer von Verona verbürgt ist; außerdem nennen die späteren Außenfresken ausdrücklich diesen Heiligen (vgl. hiezu „Der Obere Weg", S. 490 ff.). — Zum Viehpatron Prokulus paßt auch die Rinderherde an der Eingangswand mit dem scharfzüngigen Hirtenhund, alles zusammen wohl als Votivbild zu deuten. Eine Gruppe von schreitenden Figuren und eine von solchen, die mit erstaunten Augen der Fluchtszene zusehen, sowie Engelsköpfe, Mäanderbänder und (langobardische?) Flechtbandornamentik vervollständigen die rätselhaften Darstellungen, die vermutlich unter dem Einfluß irischer Buchmalereien (St. Gallen!) entstanden sind, abgesehen davon aber absolut eigenständige Schöpfungen als Ausdruck eines tiefernsten Gestaltungswillens verkörpern; wie sehr der Künstler von Sankt Prokulus sich abmühte, seinen Gestalten plastische Figürlichkeit zu verleihen, mag man an den „Höhenschichtenlinien" ablesen, mit denen beispielsweise die Knie des „Schaukelnden" gezeichnet sind.

Die Bewertung der zwischen 770 und 830 (Theil) entstandenen Fresken stimmt, was ihre Einmaligkeit anlangt, bei nahezu allen

Fachleuten überein: *auf heute deutschem Boden die ältesten, bekannten Wandgemälde;* in diesem Urteil Weingartners steckt allerdings die klare Erkenntnis, daß man zur Entstehungszeit der Fresken in der Gegend von Naturns noch rätoromanisch gesprochen hat.

Etwas im Schatten der absoluten Einmaligkeit dieser ältesten Fresken stehn die späteren, gotischen Schichten, einmal an der Außenwand (südl.) eine in alle Einzelheiten gehende Erschaffung der Welt mit Adam und Eva als Bauersleuten vor und nach dem Sündenfall, mit 1400 datiert. Teile der Innenfresken wurden abgelöst und sind heute im Meraner Museum zur Schau gestellt, verblieben sind im Chor Kreuzigung und Christus als Richter (Ende 14. Jh.) sowie an der Langhauswand die Anbetung der Könige und Szenen aus dem Marienleben, im höfischen Stil der Zeit um 1400. —

Zur Reisezeit ist der „Sankt-Profel-Stock", wie die Einheimischen laut Weingartner sagen oder sagten, mehr oder minder stets geöffnet; sonst erliegt der Schlüssel im Dekanatswidum (etwa 80 m nördl. vom Dorfplatz), und hier wie dort bekommt man auch Karten, Dias und die Kleinen Kunstführer Nr. 1 (Baugeschichte und alte Fresken) sowie Nr. 6 (nur die gotischen Fresken), beide von Edmund Theil verfaßt; hier ist alle weitere Literatur angegeben, vor allem jene von Weingartner, der 1912 die ersten Probestiche machen ließ, und von seinem Nachfolger, J. Garber, der dann die endgültige Aufdeckung vornahm und den einmaligen Fund als erster publizierte (Wien, 1915). — Mittlerweile füllt die bei Theil angegebene Literatur über St. Prokulus zwei enggesetzte Druckseiten. —

Noch früher als mit den Fresken von Sankt Prokulus setzt die Geschichte von Naturns mit vier nachgewiesenen Urzeitstätten am Sonnenberghang ein; hierher gehört auch die an dieser Stelle lokalisierte Sage von der *Wilden Fahr,* einem aus zwei Pferden zusammengewachsenen Untier, in dem Dalla Torre das *achtfüßige Götterroß der skandinavischen Sage* wiedererkennen will.

Hört einer die Haut über dem Gerippe des Ungeheuers rascheln, so bekommt er die *Fraisen oder die Fallsucht;* die *Wilde Fahr* haust in einem Lorggenloch am Sonnenberg, das zudem von einer Totenkopfspinne bewohnt ist, so groß wie der Kopf eines neugeborenen Kindes und so furchtbar, daß vor Schreck stirbt, wer das Scheusal sieht (Winkler, S. 245).

In ein helleres Licht der Geschichte tritt unser Naturns in der Form *Nocturnes* (?) um 1178 als Gegend, in der die Abtei Marienberg und die welfischen Hausklöster Weingarten und Steingaden begütert sind. Es sitzen hier die Herren von Naturns auf der gleichnamigen Burg und mit Seitenlinien auf den bereits genannten ehemaligen Adelssitzen Pichl und Martschein. — Die Pfarre von Naturns, das — wie wir wissen — als langobardischer Grenzort angesehen wird (St. Prokulus, Pfarrpatron Sankt Zeno, beide zusammen in Verona vertreten), gehört 1188 den Bischöfen von Trient, wird aber später (1326) der Kartause Allerengelberg (vgl. S. 410) inkorporiert. — Abgesehen von lokalen Fehden unter den Adeligen ist Naturns nie in größere Kampfhandlungen verwickelt worden, doch hauste hier wie in Schnals die Pest, es gab Brände und zuweilen auch Hochwasser (Ausbruch des Kirchbaches 1958, drei Tote). Als Kuriosum aus neuester Zeit sei die vorübergehende Niederlassung der Zisterzienser von der strengen Observanz (Trappisten) von 1915 bis 1932 genannt (am Hilbenhof bei Tarantsberg), die von Banja Luka in Bosnien hierhergezogen waren und in einer eigenen Sennerei den berühmten Trappistenkäse herstellten (bis 1924; hiezu „Schlern", Jg. 1963, S. 419). — In einem Ehrenalbum von Naturns wäre der hier und in der Umgebung häufig vertretene Barockmaler Simon Ybertrachter (1694—1772) zu erwähnen, über den August von Kleeberg-Hochnaturns geschrieben hat („Schlern", Jg. 1959, S. 11), ein unermüdlicher Vinschgau-Forscher, der sich um seine Wahlheimat, um die Burg Hochnaturns und vor allem auch um die Erforschung des Prokuluskirchleins hochverdient gemacht hat (1851 bis 1957). — Hervorzuheben haben wir schließlich auch den Rechtsanwalt und Schriftsteller Dr. Adolf Kristanell (1900 bis 1960), der sich in Lyrik, Schauspiel und Roman mit Erfolg versucht hat. Einige Gedichte, die im „Schlern" oder im Sammelbändchen „Segen und Erde" stehn, sind Volksgut geworden. Kulturhistorisch interessant ist der Roman „Bismarck und Josepha" (Bayr. Gmain, 1934), der die historisch beglaubigte Romanze zwischen dem jungen Diplomaten und der Tochter des Mitterbadwirtes in Ulten behandelt. —

Unser nächster Weg gilt der Pfarrkirche zum hl. Zeno, in deren Sakristei- und Turmfundamenten eine möglicherweise noch karolingische Kapelle mit Rundapsis und Resten romanischer Wandmalereien steckt; der heutige Bau stammt aus den Jahren 1474/75 und hat aus dieser Zeit schöne Portale und Fenster.

Um 1760 wurde der Turm mit der Zwiebelhaube versehen sowie das Innere der Gewölberippen beraubt und barock eingerichtet. Aus gotischer Zeit hat sich in Teilen ein riesiger Christophorus an der Außenwand erhalten, dazu ein Christus am Ölberg und ein Grabmal mit Stifterfamilie, alles um 1500. Im Inneren am Chorgewölbe eine Himmelfahrt Mariens, um 1760, und eine Pietà aus dem 16. Jh. — In der Friedhofskapelle findet sich als Gefallenendenkmal ein Bild des Vinschgauer Künstlers Karl Plattner (1951), dessen Auffassung einem unbekannten Bilderstürmer so „frei" vorkam, daß er es beschädigte; das Bild ist 1968 restauriert und seither in Ruhe gelassen worden. — Außer den beiden Kirchen hat Naturns einige bemerkenswert schöne alte Häuser, so etwa den an der Hauptstraße stehenden „Adlerwirt“ mit weit vorkragendem Giebel, wie er für alte Fuhrmannsherbergen kennzeichnend ist, und guter Fassade (Freitreppe), das mit einem Marienbild des Ybertrachter geschmückte „Weiße Rößl“ und im Oberdorf das schöne Gasth. zur „Rose“ mit einem bemerkenswerten Portal, schönen Gewölben und vermutlich unter der Tünche vorhandenen Fresken.

Die Burg H o c h n a t u r n s selbst hat durch zahlreiche, zum Teil recht verspielte Umbauten seinen ursprünglichen Charakter weitgehend verloren und dient heute als Gästehaus. —

Unser erster A u s f l u g gilt nun der im einleitenden Abschnitt bereits teilweise behandelten Nachbargemeinde P l a u s, einem Ort von hohem Alter, dessen N a m e (1322 *Palude*) man allgemein von einem lateinischen *palus* gleich „Sumpf“ ableiten will. Die erst relativ spät trockengelegten Etschsümpfe sind es ja tatsächlich auch gewesen, die der Entwicklung der kleinen Gemeinde (487 ha) lange Zeit im Wege standen.

Der Turm der 1275 erwähnten P f a r r k i r c h e z u m h l. U l r i c h ist der letzte Vertreter der langen Reihe von romanischen Kirchtürmen im Vinschgau; der Überlieferung nach schenkte Karl der Große dem Kloster *Müstair* diese später als Eigenpfarre bestätigte Kirche, die 1403 abgebrannt ist und im 16. Jh. ihre heutige äußere Form erhielt; das Innere ist neuromanisch eingerichtet und hat aus früherer Zeit drei recht gute Gemälde (Mitte 18. Jh.), darunter die Disputation der hl. Katharina von Simon Ybertrachter (dzt. deponiert); an der Friedhofsmauer ein origineller, aber stark beschädigter Totentanz. — Der Dorfbrunnen überwölbt von einer Ahornkrone, bietet ein malerisches Bild.

Auf dem Weg nach Plaus oder auch von der Landstraße aus haben wir schon lange Zeit die ganz am Schattenhang gelegene Burg T a r a n t s b e r g bewundert, deren schöner alter Name mißverständlich in „Dornsberg“ umgewandelt wird, obwohl sich die Erbauer der Burg so gut wie sicher nach der kampflustigen *Tarantel* genannt haben.

Es sind dies seit der Mitte des 12. Jh.s nachweisbare Ministerialen der Grafen von Tirol gewesen, die hier im Jahre 1217 ihre Burg erbaut haben. Der ursprünglich einfache Kern mit Vorburg, Graben, Torbau, Palas und starkem Bergfried wurde von den nachmaligen Besitzern, den Annenbergern, die hier von 1347 bis zu ihrem Aussterben im Jahre 1699 ihren Hauptsitz hatten, großzügig ausgebaut, woran u. a. das Annenbergsche Wappen überm Tor und der Loggiengang mit dekorativer Wandmalerei im Inneren der Burg gemahnen. — Nachfolger der Annenberger waren die Grafen Mohr, die wir als Erben des kostbaren Annenberger Archivs bereits kennengelernt haben (vgl. Obermontani). Die ursprünglich mit schönen Balkendecken, Wappen und Gemälden reich ausgestattete Burg wurde 1964 durch den

Münchner Architekten Eduard Gottschall durch Ankauf vor dem drohenden Verfall bewahrt und in sehr sachkundiger und liebevoller Weise restauriert und neu ausgestattet, so etwa auch durch den Ausbau der Kapelle nach alten Plänen. — Die Grablege der Tarante, deren Name Plant von einem keltischen Himmelsgott *Tarann* ableiten wollte (S. 46), war Sankt Prokulus; als die Annenberger diese Gruft öffnen ließen, sollen dabei seltene Waffen und Gebein von ungewöhnlicher Größe zum Vorschein gekommen sein (Theil, Prokulusführer). — Ein Juwel aus Tarantsberg, der Sankt-Ursula-Hausaltar mit Flügelaufbau (Anf. 16. Jh.), ist 1906 in die Pfarrkirche von Meran gekommen.

Leicht zugänglich für schöne Wanderungen durch die Wälder des Nörderberges sind die nahen Höfe des zu Plaus gehörenden Pirchberges mit ausgedehnten Gemüsepflanzungen (um 1000 m; ab Tarantsberg Mark. 13) oder auch die Sommerwirtschaft Naturnser Alm (1922 m) unter dem Rauchbühel (2026 m), der schon an das Ausflugsgebiet Vigiljoch-Lana anschließt. — Vom Pirchberg kann man auf nahezu ebenen Wegen gegen Südwesten zur nächsten Rodungsinsel Partscheilberg (1100 m ca.) queren, was wesentlich schöner (und ruhiger) ist, als über die neu erbaute Forststraße hinaufzufahren.

Von hier kommt man auf einem Weg 5 A zur Kuppe des Nörderberges (2388 m) und trifft dort auf den von der Mauslochalm (1835 m) herkommenden Weg Nr. 5, der in insgesamt 6 Std. ab Naturns zur Hochwart (2608 m) führt, einem ganz hervorragenden Aussichtsberg, der ohne Schwierigkeiten erstiegen werden kann. — Besonders zu empfehlen ist auch der sehr sinnvoll angelegte „Almweg" (Markierung A), der in nahezu ebener Querung von der Naturnser Alm her über all die genannten Alphütten bis hinüber zu der bereits genannten Tablander Alm (1578 m) führt. —

Unterhalb des Nörderberges breitet sich der gewaltige Tablander Murkegel aus, unser nächstes Ziel für hübsche Wanderwege, so etwa vom Bahnhof Naturns ausgehend hinüber in den Weiler Tschirland (578 m) mit seiner Oswaldkirche, die ihre hübschen gotischen Formen aus der Zeit der ersten Erwähnung (1433) und die originelle Orgelempore aus dem 18. Jh. hat.

Das Innere hat 1749 der aus der gegenüber am linken Etschufer liegenden Häusergruppe Kompatsch (540 m) stammende, uns bereits bekannte Simon Ybertrachter mit Wandmalereien geschmückt, und auch die Seitenaltarbilder, Maria mit Florian, Florinus und Agathe sowie die heiligen Ärzte Kosmas und Damian darstellend, stammen von diesem Künstler und sind vor allem für angehende Mediziner ein köstliches und lehrreiches Schaustück; der Hochaltar ist ebenso wie die Seitenaltäre beschwingter Barock mit mehreren Skulpturen, darunter der Patron St. Oswald (1668). — Die Kirche steht inmitten einer überaus malerischen und altertümlichen Gruppe von Bauernhäusern, an denen — ähnlich wie auch im nahen Tabland — mehrere erkerartig angebaute Backöfen auffallen. — Das wegen seiner herrlichen Gartenlage und seiner stillen Abgeschiedenheit für ruhesuchende Gäste ganz besonders geeignete Tschirland hat die günstigste Zufahrt von Kompatsch an der Hauptstraße, ist Fraktion von Naturns mit etwa 320 Einwohnern und hat in zahlreichen Privathäusern, Bauernhöfen und im Gasthaus „Edelweiß" (öffentl. Fernsprecher) ausreichend Unterkunftsmöglichkeit (Postleitzahl 39025). Plant stellt in seinem Vinschgauführer fest, man könne mit der eben erbauten Eisenbahn hier in wenigen Minuten durch drei „Länder" fahren, Rabland, Tschirland und Tabland; wir wissen allerdings, daß diese Namen mit „Ländern" wohl nichts zu tun haben, sondern weit eher mit der Endung *-anum,* weshalb ältere Quellen auch durchwegs *Tschirlan* usw. schreiben und damit den römischen Prädialnamen für schon vorhandene Siedlungen in richtiger Weise nahekommen. — Das obgenannte Kompatsch hingegen ist rein rätoromanisch und kommt, als Flur- und Familienname, auch im ladinischen Bereich sehr häufig vor, in einer Grundform *Ciampac;* die Bedeutung ist ungefähr wenig gute, „sauere" Wiese. —

Von Tschirland aus kann man seinen Spaziergang weiter ausdehnen zu dem schon von weitem sichtbaren Edelsitz Vorst, den man — laut Weingartner — vom Similaun aus mit dem Fernglas erblicken kann; angeblich als Forsthof der Herren von Naturns schon 1288 erwähnt, wurde der Ansitz um 1580 mit gutem Getäfel und schönen Türeinfassungen ausgestattet. — Ein anderer Feldweg (Nr. 12) führt uns von Tschirland gerade hinüber in das nahe Tabland (647 m), wie Tschirland einer der hübschesten Ferienorte im unteren Vinschgau.

Auch Tabland ist eine Fraktion von Naturns, mit etwa 350 Einwohnern, die zum Teil neue Beerenobstkulturen angelegt haben und zum übrigen in vorbildlicher Weise auf künstlich beregnetem Gelände bekannt schönes Edelobst anbauen. Die Nikolauskirche (Kuratie) hat noch romanische Fundamente und den Turm aus dieser Zeit, doch wurde die Kirche 1493 gotisiert (Turmhelm) und in barocker Epoche mit Tonnengewölbe und Flachbogenfenstern versehen. Im Jahre 1898 brannten Ort und Kirche ab, doch wurde der schöne gotische Fügelaltar gerettet, den Gisela Scheffler dem Meister Schnatterpeck zuschreibt („Der Obere Weg", S. 308). Die Figuren an den Schmalseiten stammen allerdings von einem anderen Altar, und leider wurde der ganze Flügelschrein nach dem genannten Brand neu gefaßt. —

Die Straßenräuber unserer Tage versuchten im Jahre 1969 auch in diese Kirche einzubrechen, mußten aber dank der Umsicht des Pfarrherren unverrichteterdinge wieder abziehen; die Spuren der Gewaltanwendung sind am Kirchenportal und an der Sakristeitür noch zu sehen. — Aus gutem Grund sind seither die Statuen deponiert und können für Studienzwecke nur nach vorheriger Anmeldung im Pfarrhaus (östl. der Kirche) besichtigt werden. —

Auch Tabland verfügt in ausreichendem Maß über Fremdenzimmer und hat im Gasthaus „Traube" öffentlichen Fernsprechanschluß (Postleitzahl 39025); als günstigste Zufahrt wählt man die bei Staben über die Etschbrücke gegen Süden abzweigende Straße. —

Das nahe Gehöft T s c h a n t s c h a v r o n hat seinen N a m e n vielleicht von einem verballhornten *San Severin,* was der Volkssage entsprechen würde, die hier von einer vermurten Pfarrkirche zu diesem Heiligen weiß; tatsächlich stellte Weingartner im Keller des Hofes eine runde Mauer fest, die vielleicht die Apsis einer alten Kirche war. —

Wiederum eine Welt für sich ist der Naturnser S o n n e n b e r g, dessen schon dem Schnalstal zugeneigter Hang auch F u c h s - b e r g genannt wird. Die himmelhohen Bergbauernhöfe mit ihren oft kargen und stets steilen Feldern stehn in einem eigenartigen Gegensatz zur Üppigkeit der Talflur. Zur Erleichterung für die Bewohner hat man zwar da und dort Güterwege und Materialbahnen gebaut, man setzt die Seilwinde ein und zum Teil auch schon den von alten Wasserwaalen gespeisten modernen Beregner — aber all diese Hilfe ist nur ein Weniges im Ringen um die Existenz auf solcher Höhe. Materiellen Gegenwert gibt es hier kaum, und da zum Beispiel ein guter Teil dieser Höfe heute noch ohne elektrisches Licht ist, kann man sich einen Begriff vom einfachen, ja oft primitiven Leben dieser Menschen machen, die dafür allerdings hohen Lohn wenigstens in Freiheit und Ungebundenheit haben und trotz härtester Arbeit heute schon von manchen Leuten beneidet werden, denen die Verseuchung der großen Städte und der Ebene eine unerträgliche Belastung zu werden droht.

Es war bis vor kurzem (1979) eine bittere Ironie, daß Bauernhöfe im Blickfeld der riesigen Freileitung des Vernagt-Kraftwerkes ohne Strom waren; heute sind alle an das lokale Netz angeschlossen, und man hat außerdem schon große Fortschritte damit gemacht, diese Einödhöfe durch Güterwege zu erschließen bzw. durch Materialbahnen zu versorgen; die schönsten Alt- und Wanderwege sind jedoch erhalten geblieben. — Zum Vorteil wurde der Kraftwerksbau für einige Höfe hinsichtlich der Wasserversorgung, und so hat man in Unterstell und in

Grub mit Erfolg versucht, den „Urlaub auf dem Bauernhof" zu praktizieren. Neben diesen Errungenschaften eines gewissen Fortschrittes steht noch die alte, ja die älteste Zeit, dokumentiert etwa durch eine noch erhaltene offene Feuerstelle auf dem Pirchhof (laut freundl. Mitteilung von Frau Agnes Kofler, Naturns). Wir werden also, wie im einleitenden Abschnitt über Naturns schon angedeutet wurde, auf diesen Wegen über den Sonnenberg eine ungeahnte Fülle von Eindrücken gewinnen, aus einer reizvollen Naturlandschaft zwischen Weinrebe und Hochalmen, die der Mensch durch seiner Hände Arbeit seit mehr als einem Jahrtausend geformt hat. —

Unsere erste Bergwanderung führte uns auf den Markierungen 39 und 39 A den Hang gegen Nordosten bergan, zunächst zum Hof Platatsch, wo sich in überraschender Weise auf einer anmutigen Höhenterrasse in nahezu 1000 m Höhe ein prächtiger Edelkastanienhain ausbreitet. Bald danach ist der herrlich gelegene Grubhof (ca. 1200 m; Wirtschaft und Schule, Seilbahn nach Partschins) erreicht und man kommt von dort, nun wieder etwas ansteigend, zu den in unfaßbarer Steilheit an den Hang gebauten Höfen Rabenstein und Gigglberg (1535 m; Seilbahn, Wirtschaft); wir sind hier bereits an den Hängen des Zieltales und haben Anschluß an den großen Meraner Höhenweg (vgl. S. 426). Sehr schön der Abstieg Grubhof—Partschins (Nr. 39, 1½ Std.) oder auch die Querung von Gigglberg hinüber nach Hochforch. — Sehr steil führt von Naturns aus ein Weg Nr. 6 gerade nach Norden auf die Kirchbachspitze, die Höfe Rofen, das schon genannte Pirch (1470 m) und das buchstäblich in die Wolken gebaute Gehöft Schnatz (1560 m) berührend (durchwegs Güterwege oder Seilbahnen).

Ein durch seine feste Pflasterung mit Fahrrillen als sehr alt ausgewiesener Weg ist die Markierung Nr. 10 hinauf nach Außerunterstell (Materialbahn, Schule, Wirtschaft), weiter nach Innerunterstell sowie zu dem früher verlassenen und seit 1971 wieder bewirtschafteten Hof Wald und schließlich noch höher hinauf zum schon ums Eck im Schnalstal gelegenen Dick (1709 m), der laut Volksüberlieferung siebenmal vom Blitz eingeäschert und doch bis heute nicht aufgegeben worden ist; aus dieser Gegend hat man stets den auf S. 391 genannten Prachtblick hinunter auf Schloß Juval. — Im Bereich des Dickhofes liegen die Metzlaunalm (auch Mitter- und Obermairalm, 2023 bzw. 2095 m hoch) und die Mauerreste des urkundlich als Wohnstatt von zehn Menschen bezeugten Gamplhofes, der mit seinen 2130 m Höhe in historischer Zeit (um 1500) die höchste Dauersiedlung der gesamten Ostalpen östl. der Schweizer Grenze gewesen ist (nur der Weiler Juf in Graubünden lag und liegt mit 2133 m um ein weniges höher); zu erwähnen ist auch, daß die nahe Hühnerspielalm (1904 m) noch am Ende des 18. Jh.s ein Kornhof gewesen ist (vgl. zu diesen Höhengrenzen

Klebelsberg in „Schlern-Schriften“ 1, „Die Obergrenzen der Dauersiedlungen südlich des Brenners“, sowie Helmut Keim, „Die alten Höfe am Fuchsberg in Schnals“ in „Schlern“, Jg. 1973, S. 315 ff., mit zahlr. Abb. und Skizzen). — Wesentlich tiefer, auf ca. 1500 m, liegt der große Hof Kopfron mit einer winzigen Volksschule, die derzeit (1980) noch besteht; von dort kann man auf Waalwegen am Hang nach Katharinaberg queren oder in einer knappen Stunde direkt ins Schnalstal absteigen, dem nun unser nächster Besuch gilt. —

Schnalstal — Reich der höchsten Bauernhöfe

Das Schnalstal ist wie eine Ausbuchtung des Vinschgauer Sonnenberges, die bis tief in die hohen und kühlen Gewandfalten der Ötztaler Bergriesen reicht; was jedoch als zunächst noch eher wasserarmer Sonnenhang beginnt, wandelt sich bald zum bewaldeten Hochtal, in das von allen Seiten her die milchweiß schäumenden Gletscherwasser hereintollen, übermütig von Block zu Block springend und gefährlich immer dann, wenn sich die schwarzen Gewitterwolken über den Höhen zusammenziehen.

Das Tal beginnt bei den Wein- und Obstgärten von Naturns und reicht bis zu den Firnhäuptern der Zentralalpenkette; der Übergang zwischen diesen beiden Welten vollzieht sich mit unerhörter Schnelligkeit in einem zeitrafferartigen Wechsel der Szenerien und Ausblicke, wie dies die Landschaft der Ostalpen kaum ein zweites Mal kennt.

Leblos und starr wären diese Bilder jedoch, tot wären auch die oft kahlen Hänge und steilen Schuttrunsen, hätte nicht der Mensch diesem Hochtal Leben eingehaucht. Fast noch deutlicher als anderwärts im Vinschgau und seinen Seitentälern hat der Bauer hier die Landschaft geformt — Schnals ist das Reich der höchsten und steilsten Höfe; das verwitterte Braun alter Lärchenstämme, das Brennrot der Blumen, die aus den winzigen Fenstern quellen und darüber das Weiß der Gletscher — das sind die Landesfarben von Schnals.

Die geologische Situation des Tales ist von der schluchtartig-wilden Mündung ungefähr bis Karthaus durch die uns bekannte Vinschgauer Schieferzone bestimmt, von hier weiter aufwärts jedoch durch das Ötztaler Kristallin. — Für die Flora gilt ebenfalls das in der allgemeinen Einleitung Gesagte, doch sei hier noch eigens auf den besonderen Artenreichtum im wenig begangenen, das Tal westlich begrenzenden Saldurkamm verwiesen. — Als ein hinsichtlich der Fauna besonders begünstigtes Gebiet mit ebenfalls großem Reichtum an Bergblumen werden wir weiter unten das durch besondere Hegemaßnahmen geschützte Pfossental als wichtigsten Seitenzweig des Schnalstales in die östlich benachbarte Texelgruppe kennenlernen.

Über das K l i m a sind wir dank der Arbeit Ina Schenks gut informiert; demnach hat der Ort Unser Frau, dessen Seehöhe von 1508 m als ungefähr mittlere Talhöhe angenommen werden kann, ein für seine immerhin beachtliche Höhenlage auffallend mildes Klima (Winter —2,1°, Frühling 4,7°, Sommer 12,4° und Herbst 5,2° C). Immerhin werden diese günstigen Werte mit Ausnahme des Wintermittels von dem um rund 200 m höher im Pfossental gelegenen Hof Vorderkaser noch übertroffen (—2,8 / 4,8 / 13,1 / 6,7). Dieses günstige Klima erklärt die extremen Höhensiedlungen in diesem Gebiet, die wir zum Teil von unserem Weg Nr. 10 über den Fuchsberg her schon kennen, zum Teil noch aufsuchen werden — es erklärt auch die ziemlich geringfügige Vergletscherung im Talschluß südseitig des Alpenhauptkammes und wird überdies von manchen Forschern auch als Grund für den Weideauftrieb jenseits des Alpenkammes gedeutet, da auf der Südseite die Hochweiden im Sommer buchstäblich ausgedörrt würden (A. Seifert, „Ein Leben für die Landschaft").

Bezüglich der B e v ö l k e r u n g wurde einiges ebenfalls schon in der allgemeinen Einleitung zu diesem Buch gesagt (vgl. S. 79); es ist tatsächlich so, daß die Schnalser im allgemeinen nicht allzugroßen Wert darauf legen, mit den Vinschgauern in einen Topf geworfen zu werden — und daß anderseits die Bewohner des Haupttales den Schnalstalern gerne alle möglichen Geschichten und Anekdoten anhängen — Dinge, die dem Kenner der Alpenländer als lokale Nachbarschaftsstreitigkeiten nur zu gut bekannt sind. Abgesehen von solchen Plänkeleien muß jedoch den Bewohnern des Schnalstales hohe Ehre erwiesen werden: Trotz aller düsteren Prognosen der Schreibtischbauern und Agrarprofessoren ist in Schnals seit dem Zweiten Weltkrieg außer dem winzigen „Höfl" Kugelstein an der Schattseite hoch über der Mündungsschlucht noch kein einziger Hof aufgegeben worden. Für das verlassene Kugelstein aber ist, wie schon vermerkt, gegenüber am Fuchsberg das schon einmal aufgegebene Gehöft Wald wieder ins Leben zurückgerufen worden. Man ist versucht, an jenen Gedichtband des Südtiroler Lyrikers J. G. Oberkofler zu denken, der den Titel trägt: *Nie stirbt das Land.* — Dieses Dichterwort kann aber nur dann Gültigkeit bewahren, wenn das ganze Land, wenn die reicheren Täler zusammenhalten, um den Bergbauern in seinem Existenzkampf zu unterstützen.

Allerdings sind die Möglichkeiten für die Erhaltung eines gesunden Bauernstandes in Schnals günstiger als etwa in dem durch Grundstückszersplitterung stark gefährdeten Vinschgauer Ober-

land; man hat errechnet, daß Schnals den prozentual höchsten Anteil von sog. *Geschlossenen Höfen* (unteilbaren Erbhöfen) im ganzen Land hat — und manche Höfe verfügen außerdem neben einem beträchtlichen Viehbestand auch über ein im Vergleich zu anderen Tälern des Landes geradezu riesiges Areal. Soweit diese Höfe jedoch nicht in den wenigen Ausweitungen des Talgrundes liegen, lassen sich landwirtschaftliche Maschinen nur sehr beschränkt einsetzen; Knecht und Magd sind zur Seltenheit geworden, und so müssen die Kinder schon im Volksschulalter bei der Heuarbeit helfen.
Damit ist schon einiges über die W i r t s c h a f t des Tales gesagt, die fast ausschließlich von Viehzucht (Graue Rinderrasse, Haflinger und Schafe), von der Holzwirtschaft und neuerdings sehr betont vom Fremdenverkehr bestimmt ist. Hinsichtlich dieses für den Bauern heute so wichtigen Nebenerwerbes haben sich die Schnalstaler ganz besonders findig gezeigt; früher als anderwärts hat man hier den „Urlaub auf dem Bauernhof" richtig aufgefaßt, wovon recht deutlich das schon genannte Buch des H. von C u b e Zeugnis ablegt, der seine Erfahrungen und Erlebnisse auf einem Schnalser Bergbauernhof unter dem Titel „Mein Leben bei den Trollen" in verschlüsselter Form dargeboten hat (vgl. Lit.-Verz.).

Cube gibt ein treffendes, objektives und zuweilen auch recht desillusionierendes Bild von den *Trollen* (Schnalstalern), die sich zum Überleben in einer unsagbar harten Welt nicht allein ihres Fleißes, sondern auch ihrer Wendigkeit und Schlauheit bedienen; der Verfasser hat Cubes Buch mit Vergnügen gelesen und empfiehlt diese Lektüre durchaus. Cube hat die Schnalser gut beobachtet und mit viel Witz und Geist dargestellt, er hat sie sicher auch gern gemocht — aber die Liebe zu diesen Menschen und zu diesem Land blieb ihm als Fremdem versagt. — Zurück zum „Urlaub auf dem Bauernhof"; es gibt zwar auch in Schnals unschöne Neubauten, aber ansonsten muß gesagt werden, daß die meisten Bauern und Gastwirte hier durchaus den Wert einer eigenständigen Bauweise erkennen und ihre wunderschönen Blockbauten in verständnisvoller Weise bewahren. Die sorgsam verfugten Balken an Wand und Giebel, geschmückt mit dem Hauskruzifix, mit Blumen und dem Abwehrzauber der gekreuzten Pferdeköpfe am First darüber — all dies ist das Entzücken eines jeden Volkskundlers und all derer, die sich den Sinn für schlichte und sinnvolle Schönheit bewahrt haben.

Bezüglich der G e s c h i c h t e des Tales ist zu sagen, daß der Übergang vom Etschtal durch Schnals über das Niederjoch (3019 m) ins Ötztal und weiter zum Inn eine sehr alte Nord-Süd-Verbindung darstellt, die noch im Mittelalter viel begangen wurde, heute jedoch nur mehr rein touristische Bedeutung hat. Bestätigte prähistorische Stationen sind bislang nicht entdeckt worden, doch nennt Innerebner die markanten Kirchhügel von Katharinaberg und Unser Frau sowie den zur Alm gewordenen Hof Rableit im Pfossental als vermutliche Siedelstätten. — Die weitere Geschichte ist durch die Gründung der Kartause von Schnals gegeben und soll unter diesem Stichwort näher behandelt werden.

An dieser Stelle erscheint es nun angebracht, etwas über den Namen des Tales zu sagen, der uns um 1273 in der Form *Snalles* und später als *Snalse* begegnet, was man als Kurzform für *(ca)sinale* gleich „Ort mit Almhütten" zu deuten versucht hat (H. Fink in „Dolomiten", Nr. 165/1971). Wir führen hier gleich auch die wichtigste Literatur an, die wir benützt haben, und nennen an erster Stelle das 1970 in Bozen erschienene Buch „Die „Kartause Allerengelberg im Schnalstal", aus der Feder des ehemaligen Karthauser Pfarrers Rudolf Baur; das Buch ist in Wort und Bild eine Fundgrube und setzt die uns bekannte Tradition heimatkundlicher Forschertätigkeit durch im Vinschgau amtierende Seelsorger in schönster Weise fort. —

Für einen kurzen, vor allem touristischen Überblick empfiehlt sich die an Ort und Stelle erhältliche Broschüre „Schnalstal" des Fremdenverkehrsvereines, mit korrekten Wegbeschreibungen und Wanderkarte (Schlanders, o. J.); außerdem wurden die Arbeiten von F. Huter (vor allem in „Der Obere Weg", S. 474 ff.) und von R. Staffler (vor allem über die Kartause, „Schlern", Jg. 1956, S. 363 ff.) benützt; verwiesen sei auch auf die ausgezeichnete Arbeit von Maike Keim über „Schnals, Kulturgeographie einer Südtiroler Bergbauerngemeinde" (Bozen 1975). —

Mit diesen Vorkenntnissen gerüstet, wollen wir unseren Gang durch das Tal antreten; es kann keinen Zweifel darüber geben, daß der uns bereits bekannte Höhenweg ab Naturns über Sonnen- und Fuchsberg (Nr. 10) und desgleichen der alte Steig über Schloß Juval — dem heute in Rohre verlegten Wasserwaal folgend — die ältesten Zugänge nach Schnals darstellen. Die Mündungsschlucht selbst galt lange Zeit als unheimlich und war überdies der Schlupfwinkel übelbeleumundeten Gesindels, so etwa des entlaufenen Landsknechtes und Wiedertäufers Balthasar Dosser aus Lüsen, der von hier aus im Jahre 1561 einen Plünder- und Raubzug zur Kartause Allerengelberg unternehmen wollte, im letzten Augenblick jedoch verraten, festgenommen und bald darauf in Innsbruck bei lebendigem Leib gevierteilt wurde (26. Februar 1562).

Um jedoch die längeren Höhenwege zu vermeiden, bahnte man wohl schon zu allen Zeiten notdürftige Stege durch die Schlucht.

J. J. Staffler weiß von einem zu seiner Zeit bestehenden *verbotenen Steig* zu berichten (1846), der jedoch — trotz tatsächlichem Verbot seitens der Behörden — von den Einheimischen und sogar von den Schulkindern eifrig benützt wurde. Erst 1880 wurde eine richtige Straße durch die Schlucht geführt, die um 1930 verbessert und in jüngster Zeit bis zum Stausee in Vernagt und weiter bis zum Talschluß ausgebaut und durchgehend asphaltiert wurde. —
Kurz nach der Schluchtmündung sieht man linker Hand am Steilhang in einer grünen Wildnis das aufgegebene Gehöft Kugelstein, während etwas weiter talein nach rechts eine Zufahrt zum großen und schönen Hof L a d u r n in einer ersten Talweitung abzweigt. Der Ort gilt als Stammheimat der in Südtirol und darüber hinaus weitverzweigten Sippe der L a d u r n e r, woran die im 18. Jh. über dem Hoftor auf Marmor gemeißelte Schrift HIER IST LADURN erinnert.

Ein Träger des Namens, der verdiente Meraner Heimatforscher Matthias L a d u r n e r - P a r t h a n e s, hat in 30jähriger Arbeit das Geschlecht zurückverfolgt und 5011 Träger des Namens schriftlich festgehalten (vgl. Lit.-Verz.). In dieser verdienstvollen volks- und landeskundlichen Arbeit sind berühmte Träger des Namens vertreten, so etwa die Historiker Josef (1770—1832) und Pater Justinian (1808—1874) und mehrere Ladurner, die sich im Jahre 1809 Verdienste erworben haben; auch Anna, die Gattin Andreas Hofers (1765—1836) war eine geborene Ladurner, desgleichen die Großmutter des Erfinders Peter Mitterhofer, den wir unter dem Stichwort „Partschins" noch eingehend zu behandeln haben werden.

Der N a m e des 1242 erstmals erwähnten Hofes läßt sich vielleicht mit *la torre* (Turm) deuten, wozu lokale Überlieferung einer adeligen Abstammung der Ladurner gut passen würde; Finsterwalder hält den Namen jedoch für vorrömisch.

Beim Gasthof „Altratteis" weitet sich das Tal; hätte man Baedeker-Sterne zu vergeben — der Blick aus der Talweitung zum hochgetürmten K a t h a r i n a b e r g würde deren mindestens drei verdienen, so nadelfein sticht der Kirchturm in den hier erstmals vom reinen Weiß des Similaungletschers überstrahlten Himmel.

An Neuratteis vorüber windet sich die Straße steil empor; gegenüber liegt am heißen Hang der Dursthof, dessen Name keiner Erläuterung bedarf. Wo das Tal wieder eben wird, zweigt bald nach rechts eine neue Zubringerstraße zu dem nun im Rückblick sichtbaren Weiler ab. — Katharinaberg liegt auf 1245 m Höhe, ist Fraktion der Gemeinde Schnals mit 360 Einwohnern und hat zwei Gastbetriebe neben der Kirche (Postleitzahl 39020). Die P f a r r k i r c h e steht laut Überlieferung auf den Trümmern der von den Kartäusern im Jahre 1350 geschleiften Burg der Herren von Schnals, die wahrscheinlich ein Seitenzweig der Montalbaner gewesen sind. Der heutige Kirchenbau wurde 1499 errichtet, und der Turm ist keinesfalls der Bergfried der alten Burg, wie es der Volksmund wahrhaben will; im Innern steht ein hübscher barocker Hochaltar mit Bild (Simon Y b e r t r a c h t e r) und Statuen, daneben ein Schmerzensmann, den der blinde Bildschnitzer Kleinhans aus Nauders geschaffen hat (1803), und ein hl. Martin unterm Baldachin. Das Kriegerdenkmal (1976) stammt von Martin R a i n e r. — Bemerkenswert ist auch die schöne und für das Tal typische Balkenwand des Hauses unter der Kirche. Den im Dorf beginnenden Weg Nr. 10 kennen wir bereits aus der Gegenrichtung (vgl. S. 402); von ihm zweigt bald ein den alten Steig Nr. 28 ersetzender Güterweg (bei einer noch intakten Mühle) gegen Norden ab und führt zu den himmelhohen Gehöften Vernatsch und W e i t h a l (1620 m).

Im Volksmund sagt man *Betàl;* früher hausten zwei Familien auf Unter- und Oberbetal, und vor rund 100 Jahren — so weiß Baur zu berichten — zog die Oberbetaller Mutter neunzehn Kinder auf, von denen fünf den geistlichen Beruf ergriffen. Als die Mutter zweiundneunzig Jahre alt war, da sagte sie: „Wenn der Tod zu mir kommt, dann braucht er zwei Sensen; mit einer allein schneidet er mich nicht um!"

Einer der größten und gleichzeitig entlegendsten Höfe in Schnals ist der S a x a l b e r an der gegenüberliegenden Schattseite, zwar „nur" 1363 m hoch, dafür aber ausschließlich auf gefährlichen und abschüssigen Zugangswegen erreichbar, die überdies häufig von Lawinen bestrichen sind. Der Hof reicht von der Talsohle über die Saxalberalm bis hinauf zum gleichnamigen See; der Schulweg auf gefährlichen Wegen ins Tal und — vor Erbauung der Zufahrtsstraße — jenseits wieder hinauf nach Katharinaberg galt früher als der längste von Südtirol. — Auch der taleinwärts auf der nächsten Rodungsinsel gelegene G r u b h o f steht Saxalb an Einsamkeit und trotzigem Selbstbehauptungswillen kaum nach. Die Straße führt nun in einen wilden, schluchtartigen Teil des Tales und ist hier auch auf ein gutes Stück wiederholt verschüttet worden; noch wilder aber schauen vom linken Ufer des Schnalsbaches die Schuttrinnen der „Tumler Rüepen" *(rupes* - Fels?) herüber, Bild und Inbegriff zerstörender Mächte im Gebirge; da tut es gut, den Blick auf die sorgsam bebauten und bewässerten Fluren zu richten, in deren Mitte der T u m l h o f (1230 m) am Eingang ins P f o s s e n t a l steht.

Eine schmale, aber gute Straße zweigt hier in dieses Tal ab, berührt zunächst aus dem Bachgrund jenseits ansteigend den genannten Hof (beliebtes Ausflugsgasthaus in hervorragend schöner Lage) und führt vorbei an den Höfen Infangl und Nassereith bis V o r d e r k a s e r, einem schönen Schnalstaler Hof in prächtiger Hochgebirgsumrahmung (1693 m; Schule und Gastwirtschaft; hier beginnt der Naturpark Texelgruppe).

Hier endet die Straße, und es führen nur mehr Güterwege weiter talein, bis M i t t e r k a s e r (1954 m; Sommerwirtschaft) und zur heutigen Alm R a b l e i t (2000 m), die einstmals (bis 1876) ein großer Bauernhof war; Ladurner-Parthanes weist nach, daß dieses Rableit, auf dem es 1821 noch 48 Rinder, 600 Schafe und zahlreiches Gesinde gab, das älteste Siedlungszentrum des Tales war, das man früher tatsächlich *Rableider Tal* hieß. Ein *Jacob zu Rableidt* kaufte Ende des 15. Jh.s den uns bekannten Ladurn-Hof und ist demnach der Neubegründer des weitverzweigten Geschlechtes. — Der nahe E i s h o f (2069 m) braucht dem Namen nach nicht erklärt zu werden *(Eppo ze Eise,* um 1300): er war noch bis 1897 ganzjährig bewohnt und damit die höchste Dauersiedlung in den Alpen östl. der Schweizer Grenze. Im April 1973 ist das ganze Anwesen durch einen Vandalenakt eingeäschert worden, wurde aber als Alm und Berggasthaus wieder aufgebaut. Der Eishof ist Stützpunkt zum Übergang über das E i s j ö c h l (2908 m) nach P f e l d e r s, wobei man im Abstieg die seit 1972 wieder bewirtschaftete S t e t t i n e r H ü t t e (2875 m) berührt; wir sind hier jedoch bereits jenseits der Grenze zwischen Vinschgau und Burggrafenamt.

Das Pfossental ist zur Hälfte Teil der Ötztaler Alpen (Schnalskamm), zur anderen Hälfte jedoch gehört es bereits zur T e x e l g r u p p e, über die wir unter dem Stichwort „Partschins" noch genauer referieren werden. An dieser Stelle sei nur gesagt, daß wir uns hier bereits mitten im obenerwähnten N a t u r p a r k T e x e l g r u p p e befinden, in dem das landschaftlich so schöne und seines Wildreichtums wegen berühmte Pfossental eine hervorragende Rolle spielt; derzeit stehen hier 400 Gemsen, es horsten vier Adlerpaare, man zählt an die 3000 Murmeltiere, und groß ist auch der Reichtum an Spiel- und Auerwild; der Einsatz von Steinböcken ist derzeit im Gange.

Am Rückweg sehen wir uns ein Stück unterhalb von Vorderkaser, nahe der Stelle, an der das riesige Druckrohr des Vernagter Werkes die Straße kreuzt, das alte P e s t b i l d s t ö c k l an (renov. 1963); die unbeholfene Inschrift besagt, daß 1636 sogar hier die *Best war,* und daß im letzten Haus noch *alles bis auf ein Mensch Gestorben ist.*

Bald nach der Pfossental-Abzweigung weitet sich das Haupttal beim Ortsteil P i f r a i l; wir sind hier an der Abzweigung nach Karthaus und finden eine Tankstelle, den Gasthof „Pifrail", eine Finanzkaserne, darüber die Pension „Lärchenheim" und an der Abzweigung selbst ein architektonisch dem Schnalstaler Stil hervorragend nachempfundenes modernes Einkehrhaus. Die Zufahrt nach Karthaus ist neuerdings sehr gut ausgebaut worden; die Straße windet sich von Norden her in kurzer Steigung zur alten Kartause *Mons omnium angelorum* — Allerengelberg, die dem heutigen Dorf den Namen gegeben hat.

KARTHAUS ist Sitz der Gemeinde Schnals; Seehöhe 1327 m. — Klimatische Werte siehe Einleitung zu „Schnalstal". — Die Gemeinde umfaßt das ganze Tal mit 1267 Einwohnern (davon 26 Italiener); der Ort Karthaus selbst hat 250 Einwohner. — Ab Naturns 10,5 km — bis Vernagt (ausgebaute Straße) ca. 8 km und von hier 7 km neu trassierte Straße bis zum Talschluß (Kurzras); Autobuslinie im Haupttal bis Vernagt. Das ganze Tal gehört zum Dekanat Naturns. — Postamt in Karthaus (Postleitzahl 39020), Gemeindehaus, Gendarmerie, 3 Gastbetriebe und Privatzimmer, insges. etwa 200 Betten; Tankstelle an der Abzweigung der Zufahrt. — Fremdenverkehrsverein und Musikkapelle; Raiffeisenkasse (Geldwechsel) in Unser Frau. — Skilift (400 m) am Ortsrand. — Das Wappen nimmt Bezug auf St. Michael, den obersten *aller Engel.* —

Der Ort Karthaus hat auf Grund seiner besonderen Geschichte eine ganz andere Entwicklung genommen als die übrigen, rein bäuerlichen Siedlungen des Tales. Diese Geschichte setzt damit ein, daß der lebenslustige Landesfürst Heinrich, Graf von Tirol und aus Prag verjagter Exkönig von Böhmen, auf offensichtlich sehr dringendes Anraten seines Beichtvaters hin beschloß, ein Werk der Buße zu tun. Nachdem er sich dies anscheinend nicht zur Gänze selbst zutraute, gründete er im Jahre 1326 im einsamen Schnalstal ein Kartäuserkloster; der Gedanke, auf solchem Umweg und mit tatkräftiger Mithilfe entsagungsbereiter Mönche Gefallen vor Gott zu erlangen, ist für die damalige Zeit nicht außergewöhnlich.

Der Fürst schenkte den aus dem Kartäuserkloster Mauerbach im Wienerwald herbeigeholten Mönchen den Bauplatz, der Teil der heute noch bestehenden Gorfhöfe war (*Mons Cafril* = Geißalm-Berg). Zur Schenkung gehörten weitere acht über das Tal verstreute Höfe und die Burg Schnals, von der wir bereits wissen, daß sie die Mönche ihrer Sicherheit wegen abreißen ließen (heute Katharinaberg); wie Huter nachweist, war die Schnalsburg mit dem dazugehörenden Meierhof als ursprüngliche Niederlassung gedacht, doch verlegte man aus unbekannten Gründen schon sehr bald eben nach Gorf, an einen *locus horroris* (Ort des Schreckens), der jedoch der Weltabkehr nur förderlich sein konnte. Immerhin war er so voll von *horror,* daß

1665 ein Fels- und Eissturz zwei Mönchszellen traf — nicht aber die Insassen, die gerade zum mitternächtlichen Chorgesang in der Kirche weilten. —
Die Schenkung umfaßte weiterhin das Patronatsrecht über die Pfarre Naturns, das uns bereits bekannte Fischereirecht am Haider See und in der Etsch von der Töll bis Eyrs, um die Hauptnahrung der Kartäuser zu gewährleisten, die niemals Fleisch aßen, einen Tag der Woche vollkommenes Fasten einhielten und überdies die Hälfte des Jahres nur eine einzige Mahlzeit pro Tag einnahmen. Immerhin nennt jedoch schon die erste Ausfertigung des Stiftsbriefes auch die Schenkung von W e i n h ö f e n in der Gegend von Tschars, Staben und Galsaun.

Außerdem genoß das Kloster Steuerfreiheit, es erhielt das Asylrecht und ließ die niedere Gerichtsbarkeit ausüben; als Erbhofkaplan des Landesfürsten hatte der Prior das Recht, im Landtag auf der Prälatenbank zu sitzen. — Tüchtige Ordensobere verstanden es, Besitz und Einfluß der Kartause ständig zu mehren, so daß ihr schließlich über zwei Drittel der Grundrechte in Schnals eigneten. Es scheint, daß man vor allem nach der gründlichen Plünderung in den B a u e r n k r i e g e n des Jahres 1525 bestrebt war, den Klosterbesitz zu vergrößern; so wurde unter anderen Gütern im Jahre 1619 der große Goienhof in Marling erworben, der 400 Yhren Wein trug — was sich auf die fromme Kontemplation der Kartäuser nicht sonderlich günstig ausgewirkt haben soll.

Die Mönche pflegten nach alter Tradition eine rein seelische Freundschaft mit den Dominikanerinnen des Klosters Steinach in Algund; man kannte sich aber niemals von Angesicht und tauschte nur Bildchen, Handarbeiten und Näschereien gegen die von den Mönchen gezogenen, berühmten K a r t ä u s e r n e l k e n *(Dianthus Carthusianorum)* aus. — Unter dem Prior Johannes IV. von Mohr — demselben, der den genannten Weinhof erwarb — lockerten sich die strengen Regeln so sehr, daß die Kartäuser *Ausflüge aus dem rauhen Schnalstal zu den Schwestern im milden Steinach machten und sich dort zur Unzeit aufhielten* (R. Staffler).
Solche Dinge und vor allem die Eintreibung des „Sterbrindes“ (Besthaupt) bei Todesfällen unter den Eigenleuten machten böses Blut unter der Bevölkerung, die mit den Kartäusern an sich wenig Kontakt hatte, da diese die Klausur kaum verließen, das Schweigegebot zur meisten Zeit streng einhielten und nur ausnahmsweise in der Seelsorge tätig waren. Um jeglichen Streit zu schlichten, wurden 7 *Versöhnungstage* im Jahr gehalten, an denen die Klausur gelockert wurde und allerlei Lustbarkeit erlaubt war.
Trotzdem blieb die Kartause im Grunde ein Fremdkörper im Tal; als z. B. unter dem Prior Michael Baych im Jahre 1737 zur

Bewässerung einerseits des Goienhofes, anderseits aber auch zum Segen des ganzen Dorfes der heute noch bestehende Marlinger Waal auf Anregung und nach Plänen der Kartäuser gebaut wurde, da wußte man den Mönchen kaum Dank und schob ihnen noch die hohen Baukosten in die Schuhe.

Es liegt eine bittere Ironie darin, daß die Kartause Allerengelberg durch den reformfreudigen Kaiser Josef II. zu einem Zeitpunkt aufgehoben wurde, an dem sie unter dem Prior und nunmehrigen Prälaten Ambrosius Winkler nach mannigfachen Wirren eine neue geistliche Blütezeit erlebte. Am 5. Juli 1782 mußten die Mönche des hl. Bruno ihre Klause verlassen und sollten nie wieder zurückkehren; ihr Andenken lebt jedoch heute noch in zahlreichen Sagen weiter.

Es geht die Rede von einem in seiner Zelle eingemauerten Kartäuser, der nicht in geweihter Erde begraben wurde, weil er sein eigenes Kloster verflucht haben soll. — Als Geist auf der Rableiter Alm geht ein anderer Mönch um, der seine Sucht nach Fleisch und Wildbret nicht zu bändigen vermochte und die Fastenregel brach. Legendär ist auch die Gestalt des letzten Priors Winkler (1731—1782) geworden, der als Rittmeister den ganzen Siebenjährigen Krieg mitgemacht haben soll und danach aus Erschütterung über alles Gesehene und Erlebte in den strengen Orden eingetreten war; er führte ein ganz in Gott versunkenes Mönchsleben, doch war ihm seine Vorliebe für scharfe Ritte geblieben. Als Reiter, der im flatternden weißen Habit durch das Tal galoppiert, lebt er in der Erinnerung der Leute weiter.

Die Kartause ging nach und nach in den Besitz von Bauern und Handwerkern über, die sich die Zellen zu kleinen Wohnhäusern ausbauten; das aus dem Kloster entstandene Dorf Karthaus ist dann leider im Jahre 1924 fast bis auf die Grundmauern niedergebrannt.

Dennoch ist mehr von der alten Anlage erhalten geblieben, als man auf den ersten Blick vermuten möchte. Zwar ist die ehemalige Klosterkirche mit dem Priorat (der „Hohe Stock") heute mehrfach umgebaut (Gasth. „Grüner") und die ehemalige Gesindekirche zur jetzigen Pfarrkirche geworden, doch wurde ein guter Teil des gotischen Kreuzganges mit fünf zum Teil wohlerhaltenen Zelleneingängen restauriert, und allenthalben finden sich Portale, Werkstücke und sonstige Reste der alten Klosteranlage mit ihrer wehrhaften Ummauerung.

Jeder Mönch hatte seine vom rechteckig angelegten Kreuzgang aus erreichbare Zelle mit einem Schubloch, durch das ihm die Mahlzeiten ums Eck herum, ohne Sichtverbindung, gereicht wurden; er hatte einen Vor-, Wohn- und Schlafraum mit einem sargähnlichen Bettgestell und versorgte seinen eigenen, abgegrenzten

Garten selbst. Gekocht wurde in der heute noch erhaltenen „Paterküche“, an deren Außenwand außer einem Adler und einem Kopf ein Reliefstein mit Schlange und Ei (?) eingemauert ist, vielleicht ein Symbol der Verlockung zu sündhafter Völlerei. Möglicherweise stammen aus der Küche der Mönche auch die heute noch sehr geschätzten „Schnalsernudeln“, deren aus Topfen (Quark), Roggenmehl und Kartoffeln bestehender Teig vor dem Herausbacken in Schmalz durch den sog. „Nudeldruck“ gepreßt wird, eine hölzerne Schraubpresse, wie man sie auf den Berghöfen noch vereinzelt vorfinden kann (Abbildung im Buch von R. Baur).

Die um 1500 errichtete heutige Pfarrkirche zur hl. Anna ist 1924 durch den Dorfbrand schwer beschädigt und 1930 unter Verwendung alter Teile (Portal) neu aufgebaut worden. Der barocke, mit 1627 datierte Hochaltar ist zusammen mit den Seitenaltären nach dem Brand aus dem Oberinntal hierhergekommen. Bemerkenswert ist weiters das alte, beim Brand geschwärzte Kreuz am Triumphbogen, das kunstvoll geschnitzte Kriegerdenkmal an der Außenwand, eine große, barocke Kreuzigungsgruppe etwas unterhalb der Kirche am alten Pilgerweg und die vom Volk vielverehrte Heiliggrabgruft an der Südwestecke der Umfassungsmauer mit einer überlebensgroßen Christus statue (um 1720).

Bevor wir Karthaus verlassen, richten wir unsern Blick noch auf die gegenüberliegende Talseite zu den Rodungen von Gurschl (1659 m) und zu dem einsam in noch wilderer Steilheit hängenden Gfall (1840 m), da man diese Höfe — *die mehr wert sind als militärische Siegesdenkmäler* (Baur) — von der Talstraße aus nicht so gut sieht. An dieser Straße liegen linker Hand die Raindlhöfe (ca. 1400 m), die mit Recht unter dem Motto *echte Schnalstaler Bergbauernhäuser* für den „Urlaub am Bauernhof“ werben, ebenso wie der schöne Rainhof am Beginn der Talweitung von Unser Frau, die man nach Überwindung einer von Felssturztrümmern übersäten Steilstufe gewinnt.

Unser Frau liegt auf 1508 m Seehöhe und ist mit rund 600 Einwohnern (Vernagt eingeschlossen) der größte Ort der Talgemeinde (Postleitzahl 39020); Auskünfte bezügl. der 300 Betten in vier Gastbetrieben und mehreren Privathäusern erteilt der Fremdenverkehrsverein Schnals. — Von den zahlreichen Ausflügen nennen wir den Weg zum nahen, sehr schönen Wasserfall des Mastaunbaches (28 m), weiter zu Hof und Alm Mastaun im gleichnamigen Tal und zur aussichtsreichen Nockspitze (2719 m; 4 Std., Weg Nr. 17); von hier sieht man bei klarem Wetter bis zu den Dolomiten. — Am gegenüberliegenden Hang kann man über den bereits genannten Gfallhof steil zu der mit einem 5 m hohen Gipfelkreuz versehenen Schröfwand steigen (2890 m; 4—5 Std., Weg Nr. 18).

Noch berühmter als durch seine Ausflüge ist der Ort jedoch durch den hoch an den Hang gebauten Schießstand, auf dem nach alter Tradition alljährlich zum großen Schnalser Sommerschießen die Stutzen knallen. — Weniger weltlichem Tun gilt der Gang all derer, die in Unser Frau eine uralte Tiroler Wallfahrt aufsuchen.

Die Legende — die in sechs hübschen alten Bildern in der Kirche dargestellt ist — weiß zu berichten, daß dereinst zwei Wanderern vom heutigen Kirchhügel her ein wundersames Licht erschienen sei, in dessen Mitte ein Marienbild stand. Man wollte nun zu Füßen des Hügels eine Kapelle bauen, aber die Zimmerleute „verhackten" sich immer wieder, und Vögel trugen die blutigen Holzspäne auf den Hügel hinauf, allwo man dann — den wunderbaren Zeichen folgend — die Kirche erbaute. — Die heutige Form der urkundlich schon um 1312 belegten Pfarrkirche entspricht einem Umbau des spätgotischen Gotteshauses um 1748, und auch die Einrichtung stammt aus dieser Zeit. Das Bild der Himmelfahrt Mariens schuf Chr. Helfenrieder, die Dreifaltigkeit der uns bekannte Simon Ybertrachter aus Naturns (1750); an der Kriegergedenktafel steht eine Pietà mit ergreifendem Gesichtsausdruck.
Der barocke Gnadenaltar enthält die nur spannenhohe Marienfigur aus der Zeit um 1300 in einer Art Monstranz, die alljährlich zum Kirchtag (15. August) von Burschen und Bauern in Tracht durch die Fluren getragen wird; Nachbildungen der Gnadenstatue finden sich in vielen Schnalser Bauernhäusern. Erwähnt sei im Zusammenhang mit der Kirche noch jene eigenartige Vertiefung im Fels, auf dem der Chor steht, wohl eine Art natürliches Weihwasserbecken, mit *J M 1666* signiert. — Im Ehrenalbum von Unser Frau stehen zwei Vinschgauer Bildhauer, die in diesem Buch mehrfach genannten Martin Rainer und Friedrich Gurschler, beide Jahrgang 1923.

Über eine Steilstufe kommen wir nun nahe an die Druckrohrleitung, die das Wasser aus dem Vernagter Stausee (42 Millionen m³) über 1100 m Gefälle zum Werk in Naturns leitet. Auf dem Grund des Sees liegen acht Gehöfte und das Kirchlein Sankt Johann des aus nur mehr wenigen verstreuten Häusern bestehenden Weilers Vernagt (1658 m).

Der Bau des Staudammes (1956/62) und die Entstehung des Sees haben die Gegend stark verändert und das Klima etwas rauher werden lassen; Paradebilder zeigen den See randvoll, was gewiß einen hübschen Anblick bietet — im Gegensatz zu den verödeten Ufern bei gesenktem Wasserstand. Immerhin sind neue Gastbetriebe am See entstanden, ein Skilift wurde aufgestellt und außerdem beginnt hier Weg (Nr. 2) und Materialseilbahn, die vom Tisenhof (1822 m) über die bewirtschaftete Tisenberghütte (2114 m) zur Similaunhütte am Niederjoch (3016 m) führen. Seit 1972 darf die Staatsgrenze am Niederjoch vom 1. Juni bis Ende September (7 bis 21 Uhr) überschritten werden.

Die Similaunhütte ist Privatbesitz (Talort Unser Frau), hat 50 Plätze und ist als idealer Stützpunkt für Eistouren und den Gletscherskilauf von Mitte Februar bis Ende September geöffnet. Von hier (mit Seilsicherung, Pickel usw.) in 2 Stunden über die Westflanke auf den Similaun (3606 m) oder in entgegengesetzter Richtung (etwas schwieriger) auf die Finailspitze (3516 m), unter der in weltverlorener Einsamkeit der Finailsee (2690 m; 175 m lang, 140 m breit, 7,5 m tief) träumt, den man am besten auf dem Weg Nr. 8 vom gleichnamigen Hof aus (siehe unten) erreicht.

Ein Erlebnis von besonderer Art und nicht allein dem Hochtouristen vorbehalten ist die Wanderung vom bereits genannten Tisenhof über das Gehöft Rafein (1880 m) oder auch auf Weg 7 von Kurzras ausgehend hinüber zum sagenumwobenen Finailhof, der mit seinen 1953 m Seehöhe als der höchste Kornhof Tirols gilt, auf dem heute noch Gerste und Hafer als Zuchtviehfutter angebaut wird, während man den Anbau von Weizen und Roggen seit Erstehen des Stausees aufgeben hat müssen.

Finail, in dessen Namen manche ein *finis* (Ende) vermuten, ist ein Bauernkönigreich, am Adel der harten Arbeit und der durch sie erworbenen Freiheit gemessen. Der Sage nach hielt sich hier um 1416 Herzog Friedl mit der leeren Tasche verborgen, als er nach dem Konstanzer Konzil in Acht und Bann getan worden war. Zum Dank soll er den Bauersleuten einen wertvollen Trinkbecher und ein silbernes Eßbesteck zurückgelassen haben.

Soweit die Sage; tatsächlich verwahrt nun der Finailer Besteck und Becher und hält diese Kostbarkeiten so hoch in Ehren, daß er schon geradezu fabelhafte Geldangebote lachend zurückgewiesen hat. Dazu wird im Hause auch ein Gedicht von R. Fill verwahrt, das die legendäre Begebenheit im Volkston schildert. Nun ist es zwar nicht auszuschließen, daß der flüchtige Herzog auf Finail Schutz und Unterschlupf gesucht hat — aber der Becher ist laut Inschrift und einwandfreier Bestimmung der in den Boden eingelassenen Münze (Züricher Taler des Jakob Stampfer) mit 1567 zu datieren — also 151 Jahre nach des Herzogs Aufenthalt — und stammt daher nicht von ihm. August Kleeberg-Hochnaturns hat in einer sehr scharfsinnigen Arbeit („Schlern", Jg. 1954, S. 400 ff. mit Abb.) nachgewiesen, daß mehrere solcher Becher in Schnals und Naturns vorhanden waren (einer davon heute im Besitz der Raiffeisenkasse), und daß es sich dabei höchstwahrscheinlich um Geschenke der vertriebenen Kartäuser handelte, die sich den Bauern für erwiesene Hilfe dankbar erzeigten. — Diese Feststellungen sollen nun keineswegs den Wert des Finailer Schatzes mindern oder gar den Zauber der um den Herzog gewobenen Sage zerstören; es bleibt die tiefe und vielfältige Verwurzelung der Sage zu bedenken, die durchaus auf einen wahren und später nur durch zusätzliche Legendenbildung überschütteten Kern weist.

Zu erwähnen ist auch noch, daß es auf Finail eine heilkräftige Quelle gibt, den „Fieberbrunn", von dem schon der flüchtige Herzog ausgiebig Gebrauch gemacht haben soll. Außerdem regt das Wasser den Appetit an, was man auch von einer Quelle sagte, die nahe dem Gasthaus „Edelweiß" in Obervernagt entsprang, heute aber im Stausee versunken ist (schriftl. Mitt. von Pfarrer Gamper, Unser Frau).

Im Weiterfahren vom Stausee zum Talschluß tritt nun zunächst der vom Ötztaler Hauptkamm nach Süden abzweigende Saldurkamm ins Blickfeld. In diesem Teil des Tales liegen die Höfe durchwegs rechts und links der Straße, so etwa Gerstgraß (1767 Meter), Marchegg mit seinem hochinteressanten, auf runden Säulen stehenden Vorrats-„Kasten", die Kofelhöfe (1938 m; Wirtschaft) und schließlich der Wieshof mit Kapelle, nach Messung von Klebelsberg genau auf 2000 Metern Höhe gelegen und demnach als reiner Bauernhof der höchste im Lande.

Wem es die Zeit erlaubt, der sollte die laute Straße meiden und vom Finailhof aus auf einem kaum befahrenen Güterweg (Nr. 7) die orogr. linke Talseite durchwandern und sich so dem Talschluß auf fast ebenem Weg nähern. Früher grüßte hier das malerische Bild von Bauernhof, Schutzhaus und Kapelle Kurzras (2011 m), das sich in den letzten Jahren gründlich gewandelt hat, zu einer Betonwüste übelsten Ausmaßes.

Das Panorama des Talschlusses ist nun weiter gegen Nordwesten hin frei geworden und wird von der schönen, trapezförmigen Schwemserspitz (3456 m) beherrscht, hinter der aus größerer Entfernung die Weißkugel (3739 m) nur ein wenig herüberlugt, während die niedrigere Steinschlagspitz (2860 m) direkt über Kurzras aufragt, nach rechts gefolgt von den steilen Hängen der Grawand (3250 m).

Aus dem ursprünglich einfachen Alpengasthof Kurzras ist in den letzten Jahren ein riesiges Skizentrum geworden, mit einer Seilbahn zur Grawand (3212 m) und einem dort ansetzenden Liftsystem, das auch den Sommerskilauf ermöglicht. — An der Talstation (ebenfalls zwei Übungslifts) wurde ein flugplatzähnlicher Parkplatz angelegt, und ringsum sind gigantomane Hotelkästen entstanden, die das alte Kurzras regelrecht unter sich begraben haben. — Hier ist nicht nur das Bild eines Tiroler Hochtales, sondern auch seine Seele zerstört worden.

Ein weiterer Höhenstützpunkt ist die zum Besitz Kurzras gehörende Schöne-Aussicht-Hütte am Hochjoch (2844 m), ein wichtiger Ausgangspunkt für die Ersteigung der Weißkugel von dieser Seite (ca. 4 Std.; Ungeübte nur mit Führer) und außerdem ein Zentrum des Sommerskilaufes (Materialbahn zur Hütte, 60 Plätze, Zentralheizung usw.). Man erreicht das zu Weihnachten, im Frühjahr und den ganzen Sommer über geöffnete Schutzhaus über die Mark. 3 in 2 Stunden vom Talort Kurzras (oder auch mit Hilfe des neuen Liftsystems). — Das nahe Hochjoch ist, gleich wie das oben genannte Niederjoch, eine im Sommer geöffnete Grenzübertrittsstelle.

Dies alles ist eine kaum hundertjährige Entwicklung; die altersbraun gebeizten Wirtschaftsgebäude des Kurzhofes wissen viel mehr von seiner Geschichte zu erzählen, die uns anhand des Namens in eine nahezu siebenhundert Jahre umfassende Entwicklung zurückführt.

Um 1297 finden wir *Chorscher Rautsch,* wonach der Grashof mit seinem heute noch riesigen Areal zu Kortsch gehörte, was durch kirchliche Abhängigkeit von dort bis ins 16. Jh. bezeugt ist. Um *Rautsch* (spätere Form *Raus*) ist ein Gelehrtenstreit entstanden, den man im „Schlern" nachlesen kann (Finsterwalder-Rungg, Jg. 1949, 50, 51); als siegreich ging die Deutung *Raus* gleich *Röße* (Teich zum Mürbemachen von Flachs, aus german. *raut* = mürbe) hervor. — Als der „Kurz", wie man allgemein sagt, ein großer Gasthof zu werden begann, erbaute man auch eine hübsche Kapelle mit einem Altar um 1850 (die älteren Statuen teils gestohlen, teils deponiert). — Die kleine Bergschule von Kurzras wurde 1973/74 aufgelassen.

Kurzras ist wie auch Vernagt am Weg zum Niederjoch alljährlich Schauplatz des großen Viehtriebes über die seit alters bestehenden Weiden jenseits der Grenze am Alpenhauptkamm, von dem schon wiederholt die Rede ging. Während früher (bis 1898) — wie heute noch im Ahrntal — auch Rinder übers Joch getrieben wurden, so sind es heute ausschließlich Schafe und auch diese in leicht abnehmender Zahl.

Laut einer Aufstellung Klaus Fischers („Schlern", Jg. 1970, S. 185 ff., mit Abb. und Diagrammen) wurden 1969 über das Niederjoch (Similaunhütte) 2536, über das Hochjoch („Schöne Aussicht") 1194 Schafe und über das früher stark frequentierte Gurgler Eisjoch seit 1960 keine Tiere mehr getrieben; zwei Drittel dieser Gesamtmenge werden aus dem ganzen Vinschgau, der Rest wird aus Schnals selbst aufgetrieben. — Ein richtiges Bild kann sich wohl nur der machen, der diesen Marsch von Tausenden von Tieren über die vergletscherten Jöcher einmal selbst gesehen hat oder wer es erlebte, wie Tiere und Hirten bis zur Erschöpfung ringen müssen, wenn plötzlich einfallender Neuschnee die Saumspur in eine grundlose weiße Wüste verwandelt. —

Auf der Rückfahrt aus dem hochalpinen Schnalstal kommen wir nun wiederum durch die Gärten von Naturns und weiter gegen Osten nach Rabland (525 m), einem hübschen Sommerfrischort, der in den letzten Jahren durch den Bau zahlreicher Landhäuser, Pensionen und Gastbetriebe einen beachtlichen Aufschwung genommen hat (31 Häuser 1945, 200 Häuser Anfang 1980). Rabland hat ein sehr schönes neues Freischwimmbad sowie ein Hallenbad und ist überdies günstiger Ausgangspunkt für Wanderungen am Nörderberg, mit dem es durch eine erst vor kurzem (1970) eröffnete Kabinenseilbahn verbunden ist.

Es handelt sich um eine uralte Siedlung am Venostenweg, was durch den Fund eines bronzezeitlichen Lappenbeiles an der Rablander Brücke (1914) bezeugt ist; desgleichen führte hier die Römerstraße durch, wofür wir als Beleg den schon 1552 durch eine Überschwemmung (25 Tote) freigelegten, berühmten Meilenstein bereits kennen (vgl. S. 15). Wie K. M. Mayr nachweist („Schlern", Jg. 1965, S. 157 mit Abb.) ist der wichtige steinerne Zeuge, dem aufgefundenen Sockel nach zu schließen, vor dem Gasthof „Hanswirt" (siehe unten) gestanden, dessen Grundriß auf ein antikes Gebäude weist.

Der Name des Ortes lautete ursprünglich (1327) *Cutraun,* was von manchen Forschern als keltisch angesehen wird (Turm des *Catronius,* eines romanisierten Kelten). Die späteren Formen *Guntraun* und *Kaltraun* wurden nach und nach durch den Namen des Meierhofes Rabland (nach Mayr aus *rapulatum* = Rübenfeld) verdrängt, der seit 1660 ausschließlich in Gebrauch steht; auf diesem Hof saß nachweisbar ein Zweig der Taranter Herren, deren zwischen Naturns und Plaus gelegene Burg wir bereits kennen. — Eine lokale Überlieferung will den Namen Rabland auf die früher oftmals hier durchziehenden und Rast haltenden Dörcher und Karrner („Raben") des Obervinschgaues abwälzen, was von der Namenkunde her nicht stichhaltig, von der Volkskunde aus gesehen jedoch als typische Nachbarschaftsrivalität nicht uninteressant ist. —

Diese historischen Traditionen des Ortes sind in seinem äußeren Bild heute kaum mehr kenntlich. Das Rabland unserer Tage, eine Fraktion der Gemeinde Partschins mit rund 250 Einwohnern, kann heute mehr Feriengästen als Einheimischen Unterkunft bieten, hat einen eigenen Fremdenverkehrsverein (Postleitzahl 39020), Raiffeisenkasse und abseits der ruhigen, in Gärten gebetteten Wohnlagen eine betriebsame Handwerker- und Kleinindustriezone.

Es entspricht dem Aufblühen des Ortes, daß hier in den Jahren 1961/63 ein Kirchenneubau durchgeführt werden konnte, da die ältere Kapelle schon längst zu klein geworden war. Mit Beendigung des Baues, der nach Entwürfen des Bozner Architekten Erich Pattis (Vogelweiderpreis 1967) erstellt worden war, ist die ehemalige Kuratie zur Pfarre erhoben worden. Die neue Pfarrkirche zum hl. Jakobus d. Ä. erweist sich als ein der Landschaft überaus glücklich angepaßter Bau.

Wie aus einer freundlichen Mitteilung des derzeitigen Seelsorgers hervorgeht, war die aufgeschlossene Bevölkerung von Anfang an durchaus für die schlichte, moderne Form des Gotteshauses zu gewinnen. Der überlebensgroße Kruzifixus, dessen Füße — ähnlich wie bei der Kreuzigungsgruppe von Innichen — auf dem Kopf des unerlösten Adam stehen, ist ein Meisterwerk des uns von Mals aus bereits bekannten, auf der nahen Töll ansässigen Vinschgauer Bildhauers Friedrich Gurschler. Dieser Gekreuzigte ist völlig aus eigenem gestaltet, in jener heute so schwierigen Weise, die einerseits das Erbgut der Kunst respektiert und anderseits in feinen Nuancen doch neue Wege geht. — Die Entwürfe für die Glasfenster der Rablander Kirche schuf der Klausener Maler und Graphiker Heiner Gschwendt; die Deckenbemalung stammt von der Boznerin Elfi Widmoser. Die näher an der Straße stehende ältere Expositurkirche war 1513 erbaut worden, verlor zur Barockzeit ihre Gewölberippen und wurde 1891 regotisiert. Der Hochaltar ist barock, die wertvolle Margarethenstatue (Anf. 16. Jh.), von der Fachwissenschaft neuerdings dem uns von Latsch her bekannten Jörg Lederer zugeschrieben, mußte deponiert werden. Ein hübscher Schmuck der Kirche ist die Sonnenuhr aus dem 16. Jh., mit Wappen und Löwen.

Ein sehr schönes Haus ist der Hof gegenüber der Kirche, das bereits genannte Gasthaus „Hanswirt", in dessen ebenerdiger Stube ein eigenartiges Fresko zu sehen ist, die Eroberung einer Burg darstellend, bei der es sich laut Innerebner um Tarasp handelt; Technik und Datierung dieser seltenen Darstellung sind sehr umstritten. —

Von Ausflügen haben wir die Seilbahnfahrt (7 Min.) zum Weiler Aschbach (1320 m) am Nörderberg schon genannt; die Talstation findet sich am rechten Etschufer im Ortsteil Ried (Ausflugsgaststätte), wo auch der steile alte Fußweg (Mark. 28) seinen Anfang nimmt; eine Straße ist 1980 kurz vor der Vollendung.

Der anmutig und sommerfrisch inmitten von Wäldern auf einer Rodungsinsel liegende Ort ist eine Enklave der Gemeinde Algund (Burggrafenamt) im Partschinser Gemeindebereich, zählt etwa 180 Einwohner und hat Volksschule sowie 2 Gastbetriebe mit Fremdenbetten. — Die 1889 errichtete Herz-Jesu-Kirche (Kuratie) ist in Stil und Einrichtung neuromanisch, im Gegensatz zur einfachen, mit großem Kruzifix versehenen Kapelle Maria Schnee (1695); Auskünfte über Aschbach durch den Verkehrsverein Algund (Postleitzahl 39022).

Von Aschbach ist es nur mehr eine gute Stunde zum Vigiljoch (1837 m; Mark. 28), das uns als der südöstliche Eckpfeiler unseres Betrachtungsraumes gilt, jedoch bereits auf dem Gemeindegebiet von Lana liegt. — Von Aschbach aus direkt haben wir die Möglichkeit einer hübschen Querung (Mark. 27, „Eggerhofsteig") mit Abstieg (Weggabel 27/29 A) zu den Quadrathöfen (ca. 800 m), die zum Teil auf Marlinger, zum Teil auf Partschinser Gemeindegebiet liegen. —
Bei den Quadrathöfen gibt es Marmorlager; demnach hat man den Namen (1274 *predium ad Quarten)* mit der Quaderform der gebrochenen Blöcke deuten wollen, doch hängt der Name laut Finsterwalder weit eher mit der römischen Landvermessung zusammen. — Quadrat eignete im 13. Jh. dem Kloster Weingarten und ist heute ein beliebtes Ausflugsziel (mehrere Gasthäuser), das man auch mit Auto ab der Töll (4 km) erreichen kann.

Wir kommen jedoch von oben und steigen nun zur schluchtartigen Enge der Töll (520 m) ab. So wie manche Seitentäler des Vinschgaues in einer Schlucht enden, so fällt auch hier im Haupttal die Etsch nunmehr die letzte ihrer Steilstufen hinab in den weiten Talkessel von Meran, über ein Gefälle von rund zweihundert Metern, demnach eindeutig die untere geographische Grenze unseres Vinschgaues bildend. — Den Namen der Töll hat man zweifellos aus einer lat. Urkundenform *teloneum* abzuleiten; über die Grenzziehung an dieser Stelle in römischer Zeit haben wir bereits auf S. 17 dieses Buches referiert.

An der Töll wird der Talfluß für die letzte Stufe der Etschwerke gestaut. Die alte Bogenbrücke aus dem 16. Jh., die man lange Zeit für „römisch" hielt, wird nunmehr durch eine breite Betonbrücke aus jüngster Zeit (1970) umfahren. Zu erwähnen ist, daß hier (an der südl. Begrenzungsmauer der Staatsstraße) der berühmte Marlinger Waal beginnt, den — wie wir wissen — die Schnalstaler Kartäusermönche geplant haben, während man am linken Etschufer schon sehr bald auf den Plarser Waal kommt und somit wahlweise eine Umrundung des Meraner Talkessels auf diesen schönsten aller Wege antreten kann.

Die Talenge gibt zunächst nur für wenige Häuser und Gasthöfe Raum, weitet sich aber nahe der Abzweigung nach Partschins. Bevor wir uns jedoch dorthin wenden, haben wir noch dem alten Bad Egart (506 m) einen kurzen Besuch abzustatten.

Das Badhaus liegt nahe dem Bahnhof Töll der Vinschgaubahn und dem großen Kalkwerk am gegenüberliegenden Etschufer, das seinen Umkreis in weiße Wolken hüllt. — Der Badebetrieb scheint sehr weit zurückzureichen (nach Ansicht mancher bis zur Römerherrschaft) und ist mindestens seit 1400 bezeugt; in einer Schrift des Jahres 1730 wird Egart als wirksam gegen

29 verschiedene Krankheiten empfohlen (Mader, S. 162). Später verfiel das Bad, wurde 1824 renoviert (Inschrift) und seither viel besucht. Später verfiel das Bad wie viele andere, wird aber seit 1980 wieder als Gastwirtschaft geführt; es ist auch die Wiederaufnahme des Badebetriebes geplant. — Die Hauptquelle (Eisenvitriol und Schwefel) hat eine Temperatur von 12°C und eine Radioaktivität von 3,3 Mache-Einheiten; die Quelle versiegt im September und tritt erst im Juni wieder zutage. Die kleine Badkapelle soll ebenfalls restauriert werden.

Partschins, auf einer lieblichen Anhöhe am Fuß des hohen Nordgebirges in der sonnigsten Lage ausgebreitet, von den Lüften des Zielthales stets erfrischt, von munteren Quellen und Bächen reichlich bewässert, von Fruchtbäumen, Saaten und Wiesen herrlich umblüht ... Partschins ist unzweifelhaft eines der anziehendsten Dörfer der Gegend und des Landes, und darum auch der zeitliche Lieblingsplatz der Meraner, die der Gluth des Sommers entfliehen ...

J. J. Staffler, II/667

Diesen Worten des Altmeisters der tirolischen Topographie ist nicht viel anzufügen. Es steht in ihnen, daß Partschins wie auch Rabland auf ihren fruchtbaren Murkegeln liegend vor allem von den Dreitausendern der Texelgruppe her wohltuende Kühlung erfahren, was sich hier sogar durch eine Unterbrechung des von Meran heraufziehenden Weinbaues andeutet; erst gegen Naturns hin schmiegen sich die Rebzeilen wieder an den warmen Sonnenhang.

Im übrigen ist Partschins wie ein oberes Stockwerk von Meran, schon deutlich gekennzeichnet von aller Schönheit dieser berühmten Stadt, anderseits aber in seiner ländlichen Idylle wiederum eindeutig von ihr geschieden. Wie für Rabland gilt auch für diesen Ort, daß er in den letzten Jahrzehnten durch eine Flut von hübschen Villen und Landhäusern ein ganz neues Gesicht bekommen hat, in dem die wuchtigen Linien der alten Edelsitze fast wie das Gebein aus früheren Jahrhunderten wirken.

PARTSCHINS: Seehöhe 626 m; klimatische Werte, wie bereits angedeutet, durch angenehm temperierte Luft aus dem Zieltal ideal beeinflußt. — Partschins ist Sitz der gleichnamigen, östlichsten Gemeinde des Vinschgaues im geograph. Sinn (gehört jedoch zur Bezirksgemeinschaft Burggrafenamt) und hat, zusammen mit den Fraktionen Rabland, Töll, Quadrat, Tabland und Sonnenberg-Vertigen 2378 Einw., davon 90 Italiener; im Dorf selbst 930 Einw. (633 nach Staffler, 1846). Dekanat Naturns. — Ab

Naturns 8 km — nach Meran (Linienautobus) 8 km. — Musikkapelle seit 1818 (Festschrift 150 Jahre 1968), Laienbühne, Volksbücherei, Volkshochschule und Untermittelschule. — In 17 Gastbetrieben und zahlreichen Privathäusern rund 2500 Betten (Gemeinde mit Rabland); Schwimmbad in Rabland, Tennis. — Arzt, Postamt (Postleitzahl 39020), Raiffeisenkasse, mechan. Werkstätten, Tankstellen, Taxi und Gendarmerie (Töll). — Auskünfte durch Verschönerungsverein Partschins (eigenes Büro); der Ort unterhält ein Partnerschaftsabkommen mit Kleinkarlbach in der Pfalz. — Das Wappen (Pflugschar) ist jenes der Herren von Partschins. —

Über die Geschichte des Ortes wurde das Wesentliche bereits gesagt, da wir uns schon ausführlich mit der alten Grenze der Töll, mit dem Meilenstein von Rabland und mit dem Altar der Diana befaßt haben (vgl. S. 16 f.); die zwei restlichen römischen Steine sollen an dieser Stelle einer näheren Untersuchung unterzogen werden.

Im Hochhuebenhof findet man rechts vom Eingang eine Tafel aus Quadrater Marmor eingemauert, deren Inschrift besagt, daß hier ein *M. U. Primigenius* seinem im Blütenalter von 22 Jahren verstorbenen Sohn *Q. C. Eutropius* ein Grabmal setzt. — Im schloßartigen Haus Montlbon (Nr. 84) wurden die zwei Trümmer des sog. *Nemesis*-Steines gefunden, ebenfalls aus Quadrater Marmor und heute im Museum Meran. Hier besagt die Inschrift, daß ein *M. G. Vecticus* für einen ihm Anvertrauten (Sohn?) der *Nemesis Augusta* seine Reverenz erwies; die Forschung ist geneigt, im Helenakirchlein auf der Töll (siehe unten) ein Nachfolgeheiligtum dieser römischen Göttin zu sehen (siehe hiezu „Schlern", Jg. 1954, S. 173, 228 und 422, mit zahlr. Abb. und M. Außerhofer, „Schlern", Jg. 1976, S. 139 und S. 453). — An dieser Stelle ist nachzutragen, daß die Siedlung — ähnlich wie Rabland durch sein Bronzebeil — schon aus vorrömischer Zeit bestätigt ist, und zwar durch drei prähist. Siedelstätten, von denen der Golderskofel zwischen Zieltal und Töllgraben, 300 m oberhalb von Partschins und knapp unterhalb des Ebnerhofes, ganz besonders schöne Wallringspuren in dreiteiliger Anordnung aufweist.

Im Mittelalter ist in Partschins die Dorfburg der Herren von Partschins nachweisbar, zu deren Seitenzweigen die uns bekannten Tarante und die Annenberger gehörten; nach ihrem Aussterben erwerben die Stachel, Pfleger auf Schloß Vorst bei Meran (Grafen seit 1698) die Burg, die seither Stachelburg genannt wird. Der letzte Stachelburger war einer der ersten Gefallenen zu Beginn des Tiroler Freiheitskrieges im Jahre 1809; er starb am 25. Mai dieses Jahres auf dem Bergisel den Soldatentod.

Von der Stachelburg ist vor allem der massive Viereckturm hervorzuheben, der noch auf die Herren von Partschins zurückgeht. Neueren Datums sind die Holztäfelungen, Decken und ein stuckverzierter „Rittersaal“ sowie die Umfassungsmauer, über deren Portal ein Marmorwappen aus der Hand des Gregor Schwenzengast eingelassen ist. — Nach Gaudenz von Partschins ist der Gaudententurm benannt (Nr. 35), um 1357 erwähnt und im 17. Jh. in die heutige Form gebracht (hiezu G. Bengard in „Schlern“, Jg. 1967, S. 531). — Spauregg hinwiederum (Nr. 37) mit seinem vorgebauten Viereck- und Rundturm erinnert an die hier im 14. Jh. nachgewiesenen Herren von Altspaur; der Ansitz gehört heute der adeligen Familie von Goldegg, der wir im Ehrenalbum von Partschins nocheinmal begegnen werden.

Die weitere Geschichte der Ortschaft, die von kriegerischen Wirren weitgehend verschont blieb, ist durch die Pestjahre und vor allem auch durch häufige Ausbrüche des Zielbaches bestimmt; der „Wasserguß“ des Jahres 1552 hatte immerhin das einzig Gute, daß er den Rablander Meilenstein freilegte.

Die Pfarrkirche zu St. Peter und Paul, erwähnt um 1264, ist ein spätgotischer Bau (1502) mit einem Turmhelm von 1649. Ein gutes Wandgemälde im Inneren (neben der neugotischen Kanzel) zeigt uns die Stifterfamilie der Stachelburger. Die Altäre sind barocke Arbeiten (Hochaltarbild von A. Stadler, 1833). Das St.-Josefs-Relief aus Wachs am linken Seitenaltar stammt vom Hofbildhauer Wolfgang Leiter in München (1768) und wurde vom ehemaligen Kloster Josefsberg (aufgehoben unter Josef II.) hierher verbracht; es ist ein vielverehrtes Wallfahrtsbild.

Die wertvollen Holzskulpturen, den Tod Mariens darstellend (Predella) sowie eine Maria mit Christkind, die heute als Teile eines von Jörg Lederer geschaffenen Altares angesehen werden, sind im Pfarrhaus in Sicherheitsverwahrung, zusammen mit Skulpturen neueren Datums und Gemälden. Sehr schön ist der Taufstein aus weißem Marmor (16. Jh.) mit Figurengruppe (Taufe Christi) und guten Miniaturen in den Seitenfeldern des Holzdeckels (Ende 17. Jh.). — Der bei Weingartner erwähnte Weihwasserstein mit einer Schlange um den Fuß steht am Nordportal, unweit des Grabmales für den im folgenden ausführlich zu behandelnden Peter Mitterhofer, den Erfinder der Schreibmaschine, zu dessen Gedenken außerdem an der Außenmauer des Friedhofes (südseitig, gegen den Platz) eine Bronzebüste aufgestellt wurde (Friedrich Gurschler, 1964). — Außer dem an sich kunstlosen Mitterhofer-Grabstein finden sich im Friedhof noch gute Grabdenkmäler der in Partschins ansässigen Adelsfamilien. —

Sankt Helena an der Abzweigung der Zufahrt von der Töll nach Partschins ist ein 1457 geweihter spätgotischer Bau mit zierlichen Formen; der Altarraum und das Türmchen sind spätere Zutaten. Im Inneren der an Werktagen versperrten Kirche findet sich ein Kruzifix aus der Erbauungszeit der Kirche und ein mit neueren Statuen versehener Hochaltar. —

Schreibmaschinen danken rechtig
Ihren Ursprung in Meran,
Achtzehnhundertvierundsechzig
Sann sie da ein Zimmermann ...

Aus dem Gedicht P. Mitterhofers über seine eigene Erfindung.

Ein Ehrenalbum von Partschins wird an erster Stelle wohl immer den Zimmermann, Instrumentenmacher, weitgereisten Wandergesellen und Konstrukteur Peter Mitterhofer (1822 bis 1893) zu nennen haben, der heute allgemein als der erste Erfinder eines brauchbaren Schreibmaschinenmodells anerkannt ist — wenngleich, wie auf seinem Grabstein zu lesen steht, *die andern, die von ihm lernen durften, die Früchte seines Talentes ernteten.*

Mitterhofer war ein eigenwilliger Kopf, ein krauser Geist und ein Sinnierer, wie er nicht besser an die Schwelle zum ideenreichen Vinschgau passen könnte. Einmal unterhielt er die Leute als Bauchredner und Musikant, er baute selbst Gitarren und andere Musikinstrumente, er konstruierte einen Schubkarren, dessen Rad man mit einem Griff abnehmen konnte, so daß eine Rückentrage daraus wurde, und als seine Frau krank war, da bastelte er eine Waschmaschine zusammen (um 1880), die mit einer Kurbel und vier hölzernen Rollen arbeitete.

Sein Lebenswerk aber ist der Schreibapparat gewesen, von dem er insgesamt 4 brauchbare Modelle mit Walze und beweglichen Typen ausarbeitete; eines davon (etwa 1866) steht im Meraner Museum, ein weiteres ist Besitz der Wanderer-Werke in Chemnitz, und eines steht im Technischen Museum zu Wien, und ein viertes findet sich in der Forschungsstätte für Maschineschreiben in Bayreuth. Das Wiener Modell hatte Mitterhofer um 150 Gulden verkaufen können, nachdem ihm schon vorher auf Veranlassung des Kaisers Franz Joseph 200 Gulden als Forschungsbeitrag bewilligt worden waren; der Partschinser Zimmermann hatte seinen Schreibapparat zu Fuß bis nach Wien an den Kaiserhof getragen.

Wenig später (1873) brachte die amerikanische Waffenfabrik Remington die erste serienmäßige Schreibmaschine auf den Markt, ganz nach dem System Mitterhofers — nur in Metall gegossen. Es handelte sich um den Entwurf eines Mechanikers namens *Carlos Glidden* aus *Milwaukee,* der angeblich am Wiener Polytechnikum studiert hat; laut einer Erklärung seiner Tochter soll er sich allerdings niemals in Europa aufgehalten haben — doch studierten in dieser Zeit nicht wenige Amerikaner in Wien.

Das Modell von 1866 (Museum Meran)

Hier sei das sachliche Urteil zitiert, das K. Th. Hoeniger in seiner ausgezeichneten und gut dokumentierten Broschüre (vgl. Lit.-Verz.) über Mitterhofer gibt: *Ihm gebührt das Verdienst, jene Form der Schreibmaschine schon 1864 erfunden zu haben, die als Patent von 1867 durch Remington zur Weltschreibmaschine gemacht wurde.* —

Mitterhofer sah sich so um den Erfolg seiner Bemühungen gebracht und starb in bitterer Armut in jenem Haus am oberen Weg von Partschins nach Rabland, an dem eine Gedenktafel an den „Narren von Partschins" erinnert, wie er im Titel eines Schauspieles von Max Bernardi genannt wird. Dieses Festspiel wurde 1972, anläßlich des 150. Geburtstages Mitterhofers wieder aufgeführt, und außerdem erschien eine Festschrift (von E. Lassnig; vgl. Lit.-Verz.). Die Numismatische Vereinigung von Bozen gab zu diesem Anlaß eine Gedenkmünze heraus (Entwurf Prof. G. Daurù, Gröden).

Wir wissen, daß eine Art Ehrentafel der Partschinser mit den uns schon namentlich bekannten Römern *Aetetes, Primigenius, Eutropius* und *Vecticus* zu beginnen hätte, die ihren Altären und Grabsteinen nach zu schließen verdienstvolle Beamte gewesen sind. — Aus späterer Zeit haben wir den tapferen Landesschützenoffizier Johann Graf von S t a c h e l b u r g als Teilnehmer am Befreiungskrieg von 1809 bereits genannt. — Große Verdienste um die Musikkapelle und um das kulturelle Leben von Partschins hat sich Franz Ferdinand, Ritter von G o l d e g g und Lindenburg (1798—1874) erworben, der auch Peter Mitterhofer gefördert und dafür von ihm einen maschinegeschriebenen Dankbrief erhalten hat; seine Nachkommen sind heute noch auf Spauregg ansässig, während jene des hervorragenden, in Wien tätig gewesenen Chirurgen Dr. Friedrich von Sölder von Prackenstein (1867—1943) noch heute in dessen Ansitz Gaudententurm wohnen. —

Mit einem Blick auf das nordseitige Ausflugsgebiet von Partschins, das zur Gänze der Texelgruppe und damit dem unter demselben Namen errichteten Naturpark angehört, endet unser langer Weg durch den Vinschgau; wie es sich gehört, haben wir auch hier nach beiden Seiten am Sonnenberg hübsche Waalwege zur Verfügung und dazu als ganz besonderes Naturdenkmal im nahen Zieltal den berühmten Partschinser Wasserfall (97 m) am Partschinser Höhenweg.

Der nördliche Ortsteil, durch den unser Weg (Fahrweg, Nr. 8) führt, wird Salten genannt *(saltus* = Waldgebirge); der Wasserfall selbst (Gasthaus) ist in seinem unmittelbaren Bereich durch eine Steiganlage gut zugänglich gemacht. Kurz vorher (beim Gasth. „Saltner") zweigt nach rechts der uralte, prähistorische Plattenweg („Totenweg") ab, der vorbei am vorerwähnten Golderskofel und am prächtig gelegenen Ebnerhof zum Bergweiler Tabland (1188 m) mit rund 40 Einwohnern und zwei Gaststätten führt; zum Gasth. „Prünster" gibt es auch eine allgemein benützbare Kleinseilbahn. — Leider ist durch den Ausbau des „Totenweges" zum modernen Güterweg der urtümliche Charakter dieses Denkmales zerstört worden, wenngleich manche Partien gerettet werden konnten. — Tabland ist namensgleich mit dem Weiler Tabland bei Naturns, aber von ihm als Bergsiedlung ganz und gar zu unterscheiden. — Wer auf Weg Nr. 26 weiter entlang am Hang quert und später auf Nr. 7 A absteigt, kommt zum Hof Oberhaus (1200 m) nahe dem Töllgraben, in dessen näherer Umgebung ein altes Heilbad bezeugt ist, mit einer Kapelle zu den heiligen Ärzten Kosmas und Damian; die vor allem gegen Wechselfieber (Etschsümpfe!) heilkräftige Quelle wurde jedoch um 1914 durch einen Bergrutsch verschüttet, das Bad zerstört und die Einrichtung der Kapelle nur mit Mühe gerettet. — Im weiteren Abstieg kommen wir über den Ortsteil Vertigen wieder nach Partschins zurück.

In einer Stunde (ab Wasserfall) ist das Gasthaus „Nassereith" (1500 m) erreicht (namengleich mit dem Gehöft Nassereith — *Rodung in feuchter Gegend* — im Pfossental). Hier ist ein wichtiger Ausgangspunkt für den Meraner Höhenweg (Nr. 24) am Hang der Rötelspitze (2625 m) und Endpunkt jener Wanderung, die wir von Naturns aus über den Grubhof und Gigglberg (1535 m; Wirtschaft) hierher angetreten haben (39 A / 24).

Der Weiterweg zur Lodnerhütte (2250 m) führt uns nun in das Herz der Texelgruppe und gleichzeitig parallel zu jener Linie hin, die wir am Beginn dieses Buches als die Trennlinie zwischen Burggrafenamt und Vinschgau bezeichnet haben.

Die Lodnerhütte (2250 m) wurde 1891 von der Sektion Meran des DuÖAV erbaut (heute CAI-Meran); sie hat rund 35 Plätze und ist vom 1. Juni bis 30. Sept. geöffnet; in der kleinen Kapelle im Sommer zeitweilig Gottesdienst. Man rechnet von Partschins hierher etwa 4½ Std. (Materialbahn). — An Übergängen nennen wir die Fortsetzung auf Weg 8 über die Johannesscharte (auch Grubjöchl, 2876 m) in das uns schon bekannte Pfossental oder die prächtige Querung (7 B) gegen Südosten zum Hochganghaus der AVS-Sektion Meran (1839 m). Außerdem ist die Lodnerhütte Ausgangspunkt für eine Reihe hochalpiner Gipfeltouren, die im Rahmen dieses Buches nicht besprochen werden können; man vergleiche hiezu den ausgezeichneten neuen Führer durch die Texelgruppe von H. Ellmenreich (vgl. Lit.-Verz.) oder erkundige sich bei der Alpenvereinssektion Meran.

Einigermaßen gehtüchtige und schwindelfreie Touristen dürfen sich jedoch — unter verläßlicher Führung — eine Begehung des Rotecks (3336 m), des höchsten Gipfels der ganzen Gruppe, durchaus zutrauen, da der Normalweg über den Ostgrat rot markiert und überdies auch mit Drahtseilen versichert ist (3½ Std. ab Hütte). —

Der Gedanke, von solchen Höhen Rückschau über den Vinschgau zu halten, hat viel für sich; hier gewinnt alles Gestalt und Gesicht, von den Gärten des Tales über die Bergbauernhöfe am Steilhang bis zum reinen Weiß der Gletscher.

Auch an einem Wasserwaal könnte man zum Abschied gut sitzen, träumend an einer dieser Lebensadern des Vinschgaues. Das Wasser weiß tausend Geschichten, von der Zeit der Venosten bis herauf in unsere Tage, es ist ohne Anfang und ohne Ende und erinnert daran, daß wir von dem Geheimnis um Werden, Sein und Vergehen einer Landschaft stets nur die äußeren Schleier lüften können. —

VII. WANDERUNGEN, SPAZIERGÄNGE UND BERGTOUREN

Dieses Verzeichnis verweist nur auf Textstellen, die den gesamten Bereich einer Wanderung erschließen und hierüber Auskunft geben. Meist sind auch die Markierungsnummern und Gehzeiten angegeben. Keinesfalls aber können diese Angaben eine gute Karte bzw. die betreffende Spezialliteratur (Wanderführer usw.) ersetzen.

A) DAS VINSCHGAUER OBERLAND

1. Reschen — Etschquelle, S. 125
2. Reschen — Piz Lat — Piz Russenna, S. 130
3. Reschen — Plamord — Klopaierspitze, S. 131
4. Reschen — Rojen, S. 132
5. Reschen — Westufer Reschensee, S. 135
6. Graun — Pedroß, S. 141
7. Graun — Grauner Berg — Weißseejoch, S. 141
8. Graun — Grauner Alm — Endkopf („Jaggl") bzw. Pleißköpfl, S. 142
9. Melag — Weißkugelhütte — Weißkugel, S. 143
10. Weißkugelhütte — Weißseespitz, S. 143
11. Grauner Berg — Talschluß Melag, S. 143
12. Kapron — Ochsenbergalm, S. 144
13. Kühtal — Danzebell, S. 144
14. Haider Alm — Rojen, S. 151
15. St. Valentin — Haider See, S. 152
16. Haider See — Zerz, S. 152
17. Zerz — Grünsee — Rasaß-See, S. 153
18. Zerz — Watles — Pfaffenseen, 153
19. St. Valentin — Plawenn — Plawenner Alm, S. 153
20. Plawenn — Alsack — Ulten — Planeil, S. 156 f.
21. Planeil — Talschluß, S. 158
22. Planeil — Portlesspitze, S. 158
23. Rojener Kirchsteig, S. 163 f.
24. Burgeis — Haider See — Fischgaderhof — Burgeis, S. 176
25. Burgeis — St. Stephan, S. 176 f.
26. Marienberg — Pramajur — Pfaffenseen — Watles — Schlinig, S. 187 f.

27. Schlinig — Piz Sesvenna, S. 191 f.
28. Schlinig — Schlinigpaß — Piz Cristannes, S. 192
29. Schlinigpaß — Rasaß-Spitze, S. 192
30. Schlinig — alter Fahrweg — St. Stephan — Marienberg, S. 192
31. Schlinig — Laatscher Alm — Polsterhof — Schleis, S. 192 f.
32. Schleis — Burgeis bzw. Laatsch, S. 194
33. Mals — Steinerne Brücke — Planeil, S. 227
34. Steinerne Brücke — Waalweg — Naturpark — Tartsch, S. 227
35. Mals — Naturpark — Spitzige Lun, S. 227
36. Mals — Malettes, S. 227

B) DER MITTLERE VINSCHGAU

1. Laatsch — Planmadeng — Turnauna, S. 234
2. Laatsch — Polsterhof, S. 234
3. Laatsch — Calvenbrücke, S. 235
4. Calvenbrücke — Rifair — Puntweil — Taufers, S. 235
5. Taufers — Reichenberg — Rotund — Tella — St. Martin, S. 241 f.
6. Taufers — Avignatal — Praverdsee — Scharljöchl, S. 244
7. Avignatal — Piz Starlex bzw. Tellakopf, S. 244
8. Taufers — Rifairalm — Chavalatsch — Glurnser Köpfl, S. 245
9. Glurns — St. Martin — Glurnser Köpfl — Lichtenberg, S. 251
10. Glurns — Tartscher Bühel, S. 253
11. Matsch — Spitzige Lun, S. 262
12. Matsch — Glieshöfe — Matscher Alm, S. 262
13. Glieshöfe — Litzner bzw. Hochalt, S. 262
14. Glieshöfe — Saldurspitze — Saldurseen, S. 262 f.
15. Glieshöfe — Höllerhütte (zerst.) — Bildstöckljoch — Saldurspitze bzw. Weißkugel, S. 263
16. Glieshöfe — Matscher Joch — Rabenkopf — Planeil, S. 263
17. Glieshöfe — Kartatsch — Ruinen von Matsch — Churburg, S. 263 f.
18. Schluderns — Gschneir — Köfelplatte, S. 273
19. Gschneir — Rungg — Marsall — Ell, S. 273 f.
20. Gschneir — Gallstein — St. Peter — Tannas, S. 274
21. Gschneir — Tels — Frinig — Tannas, S. 274

22. Tannas — St. Peter, S. 275
23. Tannas — Eyrs, S. 276
24. Tannas — Allitz — Gadriamure, S. 276 f.
25. Prad — St. Ottilie — Tschengls, S. 280 und 318
26. Prad — Valnair — Sulden, S. 280 f.
27. Prad — Pazlairhöfe — Stilfs, S. 281
28. Prad — Agums — Pinethof — Lichtenberg, S. 281
29. Lichtenberg — Lichtenberger Höfe — Glurnser Köpfl — Chavalatsch, S. 283
30. Stilfs — Faslar — Chavalatsch, S. 286
31. Stilfs — Platzhöfe — Kleinboden — Fallatschspitze bzw. Goldsee — Stilfser Joch, S. 286
32. Trafoi — Heilig Drei Brunnen — Wasserfälle — Berglhütte, S. 289
33. Berglhütte — Edelweißhütte — Alpenrosenhütte — Trafoi, S. 290
34. Trafoi — Weißer Knott, S. 290
35. Sulden — Langenstein — Tabarettahütte — Payerhütte — Ortler, S. 296
36. Sulden — Hintergrathütte — Schaubachhütte, S. 317
37. Sulden — Zaytal — Düsseldorfer Hütte — Zayjoch — Laaser Tal (Troppauer Hütte), S. 317 f.
38. Sulden — „Waldruhe" — Gand (Außersulden), S. 318
39. Düsseldorfer Hütte — Hoher Angelus bzw. Vertainspitze bzw. Tschenglser Hochwand, S. 318
40. Tschengls — Tschenglsberg, S. 319
41. Tschengls — Tschenglser Alm — Tschenglser Köpfl, S. 320
42. Tschenglser Alm — Parnetz, S. 320
43. Tschengls — Bad Schgums, S. 320
44. Eyrs — Laaser Leiten, S. 322
45. Laas — Martinskirchlein — Laaser Alm — Schluderscharte bzw. Zayjoch — Sulden, S. 327
46. Laas — Platzhof — Tarnell, S. 328
47. Laas — Allitz — Kortsch, S. 328

C) UNTERVINSCHGAU

1. Kortscher Waalweg, 332 f.

2. Schlanders — Sonnenberg — Talatsch — Schupferalm — Meineidtal, S. 343 f.
3. Kortscher Alm — Rappenscharte — Matsch bzw. Mastaunjoch und Mastaunspitze, S. 345
4. Kortscher Alm — Kortscher See — Taschljöchl (Heilbronner Hütte; zerstört), S. 345
5. Schupfer — Tappein — Schlandersberg — Schlanders, S. 345
6. Göflan — Kohlplätze — Göflaner Alm und See — Laaser Spitze, S. 347 f.
7. Kohlplätze — Milizsteig — Gamshöfe am Nörderberg — Steinwand bzw. Wibenhof, S. 348
8. Schlanders — Vezzan — Goldrain, S. 350
9. Goldrain — Wasserfallweg — Hängebrücke, S. 353
10. Goldrain — Schloß Annenberg, S. 353
11. Goldrain — Tisserweg — Waalweg — Latsch, 353 f.
12. Morter — Glockenbichlweg, S. 363
13. Martell — Steinwandhof — Gamshöfe, S. 364
14. Martell — Eberhöfertal — Göflaner Schartl, S. 364
15. Martell — Oberhof — Stallwies — Gasth. „Waldheim" i. d. Schmelz, S. 364 f.
16. Martell-Gand — Flimseen — Flimjoch, S. 365
17. Martell-Unterhölderle — Soyalm — Soyscharte, S. 365 f.
18. Zufallhütte — Cevedale bzw. Madritschjoch, S. 367
19. Zufallhütte — Klösterle, S. 368 f.
20. Latsch — Mareinwaal — Bierkeller — Töbrunn, S. 376
21. Töbrunn — Latscher Alm — Tarscher Alm, S. 376
22. St. Martin im Kofel — Egg — Vorra — Laggàr — Zuckbühel — Tappein bzw. Vezzan — Goldrain — Latsch, S. 380 f.
23. St. Martin im Kofel — Trumsberg — Tschars, S. 381 f.
24. Latsch — Platzhof — Vermoispitze, S. 382
25. Latschinig — Freiberger Alm — Marzaunalm — Koflrasterseen — Rontscher Joch, S. 386
26. Marzaunalm — Zirmtalseen, S. 386
27. Tschars — Tomberg — Tablander Alm, S. 386
28. Kastelbell — Galsaun — Tschars — Juval — Staben (zum Großteil Waalwege), S. 387 f. und 390
29. Naturns — Tarantsberg — Pirchberg — Naturnser Alm, S. 398 f.

30. Pirchberg — Partscheilberg, S. 399
31. Naturns — Hochwart, S. 399
32. Naturnser Alm — „Almweg“ — Tablander Alm, S. 399
33. Naturns — Tschirland — Tabland, S. 400
34. Naturns — Platatsch — Grubhof — Gigglberg — Zieltal, S. 402
35. Naturns — Rofen — Schnatz, S. 402
36. Naturns — Sonnenberg (Unterstell, Dick usw.) — Katharinaberg, S. 402 f.
37. Katharinaberg — Weithal, S. 408
38. Katharinaberg — Saxalber — Saxalbersee, S. 408
39. Tumlhof — Pfossental — Eishof — Eisjöchl, S. 408 f.
40. Unser Frau — Mastaunalm — Nockspitze, S. 413
41. Unser Frau — Gfallhof — Schröfwand, S. 413
42. Vernagt — Tisenberghütte — Similaunhütte — Similaun bzw. Finailspitze, S. 414 f.
43. Vernagt bzw. Kurzras — Finailhof, S. 415 f.
44. Kurzras — Schutzhaus „Schöne Aussicht“ — Weißkugel, S. 416 f.
45. Rabland — Aschbach — Quadrathöfe — Töll, S. 419 f.
46. Partschins — Zieltal (Wasserfall) — Nassereith bzw. Tabland — Lodnerhütte — Johannesscharte, S. 426
47. Lodnerhütte — Hochganghaus; Lodnerhütte — Roteck, S. 426 f.
48. Partschinser bzw. Meraner Höhenweg, S. 426

VIII. LITERATURVERZEICHNIS

Es sind alle Werke und Aufsätze angeführt, die zur Ausarbeitung dieses Buches herangezogen wurden und im engeren oder weiteren Sinn zum Thema gehören. Ist im Text lediglich der Name des Autors in Klammern als Quelle vermerkt, so bezieht er sich stets auf das in diesem Register an erster Stelle angeführte Werk des betreffenden Verfassers. In allen anderen Fällen ist bereits in der Klammer im Text auf weitere Werke dieses Verfassers so deutlich verwiesen, daß die betreffende Belegstelle an Hand dieses Literaturverzeichnisses leicht ermittelt werden kann Auf diese Weise konnte der Text von einem komplizierten wissenschaftlichen Apparat und von Fußnoten so gut wie freigehalten werden, gibt jedoch anderseits die Möglichkeit, sich an Hand der angegebenen Literatur jederzeit in einzelne Teilgebiete zu vertiefen. — Bezüglich der Aufsätze in der Zeitschrift „Der Schlern" siehe die Bemerkung unter diesem Stichwort. — Es sei in diesem Zusammenhang auf die Teßmann-Bibliothek im „Haus der Kultur Walther von der Vogelweide", Bozen, Schlernstraße, Tel. 2 64 49 (Vorwahl 0471 von auswärts) verwiesen, die Besuchern aus dem In- und Ausland kostenlos zur Verfügung steht; diese Studien- und Tirolensienbibliothek mit reichen Beständen auch aus anderen Wissensgebieten wird allen Ansprüchen genügen.

Alton, Christian: Wandern im Schnalstal, hgg. Verkehrsverein, Bozen, o. J. (1976), mit Karte

Amthor, Eduard: Tirolerführer, Gera 1868

Astfäller, Bernardin: Der Vinschgau — eine Schmetterlingsinsel, Schlern, Jg. 1949, S. 140 f.

Attlmayr, Ernst: Tiroler Pioniere der Technik (= Tiroler Wirtschaftsstudien, Bd. 23), Innsbruck 1969

Außerhofer, Maria: Die römischen Meilensteine in Südtirol, Schlern, Jg. 1976, S. 3; die römischen Weihesteine (ebda., S. 135) und die römischen Grabsteine in Südtirol, S. 452 ff., mit Karten und Abb.

Bauhaus, Ursula: Rojen, Wirtschaftsstrukturen an der Obergrenze der Dauersiedlungen, Schlern, Jg. 1975, S. 177 ff., mit Abb.

Baur, Rudolf: Die Kartause Allerengelberg im Schnalstal, Bozen 1970

Becherer, A.: Beiträge zur Flora des Münstertales und des Vintschgaues, in Bauhinia, Zsr. der Basler Botan. Gesellschaft, Jg. 5/1975, Heft 3 (S. 131—146)

Beguinot, A.: Ricerche sulla vegetazione steppica della Val Venosta, in Memorie Museo di Storia Nat. della Ven. Trid., Vol. II, Trento 1934

Bernhart, Anton: Gedanken um die Gemeindeordnung von Schlinig aus dem Jahre 1532, Schlern, Jg. 1964, S. 26 ff.

Birchler, Linus: Müstair — Münster, Schnell und Steiner-Kleine Kunstführer Nr. 601, 6. Aufl., München 1967

Bliem, Max: Beiträge zur Stadtgeschichte von Glurns im 16. und 17. Jh., Diss. Innsbruck 1962

Bossi Fedrigotti, Graf Anton: Vinschgau, 2. Aufl., Bozen 1968

Brandstätter, Otto: Südtiroler Verkehrswege in alter und neuer Zeit, in Reimmichlkalender, Bozen 1970

Brandstätter, Otto: Tirols Schicksalsjahre 1914/18, in Reimmichlkalender, Bozen 1969

Caminada, Christian: Die verzauberten Täler — Kulte und Bräuche im alten Rätien, Olten und Freiburg i. Br., 2. Aufl. 1962

Christomannos, Theodor: Sulden-Trafoi, Innsbruck 1895

Cube, Hellmut von: Mein Leben bei den Trollen (im Schnalstal), 2. Aufl., München 1969

Dalla Torre, K. W.: Tirol, Vorarlberg und Liechtenstein, Reihe „Junks Naturführer", Berlin 1913

Daniel, Erich: Die Terminologie der Wasserwirtschaft im Vintschgau, Diss. Innsbruck 1969 (gekürzt in Schlern, Jg. 1972, S. 540 ff., mit zahlr. Abb.)

DER OBERE WEG, Jahrbuch des Südtiroler Kulturinstitutes, Bd. V—VII, Bozen 1965—67; es wurden vor allem die Arbeiten von P. Stacul, G. Innerebner, K. Fischer, H. Kramer, E. Kühebacher, F. Finsterwalder, F. Dörrer, M. Frei, G. Scheffler, E. Egg, F. H. Riedl, E. W. Mick, O. R. von Lutterotti, M. Bliem, H. Kofler, F. Huter, K. Th. Hoeniger, F. Hofer, P. Brugger und E. Müller herangezogen (Verweise im Text)

Dietl, Josef: Chronik der Marktgemeinde Mals, hgg. und mit Ergänzungen versehen von Cölestin Stampfer, Meran 1885

Dolomiten, Tageszeitung, Verlag Athesia Bozen: Notizen, Daten und statist. Angaben

Duile, Ferdinand: Reschen-Scheideck und das Seenplateau, Innsbruck 1907

Ebensperger, Hans: Leben und Werk (1929—1971), hgg. vom Südtiroler Künstlerbund, Bozen 1978

Eccel-Kreutzer, Eva: siehe Ebensperger

Egg, Erich: Von Augsburg nach Verona, Innsbruck 1962

Egg, Erich: Kunst in Tirol, 2 Bildbände, Innsbruck 1970/72

Ellmenreich, Helmut: Die Meraner Bergwelt (mit Texelgruppe, Seitentälern usw.), 3. Aufl., Meran 1977

Enzinger, Moriz: Die Deutsche Tiroler Literatur bis 1900. Ein Abriß von M. E. (= Tiroler Heimatbücher, Bd. 1), Wien-Leipzig-Prag 1929

Exel, Reinhard: Die Mineralien Tirols (Bd. 1 Südtirol und das Trentino), Bozen 1979

Fiebiger, Herbert: Bevölkerung und Wirtschaft Südtirols, Bergisch Gladbach 1959

Fink, Hans: Verzaubertes Land — Volkskultur und Ahnenbrauch in Südtirol, Innsbruck 1969

Finsterwalder, Karl: Geschichte der Namen — Geschichte der Sprachen im Obervintschgau, in „Der Obere Weg", S. 222 ff.

Finsterwalder, Karl: Die Familiennamen in Tirol und Nachbargebieten und die Entwicklung des Personennamens im Mittelalter, Schlern-Schriften 81, Innsbruck 1951

Fischer, Klaus: Der Obervinschgau, Jahrbuch des ÖAV (und DAV), Jg. 1965, S. 115 ff.

Fischer, Klaus: Die Murkegel des Vinschgaues, Schlern, Jg. 1966, S. 24 ff.

Fischer, Klaus: Die Schafweidewirtschaft der Schnalstaler Höfe, Schlern, Jg. 1970, S. 185 ff.

Fischer, Klaus: Agrargeographie des westlichen Südtirol (Der Vinschgau und seine Nebentäler), Wien 1974

Fliri, Franz: Das Klima der Alpen im Raum von Tirol, Innsbruck 1975

Flora, Paul: Ein Schloß für ein Zierhuhn, Innsbruck 1965

Gamber, Klaus: Die Kirche St. Prokulus in Naturns, Schlern, Jg. 1979, S. 131 ff. (Gamber sieht im „Schaukler" wieder den hl. Paulus)

Gamper, Peter: Martin Rochus Teimer, Freiherr von Wiltau, Innsbruck 1910

Gamper, Peter: Verödete Berghöfe am Schlanderser Sonnen- und Nörderberg, Schlern, Jg. 1937, S. 176 ff.

Goswin, Chronik von Marienberg (bis 1390), Zeitschrift des Ferdinandeums I, S. 67—165, übers. v. Alois Röggl, Innsbruck 1825; lat. Originaltext ed. von Basilius Schwitzer, 1880

Grabherr, W.: Wald- und Staudenbrände als Ursache der Versteppung im oberen Vinschgau, Schlern, Jg. 1949, S. 83 ff.

Grießmair, Hans: Der Tiroler Volkscharakter, Schlern, Jg. 1971, S. 3 ff.

Gruber, Karl: Kirchendiebstähle in Südtirol seit 1958, Schlern, Jg. 1973, S. 28 ff., mit Abb.

Haider, Friedrich: Tiroler Brauch im Jahreslauf, Innsbruck 1968

Haller, Franz: Beitrag zur Geschichte des Ortlers, Schlern, Jg. 1954, S. 219

Haller, Franz: Die Schalensteine von Schluderns und das Kramertal, in Mannus, Zsr. für Vorgeschichte, Bonn, 39. Jg., Heft 4

Handel-Mazzetti, Hermann: Eine floristische Wanderung im Obervintschgau, Schlern, Jg. 1953, S. 151 ff.

Hegi-Merxmüller: Alpenflora, 20. Aufl., München 1963

Heilfurth, Gerhard: Südtiroler Sagen aus der Welt des Bergbaus, Reihe „An der Etsch und im Gebirge", Bd. XXV, Brixen 1968

Heuberger, Richard: Der Vinschgau im Altertum und im Frühmittelalter, Schlern, Jg. 1932, S. 132 ff.

Heuberger, Richard: Die Südostgrenze der Grafschaft Vinschgau, Schlern, Jg. 1930, S. 383 ff.

Heuberger, Richard: Der Eintritt des Vinschgaues in die Geschichte, Schlern, Jg. 1937, S. 146 ff.

Heuberger, Richard: Rätien im Altertum und Frühmittelalter, Innsbruck 1932 (photomechan. Nachdruck Aalen 1971)

Heyl, Johann Adolf: Volkssagen, Bräuche und Meinungen aus Tirol, Brixen 1897

Hochtourist in den Ostalpen, der: Bd. IV und VI, hgg. von Hanns Barth, Leipzig 1926—1930

Hoeniger, Karl Theodor: Textbändchen zur Lichtbildreihe „Vinschgau", Landesfilmstelle des Landesausschusses Bozen, o. J. (1960—1965), unter Mitarbeit von A. Staindl, H. Pircher, K. Felderer, R. Pöder und J. Rampold.

Hoeniger, Karl Theodor: Historische Einleitung zu „Dorf Tirol" (Führer), Bozen o. J. (1968)

Hoeniger, Karl Theodor: Peter Mitterhofer aus Partschins, Erfinder der Schreibmaschine, Lana 1952

Höhne, Ernst: Oasen der Ruhe — Südtirol, München 1965

Höhne, Ernst: Ortler — Gipfel, Täler, Menschen; Bozen 1979

Hörmann, Ludwig von: Tiroler Volksleben, Stuttgart 1908

Hohenegger, Heinrich: Langtaufers, Schlern, Jg. 1969, S. 266 ff. (mit Abb.)

Hohenegger, Heinrich: Das Vinschgauer Oberland, Schlern, Jg. 1970, S. 60 ff. (mit Abb.)

Holzmann, Hermann: Vinschgauer Berghöfe, in Reimmichlkalender 1965, Bozen, S. 149—206, mit zahlr. Abb., auch zum Waalsystem

Holzmann, Hermann: Das Schnalser Tal — Bilder eines heroischen Südtiroler Bergbauerntums, in Reimmichlkalender 1961 (S. 69—82)

Hurton, Josef: Sulden, 2. Aufl., Bozen 1973

Hurton, Josef: Ortlergebiet (= Südtiroler Gebietsführer Nr. 22), Bozen 1979

Huter, Franz: Handbuch der historischen Stätten Österreichs, Bd. 2 — Alpenländer mit Südtirol; Kröners Taschenausgabe Nr. 279, Stuttgart 1966

Huter, Franz: Die Herren von Schnals, Schlern-Schriften 9, Innsbruck 1925

Huter, Franz: Historische Städtebilder aus Alt-Tirol, Innsbruck 1967

Hye, F. H.: Glurns; zur Häusergeschichte (neue Forschungsergebnisse und bauliche Details in Wort und Bild), im Verlag der Stadtgemeinde, Meran 1977

Innerebner, Georg: Der Tartscherbühel und die Vorzeit im Vintschgau, in „Der Obere Weg", S. 76 ff.

Innerebner, Georg: Die Wallburgen Südtirols, Bd. 2, bear. von R. Lunz, Bozen 1975

Innerebner, Georg: Die Quellheiligtümer Südtirols, Schlern, Jg. 1946, S. 141 ff. (St. Medardus bei Tarsch) und Jg. 1947, S. 12 ff. (Dreibrunnen in Trafoi)

Joos, Josef: Erlebnisse eines Studenten der alten Marienberger Klosterschule um das Jahr 1780 herum. Schlern, Jg. 1963, S. 303 ff.

Jug, Valentin: Der Aprikosenanbau im Vinschgau, in „Schriftenreihe des Südtiroler Wirtschafts- und Sozialinstitutes", Bd. 35, Bozen 1969

Keim, Maike: Schnals, Kulturgeographie einer Südtiroler Berggemeinde (= Schriftenreihe des Südtiroler Kulturinstituts Nr. 1), Bozen 1975

Keim, Maike: Ist Südtirols Kulturlandschaft zum Untergang verurteilt? Schlern, Jg. 1974, S. 137, mit 12 Abb. und Statistiken.

Kiene, Hans: Südlich der Weißkugel, Zeitschrift des DAV, Jg. 1940 und 1941

Klebelsberg, Raimund von: Südtiroler Landeskunde, Südtirols Berge und Täler, beide in der Reihe „An der Etsch und im Gebirge", Bd. V, 3. Aufl., bzw. Bd. VIII, Brixen 1965 bzw. 1948

Klebelsberg, Raimund von: Die Obergrenze der Dauersiedlung in Südtirol, Schlern-Schriften 1, Innsbruck 1923

Klebelsberg, Raimund von: Vinschgauer Wanderungen, Schlern, Jg. 1927, S. 88, 148 u. 412; Jg. 1929, S. 6 u. 388

Klebelsberg, Raimund von: Südtiroler Landschaften — Vintschgau, in Zeitschrift des DuÖAV, Jg. 1937, S. 197 ff. (mit Abb.)

Kleeberg-Hochnaturns, August: Der Becher in Naturns und seine zwei Seitenstücke im Schnalstal, Schlern, Jg. 1954, S. 400 (mit. Abb.)

Kohlhaupt, Paula: Alpenblumen — Farbige Wunder, Bd. 1 und 2, Stuttgart 1963/64

Köll, Lois: Führer durch die Ortlergruppe, 4. Aufl., München 1974, bearb. von D. Drescher und U. Kößler

Köll, Lois: Der Kampf auf den südlichen Ortlerbergen, Schlern-Schriften 162, Innsbruck 1957

Köll, Lois: Rein weißer Marmor aus den Ortlerbergen, Schlern, Jg. 1955, S. 446 ff.

Köll, Lois: Laaser Marmor, Reihe „Tiroler Wirtschaftsstudien", Bd. 19, Innsbruck 1964

Köll, Lois: Gott schuf den Wald — der Mensch die Wüste (Sonnenberg und Waalsystem, mit Abb.), Schlern, Jg. 1955, S. 313 ff.

Köll, Lois: Marteller Briefe, Schlern, Jg. 1956, S. 208 ff.

Kramer, Hans: Kriegsgeschichte des Vintschgaus vom späteren Mittelalter bis in die neueste Zeit, in „Der Obere Weg", S. 153 ff. (mit umfangreichen Literaturangaben)

Krcal, R.: Peter Mitterhofer, Innsbruck 1964

Kühebacher, Egon: siehe Tirolischer Sprachatlas

Kühebacher, Egon: Klöster und sprachliches Werden, in „Stifte und Klöster", S. 392 ff.

Kühebacher, Egon: Volk und Sprache im obersten Inn- und Etschtal, in „Der Obere Weg", S. 196 ff.

Ladurner-Parthanes, Matthias: Die Ladurner. Ein Beitrag zur bäuerlichen Geschichte der Geschlechter im Vintschgau und Burggrafenamt, Bozen 1960 (= Schlern-Schriften 210, Innsbruck 1960)

Ladurner-Parthanes, Matthias: Zum 600jährigen Bestehen des Algunder Etschwaales, Schlern, Jg. 1933, S. 533 ff.

Ladurner-Parthanes, Matthias: Vom Perglwerk zur Torggl (über den vorindustriellen Weinbau in Südtirol), Bozen 1972

Langes, Gunther: Die Front in Fels und Eis, 6. Aufl., Bozen 1977

Langes, Gunther: Autorama — Bd. 1 (Südtirol, Dolomiten, Gardasee), 8. Auflage, Innsbruck 1974

Langes, Gunther: Burggrafenamt und Meran (= Bd. 4 der „Südtiroler Landeskunde in Einzelbänden", 3. Aufl., Bozen 1976

Lassnig, Ewald: Peter Mitterhofer, Festschrift zum 150. Geburtstag (mit einer Dorfchronik von Partschins), Meran 1972

Lechner, Hermann: Literaturhist. Notizen in „Hausbuch der Tiroler Dichtung", hgg. von Ambros Mayr, Innsbruck 1965

Lunz, Reimo: Ur- und Frühgeschichte Südtirols, Bozen 1973

Lunz, Reimo: Studien zur End-Bronzezeit und älteren Eisenzeit im Südalpenraum, Firenze 1974 (in deutscher Sprache gedruckt), in der Reihe „Origines" (Studi e materiali pubblicati a cura dell'Istituto Italiano di Preistoria e Protostoria); mit zahlr. Abb.

Lunz, Reimo: Urgeschichte des Raumes Algund-Gratsch-Tirol (= Bd. 1 der „Archäologisch-Historischen Forschungen in Tirol), Bozen 1976

Mader, Ignaz: Die Bäder und Heilquellen im Hochetsch, Bozen 1929

Mang, Hermann: Heimatliche Kirchfahrten, Brixen 1941

Mang, Hermann: Unsere Kirchenpatrone, Bressanone 1942
Mang, Hermann: Volksbrauch in Südtirol, Reihe „An der Etsch und im Gebirge“, Bd. III, 2. Aufl., Brixen o. J.
Mayr, Karl Maria: Rätische Votivinschrift vom Tartscher Bühel bei Mals, Schlern, Jg. 1953, S. 365 f.
Mayr, Karl Maria: Der Altar der Diana und die Maia-Frage, Schlern, Jg. 1961, S. 96
Mayr, Karl Maria: Das Straßendenkmal des Kaisers Claudius von Rabland, Schlern, Jg. 1961, S. 151
Mayr, Karl Maria: Römersteine aus Partschins bei Meran, Schlern, Jg. 1954, S. 173 f.
Menara, Hanspaul (Bilder), und Rampold, Josef (Text): Südtiroler Bergseen, ein Bildwanderbuch, Bozen 1974
Menara, Hanspaul (Bilder), und Rampold, Josef (Text): Südtiroler Bergtouren, Bozen 1976
Menara, Hanspaul: Südtiroler Höhenwege, Bozen 1977
Menara, Hanspaul: Südtiroler Schutzhütten, Bozen 1978
Menara, Hanspaul: Südtiroler Wasserfälle, Bozen 1979
Menara, Hanspaul: Südtiroler Urwege, Bozen 1980
Mick, Ernst Wolfgang: Johannes Holzer, in „Festschrift zur 250-Jahr-Feier des Malers Johann Ev. Holzer“, 2. Aufl., Bozen 1963
Müller, Heinrich: Die Talgemeinschaft Vinschgau, Diss. Bologna 1970 (ital.)
Müller, Iso: Der rätische Vintschgau im Frühmittelalter, Schlern, Jg. 1960, S. 318 ff.
Müller, Iso: Zur Entstehung der Pfarreien des Vintschgaus, Schlern, Jg. 1961, S. 331 ff.
Müller, Theodor: Gotische Skulptur in Tirol, Bozen 1976
Myss, Walter, und Posch, Benedikt: Die vorgotischen Fresken Tirols, Wien 1966
Noë, Heinrich: Tirol und Vorarlberg, Reihe „Deutsches Alpenbuch“, II. Bd., Glogau o. J.
Noll, P. Bernhard: Marienberg, Schnell unnd Steiner-Kleine Kunstführer Nr. 692, 4. Aufl., München 1969
Ortner, Peter: Tierwelt in Südtirol, Bozen 1974
Ortner, Peter: Zur Ornithologie des Etschtales, Schlern, Jg. 1969, S. 455 ff.
Ortner, Peter: Wiederansiedlung von Wild in Südtirol, speziell in der Umgebung von Sexten, Schlern, Jg. 1967, S. 476 ff.
Ottobeuren, Festschrift 764—1964, hgg. von A. Kolb und H. Tüchle, Augsburg 1964
Ottobeuren, Beitr. zur Geschichte der Abtei, hgg. v. d. Bayerischen Benediktinerakademie, Augsburg 1964
Ottobeuren, Schicksal einer schwäbischen Reichsabtei, hgg. von A. Kolb, Augsburg 1964 (darin „Ottobeuren und Südtirol“)
Pardeller, Josef: Die alten Fernwege über das Stilfser- und Wormserjoch, Schlern, Jg. 1954, S. 292 ff. (und zahlreiche weitere Schlern-Mitteilungen, vgl. Registerband bzw. Hinweise im Text)
Pardeller, Josef: Die Zwölf-Höfe-Gemeinschaft von Sulden, Schlern, Jg. 1970, S. 193 ff.
Pardeller, Josef: Die Grashöfe von Trafoi und deren Entwicklung zum Fremdenverkehrsort, Schlern, Jg. 1971, S. 285 ff.
Patscheider, Ferdinand: Reschen und Graun, zwei versunkene Dörfer, Diss. Innsbruck 1950
Pegger, Hans: Aus der Chronik von Latsch und seinen umgebenden Pfarrgemeinden, Meran 1907; unveränderter Neudruck (2. Aufl.) hgg. vom Verschönerungsverein Latsch, Bozen 1971
Pernter, Hermann: Die Stilfserjoch-Straße, Meran 1925
Pircher, Anton: Tanaser Dorfbuch, Schlern, Jg. 1961, S. 199 u. 290
Pircher, Josef: Naturns, Bozen o. J. (1973)
Pircher, Josef: Die Sankt-Zeno-Kirche in Naturns, Bozen 1975

Pitschmann, Hans, und Reisigl, Herbert: Flora der Südalpen, 2. Aufl., Stuttgart 1965

Plant, Fridolin: Reiseführer durch Vinschgau, Meran 1907

Plawenn, Arbogast von: Ob und unter Lang-Kreutz, Schlern, Jg. 1950, S. 276 ff., mit Abb. und Straßenkarte (siehe Vorsatzblatt dieses Buches)

Pretz, Leo von: Die Haflinger Pferdezucht, Schlern-Schriften 10, Innsbruck 1925

Prünster, Hans: Die Wappen der Gemeinden Südtirols (mit den Einwohnerzahlen von 1961 und 1971), Bozen 1972

Rampold, Josef: Südtiroler Wanderbuch, 5. Aufl., Innsbruck 1977

Rampold, Josef (Text) und Fischer, Wenzel (Bild): Südtirol, Land der Bergbauern, 3. Aufl., Bozen 1977

Rampold, Josef: Die alpine Erschließung des Vintschgaues, in Der Obere Weg, S. 547 ff.

Rampold, Josef (Text), und Menara, Hanspaul (Bilder): Südtiroler Bergseen, ein Bildwanderbuch, Bozen 1974

Rampold, Josef (Text), und Menara, Hanspaul (Bilder): Südtiroler Bergtouren, Bozen 1976

Rasmo, Nicolò: Gli affreschi carolinghi di Malles, in „Arte in Europa", Milano 1966, pp. 189—202, mit Abb.

Rasmo, Nicolò: Note preliminari su S. Benedetto di Nalles, in Stucchi e Mosaici, Milano 1962, pp. 86—110, mit Abb. und neuer Rekonstruktion

Reimmichlkalender, Bozen 1952, Sonderteil „Vinschgau" mit Beiträgen von Weingartner (siehe dort), Matscher (Stausee Graun, mit zahlr. Abb.) und ungenannten Autoren, so über M. R. Teimer, das Vinschgauer Karrnerwesen usw.

Reisigl, Anton: Hausmedizin und Der Selbstadvokat, hektogr. Manuskripte, Innsbruck o. J. (1948/49), nur Teßmann-Bibliothek, Bozen

Ringler, Josef: Die barocke Tafelmalerei in Tirol, 2 Bde., Innsbruck 1972

Rosenberger, Kurt: Die künstliche Bewässerung im oberen Etschgebiet, in „Forschungen zur deutschen Landes- und Volkskunde" hgg. von Friedrich Metz, Bd. 31, S. 291—376, Stuttgart 1936, mit zahlreichen Abbildungen

Roser, D.: Die Nördliche Ortlergruppe — eine bevölkerungs- und wirtschaftgeographische Untersuchung, Tübingen 1967

Roser, D.: Die Nördliche Ortlergruppe — wirtschaftliche Strukturen eines alpinen Höhenraumes, in „Geographische Rundschau", Braunschweig 1970 (mit 2 Karten)

Saibene, Cesare (Herausgeber): Der Stilfser-Joch-Nationalpark; ein allgemein verständlicher wissenschaftl. Wanderführer, Rovereto 1969

Sayn-Wittgenstein, Franz Prinz zu: Südtirol und das Trentino, 4. Aufl., München 1968

Schaffran, Emerich: Die vorromanischen Wandmalereien in der St.-Prokulus-Kirche zu Naturns, Schlern-Schriften 182, Innsbruck 1958

Schaumann, Walther: Der österreichische Gegenangriff auf die Punta San Matteo (3692 m ü. d. M.) am 3. September 1918, in „Allgemeine Schweizerische Militärzeitschrift", Heft 10/1968

Schenk, Ina: Die Klima-Insel Vintschgau, Trento 1951

Schgör, Josef: Sagen aus dem mittleren Vinschgau, Schlern, Jg. 1949, S. 267 ff.

Schlanders, Sonderheft des „Schlern" (Jg. 1977, Heft 8) zur 900-Jahr-Feier des Ortes

Schlern, Der: Illustrierte Monatshefte für Heimat- und Volkskunde, 1920 ff. bis fortlaufendem Jg. 48 (1974); hiezu Verfasserverzeichnis (1920—1962), Bozen 1964 (Ergänzungen bis 1967, Bozen 1967) und Sachregister (1920—1966), Bozen 1968; in diesem vorliegenden Literaturverzeichnis scheinen nur die eingehend zu Rate gezogenen Aufsätze aus dem Schlern auf; Belegstellen und Kurzverweise sind im Text durch Angabe von Jahrgang und Seitenzahl angeführt.

Schönach, Ludwig: Forschungen und Mitteilungen zur Geschichte Tirols und Vorarlbergs, Jg. 1908, S. 315 (Urkunden zu Hans dem Sager, Sänger in Latsch)

Schrade, Hubert: Vor- und frühromanische Malerei, Köln 1958

Schwarz, Johann: Die Vogtei von Marienberg, Diss. Innsbruck 1970

Skipanorama, hgg. vom Landesfremdenverkehrsamt, Bozen o. J. (wird fortlaufend ergänzt); Sammelmappe, die alle mechan. Aufstiegshilfen und Abfahrten in der Provinz verzeichnet

Solmi, Franco: Karl Plattner — eine Monographie; aus dem Ital. übersetzt von Karl Heinz Thomann, Bozen 1972

Stacul, Paul: Zur Geologie des Vintschgaus, in „Der Obere Weg“, S. 58 ff. (mit geol. Karte)

Staffler, Johann Jakob: Das deutsche Tirol und Vorarlberg topographisch, Bd. I und II, Innsbruck 1841 bzw. 1846

Staffler, Richard: Die Hofnamen im Landgericht Schlanders, Schlern-Schriften 13, Innsbruck 1927

Staffler, Richard: Die Hofnamen im Landgericht Kastelbell, Schlern-Schriften 8, Innsbruck 1924

Staffler, Richard: Zur Geschichte der Kartause im Schnalstal, Schlern, Jg. 1956, S. 363 ff.

Staffler Richard: Die Wibmer Sekte am Schlanderer Nörderberg, Schlern, Jg. 1924 (6 Folgen)

Staffler, Richard: Land und Leute im Vinschgau, Schlern, Jg. 1937, S. 150 ff.

Staffler, Walther: Die „Reiter“. Zu einem Rügebrauch im Umkreis der Ortlerberge, Schlern, Jg. 1960, S. 451 ff.

Staindl, Alois: Kurze Geologie von Südtirol, Reihe „An der Etsch und im Gebirge“, Bd. XXII, 4. Aufl., Brixen 1976

Staindl, Alois: Südtirols Bergbau in Vergangenheit und Gegenwart, Schlern, Jg. 1927, S. 29 ff.

Stampfer, Cölestin: Geschichte der Kriegsereignisse in Vinstgau in den Jahren 1499, 1796—1801, 2. Aufl., Innsbruck 1893

Stampfer, Cölestin: Geschichte von Meran, Innsbruck 1889

Steiner, Josef: Priester Joseph Danej, der verkannte Patriot von 1809, Schlern, Jg. 1947, S. 148 ff.

Steinitzer, Alfred: Das Land Tirol, Innsbruck 1922

Steub, Ludwig: Drei Sommer in Tirol, München 1895

Stifte und Klöster, II. Jahrbuch des Südtiroler Kulturinstitutes, Bozen 1962

Stolz, Otto: Geschichte des Landes Tirol, I. Band, Innsbruck 1955 bzw. photomech. Nachdruck durch Athesia, Bozen 1973

Stolz, Otto: Politisch-historische Landesbeschreibung von Tirol, Schlern-Schriften 40, Innsbruck 1937 bzw. photomech. Nachdruck durch Athesia, Bozen 1971

Stolz, Otto: Die Ausbreitung des deutschen Volkstums in Südtirol im Licht der Urkunden, München und Berlin 1927 ff. (4 Bde.; photomech. Nachdruck durch Athesia, Bozen 1975)

Stolz, Otto: Die Schwaighöfe in Tirol, in „Wissenschaftl. Veröffentlichungen des DuÖAV“, Nr. 5, Innsbruck 1930

Stolz, Otto: Das Schnalstal, eine deutsche Hochgebirgssiedlung, in Mitt. des DuÖAV, Jg. 1925

Stricker, Antonia: Das Dorfbuch von Martell, Bozen 1975 (Ex. des Manuskriptes in der Teßmann-Bücherei)

Strimmer, Alfred: Die Steppenvegetation des Mittleren Vinschgaues, Diss. Innsbruck 1968

Strobl, Pater Matthias: Burgeis — aus Vergangenheit und Gegenwart, in „Festschrift zur 250-Jahr-Feier des Malers Johann Ev. Holzer“, 2. Auflage, Bozen 1963

Tarneller, Josef: Die Hofnamen des Burggrafenamtes in Tirol, Archiv für österr. Geschichte, Bd. 100/101, Wien 1910/11

Tarneller, Josef: Tiroler Familiennamen und Deutsche Stammwörter in tirol. Hofnamen, Bozen 1923

Theil, Edmund: Sankt Johann in Taufers (1970), St. Stephan bei Morter (1969), Die Spitalkirche in Latsch (1970), St. Prokulus bei Naturns (4. Auflage 1977), Die gotischen Fresken in St. Prokulus bei Naturns (1966), St. Leonhard in Laatsch (1973), alle in der Reihe „Kleine Laurin-Kunstführer“, Bozen

Theil, Edmund und Ursula: Sankt Benedikt in Mals, in „Kleine Laurin-Kunstführer“, 2. Aufl., Bozen 1969
Thurnher, Eugen: Dichtung in Südtirol, Innsbruck 1966
Thurnher, Eugen: Tiroler Drama und Tiroler Theater, Innsbruck 1968
Thurnher, Eugen: Südtiroler Anthologie, Graz 1966
Tirolischer Sprachatlas, hgg. von Karl Kurt Klein und Ludwig Erich Schmitt, bearb. von Egon Kühebacher, 3. Bde., Marburg-Innsbruck 1965—71
Trapp, Graf Oswald: Die Churburger Rüstkammer, London 1929
Trapp, Graf Oswald: Churburg, Schnell und Steiner-Kleine Kunstführer Nr. 779, 3. Aufl. 1971
Trapp, Graf Oswald: Ritter Jakob Trapp auf Churburg; ein Beitrag zur Kulturgeschichte Tirols, Schlern-Schriften 127, Innsbruck 1954
Trapp, Graf Oswald: Die Stadtbefestigung von Glurns, Schlern, Jg. 1954, S. 243 ff. (mit Abb.)
Trapp, Graf Oswald: Tiroler Burgenbuch, Bd. I — Vinschgau, Bozen 1972 (derzeit das unumstrittene Standardwerk auf diesem Gebiet)
Tscholl, Josef: Unsere Urahnen im Vinschgau, Schlern, Jg. 1931, S. 258 ff.
Viazzi, Luciano: Guerra d'Aquile (der Kampf in den Ortlerbergen 1915—18), Rovereto 1967 (mit zahlr. Abb.)
Vinschgau, Festschrift zum 50jährigen Bestand des Vereins der Vinschgauer in Innsbruck, hgg. von Josef Rungg, Innsbruck 1957
Waldner, Engelbert: Langtaufers, ein Beitrag zur Südtiroler geschichtl. Landeskunde, Diss. Innsbruck 1950
Waschgler, Heinrich: Kurzer Führer durch die Kunstgeschichte Südtirols, Bozen o. J.
Weber, Beda: Das Land Tirol, 3 Bde., Innsbruck 1837/38
Weingartner, Josef: Die Kunstdenkmäler Südtirols, 2 Bde., 5. Aufl., Innsbruck 1973 (für Vinschgau, Bd. II, bearb. von Adelheid von Zallinger-Thurn)
Weingartner, Josef: Südtiroler Bilderbuch, München 1953
Weingartner, Josef: Gotische Wandmalerei in Südtirol, Wien 1948
Weingartner, Josef: Tiroler Burgen, bearb. von Oswald Graf Trapp, Innsbruck 1962
Weingartner, Josef: Die Matscher Vögte, Schlern, Jg. 1926, S. 416 ff. (Abdruck in „Der Obere Weg“, S. 406 ff.)
Weingartner, Josef: Landschaft und Kunst in Südtirol, Bozen 1973
Widmoser, Eduard: Südtirol-Brevier von A—Z, München 1966
Widmoser, Eduard: Tirol A bis Z, Innsbruck 1970
Wielander, Hans: Martell, mit Goldrain, Latsch, Tarsch und Morter (= Südtiroler Gebietsführer Nr. 4), Bozen 1975
Wimmer, Otto: Handbuch der Namen und Heiligen, 3. Aufl., Innsbruck 1966
Winkler, Robert: Volkssagen aus dem Vinschgau, Bozen 1968
Winkler, Robert: Lebendiges Brauchtum im Vinschgau, in „Vinschgau“ von Anton Graf Bossi Fedrigotti, Bozen, 2. Aufl. 1968 (S. 39—72)
Winkler, Robert: Uralte Bewässerungsanlagen im Malser Gebiet, Schlern, Jg. 1969, S. 525 ff.
Winkler, Gisela: Bevölkerungsgeograph. Untersuchungen im Martelltal, Diss. Innsbruck 1970
Wolfram, Richard: Die Jahresfeuer (ausführl. zum „Scheibenschlagen“ usw.), in Bd. 3 der Veröffentlichungen der Kommission für den Volkskundeatlas in Österreich, Wien 1972, mit Abb.
Wopfner, Hermann: Bergbauernbuch (Von Arbeit und Leben der Tiroler Bergbauern in Vergangenheit und Gegenwart), 1. Bd., 3 Lieferungen, Innsbruck 1951/54/60
Zani, Karl Franz: Der Tierprozeß von Glurns vom Jahre 1520, Schlern, Jg. 1948, S. 203 ff.
Zingerle, Ignaz Vinzenz: Sagen aus Tirol, photomech. Nachdruck der 2. Aufl., Innsbruck 1891, durch „Verlag für Sammler“, Graz 1969
Zinsli, Paul: Walser Volkstum, 3. Aufl., Frauenfeld 1970

IX. PERSONEN- UND ORTSREGISTER

Angaben zur Sekundärliteratur (Autorennamen usw.) sind in dieses Verzeichnis nicht aufgenommen, soweit es sich nicht um besondere Hervorhebung mit Bezug auf einen längeren Abschnitt handelt. Ausführlicher Text (Hauptbelegstellen) sind mit „f" gekennzeichnet. Fettgedruckte Ziffern (jeweils an letzter Stelle) beziehen sich auf die Bildseiten, der Vermerk „Abb." auf die Textillustrationen.

A

Abart, Franz, 191
Aetetus, 16
Agums, 281
Alber, Johann, 343
Allerengelberg (Kartause), 32, 410 f.
Allitz, 276
Allitzer See, 276
Alsack, 156
Amberg, 187
Ambros, Michael, 176
Annenberg, 353, **208**
Annenberg, Herren von 370, 375
Arlund, 136
Aschbach, 419
Avignatal, 244

B

Bellegarde, General, 35
Berglhütte, 289
Bozen (Bistum), 37, 117
Brixen (Bistum), 37, 96 f.
Burgeis 33, 165, **102**, **103**
Burggrafenamt, 44

C

Calvenbrücke, 30 f., 235
Calvin, 33
Capol, Hermann, 30 f.
Casatihütte, 367
Cevedale, 51, 75, 366 f., **306**
Chavalatsch-Zug, 50, 282 f.
Christomannos, Theodor, 295
Chur (Bistum), 18 f., 21, 23, 37, 96 f.
Churburg, 25, 265 f., **197**, **204**, **205**
Churrätien, 18
Claudius, Augustus, 15 f.
Comployer, R., 275

D

Danay, Josef, 36 f., 85, 393, 341 f.
Danzebell, 144
Delago, Maria, 140
Diana, 17
Dörfl (=Monteplair), 149
Donegani, Carlo, 291
Dornsberg (= Tarantsberg), 31, 63, 398 f.
Dreiländerspitze, 292
Drusus, 13, 16
Düsseldorfer Hütte, 317
Duile, Josef, 137, 140 f.
Duille, Johann, 140

E

Ebensperger, Hans, 280
Eberhöfer, Franz, 359
Eberhöfer, Josef, 358
Egart, Bad, 420
Egno I. von Matsch, 22, 259
Egno IV. von Matsch, 25
Eishof, 409
Eisjöchl, 409
Eller, Johann, 295
Endkopf („Jaggl"), 49, 142, **97**
Etsch, 125
Etschquelle, 125
Eyrs, 321 f.
Eyrsburg, 321

F

Fallierteck, 132
Ferrari, Giacomo Gotifredo, 185
Finail (Hof und See), 415 f., **311**
Finstermünz, 43
Flimseen, 365
Flora, Heinrich, 88, 226 f.
Flora, Paul, 250 f.
Florinus, 18, 257, 260 f.
Fontana, Benedikt, 30 f.
Frank, Lorenz, 176
Franken, 19
Freiberg, 377, 386
Friedrich mit der leeren Tasche 27 f., 242, 388
Frischmann, Franz, 332
Fröhlichsturm, 218, 223 f., **108**
Froi, 127, 132
Fürstenburg, 171 f., **104**
Furkelhütte, 286 f.
Furkelsee, 192

G

Gadriamure, 53
Gaismair, Michel, 33
Galsaun, 90, 387 f.
Garber, Josef, 219 f., 396
Gargitter, Joseph (Bischof), 96
Gargitz, 281
Gaudententurm, 423
Gaudenz von Matsch, 27, 266
Giern, 135
Glantschnigg, Ulrich, 183, 184
Glieshöfe, 262
Glurns, 23, 30 f., 45, 57, 245 f., **198**, **199**
Göflan, 50, 345 f.
Göflaner See, 348

Goldegg, Franz Ferdinand Ritter von 425 f.
Goldrain (Ort und Schloß) 351 f., **299**
Goldsee (Stilfs) 284
Goldseen (Reschen), 131
Gomagoi, 284
Gorfer, Josef, 349
Goswin (Chronist), 23, 28, 166, 184 f.
Grafinger, Jakob (Abt), 181
Grasser, Joseph (Bischof), 251
Grasser, Karl, 280, 332, 381, 385, **297**
Graun, 136, 138 f., **105**
Greiner, Christian, 223, 232, 240, 251, 261, 265, 272, 273, 276, 282
Grub, 145
Grünsee, 153
Gschneir, 273
Gschwell, 145
Gschwendt, Heiner, 419
Günther, Matthäus, 175
Gurschler, Friedrich, 225, 414, 419, 423
Gutweniger, Willi, 156

H

Habicher, Franz, 144
Habsberg, Ulrich von, 29 f.
Hafele, Fulgenz und Barbara, 357
Haider Alm, 150 f.
Haider See, 38, 65, 148, **100**
Hans, genannt der Sager, 370, 375
Hartmann (Bischof von Chur), 27
Hartwig II. von Matsch, 25
Hasenöhrl, 364
Haspinger, Joachim, 319, 342
Heilig Drei Brunnen, 288
Helfmirgott (Turm), 241
Heinrich von Burgeis, 173
Hendl, Grafen von, 352, 383 f.
Hintergrathütte, 317
Hinterkirch, 145 f.
Hitler, Adolf, 42
Hochgalsaun, 388
Hochganghaus, 427
Hochnaturns, 398
Hochwart, 399
Hohenegger, Heinrich, 14, 143
Hoher Angelus, 317
Holzer, Johannes Evangelist, 164, 168, 173 f., 183, 223

I

Illyrer, 12
Innerebner, Georg, 11 f.
Innsbruck (Bistum), 117

J

Jäger, Albert, 186
Johann, Erzherzog von Österreich, 289
Juval, 64, 390 f.

K

Kappl, 145
Kapron, 145
Karl der Große, 243
Karthaus, 410 f.
Kartatsch (auch Kurtatsch), 263
Kaschon, 136
Kastelbell (Burg) 384, **304**
Kastelbell (Ort), 383 f.
Kastellatz, 172
Kasten (Ansitz), 387
Katharinaberg, 407 f., **309**
Kleeberg-Hochnaturns, August von 397
Kleinboden, 286, 287
Knoller, Martin, 224
Kochenmoos, Bad, 392
Kölderer, Jörg, 248
Köll, Lois, 39, 357, 368
Königsspitze, 75, 317, **213**
Koflraster Seen, 386
Kohl, Franz Ferdinand, 150
Kompatsch, 399
Konrad II. (Kaiser), 21
Kortsch, 60, 90, 329 f.
Kortscher See, 345
Kristanell, Adolf, 397
Kuperion, Alois, 377
Kurzras, 416 f., **310**

L

Laas, 50, 322 f., **216**
Laaser Serie (Marmor), 50
Laatsch 30 f., 230 f., **116**
Ladurn, 407
Ladurner (Familie), 407
Lang, Matthias (Abt), 181
Langkreuz, 43, 160 f., **100**
Langobarden, 19
Langtaufers, 138, 142 f., **99**
Latsch (Burg), 374
Latsch (Ort), 368 f., **301, 302, 307**
Latschander, 382 f.
Latschinig, 386
Laudon (General), 35
Lechner, Josef, 324
Lederer, Jörg, 146, 233, 277, 337, 347, 370 f., 419, 423, **307**
Lichtenberg (Dorf und Burg) 281 f., **209**
Ligurer, 12
Lodnerhütte, 426
Lutterotti, Otto von, 395

M

Mals, 23 f., 45, 195 f., Abb. 220, **108, 114, 115**
Malser Haide, 47, 53 f., 159 f., **109,** Vorsatzblatt
Marein, 385
Marienberg, 22 f., 32 f., 55, 177 f., Abb. 178, **104, 106, 107**
Martell (Gemeinde), 363 f.
Martelltal, 355 f.
Marteller Hütte, 367
Marteller-Ultener-Kamm, 51 f.
Martschein, 394
Matsch, 259 f., **203**
Matsch, Ruinen von, 24, 258, 264, **202**
Matsch, Vögte von, 21, 24 f., 247

Matscher Tal, 23, 257 f.
Maulbertsch, Franz Anton, 175
Maultasch, Margarethe von, 26
Maurer, Helmuth, 225
Maximilian I., 29 f., 39
Mazegger, Bernhard (Vater und Sohn), 256
Melag, 143, 146, **99**
Meinhard II. von Tirol, 23, 222
Mitterhofer, Peter, 423 f., Abb. 424
Mölkh, Joseph Adam, 337, 339
Mont, Peter Anton Freiherr von, 167
Montani, Ober- und Unter-, 361 f., **300, 305**
Montalban, 386
Monteplair (= Dörfl), 149
Moosburg, 355
Morter, 359 f.
Münstertal, 229 f.
Münstertaler Alpen, 48
Müstair, 19, 44, 47, 229, 242 f.
Multen (= Malser Haide), 53 f., 159 f.
Mussolini, Benito, 41, 163, 254, 275

N

Natter, Heinrich, 140
Naturns, 57, 393 f.
Nauders, 43
Noggler, Anselm, 187
Noggler, Anton, 195

O

Oberrauch-Gries, Luis, 12
Ötztaler Alpen 48 f.
Ortler (Hauptgipfel) 50, 289, 296, **212**
Ortlergruppe, 39, 48 f., 75, 92, **100**
Ostgoten, 19

P

Padöll, 152
Pamer, Stephan (Abt), 182
Partscheilberg, 399
Partschins, 16 f., 54, 422 f., **308, 316**
Pattis, Erich, 139, 419
Paulmichl, Herbert, 287
Payer, Julius von, 296
Payerhütte, 296
Pedroß, 144
Peer, Johann, 150
Pegger, Hans, 376
Perkmann, Familie, 358 f.
Peteffi, Hieronymus, 343, 361
Pfaffenseen, 153, 187 f.
Pforzheimer Hütte, 190
Pfossental, 408 f., 427
Pichl, 396
Pichler Josef (Pseyrer Josele) 272, 289 f.
Pifrail, 409
Pirchberg, 399
Pitz, 129
Plamord, 131
Planeil, 157 f., 227
Plangger, Hans, 325
Platzhof (Latsch), 381
Plattner, Karl, 156, 224, 225, 228, 280, 397
Plattner, Luis, 128
Plaus, 393, 398 f.
Plawenn, 153 f.
Plawenn, Johann von, 153
Plawenn-Salvini, Arbogast von, 153
Plinius, 14
Pohl, Dr. L. M., 62
Polsterhof, 193
Portlesspitze, 158
Prad am Stilfser Joch, 278 f.
Pramajur, 187
Primele, Ulrich, 173
Primisser, Alois, 280
Primisser, Johann, 280
Pseyrer, Josele (= Pichler, Josef) 272, 289 f.
Pund, Franz, 195
Puntweil, 236
Purtscher, Franz Xaver, 140
Putz, Familie, 375
Putz, Gottlieb, 375
Putz, Leo, 375

R

Rabland, 15, 418 f.
Räter, 13 f.
Rainalter, Andreas, 272
Rainer, Martin, 171, 184, 414
Rasaß-See, 153, 192
Rasaß-Spitze, 192
Rediff, Johann Baptist, 175
Rediff, Matthias, 152
Reichenberg, 241
Reisigl, Anton, 261
Reschen (Ort), 125, 128
Reschenpaß, 48, 52, 126 f.
Reschensee, 129, 136 f.
Rifair, 236
Riviselchu (Ureinwohner) 11, Abbildung 12
Rötelspitz (Texlgruppe), 426
Rojental, 91, 128, 132 f., **98**
Rojener Hütte, 135
Roteck, 427
Rotund, 241
Rudolf IV. von Habsburg, 26
Rufinatscha, Johann, 228

S

Sager, Hans der, 370, 375
Saldurkamm, 262
Saldurseen, 263
Salt, Bad, 364
St. Maria in der Schmelz, 366
St. Martin im Kofel, 55, 94, 379 f., **298, 303**
St. Medardus, 377 f.
St. Prokulus, 394, 395 f., **314, 315**
St. Sisinius, 323 f., **206**
St. Stephan (Marienberg), 176 f.
St. Valentin auf der Haide, 147, 149 f., **101**
Schäuffelin, Leonhard, 372
Schanzen (Goldrain), 354
Scharl-Jöchl, 244 f.
S-charl, 245

Schaubachhütte, 292, 294, 317
Scheel, Sebastian, 372
Scherer, Robert, 331, 343, 357
Schgums, Bad, 320
Schieferzone, Vinschgauer, 50
Schlanders, 45, 57, 63, 333 f., **207**
Schlandersberg, 335, 345
Schlandersburg, 338 f.
Schlandrauntal, 344
Schleis, 194 f.
Schlinig, 189 f.
Schluderns, 66, 91, 270 f.
Schludernser Berg, 273 f.
Schnalstal, 91, 403 f.
Schöne-Aussicht-Hütte, 42, 93, 416 f.
Schöneben, 135, **110**
Schönherr, Karl, 343
Schönstein, Hermann von (Abt), 25 f.
Schuler, Heinrich (Abt), 375
Schwenzengast, Gregor, 226, 331, 336, 338, 339, 358 f., 374
Sesvenna, 191 f.
Sigismund der Münzreiche, 27 f.
Similaun, 48, 415
Similaunhütte, 42, 93, 414
Sölder, Friedrich von, 426
Spauregg, 423
Spin, 135
Spondinig, 278
Staben, 392
Stachelburg, 422 f.
Stachelburg, Graf Johann von, 422, 425
Stägerwalder, Abraham, 141
Stallwieserhof, 364 f.
Stampfer, Coelestin, 176, 187
Stecher, Josef, 228
Stecher, Luis Stefan, 326
Stecher, Marian, 150, 185
Stettiner Hütte, 409
Stilfs, 284 f.
Stilfser Joch, 38, 93, 292 f.
Stilfser-Joch-Nationalpark, 74 f.
Stilfser-Joch-Straße, 39, 283, 290 f., **210**
Stocker, Ignaz, 12
Striegl, Ivo, 254
Sulden, 52, 292 f.

T

Tabarettahütte, 296
Tabland, 400
Tabland (Partschins), 426
Talatsch, 344
Tannas, 274 f., **214, 215**
Tappeiner, Franz, 325, 338
Tappeinhof, 345
Tarantsberg (= Dornsberg) 31, 63, 398 f.
Tarasp, Herren von, 21, 25, 172
Tarasp, Ulrich von, 172, 180
Tarasp, Ute von, 180
Tarneller, Josef, 390
Tarsch, 376 f.
Tartsch, 255 f.
Tartscher Bühel, 11, 51, 253 f., Umschlagbild
Taufers im Münstertal, 34 f., 236 f., **200, 201**
Teimer, Martin Rochus, 36 f., 85, 340 f.
Tella, 242
Tels (Ober- und Unter-), 274
Tenderes, 127
Texelgruppe, 48 f., 409 f., 421, 426 f
Thanai, 262, 273
Thöni, Gustav, 287
Thuile, Johann, 188
Thurwieser, Peter Paul, 290
Tiberius, 13
Tinzl, Karl, 343
Tirol, Grafen von, 20 f.
Töll, 15, 44, 48, 52, 420 f.
Tomberg, 386
Tourville, Henry de, 291
Trafoi, 287
Trapp, Graf Gotthard, 269
Trapp, Graf Jakob V., 266, 271
Trapp, Graf Jakob VI., 269, 271
Trapp, Graf Jakob VII., 268, 271
Trapp, Graf Jakob VIII., 268
Trapp, Graf Oswald, 269
Trapp, Grafen von, 27, 161, 247, 266 f.
Trient (Bistum), 21, 23, 37, 117
Tschars, 382, 383, 388 f.
Trumsberg, 381
Tschengls, 319 f.
Tschenglsberg, 319, 342
Tschenglsburg, 320
Tschenglser Hochwand, 7, 318
Tschenglser Köpfl, 320
Tschirland, 399 f.
Tumler, Franz, 325
Tumler, Marian, 346

U

Ulrich II. (Bischof), 21
Ulrich II. von Matsch, 25 f., 183
Ulrich IV. von Matsch, 25
Ulrich IX. von Matsch, 269
Unser Frau (Schnals), 413 f.
Upiatal, 262

V

Valentin (Bischof), 18
Valnair, 280
Venosten, 15, 43, 45
Verdroß, Ignaz von, 224
Vernagt, 414
Vezzan, 90, 350 f.
Vermoispitze, 382
Vigiljoch, 420
Vinschgau (Name), 15, 45 f.

W

Waider, Conrad, 170
Wackernell, Eduard, 346
Wangen, Herren von, 166
Wasmann, Friedrich, 184, 364
Watles, 153, 189

Watles (Skigebiet), 187 f.
Weber, Beda, 186, 363
Weißkugel, 48, 143, 263, 416
Weißkugelhütte, 42, 93, 143
Widmoser, Elfi, 225, 419
Winkler, Ambrosius (Abt), 412
Winkler, Robert, 119 f.

Y

Ybertrachter, Simon, 372, 377, 397, 399, 408

Z

Zaytal, 317
Zerzer Tal, 151 f.
Zieltal, 426
Zingerle, Pius, 186
Zirmtal-See, 386
Zufall, 366 f.
Zufallhütte, 367
Zufrittsee, 366, 306
Zufrittspitze, 368
Zwingli, 33

Bildernachweis

	Seite
Fischer Wenzel, Garmisch Partenkirchen	105, 109, 110, 112, 202, 212, 213, 311
Flenger Leo, Schnals	310
Fuchs-Hauffen Elisabeth, Überlingen	Umschlag, 97, 98, 99, 100, 198, 199, 203, 204, 208, 211, 214, 216, 303, 304, 306, 309, 314, 316
Kofler Oswald, Meran	102, 106, 107, 111, 114, 115, 116, 197, 200, 201, 209, 210, 215, 300, 312, 313, 315
Rampold Dr. Josef, Bozen	113
Tappeiner Jakob, Meran	101, 103, 104, 108, 205, 206, 207 299, 301, 302, 305, 307, 308, Textillustrationen auf Seite 12, 178 und 425
Wieser Kurt, Schlanders	297, 298

Die Übersichtskarte auf dem ersten Vorsatzblatt erstellte Heinz Matthias, Neumarkt.

Die Abbildung der Altarwand von St. Benedikt in Mals (S. 220) ist eine Kopie des Rekonstruktionsversuches von Josef Garber (Zeitschrift des Ferdinandeums, Innsbruck 1915), die geologische Übersichtskarte (zweites Vorsatzblatt, entspricht der Vorlage von F. Zangerl („Der Heimatboden", Innsbruck 1940).

Die Skizze der Altstraßenverhältnisse auf der Malser Haide (zweites Vorsatzblatt) wurde mit freundlicher Genehmigung von Oswald von Plawenn der Arbeit seines Vaters Arbogast von Plawenn entnommen („Ob und unter Lang-Kreutz — Straßen und Wege im Vinschger Oberland", in „Schlern", Jg. 1950, S. 276 ff.).

Inhaltsübersicht

		Seite
	Vorwort	5
	Vorwort zur 3. Auflage	6
I.	VINSCHGAU — GESTALT UND WESEN	7
II.	HISTORISCHER ÜBERBLICK	
	Vor- und Frühgeschichte	11
	Der Vinschgau im Mittelalter; Bischöfe und Vögte	19
	Engadiner Krieg und Ereignisse bis 1815	29
	Die neueste Zeit und der Krieg in den Ortlerbergen	37
	Abgrenzung und Namenkundliches	43
III.	ALLGEMEINE GEOGRAPHISCHE, WIRTSCHAFTLICHE UND KULTURELLE SITUATION	
	Geologischer Überblick, Klima, Flora und Fauna	48
	Wasserwaale und Wasserrecht	67
	Der Stilfser-Joch-Nationalpark	74
	Bevölkerung, Wirtschaft und Verkehr	77
	Kirchliche Einteilung und Schulwesen	96
	Sage und Brauchtum	119
	„Vinschgau“ (Gedicht)	124
IV.	DAS VINSCHGAUER OBERLAND	
	(Vom Reschen bis zum Fuß der Malser Haide)	125
	Reschen und Rojental	128
	Der Reschensee	136
	Graun mit Langtaufers	138
	Sankt Valentin und die Malser Haide	147
	Sankt Valentin auf der Haide	149
	Burgeis, Marienberg und Schlinigtal	164
	Burgeis	165
	Schlinig	189

Seite

Schleis 194

Mals 195

V. DER MITTLERE VINSCHGAU
(Von der Viertausendergrenze zum Kastanienhain) . 229

Abstecher ins Münstertal 229
Laatsch 231
Taufers im Münstertal 236

Stadt Glurns 245

Das Tal von Matsch 257
Matsch 259

Die Churburg 265
Schluderns 270

Prad und Lichtenberg 278
Prad am Stilfser Joch 278
Lichtenberg 281

Das Tal von Sulden und Trafoi; die Stilfser-Joch-Straße 283
Stilfs 284
Sulden 293

Laas und der Marmor 318
Tschengls 319
Eyrs 321
Laas 322

VI. UNTERVINSCHGAU
(Ein Garten zwischen Sonnenberg und Nörderberg) . 329

Kortsch 329

Schlanders 333

Vezzan und Goldrain 350

Morter und Martell 355
Gemeinde Martell 363

Seite

Latsch 368
Kastelbell-Tschars 383
Naturns 393
Plaus 393
Schnalstal — Reich der höchsten Bauernhöfe . . . 403
Karthaus 410
An der Schwelle zum Burggrafenamt 418
Partschins 421
VII. WANDERUNGEN, SPAZIERGÄNGE UND BERGTOUREN 428
VIII. LITERATURVERZEICHNIS 433
IX. PERSONEN- UND ORTSREGISTER 441
Bildernachweis 445
Landkarten 448

LANDKARTEN

Den Hauptteil des Tales umfaßt ein Blatt des Kompaß-Verlages (Wien, Innsbruck, München, Bozen) im Maßstab 1 : 50.000, und zwar

a) Blatt 52 (Vinschgau); es muß im Osten (ab Naturns) ergänzt werden durch das
b) Blatt 53 (Meran) und im Oberlauf des Tales (ab St. Valentin) durch
c) Blatt 42 (Nauders-Reschenpaß); überdies umfaßt ein eigenes Blatt auch die südliche Ortlergruppe, also an den Vinschgau angrenzende Gebiete, und zwar
d) Blatt 72 (Ortler).

Der gesamte besprochene Raum ist enthalten auf Blatt 52 der kartogr. Anstalt Freytag-Berndt (Wien, Innsbruck, München, Bozen) im Maßstab 1 : 100.000 (Vinschgau). — **Nahezu das ganze Tal umfaßt ein neues Blatt dieses Verlages im Maßstab 1 : 50.000.**

Meßtischblätter (im Gegensatz zu den obenerwähnten Karten nur mit ital. Nomenklatur) des militärgeogr. Institutes (1 : 25.000) sind in den größeren Buchhandlungen vorrätig oder können dort kurzfristig bestellt werden.

Eigene Wanderkarten sind den im Literaturverzeichnis genannten Spezialführern für das Schnalstal und für die Texelgruppe beigegeben.

Schließlich sei auf die Prospekte verwiesen, die von den Fremdenverkehrsämtern kostenlos vergeben und versandt werden; sie enthalten nicht selten sehr brauchbare Übersichten in Reliefdarstellung mit Zeit- und Wegangaben. Ebenso verteilen die Fremdenverkehrsämter Fahrpläne für Eisenbahn und alle Autobuslinien. — Gute Autokarten erhält man, meist kostenlos, an den Tankstellen.